Klaus Tiedemann

Insolvenz-Strafrecht

Klaus Tiedemann

Insolvenz-Strafrecht

2., neubearbeitete Auflage

1996

Walter de Gruyter · Berlin · New York

Sonderausgabe der Kommentierung der §§ 283—283 d in der 11. Auflage des Leipziger Kommentars zum Strafgesetzbuch

Dr. Dr. h. c. mult. *Klaus Tiedemann*, o. Professor für Strafrecht, Strafprozeßrecht und Kriminologie an der Universität Freiburg i. Br., Direktor des Instituts für Kriminologie und Wirtschaftsstrafrecht

Die 1. Auflage des Werkes erschien 1985 unter dem Titel „Konkurs-Strafrecht".

Die Deutsche Bibliothek — CIP-Einheitsaufnahme

Tiedemann, Klaus:
Insolvenz-Strafrecht : [Sonderausgabe der Kommentierung der §§ 283 — 283d in der 11. Auflage des Leipziger Kommentars zum Strafgesetzbuch] / Klaus Tiedemann. — 2., neubearb. Aufl. — Berlin ; New York : de Gruyter, 1996
1. Aufl. u.d.T.: Tiedemann, Klaus: Konkurs-Strafrecht
ISBN 3-11-015111-1

Printed in Germany
Satz und Druck: H. Heenemann GmbH & Co, 12103 Berlin
Einbandgestaltung: Thomas Beaufort, Hamburg
Buchbinderische Verarbeitung: Lüderitz & Bauer, Berlin

Den Freunden und Kollegen
der Universität Jaume I de Castellón
(Valencia)

Vorwort

Die Neuauflage dieser Sonderausgabe aus dem „Leipziger Kommentar zum Strafgesetzbuch" erscheint zur Zeit eines erneuten Höhepunktes der Insolvenzwellen, die das Geschehen in der Marktwirtschaft begleiten und die zu einem erheblichen Teil mit der Begehung von Straftaten verbunden sind: „klassische" Bankrotthandlungen wie das Beiseiteschaffen von Vermögensbestandteilen, zu hohe Privatentnahmen und die Vernachlässigung oder Manipulation der Buchführung und Bilanzierung, aber zunehmend auch mißglückte Sanierungsversuche und gezielte oder sonstwie „gesteuerte" Konkurse. Die Überarbeitung der Kommentierung sucht wieder zu verdeutlichen, wo die strafrechtlichen Grenzen unternehmerischen Risikos verlaufen und welche Sanierungspraktiken strafrechtlich relevant werden können. Damit soll das Buch außer den Strafjuristen — Richtern, Staatsanwälten und Verteidigern — auch den Beratern und Sanierern, Konkurs- und Vergleichsverwaltern sowie den als Unternehmer Tätigen Hilfestellung leisten.

Erstmals wird hier die in den neuen Bundesländern und Ostberlin anstelle der Konkursordnung und der Vergleichsordnung geltende Gesamtvollstreckungsordnung, aber auch schon die am 1. 1. 1999 einheitlich für das gesamte Bundesgebiet in Kraft tretende neue Insolvenzordnung berücksichtigt. Das künftige Recht ändert zwar §§ 283 ff. StGB äußerlich nur geringfügig, verändert aber den inneren Gehalt ebenso wie die zeitlichen Grenzen der (in „Insolvenzstraftaten" umbenannten) Konkursstraftaten in zahlreichen Fragen, die im Gesetzgebungsverfahren so gut wie überhaupt nicht erkannt oder diskutiert wurden. Zur Lösung der insoweit auftretenden Probleme wie auch zur Interpretation der traditionellen Bankrotthandlungen und der für das deutsche Recht nach wie vor neuen Generalklausel des § 283 Abs. 1 Nr. 8 StGB kann insbesondere die in den Vorbemerkungen vor § 283 ausführlich dargestellte Neugestaltung der Auslandsrechte Anregungen geben (wobei das neue spanische Strafgesetzbuch nur nach der insoweit nicht veränderten Entwurfsfassung von 1994 berücksichtigt werden konnte). Wie bisher wird in den Vorbemerkungen auch der Kriminologie der Insolvenzdelikte und dem Stand der betriebswirtschaftlichen Insolvenzursachenforschung Rechnung getragen.

Rechtsprechung und Schrifttum sind bis Ende Juli 1995 ausgewertet. Auch hierbei habe ich von meinen wissenschaftlichen Mitarbeitern tatkräftige Unterstützung erfahren. Unter ihnen sind besonders Herr Assessor Dr. Joachim Vogel und Herr Referendar Klaus Moosmayer zu nennen. Ihnen ist ebenso zu danken wie Frau Hildegard Käppele und Frau Rosa Grethler, die das häufig geänderte Manuskript mit großer Geduld technisch überarbeitet haben.

Freiburg, im November 1995 — Klaus Tiedemann

VIERUNDZWANZIGSTER ABSCHNITT

Konkursstraftaten*

Vorbemerkungen zu den §§ 283 bis 283 d

Vor § 283

Schrifttum zum Konkursstrafrecht (und zum sonstigen Wirtschaftsstrafrecht)

Arloth Zur Abgrenzung von Untreue und Bankrott, NStZ **1990** 570; *Bertling* Wirtschaftskriminalität (1956); *Bieneck* Die Zahlungseinstellung aus strafrechtlicher Sicht, wistra **1992** 89; *Bilo* Zum Problem der Überschuldung im strafrechtlichen Bereich, GmbHR **1981** 73 und 104; *Bora/Liebl/Poerting/Risch* Polizeiliche Bearbeitung von Insolvenzkriminalität (1992); *Bretzke* Der Begriff der „drohenden Zahlungsunfähigkeit" im Konkursstrafrecht (1984); *Bretzke* Begriff und Umfang der kaufmännischen Sorgfaltspflicht nach § 283 StGB, KTS **1985** 413; *von Brunegg* Die Konkursverbrechen des deutschen Rechts, GS **82** (1914) 218; *Bruns* Grundprobleme der strafrechtlichen Organ- und Vertreterhaftung, GA **1982** 1; *Cohn* Zur Lehre vom strafbaren Bankerutt, GA **41** (1893) 198; *Däubler* Sinn und Unsinn der Insolvenzdelikte, in: Baumann/Dähn (Hrsg.), Studien zum Wirtschaftsstrafrecht (1972) S. 1; *Drebes* Die Überschuldung als Konkursantragstatbestand, in: Poerting (Hrsg.), Wirtschaftskriminalität Teil I (1983) S. 249; *Dreher* Zur Problematik des § 283 b Abs. 2 StGB, MDR **1978** 724; *Franzheim* Der strafrechtliche Überschuldungsbegriff, wistra **1984** 212; *Franzheim* Das Tatbestandsmerkmal der Krise im Bankrottstrafrecht, NJW **1980** 2500; *Gallandi* Straftaten im Bankrott — Normprogramm und komplexe Vorgänge, wistra **1992** 10; *Gössweiner-Saiko* Bilanzdelikte und andere Straftaten im kaufmännischen Rechnungswesen (1981); *Gössweiner-Saiko* Die Insolvenzkriminalität im Lichte marktwirtschaftlicher Kriterien, Archiv für Kriminologie **170** (1982) 35; *Gössweiner-Saiko* Zur Kriminologie des Insolvenzwesens, in: Akademie für kriminologische Grundlagenforschung (Hrsg.), Wirtschaftskriminalität o. J. (1984) S. 5; *M. Grub* Die insolvenzstrafrechtliche Verantwortlichkeit der Gesellschafter von Personenhandelsgesellschaften (1995); *V. Grub/Rinn* Die neue Insolvenzordnung — ein Freifahrschein für Bankrotteure? ZIP **1993** 1583; *Gübel* Die Auswirkungen der faktischen Betrachtungsweise auf die strafrechtliche Haftung faktischer GmbH-Geschäftsführer (1994); *Haack* Überschuldung — Ein deskriptives Tatbestandsmerkmal, NJW **1981** 1353; *Hammerl* Die Bankrottdelikte (§§ 239, 240 KO), iur. Diss. Frankfurt 1970; *Harneit* Überschuldung und erlaubtes Risiko (1985); *Herzberg* Die Verantwortung für Arbeitsschutz und Unfallverhütung im Betrieb (1984); *Hiltenkamp-Wisgalle* Die Bankrottdelikte (1987); *Höfner* Die Überschuldung als Krisenmerkmal des Konkursstrafrechts (1981); *Hoffmann* Berücksichtigung von Rückstellungen bei der Prüfung der Überschuldung im Sinne des Bankrottstrafrechts, MDR **1979** 93; *Hoffmann* Drohende und eingetretene Zahlungsunfähigkeit im neuen Konkursstrafrecht, DB **1980** 1527; *Hoffmann* Zahlungsunfähigkeit und Zahlungseinstellung, MDR **1979** 713; *Kindhäuser* Gefährdung als Straftat (1989); *Klug* Der Eigentumsvorbehalt bei der Waren- und Wertpapierverschleuderung im Konkursstrafrecht, JZ **1957** 462; *Klug* Konkurs-Strafrecht (1973); *Kohlmann/Giemulla* Die strafrechtliche Verantwortung des Geschäftsführers einer GmbH & Co KG nach dem 1. WiKG, GmbHR **1978** 53; *Krause* Ordnungsgemäßes Wirtschaften und Erlaubtes Risiko. Grund- und Einzelfragen des Bankrotts (1995); *B. Kruse* Kapitalersetzende Gesellschafterdarlehen in der Krise der GmbH (1987); *Labsch* Die Strafbarkeit des GmbH-Geschäftsführers im Konkurs der GmbH,

---

* Ab 1. 1. 1999: *Insolvenzstraftaten* (BGBl. 1994 I S. 2940).

wistra **1985** 1 und 59; *Lampe* Unternehmensaushöhlung als Straftat, GA **1987** 241; *Liebl* Geplante Konkurse?, 2. Aufl. (1987); *Matzen* Der Begriff der drohenden und eingetretenen Zahlungsunfähigkeit im Konkursstrafrecht (1993); *Meves* Studien über das Wesen und den Thatbestand des einfachen Bankerotts, GA **36** (1888) 377; *Mohr* Bankrottdelikte und übertragende Sanierung (1993); *Möhrenschlager* Der Regierungsentwurf eines zweiten Gesetzes zur Bekämpfung der Wirtschaftskriminalität, wistra **1983** 17 und 49; *Mommsen* (Hrsg.), Moderne Wirtschaftsdelikte unter besonderer Berücksichtigung der Insolvenzdelikte (1954); *L. Müller* Art. Konkursstraftaten, in: Ulsamer (Hrsg.), Lexikon des Rechts — Strafrecht/Strafverfahrensrecht (1989) S. 459; *Müller-Gugenberger* (Hrsg.), Wirtschaftsstrafrecht, 2. Aufl. (1992); *R. Müller/Wabnitz* Wirtschaftskriminalität, 3. Aufl. (1993); *Neumeyer* Historische und dogmatische Darstellung des strafbaren Bankerotts unter besonders eingehender Untersuchung der Schuldfrage (1891); *Otto* Der Zusammenhang zwischen Krise, Bankrotthandlung und Bankrott im Konkursstrafrecht, R. Bruns-Gedächtnisschrift (1980) S. 265; *Otto* Die Tatbestände gegen Wirtschaftskriminalität im Strafgesetzbuch, Jura **1989** 24; *Ransiek* Studien zum Unternehmensstrafrecht (1995); *Reichart* Der strafbare Bankerott, GS **48** (1893) 81; *Reulecke* Die Feststellung der Zahlungsunfähigkeit in der wirtschaftsstrafrechtlichen Praxis, Kriminalistik **1984** 80; *Richter* Der Konkurs der GmbH aus der Sicht der Strafrechtspraxis, GmbHR **1984** 113 und 137; *Richter* Zur Strafbarkeit externer „Sanierer" konkursgefährdeter Unternehmen, wistra **1984** 97; *H. Schäfer* Die Entwicklung der Rechtsprechung zum Konkursstrafrecht, wistra **1990** 81; *Schlüchter* Der Grenzbereich zwischen Bankrottdelikten und unternehmerischen Fehlentscheidungen (1977); *Schlüchter* Die Krise im Sinne des Bankrottstrafrechts, MDR **1978** 265; *Schlüchter* Zur Bewertung der Aktiva für die Frage der Überschuldung, wistra **1984** 41; *Schöne* Das Vereiteln von Gläubigerrechten, JZ **1973** 446; *Schünemann/Suárez González* (Hrsg.), Bausteine des europäischen Wirtschaftsstrafrechts (1994); *Schüppen* Systematik und Auslegung des Bilanzstrafrechts (1993); *Siegmann/Vogel* Die Verantwortlichkeit des Strohmanngeschäftsführers einer GmbH, ZIP **1994** 1821; *Stapelfeld* Die Haftung des GmbH-Geschäftsführers für Fehlverhalten in der Gesellschaftskrise (1990); *Stein* Das faktische Organ (1984); *Stypmann* Statische oder dynamische Überschuldungskonzeption? wistra **1985** 89; *Teufel* Betrügerischer Bankrott und Kriminalistik (1972); *Teufel* Insolvenzkriminalität (1981); *Tiedemann* Art. Konkursstraftaten, in: Krekeler/Tiedemann/Ulsenheimer/Weinmann (Hrsg.), Handwörterbuch des Wirtschafts- und Steuerstrafrechts (1985); *Tiedemann* Der BGH zum neuen Konkursstrafrecht, NJW **1979** 254; *Tiedemann* Die Überschuldung als Tatbestandsmerkmal des Bankrotts, Schröder-Gedächtnisschrift (1978) S. 289; *Tiedemann* Generalklauseln im Konkursstrafrecht, KTS **1984** 539; *Tiedemann* Grundfragen bei der Anwendung des neuen Konkursstrafrechts, NJW **1977** 777; *Tiedemann* Handelsgesellschaften und Strafrecht: Eine vergleichende Bestandsaufnahme, Würtenberger-Festschrift (1977) S. 241; *Tiedemann* Handhabung und Kritik des neuen Wirtschaftsstrafrechts — Versuch einer Zwischenbilanz, Dünnebier-Festschrift (1982) 519; *Tiedemann* Kommentar zum GmbH-Strafrecht, 3. Aufl. (1995); *Tiedemann* Konkursstraftaten aus der Sicht der Kreditwirtschaft, ZIP **1983** 513; *Tiedemann* Objektive Strafbarkeitsbedingungen und die Reform des deutschen Konkursstrafrechts, ZRP **1975** 129; *Tiedemann* Tatbestandsfunktionen im Nebenstrafrecht (1969); *Tiedemann* Wirtschaftsstrafrecht und Wirtschaftskriminalität, 2 Bde. (1976); *Tiedemann* Zur Unterlassung der Konkursantragstellung im GmbH-Recht, ZIP **1982** 653; *Vahle* Die Konkursdelikte, Neue Wirtschaftsbriefe **1989** 1023; *Th. Vormbaum* Probleme der Gläubigerbegünstigung (§ 283 c), GA **1981** 101; *Walther* Die Bankeruttdelikte, Diss. Tübingen 1936; *Wehleit* Die Abgrenzung von Bankrott und Untreue, Diss. Kiel 1985; *Weyand* Konkursdelikte, 2. Aufl. (1993); *Winkelbauer* Strafrechtlicher Gläubigerschutz im Konkurs der KG und der GmbH & Co KG, wistra **1986** 17; *Zainhofer* Insolvenzstrafrecht und das Risiko des Unternehmers, Kriminalistik **1992** 507.

Einschlägiges außerstrafrechtliches Schrifttum (Auswahl)

Angele Insolvenzen 1993, WiSta (Wirtschaft und Statistik) **1994** 205; *Arians* Sonderbilanzen, 2. Aufl. (1985); *Auler* Der Überschuldungsstatus als Bewertungsproblem, DB **1979** 2169; *Baumann* Konkurs und Vergleich, 2. Aufl. (1981); *Baumbach/Hefermehl* Wettbewerbsrecht, 17. Aufl. (1993); *Baur/Stürner* Zwangsvollstreckungs-, Konkurs- und Vergleichsrecht Bd. 2, 12. Aufl. (1990); *Bellinger* Früherkennung von Unternehmenskrisen, Schimmelpfeng-Review

20 (1977) 10; *Bellinger* Unternehmenskrisen und ihre Ursachen, Ruberg-Festschrift (1962) S. 49; *Beuck* Poolvereinbarungen bei Unternehmensinsolvenz, Diss. Kiel 1985; *Biermann* Die Überschuldung als Voraussetzung der Konkurseröffnung (1963); *Borup* Die drohende Zahlungsunfähigkeit aus der Sicht der Betriebswirtschaftslehre und ihre Meßbarkeit, wistra **1988** 88; *Buchmann* Bestimmungsgründe für betriebliche Insolvenzen, Sparkasse **1987** 384; *Burger/Schellberg* Die Auslösetatbestände im neuen Insolvenzrecht, BB **1995** 261; *Büschgen* Das Unternehmen im Konjunkturwandel (1971); *Doehring* Insolvenzen und Wirtschaftskriminalität im Blickfeld neuerer statistischer Daten, KTS **1986** 613; *Drukarczyk* Finanzierung, 6. Aufl. (1993); *Drukarczyk* Unternehmen und Insolvenz (1987); *Flessner* Sanierung und Reorganisation (1982); *Gottwald* (Hrsg.), Insolvenzrechts-Handbuch (1990); *Groß* Sanierung durch Fortführungsgesellschaften, 2. Aufl. (1988); *Haack* Bewertungsproblem bei der Überschuldungsfeststellung, BB **1981** 883; *Hanau/Kappus* Gebräuche und Mißbräuche bei der Vorfinanzierung von Konkursausfallgeld, ZIP **1988** 885; *Häsemeyer* Insolvenzrecht (1992); *Handelsgesetzbuch* (Großkommentar), 4. Aufl. 1983 ff; *Hanisch* Entwicklungstendenzen des gegenwärtigen Insolvenzrechts in rechtsvergleichender Sicht, JBl. **1977** 237; *Heilmann* Grundzüge des Insolvenzrechts, 2. Aufl. (1984); *Heinen* Handelsbilanzen, 12. Aufl. (1986); *Hess* Konkursausfallgeld, 5. Aufl. (1991); *Hess/Fechner* Sanierungshandbuch, 2. Aufl. (1991); *Hess/Kropshofer* Kommentar zur Konkursordnung, 4. Aufl. (1993); *Hilke* Bilanzpolitik, 4. Aufl. (1995); *Hilke* Mittelstand: Mittelmaß oder Mittelpunkt? (1983); *Hopt* Handelsgesetzbuch, 29. Aufl. (1995); *Immenga/Mestmäcker* (Hrsg.) GWB Gesetz gegen Wettbewerbsbeschränkungen (Kommentar), 2. Aufl. (1992); *Jaeger/Lent* Konkursordnung mit Einführungsgesetz, 2 Bde. 8. Aufl. (1958/73); *Kilger/K. Schmidt* Konkursordnung, 16. Aufl. (1993); *Klar* Überschuldung und Überschuldungsbilanz (1987); *Knief* Der Finanzplan — zentrales betriebswirtschaftliches Instrument zur Beurteilung des Unternehmens in der Krise, BBl. **1984** 10; *Kressin* Die Einleitung eines Insolvenzverfahrens für Unternehmen — Ursachen, Zeitpunkt und Gründe (1990); *Krystek* Unternehmenskrisen (1987); *Kuhn/Uhlenbruck* Konkursordnung (Kommentar), 11. Aufl. (1994); *Kupsch* Zur Problematik der Überschuldungsmessung, BB **1984** 159; *Leipold* (Hrsg.), Insolvenzrecht im Umbruch (1991); *Leunig* Die Bilanzierung von Beteiligungen (1970); *Maul* Die §§ 283 ff StGB als Grundlage für die Ableitung von Grundsätzen ordnungsgemäßer Buchführung, DB **1979** 1757; *Maul* Handelsrechtliche Rechnungslegung (1978); *Mortsiefer* Insolvenzursachen und Insolvenzprophylaxe in mittelständischen Betrieben, Internat. Gewerbearchiv **1982** 1; *Moxter* Grundsätze ordnungsmäßiger Unternehmensbewertung, 2. Aufl. (1983); *Münstermann* Wert und Bewertung der Unternehmung, 3. Aufl. (1970); *Obermüller* Handbuch Insolvenzrecht für die Kreditwirtschaft, 4. Aufl. (1991); *Obermüller* Die Gewährung neuer Kredite in der Krise, ZIP **1980** 1059; *Olfert/Körner/Langenbeck* Sonderbilanzen, 4. Aufl. (1994); *Piltz* Die Unternehmensbewertung in der Rechtsprechung, 3. Aufl. (1994); *Plate* Die Konkursbilanz, 2. Aufl. (1981); *Pribilla* Die Überschuldungsbilanz, KTS **1958** 1; *Priester* Gläubigerrücktritt zur Vermeidung der Überschuldung, DB **1977** 2429; *Reske/Brandenburg/Mortsiefer* Insolvenzursachen mittelständischer Betriebe, 2. Aufl. (1978); *Risse* Betriebswirtschaftliche Aspekte der Sanierung durch Unternehmensfortführung nach der Insolvenzordnung, KTS **1994** 465; *Rittner* Wirtschaftsrecht, 2. Aufl. (1987); *Schimmelpfeng* (Hrsg.) Aktuelle Beiträge über Insolvenzen, 2. Aufl. (1977); *Schlegelberger* Handelsgesetzbuch, 5. Aufl. Bd. I (1973), Bd. IV (1976); *K. Schmidt* Konkursgründe und präventiver Gläubigerschutz, AG **1978** 334; *K. Schmidt* Wege zum Insolvenzrecht der Unternehmen (1990); *Scholz* Kommentar zum GmbHG, 8. Aufl. (1993/95); *Smid/Zeuner* (Hrsg.) Gesamtvollstreckungsordnung (Kommentar), 2. Aufl. 1994; *Tiedemann/Sasse* Delinquenzprophylaxe, Kreditsicherung und Datenschutz in der Wirtschaft (1973); *Ulmer* Konkursantragspflicht bei Überschuldung der GmbH und Haftungsrisiken bei Konkursverschleppung, KTS **1981** 469; *Uhlenbruck* Die GmbH & Co KG in Krise, Konkurs und Vergleich, 2. Aufl. (1988); *Uhlenbruck* Die neue Insolvenzordnung, GmbHR **1995** 81 und 195; *Uhlenbruck* Die zivilrechtliche und strafrechtliche Feststellung von Krise, Zahlungsunfähigkeit und Überschuldung, Schimmelpfeng-Review **25** (1980) 550; *Uhlenbruck* Gläubigerberatung in der Insolvenz (1983); *Uhlenbruck* Krise, Konkurs, Vergleich und Sanierung als neue Aufgabe der Betriebswirtschaft, in: Bratschitsch/Schnellinger (Hrsg.), Unternehmenskrisen — Ursachen, Frühwarnung, Bewältigung (1981) S. 173; *Uhlenbruck* Probleme des Eröffnungsverfahrens nach dem Insolvenzrechts-Reformgesetz 1994, KTS **1994** 169; *Uhlenbruck* Sicherung gegen Zahlungsausfälle aus der Sicht des Insolvenzrechts de lege lata und de lege ferenda, Schmalenbachs Zeitschrift für betriebswirtschaftliche Forschung (ZfbF) **1982** 524; *Uhlenbruck/Delhaes* Konkurs- und Vergleichsverfahren, 5. Aufl. (1990); *Viel/Bredt/Renard* Die Bewertung von Unternehmungen und Unternehmensanteilen, 5. Aufl. (1975); *H. Vormbaum* Finanzierung der Betriebe, 8. Aufl. (1990); *Wegmann* Die Bedeutung der Krisen- und Insolvenzforschung für die betriebswirtschaftliche Konkretisierung der Insolvenrechtsreform, BFuP (Betriebswirtschaftl. Forschung und Praxis) **1989** 566; *Weitnauer* Einige Bemerkungen zu den Verwertungsgemeinschaften („pools") der Sicherungsgläubiger im Unternehmenskonkurs, F. Baur-Festschrift (1981) S. 709; *Wöhe/Bilstein* Grundzüge der Unternehmensfinanzierung, 7. Aufl. (1994).

Ausländisches und rechtsvergleichendes Schrifttum

Antolisei Delitos relacionados con las quiebras y las sociedades (Bogotá 1964); *Arzt* Der Sanierungsentscheid der Bank — auch ein strafrechtliches Risiko? in: Aktuelle Probleme im Bankrecht (Bern 1994) S. 159; *v. Arx* Das Buchdelikt, Diss. Zürich 1941; *Bacigalupo* Estudios jurídico-penales sobre insolvencia y delito (Buenos Aires 1970); *Bernasconi* Grenzüberschreitende Konkursdelikte, in: 100 Jahre Kündigungsschutzgesetz (Zürich 1989) S. 59; *Bertel* Die fahrlässige Krida, Koren-Festschrift (Wien 1993) S. 419; *Bouloc* La réforme de la banqueroute, Vitu-Festschrift (Paris 1989) S. 65; *Bundesminister für Inneres* (Hrsg.), Krida-Delikte und ihre kriminalpolizeiliche Behandlung (Wien 1965); *Carreri* I reati di bancarotta (Mailand 1993); *Caspar* Betrügerischer Konkurs, Pfändungsbetrug, leichtsinniger Konkurs und Vermögensverfall gemäß StrGB Art. 163—165, SchwZStrafR **87** (1971) 12; *Constant* La répression de l'insolvabilité frauduleuse en droit belge, Graven-Festschrift (Genf 1969) S. 21; *Conti* Diritto penale commerciale Bd. II, 2. Aufl. (I reati fallimentari, Turin 1991); *Crystal/Phillips* (Hrsg.) Butterworth's Insolvency Handbook, 3. Aufl. (London 1994); *Delitala* Studi sulla bancarotta (Mailand 1935); *Derrida* La réforme du règlement judiciaire et de la faillite (Paris 1969); *Earl* The Bankruptians (New York 1966); *Finzi* Quiebra culpable y relación de causalidad (Buenos Aires 1944); *Giarda* Reati fallimentari (Mailand 1994); *Giuliani/Balestrino* La bancarotta e gli altri reati concursali, 3. Aufl. (Mailand 1991); *Gössweiner-Saiko* Das Kridastrafrecht im StGB 1975, Öff. Sicherheit (Wien) **1981** H. 6 S. 10; *Greve* Konkursforbrydelserne, in: Michelsen/Orgaard (Hrsg.), Skatteret — Erkvervsrett (Kopenhagen 1989) S. 61; *Hauser* Der Schutz von Schuldbetreibung und Konkurs durch das Strafrecht, in: 100 Jahre Kündigungsschutzgesetz (Zürich 1989) S. 31; *Heinonen* Velallisen Konkurssirikoksista (Helsinki 1966); *Hilverda* Faillissementsfraude (Zwolle 1992); *Kedner* Företagskonkurser, wirtschaftswiss. Diss. Lund 1975; *Kellens* Banqueroute et banqueroutiers (Brüssel 1974); *Kellens* Tendances actuelles du droit de la banqueroute, Revue de droit pénal et de criminologie **1971/72** 1047; *Klöcker* Das US-amerikanische Konkursstrafrecht (1988); *Kunz* Die Gerichtspraxis zum Art. 163 StrGB (usw.), Diss. Basel 1963; *Laje Anaya* Quebrados y otros deudores punibles (Buenos Aires 1967); *Landrove Dias* Las quiebras punibles (Barcelona 1970); *Liebscher* Die Wirtschaftsdelikte im österreichischen Strafrecht, ZStW **88** (1976) S. 261; *Löfmarck* Brotten mot borgenärer, 2. Aufl. (Stockholm 1986); *Löfmarck* White-Collar Economic Crime in Sweden: The Debtor as Criminal, Acta Universitatis Stockholmiensis Studia Juridica **65** (Stockholm 1981); *Magnusson* Företagskonkurser och ekonomisk brottslighet (Stockholm 1985); *Malaniuk* Fahrlässige Krida (usw.), JBl **1960** 409; *Mangano* Disciplina penale del fallimento, 2. Aufl. (Mailand 1993); *Th. Müller* Betrügerischer Konkurs und Pfändungsbetrug, Diss. Zürich 1982; *Muñoz Conde* El delito de alzamiento de bienes (Barcelona 1971); *Nuvolone* Il diritto penale del fallimento e delle altre procedure concursuali (Mailand 1955); *Olscher* Kridadelikte und Organhaftung nach dem Strafgesetzbuch, GesRZ (Der Gesellschafter) **1975** 80; *Pagliaro* Il delitto di bancarotta (Palermo 1957); *Pedrazzi* Tendencias evolutivas del Derecho penal de la quiebra, Derecho comparado (Revista de la Asociación Argentina de Derecho Comparado) **1979** Nr. 3 S. 52; *Platzgummer* Unternehmerrisiko und Strafrecht, JBl **1987** 757; *Pusztai* Systemwechsel und Wirtschaftsstrafrecht in Ungarn, in: Eser/Kaiser/E. Weigend (Hrsg.), Vom totalitären zum rechtsstaatlichen Strafrecht (1993) S. 425; *Quintero Olivares* El alzamiento de bienes (Barcelona 1973); *Ramírez* Derecho concursal español — La quiebra (Barcelona 1959); *Rappaport* La banqueroute dans la législation moderne comparée (Paris 1927); *A. Rocco* Il fallimento (Turin 1917); *Roche-Pire* La sanction en droit pénal des affaires, Diss. Lille II 1980; *Rodière* (Hrsg.), Faillites (Paris 1970); *de la Rua* Los delitos contra la confianza en los negocios (Caracas 1980); *Salphati* Le droit pénal des faillites (Algier 1930); *Stevenson* Do crime falimentar (São Paulo 1938); *Stieger* Buchführungsdelikte, Diss. Zürich 1975; *Stöckli* Leichtsinniger Konkurs und Vermögensverfall (usw.), Diss. Basel 1954; *Tiedemann* Lecciones de Derecho penal económico (Barcelona 1993); *Vento* Velallisen rikoksista konkursissa (Tampere 1992); *Vento* Maksukyvyttömyys ja konkurssi rangaista — vuuden edellytyksenä (Vammala 1994); *Viladàs Jene* Los delitos de quiebra (Barcelona 1982); *Zweifel* Buchführungsdelikte mittels EDV und Maßnahmen zu deren Verhinderung (Zürich 1984).

Übersicht

I. Konkurs, Insolvenz und Wirtschaftskriminalität

1. Begriff und Bedeutung von Konkurs und Insolvenz in bezug auf das Strafrecht

1 a) **Konkurs** ist das Verfahren der Gesamtvollstreckung (Generalexekution) aller Gläubiger gegen einen Schuldner, dessen Vermögen zur Befriedigung aller Gläubiger nicht (mehr) ausreicht. Von einer „Gesamtvollstreckung" spricht ausdrücklich die in den fünf neuen Bundesländern und Ostberlin bis Ende 1998 geltende Verordnung über die Gesamtvollstreckung (Gesamtvollstreckungsordnung, GesO) vom 1. 7. 1990 (§ 1). **Insolvenz** bedeutet demgegenüber **Zahlungsunfähigkeit** (§ 102 KO, § 1 Abs. 1 GesO), nämlich den wirtschaftlichen Sachverhalt, der bei voraussichtlichem Andauern des Mangels an Zahlungsmitteln zu dem Verfahren des Konkurses führt und damit den Weg zur Einzelvollstreckung versperrt. Für juristische Personen und für Personenhandelsgesellschaften, bei denen kein Gesellschafter eine natürliche Person ist, stellt neben der Zahlungsunfähigkeit auch die **Überschuldung** — das Überwiegen der Passiven gegenüber den Aktiven — einen Konkursgrund dar (§§ 92 Abs. 2 S. 2 AktG, 64 Abs. 1 S. 1 GmbHG, 98 Abs. 1 Nr. 2 GenG, 130 a Abs. 1 S. 1 HGB, § 1 Abs. 1 GesO). Die zusätzlich in § 283 Abs. 6 genannte **Zahlungseinstellung** schließlich

ist äußere Manifestation der Zahlungsunfähigkeit (vgl. § 102 Abs. 2 KO und im einzelnen unten Rdn. 143 ff).

Entsprechend kann nach geltendem Recht als **„Konkurs-Strafrecht"** die Gesamtheit derjenigen Strafnormen bezeichnet werden, die das Verfahren der gleichmäßigen und gleichzeitigen Gesamtvollstreckung zugunsten aller Gläubiger des Gemeinschuldners schützen. Dieser Schutzzweck des Konkurs-Strafrechts ist grundsätzlich identisch mit dem des Konkurs-Rechts: die gleichmäßige quotenmäßige Befriedigung aller Gläubiger (**par condicio creditorum,** vgl. aber auch unten Rdn. 4 ff). Als „Insolvenz-Strafrecht" werden dagegen **zusätzlich** auch jene Straftatbestände verstanden, die im Zusammenhang mit der bevorstehenden oder eingetretenen Insolvenz zum Nachteil von Gläubigern, Staat und Dritten begangen werden[1]. Insolvenzstrafrecht ist folglich der weitere, Konkursstrafrecht der engere Begriff (ebenso *Teufel* Insolvenzkriminalität S. 64 f). Konkursstraftaten i. e. S. sind nur die Straftaten nach den §§ 283—283 d StGB sowie die Verletzung der Verpflichtung zur Stellung eines Konkurs- oder Vergleichsantrages nach §§ 401 Abs. 1 Nr. 2 AktG, 84 Abs. 1 Nr. 2 GmbHG, 148 Abs. 1 Nr. 2 GenG, 130 b HGB. Insolvenzstraftaten können dagegen auch sein: Unterlassen der Einberufung der Gesellschafterversammlung bei Verlusten in Höhe der Hälfte des Grund- oder Stammkapitals (§§ 401 Abs. 1 Nr. 1 AktG, 84 Abs. 1 Nr. 1 GmbHG, 148 Abs. 1 Nr. 1 GenG); Betrug einschließlich Wechsel- und Scheckbetrug (§ 263); Kreditbetrug (§§ 263, 265 b); Subventionsbetrug (§§ 263, 264); Versicherungsbetrug (§§ 263, 265); Untreue (§ 266); falsche Versicherung an Eides Statt (§ 156); Steuerhinterziehung (§§ 370 ff AO); Nichtabführen von Arbeitnehmerbeiträgen zur Sozialversicherung (§ 266 a) und andere Straftaten (vgl. im einzelnen unten Rdn. 27 ff sowie *Richter* GmbHR **1984** 148 f; *Teufel* aaO S. 65). — Ab 1. 1. 1999 wird gemäß Art. 60 Nr. 1 EGInsO die amtliche Überschrift des 24. Abschnitts des Besonderen Teils des StGB von „Konkursstraftaten" in „Insolvenzstraftaten" geändert. Von diesem Zeitpunkt an wird von „Insolvenzstraftaten" im engeren, technischen oder dogmatischen Sinne einerseits und im weiteren, untechnischen oder kriminologischen Sinne andererseits zu sprechen sein. **2**

b) Als Verfahren der Gesamtvollstreckung bedeutet Konkurs Zerschlagung oder Abwicklung, also **Liquidation**, des schuldnerischen Unternehmens. Der neuere Gedanke der **Sanierung** oder Reorganisation des Unternehmens und insbesondere der Erhaltung der *Arbeitsplätze* ist dem klassischen exekutorischen Prinzip des Konkurses fremd. Er trat jedoch bei der Diskussion um die Reform des Insolvenzrechts zunehmend in den Vordergrund[2]. Hier vollzieht sich seit einiger Zeit eine Ausweitung des rechtspolitischen Blickwinkels vom Gläubiger-Schuldner-Verhältnis auf sonstige Belange und Postulate der Wirtschaftsordnung: Das Konkurs- und Insolvenzrecht (Gesamtvollstreckungsrecht) wird zum **Wirtschaftsrecht** (*K. Schmidt* Verh. **54.** DJT 1982 Bd. I S. D 12 f; *Uhlenbruck* KTS **1981** 521). Das Konkursstrafrecht (und teilweise auch das sonstige Insolvenzstrafrecht) geht somit in das **Wirtschaftsstrafrecht** über (vgl. § 74 c Abs. 1, insbes. Nr. 5 GVG sowie *Tiedemann* Wirtschaftsstrafrecht I S. 60 mit weit. Nachw.). Diese Entwicklungstendenz wird durch überindividuelle (soziale) Aspekte der Gesamtwirtschaft gekennzeichnet. Solche Aspekte liegen nicht nur in der Einbeziehung der Arbeitnehmer in den Gläubigerbegriff (unten Rdn. 49), son- **3**

---

[1] Zustimmend *Grub/Rinn* ZIP **1993** 1585 und *Weyand* S. 21 f; ebenso bereits *Bertling* S. 19; *Tiedemann* GmbH-Strafrecht Rdn. 53 vor § 82; **aA** *Renger* in: Mommsen Wirtschaftsdelikte S. 78.

[2] Vgl. nur *Flessner* Sanierung und Reorganisation (1982); *Leipold* (Hrsg.), Insolvenzrecht im Umbruch (1991); *Mohr* S. 30; *K. Schmidt* Verh. **54.** DJT 1982 Bd. I S. D 18 ff; *Uhlenbruck* KTS **1981** 513, je mit weit. Nachw.

dern vor allem auch in dem sog. Außenverbund des Unternehmens mit Zulieferern und Abnehmern, wie er sich im Insolvenz- und Konkursfall in der bekannten Kettenreaktion von Zusammenbrüchen äußert (*Tiedemann* Wirtschaftsstrafrecht II S. 75 f; *Uhlenbruck* in: Bratschitsch/Schnellinger S. 175 f). Die am 1. 1. 1999 in Kraft tretende neue *Insolvenzordnung* von 1994 schließt diese Entwicklung ab und vereinheitlicht das bisher auf Konkurs und Vergleich verteilte Insolvenzrecht. Neben die Gläubigerbefriedigung durch Abwicklung tritt der „Erhalt des Unternehmens" (§ 1 S. 1 InsO), wobei dieser vom Gesetz aber auch nur als Mittel der Gläubigerbefriedigung behandelt wird: Die Fortführung des Unternehmens wird als Form der (investiven) Verwertung des Schuldnervermögens zugunsten der Gläubiger angesehen (vgl. BTDrucks. 12/2443 S. 93). Die Sanierung ist also auch im neuen Insolvenzrecht kein Verfahrensziel und wird von der InsO 1999 nicht einmal als Begriff benutzt. Fortführung und „Erhalt" des Unternehmens sind mit Sanierung und Sanierungsfähigkeit nicht ohne weiteres gleichzusetzen (vgl. nur §§ 1 S. 2, 22 Abs. 1 Nrn. 2 und 3, 156 Abs. 1 S. 2, 157, 229, 260 InsO; **aA** wohl *Uhlenbruck* GmbHR **1995** 196 ff).

4 **c)** Die Zerschlagung (Liquidation) des schuldnerischen Unternehmens, also seine Vernichtung und Ausschließung aus dem Wirtschaftsleben, wird vom noch geltenden Konkursrecht um der Haftungsverwirklichung in der Form der **par condicio creditorum** willen (oben Rdn. 2) in Kauf genommen, ja bezweckt. In der Konkurspraxis ist dieses fundamentale Ordnungsprinzip der gleichen und gleichmäßigen Verlustgemeinschaft aller Gläubiger aber längst nicht mehr verwirklicht, vor allem seitdem die Sicherungsformen des modernen Wirtschaftsverkehrs: Eigentumsvorbehalt, Sicherungsübereignung und Globalzession als „unsichtbare" (verdeckte) Sicherungen der Kreditversorgung der Unternehmen, von der Rechtsprechung als konkursfest anerkannt und damit durchschlagende Bevorzugungen einzelner Gläubiger geschaffen worden sind. Auch das ab 1. 1. 1999 geltende Insolvenzrecht hat — entgegen der rechtspolitischen und im Gesetzgebungsverfahren erhobenen Forderung nach „Einbindung dinglich gesicherter Gläubiger" — diese Bevorzugungen materiell-rechtlich weitgehend beibehalten, sucht freilich im übrigen eine bessere Gleichstellung der Gläubiger zu erreichen. Das bisherige Recht führt jedenfalls dazu, daß ca. $^3/_4$ aller Konkurse masselos sind: das Verfahren wird überhaupt nicht eröffnet oder aber eingestellt. Die Ausfälle der „normalen", nicht konkursfest gesicherten und nicht bevorrechtigten, Gläubiger liegen bei 95% (näher unten Rdn. 12). Insolvenzen von Großunternehmen werden dagegen zum Zwecke der Erhaltung der Arbeitsplätze und aus sonstigen außerkonkursrechtlichen Gründen nicht selten durch staatliche Subventionen beseitigt. Schließlich ist trotz der rechtlichen Konkursfähigkeit sowohl der natürlichen als auch der juristischen Person mit der Liquidation der juristischen Person keine Sorge dafür getragen, daß nicht die für den Konkurs verantwortlichen natürlichen Personen erneut am Wirtschaftsleben teilnehmen und neue Unternehmen — z. T. gezielt — in den Konkurs führen, nachdem neue Anfangskredite aufgenommen und sonstige neue Verbindlichkeiten begründet worden sind (vgl. allerdings für das Gesellschaftsrecht § 76 Abs. 3 AktG, § 6 Abs. 2 S. 3 u. 4 GmbHG und dazu *Tiedemann* GmbH-Strafrecht Rdn. 10 vor § 82 mit Nachw.).

5 Alle diese Umstände hatten dazu beigetragen, daß die häufig zitierte Auslese- und Reinigungsfunktion des Konkurses (vgl. etwa *Mommsen* S. 137 f) zweifelhaft geworden und durch Schlagworte wie das vom „Konkurs des Konkurses" (*Kilger* KTS **1975** 142 ff) oder von der erforderlichen „Sanierung" des Konkurses bzw. des Insolvenzrechts (*Berges* BB **1976** 387 ff; *K. Schmidt* Verh. **54.** DJT 1982 Bd. I S. D 35) in Frage gestellt worden ist. Auch lassen hohe Insolvenzziffern Zweifel daran aufkommen, ob Unternehmenszusammenbrüche noch bloße Folge eines funktionsfähigen marktwirtschaftlichen Sanktionssystems oder schon Symptome von Funktionsstörungen dieses Systems sind (*Uhlenbruck* ZfbF **1982** 525 f).

d) Für das Strafrecht konnten und können sich aus dieser Krisen- und Über- 6
gangssituation des Insolvenzrechts grundsätzliche Bedenken und Zweifel an der **Strafwürdigkeit** der Konkursstraftaten ergeben, vor allem wenn an der alleinigen Rechtsgutsbestimmung der Gläubigerinteressen festgehalten wird (vgl. dazu näher unten III A). Die Wirklichkeit einer minimalen Quote der Befriedigung „normaler" Gläubiger und einer hohen Quote der Befriedigung dinglich gesicherter Kreditgeber (oben Rdn. 4) läßt aber auch bei einer stärker überindividuellen (sozialen) Betrachtung und Einbeziehung der gesamtwirtschaftlichen Bereinigungsfunktion von Insolvenzen und Konkursen die Strafwürdigkeitseinschätzung einzelner Bankrotthandlungen sinken: Wenn der nicht bevorrechtigte Gläubiger im Normalfall des Konkurses nahezu (oder sogar ganz) leer ausgeht und wenn der konkursfest gesicherte Gläubiger bereits durch die Eigentums- und Vermögensstraftatbestände der §§ 242 ff, 266, 303 StGB jedenfalls gegen vorsätzliche Beseitigung körperlicher Vermögensgegenstände umfassend gesichert ist, droht ein Absinken des inneren Gehaltes der sog. Bankrotthandlungen zum bloßen Verstoß gegen ein überholtes Ordnungsprinzip und damit die Einstufung als Ordnungswidrigkeit[3].

Demgegenüber ist jedoch auch ohne Berücksichtigung der 1999 in Kraft treten- 7
den Reform zu bedenken, daß der Unwert der Bankrotthandlungen vor allem in denjenigen Fällen — des § 283 Abs. 2 — deutlich erkennbar bleibt, in denen die Bankrotthandlungen selbst zur Insolvenz und zum Konkurs führen oder jedenfalls hierzu beitragen. Es handelt sich dabei vor allem um zu hohe *(Privat-)Entnahmen, Mängel an Übersicht und Planung* (Information) sowie *Schleuderverkäufe.* Daneben geht es um die — als solche nicht strafbare — Hinnahme laufender Verluste; insolvente oder insolvenzgefährdete Unternehmen versuchen häufig bis zum manifesten Zusammenbruch oder doch bis zur Konkursantragstellung eines Gläubigers mit allen Mitteln, den Geschäftsbetrieb aufrechtzuerhalten. Ein rechtzeitiger Konkursantrag des Schuldners würde in diesen Fällen erfahrungsgemäß zu einer besseren Erhaltung der Haftungsmasse und damit zu einer größeren Befriedigung aller Gläubiger führen[4]. Aber auch private Sanierungsbemühungen nach Eintritt der Zahlungsunfähigkeit oder Überschuldung führen nach bisheriger Erfahrung zu einem erheblichen Anwachsen der Verbindlichkeiten (*Richter* GmbHR **1984** 118). Aus dieser Einsicht ergibt sich auch das erhebliche, nicht selten verkannte Gewicht der Strafbewehrung der oben Rdn. 2 genannten Verpflichtung zur Stellung von Konkurs- oder Vergleichsanträgen durch den Träger oder Vertreter des schuldnerischen Unternehmens. (Andere Rechtsordnungen stellen folgerichtig die Fortführung eines Unternehmens trotz drohender oder eingetretener Zahlungsunfähigkeit als Gläubigergefährdung unter Strafe, wenn die Schulden vergrößert werden; vgl. etwa Kap. 11 § 1 Abs. 3 schwed. StGB.) Darüber hinaus ist die Gleichmäßigkeit der Gläubigerbefriedigung als alleiniges Schutzinteresse nur dem § 283 c eigentümlich. §§ 283, 283 a, 283 b beziehen sich demgegenüber auch — und sogar vorrangig — auf die Verringerung und Verschleierung der Haftungsmasse durch den Schuldner bzw. — bei § 283 d — durch Dritte.

---

[3] Vgl. dazu *Klug* Konkurs-Strafrecht Rdn. 6 vor § 239 und bei *Franzheim* in: Tiedemann Die Verbrechen in der Wirtschaft, 1. Aufl. 1970, S. 97; *Mohr* S. 29 f; auch *Gallandi* wistra **1992** 10 ff. Zum gegenteiligen Standpunkt der h. M. sogleich Rdn. 7 und *Kindhäuser* in: Schünemann/Suárez S. 134.

[4] Vgl. nur BGHSt **9** 84, 86; *Baumann* § 5 I 1 a; *Klug* JZ **1957** 464.

Diese Tathandlung bleibt auch dann strafwürdig, wenn die allen Gläubigern zur Verfügung stehende Masse bereits durch konkursfeste Vorzugssicherheiten eingeschränkt oder ausgehöhlt ist. Vor allem aber enthalten die Sondertatbestände der §§ 283 ff neben dem Verbot der Gläubigergefährdung durch Schmälerung oder Verschleierung der Masse auch bestimmte Mindestanforderungen an ein ordnungsgemäßes Wirtschaften (Handlungsunrecht, vgl. unten Rdn. 97 und § 283 Rdn. 7). — Insgesamt ist allerdings kaum zu bestreiten, daß auch aus strafrechtlicher Sicht die Reform des Insolvenzrechts zweckmäßig und erforderlich erscheint, um die Handlungen und Unterlassungen nach §§ 283 ff StGB deutlich über die Stufe bloßen Ordnungsunrechts hinauszuheben und ihnen einen stärker hervortretenden kriminellen Gehalt zu geben (zust. *Mohr* S. 30).

8 Für die gegenwärtige Rechtslage folgt bei der Beurteilung der Strafbarkeit nach §§ 283 ff aus dem fehlenden konkreten Gefährdungsgehalt einzelner Bankrotthandlungen die Möglichkeit interpretatorischer Einschränkungen. Aus der erwähnten neueren Einbeziehung der Interessen der Arbeitnehmer in die Rechtsguts- und Strafwürdigkeitsbetrachtung (näher unten Rdn. 49) ergeben sich auf der anderen Seite potentielle Gegengewichte. Die realen Insolvenzursachen (dazu sogleich 2.) spielen für die Höhe der Strafe (Strafzumessung) eine Rolle, und die Frühsignale der Insolvenz haben für die Konstituierung des Fahrlässigkeitsvorwurfs bei wirklichem oder angeblichem Verkennen der Krisensituation Bedeutung (vgl. § 283 Rdn. 209). Die faktische Möglichkeit der Unternehmensfortführung im Konkurs schließlich beeinflußt die rechtliche Handhabung des Überschuldungsbegriffes (unten Rdn. 153).

9 **e)** Im Beitrittsgebiet — den fünf neuen Bundesländern sowie Ostberlin — gilt, wie bereits oben Rdn. 1 erwähnt, bis zum 31. 12. 1998 anstelle der KO die **GesO**, die auf der Gesamtvollstreckungsverordnung des Ministerrats der DDR vom 1. 7. 1990 beruht und durch Anl. II Kap. III A Abschn. II Nr. 1 a Einigungsvertrag in den Rang eines Bundesgesetzes erhoben worden ist. Die GesO ist — sofern sie nach dem interlokalen Insolvenzrecht anwendbar ist (näher § 283 Rdn. 245) — grundsätzlich auch für das Konkursstrafrecht der §§ 283 ff StGB maßgeblich (für § 84 GmbHG ebenso *Kilger/K. Schmidt* Anm. 6 zu § 1 GesO): Nach § 1 Abs. 4 Satz 2 GesO treten an die Stelle von Rechtsvorschriften, die „auf das Konkursverfahren verweisen", die Vorschriften der GesO. Eine derartige „Verweisung" enthält § 283 Abs. 6 (Eröffnung „des Konkursverfahrens"), aber beispielsweise auch § 283 Abs. 1 Nr. 1 (Vermögen, das „im Falle der Konkurseröffnung zur Konkursmasse" gehört); an deren Stelle treten im Beitrittsgebiet das „Gesamtvollstreckungsverfahren" (näher Rdn. 166) und die „Gesamtvollstreckungsmasse" (näher § 283 Rdn. 15). Mit Blick auf das strafrechtliche Bestimmtheitsgebot (Art. 103 Abs. 2 GG) ist es allerdings nicht jedem Zweifel entzogen, daß die Generalklausel des § 1 Abs. 4 Satz 2 GesO Inhalt und Reichweite der §§ 283 ff ausdehnt; auch handelt es sich in den genannten Beispielen eher um „Erwähnungen" des Konkursverfahrens als um wirkliche „Verweisungen". Insgesamt dürfte § 1 Abs. 4 Satz 2 GesO aber — jedenfalls bei restriktiver Anwendung — (noch) den in der Rechtsprechung des BVerfG (E 37, 201, 208; 48, 48, 56 f; 73, 206, 234 ff; 78, 374, 381 f) anerkannten Bestimmtheitserfordernissen genügen; vor allem können die möglichen Fälle der Strafbarkeit im Beitrittsgebiet schon anhand des Gesetzes selbst ermittelt werden. — In der Sache enthält die GesO gegenüber der KO durchaus eigenständige, freilich fragmentarische und ergänzungsbedürftige Regelungen. Vor allem stellt das Gesamtvollstreckungsverfahren — ähnlich wie das Insolvenzverfahren nach künftigem Recht (sogleich Rdn. 10) — ein „Einheitsverfahren" für Konkurs und Vergleich dar (vgl. § 16 GesO; näher unten

Rdn. 166). Überschuldung ist nur bei juristischen Personen Gesamtvollstreckungsgrund (§ 1 Abs. 1 Satz 1 GesO), nicht aber bei Personenhandelsgesellschaften, auch wenn — wie es bei der GmbH & Co. KG der Fall sein kann — kein persönlich haftender Gesellschafter eine natürliche Person ist (vgl. demgegenüber § 209 Abs. 1 Satz 2 KO). Zudem ist die Gesamtvollstreckung abzulehnen, wenn bestimmte Stellen (Behörden und Banken) Gewähr für die Beseitigung der Zahlungsunfähigkeit bieten (§ 4 Abs. 2 Alt. 2 GesO; näher dazu unten Rdn. 179).

f) Die **Rechtslage ab 1. 1. 1999** wird, wie bereits oben Rdn. 3 a. E. angedeutet, **10**
durch die Beseitigung der Zweispurigkeit von Konkurs- und Vergleichsverfahren gekennzeichnet. Art. 60 EGInsO ersetzt daher in §§ 283 ff StGB das Wort „Konkurs" durch das Wort „Insolvenz" (und in § 283 Abs. 1 Nr. 1 das Wort „Konkursmasse" durch „Insolvenzmasse"), so daß auch die oben Rdn. 2 begründete Bezeichnung ab 1999 in „Insolvenzstrafrecht" zu ändern ist. Die zusätzliche Änderung des § 283 Abs. 6 (Ersetzung von „Konkursverfahren" durch „Insolvenzverfahren") ist inhaltlich insofern von Bedeutung, als das künftige Insolvenzverfahren schneller und leichter zu eröffnen ist als das bisherige Konkursverfahren (vgl. BTDrucks. 12/2443 S. 84; *Burger/Schellberg* BB **1995** 261 ff). Daher kann — wenn eine Zahlungseinstellung nicht vorliegt oder nicht nachweisbar ist — die objektive Strafbarkeitsbedingung nach künftigem Recht früher als bisher eintreten, vor allem auch weil dieses den Begriff der Zahlungsunfähigkeit als Grund für die Eröffnung des Insolvenzverfahrens ausweitet (vgl. unten Rdn. 126) und nach noch geltendem Recht die Eröffnung des Vergleichsverfahrens nicht als Bedingung der Strafbarkeit ausreicht. Diese *Vorverlagerung der Strafbarkeit* zwingt zu einer Neubestimmung des Inhalts der objektiven Strafbarkeitsbedingung des § 283 Abs. 6 (vgl. unten Rdn. 88): Eine Strafverfolgung wird nach § 152 StPO zwingend eingeleitet, obwohl noch offen ist, ob das Unternehmen wieder gesundet, ja eine Gesundung oder doch eine Fortführung durch Reorganisation des Unternehmens durch das neue Insolvenzverfahren ausdrücklich angestrebt wird (vgl. § 1 S. 1 InsO 1999). Umgekehrt eröffnet die Möglichkeit der Unternehmensfortführung durch den Schuldner (trotz Überwachung der Erfüllung des für die Sanierung zentralen Insolvenzplans durch den Insolvenzverwalter, vgl. § 260 InsO) ähnlich wie die Eigenverwaltung durch den Schuldner (§§ 270 ff. InsO) das *Risiko neuer Straftaten während des Insolvenzverfahrens* (wobei § 270 Abs. 2 Nr. 3 InsO für den Fall der Eigenverwaltung insoweit eine Prognose durch das Insolvenzgericht verlangt). Diese nach geltendem Recht eher seltenen Straftaten werden durch § 283 Abs. 1 erfaßt, weil das Insolvenzverfahren erst mit rechtskräftiger Bestätigung des Insolvenzplans durch das Gericht endet und Bankrotthandlungen jedenfalls bis zu diesem Zeitpunkt vorgenommen werden können (unten Rdn. 100). Spätere Handlungen sind dagegen nur bei erneuter Zahlungseinstellung (usw.) strafbar. § 266 greift insoweit nicht ein, weil auch der durch einen Insolvenzplan gebundene Schuldner den Gläubigern nicht treupflichtig ist (vgl. zum bisherigen Recht der faktischen Eigenverwaltung BGH wistra **1991** 305, 307).

Offen bleibt nach künftigem Recht, ob die erfolgreiche, nämlich zur Gläubigerbefriedigung führende Unternehmensfortführung als *Sanierung* (nach Eintritt der Strafbarkeitsbedingung!) unter dem Gesichtspunkt der Überwindung der Krise und des Entfallens des Strafbedürfnisses ähnlich zur Straflosigkeit führt wie nach geltendem Recht die Vermeidung des wirtschaftlichen Zusammenbruchs (dazu unten Rdn. 90 mit Nachw.). — Bereits diese Fragen zeigen, daß die Auswirkungen des neuen Insolvenzrechts auf die Strafbarkeit nach §§ 283 ff offenbar allenfalls am Rande der Insolvenzrechtsreform Beachtung gefunden haben. Demgegenüber hat etwa der französische Gesetzgeber mit der Reform des Insolvenzrechts im Jahre 1985 (dazu unten Rdn. 193) und der ganz entsprechenden Vorverlagerung der Strafbarkeit eine nicht unerhebliche Entkriminalisierung des Bankrottstrafrechts verbunden (dazu in diesem Zusammenhang *Derrida* Revue de science criminelle **1989** 658 ff).

2. Häufigkeit, Arten und Ursachen von Insolvenzen und Konkursverfahren

11 **a)** Auch ohne Berücksichtigung der — statistisch nicht erfaßten — stillen Liquidationen hat sich die Zahl der Insolvenzen seit 1960 nahezu ständig vergrößert. Ihre Wellenlinien folgen mit zeitlich nahem Abstand den Höhen und Tiefen der Wirtschaftskonjunktur. Im Jahre 1985 betrug die Summe der beantragten Vergleichs- und Konkursverfahren in der Bundesrepublik Deutschland knapp 19 000, 1994 für dasselbe Gebiet (alte Bundesländer) mehr als 20 000 — zwei Höchststände der neueren Insolvenzentwicklung, die auch in den neuen Bundesländern und Berlin-Ost von 401 Gesamtvollstreckungsverfahren im Jahre 1991 zu 2761 Verfahren im Jahre 1993 geführt hat. Nahezu ¾ hiervon entfallen auf **kaufmännische** Unternehmen und Freie Berufe (Statistisches Jahrbuch für die Bundesrepublik Deutschland 1986 S. 133; 1994 S. 150; *Angele* WiSta **1994** 205 ff). Rechtlich werden Privatkonkurse und Unternehmensinsolvenzen zwar weitgehend gleich behandelt. Die KO von 1877 sieht die Privatinsolvenz systematisch sogar als den Normalfall und die Insolvenz der Handelsgesellschaft als Sonderfall an (vgl. § 209 KO). Jedoch ist dieses Regel-Ausnahme-Verhältnis quantitativ überholt, und auch qualitativ sowie unter praktischen Gesichtspunkten wird der **Privatkonkurs** als eine andere Erscheinung als die Insolvenz des Unternehmens gewertet (vgl. nur *K. Schmidt* Verh. **54** DJT 1982 Bd. I S. D 37 ff mit Nachw.). Dem tragen sowohl die am 1. 1. 1999 in Kraft tretenden Regeln des neuen Insolvenzrechts mit der Einführung eines besonderen Verbraucherinsolvenzverfahrens als auch zahlreiche ausländische Rechtsordnungen Rechnung (vgl. näher unten IV., insbes. Rdn. 223). Die Unterschiedlichkeit von Privat- und Unternehmenskonkurs hat auch Folgen für die Bestimmung des Rechtsgutes der §§ 283 ff (unten Rdn. 54 ff).

12 Mit dem zahlenmäßigen Anwachsen der Insolvenzen haben auch die mangels Masse nicht eröffneten Konkurse (1993: 12 853) und die sog. Millionenkonkurse (1993: 2559) in den alten Bundesländern mehr oder weniger stetig zugenommen. Seit 1970 beträgt die durchschnittliche Konkursquote für die nichtbevorrechtigten Gläubiger 3 bis 5% und weniger, für die bevorrechtigten Gläubiger zwischen 20 und knapp 40% (Statist. Jahrbuch 1994 S. 152, zur Lage in den neuen Bundesländern und Ostberlin S. 153; *Angele* WiSta **1994** 207). Die unmittelbaren **Insolvenzverluste** (Forderungsausfälle) liegen seit der Mitte der 70er Jahre nach den angemeldeten bzw. vom Gericht geschätzten Forderungen allein für die eröffneten Insolvenzverfahren zwischen 6,2 Mrd. DM (1976) und insgesamt 12 Mrd. DM (1992) (vgl. Voraufl. Rdn. 11; Statist. Jahrbuch aaO; *Angele* aaO S. 536). Die mittelbaren und die endgültigen Schäden entziehen sich exakter Erfassung und sind volkswirtschaftlich umstritten (vgl. bereits *Uhlenbruck* ZfbF **1982** 526 mit Nachw.). Auch der insolvenzbedingte Verlust von Arbeitsplätzen ist in seinem Ausmaß und in seiner Auswirkung auf die Arbeitslosenquote unsicher und streitig. Die Schätzungen schwankten für 1981 bei 11 653 beantragten Vergleichs- und Konkursverfahren zwischen 60 000 und mehr als 300 000 konkursbedingten Entlassungen (*Liebl* S. 6) und damit zwischen 2 und mehr als 20% der Zugänge zur Arbeitslosigkeit. Für 1993 nahm der *Verband der Vereine Creditreform* (Unternehmensentwicklung 1994 S. 9 a ff) bei 17 537 in Westdeutschland beantragten Vergleichs- und Konkursverfahren 235 000 (in den neuen Bundes-

ländern: 70 000) insolvenzbedingte Arbeitsplatzverluste an. Dieselbe (private) Schätzung, die sich aber im wesentlichen mit Angaben des Statistischen Bundesamts über endgültige Forderungsausfälle deckt, gelangt für 1994 zu einem Gesamtschaden von ca. 50 Mrd. DM von privaten Gläubigern und Staat, bezogen auf West- und Ostdeutschland (Insolvenzen und Zahlungsverhalten in der Europäischen Union 1994/95 S. 6).

b) Die **Ursachen** für Insolvenzen und Konkurse sind vielfältig und häufig miteinander verknüpft, aber zu einem großen Teil bekannt. Unverschuldete Unternehmensinsolvenzen sowie Großinsolvenzen werden im folgenden vernachlässigt. Alle empirischen Untersuchungen und Erfahrungen sind sich darin einig, daß die Insolvenz in aller Regel auf *unternehmerischem Fehlverhalten* beruht, insbesondere auf einer Fehleinschätzung der künftigen Konsequenzen einer gegenwärtig getroffenen Entscheidung[5]. Für mittelständische Unternehmen kommen empirische Erhebungen zu dem Ergebnis, daß in mehr als 75% der zusammengebrochenen Unternehmen die gravierendsten Insolvenzursachen im Bereich der Unternehmensführung lagen, also in Management-Fehlern bestanden, gefolgt von Mängeln im Finanzierungs- und im Absatzbereich[6]. Im Verlaufe der folgenden Darstellung wird daher besonderer Wert darauf zu legen sein, wie die Buchführungstatbestände der §§ 283 Abs. 1 Nrn. 5—7, 283 b zu verstehen und inwieweit über diese Tatbestände hinaus aus § 283 Abs. 1 Nr. 8 Planungserfordernisse abzuleiten sind. **13**

Wichtigste und häufigste Insolvenzursache im Finanzierungsbereich ist die schwache Ausstattung deutscher Unternehmen mit **Eigenkapital** (z. Zt. bei weniger als 20%) und die diesem Phänomen entsprechende Überkreditierung sowie Übersicherung der Gläubiger im Schuldnervermögen[7]. Bereits die Motive zur KO meinten hierzu: „Wo es keinen Kredit gibt, da ist überhaupt ein Konkurs kaum denkbar“[8]. Hieraus folgt die besondere konkursrechtliche Bedeutung der Kreditgewährungspraxis sowohl seitens der Kreditinstitute (Geldkredit und insbesondere Sanierungskredit) als auch seitens der Lieferanten (Warenkredit). Trotz ihrer großen Verbreitung muß die geringe Eigenkapitalausstattung als unternehmerisches Fehlverhalten eingestuft werden, vor allem wenn im Einzelfall die Möglichkeit einer erheblichen Erhöhung der Darlehenszinsen nicht einkalkuliert wird (vgl. unten Rdn. 16). Aber auch die Gewährung und Inanspruchnahme von Sanierungskredit ist mit so großen Unsicherheiten behaftet, daß Sanierungsversuche rechtlich wie betriebswirtschaftlich geradezu als Risikogeschäfte einzustufen sind (*Drukarczyk* Unternehmen und Insolvenz S. 272 ff; *Tiedemann* ZIP **1983** 520 f). Auf dem 54. Deutschen Juristentag 1982 **14**

---

5 *Bora/Liebl/Poerting/Risch* S. 277; *Grub* AnwBl **1993** 460; *Grub/Rinn* ZiP **1993** 1584; *Kressin* S. 50 ff mit weit. Nachw.; *Zainhofer* Kriminalistik **1992** 512. — Aus der älteren Literatur ebenso schon *Hammerl* S. 67; *Schlüchter* S. 18; *Teufel* Insolvenzkriminalität S. 61; *Uhlenbruck* Gläubigerberatung S. 21 ff.

6 *Reske/Brandenburg/Mortsiefer* S. 60 ff, 95 ff, 104 ff; *Hilke* Mittelstand S. 7 ff. Vgl. ferner *Bieneck* in: Müller-Gugenberger § 62 A I; *Klein/Blenkers* (Hrsg.), Zum Problem der Insolvenzverhütung in mittelständischen Betrieben, 2. Aufl. (1981); *Mischon/Mortsiefer* Zum Stand der Insolvenzprophylaxe in mittelständischen Betrieben (1981); *Rinklin* Die vergleichsfähige und die konkursreife Unternehmung (1960) S. 46.

7 *Bora/Liebl/Poerting/Risch* S. 277; *Grub/Rinn* ZIP **1993** 1585; *Hanisch* JBl. **1977** 238; *Uhlenbruck* ZfbF **1982** 527 und in: Bratschitsch/Schnellinger S. 176 f; *Weyand* S. 20. — Übersicht zur Eigenkapitalausstattung der deutschen und ausländischen Unternehmen bei *Reuter* Verh. **55.** DJT (1984) Bd. I S. B 8 ff. Bei Berücksichtigung länderspezifischer Bilanzierungsunterschiede kommt die Deutsche Bundesbank allerdings zu der im europäischen Vergleich relativ günstigen Eigenmittelquote deutscher Unternehmen von rd. 30% (Verband der Vereine Creditreform, Insolvenzen usw. [oben Rdn. 12], S. 18).

8 *Hahn* Die gesamten Materialien zu den Reichs-Justizgesetzen Bd. IV (1898) S. 292.

blieb die Feststellung unwidersprochen, daß allenfalls 5—10% aller Sanierungsmaßnahmen zum Erfolg führen (vgl. *Uhlenbruck* Schimmelpfeng-Review **31** 1983, S. 48). Ob sich dies nach neuem Recht (oben Rdn. 10) ändern wird, bleibt abzuwarten.

15 Im einzelnen spielt insoweit als Insolvenzursache das Verhältnis zwischen Eigenkapital und Fremdkapital, aber auch zwischen Eigenkapital und Geschäftsumfang, Unternehmenszweck, Anlagevermögen und Risiko eine Rolle. Die Frage, wann ein Unternehmen **angemessen** mit Eigenkapital ausgestattet ist, hängt vor allem auch von der Ertragskraft des Unternehmens ab und wird von der Betriebswirtschaftslehre als nicht allgemein, sondern nur im Einzelfall und branchenabhängig beantwortbar bezeichnet[9]. Entsprechend läßt sich nach betriebswirtschaftlicher Auffassung nur in Extremfällen eine zwingende Aussage dahingehend machen, daß die Eigenkapitalausstattung bzw. Fremdfinanzierung schlechthin unvertretbar ist (*Tiedemann* Wirtschaftsstrafrecht II S. 73f mit Nachw.). Allerdings sehen im Gesellschaftsrecht Rechtsprechung und Lehre sowie die neuere Gesetzgebung (§ 32a GmbHG) die — anfängliche oder nachträgliche — **Unterkapitalisierung** durchaus als justitiablen Rechtsbegriff an, und das Zivilrecht verwendet diesen Begriff auch im übrigen, z. B. bei der Haftung für Kreditgewährung an krisenbefangene Unternehmen[10]. Auch im Strafrecht ist der Begriff der zu geringen Eigenkapitalausstattung daher nicht von vornherein unanwendbar; er muß hier lediglich auf zweifelsfreie Fälle beschränkt werden (vgl. auch AE § 192 Abs. 1 Nr. 1 und unten Rdn. 124 sowie § 283 Rdn. 163).

16 Entsprechend dem hohen Fremdfinanzierungsbedarf der meisten deutschen Unternehmen steht die Verteuerung der Bankkreditzinsen an vorderer Stelle der Insolvenzursachen. Dies gilt auch für mittlere und für Großunternehmen (*Schimmelpfeng* S. 32f). Für die Insolvenzen von **Großunternehmen** (ab 100 Mio. DM Umsatz) werden im übrigen vor allem das Ausbleiben von Exportaufträgen und hohe Personalkosten verantwortlich gemacht (*Schimmelpfeng* S. 31, 32f).

17 Neben der Art der Kapitalausstattung wird in der betriebswirtschaftlichen Insolvenzursachenforschung und nach der Erfahrung der Konkursverwalter eine Fülle weiterer Faktoren und Kriterien für Insolvenzen und diesen voraufgehende Zahlungsschwächen genannt. Erwähnt seien etwa: Organisation und Kostenstruktur des Unternehmens, Qualifikation der Führungskräfte, Liquidität, Preisbildung und Absatzorganisation, Wettbewerbs- und sonstige Marktlage, technische Entwicklung, Monokultur und übertriebene Diversifikation, mangelnde oder übertriebene Investitionsbereitschaft, Inflationseffekte, konjunkturelle Einflüsse[11]. Die oben Rdn. 13 erwähnten Untersuchungen mittelständischer Betriebe betonen zusätzlich, ja primär, die Bedeutung von **Informationsdefiziten** im Bereich der Unternehmensführung als Insolvenzursache, wobei vor allem ungenügende Finanzplanung gerügt wird[12].

18 Bereits zum kriminellen Bereich zählen die oben Rdn. 7 genannten insolvenzauslösenden Vorgänge grob wirtschaftswidriger Verringerung der Aktiva durch *Schleuderverkauf* kreditierter Waren (vgl. § 283 Abs. 1 Nr. 3) und durch übermäßige *Privatentnahmen* aus dem Geschäftsvermögen (vgl. § 283 Abs. 1 Nrn. 1 und 2). Sie bilden gemeinsam mit der absichtlichen **(gezielten) Herbeiführung von Insolvenzen** (vgl. § 283

---

[9] *Büschgen* S. 130ff sowie GmbHR **1974** 25ff mit Nachw.; *Buchmann* Sparkasse **1987** 384, 387.

[10] Vgl. nur *Obermüller* ZIP **1980** 1060; ferner *Uhlenbruck* ZfbF **1982** 536f, je mit weit. Nachw.

[11] Vgl. *Doehring* KTS **1986** 623f; *Hammerl* S. 68ff; *Langen* in: Schimmelpfeng, Insolvenzen S. 9ff; *Schimmelpfeng* S. 30ff; *Uhlenbruck* ZfbF **1982** S. 526ff und in: Bratschitsch/Schnellinger S. 190 sowie Gläubigerberatung S. 25f.

[12] *Grub/Rinn* aaO S. 1584; *Hilke* Mittelstand S. 11f; *Kressin* S. 50ff; *Mortsiefer* Internat. Gewerbearchiv **1982** 10; *Reske/Brandenburg/Mortsiefer* S. 63, 104ff.

Abs. 2; *Liebl* S. 65 ff) eine einheitliche kriminologische Gruppe[13]. Die Vernachlässigung und Manipulation der **Buchführung** (§§ 283 Abs. 1 Nrn. 5—7, 283 b) führt typischerweise zu mangelnder Vermögensübersicht und ist insoweit als Fehlverhalten ebenso wie die mangelnde Marktbeobachtung relativ häufige, wenngleich in der Kausalität strafrechtlich nur selten beweisbare Insolvenzursache (vgl. bereits *Hammerl* S. 70; *Buchmann* Sparkasse **1987** 384, 388).

c) Unter den von Insolvenzen und Konkursen betroffenen **Branchen** stehen die Unternehmenszusammenbrüche im Bau- und Wohnungsgewerbe an der Spitze[14]. Die geringe Eigenkapitaldecke zahlreicher Bauunternehmungen ist seit langem notorisch; sie beträgt (als Verhältnis von Eigenkapital zur Bilanzsumme) durchschnittlich weniger als 7%. Statistisch mindestens ebenso häufig sind Insolvenzen im Groß- und Einzelhandel, dessen Insolvenzanfälligkeit sich aus der besonderen Abhängigkeit von Krediten, fremden Zulieferungen und Kommissionswaren ergibt (*Tiedemann/Sasse* S. 17). Auch beim Groß- und Einzelhandel liegt die Eigenkapitalquote relativ niedrig, nämlich bei etwa 14 bzw. 6% gegenüber einer durchschnittlichen, bereits oben Rdn. 14 erwähnten Eigenkapitalquote der deutschen Wirtschaft von etwa 18% (vgl. *Reuter* Verh. **55.** DJT Bd. I S. B 8). Banken und Versicherungen, Handwerk und mittlere sowie große Industriebetriebe weisen demgegenüber nur eine geringe Insolvenzbelastung auf. Auch in den neuen Bundesländern und Ostberlin betreffen seit 1993 die meisten Insolvenzanträge Bauunternehmen (Statist. Jahrbuch 1994 S. 153; *Angele* WiSta **1994** 209). **19**

Hinsichtlich der **Rechtsform** der Unternehmen sind vor allem die GmbH und die GmbH und Co KG für Insolvenzen anfällig[15]. Sie sind — auch in den neuen Bundesländern und Ostberlin — bis zu 50% und mehr (1993: mehr als 64%) an Insolvenzen und Konkursverfahren beteiligt, und die Eröffnung des Konkursverfahrens wird bei ihnen in nahezu ⅔ aller Fälle mangels Masse abgelehnt. OHG und KG, vor allem aber die AG und die Genossenschaft, gelten demgegenüber als deutlich weniger konkursgefährdet (Statistisches Jahrbuch 1994 S. 150). **20**

Im Hinblick auf das **Alter** der Unternehmen spricht die Erfahrung für eine besondere Insolvenzgefährdung junger Unternehmen, nämlich Neu- und Umgründungen in den ersten (1—7) Jahren der Geschäftstätigkeit[16]. Es handelt sich dabei um Einführungs-, Expansions- und Absatzkrisen, wobei vor allem die Kostenentwicklung der ersten Jahre falsch eingeschätzt wird (*Bellinger* Ruberg-Festschrift S. 65 f). Mit Ausnahme der ersten Jahre der Geschäftstätigkeit schwanken die Einschätzungen allerdings nicht unerheblich. Nach *Uhlenbruck* (Gläubigerberatung S. 24) ist die Unterkapitalisierung „vor allem ein Wesensmerkmal junger Unternehmen", und „Gründungsfehler" machen sich „meist in den ersten 3 Jahren bemerkbar". In den neuen Bundesländern und Ostberlin betrafen bis einschließlich 1993 fast 80% der Anträge auf Einleitung des Gesamtvollstreckungsverfahrens Unternehmen, die nach Inkrafttreten der Währungs-, Wirtschafts- und Sozialunion gegründet wurden (*Angele* WiSta **1994** 209). **21**

In bezug auf die **Größe** der Unternehmen überwiegt die Insolvenzgefährdung von Kleinunternehmen (bis 30 Mio. DM Umsatz) und mittleren Unternehmen (bis 100 **22**

---

[13] Vgl. *Hammerl* S. 77 ff; *Tiedemann* Wirtschaftsstrafrecht II S. 74; auch *Bora/Liebl/Poerting/Risch* S. 281.

[14] Vgl. nur *Bora/Liebl/Poerting/Risch* S. 275; *Kressin* S. 55 f.

[15] *Doehring* KTS **1986** 621; *Tiedemann* Rdn. 5 vor § 82 GmbHG; aus der älteren Literatur *Goldbeck* in: Schimmelpfeng S. 19; *Liebl* S. 82; *Uhlenbruck* Gläubigerberatung S. 22 mit weit. Nachw.

[16] *Bora/Liebl/Poerting/Risch* S. 273 f; *Doehring* aaO S. 616 f; *Kressin* S. 60 f; auch *Goldbeck* aaO S. 19 f; Statistisches Jahrbuch 1994 S. 152.

Mio. DM Umsatz). Der Konkurs von Großunternehmen wird nicht selten durch Gewährung staatlicher Subventionen vermieden (vgl. bereits oben Rdn. 4 und näher unten Rdn. 177 f).

23 **d) Häufigkeit** und **Verteilung** der Konkurs- und sonstigen Insolvenzstraftaten entsprechen im wesentlichen den vorgenannten Einteilungen (vgl. auch *Teufel* Insolvenzkriminalität S. 81 ff). Entsprechend der relativ starken Insolvenzanfälligkeit der GmbH und ihrer Schachtelformen (oben Rdn. 20) ist diese Unternehmensform auch mit Konkurs- und anderen Insolvenzdelikten besonders belastet (*Liebl* S. 47 ff; *Tiedemann* GmbH-Strafrecht Rdn. 5 vor § 82, je mit weit. Nachw.). Da bei dem Konkurs von Einzelunternehmen die Verhältnisse meist überschaubarer sind und der Schaden geringer ist, häufig auch keine handelsrechtliche Buchführungspflicht besteht und die Konkursverschleppung nicht strafbar ist, stehen Konkurse von Unternehmen in der Rechtsform der **GmbH** im praktischen Vordergrund der konkursstrafrechtlichen Problematik.

24 Darüber hinaus wird allgemein ein erhebliches **Dunkelfeld** angenommen[17]. *Tiedemann/Sasse* (S. 18; ähnlich *Wessels* BT 2 § 12 III 1) zitieren Bankerfahrungen, denen zufolge sich Unternehmen bei drohender oder eingetretener Insolvenz in fast 25% der Fälle grob fehlerhaft (in aller Regel: kriminell) und in mehr als 30% der Fälle zumindest leicht fehlerhaft (unseriös bis kriminell) verhalten. *Dreher/Tröndle* (Rdn. 6 vor § 283) und *Hammerl* (S. 47) schätzen weitergehend, daß ca. 50% aller Konkurse mit Konkursstraftaten verbunden seien, und *Liebl* (S. 7) sowie *Müller/Wabnitz* (S. 123) meinen sogar, daß bei 80% bis 90% aller offenen und stillen Firmenzusammenbrüche Wirtschaftsstraftaten verübt werden. Nach der Polizeilichen Kriminalstatistik wurden demgegenüber den Strafverfolgungsbehörden im Jahre 1980 nur 1208 Fälle von Konkursstraftaten i. e. S. (§§ 283 ff) bekannt. In diesem Jahr kam es nach der Strafverfolgungsstatistik zu mindestens 458 Anklagen und zu 279 Verurteilungen. Die Meldungen der Staatsanwaltschaften im Rahmen der sog. Bundesweiten Erfassung von Wirtschaftsstraftaten nach einheitlichen Gesichtspunkten enthielten sogar nur 160 Anklagen: *Liebl* wistra **1982** 17.

25 Gegen die Richtigkeit dieser Annahme eines erheblichen Dunkelfeldes spricht nicht, daß aufgrund der Anordnung über Mitteilungen in Zivilsachen (MiZi, BAnz. Nr. 218 v. 18. 11. 1967 S. 2) die Amtsgerichte den Staatsanwaltschaften **Mitteilung** von der Eröffnung eines Konkursverfahrens wie auch von der Ablehnung der Eröffnung mangels Masse machen und daß die Staatsanwaltschaften auf derartige Mitteilungen hin nicht selten informelle **Vorprüfungsverfahren** (Konkursüberprüfungsverfahren) eröffnen[18]. Vielmehr ist in den — wahrscheinlich besonders kriminalitätsträchtigen — Fällen der Ablehnung der Eröffnung des Konkursverfahrens mangels Masse der Akteninhalt meist zu dürftig, um einen strafrechtlichen Verdacht zu begründen (*Tiedemann* GmbH-Strafrecht Rdn. 2 vor § 82; **aA** *Teufel* Insolvenzkriminalität S. 144). Auch im übrigen beschränkt sich die staatsanwaltschaftliche Prüfung im wesentlichen auf die Frage, ob nach den vorhandenen Vermögensübersichten der Konkurs wirtschaftlich „schlüssig" erscheint oder ob Anlaß zu der Annahme besteht, daß noch Vermögenswerte vorhanden sein müßten. Nicht besonders hilfreich für diese Prüfung ist die routinemäßige Aufforderung der Staatsanwaltschaft an den Konkursverwalter zur Beantwortung eines einschlägigen Fragebogens; damit wird die Beurteilung strafrechtlich relevanter Vorgänge dem Ermessen eines strafrechtli-

[17] Vgl. nur *Berckhauer* Die Strafverfolgung bei schweren Wirtschaftsdelikten (1981) S. 102 mit Nachw.; *Richter* GmbHR **1984** 115.

[18] Vgl. *Baumgarten* wistra **1991** 171 ff; *Müller/Wabnitz* S. 123 ff; *Richter* aaO S. 114; auch *Bora/Liebl/Poerting/Risch* S. 78, 169.

chen Laien überlassen, der zudem häufig wenig Interesse an einer Unterbrechung seiner Arbeit durch die Strafverfolgungsorgane hat[19]. Die polizeiliche Führung von *Insolvenzkarteien* und die Zusammenarbeit der Polizei mit *Handelsauskunfteien* (*Teufel* Betrüger. Bankrott S. 68 und 72, je mit Nachw.) wird durch die neuere Datenschutzgesetzgebung erheblich behindert (*Tiedemann* NJW **1981** 948f). Schließlich hat das Urteil BVerfGE 56, 37, 41 ff zu einer zusätzlichen Verunsicherung der Strafverfolgungsorgane in der Frage geführt, ob der Verdacht von Konkursstraftaten (auch) auf Angaben des Gemeinschuldners im außerstrafrechtlichen Verfahren gestützt werden darf (oder ob diese Angaben nur für die strafrechtliche Urteilsfindung unberücksichtigt bleiben müssen)[20]. § 97 Abs. 1 S. 3 InsO 1999 sieht insoweit ein gesetzliches Verwertungsverbot vor, das nur bei Zustimmung des Schuldners entfällt.

e) Typen der Konkursdelikte ergeben sich in der Kriminologie vor allem aus der **26**
„klassischen" Aufteilung von einfachem und betrügerischem Bankrott sowie Gläubigerbegünstigung (zusammenfassend und rechtsvergleichend *Kellens* Revue de droit pénal et de criminologie **1971/72** 1055). Fruchtbarer erscheint — insbesondere nach der Beseitigung der Unterscheidung von einfachem und betrügerischem Bankrott im deutschen Strafrecht (unten Rdn. 41) — für die Konkursdelikte i. e. S. die bereits bei *Garofalo* auffindbare Einteilung in *Verminderung der Aktiva* (einschließlich gezielter Konkursherbeiführung, vgl. oben Rdn. 18), *Erhöhung der Passiva* (Aufstellen fingierter Forderungen; Einräumung von angeblichem Sicherungseigentum u. a. m.) und *Mängel der Rechnungslegung* (Buchführung)[21].

Die gemeinsame Typik der übrigen Insolvenzdelikte ergibt sich aus dem Handeln **27**
in der Krise des Unternehmens, also aus dem — nicht selten panikartigen — Bestreben nach Verschleierung der tatsächlichen Situation und nach Fortführung der Geschäfte: Geld- und Warenkreditbetrug gegenüber Banken und Lieferanten (§§ 263, 265 b), Ausgabe von Finanzwechseln und ungedeckten Schecks (§ 263), Veräußerung von sicherungsübereigneten Gegenständen und mehrfache Sicherungsübereignungen (§§ 246, 263), Selbstinkasso bereits abgetretener Forderungen (§ 263, eventuell auch § 266), Verpfändung fremder Sachen (§§ 246, 263), Unterschlagung von Eigentumsvorbehalts-, Depot- und Kommissionswaren (§§ 246, 266), falsche Versicherungen an Eides Statt (§ 156), Urkundenfälschung (§ 267)[22].

Kennzeichnend für die drohende oder eingetretene Insolvenz sind ferner **Steuer- 28**
hinterziehungen (§§ 370 ff AO), vor allem im Bereich der Umsatz- und Lohnsteuer, sowie die **Nichtabführung von Arbeitnehmeranteilen zur Sozialversicherung** (§ 266 a StGB) (vgl. BGHSt **30** 265 ff; *Müller/Wabnitz* S. 51 f, 55; *Tiedemann* GmbH-Strafrecht Rdn. 58 vor § 82). Die letzteren Straftaten sind insbesondere dann wahrscheinlich, wenn — was relativ häufig der Fall ist — ein Sozialversicherungsträger Antrag

---

19 *Krantz* und *Renger* in: Mommsen, Wirtschaftsdelikte S. 113 f, S. 85 f; *Liebl* S. 58 ff; *Teufel* Insolvenzkriminalität S. 176 f und Betrügerischer Bankrott S. 83; aufschlußreich vor allem auch die Äußerung von *Heidland* in der 80. Sitzung des Sonderausschusses für die Strafrechtsreform, Deutscher BTag 7. Wahlp. StenB S. 2550 f.

20 Dazu *Richter* GmbHR **1984** 114 f; *K. Schäfer* Dünnebier-Festschrift S. 28 ff; *Stürner* NJW **1981** 1757 ff; *Volk* JZ **1982** 91.

21 Vgl. *Kellens* Revue de droit pénal et de criminologie **1971/72** 1064; *Tiedemann* Wirtschaftsstrafrecht II S. 73 f. — Vgl. auch (unter strafrechtsdogmatischen Aspekten) *Krause* S. 35 ff (Unterscheidung von bestands- und informationsbezogenen Bankrotthandlungen, wobei letztere z. B. auch das Verheimlichen von Vermögensbestandteilen umfassen sollen, während zu ersteren trotz ihrer Definition als „reale Vermögensdispositionen" offenbar mit der h. M. auch Scheinhandlungen zählen; vgl. § 283 Rdn. 25).

22 Vgl. *Baumann* Konkurs § 3 II 3 b; *Richter* GmbHR **1984** 148 f; *Tiedemann* Wirtschaftsstrafrecht II S. 75 und ausführlicher GmbH-Strafrecht Rdn. 53 ff vor § 82.

auf Eröffnung des Konkursverfahrens stellt. In diesen Fällen kommt es auch öfter als sonst zur Einleitung konkursstrafrechtlicher Ermittlungsverfahren.

29 Häufig und praktisch wichtig sind auch Verstöße gegen die bereits oben Rdn. 2 und 7 erwähnte Verpflichtung zur *Stellung eines Konkurs- oder Vergleichsantrages* (vgl. bes. §§ 84 GmbHG, 401 AktG). Dieser Straftatbestand der **Konkursverschleppung** hat vor allem im GmbH-Bereich Bedeutung als Aufgreif- und Auffangtatbestand, aber auch als selbständige Unrechtstypisierung. Eine Beihilfe zu diesem Vergehen kann z. B. auch durch *Banken* begangen werden, die den vollständigen Zahlungsverkehr des Schuldners übernehmen, um ihre Forderungen bis auf die gesicherten Verbindlichkeiten zurückzuführen. Ebenso kann eine Beihilfe oder Anstiftung zur Konkursverschleppung in dem Erteilen von Ratschlägen sowie dem Drängen von Bankenseite liegen, der Schuldner möge noch vor Konkurseröffnung Gegenstände des Anlagevermögens verkaufen, um einen günstigeren Preis zu erzielen (vgl. *Tiedemann* ZIP **1983** 514 f; auch unten Rdn. 66).

30 Schließlich enthalten auch wirkliche oder angebliche **Sanierungsbestrebungen** mitunter allgemeine Insolvenzstraftaten wie insbesondere Betrug (§ 263) und Untreue (§ 266) seitens des Schuldners oder eines Sanierers (Rechtsanwalt, Steuerberater, „Unternehmensberater"): Hinhaltende Äußerungen und Aufforderungen gegenüber Gläubigern, verbunden mit langfristigen angeblichen Tilgungsplänen, Einrichtung von Anderkonten und angeblicher Mittelbereitstellung durch Dritte, führen nicht selten zur Auszahlung der Mittel, die zuvor dem schuldnerischen Unternehmen entzogen worden sind (§ 283 Abs. 1 Nr. 1!), oder von Drittmitteln, die der Sanierung dienen sollen, an den Sanierer; Restbeträge fließen an den Schuldner zurück[23]. Diese Gefahren werden durch das neue Insolvenzrecht (InsO 1999) verstärkt (vgl. nur *Uhlenbruck* GmbHR **1995** 84).

31 Hinsichtlich der rechtlichen Einzelprobleme dieser Insolvenzdelikte i. w. S. muß auf die Kommentierung der genannten Straftatbestände verwiesen werden. Hier seien nur folgende häufig übersehene Gesichtspunkte kurz hervorgehoben: Für den **Betrugstatbestand** (§ 263 StGB) ergeben sich Probleme vor allem bei der konkludenten Täuschungshandlung, da eine Garantenstellung zur Aufklärung außerhalb besonderer Vertrauensverhältnisse nur sehr eingeschränkt in Betracht kommt, sowie bei dem Ausschluß des dolus eventualis im Hinblick auf die künftige Zahlungsfähigkeit (*Lackner* LK[10] § 263 Rdn. 257, *Tiedemann* LK[10] § 265 b Rdn. 7, je mit weit. Nachw.). Die bloße zeitliche Verzögerung — z. B. durch einen Sanierungsversuch — stellt nur dann einen Vermögensschaden i. S. d. § 263 dar, wenn feststeht, daß die Verzögerung die Befriedigungschancen der Gläubiger verschlechtert hat (Problem des sog. Stundungsbetruges, *Lackner* aaO Rdn. 204). — Die **Untreue** (§ 266 StGB) setzt eine spezielle Vermögensbetreuungspflicht voraus, die auch den Sanierer (im Verhältnis zu dem zu sanierenden Unternehmen, eventuell aber auch im Verhältnis zu den Gläubigern) und kontoführungsberechtigte Bankangestellte treffen kann (vgl. *Richter* wistra **1984** 97; *Tiedemann* ZIP **1983** 518 mit weit. Nachw.).

32 **II. Geschichtlicher Abriß des Konkursstrafrechts.** Das Konkursstrafrecht und die Konkursdelikte sind mit der Kreditgewährung durch Kreditinstitute und/oder Warenlieferanten eng verbunden (vgl. die bereits oben Rdn. 14 angeführten Motive zur KO 1877). Die einschlägigen Erscheinungsformen der Kriminalität und ihre straf-

[23] Vgl. den Fall OLG Stuttgart wistra **1984** 114 f; dazu *Richter* wistra **1984** 97; ferner BGH NJW **1993** 1278 f; *Bieneck* in: Müller-Gugenberger § 62 III, § 75 A I; *Mohr* S. 95 (ff); *Müller/Wabnitz* S. 148 und Kriminalistik **1988** 247 ff; *Tiedemann* ZIP **1983** 518.

rechtliche Sonderregelung sind daher mit dem Entstehen des modernen Handelsverkehrs und eines besonderen Handelsstandes der Kaufleute im mittelalterlichen Oberitalien unmittelbar verknüpft. Die Kenntnis der neueren historischen Ansätze und Regelungsmodelle für ein selbständiges Konkursstrafrecht ist für das Verständnis der heutigen §§ 283 ff unentbehrlich, vor allem soweit es um die rechtsdogmatische Einordnung der sog. Bankrotthandlungen geht.

1. Entwicklung bis zum 19. Jahrhundert

a) Im **römischen Recht**[24] gab die Übertragung des restlichen Vermögens auf die Gläubiger (cessio bonorum) dem in Vermögensverfall geratenen Schuldner schon in vorchristlicher Zeit die Möglichkeit, der Schuldhaft zu entgehen. Jedoch versagte die spätrömische Kaiserzeit diese Vergünstigung im Falle schuldhafter Herbeiführung der Insolvenz. Strafrechtlich war in aller Regel wohl nur das allgemeine **crimen falsi** einschlägig (vgl. *Schlüchter* S. 26 ff; aber auch *Conti* Diritto penale commerciale Bd. II S. 6 mit weit. Nachw.). **33**

b) Der weitläufige Handelsverkehr der oberitalienischen Städte im **Mittelalter** erforderte differenzierte Regelungen, die auch zu einer Unterscheidung zivil- und strafrechtlicher Folgen der Insolvenz führten. Die Rezeption in Deutschland übernahm das römischrechtliche Institut der **cessio bonorum**, jedoch beschränkt auf Schuldner, die ohne eigene Schuld zahlungsunfähig wurden. Strafrechtlich stellten noch die Augsburger Reichspolizeiordnung von 1548 und zahlreiche ihr folgende Partikularrechte recht allgemein auf die schuldhafte Herbeiführung der Insolvenz ab (vgl. *Binding* Lehrbuch I S. 423 f; *Maurach/Schroeder/Maiwald* 1 § 48 I 1). Dagegen bestraften die oberitalienisch beeinflußten Stadtrechte bereits seit dem Wiener Stadtrechtsbuch von 1340 einzelne Bankrotthandlungen, insbesondere den unwirtschaftlichen („unnutzgleichen") Verbrauch des eigenen Vermögens des Schuldners, als einfachen Bankrott (*Neumeyer* S. 58 ff mit Nachw.). Bei zunehmender Unterscheidung zwischen einfachem und betrügerischem Bankrott reichte für den ersteren häufig — in Anlehnung an den Gedanken der Unterschlagung anvertrauten Gutes — das Mißlingen fremdfinanzierter Geschäfte, wobei das Bedürfnis nach strafrechtlichem Schutz des Kredites aus dem aufblühenden Handel erwuchs (*Neumeyer* S. 31 ff mit Nachw.). Gesetzestechnische Hilfsmittel dieses neueren „Bankrott"strafrechts waren u. a. die Vermutung, daß jede Zahlungseinstellung betrügerisch sei, sowie die Schlußfolgerung der Unehrlichkeit aus der Flucht des Schuldners und aus festgestellten Buchführungsmängeln (*Neumeyer* S. 35 f). **34**

c) Ähnlich wie andere spätgemeinrechtliche Kodifikationen unterteilte auch das **Preußische Allgemeine Landrecht** (ALR) von 1794 (XX. Titel §§ 1452 ff) nicht nur nach einfachem und betrügerischem Bankrott sowie Gläubigerbegünstigung, sondern pönalisierte zusätzlich mit dem Tatbestand des „mutwilligen" Bankrotts den übertriebenen Aufwand des Schuldners und als „unbesonnenen" Bankrott das Fehlschlagen „verwegener und unsicherer Unternehmungen" „mit fremdem Gelde, ohne Genehmigung des Gläubigers". Für den „mutwilligen" Bankrott war wiederum maßgebend, ob der Aufwand zur Zahlungseinstellung führte (vgl. heute § 283 Abs. 2!) oder vom Schuldner in einem Zeitpunkt vorgenommen wurde, „da er keine wahrscheinliche Aussicht hat, seine Gläubiger jemals befriedigen zu können" (vgl. heute § 283 Abs. 1!). Als vierte Kategorie des ALR schließlich gab es den fahrlässigen **35**

[24] Dazu ausführlich *Conti* S. 4 ff; *Hiltenkamp-Wisgalle* S. 14 ff.

Bankrott, der auch schon in den Stadtrechten vorkam (*Hammerl* S. 32 Fußn. 145; *Neumeyer* S. 76f). Diese *Fahrlässigkeitsbestrafung* entspricht der historischen und rechtsvergleichenden Erfahrung, daß Schuldner in schwieriger Vermögenslage „sich gern über ihren Zustand täuschen, daß sie optima fide jeden Hoffnungsschimmer für Wirklichkeit nehmen, ein Mißlingen ihrer Berechnungen aber kaum in Betracht ziehen“ (*Neumeyer* S. 5).

2. Strafgesetzbuch 1871 und Konkursordnung 1877

36 **a)** Unter Vernachlässigung des selbständigen Tatbestandes der schuldhaften Herbeiführung der Zahlungsunfähigkeit und unter Herausarbeitung einzelner Bankrotthandlungen, die häufig als Ursachen oder Vermutungen für den Eintritt der Insolvenz verstanden wurden (*Maurach/Schroeder/Maiwald* 1 § 48 I 1), übernahmen im 19. Jahrhundert die **Landesrechte** das System des französischen **Code de Commerce** von 1804 (vgl. *Neumeyer* S. 112, 125 Fußn. 1): Es wurde zwischen leichtsinnigem, einfachem und betrügerischem Bankrott sowie weiteren Formen und Graden unterschieden. Ebenfalls in enger Anlehnung an den Code de Commerce war der taugliche Täterkreis auf Kaufleute beschränkt.

37 Das **Preußische StGB** von 1851 bestrafte in §§ 259, 261 „Handelsleute, Schiffsreeder und Fabrikbesitzer, welche ihre Zahlungen eingestellt haben“, wegen betrügerischen Bankrotts in den Fällen des Beiseiteschaffens oder Verheimlichens von Vermögensstücken, der Anerkennung oder Aufstellung erdichteter Schulden oder Rechtsgeschäfte sowie der Manipulation der Buchführung (§ 259). Der einfache Bankrott betraf vor allem den Verbrauch übermäßiger Summen durch Aufwand, Spiel usw. sowie Buchführungsdelikte und das Eingehen von Schulden sowie den Verkauf von Waren oder Wertpapieren unter Wert, „obgleich das Vermögen nach der letzten Bilanz nicht die Hälfte der Schulden deckte“ (§ 261 Nr. 4). Einen besonderen Tatbestand der Gläubigerbegünstigung sah die preußische Konkursordnung von 1855 vor (dazu näher *Vormbaum* GA **1981** 102).

38 **b)** Das **Reichsstrafgesetzbuch** von 1871 übernahm in seinen §§ 281 ff die Straftatbestände des Pr.StGB ohne wesentliche Änderungen. Mit der Einführung der Straftatbestände in die KO von 1877 wurden — wohl aufgrund der Erfahrungen der „Gründerjahre“ — einige Verschärfungen vorgenommen (*Vormbaum* aaO S. 103). Die Beschränkung des Täterkreises entfiel, und im Jahre 1898 wurde im Zusammenhang mit der Einführung des BGB der Kreis tauglicher Täter ausdrücklich auf die Organe juristischer Personen erweitert. Die grundsätzliche Aufteilung zwischen betrügerischem und einfachem Bankrott, wie sie sich auch in zahlreichen sonstigen vom französischen Handelsstrafrecht beeinflußten Rechtsordnungen findet (vgl. unten IV 3), wurde dagegen auch im Strafrecht des Deutschen Reiches beibehalten und durch einen Sondertatbestand der Gläubigerbegünstigung ergänzt (§§ 239 ff KO a. F.). Gründe der Praktikabilität zwangen die Gerichte freilich, für die **Absicht der Gläubigerbenachteiligung** bei § 239 KO Vorsatz (dolus directus) ausreichen zu lassen (vgl. *Neumeyer* S. 169 ff mit Nachw. und zuletzt BGH NJW **1969** 1494 mit Nachw.), da eine eigentliche Schädigungsabsicht kaum je nachweisbar ist, aber auch abgesehen von allen Beweisschwierigkeiten nur selten vorliegen dürfte: Der Schuldner, der seine Vermögenswerte verschiebt oder seine Buchführung fälscht, handelt vor allem in der Absicht, sich selbst zu bereichern.

39 **c)** Die hauptsächliche **Kritik** der Strafrechtslehre am Konkursstrafrecht der §§ 239 ff KO galt — abgesehen von der Frage der Regelung innerhalb der KO oder des StGB — der von der h. M. seit dem Preußischen Obertribunal vertretenen Ausle-

gung, daß Zahlungseinstellung, Konkurseröffnung und Ablehnung der Konkurseröffnung mangels Masse **objektive**, nämlich schuldunabhängige **Strafbarkeitsmerkmale** außerhalb des Unrechtstatbestandes seien (vgl. nur *Klug* Konkurs-Strafrecht Rdn. 8 vor § 239). Diese von der Rechtsprechung bereits früh aus Gründen der Praktikabilität und in Übereinstimmung mit dem System der sog. Formaldelikte gefundene Konstruktion zwang in einem verfassungsrechtlich garantierten Schuldstrafrecht (Art. 1 GG!) dazu, die Bankrotthandlungen im Wege der Auslegung, nämlich durch Einführung eines ungeschriebenen Merkmals der Verschlechterung der Gläubigerposition, auf wirtschaftlich gefährliche Verhaltensweisen zu beschränken (vgl. *Tiedemann* Wirtschaftsstrafrecht I S. 231 ff, 237 mit Nachw.). Daß die Rechtsprechung auch keine Kausalitätsbeziehung zwischen Bankrotthandlung und Insolvenz verlangte (vgl. BGHSt **1** 186, 191 mit Nachw.), wurde dagegen im deutschen Schrifttum meist widerspruchslos hingenommen (vgl. dagegen zur italienischen Rechtslage, die von der deutschen Rechtsprechung erheblich beeinflußt wurde, *Tiedemann* Wirtschaftsstrafrecht I S. 233 mit Nachw.). Die von der h. M. geteilte Annahme, daß die Bankrotthandlung auch der Zahlungseinstellung (usw.) zeitlich nachfolgen könne (unten Rdn. 96), hatte möglicherweise die Sicht dafür verdeckt, daß die Bankrotthandlung ursprünglich nur als Vermutung oder Symptom für die Verursachung einer Insolvenz Bedeutung hatte. Die erwähnte Annahme der h. M. ist freilich als solche durchaus richtig, da auch und vor allem bei einer bereits eingetretenen und manifesten Insolvenz die (weitere) Verringerung der Haftungsmasse strafwürdig ist.

3. Reform durch das 1. WiKG 1976. Das zentrale Problem einer Beschränkung der **40**
Bankrotthandlungen auf wirtschaftlich gefährliche Verhaltensweisen (vgl. soeben Rdn. 39) und damit die Verwirklichung des strafrechtlichen Schuldprinzips in dem Katalog der §§ 239, 240 KO wäre letztlich auch durch Auslegung zu lösen gewesen (und wurde der Sache nach auch durch die Rechtsprechung weitgehend so gelöst, vgl. *Pfeiffer* Tagungsberichte der Sachverständigenkommission zur Bekämpfung der Wirtschaftskriminalität Bd. III Anl. 6 S. 9f; ebenso aus der Sicht der Rechtslehre *Stree* JuS **1965** 470f). Die Strafrechtsreformbewegung hielt diese interpretatorische Lösung jedoch für zu unbestimmt und strebte eine Übereinstimmung auch des Gesetzeswortlautes mit den Prinzipien des Schuldstrafrechts an (vgl. amtl. Begr. zum 1. WiKG, BTDrucks. 7/3441 S. 19). Es wurden daher Kriterien gesucht und diskutiert, die geeignet erschienen, etwa dem übermäßigen Aufwand eines vermögenden Kaufmanns (§ 240 Abs. 1 Nr. 1 KO a. F.) das Gepräge einer bereits in sich, also unabhängig von einem späteren wirtschaftlichen Zusammenbruch, strafwürdigen Verhaltensweise zu geben. Der Vorschlag des Entwurfs eines EGStGB, diese Einschränkung durch Einführung des Erfordernisses einer konkreten Gläubigergefährdung herzustellen (BRDrucks. 2/72 S. 67), stieß überwiegend auf Ablehnung, vor allem da der Nachweis eines solchen Tatbestandsmerkmals zu schwierig geworden wäre und damit die Praktikabilität des Konkursstrafrechts entscheidend in Frage gestellt hätte (zusammenfassend *Tiedemann* Verh. **49.** DJT Bd. I S. C 69f sowie Wirtschaftsstrafrecht I S. 237). In der Sachverständigenkommission zur Bekämpfung der Wirtschaftskriminalität wurde das bereits historisch bekannte Regelungsmodell, auf das Wirtschaften mit Fremdkapital, also auf das Merkmal der Kreditaufnahme, abzustellen (vgl. oben Rdn. 32 und 35 sowie RGSt **4** 41, 42f), mehrheitlich ebenso verworfen wie der neuestens von ausländischen Strafgesetzbüchern aufgenommene Vorschlag *Tiedemanns* (ZStW **87** [1975] 288f), die leichtfertige Herbeiführung der Insolvenz unter Strafe zu stellen und auf das Erfordernis einer objektiven Strafbarkeitsbedingung ganz zu verzichten (vgl. Tagungsberichte Bd. III S. 81, 90ff; unten Rdn. 87).

Statt dessen wurde von der Kommission empfohlen, für diejenigen Bankrotthandlungen, die als solche unrechtsneutral sind, das zusätzliche Erfordernis einer wirtschaftlichen **Krise** des Unternehmens einzuführen[25].

41 Der Gesetzgeber des **1. WiKG 1976** hat diesen Vorschlag der Sachverständigenkommission im Grundsatz übernommen, allerdings das Krisenerfordernis auf *alle* Bankrotthandlungen mit Ausnahme der in § 283 b auch unabhängig von einer Krise inkriminierten Buchführungsdelikte erstreckt. Entgegen dem Votum der Sachverständigenkommission (vgl. auch *Tiedemann* Wirtschaftsstrafrecht I S. 240 ff) wurden also vom Reformgesetzgeber lediglich die Buchführungsdelikte als wirtschaftlich generell (abstrakt) gefährlich angesehen. Durch die Verknüpfung aller übrigen Bankrotthandlungen mit dem Erfordernis einer wirtschaftlichen Krise des Unternehmens ist das strafrechtliche Schuldprinzip in weiterreichendem Maße als notwendig verwirklicht worden, da jedenfalls der Schleuderverkauf kreditierter Waren, aber wohl auch andere Bankrotthandlungen schon als solche wirtschaftlich (abstrakt) gefährlich und damit strafwürdig sind (vgl. *Klug* JZ **1957** 463; *Tiedemann* aaO S. 241 f). Die Aufteilung des geltenden Konkursstrafrechts in Täterhandlungen innerhalb und außerhalb (oder unabhängig von) der Unternehmenskrise führt damit in ihrer heutigen Ausgestaltung zu Praktikabilitätseinbußen, die von der Strafjustiz weitgehend durch Beschränkung auf eindeutige Fälle kompensiert werden (vgl. allerdings auch unten Rdn. 158). Theoretisch bestehen zahlreiche Streitfragen zur Inhaltsbestimmung der Überschuldung, zur Bedeutung der Überwindung der Unternehmenskrise und zu dem erforderlichen Zusammenhang zwischen Krise und Bankrotthandlung[26].

42 Die zur Ergänzung des Strafschutzes durch die Reform von 1976 ebenfalls eingeführte **Generalklausel** des § 283 Abs. 1 Nr. 8 wurde bereits im älteren Schrifttum empfohlen (vgl. nur *Binding* Bes. Teil I S. 421) und findet sich der Sache nach im gesamten „germanischen" Rechtskreis (vgl. unten IV., insbes. Rdn. 182 und 187). Nach ihrer Entstehungsgeschichte (vgl. *Hammerl* S. 125 f; *Krause* S. 60 ff; *Tiedemann* Verh. **49.** DJT Bd. I S. C 70 f) ist Nr. 8 zugleich zugunsten der Praxis als Auffangtatbestand konstruiert. Jedoch ist sie angesichts der Unbestimmtheit ihres Inhalts von der Praxis bislang nur zögernd angenommen worden. Auf ihre Konkretisierung wird daher bei § 283 Rdn. 155 ff besonderer Wert zu legen sein. — Eine Ausdehnung der Strafbarkeit hat der Reformgesetzgeber auch durch Ausweitung der **Fahrlässigkeitsbestrafung** bis in Bereiche, in denen ein Verschulden kaum feststellbar oder vorwerfbar ist, vorgenommen[27]. Der grundsätzlich als zutreffend zu bezeichnende Ansatz und Anlaß für die Ausweitung ergab sich daraus, daß nach früherem Recht für den dolus directus des Schuldners nachgewiesen werden mußte, daß er seine wirtschaftliche Situation richtig eingeschätzt hatte[28].

43 Der vom Gesetzgeber des 1. WiKG 1976 ebenfalls übernommene Vorschlag der Sachverständigenkommission, das Konkursstrafrecht wieder im Rahmen des StGB (und nicht der KO) zu regeln, zielt vor allem auf die **generalpräventive Wirkung** der Straftatbestände (amtl. Begr. BTDrucks. 7/3441 S. 34). Bereits die Begründung zum

[25] Tagungsberichte Bd. III S. 99 ff; vgl. auch *Schöne* JZ **1973** 450 unter Hinweis auf *Lackner* Niederschr. Bd. 8 S. 82.

[26] Zusammenfassend *Tiedemann* Dünnebier-Festschrift S. 535 ff; kritisch auch *Schlüchter* S. 129 ff. Vgl. zur Gesamtbewertung ferner *Dreher/Tröndle* Rdn. 8 vor § 283, der die Fahrlässigkeitsstrafbarkeit bei den Buchführungsdelikten für problematisch hält.

[27] Krit. *Tiedemann* Schröder-Gedächtnisschrift S. 292 ff sowie ZIP **1982** 655 und bereits ZStW **87** (1975) 290; vgl. auch *Dreher/Tröndle* aaO.

[28] Vgl. bes. *Eitel* Anhörung vor dem Sonderausschuß für die Strafrechtsreform, 80. Sitzung, Deutscher BTag 7. Wahlp. StenB S. 2542 f.

Entwurf *Gürtner* hatte aus der — häufig weite Kreise der Wirtschaft betreffenden — Wirkung von Konkursen gefolgert, daß die Konkursstraftaten in das StGB einzugliedern seien (vgl. *Hammerl* S. 37). Von derselben Leitidee einer Lozierung im StGB hatten sich der E 62 (§§ 271 ff) und der 49. Deutsche Juristentag 1972[29] bestimmen lassen.

4. Alternativ-Entwurf 1977. Auch der im Jahre 1977 veröffentlichte Alternativ- **44**
Entwurf „Straftaten gegen die Wirtschaft" folgt diesem Prinzip. Jedoch erweitert der AE im Vergleich zum geltenden Recht den Kreis der unabhängig von einer Krise gefährlichen Bankrotthandlungen (AE § 192). Auch verzichtet er auf den Sondertatbestand der Gläubigerbegünstigung sowie auf eine dem § 283 a entsprechende Regelung (vgl. dazu Begr. AE S. 81). Die Fahrlässigkeitsstrafbarkeit ist im AE-Vorschlag eingeschränkt. — Nach nahezu zwei Jahrzehnten Erfahrung mit dem neuen Konkursstrafrecht und unter Berücksichtigung ausländischer Rechtsordnungen (vgl. unten IV.) behält der AE weiterhin Wert als Alternative für eine bessere lex condenda und als Anhaltspunkt für die Auslegung und Konkretisierung der lex lata insbesondere im Bereich der Generalklausel des § 283 Abs. 1 Nr. 8 StGB (vgl. § 283 Rdn. 153 ff). Rechtsvergleichend gestützte **weitere Reformüberlegungen** werden unten Rdn. 229 mitgeteilt.

III. Grundfragen des geltenden Konkursstrafrechts

A. Geschützte Rechtsgüter

1. Vermögensinteressen der Gläubiger

a) Als geschütztes Rechtsgut der Konkursstraftatbestände gilt traditionellerweise **45**
das Vermögensinteresse der Gläubiger[30], nämlich das **Interesse der Gläubiger an einer Befriedigung ihrer geldwerten Ansprüche**[31]. Dabei wird es allgemein für ausreichend gehalten, daß im Einzelfall nur ein einziger Gläubiger vorhanden ist[32]. Bei Vorhandensein mehrerer Gläubiger sind aber unstreitig nicht die einzelnen Befriedigungsinteressen maßgebend. Vielmehr kommt es, wie sich schon aus der Existenz des § 283 c ergibt, auf die **Gesamtheit** der Gläubiger und ihre Befriedigung an[33]. Es ist freilich irreführend, wenn das ältere strafrechtliche Schrifttum häufig davon sprach, es handele sich um eine Gesamthandsgemeinschaft (vgl. etwa *v. Brunegg* GS **82** [1914] 237): Es liegt keine Rechts-, sondern nur eine Interessengemeinschaft der Gläubiger vor. Ebenso verdient gegen das ältere Schrifttum Hervorhebung, daß es nicht auf die Forderungsrechte (Befriedigungsrechte) der Gläubiger (so aber *v. Brunegg* aaO S. 232), sondern auf die Befriedigung und das Befriedigungsinteresse derselben ankommt (zutr. *Schaefer* LK 8. Aufl. Anm. I 1 vor § 239 KO; zu den Konsequenzen § 283 Rdn. 5 ff).

---

[29] Vgl. *Tiedemann* Verh. **49.** DJT Bd. I S. C 45; Verh. Bd. II S. M 117 ff, 200.

[30] *Klug* Konkurs-Strafrecht § 239 Rdn. 1; *Otto* BT § 61 VI; *Samson* SK Rdn. 3 vor § 283; *Schmidhäuser* BT Kap. 11 Rdn. 93; *Tiedemann* ZRP **1975** 133 und ZIP **1983** 520.

[31] *Lackner/Kühl* § 283 Rdn. 1; *Maurach/Schroeder/Maiwald* 1 § 48 I 3; *Sch/Schröder/Stree* Rdn. 2 vor § 283.

[32] RGSt **39** 326 f; **41** 309, 314; *Dreher/Tröndle* Rdn. 3 vor § 283; *Lackner/Kühl* Rdn. 1; *Sch/Schröder/Stree* Rdn. 2 vor § 283. Ebenso für das schweizer. Recht *Caspar* SchwZStrafR **87** (1971) 29; **aA** dagegen die h. M. zum österreich. Kridastrafrecht im Hinblick auf die Abgrenzung zur Vereitelung der (Einzel-)Zwangsvollstreckung, vgl. *Liebscher* Wiener Kommentar zum StGB (1981) § 156 Rdn. 5 mit Nachw. (mindestens zwei Gläubiger erforderlich, Schädigung eines Gläubigers ausreichend).

[33] Vgl. nur BGHSt **28** 371, 373; RGSt **68** 108, 109; *Dreher/Tröndle* aaO; *Höfner* S. 38; *Lackner/Kühl* aaO; *Preisendanz/Bieneck* § 283 Anm. 1.

46 **b)** Im wesentlichen gleichbedeutend dürfte es sein, wenn in verdinglichender Anlehnung an das Konkursrecht von dem „Schutz der etwaigen Konkursmasse“ als einschlägigem Rechtsgut gesprochen wird (so *Dreher/Tröndle* Rdn. 3 vor § 283; *Gallandi* wistra **1992** 10; *Krause* S. 156 mit weit. Nachw.). Diese Bezeichnung hat den Vorteil, daß einer solchen Rechtsgutsbestimmung vor allem bei § 283 Abs. 1 Nr. 1, aber auch bei der ersten Alternative von § 283 Abs. 1 Nr. 8, tatbestandlich ein reales Angriffsobjekt: der Bestandteil des schuldnerischen Vermögens, entspricht. Die Sicht des Schuldnervermögens als **potentieller Konkursmasse** liegt aber andererseits wohl erst von der Krise an (§§ 283 Abs. 1, 283 c, 283 d) nahe und stellt für das Handeln außerhalb der Krise (§§ 283 Abs. 2, 283 b) vor die Schwierigkeit, das Vermögen auch des liquiden Schuldners bereits bei Existenz eines einzigen Gläubigers (oben Rdn. 45) als Gegenstand eines umfassenden, auf Zerschlagung angelegten Zugriffs zu betrachten. (Entsprechendes gilt für Ansichten, die durch §§ 283 ff — und nicht nur durch § 283 c — das *Konkursverfahren* oder die „Manipulationsfreiheit der Insolvenzordnung“ geschützt sehen wollen; so zuletzt *Krause* S. 180 f und *Schüppen* S. 115 f.) Weiter wird die etwaige Konkursmasse gerade um der Gläubiger willen geschützt, die daher auch als Rechtsgutsträger bezeichnet werden müßten, obwohl der Schuldner Eigentümer der Vermögensmasse und bis zur Konkurseröffnung rechtlich verfügungsbefugt bleibt. Hierzu schrieb schon *Meves* im Jahre 1888: „Dadurch, daß das Vermögen des Gemeinschuldners nicht ausreicht, die Schulden desselben ... zu decken, wird das Vermögen des Gläubigers Gegenstand der Verletzung“ (GA **36** [1888] 378). Die auf den ersten Blick besonders anschauliche Bezeichnung der potentiellen Konkursmasse als Rechtsgut der §§ 283 ff führt daher bei näherer Betrachtung zu Bedenken, die vor allem in der strafrechtlichen Verselbständigung einer zivilrechtlich unselbständigen Vermögensmasse begründet sind (vgl. bereits *v. Brunegg* GS **82** [1914] 230). Auch entzieht die Maßgeblichkeit der Konkursmasse als Rechtsgut zentralen Tathandlungen wie der des § 283 Abs. 1 Nr. 1 (Verheimlichen!) den erforderlichen Adressaten (zu weiteren Folgerungen § 283 Rdn. 6).

47 **c)** Nach *Maurach/Schroeder/Maiwald* 1 § 48 I 3 treten bei der Verletzung der Buchführungspflicht (§ 283 b) „die Befriedigungsansprüche der Gläubiger in weite Tatbestandsferne“, so daß Rechtsgut des § 283 b der Schutz von **Treu und Glauben im Wirtschaftsverkehr** sei. Jedoch ist eine solche Rechtsgutbestimmung zu unspezifisch; zutreffender sprach daher schon *Schaefer* in der 8. Aufl. dieses Kommentars (§ 239 KO Anm. II Ziff. 3 a) von der „Kredittreue“ (vgl. auch unten Rdn. 55). Auch wird die von *Maurach/Schroeder/Maiwald* gemachte Aussage nicht der Bedeutung der Buchführung im heutigen Wirtschaftsleben gerecht[34]. Diese gewinnt nach der InsO 1999 zusätzliche Bedeutung für die Dispositionsfreiheit der Gläubiger, über den Befriedigungsweg — Liquidation oder Fortführung des Unternehmens — zu entscheiden. Vgl. näher § 283 Rdn. 90, § 283 b Rdn. 1.

48 **d)** Das Recht der *InsO 1999* ändert diese strafrechtliche Rechtsgutsbestimmung im wesentlichen nicht. Wie bereits oben Rdn. 3 dargelegt, strebt die InsO insbesondere keine Sanierung des schuldnerischen Unternehmens an, sondern sieht die mögliche Fortführung als Variante der Gläubigerbefriedigung (aus den Unternehmenserträgen). Allerdings instituiert die InsO ein **Wahlrecht der Gläubiger**, über den Befriedigungsweg — Liquidation oder Fortführung des Unternehmens — zu entscheiden. Dieser Gesichtspunkt der Dispositionsfreiheit der Gläubiger („Gläubigerautonomie“: *Uhlenbruck* GmbHR **1995** 83) trägt in gewisser Weise auch die bereits oben

[34] Vgl. nur OLG Karlsruhe NStZ **1985** 317; *Gössweiner-Saiko* S. 223 ff; *Krause* S. 38; *Schüppen* S. 110 ff; *Siegmann/Vogel* ZIP **1994** 1823; *Tiedemann* ZStW **94** (1982) 337.

Rdn. 10 konstatierte Vorverlagerung der Strafbarkeit, ist aber nur unselbständiger Bestandteil der Befriedigungsinteressen der Gläubiger (und nicht etwa Teil des oben Rdn. 46 genannten überindividuellen Aspektes der Verfahrenssicherung). Die Einbeziehung der Dispositionsfreiheit der Gläubiger in die Rechtsgutsbestimmung ermöglicht zusätzlich eine konkretere Deutung des Rechtsgutes der Buchführungsdelikte (Rdn. 47).

2. Einbeziehung der Arbeitnehmer

a) Eine erste, allgemein gebilligte Ausweitung erfährt die bisherige Rechtsgutsbestimmung durch die Einbeziehung der Arbeitnehmer in den Gläubigerbegriff[35]. Soweit die Arbeitnehmer durch Einsatz ihrer Arbeitskraft Leistungen erbringen, die erst nachträglich entlohnt werden, bestehen keine rechtlichen Schwierigkeiten oder Bedenken, die Arbeitnehmer dem Kreis der Gläubiger zuzurechnen. Dieser Gesichtspunkt der Einbeziehung der menschlichen **Arbeitskraft** ergänzt den überlieferten kapitalistischen Aspekt der Kreditgewährung durch Banken sowie Warenlieferanten und findet bei der Einbeziehung des Dienstleistungskredits in den Begriff des Lieferantenkredits eine Parallele (vgl. *Tiedemann/Sasse* S. 1 ff). 49

b) Neben dem *Lohnanspruch* besteht arbeitsrechtlich ein Anspruch auf vertragsgemäße Beschäftigung, der sich in einen Anspruch aus § 615 BGB wandelt, wenn infolge der Krise die Beschäftigung verweigert oder unmöglich wird. Hinzu kommen weitere Ansprüche, wie z. B. Rechte aus der betrieblichen Altersversorgung, Entschädigungen für Wettbewerbsabreden, im Anstellungs- oder Tarifvertrag vereinbarte Abfindungen, Schadensersatzansprüche gemäß § 22 Abs. 2 KO oder Ansprüche aus den Vorschriften über Interessenausgleich, Sozialplan und Nachteilsausgleich gemäß §§ 112—113 BetrVG (die im Konkurs in begrenztem Umfang mit dem Rang des § 61 Abs. 1 Nr. 1 KO berichtigt werden, § 4 SozPlG). 50

c) Die Einbeziehung der genannten Vermögensinteressen der Arbeitnehmer in den Schutzbereich der §§ 283 ff (besonders deutlich bei § 283 a Nr. 2 Alt. 2., dort Rdn. 11) führt freilich **nicht** dazu, daß diesen Interessen aus strafrechtlicher Sicht eine **Sonder- und Vorrangstellung** vor den Interessen anderer Gläubiger zukommt. Zwar sind de lege lata konkursrechtlich bestimmte Ansprüche der Arbeitnehmer gemäß §§ 59 Abs. 3, 61 Abs. 1 Nr. 1 KO, § 4 SozPlG vorrangig zu befriedigen (sog. Konkursvorrecht der Arbeitnehmer). Jedoch sind innerhalb des konkurs*straf*rechtlichen Schutzzwecks die einzelnen Befriedigungsinteressen bei Gläubigermehrheit gerade nicht maßgeblich (Rdn. 45), so daß das zivilrechtliche Konkursvorrecht keine strafrechtlichen Besonderheiten begründen kann, ebensowenig wie dies etwa bei Ansprüchen auf abgesonderte Befriedigung gemäß §§ 47 ff KO der Fall ist. Ähnlichen Bedenken begegnet die Annahme, §§ 283 ff bezweckten (auch) den Schutz des individuellen „Rechts am *Arbeitsplatz*" (zust. *Hiltenkamp-Wisgalle* S. 61 f; *Mohr* S. 156). Abgesehen davon, daß dieses im Arbeitsrecht zu § 823 Abs. 1 BGB diskutierte, dort allerdings stark umstrittene Recht[36] im Konkurs des Arbeitgebers gerade keinen Bestandsschutz gewährt (näher Voraufl. Rdn. 48), gewährleistet die Unversehrtheit der potentiellen Konkursmasse (oben Rdn. 46) den Schutz des Arbeitsplatzes nur mittelbar und keineswegs zwingend (betriebsbedingte Kündigung wegen Rationalisierungsmaßnahmen!), während andererseits der Konkurs als solcher das Arbeitsver- 51

---

[35] Vgl. Tagungsberichte der Sachverständigenkommission zur Bekämpfung der Wirtschaftskriminalität Bd. III S. 89, 122; *Dreher/Tröndle* Rdn. 3 vor § 283; *Hiltenkamp-Wisgalle* S. 61; *Matzen* S. 14; *Mohr* S. 157; *Stapelfeld* S. 261; *Tiedemann* NJW **1972** 1560.

[36] Nachw. in Vorauflage Fußn. 12 zu Rdn. 48; neuerdings *Ebert* Das Recht am Arbeitsplatz, 1990.

hältnis nicht beendet, kein außerordentlicher Kündigungsgrund ist und wiederum keineswegs zwingend zum endgültigen Arbeitsplatzverlust führt (Veräußerung des Betriebs im Konkursverfahren mit der Folge des Übergangs des Arbeitsverhältnisses gemäß § 613 a BGB, BAG NJW **1984** 627). Daß Insolvenzen häufig mit der Vernichtung von Arbeitsplätzen einhergehen, ist eine bedauerliche wirtschaftliche Tatsache, die aber nicht dazu führen kann, den Arbeitsplatz als solchen — über die geschützten Vermögensinteressen der Arbeitnehmer hinaus — zum Individualrechtsgut der §§ 283 ff zu erheben[37]; vielmehr handelt es sich um einen bloßen Schutzreflex der §§ 283 ff. Zur Vermeidung von Arbeitslosigkeit als möglichem, aber gleichfalls abzulehnendem überindividuellem (sozialem) Rechtsgutsaspekt unten Rdn. 56.

Diese Überlegungen dürften auch nach Inkrafttreten der **InsO 1999** gelten. Zwar nennt § 1 Satz 1 InsO ausdrücklich auch den „Erhalt des Unternehmens" als ein Mittel der Gläubigerbefriedigung (oben Rdn. 3 a. E.); hierdurch wird mittelbar der Erhalt von Arbeitsplätzen angestrebt. Jedoch gewährt die InsO — ebenso wie das bisherige Recht — keinen Bestandsschutz für Arbeitsplätze im Insolvenzverfahren (vgl. § 113 InsO). Vielmehr sind im Rahmen einer Betriebsänderung Kündigungen unter erleichterten Voraussetzungen möglich (§§ 125, 128 Abs. 2 InsO). Auch sind Rückstände aus der Zeit vor Eröffnung des Insolvenzverfahrens nicht mehr bevorrechtigt (zum weitergeltenden Vorrang von Sozialplanansprüchen vgl. §§ 123, 124 InsO). Damit gibt auch die InsO keinen Anlaß, aus strafrechtlicher Sicht Arbeitnehmerinteressen vorrangig zu schützen bzw. Arbeitsplätze zum selbständigen Rechtsgut der §§ 283 ff zu erheben.

52 Die grundsätzliche strafrechtliche Gleichwertigkeit der geschützten Interessen der Arbeitnehmer einerseits und sonstiger Gläubiger andererseits führt insbesondere dazu, daß **Interessenkonflikte** nicht einseitig zugunsten jener und zu Lasten dieser entschieden werden dürfen (zutr. Kritik an der „Arbeitsplatzsicherung auf Kosten der Gläubiger" bei *Maurach/Schroeder/Maiwald* 1 § 48 A 1). Der in den Gesetzesberatungen mehrfach geäußerten Ansicht, der Handlungszweck der Sicherung von Arbeitsplätzen rechtfertige eine Senkung der Verhaltensmaßstäbe im Rahmen ordnungsgemäßen Wirtschaftens[38], kann jedenfalls dann nicht gefolgt werden, wenn das Verhalten — wie regelmäßig — zugleich Gefahren für die Vermögensinteressen sonstiger Gläubiger mit sich bringt (zust. *Bieneck* in: Müller-Gugenberger § 73 A). Derartige Zielkonflikte sind nicht schon auf Tatbestandsebene lösbar, sondern gehören zur Wertungsstufe der Rechtswidrigkeit, werden also insbesondere bei § 34 relevant, der in Ausnahmefällen Aufopferungspflichten der Gläubiger zugunsten der Arbeitnehmer begründen kann (unten Rdn. 118 a. E.). Weitere Konflikte können nach künftigem Recht dadurch entstehen, daß im Falle der Fortführung des Unternehmens zwecks Befriedigung der Altgläubiger gemäß dem Insolvenzplan (§§ 235 ff InsO) deren Interessen mit den Interessen der Neugläubiger und vor allem der Arbeitnehmer kollidieren können. Ein genereller Vorrang der Interessen der Altgläubiger dürfte insoweit nicht begründbar sein, zumal diese durch die erforderliche *Zustimmung* zu dem Insolvenzplan dem Schuldner das Recht zurückgegeben haben, „über die Insolvenzmasse frei zu verfügen" (§ 259 Abs. 1 Satz 2 InsO). Damit haben die Altgläubiger — auch — Verfügungen im Interesse der Neugläubiger und der Arbeitnehmer in Kauf genommen, jedenfalls soweit dies die Erfüllung des Insolvenzplans nicht verhindert oder konkret gefährdet.

---

[37] Zu kriminalpolitischen Bedenken vgl. auch *Dreher/Tröndle* § 283 a Rdn. 5 mit weit. Nachw.

[38] RegE BTDrucks. 7/3441 S. 35 und 38; Abg. *Spranger*, 80. Sitzung des Sonderausschusses für die Strafrechtsreform, Deutscher BTag 7. Wahlp. StenB S. 2547.

3. Überindividuelle (soziale) Rechtsgutsaspekte. Bereits die regelmäßige zeitliche Divergenz zwischen der Vornahme einer Bankrotthandlung und dem Eintritt der Zahlungseinstellung (oder der Konkurseröffnung usw.) deutet auf die Möglichkeit einer zusätzlichen Ausweitung der Rechtsgutsbetrachtung hin: Neben den aktuellen Gläubigern (Forderungsinhabern im Zeitpunkt der Bankrotthandlung oder des Erfolgseintritts, soweit ein solcher zum Tatbestand gehört) können auch **potentielle** (künftige) **Gläubiger** als Träger schutzwerter Vermögensinteressen in Betracht kommen (zust. *Stapelfeld* S. 261; krit. *Mohr* S. 153). In Weiterverfolgung dieser Ausweitung und Konkretisierung der Rechtsgutsträgerschaft stellt sich damit die Frage, ob nicht auch die **Kreditwirtschaft** oder gar die **(Volks-)Wirtschaft** überhaupt Gegenstand und Zweck des strafrechtlichen Schutzes der §§ 283 ff ist. Folgen aus der Beantwortung dieser Frage, die auch in ausländischen Rechtsordnungen lebhaft diskutiert wird[39], ergeben sich nicht nur für den Fall der *Einwilligung* aller (aktuellen) Gläubiger in die Vornahme einer Bankrotthandlung (vgl. *Mohr* S. 151), sondern ganz allgemein für die *Auslegung* des geltenden Konkursstrafrechts, etwa bei der Inhaltsbestimmung des Grundbegriffes ordnungsmäßigen Wirtschaftens (unten C 2). **53**

a) Daß die strafrechtlich geschützten Rechtsgüter in diesem teleologischen Sinne als Auslegungstopoi Gewicht haben, kann heute als unstreitig angesehen werden (vgl. nur *Rudolphi* SK Rdn. 3 vor § 1), auch wenn sich die Bedeutung des Rechtsgutes nicht in dieser Auslegungsfunktion erschöpft. Dagegen ist trotz einer lebhaften literarischen Beschäftigung mit der Rechtsgutslehre weiterhin zweifelhaft, nach welchen konkreten **Kriterien** die jeweiligen Rechtsgüter der Straftatbestände zu bestimmen sind. Als Werturteil der positiven Rechtsordnung wird sich die Eigenschaft als Rechtsgut häufig aus ausdrücklichen Willensäußerungen des historischen Gesetzgebers ablesen lassen. Jedoch hilft dieser Anhaltspunkt hier nicht weiter, da es der Regierungsentwurf des 1. WiKG für §§ 283 ff — anders als für § 265 b — ausdrücklich offengelassen hat, ob und welche Rechtsgüter neben den unstreitigen Vermögensinteressen der Gläubiger bestehen. Gleichwohl spricht sich die ganz h. M. für einen zusätzlichen **überindividuellen** (sozialen) Rechtsgutsaspekt aus und stützt diese Sicht meist auf die faktischen Auswirkungen von Konkursstraftaten, insbesondere auf die bekannten Folgewirkungen über den Kreis der eigentlichen (aktuellen) Gläubiger hinaus[40]. Dieser Ansatz ist für eine empirisch orientierte Rechtsgüterlehre (vgl. dazu bereits *Tiedemann* Tatbestandsfunktionen S. 121 Fußn. 36 sowie nunmehr *Rudolphi* aaO Rdn. 7, je mit Nachw.) als zutreffend zu bezeichnen. Zwar ist für die Ermittlung der Sozialschädlichkeit einer Verhaltensweise nicht bereits ihre negative tatsächliche Wirkung im Einzelfall maßgebend. Sind die negativen tatsächlichen Auswirkungen aber geradezu typische oder notwendige Folgen des Verhaltens, hat also ein Verhalten die generelle *Eignung* zur Beeinträchtigung bestimmter Interessen, so werden diese — vorbehaltlich des positiven Kontrollmaßstabes normativ zu bestimmender Wertverwirklichung — durch das gesetzgeberische Verbot auch rechtlich mit geschützt[41]. Eine solche typische Wirkung und generelle Eignung zur Beeinträchtigung **54**

[39] Vgl. *González Rus* in: Schünemann/Suárez S. 93 f; *Tiedemann* Verh. **49.** DJT Bd. I S. C 69 f mit weit. Nachw. sowie unten IV.

[40] *Arzt/Weber* IV Rdn. 8; *Bockelmann* BT 1 § 21 I; *Hiltenkamp-Wisgalle* S. 50 ff; *Lackner/Kühl* § 283 Rdn. 1; *Preisendanz/Bieneck* Anm. 1 b vor § 283; *Sch/Schröder/Stree* Rdn. 2 vor § 283; *Wessels* BT-2 § 12 III 1; auch *Dreher/Tröndle* Rdn. 3 vor § 283; *Weyand* S. 23; **aA** *Krause* S. 173 ff; *Matzen* S. 14 f; *Maurach/Schroeder/Maiwald* 1 § 48 I 3; *Mohr* S. 147 ff; *Samson* SK Rdn. 3 vor § 283; *Schmidhäuser* BT Kap. 11 Rdn. 93.

[41] **AA** *Krause* S. 154 ff mit Nachw., der das geschützte Rechtsgut aus der den Tatbeständen vorgelagerten Verhaltensnorm ableiten will und diese dahingehend formuliert, der Schuldner dürfe die eigene Erfüllungsfähigkeit nicht durch bestimmte Vermögensdispositionen so ver-

überindividueller (sozialer) Belange ist den Konkursstraftaten zuzuerkennen, auch wenn die von §§ 283 ff mit erfaßten Privatkonkurse (oben Rdn. 11) diese Eignung und Wirkung nur in minderem Ausmaß als die (häufigeren) Unternehmenskonkurse aufweisen. Neben die im Schrifttum betonten vielfältigen Abhängigkeiten und volks- wie betriebswirtschaftlichen Verflochtenheiten des Gemeinschuldners mit Gläubigern, Arbeitnehmern, Zulieferbetrieben usw. treten vor allem auch die bereits oben Rdn. 14 ff dargestellte starke Fremdfinanzierung (mit Geldkrediten) und der noch höhere Anteil des Waren- und Dienstleistungskredites durch Lieferanten (dazu *Tiedemann/Sasse* S. 3 f, 17 f u. ö.). Diese geradezu lebensnotwendigen Wesenszüge der modernen Wirtschaft ergeben ein gewichtiges und werthaftes *Allgemeininteresse* an der Verhütung übergreifender Gefahren, jedenfalls soweit diese Gefahren Personen und Institutionen betreffen, die mit dem Schuldner wirtschaftlich verbunden sind[42]. Erst dieses Allgemeininteresse bringt auch den Unrechtsgehalt der Konkursstraftaten hinreichend zum Ausdruck und vermag — ähnlich wie bei § 264 (Abs. 3!) — die weitreichende Vorverlagerung der Strafbarkeit bis in Bereiche fahrlässig-abstrakter Gefährdung (§§ 283 Abs. 4 und 5, 283 b Abs. 2) kriminalpolitisch zu tragen. Dieser überindividuelle (soziale) Aspekt kennzeichnet im übrigen ganz allgemein das Wirtschaftsrecht (oben Rdn. 3) und mit diesem auch das Wirtschaftsstrafrecht (vgl. auch *Maurach/Schroeder/Maiwald* 1 § 48 I 3, die freilich — umgekehrt — in der überindividuellen Rechtsgutskomponente den Ausdruck des Strebens nach einer Autonomie des Wirtschaftsstrafrechts sehen wollen).

55 **b)** Die weitere Frage, ob es bei §§ 283 ff um den Schutz der **Gesamtwirtschaft**[43] oder um den der **Kreditwirtschaft**[44] geht, ist trotz der weitreichenden wirtschaftlichen Auswirkungen von Konkursdelikten im letzteren Sinne zu beantworten (vgl. bereits *Tiedemann* NJW **1977** 783 und Wirtschaftsstrafrecht I S. 239 mit weit. Nachw.). Hierfür sprechen nicht nur die Motive zur Konkursordnung von 1877 (vgl. RGSt **9** 134, 135) sowie die Notwendigkeit, als Rechtsgüter nur spezifische Funktionseinheiten auf möglichst niederer Abstraktionsstufe auszuweisen (vgl. *Tiedemann* Tatbestandsfunktionen S. 117, 122). Vielmehr läßt sich eine Typik der Bankrotthandlungen zur Beeinträchtigung gesellschaftlicher Oberwerte und eine Eignung der Tatbestandsumschreibungen zu ihrem Schutz auch empirisch nur belegen, soweit Geld-, Waren- oder Dienstleistungskredit in Frage steht, also Geschäftsbeziehungen und andere Beteiligungsvorgänge — wie Arbeitsverhältnisse — sich rechtlich und/oder wirtschaftlich noch in der Schwebe befinden (zutr. *Hammerl* S. 116 f). Die zusätzlichen faktischen Auswirkungen von Konkursstraftaten auf gänzlich unbeteiligte Unternehmen und Personen sind so gut wie ausschließlich bloße Fernwirkungen von Unternehmensinsolvenzen und fehlen vor allem bei Privatkonkursen nahezu stets (vgl. bereits

---

schlechtern, daß eine Krise eintritt. Diese Formulierung ist insofern willkürlich, als die Gläubiger in den einzelnen Verbotstatbeständen keineswegs ausdrücklich genannt sind (und bereits die Begrenzung der Täterschaft auf Schuldner bzw. Handeln für den Schuldner Ergebnis einer Auslegung ist, Rdn. 59 vor § 283). Die Formulierung *Krauses* ist ferner im Hinblick auf die Rechtsgutsbestimmung insofern zirkulär, als die „Erfüllungsfähigkeit" von vornherein einseitig auf das Gläubiger/Schuldner-Verhältnis abzielt. Da ein telos „Gläubigerschutz" erst im Wege der Auslegung den einzelnen Verbotstatbeständen zu entnehmen ist, erscheint es gerade für eine streng an der Verhaltensnorm orientierte Auffassung als begründungsbedürftig, warum individueller Gläubigerschutz und nicht etwa Schutz des kaufmännischen Kredits bezweckt sein soll.

42 Vgl. *Bockelmann* BT 1 § 21 I; *Lackner/Kühl* § 265 b Rdn. 1; *Tiedemann* LK[10] § 265 b Rdn. 9 ff.

43 So insbes. *Lackner/Kühl* § 283 Rdn. 1; *Schlüchter* JR **1979** 515; *Sch/Schröder/Stree* Rdn. 2 vor § 283; *Wessels* BT 2 § 12 III 1.

44 So *Bieneck* in: Müller-Gugenberger § 62 A I, D I; *Bottke* in: Schünemann/Suárez S. 122; *Bretzke* S. 16; *Dreher/Tröndle* Rdn. 3 vor § 283 mit Nachw.; *M. Grub* S. 6; *Hiltenkamp-Wisgalle* aaO; *Hormazábal* in: Schünemann/Suárez S. 83; *Otto* BT § 61 VI und Jura **1989** 32; *Weyand* S. 23.

Cohn GA **41** [1893] 199). Hinsichtlich der gesamtwirtschaftlichen Auswirkungen rügen *Samson* SK (Rdn. 3 vor § 283) und *Maurach/Schroeder/Maiwald* (aaO) zu Recht, daß bei Einbeziehung der Gesamtwirtschaft in die Rechtsgutsbestimmung der Anlaß zur Neugestaltung der §§ 283 ff mit deren Schutzgut verwechselt werde. Soweit Insolvenzen zu Kettenreaktionen *unbeteiligter* Unternehmen und Personen führen, liegen diese Auswirkungen außerhalb des Zurechnungszusammenhanges und Schutzzweckes der §§ 283 ff. Auch das **Vertrauen** in die Funktionsfähigkeit „der Wirtschaft" kann in einem spezifischen (strafrechtsdogmatischen) Sinne nur die Kreditgewährung (i. w. S., also einschließlich des Lieferantenkredits und der Arbeitnehmerinteressen), nicht — oder nur kriminologisch — dagegen das Wirtschaften überhaupt betreffen (zutr. *Arzt/Weber* IV Rdn. 8). Ist Kredit nämlich bereits im allgemeinen sprachlichen Sinn mit (individuellem) Vertrauen identisch (vgl. nur *Tiedemann/Sasse* S. 1; *Krause* S. 166), so liefert vor allem das zivilrechtliche Haftungsmerkmal der Vertrauensbeziehung, z. B. im Rahmen der culpa in contrahendo, einen brauchbaren Maßstab der Abgrenzung dafür, welche potentiellen Gläubiger in den Schutzbereich der §§ 283 ff einzubeziehen sind. Neben solchen existenten oder angebahnten individuellen Vertrauensbeziehungen kann insbesondere auch ein gesetzlich vorgesehener Forderungsübergang (z. B. der Übergang des Lohnanspruches von Arbeitnehmern auf die Bundesanstalt für Arbeit bei Zahlung von Konkursausfallgeld durch das Arbeitsamt, vgl. § 59 Abs. 2 KO) ein rechtliches Näheverhältnis schon für den Zeitpunkt begründen, in dem die Voraussetzungen für den Forderungsübergang geschaffen werden (z. B. Nichtzahlung des Arbeitslohnes durch den Arbeitgeber in dem Zeitraum von drei Monaten vor dem Antrag auf Konkurseröffnung). Die rechtlich geschützte Vertrauensposition und das rechtlich geregelte besondere Näheverhältnis grenzen die für das Konkursstrafrecht typischen und spezifischen Kreditinteressen auch jenseits schwebender Vertragsverhältnisse hinreichend von der Gesamtwirtschaft ab. Dabei ist der Gesichtspunkt des individuellen Vertrauens in die künftige (!) Leistungsfähigkeit der Kreditsucher angesichts der volkswirtschaftlichen Bedeutung des gesamten Kreditwesens identisch mit dem der Enttäuschung von **institutionalisiertem** Vertrauen in die Funktionsbedingungen der Kreditwirtschaft.

Zusätzlich zu den Vermögensinteressen der Gläubiger (und ihrem individuellen **56**
Vertrauen: *Krause* S. 163 ff) ist damit überindividuelles Schutzgut der §§ 283 ff — ähnlich wie bei § 265 b — nicht die Gesamtwirtschaft, sondern die Funktionsfähigkeit der **Kreditwirtschaft** als Teil der Gesamtwirtschaft (so auch BVerfGE **48** 48, 61 f). Dieser bereits im älteren Schrifttum (des 19. Jahrhunderts[45]) richtig erkannte Bezugspunkt wurde von der reichsgerichtlichen Rechtsprechung (vgl. nur RGSt **4** 41, 42; **16** 238, 239) als selbstverständlich zugrunde gelegt und für den kaufmännischen Bankrott auch von den Motiven zum Reichsstrafgesetzbuch betont (mitgeteilt bei *Maul* DB **1979** 1758 f). Nur dieser Bezugspunkt ist auch geeignet, der **Auslegung** hinreichend konkrete und eindeutige Kriterien zu liefern, um insbesondere den durchgehenden Maßstab des ordnungsgemäßen Wirtschaftens (unten C 2) inhaltlich zu gestalten (vgl. nur *Hammerl* S. 118). Ein Rechtsgut „Gesamtwirtschaft" wäre schon aufgrund seiner Zusammenfassung höchst unterschiedlicher und konträrer Ziele und Zwecke — Wachstumsförderung, Bekämpfung von Geldentwertung und Arbeitslosigkeit, Gleichgewicht der Außenhandels- und Zahlungsbilanz usw. (vgl. § 1 Satz 2 StabilitätsG sowie *Tiedemann* Tatbestandsfunktionen S. 123 f) — untauglich, auch

[45] *Berner* Lehrbuch des Deutschen Strafrechts (3. Aufl. 1866) S. 437; *Cohn* GA **41** (1893) S. 199; *Hälschner* Das gemeine deutsche Strafrecht Bd. 2 (1884) S. 403; vgl. auch *Walther* S. 12 f (mit Hinweis auf die Motive).

nur für den Regelfall eine Auslegungshilfe zu geben und den Aktunwert wirtschaftswidrigen Handelns zu konkretisieren. Auch müßte es das gesamtwirtschaftliche Ziel der Vollbeschäftigung zumindest nahelegen, entgegen den oben Rdn. 51 entwickelten Begrenzungen die Erhaltung des Arbeitsplatzes als Rechtsgutsaspekt des Konkursstrafrechts zu postulieren und der Sanierung entgegen dem Zweck des Konkursrechts den Vorzug vor der Zerschlagung zu geben. Die hier vertretene Auffassung steht demgegenüber im Einklang mit dem geltenden Konkursrecht. Für sie ist das Ausmaß an Fremdkapital und offenen Verbindlichkeiten (gegenüber Lieferanten und Arbeitnehmern) zentrales Kriterium für die Handlungs- und Unterlassungspflichten insbesondere bei Vornahme wirtschaftlich riskanter Geschäfte.

57 **c)** Das finanzielle Vermögen der Gläubiger und das Funktionieren der Kreditwirtschaft sind gleichrangige Gesichtspunkte des Rechtsgüterschutzes (vgl. nur *Lackner/Kühl* Rdn. 1, je zu § 283 und zu § 265 b): in bezug auf die eigentlichen (aktuellen) Kreditgeber wird das Vermögen (Befriedigungsinteresse), daneben wird die Funktionsfähigkeit einer kreditgewährenden Wirtschaft, also der **Kredit als Instrument** des modernen Wirtschaftsverkehrs, geschützt (vgl. noch einmal RGSt **4** 41, 42; **9** 134, 135). Bezogen auf individuelle Vermögensbelange könnte dieses zusätzliche Rechtsgut auch als Vermögen oder Kreditinteresse der potentiellen Kreditgeber bezeichnet und insoweit gleichsam als Summe dieser potentiellen Gläubiger bestimmt werden (vgl. die Nachw. bei *Tiedemann* LK[10] § 265 b Rdn. 9 ff). In demselben Sinne mag die Wirtschaft personell mit der Summe aller (potentiellen) Wirtschafter identifiziert werden. Jedoch entspricht die Verdinglichung der Betrachtung einer funktionalen Begriffsbildung, die auch mit der übrigen Rechtsordnung — hier insbesondere: dem Recht des Kreditwesens — übereinstimmt. Zwar macht der personalisierende Kreditgeber-Aspekt deutlich, daß Kreditwirtschaft und aktuelle Kreditgewährung durch einzelne Personen und Unternehmen keine voneinander getrennten, sondern nur relativ verselbständigte (mediatisierte) Aspekte sind . Andererseits sind aber die Kreditinteressen potentieller Gläubiger letztlich *nicht* mit dem Interesse am Funktionieren der Kreditwirtschaft identisch. Da zudem die Summe **potentieller** Geschäftspartner (Gläubiger) von der Summe aller Wirtschafter kaum zu unterscheiden wäre, empfiehlt sich begrifflich und terminologisch die Vermeidung des unbestimmten personalen Gläubigermerkmals, soweit es um andere als die aktuellen Gläubiger geht. Vorzugswürdig ist hier das sachliche, durch eine individuelle Vertrauensbeziehung konstituierte Kreditinteresse. Es wird ergänzt durch das Interesse am Funktionieren der Kreditwirtschaft als solcher, nämlich durch das volkswirtschaftlich gewichtige Interesse an den Funktionsbedingungen der Kreditgewährung. Allerdings beseitigt dieses überindividuelle Interesse nicht die Disponibilität des Rechtsgutes, so daß einer *Einwilligung* aller Gläubiger (z. B. im Rahmen von Sanierungsbemühungen, oben Rdn. 52) rechtfertigende Wirkung zukommt, sofern die in Frage stehenden Handlungen des Schuldners nicht gegen die Anforderungen einer ordnungsgemäßen Wirtschaft verstoßen. Für die letztere Einschränkung sind vor allem Gesichtspunkte der Kreditwirtschaft maßgebend (vgl. näher unten Rdn. 114; weitergehend *Mohr* S. 150 ff).

58 **4. Zusammenfassung.** Zusammengefaßt schützen §§ 283 ff zunächst die Interessen der (aktuellen) Gläubiger an einer vollständigen oder möglichst hohen Befriedigung ihrer vermögensrechtlichen Ansprüche, sodann die Kreditinteressen potentieller, mit dem Schuldner bereits in Beziehung stehender Gläubiger und schließlich das Funktionieren (die Funktionsbedingungen) der Kreditwirtschaft als eines von Bar-

zahlung und Tauschgeschäft gelösten Systems der Vorleistung von Diensten, Waren und Geld.

B. Tauglicher Täterkreis

1. Sonderdelikt

a) Trotz der allgemeinen Tatbestandsfassung der §§ 283 ff, die als tauglichen Täter scheinbar jedermann ausreichen lassen („wer ...“), besteht in Rechtsprechung und Lehre Einigkeit darüber, daß es sich — mit Ausnahme des § 283 d — um echte Sonderdelikte mit einem rechtlich eingeschränkten Täterkreis handelt[46]. Diese Einschränkung ergibt sich nicht etwa aus dem Konkursrecht, welches den Privat- und den Unternehmenskonkurs gleich behandelt und keineswegs nur Kaufleute als potentielle Gemeinschuldner ansieht (oben Rdn. 11). Die Beschränkung des Kreises tauglicher Täter bei §§ 283, 283 a, 283 b, 283 c folgt vielmehr aus dem Gesamtzusammenhang der Konkursstraftatbestände, die sich der Sache nach nur an **Schuldner** wenden (*Tiedemann* NJW **1977** 779; zust. insbes. *Weber* StV **1988** 16). Dies brachte der Wortlaut der früheren §§ 239 ff KO zutreffend expressis verbis zum Ausdruck. Jedoch können echte Sonderdelikte auch im Wege der *Auslegung* bestimmt werden, wobei neben Statusbezeichnungen bloße Situationsumschreibungen dann ausreichend sind, wenn der Täter Träger einer (meist außerstrafrechtlichen) Sonderpflicht ist oder in einer besonders engen Beziehung zum geschützten Rechtsgut steht. Diese Kriterien treffen nach einhelliger Auffassung für den Schuldner zu[47]: Er hat auf Gläubigervermögen und Kreditwirtschaft besondere Einflußmöglichkeiten, die ihm typischerweise durch Einräumung von Kredit (Vertrauen) gewährt sind und deren pflichtwidrige Wahrnehmung nach normativem Urteil einen gesteigerten Unwert begründet. Für das geltende Konkursstrafrecht folgt diese Beschränkung des Täterkreises auf Schuldner im Wege der Auslegung unmittelbar aus § 283 Abs. 6: Bestraft werden kann nur, für wen die objektive Strafbarkeitsbedingung der Zahlungseinstellung oder Konkurseröffnung (usw.) eingetreten ist (*Tiedemann* aaO S. 780). Täter kann also nur derjenige sein, der seine Zahlungen eingestellt hat oder von der Eröffnung oder Ablehnung der Eröffnung des Konkursverfahrens betroffen ist. Dies setzt notwendigerweise voraus, daß der Täter anderen zu geldwerten Leistungen verpflichtet ist. — Einschränkungen des Täterkreises ergeben sich aber auch aus den zusätzlichen Situations- und Statusumschreibungen: Normadressat und Täter des § 283 Abs. 1 ist nur, wer sich in einer wirtschaftlichen **Krise** befindet, wer also überschuldet oder zahlungsunfähig ist oder wem die Zahlungsunfähigkeit droht; damit sind erneut Schuldner angesprochen. Weiter einengend können Täter der §§ 283 Abs. 1 Nrn. 5 und 7, 283 b nur Voll- und Soll-**Kaufleute** sein, da nur sie Adressaten der von diesen Straftatbeständen in bezug genommenen außerstrafrechtlichen (handelsrechtlichen) Buchführungspflichten sind (*Dreher/Tröndle* Rdn. 19 vor § 283; *Tiedemann* GmbH-Strafrecht Rdn. 29 vor § 82). 59

b) Wenn auf diese Weise der taugliche Täterkreis bei den einzelnen Tathandlungen rechtlich umschrieben und eingeschränkt ist, so bleibt der Begriff des **Schuldners** näherer Inhaltsbestimmung bedürftig. Es liegt nahe, insoweit auf die zivilrechtliche 60

[46] *Bieneck* in: Müller-Gugenberger § 64 A I; *Dreher/Tröndle* Rdn. 18 vor § 283; *M. Grub* S. 4 ff; *Gübel* S. 151; *Hiltenkamp-Wisgalle* S. 63 ff; *Lackner/Kühl* § 283 Rdn. 2; *Maurach/Schroeder/Maiwald* 1 § 48 II 3; *Otto* BT § 61 VI 1 b; *Samson* SK § 283 Rdn. 28; *Sch/Schröder/Stree* § 283 Rdn. 65; *Wessels* BT 2 § 12 III 3 e; *Weyand* S. 25 f.

[47] *Gracia Martín* in: Schünemann/Suárez S. 19, 22; *M. Grub* S. 6 f; *Lackner* § 14 Rdn. 14; *Schünemann* LK § 14 Rdn. 41.

Verpflichtung zur Leistung abzustellen (vgl. *Schaefer* LK 8. Aufl. Anm. II vor § 239 KO). Jedoch hat das RG auch bloße (zivilrechtliche) Haftung (für fremde Schuld) ausreichen lassen, so daß etwa RGSt **68** 108, 109 für die in Gütergemeinschaft mit dem Schuldner lebende *Ehefrau* die Schuldnereigenschaft bejahte. Da im Falle der Gütergemeinschaft gemäß § 1437 BGB auch das Gesamtgut dem Zugriff der Gläubiger unterliegt, führt eine teleologische Auslegung in der Tat für §§ 283 ff ebenso wie bei § 288 zu einer Ausweitung des Schuldens auf das **Haften**. Zwar mag diese Ausdehnung auf den ersten Blick z. B. für denjenigen, der nach KO oder AnfG anfechtbar erworben hat und daher die Zwangsvollstreckung in das so erworbene Gut dulden muß (§ 37 KO, § 7 AnfG), unangemessen wirken. Jedoch ist zu bedenken, daß §§ 283 ff mehrere Einschränkungen enthalten, welche die Ergebnisse dieser Ausweitung teilweise korrigieren und schließlich als sachgerecht erscheinen lassen: Der für fremde Schuld Haftende — wie z. B. auch der persönlich „haftende" Gesellschafter einer Personenhandelsgesellschaft — macht sich bei Vornahme einer Bankrotthandlung nach § 283 Abs. 1 nur dann strafbar, wenn er selbst überschuldet (usw.) ist und er selbst die Zahlungen einstellt (usw.). Daß er in diesem Fall wegen Beiseiteschaffens von Bestandteilen seines (!) Vermögens usw. strafbar ist, erscheint richtig. Auch die in Gütergemeinschaft lebende Ehefrau ist nur dann tauglicher Täter, wenn sie ihre Zahlungen eingestellt hat (usw.), und zwar nur bei gemeinschaftlicher Verwaltung des Gesamtgutes bezogen auf dieses Sondervermögen (vgl. § 236 a KO), im übrigen dagegen bezogen auf ihr gesamtes Vermögen. — Umgekehrt führt das Kriterium der Haftung zu einer Einschränkung des tauglichen Täterkreises, soweit ein Schuldner zivilrechtlich nicht (mehr) haftet, wie etwa der *Kommanditist* gem. § 171 HGB nach Erbringung seiner Einlage (RGSt **69** 65, 68 f; *M. Grub* S. 54 ff; *Winkelbauer* JR **1988** 34). Der Schuldnerbegriff ist also durchgehend durch den teleologischen Gesichtspunkt der Haftung zu erweitern und zu begrenzen. Für die Schuldnereigenschaft von *Minderjährigen* ergibt sich daraus: Vor der erforderlichen Genehmigung bzw. Ermächtigung des gesetzlichen Vertreters oder des Vormundschaftsgerichtes besteht kein durchsetzbarer Anspruch der Gläubiger aus rechtsgeschäftlichem Handeln des Minderjährigen und folglich keine Schuld (RGSt **36** 357, 358 f). Vor diesem Zeitpunkt können Minderjährige folglich keine Täter nach §§ 283 ff (mit Ausnahme des § 283 d) sein. Die zivilrechtliche Rückwirkung der Zustimmung ist strafrechtlich ohne Bedeutung. Ohne die in § 112 BGB vorgesehene Ermächtigung fehlt dem Minderjährigen auch die Kaufmannseigenschaft (RGSt **45** 3, 5; **36** 357 f). Andererseits steht nichts entgegen, bei Einwilligung des gesetzlichen Vertreters oder in Fällen der §§ 828, 829 BGB Schuldnereigenschaft des Minderjährigen anzunehmen (insoweit zutr. *Schaefer* LK 8. Aufl. Anm. II vor § 239 KO).

61 Inwieweit *andere Personen* als die zivilrechtlich zur Leistung Verpflichteten oder Haftenden bei eigenem Handeln Täter sein können, richtet sich nach den Voraussetzungen des § 14. Sowohl das Betroffensein von Zahlungseinstellung und Konkurseröffnung als auch die Krisenbefangenheit und die Kaufmannseigenschaft sind nämlich besondere persönliche Merkmale im Sinne dieser Vorschrift[48]. § 14 „überwälzt" insoweit die strafrechtliche Pflichtenstellung des Schuldners und die strafrechtliche Haftung auf die in dieser Vorschrift aufgezählten Organe, Vertreter und Beauftragten des eigentlichen Normadressaten.

---

[48] *Bieneck* in: Müller-Gugenberger § 64 A I; *Dreher/Tröndle* Rdn. 21 vor § 283; *Lackner/Kühl* Rdn. 3; *Maurach/Schroeder/Maiwald* 1 § 48 II 3; *Samson* SK Rdn. 28; *Sch/Schröder/Stree* Rdn. 65, je zu § 283; *Wessels* BT 2 § 12 III 3 c.

c) Für **Handelsgesellschaften** bedeutet dies: Soweit sie keine eigene Rechtspersönlichkeit besitzen, sind strafrechtliche Normadressaten und daher taugliche Täter ohne weiteres — also ohne daß es einer Heranziehung des § 14 bedarf — die einzelnen Gesellschafter als natürliche Personen, also alle (vertretungsberechtigten) Gesellschafter bei der **OHG** (RGSt **46** 77, 78; unten Rdn. 65) und bei der **Vorgesellschaft** einer GmbH (BGHSt **3** 23, 25), dagegen nur die persönlich haftenden Gesellschafter bei der **KG** und bei der KG auf Aktien (RGSt **34** 374, 379; **69** 65, 68 f; oben Rdn. 60). Alle Gesellschafter sind ferner Normadressaten und taugliche Täter bei **BGB-Gesellschaften** (z. B. Verwertungsgemeinschaften oder Pools von Sicherungsgläubigern). Der Hervorhebung bedarf, daß Kommanditisten (nach Erbringung der Einlage) und Prokuristen (außer bei Vorliegen der Voraussetzungen des § 14 Abs. 2) nicht Täter des Konkursdelikts sein können (vgl. RGSt **69** 68 f; *Dreher/Tröndle* Rdn. 19 vor § 283; oben Rdn. 60). Wird im Gesellschaftsvertrag allerdings der Kommanditist als Geschäftsführer bezeichnet oder wird ihm sonstwie die Leitung des Betriebes der Gesellschaft übertragen, so liegt eine Beauftragung nach § 14 Abs. 2 vor. Bei der GmbH u. Co KG müssen die Täterprobleme teilweise über den Gesichtspunkt der faktischen Geschäftsführung (unten Rdn. 70) gelöst werden, sofern die unten Rdn. 65 beschriebene doppelte Normüberwälzung ausscheidet. 62

Für **juristische Personen** richtet sich die Abgrenzung rechtlich möglicher Täterschaft nach § 14. Dies ist insoweit unproblematisch, als die Kaufmannseigenschaft und die Krisenbefangenheit auf die juristische Person selbst zu beziehen sind. Problematisch ist dieser Bezug dagegen, soweit es um die generell erforderliche Betroffenheit von Zahlungseinstellung oder Konkurseröffnung (usw.) geht. Zwar kommt es auch insoweit nicht auf den handelnden natürlichen Täter, sondern auf die juristische Person an. Jedoch verlangt § 283 Abs. 6, daß „der Täter" die Zahlungen einstellt oder über „sein" Vermögen der Konkurs eröffnet (usw.) worden ist. Ob in diesem Sinne eine juristische Person strafrechtlich als „Täter" bezeichnet werden kann, ist zweifelhaft, auch wenn anerkannt ist, daß die juristische Person Adressat von Rechtsnormen sein, diese durch Handeln ihrer Organe verletzen und Objekt von Sanktionen sein kann: Was der juristischen Person fehlt, ist die strafrechtliche Schuldfähigkeit im individual-strafrechtlichen Sinn (*Tiedemann* NJW **1988** 1172 mit Nachw.). Das konkursstrafrechtliche Problem der juristischen Personen ist durch einen Fehlgriff des Reformgesetzgebers entstanden, der in § 283 Abs. 6 richtiger vom „Schuldner" hätte sprechen sollen. Bei wörtlicher Handhabung wäre § 14 für Zahlungseinstellungen und Konkurse juristischer Personen überhaupt nicht anwendbar, wenn man es mit der h. M. (trotz § 30 OWiG) für ausgeschlossen hält, daß juristische Personen Straftäter sein können; die „Überwälzungsnorm" des § 14 wäre vielmehr auf diejenigen Fälle beschränkt, in denen Inhaber des Unternehmens (oder Vertretener) eine natürliche Person ist. Man wird den gesetzgeberischen Fehlgriff aber durch eine *berichtigende Auslegung* korrigieren können (*Tiedemann* NJW **1977** 780), zumal sich die für § 14 erforderliche Eigenschaft als Schuldner erst aus dem Gesamtzusammenhang des § 283 ergibt und folglich „nur" eine interpretatorische Ausweitung des Begriffes des „Täters" in Frage steht. 63

Folgt man dieser Auffassung[49], so sind taugliche Täter folgende natürlichen Personen: bei der Aktiengesellschaft, der Genossenschaft, dem rechtsfähigen Verein und der rechtsfähigen Stiftung der Vorstand bzw. jedes Vorstandsmitglied (§ 14 64

---

[49] Zustimmend *Arloth* NStZ **1990** 574; *Dreher/Tröndle* Rdn. 21 vor § 283; *M. Grub* S. 11 ff; *Otto* BT § 61 VI 1 d; *Stapelfeld* S. 256; *Weyand* S. 28 f; auch *Lampe* GA **1987** 249 f Fußn. 17; kritisch *Labsch* wistra **1985** 4; *Matzen* S. 20 („verbotene Analogie"); *Mohr* S. 42.

Abs. 1 Nr. 1, vgl. *Tiedemann* NJW **1979** 1850), bei der **GmbH** der Geschäftsführer (BGH NJW **1969** 1494; *Tiedemann* GmbH-Strafrecht Rdn. 29 vor § 82), nicht dagegen der Einmann-Gesellschafter (vgl. § 35 Abs. 4 GmbHG) oder dessen Generalbevollmächtigter (*Binz* NJW **1978** 802 gegen *Fleischer* NJW **1978** 96, je mit weit. Nachw.). Bei mehreren Geschäftsführern einer GmbH ist jeder von ihnen tauglicher Täter (OLG Karlsruhe Justiz **1977** 206).

65 Wenn § 14 Abs. 1 Nr. 2 außerdem noch einmal die vertretungsberechtigten Gesellschafter einer **Personenhandelsgesellschaft** erwähnt, so hat dies nach einer in der Literatur vertretenen Meinung keine sachliche Bedeutung: Die Schuldnerstellung (zivilrechtliche Verpflichtung) der Gesellschafter ergebe sich insoweit ohne weiteres aus allgemeinen Grundsätzen, so daß § 14 keine Anwendung finde und auch die nichtvertretungsberechtigten Gesellschafter taugliche Täter seien[50]. Den Vorzug verdient für §§ 283 ff die von *Preisendanz/Bieneck* § 283 Anm. 4 d vertretene Gegenauffassung. Sie sieht in der Regelung des § 14 Abs. 1 Nr. 2 eine ausdrückliche Einschränkung der an sich gegebenen Täterstellung der nichtvertretungsberechtigten Gesellschafter. Diese Einschränkung folgt aus der Fähigkeit der Personenhandelsgesellschaft, selbst Trägerin von Rechten und Pflichten zu sein, und der dem entsprechenden, von § 209 KO anerkannten Konkursfähigkeit der Personengesellschaft sowie der weitgehenden Verselbständigung ihres Vermögens[51]. Zahlungseinstellung und Konkurseröffnung beziehen sich auf das Gesellschaftsvermögen, so daß sich die Normüberwälzung nach § 14 nur dann erübrigt, wenn (auch) der einzelne Gesellschafter seine Zahlungen einstellt oder gem. § 212 KO der Konkurs über sein Privatvermögen eröffnet wird. Für Fälle des Mißbrauchs bei der Gestaltung der Vertretungsbefugnis ist die Lehre vom faktischen Geschäftsführer heranzuziehen (dazu unten Rdn. 70). — Bei der *KG* können nur die Komplementäre Täter sein, da die Kommanditisten mit Erbringung ihrer Einlage im Rechtssinne aufhören, Schuldner zu sein (vgl. bereits Rdn. 60 und 62; *Weber* StV **1988** 16). Allerdings kann der Kommanditist Geschäftsführer sein (BGHSt **34** 222 [ff]); *M. Grub* 70 ff). Bei der *GmbH und Co KG* wird der GmbH-Geschäftsführer von der h. M. als tauglicher Täter angesehen[52]. Konstruktiv kommt hierfür eine doppelte Normüberwälzung — zunächst nach § 14 Abs. 1 Nr. 2 auf die GmbH und sodann gemäß Nr. 1 auf ihren Geschäftsführer — in Betracht[53]. Einschränkend und zutreffend hebt BGHSt **19** 174 ff das Erfordernis hervor, daß der GmbH-Geschäftsführer auch die Geschäfte der KG führen muß, damit sein Handeln als solches der GmbH und Co KG erscheint.

66 Nach § 14 Abs. 1 Nr. 3, der mit den gesetzlichen Vertretern insbesondere *Konkurs- und Vergleichsverwalter* erfaßt, sind gemäß Abs. 2 auch bestimmte **gewillkürte** (rechtsgeschäftlich bestellte) **Vertreter** taugliche Täter. Unter Nr. 1 fallen z. B. Verkaufsleiter, Leiter der Rechtsabteilung und die für eine BGB-Gesellschaft (z. B. Verwertungsgemeinschaft) oder einen nichtrechtsfähigen Verein Handelnden (*Tiede-*

[50] *M. Grub* S. 47 ff; *Richter* GmbHR **1984** 143; *Sch/Schröder/Lenckner* § 14 Rdn. 21; *Schulte* NJW **1973** 1774; *Winkelbauer* wistra **1986** 18 f und JR **1988** 33 f; vgl. auch *Schünemann* LK § 14 Rdn. 46.

[51] Vgl. nur *Baumann* Konkurs § 9 I 1 b a mit Nachw.; *Bieneck* in: Müller-Gugenberger § 64 A III, B II; *Hüffer* in Großkomm. HGB § 238 Rdn. 71; *Winkelbauer* aaO S. 17 ff. Krit. aber *M. Grub* S. 34 ff.

[52] *Dreher/Tröndle* § 14 Rdn. 3; *Jescheck* AT § 23 VI; *Lackner* § 14 Rdn. 2; *Preisendanz/Bieneck* § 283 Anm. 4 d; *Sch/Schröder/Lenckner* § 14 Rdn. 23; *Schünemann* LK § 14 Rdn. 47; *Tiedemann* NJW **1977** 780, je mit weit. Nachw.

[53] *Sch/Schröder/Lenckner* § 14 Rdn. 23; *Schünemann* LK § 14 Rdn. 47; **aA** *M. Grub* S. 94 ff, der nur § 14 Abs. 1 Nr. 1 anwenden will.

mann NJW **1979** 1850). Besondere Beachtung verdient, daß über § 14 Abs. 2 auch *externe Personen* zum Täter von Konkursdelikten werden können, z. B. Steuerberater bei Übernahme der Buchführung, Leiter und Angestellte von Kreditinstituten bei Übernahme des gesamten Zahlungsverkehrs des Schuldners, Sanierer, Unternehmensberater usw. (*Tiedemann* ZIP **1983** 514, 516, 518; vgl. bereits oben Rdn. 30, aber auch unten Rdn. 78 ff und § 283 Rdn. 127; *Tiedemann* GmbH-Strafrecht Rdn. 68 vor §§ 82 ff).

d) Für alle erwähnten rechtlich tauglichen Täter gilt, daß es für ihre Eignung auf **67** den **Zeitpunkt der Handlung** (oder Unterlassung) ankommt. Bei Eintritt der objektiven Strafbarkeitsbedingung (Zahlungseinstellung, Konkurseröffnung, Ablehnung der Konkurseröffnung mangels Masse) braucht der Täter also nicht mehr Inhaber der Organ- oder Vertreterstellung zu sein (RGSt **39** 217, 218; *Sch/Schröder/Lenckner* § 14 Rdn. 50). Das **Ausscheiden** aus der Organ- oder Vertreterstellung nach der Tathandlung entlastet den Täter bei § 14 ebensowenig wie der sonstige Verlust der Täterqualität bei Sonderdelikten nach Vollendung der Tat (*Tiedemann* GmbH-Strafrecht § 82 Rdn. 32, § 84 Rdn. 38 mit weit. Nachw.). Entsprechendes gilt für das Ausscheiden eines Gesellschafters einer OHG (RGSt **35** 83, 84 f; **41** 426, 428), für den Verlust der Eigenschaft als Kaufmann (RGSt **4** 41, 42; **15** 64, 66) und der Schuldfähigkeit (RG GA **47** [1900] 170 f). Andererseits muß die Organ- oder Vertreterstellung usw. **noch** im Zeitpunkt der tatbestandsmäßigen Handlung oder Unterlassung vorliegen. Wer also aus dieser Stellung vor Ablauf der Bilanzfrist des § 283 Abs. 1 Nr. 7 b ausscheidet, kann sich nicht nach diesem Tatbestand strafbar machen (§ 283 Rdn. 142); eine „Nachwirkung" der Pflichtenstellung gibt es nicht (BGH I Str 407/80 v. 30. 9. 1980 S. 6 f, auch bei Holtz MDR **1981** 100; *Tiedemann* GmbH-Strafrecht § 84 Rdn. 19). Allerdings liegt dann kein Ausscheiden des Geschäftsführers vor, wenn dieser trotz rechtlicher Beendigung seiner Organstellung faktisch weiter als Geschäftsführer tätig bleibt (BGH aaO S. 7; vgl. dazu näher unten Rdn. 70).

2. Faktische Betrachtungsweise?

a) Der Täterbegriff der Sonderdelikte nach §§ 283, 283 b, 283 c wird — wie vorste- **68** hend erläutert — grundsätzlich durch die zivilrechtliche Eigenschaft als haftender Schuldner und im übrigen nach § 14 festgelegt. Ob darüber hinaus der unmittelbar Handelnde aufgrund einer „faktischen" oder tatsächlichen (wirtschaftlichen) Betrachtungsweise Täter sein kann, ist umstritten. Vor Einführung des § 14 (bzw. der diesem voraufgegangenen Bestimmung des § 50 a a. F.) hat die Rechtsprechung zur Vermeidung eklatanter Strafbarkeitsfreiräume eine solche Betrachtungsweise zugrunde gelegt und so vor allem die Strafbarkeit von Organen und gesetzlichen Vertretern begründet (vgl. BGHSt **11** 103 ff mit Nachw.). Gelegentlich hat die Rechtsprechung auch noch nach Einführung der ausdrücklichen Überwälzungsnormen die Täterschaft bei Sonderdelikten nach faktischen Kriterien bestimmt (vgl. insbes. BGHSt **20** 333, 337 und dazu *Tiedemann* in: Immenga/Mestmäcker Rdn. 28 ff vor § 38). Auch bekennt sich § 14 in seinem Abs. 3 selbst zur faktischen Betrachtungsweise, wenn dort ausdrücklich bestimmt wird, daß die „Normüberwälzung" auch dann gilt, „wenn die Rechtshandlung, welche die Vertretungsbefugnis oder das Auftragsverhältnis begründen sollte, unwirksam ist". **Streitig** ist aber, ob § 14 Abs. 3 eine (nur deklaratorische) Bestätigung der auch im übrigen für die Bestimmung des Täterkreises anzuwendenden Betrachtungsweise nach faktischen Gesichtspunkten darstellt (so insbes. *Bruns* GA **1982** 19 ff) oder ob die Anwendbarkeit der faktischen Betrachtung auf § 14 Abs. 3 begrenzt und die sonstige Grenzziehung des tauglichen Täterkreises bei Sonderdelikten insgesamt durch § 14 abschließend vorgenommen ist[54].

69 **b)** Die letztere Ansicht ist schon deshalb vorzugswürdig, weil sich die gegenteilige Auffassung über die **gesetzgeberisch gewollte Beschränkung des Täterkreises** hinwegsetzt, ohne ein praktikables Kriterium für eine rechtliche Bestimmung des nach jener Auffassung maßgebenden Täterkreises anführen zu können. Zweck der Einführung des § 14 war es gerade, die Reichweite der strafrechtlichen Verantwortung im Interesse der Rechtssicherheit einheitlich für das gesamte Strafrecht abzustecken. Auch ist die faktische Betrachtungsweise keineswegs eine durchgehende Interpretationsmethode des Strafrechts, sondern erkauft den Vorteil einer materiellen Gerechtigkeit mit der Ablösung von der durch Art. 103 Abs. 2 GG garantierten förmlichen Gesetzesbindung, die im Strafrecht weitgehend Teil der Gerechtigkeit ist (*Tiedemann* NJW **1979** 1850). Die Ergänzung des § 14 durch die faktische Betrachtungsweise ist daher als geradezu verfassungsrechtlich unzulässig zu bezeichnen (*Tiedemann* GmbH-Strafrecht § 84 Rdn. 32 und NJW **1977** 779 f; zust. *M. Grub* S. 112 f). Auch die von *Schünemann* LK § 14 Rdn. 14 ff angeführte dogmatische Erklärung des § 14 als „Übernahme von Herrschafts- und damit Garantenfunktionen", die § 14 Abs. 3 als Bestätigung „des von § 14 von vornherein gemeinten Phänomens" bezeichnet (aaO Rdn. 68), ändert methodisch nichts an der — auch außerstrafrechtlich deutlichen — Ergänzungsfunktion des Begriffes des faktischen Organs. *Schünemann* sieht sich angesichts des Wortlautes von § 14 Abs. 3 sogar gezwungen, von einem Redaktionsversehen zu sprechen (aaO Rdn. 69).

70 Eine Einschränkung dieses mit der h. M. übereinstimmenden Ergebnisses ist nur insoweit anzuerkennen, als auch die außerstrafrechtliche Bestimmung der Organ- oder Vertreterstellung nach faktischen Gesichtspunkten vorgenommen wird. Bereits die ausdrückliche (und insoweit nur deklaratorische) Regel des § 14 Abs. 3 sieht vor, daß zivilrechtliche Mängel (wie Nichtigkeit oder Anfechtbarkeit) sowohl der organschaftlichen Bestellung — z. B. zum Geschäftsführer einer GmbH — als auch der schuldrechtlichen Anstellung als Geschäftsführer unabhängig von der Eintragung als Geschäftsführer im Handelsregister strafrechtlich unbeachtlich sind. Jedoch setzt dies nach den zutreffenden Überlegungen von BGHSt **3** 37, 38 voraus, daß der Geschäftsführer „irgendwie zu diesem Amt bestellt worden war". Eine solche **Bestellung** zum Geschäftsführer liegt auch in dem (ausdrücklichen oder konkludenten) Einverständnis aller Gesellschafter mit dem faktischen Handeln als Geschäftsführer[55]. Nur soweit sich ein solcher — zumindest faktischer — Bestellungsakt nachweisen läßt, ist der faktisch Handelnde auch faktisch Organ oder Vertreter i. S. d. § 14 (noch enger *Stein* S. 122; wohl weitergehend *Richter* GmbHR **1984** 118 f).

71 **3. Durchgriff auf den Hintermann?** Hiervon zu unterscheiden ist die Frage, wann ein anderer als der rechtlich oder zumindest faktisch bestellte Inhaber der Organ- oder Vertreterstellung der Strafhaftung wegen eines Konkursdelikts unterworfen werden kann. Die neuere gesellschaftsrechtliche Literatur neigt teilweise dazu, vor allem im Hinblick auf die ITT-Entscheidung des BGH (BGHZ **65** 15 ff) den einen maßgebenden Einfluß tatsächlich ausübenden Nichtgeschäftsführer, insbesondere

[54] So insbes. *Stein* S. 194 ff; *Tiedemann* NJW **1977** 779 f; zust. *M. Grub* S. 118 f; *Otto* Bankentätigkeit und Strafrecht (1983) S. 162 f; *Hiltenkamp-Wisgalle* S. 109 ff; *Schünemann* LK § 14 Rdn. 27 ff, 68 ff mit weit. Nachw.

[55] BGHSt **3** 37 f; **21** 101, 103 ff; **31** 118, 122 f; BGH bei Herlan GA **1971** 35, 36 und bei Holtz MDR **1980** 453; *Sch/Schröder/Lenckner* § 14 Rdn. 17; *Tiedemann* GmbH-Strafrecht § 84 Rdn. 18 ff mit weit. Nachw.; **aA** zuletzt *Gübel* S. 110 ff.

den aktiven Mehrheitsgesellschafter, in den Normadressatenkreis des § 64 GmbHG einzubeziehen (vgl. nur *K. Schmidt* JZ **1978** 666). Ebenso wird in strafrechtlichen Kommentaren die Strafrechtsprechung seit langem für die Auffassung angeführt, bei den Konkursstraftaten sei für die Schuldnereigenschaft „der wirkliche Sachverhalt maßgebend, nicht ein ihm widersprechender Schein" (*Dreher/Tröndle* Rdn. 13 vor § 283; *Lackner/Kühl* § 283 Rdn. 3 mit weit. Nachw.). Allerdings ist die Ansicht der Rechtsprechung in der letztgenannten Hinsicht von vornherein auf die Fälle der **Zahlungseinstellung** beschränkt, während bei Konkurseröffnung und Ablehnung der Konkurseröffnung als Schuldner unstreitig nur derjenige angesehen wird, gegen den sich das Konkursverfahren richtet[56].

a) Für die strafrechtliche Behandlung derartiger Fallkonstellationen (der Zah- **72**
lungseinstellung) ist zunächst festzuhalten, daß die Anerkennung einer Strafbarkeit des „Hintermannes" die Strafbarkeit des rechtlich oder faktisch zum Geschäftsführer (usw.) bestellten Vordermannes nicht entfallen läßt[57]. Fest steht weiter, daß die von *Schünemann* LK § 14 Rdn. 17 betonte Idee der Tatherrschaft, also der finalen Steuerung des Tatgeschehens, durch den Hintermann diesen nicht bereits zum Täter der §§ 283 ff macht, da mittelbare Täterschaft bei Sonderdelikten nur dann möglich ist, wenn der Hintermann selbst die rechtliche Sonderqualifikation erfüllt (*Jescheck* AT § 26 II 6; *Maurach/Zipf* § 21 II B 2 a). Die Schwierigkeit eines strafrechtlichen „Durchgriffs" auf den Hintermann und einer zutreffenden Lösung der angeführten Fallkonstellationen liegt also darin, daß zum einen die Schuldnereigenschaft, zum anderen und insbesondere aber auch die Zahlungseinstellung des Vordermannes als solche des Hintermannes qualifiziert werden müßte, obwohl der Hintermann möglicherweise über ausreichende Zahlungsmittel verfügt. Nur wenn diese doppelte Qualifizierung möglich wäre, könnte zum Beispiel ein Beiseiteschaffen von Vermögensstücken durch den Vordermann nach den Grundsätzen der mittelbaren Täterschaft dem Hintermann zugerechnet werden. Hieran ändert sich auch dadurch nichts, daß §§ 283 ff den Schuldnerbegriff nicht ausdrücklich erwähnen (oben Rdn. 59) und daß Zahlungseinstellung nach der im Strafrecht bisher h. M. auch bei bloßer Zahlungsunwilligkeit vorliegt (vgl. dagegen unten Rdn. 125): Auch bei weitester Betrachtung muß die Zahlungseinstellung alle wesentlichen Schulden eines Rechtssubjektes betreffen und darf sich nicht auf die Nichtbegleichung einzelner Verbindlichkeiten beschränken (vgl. unten Rdn. 129); sie stellt überdies einen faktischen Vorgang dar, dessen Fehlen grundsätzlich nicht durch rechtliche Fiktionen ersetzt werden kann. Übereinstimmend mit dieser Auffassung bezeichnete es RGSt **24** 261, 263 als rechtsirrig, eine Zahlungseinstellung im Hinblick auf zwei Angeklagte anzunehmen, deren Beteiligung an den Handelsgeschäften „nach außen hin" nicht bekannt war: „Ihnen gegenüber wurden deshalb Ansprüche gar nicht erhoben; sie waren daher auch nicht in der Lage, den an die Firma gerichteten Forderungen gegenüber ihrerseits die Zahlungen einzustellen."

b) Diese Klarstellungen verdeutlichen, daß ein „Durchgriff" auf den Hinter- **73**
mann (oder auf die Hintermänner) dort kaum möglich ist, wo es ausschließlich um natürliche Personen geht, die verdeckt im Hintergrund bleiben: Der Kaufmann A

[56] BGH bei Herlan GA **1973** 133; RGSt **65** 411, 413 mit Nachw.; *M. Grub* S. 19; vgl. allerdings auch RGSt **25** 121, 122. Zur Möglichkeit der Auslegung des (gegen eine „Firma") gerichteten Konkurseröffnungsbeschlusses RGSt **49** 321 ff (vgl. unten Rdn. 164).

[57] *Richter* GmbHR **1984** 119; *Stein* S. 133; *Siegmann/Vogel* ZIP **1994** 1821 f; *Tiedemann* GmbH-Strafrecht § 84 Rdn. 30 mit weit. Nachw.; **aA** für den „reinen Strohmann" *Schünemann* LK § 14 Rdn. 71.

kann schwerlich als **Schuldner** von Verbindlichkeiten behandelt werden, die nach zivilrechtlichen Maßstäben solche des B sind (zust. *Gracia Martín* in: Schünemann/Suárez S. 25f und *M. Grub* S. 22). Zutreffend bezeichnen *Sch/Schröder/Lenckner* § 14 Rdn. 21 das Merkmal „Schuldner" als einen „eindeutig rechtlich bestimmten Zuordnungsbegriff" (zust. *M. Grub* S. 18; vgl. auch *Cadus* Die faktische Betrachtungsweise, 1984, S. 86 u. ö.). Erst recht gilt diese grundsätzliche Nichtzurechnung aber im Hinblick auf den zusätzlichen faktischen Vorgang der **Zahlungseinstellung**, der eine Willensbekundung oder einen anderen äußeren Vorgang erfordert (vgl. unten Rdn. 146). Ganz in diesem Sinne führt die vielzitierte, aber meist nur verkürzt wiedergegebene Entscheidung RGSt **65** 411, 413 aus, für die Beurteilung der Zahlungseinstellung des Schuldners sei maßgebend „der wirkliche Sachverhalt in Verbindung mit den für die Begründung der Schuldnereigenschaft geltenden Vorschriften des Bürgerlichen Rechts, nicht ein hiermit in Widerspruch stehender äußerer Schein". Eine Strafbarkeit des Hintermannes erscheint daher — entsprechend den Regeln des Zivilrechts — überhaupt nur dort möglich und richtig, wo es um *Scheingeschäfte* geht, bei denen bereits zivilrechtlich ein anderer als der nach außen Handelnde als Schuldner anzusehen ist. Daß strafrechtlich kein anderer Begriff des Schuldners und des Scheingeschäfts gelten kann als im Zivilrecht, daß folglich insbesondere **Strohmann**-Bestellungen als treuhänderische Rechtsakte keineswegs regelmäßig unwirksame Scheingeschäfte darstellen (so aber anscheinend *Maurach/Schroeder/Maiwald* 1 § 48 II 3), sondern im Gegenteil häufig ernsthaft gewollte und daher wirksame Handlungen sind, hebt auch BGH GA **1979** 311, 312f (für die Übertragung von Vermögensgegenständen) nachdrücklich hervor (näher dazu *Tiedemann* Würtenberger-Festschrift 1977 S. 243 und NJW **1980** 1558).

74 Die RG-Rechtsprechung zu diesem Bereich betrifft ganz überwiegend Sachverhalte, bei denen vorgeschobene Personen als angebliche Geschäftsinhaber in das Handelsregister eingetragen waren. Hierzu hat bereits RGSt **21** 184ff ausgeführt, daß die **Eintragung** eines angeblichen Inhabers im **Handelsregister** keinen unwiderleglichen Beweis für dessen Inhaberschaft liefert und daß der Umstand, daß sich der „wahre" Inhaber nicht als Inhaber einer Firma in das Handelsregister eintragen läßt, keineswegs ausschließt, daß er „trotzdem Kaufmann ist". Für den eingetragenen (Schein-)Inhaber stellt das RG aaO fest: „Die Bedeutung eines solchen Eintrages reicht nicht weiter, als daß durch den Handelsregisterführer beurkundet wird, es sei eine dem Inhalte des Eintrages entsprechende Erklärung des Anmeldenden abgegeben. Daß die Tatsache, welche erklärt wird, der Wahrheit entspreche, bildet keinen Gegenstand der Prüfung des Registerführers und wird folgeweise durch den Eintrag nicht bewiesen." Die RG-Rechtsprechung hat denn auch im allgemeinen sehr sorgfältig nachgeprüft, ob andere Personen als der nach außen Auftretende zivilrechtlich als Schuldner angesehen werden können und ob die Zahlungseinstellung auf diese Personen bezogen werden kann. RGSt **65** 411, 414 weist insoweit darauf hin, daß mehrere Personen nur bei Deklarierung einer gemeinschaftlichen Firma als Gesellschafter einer offenen Handelsgesellschaft angesehen werden können und im übrigen nur eine BGB-Gesellschaft zum fortlaufenden Betrieb kaufmännischer Geschäfte in Frage kommt. Dieselbe Entscheidung erwähnt, daß sich die BGB-Gesellschaft auf das Innenverhältnis beschränke, sofern der Hintermann nicht auch „regelmäßig in einer Weise aufgetreten ist, die erkennen ließ, daß er nicht nur im Namen des eingetragenen Inhabers, sondern auch im eigenen Namen handeln, also nicht nur den eingetragenen Inhaber, sondern auch sich selbst berechtigen und verpflichten wollte" (aaO S. 415). Auch RG GA **63** (1917) 428f hebt hervor, daß es darauf ankomme, ob der wahre Geschäftsinhaber, der nur als Prokurist eingetragen war, die Geschäfte für eigene Rechnung abgeschlossen hat und allein aus diesen haftet; zusätzlich sei die Feststellung erforderlich, daß er außerstande ist und aufgehört hat, seine Verbindlichkeiten zu erfüllen.

Der BGH hat diese Rechtsprechung im Prinzip fortgesetzt und verlangt bei Vorliegen eines durch Handelsregistereintragung geschaffenen Rechtsscheins „besonders eingehende Feststellungen über die Art des Rechtsverhältnisses", wenn der „tatsächliche" Geschäftsinhaber als Schuldner angesehen werden soll (bei Herlan GA **1953** 73). **Zusammengefaßt** fordert die Rechtsprechung also — zutreffend — die doppelte Feststellung, daß der Täter im zivilrechtlichen Sinne Schuldner einer Verbindlichkeit geworden ist und daß er selbst die Erfüllung seiner Verbindlichkeiten eingestellt hat. **75**

c) Jenseits der Kategorie der Scheinhandlung und des Scheingeschäftes ist damit ein echter **Durchgriff** auf den Hintermann strafrechtlich nur vertretbar, wo sich Schuldnereigenschaft, Krisenbefangenheit (§ 283 Abs. 1), Kaufmannseigenschaft (§ 283 Abs. 1 Nrn. 5—7, § 283 b), Vermögenszugehörigkeit (§ 283 Abs. 1 Nr. 1) usw. wirtschaftlich in einer Weise auf den Hintermann beziehen lassen, welche die zivilrechtliche Güterzuordnung und handelsrechtliche Qualifizierung nicht in Verwirrung bringt. Dies kann von vornherein nur für *juristische Personen* zutreffen, bei denen die Zurechnung des Handelns natürlicher Personen einen größeren Auslegungsspielraum eröffnet. Jedoch bleibt es auch hier im Ausgangspunkt dabei, daß die zivilrechtliche Verselbständigung einer Vermögensmasse auch strafrechtlich beachtlich ist: Schulden der AG oder der GmbH sind nicht ohne weiteres Schulden der Aktionäre oder der GmbH-Gesellschafter. Die gegenteilige Auffassung würde geradezu eine Neuorientierung des gesamten Gesellschaftsrechts erfordern und kann auch nicht durch eine faktische Betrachtungsweise gerechtfertigt werden (vgl. *Tiedemann* Dünnebier-Festschrift S. 528). Ausnahmen werden sich vielmehr durchgehend am Zivilrecht (Gesellschaftsrecht) zu orientieren haben. Sie betreffen — ähnlich wie im Steuerrecht — im wesentlichen nur Fälle des *Mißbrauchs* der Haftungsbegrenzung: Wenn der Alleingesellschafter einer GmbH oder der beherrschende Mehrheitsgesellschafter einer AG nicht ohne weiteres („wirtschaftlich") als „wahrer" Schuldner zu behandeln ist, so kann eine derartige Einordnung aber z. B. möglich sein, wenn der Alleingesellschafter einer Einmann-GmbH sich mehrfach wechselnd zum Geschäftsführer bestellt, etwa um mit sich selbst Geschäfte abzuschließen, und sich anschließend wieder abberuft (*Tiedemann* GmbH-Strafrecht § 84 Rdn. 34). Diskutabel dürfte der strafrechtliche Durchgriff auch in Fällen einer *gesellschaftsrechtlich anerkannten Durchgriffshaftung* (näher *K. Schmidt*, Gesellschaftsrecht, 2. Aufl. [1991] S. 186 ff) sein, etwa im qualifizierten faktischen Konzern, sofern der Hintermann (auch eine natürliche Person, etwa ein Einmanngesellschafter!) seine uneingeschränkte und vollständige Leitungsmacht über die beherrschten Gesellschaften bewußt zu deren Nachteil ausübt (BGHZ **95** 330), oder bei Vermögensvermischung, die den vermischenden Gesellschafter zivilrechtlich ebenfalls zum Schuldner macht. Nur in diesen engen Grenzen des Rechtsscheins und des Rechtsmißbrauchs kann — wie in den Scheingeschäftsfällen — das Vermögen der Gesellschaft negativ und positiv auf den Gesellschafter bezogen und die Zahlungseinstellung der Gesellschaft als solche des Gesellschafters behandelt werden (vgl. auch *Hiltenkamp-Wisgalle* S. 159 f). Gegen diese enge Grenzziehung spricht vor allem nicht, daß sich ihre Voraussetzungen relativ einfach umgehen lassen (ähnlich wie es steuerrechtlich meist nicht schwer fällt, die bloße Scheinfirma zu einem als rechtlich existent einzuordnenden Unternehmen anzureichern). Vielmehr erfordert schon innerhalb der genannten engen Grenzen die **76**

Beziehung der Zahlungseinstellung der Gesellschaft auf den (zahlungsfähigen und nicht zahlungsunwilligen) Gesellschafter eine Auslegungsakrobatik, die sich auf der Bedeutungsgrenze des Begriffes der Zahlungseinstellung bewegt. Die Rechtsprechung hat bisher, soweit ersichtlich, selbst in Mißbrauchsfällen den Begriff der Zahlungseinstellung so wie auch sonst üblich gehandhabt, also insbesondere gefordert, daß die Verbindlichkeiten gegenüber dem Hintermann tatsächlich geltend gemacht wurden (vgl. oben Rdn. 72 a. E.). Ob die hier angedeutete weitergehende Auffassung noch als zulässige Auslegung bezeichnet werden kann, ist zweifelhaft, aber nicht von vornherein zu verneinen, sofern die Auslegung des Normwortlautes allgemein bis zu der sprachlich noch möglichen Normbedeutung zugelassen wird und die Mißbrauchsfälle als Untergruppierung der allgemeinen Fallkonstellation der Zahlungseinstellung eingeordnet werden können. Die praktische Bedeutung der Zweifelsfrage ist nicht groß, da die zivilrechtliche (gesellschaftsrechtliche) Zulassung des Durchgriffs auf den Hintermann dessen etwaige Zahlungsfähigkeit den Gläubigern zugute kommen und bei Abwehr des Zugriffs durch täuschende Maßnahmen den Straftatbestand des § 263 eingreifen läßt. Ein Bedürfnis nach einem — und eine Legitimation für einen — eigenständigen, vom Zivilrecht nicht zugelassenen, strafrechtlichen Durchgriff ist daher bisher nicht ersichtlich.

4. Handeln für das Unternehmen

77 **a)** Wenn und soweit der **Schuldner** selbst die Bankrotthandlung (§ 283) oder eine sonstige Tathandlung (§§ 283 b, 283 c) vornimmt, ist seine Motivation für die Verwirklichung der Straftatbestände ebenso unerheblich wie die rechtsgeschäftliche oder rein tatsächliche Natur seines Handelns oder Unterlassens. Insbesondere deutet bereits die Existenz des § 283 c an, daß es auf die Unterscheidung von eigen- und fremdnützigem Handeln grundsätzlich nicht ankommt. Lediglich für den Nicht-Schuldner wird in § 283 d (2. Alt.) vorausgesetzt, daß sein Handeln von einer bestimmten Finalität („zugunsten des Schuldners") getragen ist.

78 **b)** Wenn und soweit dagegen eine **andere Person** als der Schuldner handelt (z. B. seine Angestellten, ein Sanierer, Bankpersonal), setzt § 14 für die strafrechtliche Zurechnung der §§ 283—283 c voraus, daß der Täter „als" Organ oder Vertreter bzw. „aufgrund des Auftrages" handelt. Dabei kann hier nicht im einzelnen dargestellt werden, wann ein täterschaftsbegründender Auftrag i. S. d. § 14 Abs. 2 anzunehmen ist (z. B. bei Übernahme des gesamten Zahlungsverkehrs des Schuldners durch die Bank; Auftreten des Sanierers im eigenen Namen gegenüber den Gläubigern usw.; vgl. *Tiedemann* ZIP **1983** 514, 516, 518). Dies ist eine Frage der Reichweite und Auslegung des § 14 (dazu ausführlich *Schünemann* LK § 14 Rdn. 59 ff). Wohl aber muß der für die Anwendbarkeit der §§ 283 ff zentralen Frage nachgegangen werden, wie die genannte Einschränkung des Handelns „als" Vertreter oder Beauftragter zu verstehen ist und welche Auswirkungen das Fehlen einer entsprechenden Handlungsqualifizierung hat. Die Lösung dieser Frage ist umstritten:

79 Nach Ansicht der neueren **Rechtsprechung** liegt ein Handeln für den Schuldner, insbesondere für die schuldnerische GmbH oder AG, nur dann vor, wenn der Täter die Handlung im Interesse oder zumindest auch im Interesse des Schuldners vornimmt[58]. Die BGH-Rechtsprechung stellt dabei entscheidend auf das **wirtschaftliche**

[58] BGHSt **30** 127, 128 f; **34** 222, 223; BGH NJW **1969** 1494 f; BGH GA **1979** 311, 313; OLG Hamm wistra **1985** 158, 159; zust. *Schünemann* LK § 14 Rdn. 50 mit weit. Nachw. Zur Kritik vgl. nur *M. Grub* S. 133 ff; *Tiedemann* Dünnebier-Festschrift S. 522 f, 526, 529; *Wehleit* S. 62 ff, je mit weit. Nachw.

Interesse ab, das der Täter mit seiner Tat verfolgt (BGHSt **28** 371, 374 mit Nachw.). Handelt etwa der Geschäftsführer einer GmbH ausschließlich eigennützig, so sind nicht die Konkursstraftatbestände einschlägig, sondern der Geschäftsführer ist wegen Unterschlagung (§ 246) oder Untreue (§ 266) zum Nachteil des von ihm zu betreuenden Vermögens strafbar (BGH 4 StR 140/83 v. 7. 6. 1983 S. 4 sowie aaO S. 374 mit Nachw.). Liegt die Handlung — z. B. eine übermäßige Entnahme aus dem Gesellschaftsvermögen zum Zwecke der Schmiergeldzahlung — zumindest *auch* im wirtschaftlichen Interesse des vom Täter verschiedenen Schuldners, so bleiben §§ 283 ff anwendbar (vgl. *Schulte* NJW **1973** 1773). Bei einem Handeln, das sowohl eigen- als auch fremdnützig ist, kommt Tateinheit zwischen §§ 283 ff und den Eigentums- bzw. sonstigen Vermögensdelikten (§§ 242 ff) in Betracht (BGH aaO S. 372 ff mit Nachw.; **30** 127 ff). Die Abgrenzung soll nach einer **wirtschaftlichen Betrachtungsweise** erfolgen[59]. Auch bei rechtsgeschäftlichen Handlungen soll die Abgrenzung nicht entsprechend zivilrechtlichen Grundsätzen über die Stellvertretung (vgl. insbes. §§ 164 Abs. 1 S. 2 BGB, 36 GmbHG), also nach dem äußeren Erscheinungsbild des Vorganges und dem Auftreten als Gesellschaftsorgan, sondern nach der genannten „Interessenformel" erfolgen (BGHSt **30** 129 f). Dies wird mit der unterschiedlichen Schutzrichtung der einschlägigen Straftatbestände (BGHSt **28** 373) und mit der Notwendigkeit begründet, das Handeln „als" Organ oder Vertreter in § 14 Abs. 1 in Parallele zu dem Handeln aufgrund eines Auftrages nach § 14 Abs. 2 zu betrachten, wobei das Handeln aufgrund eines Auftrages nur bei Handeln „in fremdem Interesse" gegeben sein soll (BGHSt **30** 130). Auch wenn der Täter nicht zum eigenen Nutzen, wohl aber zugunsten **Dritter** handelt, also etwa das Handeln des GmbH-Geschäftsführers oder des Sanierers nur unternehmensfremden Zwecken (z. B. dem Interesse eines Gläubigerpools) dient, sollen §§ 283 ff ausscheiden (BGHSt **30** 130). Ebenso begründet das vorwiegend eigennützige Handeln von Bankpersonal bei der Notabwicklung von Krediten (Übernahme des schuldnerischen Zahlungsverkehrs und Rückführung des Kredites bis zur Höhe bestehender Sicherheiten) nach dieser Rechtsprechung keine Täterschaft wegen Konkursstraftaten, sondern allenfalls — bei Schädigung des Schuldners — eine solche wegen Untreue (*Tiedemann* ZIP **1983** 518). Handelt bei einer *KG* allerdings der Täter (faktischer Geschäftsführer) im Einverständnis mit dem Gemeinschuldner (Komplementär), so soll es nach BGHSt **34** 222, 223 mit abl. Anm. *Winkelbauer* JR **1988** 34 f und *Weber* StV **1988** 17 an einem Interessenwiderstreit fehlen, so daß auch eigennütziges Handeln „im Auftrag des Gemeinschuldners" erfolgt und § 283 anwendbar ist (zust. *Dreher/Tröndle* Rdn. 21 vor § 283; BGHR § 283 Abs. 1 Konkurrenzen 1 [offengelassen aber für *GmbH* bei BGHR § 283 Abs. 1 Konkurrenzen 2]; vgl. jedoch auch OLG München wistra **1994** 278, 279, das eine gegen Kapitalerhaltungsinteressen verstoßende Einwilligung für wirkungslos erklärt).

Diese **Einschränkung des Geltungsbereichs der §§ 283 ff** zugunsten der sonstigen **80**
Eigentums- und Vermögensdelikte hat für den Täter den Vorteil, daß er von dem **Berufsverbot** des § 6 Abs. 2 S. 3 GmbHG verschont bleibt (*Tiedemann* Dünnebier-Festschrift S. 522 f): Die genannte Vorschrift des GmbHG schließt nur denjenigen auf die Dauer von fünf Jahren seit Rechtskraft des Urteils von der Bestellung zum Geschäftsführer einer GmbH aus, der „wegen einer Straftat nach den §§ 283 bis 283 d des Strafgesetzbuches verurteilt worden ist". Die neuere BGH-Rechtsprechung privi-

[59] BGH NJW **1969** 1494; BGHSt **30** 128; **34** 223; BGHR § 283 Abs. 1 Geschäftsführer 1 (insoweit in BGHSt **37** 169 ff nicht abgedruckt).

legiert damit denjenigen Kaufmann, der sein Unternehmen in der Rechtsform der juristischen Person (insbes. GmbH) führt: Bezweckt oder verursacht dieser Täter schuldhaft den Konkurs seines Unternehmens und tritt der Konkurs ein, so kommt im wesentlichen nur eine Strafbarkeit wegen Untreue (§ 266) in Betracht, auch wenn der Täter Vermögensbestandteile beiseite geschafft, übermäßige Entnahmen zu Privatzwecken getätigt hat usw. Da Handlungen nach § 283 Abs. 1 Nrn. 1— 8 so gut wie nie im Interesse des schuldnerischen Unternehmens liegen, wird das Konkursstrafrecht nach der BGH-Rechtsprechung insbesondere im GmbH-Bereich praktisch unanwendbar. Damit bleiben die Buchdelikte (§ 283 Abs. 1 Nrn. 5—7) regelmäßig überhaupt straflos, es sei denn, daß der Buchführungsmangel zu einem Vermögensschaden der GmbH i. S. d. § 266 führt (vgl. dazu *Hübner* LK[10] § 266 Rdn. 95 und 97 mit Nachw.).

81 **c)** In der **Literatur** ist diese grundsätzliche, ja ausschließliche Ausrichtung des § 14 an der Unterscheidung von eigen- und fremdnützigem Handeln und die Durchbrechung zivilrechtlicher Grundsätze um einer einheitlich anzuwendenden subjektiven „Interessenformel" willen auf Kritik und Ablehnung gestoßen: Teilweise wird es allgemein für ausreichend gehalten, daß die fragliche Handlung ihrer Art nach als Wahrnehmung der Angelegenheiten des Vertretenen erscheint, wofür ein Handeln im Interesse des Vertretenen nicht stets erforderlich sei, wenn das Organ nur in seiner **Funktion** handelt, die ihm die Vornahme der Handlung ermöglicht[60]. Teilweise wird — in Anlehnung an die frühere BGH-Rechtsprechung (bei Herlan GA **1958** 47) — eine Ausnahme jedenfalls für den Gesellschafter-Geschäftsführer (der GmbH) zugelassen, also § 283 insbesondere auf übermäßige Privatentnahmen des Gesellschafter-Geschäftsführers und auf die Rückgewähr eines kapitalersetzenden Darlehens an den Gesellschafter-Geschäftsführer angewandt (*Hendel* NJW **1977** 1947; *Sch/Schröder/Stree* § 283 Rdn. 4 a).

82 In der Tat kann es für die letztgenannten Fälle als ungereimt erscheinen, bei der Bestimmung des Handelns „als" Organ oder Vertreter auf eine wirtschaftliche Betrachtungsweise abzustellen, dagegen die Tatsache, daß das Organ (oder der Vertreter) als Alleingesellschafter Eigentümer sämtlicher Anteile und damit mittelbar auch (wirtschaftlicher) Eigentümer des GmbH-Vermögens ist, zugunsten einer rein rechtlichen Betrachtungsweise zu vernachlässigen. Jedoch entspricht die Ablehnung eines „wirtschaftlichen Eigentums" dem System der Eigentumsdelikte im Strafrecht (*Tiedemann* GmbH-Strafrecht Rdn. 37 vor § 82), und jedenfalls die neueste BGH-Rechtsprechung hat die erwähnte Ausnahme ausdrücklich verworfen: BGHSt **30** 127 betrifft die gezielte Insolvenz einer GmbH durch den Alleingesellschafter-Geschäftsführer, der als sog. Baubetreuer tätig war.

83 Das RG berief sich demgegenüber in einer Entscheidung, die von der sonstigen Rechtsprechung abwich, auf das Interesse an einem möglichst weitreichenden Gläubigerschutz sowie auf das gesteigerte Unrecht bei eigennützigem Handeln eines Organs oder Vertreters (RGSt **73** 68, 70). Jedoch enthielten schon die früheren §§ 244 KO, 83 GmbHG ähnlich wie heute § 14 StGB die Einschränkung, daß die Gesellschaftsorgane „in dieser Eigenschaft" handeln müssen, um wegen eines Konkursdeliktes strafbar zu sein. Auch entspricht es — nach Aufhebung der Spezialvorschriften und ihrer Ersetzung durch § 14 — allgemeinen Grundsätzen des Zivilrechts, Hand-

---

[60] So *Arloth* NStZ **1990** 574; *M. Grub* S. 152 ff; *Herzberg* S. 91 ff; *Labsch* wistra **1985** 60 ff; *Lampe* GA **1987** 251 ff; *H. Schäfer* wistra **1990** 84 f; *Sch/Schröder/Lenckner* § 14 Rdn. 26; *Weber* StV **1988** 17; *Winkelbauer* wistra **1986** 19 f und JR **1988** 34; auch *Mohr* S. 72 ff, 91 ff (Ausübung der dem Vermögensinhaber zustehenden Einwirkungsmöglichkeiten).

lungen bei **Gelegenheit** der Organ- oder Vertretertätigkeit *nicht* dem Vertretenen zuzurechnen (vgl. nur *Sch/Schröder/Lenckner* § 14 Rdn. 26). Weiter bedingt die Sonderdeliktsnatur der §§ 283—283 c, daß die Gefährdung oder Schädigung der Gläubigerinteressen stets als Handlung oder Unterlassung des Schuldners erscheinen muß. Um das Handeln oder Unterlassen aber derart als solches des Schuldners erscheinen zu lassen, ist ein funktioneller Zusammenhang des Organ- oder Vertreterhandelns mit dem von dem Organ oder Vertreter übernommenen Aufgaben- und Pflichtenkreis erforderlich (zutr. *Sch/Schröder/Lenckner* aaO): Die ausschließliche Schädigung des Schuldnervermögens durch das Organ oder den Vertreter des Schuldners durchbricht den erforderlichen Zurechnungszusammenhang. Ähnlich weist BGHR § 283 Abs. 1 Geschäftsführer 2 darauf hin, daß der Diebstahl von Gegenständen, die zur Konkursmasse gehören, auch seiner Art nach nicht als Wahrnehmung von Angelegenheiten des Gemeinschuldners angesehen werden kann.

Daß jedoch innerhalb dieses grundsätzlichen Rahmens stets und ausschließlich **84** das tatsächliche vom Täter subjektiv verfolgte wirtschaftliche Interesse maßgebend sei, kann der BGH-Rechtsprechung nicht zugestanden werden[61]. Vielmehr sind zusätzlich *normative* Aspekte einschlägig. Die Notwendigkeit ihrer Berücksichtigung ergibt sich zum einen für den Bereich der **Unterlassungen**: Trifft die Handlungspflicht (z. B. die Buchführungspflicht nach §§ 283 Abs. 1 Nrn. 5—7, 283 b) eine juristische Person, so ist die erforderliche Beziehung zur tatsächlichen Unterlassung des Organs oder Vertreters aufgrund der an diesen gerichteten normativen Erwartung stets vorhanden (*Sch/Schröder/Lenckner* aaO); bei Buchführungsdelikten, die mangels Vermögensschaden häufig keine Untreue darstellen, ergäbe sich bei Nichtanwendung von §§ 283, 283 b eine gravierende Strafbarkeitslücke (zust. *M. Grub* S. 145; *Winkelbauer* JR **1988** 34). Zum anderen entstehen auch bei der (unbewußten) **Fahrlässigkeit** (vgl. nur § 283 Abs. 5!) Anwendungs- und Abgrenzungsschwierigkeiten für die subjektivierte Interessenformel. Schließlich verdient Beachtung, daß Existenz und Inhalt des Sonderstatus bei den Sonderdelikten grundsätzlich nicht von subjektiv-finalen Kriterien abhängen.

Damit besteht Anlaß, die Interessenformel primär *objektiv* und im übrigen nicht **85** zwingend, sondern nur als wichtiges *Indiz* zu verwenden. Da das Handeln „als" Organ oder Vertreter zunächst ein außerstrafrechtliches Zurechnungsproblem des Zivilrechts darstellt, sollten **zivilrechtliche Zurechnungsregeln** auch im Strafrecht grundsätzlich beachtet und jedenfalls nicht durch die Maßgeblichkeit des vom Täter subjektiv verfolgten, häufig erst nachträglich aufgedeckten, Zweckes durchbrochen werden. Vor allem können die (das Außenverhältnis betreffenden) zivilrechtlichen Regeln zum Handeln in fremdem Namen sowie auch zum „unternehmensbezogenen Geschäft" (dazu *Palandt/Heinrichs* § 164 Rdn. 2 mit Nachw.) entsprechend herangezogen werden. Einschränkungen gegenüber dem Zivilrecht gelten dort, wo dieses aus Gründen des Verkehrsschutzes zu Fiktionen greift. Unberührt bleibt auch die Möglichkeit und Notwendigkeit, einzelne Tatbestandsmerkmale der §§ 283 ff dann zu verneinen, wenn die Handlung ausschließlich den privaten Zwecken des Organs oder Vertreters oder eines Dritten dient (so RGSt **73** 117, 119 für das Tatbestandsmerkmal des Aufwands nach § 240 Abs. 1 Nr. 1 KO a. F.). **Insgesamt** wäre es vorzugswürdig, die allgemeine Frage des § 14 Abs. 1 auf das Vorliegen der Organ- oder Vertreterstellung zu beschränken und die Einzelfrage des Handelns „als" Organ oder

---

[61] Zum folgenden bereits *Tiedemann* Art. Konkursstraftaten, in: Handwörterbuch des Wirtschafts- und Steuerstrafrechts (1985); zustimmend *Bieneck* in: Müller-Gugenberger § 64 B I mit weit. Nachw.

Vertreter bei den Tatbeständen des Besonderen Teils zu entscheiden, wie es z. B. auch im Arbeitsschutzstrafrecht zu allein sinnvollen Ergebnissen führt (vgl. dazu *Herzberg* S. 93 f). Dabei könnte dann auch berücksichtigt werden, daß die Schädigung des GmbH-Vermögens durch den GmbH-Geschäftsführer nicht nur eine Untreue oder Unterschlagung zum Nachteil der GmbH darstellt, sondern zugleich — durch Verringerung der Haftungsmasse — die Gläubiger der GmbH schädigt oder gefährdet, also den *Handlungstypus* der Konkursstraftat erfüllt (ebenso jetzt *Wehleit* S. 74 f). Die BGH-Rechtsprechung scheint freilich nicht mehr geneigt zu sein, sich auf diese Lösung einzulassen, obwohl das bereits oben Rdn. 80 erwähnte Ergebnis der neuesten Rechtsprechung grotesk ist: Selbst die gezielte Herbeiführung eines Konkurses durch Organe oder Vertreter ist nicht als Konkursstraftat strafbar.

C. Einzelne strafrechtliche Grundbegriffe

1. Bankrotthandlung und objektive Strafbarkeitsbedingung

86 **a)** Die Schwierigkeiten des Kausalitäts- und des Verschuldensnachweises im Hinblick auf die Herbeiführung der Zahlungsunfähigkeit haben historisch dazu geführt, daß sich der Schwerpunkt des Konkursstrafrechts von der schuldhaften Herbeiführung der Insolvenz (vgl. § 283 Abs. 2!) weg und auf die Ausbildung einzelner **Bankrotthandlungen** hin bewegt hat (vgl. oben Rdn. 34 ff). Diese in § 283 Abs. 1 Nrn. 1—7 relativ genau und nur in Nr. 8 relativ offen umschriebenen Handlungen (und Unterlassungen, vgl. insbes. § 283 Abs. 1 Nr. 5 1. Alt. und Nr. 7 b!) sind bei § 283 Abs. 1 mit dem Tatbestandserfordernis einer wirtschaftlichen Krise (Überschuldung, drohende oder eingetretene Zahlungsunfähigkeit) verknüpft und können als grob unwirtschaftlich (*Arzt/Weber* IV Rdn. 329), als wirtschaftlich verantwortungslos (*Sch/Schröder/Stree* § 283 Rdn. 1) oder als konkursträchtig (§ 192 AE) bezeichnet werden. Dasselbe gilt auch unabhängig vom Vorliegen einer Krise für die Verletzung der (handels)gesetzlich vorgeschriebenen Buchführungspflicht. § 283 b sieht insoweit von dem Krisenerfordernis ab, da die Verletzung der Buchführungspflicht allgemein die Gefahr von Fehleinschätzungen und des Abschlusses von Geschäften, „die nach den vorhandenen Kapitalmitteln wirtschaftlich nicht tragbar sind", mit sich bringt (amtl. Begründung BTDrucks. 7/3441 S. 38). Näher dazu § 283 Rdn. 90, § 283 b Rdn. 1.

87 Historisch nur als vermutete Ursache von Insolvenzen und als *Symptom* für wirtschaftlich verantwortungsloses Handeln bedeutsam, stellt bereits die Vornahme derartiger Bankrotthandlungen in den Fällen der §§ 283 Abs. 1, 283 b nach der Konzeption des Gesetzgebers **strafwürdiges Unrecht** dar, auch wenn es nicht zur Zahlungseinstellung, Konkurseröffnung oder Ablehnung des Eröffnungsantrages mangels Masse kommt: Die Bankrotthandlung ist typischerweise wirtschaftlich gefährlich, nämlich als Verstoß gegen die Anforderungen einer ordnungsgemäßen Wirtschaft generell geeignet, zur Zahlungseinstellung und zum Konkurs zu führen. Im Hinblick auf diese Gefährlichkeit und Eignung ist ihre Vornahme sozialschädlich und könnte vom Gesetzgeber auch unabhängig von dem Eintritt der Zahlungseinstellung (usw.) als strafbar bezeichnet werden. Jedoch *verzichtet* der Gesetzgeber darauf, bereits die Vornahme der Bankrotthandlungen unabhängig von der Zahlungseinstellung (usw.) zu bestrafen. Der Grund für diese Zurückhaltung wird darin gesehen, daß die Einleitung eines Strafverfahrens gegen Inhaber krisenbefangener Unternehmen „möglicherweise erst die wahre Ursache für ihren wirtschaftlichen Ruin wäre. Auch aus Beweisgründen kann auf die Zahlungseinstellung oder Eröffnung des Konkursverfahrens nicht verzichtet werden; denn diese sind im allgemeinen geeignet, das Vorhan-

densein einer Krise bei einer bestimmten Bankrotthandlung zu erhärten" (amtl. Begr. aaO S. 33; ähnlich AE „Straftaten gegen die Wirtschaft" Begr. S. 19, 81 ff).

Diese teils rechtsguts-, teils strafzweckbezogene Sicht wird allerdings in ihrem ersteren Bestandteil durch die **InsO 1999** verschoben, da nach künftigem Recht die objektive Strafbarkeitsbedingung der Eröffnung des Insolvenzverfahrens bereits eingreifen kann, bevor das schuldnerische Unternehmen zusammengebrochen ist (oben Rdn. 10). Die damit vorgesehene Verschärfung der Rechtslage und Vorverlagerung der Strafbarkeit zwingt zu einer (teilweise) neuen Inhaltsbestimmung der objektiven Strafbarkeitsbedingung: Diese bezieht sich nicht (mehr) erst auf den Zusammenbruch, sondern (bereits) auf eine schwere Krise des schuldnerischen Unternehmens, über dessen Fortführung oder Zerschlagung die Gläubiger entscheiden. Dieses *Wahlrecht der Gläubiger* ist nach neuem Recht Teil des strafrechtlich geschützten Rechtsgutes (oben Rdn. 48): Die bisherige Sicht, daß den Gläubigern kein Schaden entstehe, solange das schuldnerische Unternehmen nicht zusammengebrochen ist, wird somit durch Einbeziehung des Wahlrechtes der Gläubiger (über die Fortführung oder Liquidation des Unternehmens) dahingehend modifiziert, daß bereits die für die Einleitung des Insolvenzverfahrens ausreichende schwere Krise des Unternehmens eine für das Strafbedürfnis ausreichende schwere Gefährdung der Befriedigungsinteressen der Gläubiger darstellt. Interessant ist in diesem Zusammenhang die Parallele, daß das österreichische Strafgesetzbuch (§ 159 Abs. 2) die „fahrlässige Herbeiführung der Sanierungsbedürftigkeit" unter Strafe stellt (vgl. *Bertel/Schwaighofer* Österr. Strafrecht BT I, 3. Aufl. [1993] S. 258). **88**

Aufgrund dieser Einschätzung des Gesetzgebers ist zusätzlich zu der Bankrotthandlung, deren Vornahme bei §§ 283 Abs. 1, 283 b, 283 c den Unrechtstatbestand begründet und die nur bei § 283 Abs. 2 kausal zum Eintritt von Überschuldung oder Zahlungsunfähigkeit als tatbestandsmäßigem Erfolg führen muß, für die Erfüllung eines wirklichen Strafbedürfnisses erforderlich, daß die **Strafbarkeitsbedingung** der Zahlungseinstellung, Konkurseröffnung (künftig: Eröffnung des Insolvenzverfahrens) oder Abweisung des Eröffnungsantrages mangels Masse eintritt (§§ 283 Abs. 6, 283 b Abs. 3, 283 c Abs. 3; zu der entsprechenden Auslegung von § 4 Abs. 2 *GesO* unten Rdn. 166). Diese Bedingung liegt außerhalb des Unrechtstatbestandes und braucht daher weder vom Vorsatz noch von der Fahrlässigkeit des Täters umfaßt zu sein (ganz h. M.)[62]. Sie wirkt, da der Gesetzgeber bereits die bloße Bankrotthandlung pönalisieren könnte, nach geltendem wie nach künftigem Recht **strafbarkeitseinschränkend** und ist daher unter rechtsstaatlichen Gesichtspunkten des Schuldstrafrechts prinzipiell nicht (mehr) zu beanstanden[63]. Es handelt sich um eine sog. echte objektive Strafbarkeitsbedingung, da die Strafbarkeitsbedingung nicht etwa einer verkappten Strafbegründung oder Strafschärfung dient, wie es sonst bei objektiven Strafbarkeitsbedingungen häufig der Fall ist[64]. Eine Strafschärfung sieht vielmehr **89**

---

[62] So insbesondere auch *Roxin* AT § 23 III, der hier einen Fall des Vorranges außerstrafrechtlicher Zwecksetzungen sieht. Zu Gegenauffassungen in der älteren Literatur *Hiltenkamp-Wisgalle* S. 312 ff und *Walther* S. 22 ff, je mit Nachw. — Im neueren Schrifttum vertritt vor allem *Bemmann* (Zur Frage der objektiven Bedingungen der Strafbarkeit, 1957, S. 47 ff) die Auffassung, daß Konkurseröffnung und Zahlungseinstellung Tatbestandsmerkmale seien; wohl ebenso *Kindhäuser* S. 318 („explizite Bedingung materieller Normwidrigkeit").

[63] Vgl. *Arzt/Weber* IV Rdn. 330; *Bieneck* in: Müller-Gugenberger § 63 D I; *Blei* II § 70 II 1, 4; *Dreher/Tröndle* Rdn. 8 vor § 283; *Frister* Schuldprinzip, Verbot der Verdachtsstrafe und Unschuldsvermutung als materielle Grundprinzipien des Strafrechts (1988) S. 61 f; *Hiltenkamp-Wisgalle* S. 324; *Jescheck* AT § 53 II 1; *Lackner/Kühl* § 283 Rdn. 26; *Maurach/Schroeder/Maiwald* 1 § 48 II 2.

[64] *Dreher/Tröndle* aaO; *Jescheck* aaO und LK Rdn. 86 vor § 13; *Tiedemann* Wirtschaftsstrafrecht I S. 236.

erst § 283 a für besonders schwere Fälle und unter voller Geltung des Schuldgrundsatzes in bezug auf die in § 283 a genannten Regel-Beispiele (*Gribbohm* LK § 46 Rdn. 151 mit Nachw.) vor.

90 **b)** Die objektive Strafbarkeitsbedingung der Zahlungseinstellung (usw.) gehört zum materiellen Strafrecht und nicht zum Strafverfahrensrecht, weil das **Strafbedürfnis** „an Erheblichkeit verliert, wenn es dem Schuldner gelingt, die Krise, die mit Eintritt der Zahlungseinstellung oder mit Eröffnung des Konkursverfahrens offen zutage liegt, abzuwenden" (amtl. Begr. aaO S. 33 unter Bezugnahme auf *Stree* JuS **1965** 472). Diese Begründung, die entscheidend auf das Strafbedürfnis und auf den Zusammenhang der Krise (§ 283 Abs. 1) mit der objektiven Strafbarkeitsbedingung abstellt, führt dazu, daß praeter legem nach heute ganz h. M. auch derjenige Schuldner straflos bleibt, dem es gelingt, zwar nicht den Eintritt der Strafbarkeitsbedingung abzuwenden, wohl aber seine wirtschaftliche **Krise** (Überschuldung usw.) zu **überwinden**: In diesem Fall entfällt das Strafbedürfnis ebenso wie bei Vermeidung des wirtschaftlichen Zusammenbruchs[65]. Allerdings ist de lege lata problematisch, ob die Überwindung der Krise prozessual feststehen muß (unten Rdn. 92 u. 97) und welche Voraussetzungen inhaltlich erfüllt sein müssen, um trotz nachfolgender Zahlungseinstellung oder Konkurseröffnung Straflosigkeit eintreten zu lassen (dazu näher unten 6.). Für das Recht der InsO 1999 fragt sich, ob die (erfolgreiche) Unternehmensfortführung in demselben Sinne als Überwindung der Krise anzusehen ist und trotz Eingreifens der Strafbarkeitsbedingung zur Straflosigkeit führt (dazu unten Rdn. 180).

91 **c)** Das Problem des **Zusammenhanges zwischen Tathandlung** und **objektiver Strafbarkeitsbedingung** stellt sich aber nicht nur bei Überwindung der Krise, sondern in noch stärkerem Maße bei denjenigen Tatbeständen, welche die Bankrotthandlung nicht an das Erfordernis einer Krise binden (§§ 283 Abs. 2, 283 b). Hier drängt sich die Frage auf, ob es rechtsstaatlich tragbar oder auch nur sachlich richtig ist, denjenigen zu bestrafen, der — z. B. fahrlässig — die gesetzliche Buchführungspflicht verletzt (§ 283 b Abs. 1 Nr. 1 in Verb. mit Abs. 2) und später aus völlig anderen Gründen insolvent wird (vgl. *Dreher* MDR **1978** 723; *Dreher/Tröndle* Rdn. 8 vor § 283). Zugespitzt deutlich wird die Problematik an dem Fallbeispiel, daß der Täter seiner Bilanzierungspflicht in fahrlässiger Weise zunächst nicht nachkommt (§ 283 b Abs. 1 Nr. 3 b in Verb. mit Abs. 2), die Bilanz dann aber doch noch — verspätet — erstellt und viele Jahre später aus anderen Gründen in Konkurs fällt (vgl. *Sch/Schröder/Stree* § 283 b Rdn. 7). Die dreijährige Verjährungsfrist des § 78 Abs. 3 Nr. 5 schützt diesen Täter schon deswegen nicht, weil die Verjährungsfrist erst mit Eintritt der objektiven Strafbarkeitsbedingung und nicht bereits mit der Begehung oder Vollendung des Buchdeliktes zu laufen beginnt (vgl. § 283 Rdn. 221, § 283 b Rdn. 13).

92 Die allgemeine (und auch für § 283 Abs. 1 relevante) Frage, ob ein bestimmter Zusammenhang zwischen der eigentlichen Tathandlung und der objektiven Strafbarkeitsbedingung bestehen muß, beantwortet die Rechtsprechung traditionellerweise dahingehend, daß — außer im Falle des § 283 Abs. 2 — jedenfalls ein **Kausalzusammenhang nicht** erforderlich sei (BGHSt **28** 231, 234; BGH 1 StR 625/80 v. 10. 2. 1981 S. 11 mit weit. Nachw.)[66]. Vielmehr wird lediglich ein „äußerer Zusammenhang"

---

[65] BGHSt **28** 231, 233 ff; BGH JZ **1979** 75, 77; *Arzt/Weber* IV Rdn. 339; *Dreher/Tröndle* Rdn. 17 vor § 283; *Hiltenkamp-Wisgalle* S. 330; *Kindhäuser* S. 320; *Maurach/Schroeder/Maiwald* 1 § 48 II 2; *Sch/Schröder/Stree* § 283 Rdn. 59; *Tiedemann* NJW **1977** 783; **aA** *H. Schäfer* wistra **1990** 86; vgl. unten Rdn. 98 a. E.

[66] Zur älteren Literatur *Walther* S. 31 ff mit Nachw.; zum Rechtszustand vor der Neufassung der §§ 283 ff durch das 1. WiKG *Schaefer* LK[8] Vorbem. I 2 vor § 239 KO mit Nachw. (insbes. BGHSt **1** 186, 191).

oder eine „tatsächliche Beziehung" zwischen der Tathandlung und der Strafbarkeitsbedingung verlangt[67]. *Positiv* wird die Art dieser Beziehung durch einzelne Fallkonstellationen beschrieben, wobei sich die Beschreibung an die geschützten Rechtsgüter anlehnen kann. So soll der erforderliche Zusammenhang insbesondere vorliegen, wenn bei § 283 Abs. 1 von der Bankrotthandlung und der Zahlungseinstellung (usw.) **dieselben Gläubiger** betroffen sind oder die zur Zeit der Bankrotthandlung existenten Forderungen nur durch Eingehen neuer Verbindlichkeiten getilgt wurden (BGH 1 StR 625/80 v. 10. 2. 1981 S. 11), also jedenfalls die **Kreditwirtschaft** von beiden Vorgängen betroffen ist. Bei § 283 b sollen „irgendwelche Auswirkungen der Tathandlung" ausreichen, etwa derart daß die Bilanzierungspflicht auch bei Eintritt der Strafbarkeitsbedingung noch nicht erfüllt ist[68]. Sicherer, aber in der Praxis seltener aufzufinden ist das *negative* Kriterium, daß bei **Fehlen jeden Zusammenhangs** zwischen Tathandlung und Strafbarkeitsbedingung keine Strafbarkeit anzunehmen ist, da insoweit das Strafbedürfnis ebenso entfalle wie beim Ausbleiben des wirtschaftlichen Zusammenbruchs oder bei Überwindung der Krise (BGHSt **28** 234; BGH 1 StR 625/80 aaO; *Sch/Schröder/Stree* § 283 Rdn. 59, § 283 b Rdn. 7). **Zweifel** gehen insoweit zu Lasten der Täter[69].

Dieses Ergebnis: Straflosigkeit bei Ausschluß des Zusammenhanges zwischen den eigentlichen Tathandlungen und der Strafbarkeitsbedingung, wurde schon vor der Neufassung der §§ 283 ff von der Rechtsprechung vertreten[70] und ist in AE § 192 Abs. 2 ausdrücklich vorgesehen. Es wird im AE ebenfalls mit dem Entfallen des Strafbedürfnisses begründet (AE Begr. S. 83; ebenso insbes. *Tiedemann* NJW **1977** 783). *Lackner/Kühl* (§ 283 Rdn. 29) meinen hierzu, die „an sich vorzugswürdige Regelung des § 192 Abs. 2 AE" fordere Kausalzusammenhang und lasse entgegen dem Grundsatz „in dubio pro reo" seine Nichtfeststellbarkeit gegen den Täter ausschlagen; ein solches Ergebnis sei aber nur durch Gesetzesänderung erreichbar. Jedoch geht es wohl zu weit, den Regelungsvorschlag des AE als prinzipielle Forderung nach einem Kausalzusammenhang zu interpretieren. Der eher kriminalpolitische Gesichtspunkt des fehlenden Strafbedürfnisses läßt sich vielmehr dogmatisch durch mehrere Ansätze absichern: **93**

Zum einen wird zunehmend die Zulassung des **Gegenbeweises der Ungefährlichkeit** bei abstrakten Gefährdungsdelikten diskutiert (dazu in unserem Zusammenhang *Schlüchter* JR **1979** 514 f und allgemein *Tiedemann* GmbH-Strafrecht § 84 Rdn. 17, 89 u. 90 mit Nachw. sowie LK[10] § 265 b Rdn. 54, § 264 Rdn. 14 mit weit. Nachw.). Dem stehen hier auch nicht die zusätzlichen überindividuellen Rechtsgutsaspekte (oben Rdn. 53 ff) entgegen, da der Gesetzgeber den Eintritt von Zahlungseinstellung oder Konkurseröffnung (usw.) gesetzestechnisch wie bei einem Erfolgsdelikt behandelt und nur von dem Verschuldensbezug (sowie einem Kausalzusammenhang im eigentlichen Sinne) absieht. Es fehlt also bei §§ 283 ff die sonst bei den abstrakten Gefährdungsdelikten (z. B. §§ 153, 164, 264, 265 b) verbreitete Beschränkung auf das Handlungsunrecht. **94**

---

67 Ebenso *Dreher/Tröndle* Rdn. 17 vor § 283; *Lackner/Kühl* § 283 Rdn. 29; *Maurach/Schroeder/Maiwald* aaO; *Wessels* BT 2 § 12 III 3 d.

68 BGHSt **28** 232 mit Anm. *Schlüchter* JR **1979** 513; OLG Hamburg NJW **1987** 1344; vgl. § 283 b Rdn. 14.

69 OLG Düsseldorf NJW **1980** 1292, 1293; OLG Hamburg NJW **1987** 1344; *Arzt/Weber* IV Rdn. 339; *Dreher/Tröndle* Rdn. 17 vor § 283; *Samson* SK Rdn. 12 vor § 283; *Schlüchter* JR **1979** 515; *Tiedemann* NJW **1977** 783; *Wessels* BT 2 § 12 III 3 d.

70 Vgl. für die Befriedigung der Gläubigeransprüche RGSt **15** 64, 66 f und **26** 385, 387; für die Nachholung der Erfüllung der Buchführungspflicht RGSt **5** 415, 416; zusammenfassend *Schaefer* LK[8] Vorbem. I 2 vor § 239 KO.

95 Die Annahme einer Widerlegbarkeit des **Symptomcharakters** der Bankrotthandlungen erscheint zum anderen auch deshalb sinnvoll und erforderlich, weil der Gesetzgeber trotz Einschätzung bereits der Bankrotthandlung als sozialschädlich (konkursträchtig) diese Handlung doch nur bei Eintritt der Strafbarkeitsbedingung und damit um dieser Bedingung willen bestraft: Zahlungseinstellung und Konkurs sind gleichsam die *Steigerung* (Eskalation) *der Krise* (*Tiedemann* NJW **1977** 783), wie die oben Rdn. 87 zitierte amtliche Begr. — wenn auch nur unter prozessualen Gesichtspunkten — hervorhebt. In der Strafbarkeitsbedingung realisiert sich also die wirtschaftliche Gefahr, die in der Krisensituation ihren Ausdruck fand (*Otto* R. Bruns-Gedächtnisschrift S. 281). Krise und Strafbarkeitsbedingung stellen damit nicht völlig unterschiedliche und voneinander unabhängige Umstände dar, sondern die eine ist die Vorstufe der anderen; die Inkriminierung der Bankrotthandlung empfängt ihren Sinngehalt erst aus dieser Beziehung — mit der einzigen Einschränkung, daß der Gesetzgeber nicht den Nachweis fordert, daß die Krise wirklich „linear zum Konkurs führte", wie BGH JZ **1979** 75, 77 formuliert. Steht aber im Einzelfall fest, daß Krise und Konkurs nichts miteinander zu tun haben, so erscheint es ungerecht, gleichwohl die Bankrotthandlung allein wegen ihrer (generellen) Eignung zur Konkursherbeiführung zu bestrafen.

96 Hiermit ist es auch voll zu vereinbaren, daß die ganz h. M. seit langem annimmt, die Bankrotthandlung (nach § 283 Abs. 1) könne dem Eintritt der objektiven Strafbarkeitsbedingung **zeitlich nachfolgen**, soweit dies nicht — wie z. B. bei der Bilanzerstellung — durch den Wegfall der Verfügungsbefugnis bei Konkurseröffnung (§ 6 KO) oder durch den Wegfall des Vermögens im Einzelfall ausgeschlossen ist[71]. Insoweit ist nämlich die Tathandlung nicht lediglich generell gefährlich oder im Hinblick auf einen künftigen Erfolg symptomatisch. Vielmehr beeinträchtigt die (weitere) Schmälerung der Haftungsmasse (z. B. durch Beiseiteschaffen von Vermögensgegenständen) sowie die Verschleierung der Vermögenslage nach Zahlungseinstellung (usw.) ganz offensichtlich die (vollständige) Befriedigung der Gläubiger: Die Gefährdung ist nicht lediglich generell und abstrakt, sondern wird konkret greifbar in einem bereits in das Verletzungsstadium übergehenden Sinne. Zum zeitlichen Ende möglicher Begehung von Bankrotthandlungen unten Rdn. 100.

97 Ein ganz entsprechender Funktionszusammenhang wie der soeben in Rdn. 95 beschriebene gilt für solche Bankrotthandlungen, die unabhängig von der Krisensituation strafbar sind: Wird die Verletzung der **Buchführungspflicht** (§ 283 b) wegen ihres symptomatischen Gehaltes, nämlich wegen ihrer gefährlichen Eignung zur Herbeiführung des wirtschaftlichen Zusammenbruchs, unter Strafe gestellt, so muß der Ausschluß jeden Zusammenhanges zwischen dem Buchführungsmangel und dem Unternehmenszusammenbruch zur Straffreiheit führen (vgl. § 283 b Rdn. 14). Trotz ihrer Stellung außerhalb des Unrechtsbestandes verleiht eben erst die Strafbarkeitsbedingung der Bankrotthandlung ihren Gefährdungsgehalt, so wie bei abstrakten Gefährdungsdelikten das gesetzgeberische Urteil der Gefährdungseignung als Motiv die Strafwürdigkeit trägt. Daß es bei Nichtausschließbarkeit, also bei **Zweifeln** hinsichtlich des Zusammenhanges zwischen Tathandlung und Strafbarkeitsbedingung, bei der Strafbarkeit bleibt, widerspricht schon deshalb nicht dem prozessualen Grundsatz „in dubio pro reo", weil die Strafbarkeit sich hier weiterhin auf den Sym-

---

71 Vgl. bereits RG Rspr. **8** 451 (ff); RGSt **11** 386 f; **65** 416, 417; ferner BGHSt **1** 186, 191; *Bieneck* in: Müller-Gugenberger § 63 D IV a; *Klug* Konkurs-Strafrecht Rdn. 7 vor § 239 KO; *Lackner/Kühl* § 283 Rdn. 29; *Maurach/Schroeder/Maiwald* 1 § 48 II 2; *Sch/Schröder/Stree* § 283 Rdn. 50 u. 59; *Wessels* BT 2 § 12 III 3 b; **aA** aber z. B. RGSt **9** 134 ff.

ptomgehalt der Bankrotthandlung stützt und jedenfalls vom Handlungsunwert getragen wird. Freilich kann es insoweit sachgerecht sein, im Rahmen der Strafzumessung zu berücksichtigen, daß der Erfolgsunwert möglicherweise in keinem Zusammenhang mit der inkriminierten Handlung steht.

Schließlich läßt sich gegen den Wegfall des Strafbedürfnisses bei Überwindung **98**
der Krise bzw. bei sonstigem Ausschluß des Zusammenhanges zwischen Tathandlung und Strafbarkeitsbedingung auch nicht einwenden, daß bei Eintritt der Bedingung jeder Grund für eine Zurückhaltung der Strafverfolgung gegenüber funktionierenden Unternehmen entfallen ist. Dem fügt schon die amtl. Begr., wie oben Rdn. 87 erwähnt, den Hinweis darauf an, daß sich Zahlungseinstellung und Konkurs „im allgemeinen" aus der Krise ergeben, Krise und Strafbarkeitsbedingung also nicht beziehungslos aufeinanderfolgen. Vor allem aber könnte bei Annahme von Strafbarkeit kraft Eintritts der Strafbarkeitsbedingung und trotz fehlenden Zusammenhangs mit der Bankrotthandlung keine Rede mehr davon sein, daß die Strafbarkeitsbedingung strafbarkeitseinschränkend wirkt (oben Rdn. 89). Dies (und die Lehre von der objektiven Zurechnung!) übersehen *Bieneck* (wistra **1992** 91) und *Schäfer* (wistra **1990** 86 ff), wenn sie meinen, das Erfordernis eines Zusammenhangs sei lediglich nach früherem Recht sinnvoll gewesen und heute überflüssig, da im Gesetz nicht ausdrücklich vorgeschrieben.

d) Die objektive Strafbarkeitsbedingung der Zahlungseinstellung, Konkurseröff- **99**
nung oder Ablehnung des Eröffnungsantrages mangels Masse gilt für alle Konkursstraftaten i. e. S. (vgl. §§ 283 Abs. 6, 283 b Abs. 3, 283 c Abs. 3, 283 d Abs. 4). Das gesetzgeberische Motiv einer zurückhaltenden Strafverfolgung und Verbesserung der Beweislage (oben Rdn. 87) ist somit im gesamten Konkursstrafrecht verwirklicht, gilt dagegen **nicht für andere Straftatbestände** wie insbesondere den allgemeinen Betrugstatbestand (§ 263), dessen Nachweis vor allem bei Verdacht von Kreditbetrug und seinen Unterfällen des Wechsel- und Scheckbetruges usw. häufig ebenfalls volle Aufklärung der wirtschaftlichen Situation des Schuldners durch die Strafverfolgungsorgane erfordert. Für diese Straftatbestände außerhalb der §§ 283—283 d besteht nach h. M. keine Anzeige- und Ermittlungssperre. Zwar wäre es diskutabel, die §§ 283 Abs. 6, 283 b Abs. 3, 283 c Abs. 3, 283 d Abs. 4 zugunsten des Täters **analog** auf andere Straftatbestände anzuwenden, welche das Vermögen von Kreditgebern schützen. Eine solche Analogie *in bonam partem* würde durch das strafrechtliche Analogieverbot des Art. 103 Abs. 2 GG nicht berührt, da dieses nur eine den Beschuldigten benachteiligende Überschreitung des Gesetzeswortlauts untersagt. Letztlich fehlt es aber trotz weitgehender Parallelität, ja Identität, der geschützten Rechtsgüter durchgehend an der Ähnlichkeit der Sachlage: § 265 b erfordert nur den Nachweis einer Täuschung im Zusammenhang mit einem Kreditantrag und macht damit eine Überprüfung der gesamten wirtschaftlichen Situation des Kreditsuchers der Tendenz nach überflüssig (wenngleich eine solche Überprüfung im Falle des § 265 b Abs. 1 Nr. 1 keineswegs selten erforderlich werden dürfte); § 263 erfordert für den Schadens- bzw. Gefährdungsnachweis zwar eine entsprechende Überprüfung, begnügt sich aber im Gegensatz zu §§ 283 ff nicht mit einer durchweg nur abstrakten Gefährdung der Gläubigerinteressen, sondern setzt den Eintritt eines Vermögensschadens oder einer diesem gleichstehenden konkreten Vermögensgefährdung voraus.

e) Das zeitliche Verhältnis von Bankrotthandlung und objektiver Strafbarkeits- **100**
bedingung wurde bereits oben Rdn. 96 dahingehend klargestellt, daß die Bankrotthandlungen grundsätzlich auch noch nach Eintritt der Strafbarkeitsbedingung begangen werden können. Über die Frage des **Endzeitpunktes** herrscht dagegen Streit:

Nach *Dreher/Tröndle* (Rdn. 16 vor § 283) soll aus Gründen der Rechtssicherheit nach Beendigung des Konkursverfahrens oder nach Ablehnung der Eröffnung des Konkursverfahrens mangels Masse keine Bankrotthandlung mehr möglich sein, da die Vermögensgegenstände nicht mehr „konkursbefangen" seien und die Möglichkeit einer Tatbegehung bis zum Wiedereintreten der Zahlungsfähigkeit des Schuldners Rechtsunsicherheit schaffen würde. Demgegenüber will *Bieneck* (in: Müller-Gugenberger § 63 D 4 a) die Begehung von Bankrottstraftaten auch noch nach Abweisung des Konkursantrages und nach Beendigung des Konkursverfahrens zulassen. Zutreffend ist nach geltendem wie auch nach künftigem Recht eine vermittelnde Auffassung: Der Wortlaut des § 283 Abs. 1 („bei" Überschuldung oder Zahlungsunfähigkeit) legt es nahe, erst das Ende der Überschuldung oder Zahlungsunfähigkeit auch als zeitliches Ende der Möglichkeit, strafbare Bankrotthandlungen zu begehen, anzusehen. Bankrotthandlungen können also grundsätzlich bis zum Wiedereintreten der Zahlungsfähigkeit bzw. bis zum Wegfall der Überschuldung begangen werden. Wenn *Dreher/Tröndle* hiergegen einwenden, eine solche Auffassung lasse die Möglichkeit eines Konkursdeliktes „an nicht konkursbefangenen Sachen" zu, so wird übersehen, daß § 283 Abs. 1 Nr. 1 der Sache nach konditional formuliert: Gegenstände, „die im Falle (!) der Konkurseröffnung zur Konkursmasse gehören" (würden). Allerdings ist diese Auffassung insoweit einzuschränken, als bei *durchgeführtem Konkursverfahren* in der Tat dessen Aufhebung (§ 163 KO) der maßgebende Endzeitpunkt sein muß, selbst wenn die Zahlungsunfähigkeit oder Überschuldung (nicht befriedigte Gläubiger, vgl. § 164 KO!) fortbesteht (RGSt **9** 134, 135 f). Dies ergibt sich daraus, daß § 283 die (potentielle) Konkursmasse nicht schlechthin, sondern im Hinblick auf das von der Konkursordnung vorgesehene Verteilungsverfahren schützt (vgl. oben Rdn. 4). Diskutabel bleibt damit lediglich noch die Konstellation, daß die *Eröffnung des Konkursverfahrens* mangels Masse *abgelehnt* wird. In diesem Falle kommt es mit BGHSt **7** 146, 147 darauf an, daß bzw. ob *Zahlungseinstellung* gegeben war — mit der Folge, daß bejahendenfalls Bankrotthandlungen bis zum Wiedereintritt der Zahlungsfähigkeit begangen werden können. (In der genannten BGH-Entscheidung waren übrigens die Vermögensgegenstände bereits vor Abweisung des Konkursantrages mangels Masse beiseitegeschafft und nach diesem Zeitpunkt lediglich noch einige von ihnen verkauft worden; die Berufung von *Dreher/Tröndle* aaO auf diese Entscheidung ist daher nicht zwingend und trägt insbesondere nicht das Argument, die weite Hinausschiebung des Endzeitpunktes zur Begehung von Bankrotthandlungen schaffe Rechtsunsicherheit.) Richtig erscheint es allerdings, Vermögensgegenstände, die nach dem Abweisungsbeschluß erworben werden, als konkursfrei zu behandeln, da sie auch im Falle der Konkurseröffnung nicht zur Konkursmasse gehört hätten. — Nach **künftigem Recht** ist die Rechtslage im wesentlichen identisch. Mit der Aufhebung des Insolvenzverfahrens erhält der Schuldner gemäß § 259 Abs. 1 S. 2 InsO 1999 „das Recht zurück, über die Insolvenzmasse frei zu verfügen". Wirtschaftswidrige Handlungen nach diesem Zeitpunkt können daher allenfalls durch § 266 erfaßt werden (vgl. oben Rdn. 10). Eine Abweichung von der bisherigen Rechtslage ergibt sich nur für den Umfang der Insolvenzmasse, die nicht nur das gesamte Vermögen umfaßt, das dem Schuldner zur Zeit der Eröffnung des Verfahrens gehört, sondern auch dasjenige, das er während des Verfahrens erlangt (§ 35 InsO 1999).

2. Ordnungsgemäßes Wirtschaften

101 **a)** Das frühere Konkursstrafrecht (§§ 239 ff KO a. F.) beschränkte sich auf die typisierte Umschreibung einzelner Bankrotthandlungen des Schuldners sowie auf den

Tatbestand der Schuldnerbegünstigung. Es verwandte nur beim Tatbestand des Schleuderverkaufs die einschränkende Formel, daß die Veräußerung unter Wert „den Anforderungen einer ordnungsgemäßen Wirtschaft widersprechen" müsse. Das geltende Recht erwähnt demgegenüber die „Anforderungen einer ordnungsgemäßen Wirtschaft" an mehreren Stellen: In § 283 Abs. 1 Nrn. 1, 2 und 3 sowie in § 283 d Abs. 1 erscheint dieses Merkmal als **Korrektiv** der Umschreibung von Bankrotthandlungen sowie des Tatbestandes der Schuldnerbegünstigung. Bei § 283 Abs. 1 Nr. 8 wird es dagegen in allgemeiner Weise, nämlich generalklauselartig als **Ergänzung** der einzelnen in Nrn. 1—7 umschriebenen Bankrotthandlungen eingesetzt. Zwar beschränkt sich Nr. 8 ausdrücklich auf *grobe* Widersprüche zu den Anforderungen einer ordnungsgemäßen Wirtschaft und verwendet dieses Tatbestandsmerkmal technisch ebenfalls als bloßes Korrektiv (der Handlung der Vermögensverringerung, eventuell auch der Verheimlichung oder Verschleierung der geschäftlichen Verhältnisse, dazu § 283 Rdn. 12). Jedoch deutet bereits die mehrfache Erwähnung der „Anforderungen einer ordnungsgemäßen Wirtschaft" durch den Gesetzgeber an, daß es sich hierbei um einen **Grundbegriff** des Konkursstrafrechts handelt. Bei der Behandlung des Verhältnisses von § 283 Abs. 1 Nrn. 1—7 zu der Generalklausel der Nr. 8 wird näher dargelegt, daß *alle* gesetzlich umschriebenen Bankrotthandlungen letztlich Verstöße gegen die Anforderungen einer ordnungsgemäßen Wirtschaft darstellen (§ 283 Rdn. 12; zust. *Kindhäuser* S. 318 und *Mohr* S. 124 f). Umstritten ist insoweit lediglich, ob die in Nrn. 1—7 genannten Handlungen grobe oder einfache Verstöße gegen diese Anforderungen sind. Erwähnenswert ist auch, daß § 283 Abs. 1 Nr. 2 zusätzlich von der „Unwirtschaftlichkeit" der Ausgaben spricht, wobei an dieser Stelle offenbleiben kann, ob damit derselbe Maßstab gemeint ist (vgl. dazu § 283 Rdn. 64; *Krause* S. 397 f). Immerhin mag bereits hier hervorgehoben sein, daß BGH 3 StR 242/79 (bei *Tiedemann* Dünnebier-Festschrift S. 528) insoweit für den Fall eines Sanierungsversuches darauf abstellt, ob der Sanierungszweck „bei vernünftiger wirtschaftlicher Betrachtung sinnvollerweise angestrebt werden konnte". BGH 1 StR 452/78 (bei *Tiedemann* aaO) schließlich bestimmt in Einklang mit der sonstigen Rechtsprechung entgegen dem Wortlaut von § 283 Abs. 1 Nr. 1 die Tathandlung des Beiseiteschaffens (von Vermögensbestandteilen) ebenfalls nach dem Maßstab des ordnungsgemäßen Wirtschaftens (näher dazu § 283 Rdn. 27). Damit gilt dieser Maßstab zugleich für den Privilegierungstatbestand des § 283 c.

b) Zur Inhaltsbestimmung dieses normativen Grundbegriffes gibt die **Entstehungsgeschichte** der §§ 283 ff nur wenige Anhaltspunkte. Im Zusammenhang mit der Einführung des Krisenerfordernisses bei § 283 Abs. 1 legt die Begr. des RegE (BT-Drucks. 7/3441 S. 20) dar, es gehe bei den Bankrotthandlungen des § 283 um „wirtschaftlich sinnlose oder zumindest gefährliche Handlungen", „die ein sorgfältiger Teilnehmer am Wirtschaftsleben zu unterlassen hat". Die Erläuterungen des RegE zu der Verwendung des Merkmals als Korrektiv der Umschreibung einzelner Bankrotthandlungen beschränken sich auf die Anführung von Beispielen: Bei Nr. 1 könne die Zerstörung von Investitionsgütern wirtschaftlich sinnvoll sein, wenn diese durch neue Sachen ersetzt werden sollen (aaO S. 34); bei Nr. 2 könne der Abschluß eines Verlustgeschäftes „auch bei Wahrung der gebotenen Sorgfalt im Wirtschaftsverkehr vertretbar" sein, um „Arbeitsplätze auch während eines Konjunkturtiefs zu erhalten" (aaO S. 35; vgl. dazu auch bereits oben Rdn. 52). Zu der heutigen Nr. 3 hatte bereits die Sachverständigenkommission zur Bekämpfung der Wirtschaftskriminalität die Beibehaltung des schon von § 240 Abs. 1 Nr. 2 KO a. F. vorgesehenen Korrektivs des Widerspruchs zu den Anforderungen einer ordnungsgemäßen Wirtschaft vorge- **102**

schlagen, um insbesondere die Fälle der sog. Mischkalkulation, nämlich der unter Preis liegenden Kalkulation von Sonderangeboten, aus dem Tatbestand herauszunehmen. Dabei wurde ausdrücklich darauf hingewiesen, der Begriff der „Anforderungen einer ordnungsgemäßen Wirtschaft" dürfe nicht in Anlehnung an wettbewerbsrechtliche Vorschriften, die ein solches Verhalten verbieten, ausgelegt werden (Tagungsberichte Bd. III S. 93 ff). Offenbar wird also das „ordnungsgemäße Wirtschaften" als vorgegebener Maßstab angesehen. In der Tat erwähnte nicht nur § 240 Abs. 1 Nr. 2 KO a. F. diesen Maßstab. Er findet sich vielmehr auch in §§ 586, 1036 BGB, worauf schon RGSt **48** 217, 218 hinwies (vgl. ferner §§ 1122, 1135, 2049 Abs. 2 BGB und dazu *Krause* S. 63 ff).

103 **c)** Bereits die äußere gesetzliche Unterscheidung von groben und sonstigen (einfachen) Verstößen gegen die Anforderungen einer ordnungsgemäßen Wirtschaft zeigt, daß dieser in §§ 283, 283 d verwendete Grundbegriff inhaltlich **gestuft** ist: Dem groben und dem einfachen Verstoß entspricht weithin die Aufteilung in elementare und gesteigerte (höhere) Anforderungen ordnungsgemäßen Wirtschaftens. Diese Typik entbindet den Richter nicht von der Verpflichtung, bei dem Vorwurf des groben Verstoßes (§ 283 Abs. 1 Nr. 8) neben der Existenz der wirtschaftlichen Verhaltensregel vor allem auch das gesteigerte Maß des Pflichtverstoßes (und des Verschuldens) festzustellen. Dieses Maß ergibt sich nicht schon ohne weiteres aus dem grundsätzlichen Charakter einer Verhaltensregel. Überdies ist das für den Schuldvorwurf relevante Ausmaß der Fahrlässigkeit im Strafrecht — anders als im Zivilrecht — entscheidend auch von der Persönlichkeit des Täters, seinen Fähigkeiten und subjektiven Möglichkeiten, abhängig (näher § 283 Rdn. 210).

104 Neben der Stufung von einfachen und groben Verstößen, elementaren und höheren Verhaltensanforderungen stützt der Bericht des Sonderausschusses (BTDrucks. 7/5291 S. 17) die naheliegende Annahme, daß die Anforderungen einer ordnungsgemäßen Wirtschaft *unterschiedlich* sind, je nachdem ob sich der Schuldner in einer wirtschaftlichen **Krise** befindet oder nicht (ebenso im Ergebnis *Krause* S. 357 f). Der Sonderausschuß meinte hierzu (aaO) im Hinblick auf § 283 Abs. 1 Nr. 3, einem Kaufmann sei es nicht schlechthin untersagt, kreditierte Waren unter ihrem Wert zu verkaufen; allerdings wurde dabei die Möglichkeit offengelassen, ob eine derartige Handlung nicht einem ordnungsgemäßen Wirtschaften widerspricht, ohne jedoch pönalisiert zu sein. Deutlich hat vor allem *Eitel* in der Anhörung vor dem Sonderausschuß unter Betonung des Gläubigerschutzes darauf hingewiesen, „daß die Anforderungen an den Geschäftsmann, wenn er in der Krise ist und die Krise positiv erkannt hat, höhergeschraubt werden müssen" (80. Sitzung des Sonderausschusses für die Strafrechtsreform, Deutscher BTag 7. Wahlp. StenB S. 2547). In derselben Anhörung machte *Heidland* darauf aufmerksam, daß die Anforderungen in den einzelnen **Branchen** unterschiedlich sind (aaO S. 2550).

105 Diese mehrfache Stufung und Differenzierung ist als zutreffend anzuerkennen. Die Abstufung ist sogar noch einmal innerhalb der Situation der Krise je nach deren Intensität fortzuführen (zust. *Krause* S. 409; *Bieneck* in: Müller-Gugenberger § 73 A; *Richter* GmbHR **1984** 147). Zwar sind z. B. die Buchführungspflichten außerhalb und innerhalb der Krise (§§ 283 Abs. 1, 283 b) grundsätzlich gleich (wenn man davon absieht, daß § 283 Abs. 1 Nr. 6 auch die freiwillige Buchführung betrifft, vgl. § 283 Rdn. 121). Daß aber innerhalb dieses eher formalen Pflichtenrahmens die Krise inhaltlich eine gewichtige Rolle spielt, zeigt die Rechtsprechung, nach der sich die Bilanzierungsfrist (§§ 283 Abs. 1 Nr. 7 b, 283 b Abs. 1 Nr. 3 b) verengt, wenn das Unternehmen in wirtschaftliche Schwierigkeiten gerät (BVerfGE **48** 48, 61 ff mit Nachw.;

näher dazu § 283 Rdn. 147). Ebenso ist es niemandem verwehrt, nur deutsche Waren zu kaufen oder zu benutzen; bei Überschuldung oder (drohender) Zahlungsunfähigkeit müssen derart partriotische Einstellungen dagegen hinter Preis- und Qualitätsüberlegungen zurücktreten.

d) Die Frage nach dem **Inhalt des Maßstabes** stellt sich zunächst in bezug auf den **Beurteilungszeitpunkt**: Fehlentscheidungen des Wirtschafters betreffen häufig künftige Entwicklungen und Konsequenzen, deren Eintritt oder Nichteintritt Gegenstand der unternehmerischen Voraussicht und damit des unternehmerischen Risikos ist (vgl. oben Rdn. 13). Wirtschaftlich wie strafrechtlich ist von solchen unternehmerischen Entscheidungen zwar zu fordern, daß sie sich auf hinreichende (Gegenwarts-)*Informationen* stützen; die ohne solche Prognosebasis getroffene Entscheidung kann betriebswirtschaftlich als fehlerhaft eingestuft und das Fehlen der Information kann strafrechtlich vor allem unter dem Gesichtspunkt des Buchführungs- oder Planungsmangels geahndet werden (vgl. §§ 283 Abs. 1 Nrn. 5—8, 283 b). Während aber betriebswirtschaftlich auch die Möglichkeit besteht, eine unternehmerische Entscheidung ex post, also bei Eintritt und Kenntnis ihrer realen Konsequenzen, gerade wegen dieser Folgen als Fehlentscheidung zu bezeichnen, hat die strafrechtliche Beurteilung der Richtigkeit oder Vertretbarkeit einer wirtschaftlichen Maßnahme zwingend **ex ante** zu erfolgen (zust. *Krause* S. 74 f). Dies ergibt sich zum einen aus dem strafrechtlichen Schuldprinzip (*Schlüchter* S. 24 f), zum anderen und vor allem aber auch aus dem allgemeinen strafrechtlichen Erfordernis, jedenfalls bei den nicht als Erfolgsdelikten ausgestalteten Straftatbeständen bereits bei Vornahme der Handlung das Rechtswidrigkeitsurteil fällen zu können. Bekannte und anerkannte Anwendungsfälle dieses Prinzips sind die fehlende Rückwirkung von zivil- und verwaltungsrechtlichen Anfechtungs- und Genehmigungsakten, die Maßgeblichkeit des Schadenseintritts für die Berücksichtigung eines Schadensausgleichs bei den Vermögensdelikten i. e. S. sowie die hypothetische Klärung der Frage, ob gegen ein bestimmtes Verhalten wegen seiner Rechtswidrigkeit Notwehr möglich ist. **106**

Der Strafrichter hat sich daher im nachfolgenden Konkursstrafverfahren von der psychologischen Gefahr des Wissens um den Eintritt des Mißerfolges freizumachen und die Ordnungsmäßigkeit der wirtschaftlichen Maßnahme nach dem Zeitpunkt ihrer Verwirklichung zu beurteilen. Ob und inwieweit eine zeitliche **Überholung** der Prognose als beachtlich zu behandeln ist, wenn der Erfolg für den Täter günstiger als ex ante zu erwarten ausfällt, wird im Zusammenhang mit der Feststellung der Überschuldung zu klären sein (unten Rdn. 159). **107**

Mit dieser zeitlichen Eingrenzung ist für die Anwendung des Maßstabes ordnungsgemäßen Wirtschaftens weiter vorauszusetzen, daß dem Wirtschafter überhaupt **Wahlmöglichkeiten** hinsichtlich seines Entscheidungszieles und der Mittel zu seiner Verwirklichung bleiben (vgl. *Schlüchter* S. 12 ff mit Nachw.). Ist eine Wahl zwischen mehreren Möglichkeiten bei Beachtung der geltenden Rechtsnormen nicht (mehr) möglich, so kann ein vorwerfbares Fehlverhalten allenfalls in einem früheren Zeitpunkt des Handelns oder Unterlassens liegen (Prinzip der actio libera in causa). Daß die rechtliche oder tatsächliche (wirtschaftliche) *Unmöglichkeit* des Handelns die Tatbestandsmäßigkeit entfallen läßt, ist für die Unterlassungsdelikte allgemein anerkannt (vgl. nur *Jescheck* LK Rdn. 93 vor § 13 mit Nachw.). Dem entspricht es, daß die Rechtsprechung einen Schuldner, der die *Kosten für die Bilanzerstellung* nicht aufbringen kann, nicht wegen Verletzung der Bilanzierungspflicht bestraft (BGHSt **28** 231, 232 f; näher § 283 Rdn. 119). Ein aktives Handeln des Schuldners kann dagegen nur unter den engen Voraussetzungen des rechtfertigenden Notstan- **108** des und der Interessen- oder Pflichtenkollision (vgl. § 34 sowie unten Rdn. 118), des erlaubten Risikos oder der Einwilligung der Gläubiger (vgl. oben Rdn. 57) gerechtfertigt oder gemäß § 35 nach den — sehr engen — Voraussetzungen des strafrechtlichen Notstandes entschuldigt sein. Die bloße Unzumutbarkeit anderen Handelns bildet bei vorsätzlichem aktivem Tun keinen Entschuldigungsgrund (vgl. nur *Jescheck* AT § 47 II 2 mit Nachw.).

109 Unter diesen Voraussetzungen eines offenen oder geschlossenen Entscheidungsfeldes mit mehr oder weniger zahlreichen Wahlmöglichkeiten bestimmt sich die Ordnungsmäßigkeit einer wirtschaftlichen Entscheidung und Maßnahme nicht so sehr nach dem Entscheidungsziel (monetärer oder nichtmonetärer Art), sondern vor allem nach der **Vorbereitung** der einschlägigen Entscheidung durch Beobachtung, Prüfung und Planung sowie nach der **Durchführung** der Maßnahme unter Ausübung einer angemessenen Kontrolle (zust. *Zainhofer* Kriminalistik **1992** 509). Insoweit ist zwischen dem privaten Wirtschafter einerseits und dem Gewerbetreibenden sowie dem Angehörigen freier Berufe andererseits zu differenzieren (wobei die hier typologisch gemeinte Abgrenzung dieser Normadressaten nicht im einzelnen dargelegt werden kann):

110 **e)** Für den **privaten Wirtschafter** ist ein rationales Wirtschaftsverhalten nicht von der Rechtsordnung vorgeschrieben (**aA** *Krause* S. 405, aber auch S. 248!): Soweit es um sein eigenes Vermögen geht, kann der private Vermögensträger nach eigenem Gutdünken wirtschaften[72]. Bei Inanspruchnahme von Kredit wird die Dispositionswillkür allerdings häufig durch vertragliche Festlegung bestimmter Handlungs- und Unterlassungspflichten eingeschränkt. Jedoch unterliegen diese Einschränkungen — auch soweit es um die allgemeinen Straftatbestände der §§ 246, 263, 266 geht — der Privatautonomie der Parteien. Strafrechtlich ergibt sich für den privaten Wirtschafter als (Kredit-)*Schuldner* ein gewisser Zwang zu rationalem Wirtschaften erst aus dem Vorliegen einer Krise (vgl. aber Rdn. 104), aber auch bei vorhersehbarer Kausalität einer Maßnahme für den wirtschaftlichen Zusammenbruch (§ 283 Abs. 2!).

111 **f)** Für den **kaufmännischen Wirtschafter** und für den Inhaber eines **wirtschaftlichen Unternehmens** ist das Risiko und die Risikogestaltung typisch (vgl. nur *Renger* in: Mommsen, Wirtschaftsdelikte S. 70; *Mommsen* S. 172). Insoweit existiert der allgemeine handelsrechtliche Maßstab des **ordentlichen Kaufmanns** (§ 347 Abs. 1 HGB), der für spezielle Bereiche durch die einzelnen Handelsgesetze zum Maßstab des „ordentlichen Geschäftsmannes" (§ 43 Abs. 1 GmbHG), des „ordentlichen und gewissenhaften Geschäftsleiters" (§ 93 Abs. 1 S. 1 AktG, § 34 Abs. 1 S. 1 GenG), des „ordentlichen Frachtführers" (§ 429 Abs. 1 HGB) usw. spezifiziert wird. Der damit vorgegebene Maßstab ist nur auf den ersten — strafrechtlichen — Blick ähnlich unbestimmt wie der des ordnungsgemäßen Wirtschaftens. Bei näherer Betrachtung haben die handelsrechtliche Verkehrssitte und zusätzliche Spezialnormen des Handelsrechts zu einer weitreichenden Verfestigung und Konkretisierung des Maßstabes geführt. In diesem Sinne kann von **Grundregeln ordnungsgemäßer Unternehmensführung** gesprochen werden, die freilich im einzelnen vom Gegenstand des Unternehmens, von seiner Größe und von der Branche abhängig sind (*Scholz/Schneider* GmbHG § 43 Rdn. 70ff, 77; *Zainhofer* Kriminalistik **1992** 509, 515).

[72] Vgl. etwa *Höfner* S. 44; auch *Kellens* Revue de droit pénal et de criminologie **1971/72** 1047, der darauf hinweist, daß das Eingehen von *Risiken* für private Haushalte zumindest „unerwünscht" sei und die private Haushaltsführung von der unternehmerischen Tätigkeit unterscheide (dazu sogleich Rdn. 111, 118 u. ö.).

Sie konkretisieren das strafrechtliche Merkmal des ordnungsgemäßen Wirtschaftens (zust. *Harneit* S. 90f sowie *Scholz/Schneider* aaO Rdn. 70) und haben nicht etwa deshalb außer Betracht zu bleiben, weil sie teilweise am Innenverhältnis (z. B. des Geschäftsführers zur GmbH) ausgerichtet sind (so aber die Kritik von *Krause* S. 87 ff). Zwar beziehen sich die Pflichten zur ordentlichen Unternehmensleitung nach § 43 GmbHG usw. in der Tat unmittelbar nur auf das Verhältnis des Geschäftsleiters zur Gesellschaft (BGHZ **31** 258, 278; *Scholz/Schneider* aaO Rdn. 217). Jedoch bestehen diese Grundregeln als Verkehrsregeln zu einem erheblichen Teil um des Gläubigerschutzes willen (vgl. nur *Krause* S. 407!), wie die weitgehende Identität dieser Regeln für Leiter von Kapitalgesellschaften einerseits und Einzelkaufleute, bei denen kein Innenverhältnis besteht, andererseits belegt. Dies zeigen beispielhaft — für den Buchführungsbereich — die *Grundsätze ordnungsmäßiger Buchführung* (GoB) (§ 238 Abs. 1 HGB). § 283 Abs. 1 Nr. 7b nimmt auf sie Bezug, wenn für die Bilanzierungsfrist auf die „einem ordnungsmäßigen Geschäftsgang entsprechende Zeit" verwiesen wird (vgl. § 243 Abs. 3 HGB). Insbesondere diese den Vollkaufmann, die Handelsgesellschaften und Genossenschaften sowie hinsichtlich des Nebengewerbes auch die Land- und Forstwirte treffende handelsrechtliche Buchführungspflicht zielt einerseits auf Rechenschaft gegenüber Dritten, andererseits aber auch auf Selbstinformation im Sinne einer dauernden Beobachtung des Unternehmenszustandes zur Ermöglichung einer vertretbaren Planung und Disposition (näher § 283 Rdn. 90). **112**

Für den Buchführungsbereich stimmt *Krause* (S. 84 Fußn. 68) unserer Auffassung ausdrücklich zu. Im übrigen will er unter dem auch hier zugrundegelegten Gesichtspunkt des *Gläubigerschutzes* auf eine Trias von Entscheidungskriterien abstellen: die Zwecke, das Risiko und die Informationsgrundlage der Vermögensdisposition (S. 365f). Dies stimmt mit den hier bereits in der Vorauflage entwickelten Einzelkriterien (unten Rdn. 116f, 118ff) überein, wobei die theoretische Generalisierung (auf der Grundlage der Entscheidungstheorie) bei *Krause* aber teils lebensfern, teils tautologisch ist: Der Schuldner müsse „das für die Gläubiger risikoärmste Vorgehen wählen" und dürfe keine Zwecke verfolgen, „die mit den Zielen des Insolvenzrechts unvereinbar sind", namentlich nicht das schuldnerische Vermögen dem Gläubigerzugriff erhalten (S. 365). Zu Unrecht entwertet *Krause* (S. 413) sein drittes Kriterium durch die Behauptung, die „Informationslosigkeit" mache eine vertretbare nicht zu einer unvertretbaren Vermögensdisposition, sondern schneide nur den Einwand fehlenden Vorsatzes ab; demgegenüber zeigt insbesondere § 283 Abs. 1 Nr. 8, daß die „Informationslosigkeit" einer Vermögensverringerung deren Unvertretbarkeit begründen kann (näher Rdn. 120). Insgesamt systematisiert *Krause* damit in beachtlicher Weise vorliegende Erkenntnisse, ohne daß aber die von ihm herangezogene Lehre vom erlaubten Risiko neue Einsichten oder auch nur ein schärfere Konkretisierung der Anforderungen ordnungsgemäßen Wirtschaftens brächte. **113**

Insgesamt sind die Grundsätze ordnungsgemäßer Unternehmensführung — entsprechend dem Rechtsgut der §§ 283ff — am Gläubigerschutz und an den sonstigen Belangen einer funktionstüchtigen Kreditwirtschaft auszurichten. Abgesehen von dieser grundsätzlichen Orientierung (und von den Grundsätzen ordnungsmäßiger Buchführung) wird der auch für das Insolvenzstrafrecht maßgebende außerstrafrechtliche Maßstab des ordentlichen Kaufmanns nirgends vom Gesetz definiert oder mit Anspruch auf allgemeine Geltung erläutert. (Einzelne Ausprägungen wie die aktienrechtliche Pflicht zur gewissenhaften Rechnungslegung werden teilweise und beispielhaft vom Gesetzgeber konkretisiert, vgl. etwa § 160 AktG.) Die dadurch entstehende Unbestimmtheit ist zum Zwecke der Anpassungsfähigkeit des Maßstabes vom **114** außerstrafrechtlichen Gesetzgeber ausdrücklich gewollt: Das Gesetz verweist auf einen wandelbaren Standard oder Typus.

115 Der empirische Bestandteil dieses Typus ist die kaufmännische Verkehrssitte oder allgemeine kaufmännische Übung[73]. Als Unterart der Handelssitte ist diese Verkehrssitte **tatsächliche Übung**. Sie kommt als Erkenntnisquelle insoweit in Betracht, als sie positiv allgemein anerkannt und negativ nicht mißbräuchlich ist (vgl. — auch zum folgenden — *Tiedemann* Wirtschaftsstrafrecht I S. 198 f mit Nachw.). Die Verkehrssitte bildet sich aus kaufmännischer Erfahrung und Einsicht heraus und kann von Rechtsprechung und Wissenschaft nur gefördert, nicht aber eigentlich gestaltet werden. Insoweit hat der Richter also primär induktiv festzustellen, welche tatsächliche Übung besteht und von ordentlichen (ehrenwerten) Kaufleuten für richtig gehalten wird.

116 Daneben enthält der Maßstab durch das Erfordernis der **Anerkennung** durch die ordentlichen Kaufleute das Merkmal der Werthaftigkeit der Übung. Was insoweit erforderlich ist, ergibt sich teilweise aus dem Gesetz (z. B. HGB, GmbHG, AktG), teilweise aus der Verkehrssitte (z. B. GoB), die sich auch zu Gewohnheitsrecht verfestigen kann. Die Verkehrssitte legt insoweit auch das Verhalten von Angehörigen der *Freien Berufe* fest. Zu berücksichtigen sind in diesem Bereich auch wissenschaftliche Überlegungen und Gerichtsentscheidungen. Die Zulässigkeit deduktiven Vorgehens hat allerdings die Rechtsprechung vielfach dazu verführt, Handlungsmaximen in teilweise eklatanter Abweichung von betriebswirtschaftlichen Überlegungen und Forderungen aufzustellen. Insoweit erscheint eine stärkere Ausrichtung an den Lehren der Betriebswirtschaft zutreffend. Strafrechtlich verdient zusätzlich Beachtung, daß die außerstrafrechtliche Literatur nicht selten neben strikten Forderungen und Pflichten auch Empfehlungen und Hinweise enthält, denen eine (kaufmännische) Übung entsprechen **sollte**. Derartige Normierungsansätze sind für das Strafrecht nur ausnahmsweise relevant. Insbesondere haben die von internationalen Organisationen (UNO, OECD usw.), von Handelskammern, Verbänden usw. formulierten Verhaltensrichtlinien keinen bindenden Charakter (*Scholz/Schneider* GmbHG § 43 Rdn. 54 mit Nachw.). Sie können freilich im Einzelfall die Pflichten eines ordentlichen Kaufmanns konkretisieren (vgl. *Scholz/Schneider* aaO Rdn. 55 mit dem Beispiel der Insiderhandels-Richtlinien; vgl. dazu auch *Otto* in: Schünemann/Suárez S. 418 f).

117 Häufig werden innerhalb oder jenseits der normativen Festlegung **Freiräume** bleiben, die nicht oder nur rahmenhaft eingegrenzt sind und dem Grundsatz des unternehmerischen Ermessens entsprechen (*Scholz/Schneider* GmbHG § 43 Rdn. 44 ff mit Nachw.). In diesen Freiräumen sind alle wirtschaftlichen Entscheidungen und Maßnahmen ordnungsgemäß, die **vertretbar** oder plausibel erscheinen, also von einem rational handelnden Unternehmer vorgenommen werden können (Plausibilitätskontrolle). Dies meint offenbar auch der bereits oben Rdn. 101 angeführte BGH-Beschluß 3 StR 242/79, wenn er darauf abstellt, ob der Zweck der Sanierung einer ausländischen Tochtergesellschaft „bei vernünftiger wirtschaftlicher Betrachtung sinnvollerweise angestrebt werden konnte"[74]. Die Weite und Unbestimmtheit dieses Vertretbarkeitsrahmens darf — vor allem auch bei der im nachträglichen Strafverfahren vorhandenen Kenntnis der realen wirtschaftlichen Folgen — nicht zum Nachteil des

[73] *Hopt* § 347 Rdn. 1; *Ratz* in: Großkomm. HGB § 347 Anm. 4; *Schlegelberger/Hefermehl* § 347 Anm. 20.

[74] Zustimmend dazu *Krause* S. 397, der hierin das Kriterium der Geeignetheit der Maßnahme erblickt; kritisch dagegen *Höfner* S. 46.

Wirtschafters eingeschränkt werden. Vielmehr entspricht es der Bestimmtheitsgarantie des Art. 103 Abs. 2 GG, daß unbestimmte Befugnisse strafrechtlich voll ausgeschöpft und nicht übermäßig verengt werden dürfen (*Tiedemann* NJW **1981** 946 und **1980** 155, je mit Nachw.). Negativ formuliert ist der Maßstab ordnungsgemäßen Wirtschaftens erst verletzt, wenn die wirtschaftliche Entscheidung oder Maßnahme als *zweifelsfrei unvertretbar* erscheint (*Tiedemann* ZIP **1983** 521; zust. *Richter* GmbHR **1984** 145; *Samson* SK § 283 Rdn. 11). In diesem Sinne stellt BGH 3 StR 242/79 für Sanierungsversuche darauf ab, daß die „Aussichtslosigkeit nicht von vornherein feststand" (zust. *Krause* S. 399). Positiv formuliert liegt kein Verstoß gegen die Anforderungen ordnungsgemäßen Wirtschaftens vor, solange Sachkundige über die Vertretbarkeit unterschiedlicher Meinung sind (vgl. *Sch/Schröder/Lenckner* Rdn. 2, *Tiedemann* aaO sowie LK[10] Rdn. 27, je zu § 265 b). Dies ist entgegen BGHSt **30** 285, 288 nicht nur eine Frage der (zweifelsfreien) tatrichterlichen Feststellung (in dubio pro reo!), sondern begrenzt bereits die materiellrechtliche Reichweite des Strafbestandes, also die Rechtsanwendung (zust. *Krause* S. 73 f). Methodisch weist die Behandlung tatsächlicher Zweifel allerdings Ähnlichkeit mit der Nichtberücksichtigung unklarer Randbereiche von Rechtsnormen auf. Von beiden Aspekten zu unterscheiden ist die Vorsatz- und Schuldfrage, nämlich die zusätzlich erforderliche subjektiv-individuelle Voraussicht und Inkaufnahme bzw. Vorhersehbarkeit und Vermeidbarkeit im Hinblick auf die (objektiv gegebene und prozessual zweifelsfrei festgestellte) Unvertretbarkeit des Handelns. Insbesondere § 283 Abs. 1 Nr. 8, aber auch Nr. 1 und Nr. 3 beschränken insoweit die Strafbarkeit auf **vorsätzliche** Verstöße (vgl. § 283 Abs. 5). Hieraus ergibt sich eine weitere allgemeine Einschränkung, da der Tätervorsatz nicht nur die dem Vertretbarkeitsurteil zugrundeliegenden Tatsachen, sondern zumindest in laienhafter Parallelwertung auch die Wertung der Unvertretbarkeit nachvollziehen oder das Ergebnis der Unvertretbarkeit umfassen muß (vgl. § 283 Rdn. 189).

g) Hinsichtlich der **Einzelheiten** des Maßstabes für die Bestimmung des Vorliegens oder Nichtvorliegens ordnungsgemäßen Wirtschaftens bei Kaufleuten und Angehörigen freier Berufe ist vorab noch einmal auf die Abhängigkeit der Pflichten vom Gegenstand und von der Größe des Unternehmens, vom Vorhandensein einer Krise sowie von der in Frage stehenden Branche und auf die Tatsache hinzuweisen, daß sich die Anforderungen der Ordnungsmäßigkeit nicht nach einer tatsächlichen (z. B. zu nachlässigen) Übung (Ist-Zustand), sondern nach einem normativen Soll-Zustand richten (zust. *Bieneck* in: Müller-Gugenberger § 73 A); dessen Abgrenzung von bloßen Empfehlungen (vgl. oben Rdn. 116) kann schwierig sein und darf nicht zu Lasten des Täters vorgenommen werden. Der Unternehmensgegenstand und die Unternehmenssituation (Krise?) geben insbesondere Auskunft darüber, welches **Risiko** der Unternehmer eingehen darf, ohne pflichtwidrig zu handeln (vgl. *Scholz/Schneider* GmbHG § 43 Rdn. 78 mit Nachw.). Unternehmensführung ist etwas anderes als Vermögensverwaltung und daher typischerweise mit Risiken verbunden. Die Zulässigkeit des Eingehens erheblicher Risiken richtet sich auch nach der Rechts- und Finanzierungsform des Unternehmens, der Größe und der Wahrscheinlichkeit der Verlustgefahr und den Möglichkeiten der Kontrolle dieser Gefahr. Ausgesprochene Spekulationsgeschäfte mit den Gefahren hoher Verluste in der Hoffnung auf besonders großen Gewinn sind, wie § 283 Abs. 1 Nr. 2 ergibt, im allgemeinen pflichtwidrig (*Scholz/Schneider* aaO Rdn. 80 mit Nachw.). Der Unternehmer darf nicht „wie beim Glücksspiel alles auf eine Karte setzen" (RGSt **61** 211, 213; **66** 255, 262 zu § 312 HGB). *Krause* S. 395 ff systematisiert in brauchbarer Weise die Risikoabwägung 118 nach den — von § 34 bekannten — Kriterien der Geeignetheit, Erforderlichkeit und Angemessenheit der Maßnahme.

Als Verstoß gegen die Sorgfaltsregeln des Kreditverkehrs stellt im allgemeinen die Gewährung von Bank- oder Warenkredit an unbekannte Unternehmen ohne Überprüfung der **Kreditwürdigkeit** und/oder ohne hinreichende Sicherheiten ein unvertretbares Risiko dar und ist pflichtwidrig (*Scholz/Schneider* aaO Rdn. 85; vgl. auch *Tiedemann/Sasse* S. 8 ff). Entsprechendes gilt für die Hinnahme erheblicher *Verluste* über einen längeren Zeitraum, insbesondere für die Weiterbelieferung von Abnehmern, die den Kaufpreis nicht zahlen, Wechsel nicht einlösen usw. Soweit es um die *Erhaltung von Arbeitsplätzen* geht, ist das einschlägige Interesse teilweise mit dem unternehmerischen Interesse an Gewinnerzielung und Betriebsfortführung identisch. Die Sicherung des individuellen Arbeitsplatzes kann dagegen rechtlich nur über die Notstandshilfe nach § 34 zu einem Anliegen des Unternehmensinhabers werden[75]. Dasselbe gilt im Ausgangspunkt für das überindividuelle Interesse an der Erhaltung bestimmter (z. B. regionaler) Strukturen des Arbeitsmarktes usw. Anders als bei der Nachkriegsjudikatur zur Kollision mit Preisstrukturinteressen (vgl. vor allem BayObLG NJW **1953** 1602, 1603) kommt eine Rechtfertigung nach § 34 StGB im Konkursstrafrecht nur in Extremfällen in Betracht, da § 283 Abs. 1 bereits die gesetzgeberische Verhaltensentscheidung für den Normalfall der Unternehmenskrise enthält, die Gefährdung von Arbeitsplätzen bei § 283 Abs. 1 geradezu die Regel darstellt und eine Rettung der Arbeitsplätze jedenfalls bei einer Betrachtung ex post — nach Eintritt der objektiven Strafbarkeitsbedingung — bei §§ 283 ff nicht gelungen ist, also nur eine zeitweilige Erhaltung in Frage steht (vgl. auch *Weber* ZStW **96** [1984] S. 395).

119 Unter den zahlreichen weiteren Einzelfragen ist hier — mit der Tendenz zur Beschränkung auf allgemeine und elementare Anforderungen — vor allem hervorzuheben, daß *Rechtsnormen*, die ein bestimmtes Verhalten nicht gebieten, sondern nur zulassen, für die Ordnungsmäßigkeit eines Verhaltens lediglich ein Indiz abzugeben vermögen. So kann es durchaus mit den Anforderungen ordnungsgemäßen Wirtschaftens vereinbar sein, daß der Schuldner sich nicht auf die eingetretene Verjährung beruft und eine verjährte Forderung erfüllt, um sich z. B. einen wichtigen Lieferanten zu erhalten. Selbst die **Strafbarkeit** eines bestimmten, also verbotenen, Verhaltens (z. B. Schmiergeldzahlung nach § 12 UWG) beseitigt nicht ohne weiteres die (betriebswirtschaftliche) Ordnungsmäßigkeit des Wirtschaftens (*Scholz/Schneider* GmbHG § 43 Rdn. 69). Es kommt insoweit ganz auf die Schutzrichtung (Rechtsgüter) der Straf- und Bußgeldtatbestände an. Angesichts der oben Rdn. 45 ff umschriebenen Rechtsgüter der §§ 283 ff widersprechen Verhaltensweisen, die *gesamtwirtschaftlich* unerwünscht und daher verboten sind, nicht ohne weiteres i. S. d. § 283 den Anforderungen einer ordnungsgemäßen Wirtschaft (z. B. Erbringen einer Ausgleichszahlung aufgrund einer Kartellabsprache, § 38 Abs. 1 Nr. 1 i.V.m. § 1 GWB). In diesen Fällen kann sich allerdings die Wirtschaftswidrigkeit daraus ergeben, daß die Gefahr drohender hoher Geldstrafen, Geldbußen, Gewinnabschöpfungen usw. nicht einkalkuliert wird (sofern sich diese Sanktionen fühlbar auf das Vermögen des Unternehmens auswirken, was je nach Situation und Größe des Unternehmens verschieden sein dürfte). — Auch die Bußgeldtatbestände im Zusammenhang mit Sonderverkäufen (z. B. Ausverkauf und Räumungsverkauf, vgl. §§ 6 ff UWG) sind für die Bestimmung der Ordnungsmäßigkeit des Wirtschaftens nicht unmittelbar relevant.

---

[75] Vgl. oben Rdn. 52; zustimmend *Krause* S. 384. Vgl. auch BGHSt **5** 61, 66 und das sehr zurückhaltende Urteil BGH 4 StR 28/75 vom 13. 3. 1975 bei *Dallinger* MDR **1975** 723 f und (ausführlicher) bei *Tiedemann* Die Neuordnung des Umweltstrafrechts (1980) S. 60.

Der Verstoß gegen die wettbewerblichen Regeln der Preisbildung und der Verkauf mit Verlust betrifft vor allem die außerhalb des Schutzbereichs der §§ 283 ff stehenden Wettbewerber und Verbraucher, allenfalls faktisch auch die Interessen der Kreditgeber des Schuldners. Die außerhalb des UWG inkriminierte „Bestechung" des Verbrauchers durch unerlaubte Zugaben und Rabatte betrifft die Preisbildung ebenfalls nur im Sinne einer Verschleierung des Preises gegenüber dem Verbraucher. Zwar liegt der einschlägigen Gesetzgebung (ZugabeVO 1932, RabattG 1933) auch die Gefahr der gegenseitigen Übersteigerung der Wettbewerber und die Beschränkung der Preisnachlässe auf ein angemessenes Maß zugrunde (*Baumbach/Hefermehl* Allgem. Rdn. 9 vor § 1 ZugabeVO, Rdn. 8 vor § 1 RabattG). Inwieweit aber das historische Ziel der Erhaltung bestimmter Strukturen im Einzelhandel heute noch existiert, ist streitig und eher zu verneinen. Wettbewerbsrechtlich (§§ 1, 3, 4 UWG) nicht verboten ist schließlich auch die oben Rdn. 102 erwähnte *Mischkalkulation* in der Form von Sonderangeboten, um dadurch Kunden auch für andere Waren anzulocken (vgl. nur *Baumbach/Hefermehl* UWG § 1 Rdn. 264 mit Nachw.). Die wettbewerbsrechtlich andere Beurteilung von sog. Lockvogel-Angeboten („loss leaders"), mit denen die Verbraucher über die Preisbemessung des gesamten Warenangebotes getäuscht werden (*Baumbach/Hefermehl* UWG § 3 Rdn. 279 ff mit Nachw.), berührt die Interessen der Kreditwirtschaft und der Gläubiger nicht, ist also für das Konkursstrafrecht grundsätzlich ohne Belang. Auch im übrigen bestehen für die Preiskalkulation in der Wettbewerbswirtschaft nur rahmenhafte Richtlinien ordnungsgemäßen Wirtschaftens. Jedenfalls bei eingetretener wirtschaftlicher Krise darf aber auf längere Sicht der Preis nicht für das gesamte Angebot unterhalb der Kosten oder sogar unterhalb des Einstandspreises, also als Verlustgeschäft i. S. d. § 283 Abs. 1 Nr. 2, kalkuliert werden (vgl. *Maul* S. 21). *Insgesamt* ist von der Preisgestaltungsfreiheit des Unternehmens auszugehen. Die zur Einschränkung dieser Freiheit anerkannten Preisbildungsregeln dienen *nicht* dem Gläubigerschutz und sind daher für das Konkursstrafrecht nur als Teil eines (betriebswirtschaftlich vertretbaren) planvollen Handelns relevant: An diesem fehlt es bei der nicht nur kurzfristigen Verschleuderung von Waren, wenn insbesondere mit Verkäufen unter Einstandspreisen nicht gleichzeitig ein zulässiger Zweck — wie etwa eine (kurzfristige) Liquiditätsschöpfung oder das Räumen von Lagern — verfolgt wird (vgl. auch BGH NJW **1979** 2611 ff).

Zu einem rationalen Wirtschaften gehören vor allem bei drohender oder bereits **120**
eingetretener Krise gewisse Mindesterfordernisse der **Übersicht** und **Planung** (zust. *Krause* S. 413), deren Grundlagen und Grade u. a. von der *Größe des Unternehmens* und von der *Branche* abhängen. Klassischerweise wird als Datensammlung und -auswertung zu diesem Zweck der Selbstinformation des Wirtschafters die **Buchführung** (einschließlich Bilanz, Inventar, Gewinn- und Verlustrechnung) angesehen: Sie gibt dem Wirtschafter den erforderlichen Überblick über den Stand von Vermögen und Schulden, über seine Zahlungsfähigkeit, über die Entwicklung seines Umsatzes und seiner Kosten. Mangelnde oder mangelhafte Buchführung hat typischerweise Fehldispositionen, nämlich betriebliche und finanzielle Fehlplanungen, zur Folge (zusammenfassend *Klein* in: Tagungsberichte der Sachverständigenkommission Bd. III Anlage 2 B S. 1 ff mit Nachw.).

Allerdings führt bereits die Bindung der handelsrechtlichen Buchführungspflicht **121**
an die Eigenschaft als **Vollkaufmann** (§§ 238 Abs. 1, 4 Abs. 1, auch § 262 HGB) zu einer erheblichen personalen Begrenzung der Reichweite dieses Erfordernisses der Selbstinformation (näher § 283 Rdn. 96). Weiter begrenzen die unterschiedlichen Arten von Bilanzen (zusammenfassend *Arians* S. 15 ff) mit den entsprechend unter-

schiedlichen Zielen der Bewertung in funktionaler Hinsicht die Genauigkeit und die Richtung des Überblicks. Zwar soll die *Handelsbilanz* (§ 242 HGB) Einblick in die Vermögens- und Ertragslage geben. Jedoch lassen sich bisher aus §§ 238 ff HGB nur sehr allgemeine Bilanzierungsgrundsätze ableiten. Vor allem aber die **Bilanzierungsfristen** (vgl. allgemein § 243 Abs. 3 HGB) führen dazu, daß handelsrechtliche Buchführung und Bilanz unter zeitlichen Gesichtspunkten eine häufig bereits überholte, also recht unzuverlässige Informationsquelle darstellen.

122 Demgegenüber kann es von einer bestimmten Unternehmensgröße an und je nach Branche oder beabsichtigtem Geschäft zu einem ordnungsgemäßen, also rationalen Wirtschaften gehören, eine zukunftsbezogene Planungsrechnung vorzunehmen, nämlich Finanz-, Absatz-, Investitions-, Personal- und weitere Pläne aufzustellen (vgl. auch *Scholz/Schneider* GmbHG § 43 Rdn. 75). Der Information über die Liquiditätslage dient eine hierfür geeignete kurz- und mittelfristige **Finanzplanung**[76], also die systematische Gegenüberstellung geplanter Einnahmen und Ausgaben. Die Notwendigkeit einer Finanzplanung für Gewerbetreibende und Angehörige der freien Berufe als Teil einer Gesamtplanung nimmt mit stärker werdender Krise zu und hat jedenfalls zur Folge, daß das Fehlen jeglichen einschlägigen Planes in der Krise als sog. Blindwirtschaften grob wirtschaftswidrig i. S. d. § 283 Abs. 1 Nr. 8 ist (vgl. BGH NJW **1981** 354, 355 und schon GA **1964** 119, 120. Näher unten § 283 Rdn. 169 und 207).

123 Bereits an dieser Stelle ist allerdings grundsätzlich — gegen *Bretzke* S. 127 ff und KTS **1985** 415 ff — festzuhalten, daß das Strafrecht keine weitergehenden Anforderungen als das Zivil- bzw. Handelsrecht stellt und von einem sorgfältigen Kaufmann oder Unternehmer keine ständige Liquiditätplanung und keine ständige prospektive Informationsgewinnung über den Liquiditätsstatus verlangt (**aA** allerdings auch *Weyand* S. 33). Wenn *Bretzke* aaO meint, insbesondere das Eingehen von Spekulationsgeschäften müsse nicht selten sehr kurzfristig entschieden werden, so daß fahrlässige Unkenntnis drohender Zahlungsunfähigkeit in dieser Situation zur Strafbarkeit führe und Straflosigkeit nur eingreife, wenn der Täter ständig über seine Liquidität Bescheid wisse, so ist dem entgegenzuhalten, daß die (restriktiv auszulegenden! § 283 Rdn. 52) Spekulationsgeschäfte riskante Ausnahmefälle darstellen, die *unterlassen* werden müssen, wenn die Liquiditätslage nicht klar ist: Hat der Kaufmann bzw. Unternehmer auf eine ständige Liquiditätskontrolle verzichtet — was ihm straf- wie zivil- und handelsrechtlich freisteht —, so darf er derartige Geschäfte nicht vornehmen. Umgekehrt ist die Vornahme solcher hochriskanter Geschäfte selbst ein „bestimmter Anlaß" zur Überprüfung der Liquiditätslage (vgl. näher § 283 Rdn. 208).

124 Ein wichtiges Teilgebiet aus dem Bilanzierungs- und Finanzierungsbereich ist ferner die Ausstattung mit **Eigenkapital**, insbesondere in seinem Verhältnis zu Fremdkapital, Unternehmenszweck, Geschäftsumfang und Anlagevermögen. Insoweit wurde bereits oben Rdn. 15 einschränkend darauf hingewiesen, daß sich die Frage nach der angemessenen Ausstattung eines Unternehmens mit Eigenkapital nur im Einzelfall und je nach Branche beantworten läßt, eine verbindliche betriebswirtschaftliche Aussage über ein unvertretbares Ausmaß an Fremdfinanzierung also nur in Extremfällen möglich ist. Aus diesem Grunde hat auch der Sonderausschuß für die Strafrechtsreform (Bericht BTDrucks. 7/5291 S. 19) in Ablehnung des § 192 Abs. 1

[76] Vgl. aus strafrechtlicher Sicht vor allem *Maul* S. 20 f und DB **1979** 1761; *Knief* BB **1984** 10 ff; *Kupsch* BB **1984** 159 ff; *Tiedemann* ZIP **1973** 522; im übrigen *Drukarczyk* Finanzierung S. 88 ff; *H. Vormbaum* S. 605; *Wöhe/Bilstein* S. 321 ff.

Nr. 1 AE davon abgesehen, das Gründen oder/und Betreiben unterkapitalisierter Unternehmen gesondert unter Strafe zu stellen. Die unzureichende Ausstattung mit Eigenkapital ist daher keine Bankrotthandlung, kann aber die Wirtschaftswidrigkeit einer Vermögensdisposition begründen. „Unterkapitalisierung" ist ein seit längerem bekannter Rechtsbegriff und zivilrechtlicher Haftungstatbestand, dessen Beurteilung nach § 32 a GmbHG n. F. ebenfalls an dem Verhalten „ordentlicher Kaufleute" auszurichten ist. BGH 2 StR 800/76 v. 15. 4. 1977 hat schon vor der Neufassung des GmbHG nicht gezögert, eine strafrechtliche Verurteilung (nach § 239 KO a. F.) darauf zu stützen, daß die GmbH-Gesellschafter ein kapitalersetzendes Darlehen zurückforderten, „bevor der mit der Darlehensgewährung verbundene Zweck der Sanierung nachhaltig erreicht war". In den oben Rdn. 15 genannten Grenzen ist daher ebenfalls die Einordnung einer Handlung als grob wirtschaftswidrig möglich (*Krause* S. 410f; *Tiedemann* GmbH-Strafrecht Rdn. 41 vor § 82).

3. Zahlungsunfähigkeit und Zahlungseinstellung. Die Zahlungsunfähigkeit (Illiquidität) des Schuldners ist gemäß §§ 102 Abs. 1 KO, 1 Abs. 1 GesO Voraussetzung für die Eröffnung des Konkurs- bzw. Gesamtvollstreckungsverfahrens (vgl. auch §§ 209 KO, 2 VerglO, 92 Abs. 2 AktG, 64, 71 Abs. 4 GmbHG, 130 a HGB, 99 GenG) und gemäß § 17 InsO 1999 künftig des Insolvenzverfahrens. Sie ist „insbesondere anzunehmen, wenn Zahlungseinstellung erfolgt ist". Diese Regel des § 102 Abs. 2 KO, die § 17 Abs. 2 S. 2 InsO für das am 1. 1. 1999 in Kraft tretende Recht wiederholt, gilt auch für das Strafrecht: Die Zahlungseinstellung ist die äußere Manifestation der Zahlungsunfähigkeit. Allerdings kann Zahlungseinstellung auch bei bloßem Fehlen des Zahlungswillens und an sich vorhandener Zahlungsfähigkeit vorliegen. Das Konkursrecht erkennt nur eine auf Zahlungsunfähigkeit beruhende Zahlungseinstellung als relevant an (vgl. *Kilger/K. Schmidt* § 30 Anm. 5). Das Konkurs*straf*recht geht in dieser Hinsicht nach h. M. weiter und läßt für die Zahlungseinstellung auch die bloße Zahlungsverweigerung trotz vorhandener Zahlungsfähigkeit genügen (unten Rdn. 144). Außerdem läßt § 283 Abs. 1 (und § 18 Abs. 1 InsO als Eröffnungsgrund bei Antrag des Schuldners) neben der eingetretenen auch die drohende Zahlungsunfähigkeit ausreichen (dazu unten b). Dies entbindet jedoch nicht von der Notwendigkeit, Zustand und Zeitpunkt der Zahlungsunfähigkeit möglichst genau zu bestimmen. 125

a) Zahlungsunfähigkeit ist nach der üblichen und auch im Strafrecht anerkannten Definition das auf dem Mangel an Zahlungsmitteln beruhende, voraussichtlich dauernde Unvermögen eines Schuldners, seine sofort zu erfüllenden Geldschulden noch im wesentlichen zu begleichen[77]. Ebenso definiert § 17 Abs. 2 InsO für das ab 1999 geltende Recht Zahlungsunfähigkeit des Schuldners dahingehend, daß „er nicht in der Lage ist, die fälligen Zahlungsverpflichtungen zu erfüllen". Der Begriff erfordert somit die Feststellung der Relation fälliger Schulden zu den liquiden Mitteln und die Prognose voraussichtlicher Fortdauer des Mangels hinreichender Zahlungsmittel. Allerdings lehnt die amtl. Begr. (BTDrucks. 12/2443 S. 114) eine „übermäßig restriktive" Auslegung und insbesondere das Erfordernis der Wesentlichkeit der Unterdek- 126

[77] BGH KTS **1957** 12ff und wistra **1991** 26; BGHR § 283 Abs. 1 Zahlungsunfähigkeit 1, 2; RG JW **1934** 841, 842; BayObLG wistra **1988** 363; OLG Düsseldorf NJW **1988** 3166; OLG Stuttgart NStZ **1987** 460; *Arzt/Weber* IV Rdn. 336; *Baumann* § 5 I 1 a; *Dreher/Tröndle* Rdn. 10 vor § 283; *Jaeger/Lent* § 102 Anm. 2; *Kilger/K. Schmidt* § 102 Anm. 2; *Kuhn/Uhlenbruck* § 102 Rdn. 2; *Lackner/Kühl* § 283 Rdn. 7; *Sch/Schröder/Stree* § 283 Rdn. 52; *Scholz/K. Schmidt* § 63 Rdn. 3; *Wessels* BT 2 § 12 III 3. Zum Verhältnis zum betriebswirtschaftlichen Begriff *Bretzke* S. 80f.

kung (unten Rdn. 129) ab; Zahlungsunfähigkeit soll nach neuem Recht nur bei „ganz geringfügigen" Liquiditätslücken ausscheiden.

127 Abzustellen ist auf die **Geldschulden**. Als solche sind auch Verpflichtungen anzusehen, die erst nachträglich zu Geldschulden geworden sind, z. B. Schadensersatzverpflichtungen nach §§ 325, 326 BGB (*Scholz/K. Schmidt* § 63 Rdn. 5). Einzelheiten — wie die Einordnung von Gewinnansprüchen bei AG und GmbH — sind streitig und der Literatur zum Insolvenz- und Gesellschaftsrecht zu entnehmen.

128 Die **Fälligkeit** der Geldschulden bestimmt sich im Ausgangspunkt nach Zivilrecht (zust. *Matzen* S. 48). Jedoch stellt die Betriebswirtschaftslehre für die Liquidität auf die tatsächliche Laufzeit ab (vgl. *Schlüchter* MDR **1978** 268 mit Nachw.). Dem entspricht die konkursrechtliche Auffassung, daß für die Zahlungsunfähigkeit nur solche Verbindlichkeiten zu berücksichtigen sind, die von den Gläubigern „ernsthaft eingefordert werden"[78], hinsichtlich derer also die Gläubiger „drängen" (*Hoffmann* MDR **1979** 713 f, der aber für den Regelfall eine mechanisch-automatische Mahnung ausreichen läßt). Bereits nach zivilrechtlichen Kriterien sind auch solche Forderungen nicht fällig, die von den Gläubigern stillschweigend gestundet werden. — Aus diesen auch für das Strafrecht gültigen Einschränkungen können sich im Einzelfall erhebliche *Feststellungsschwierigkeiten* ergeben (*Kressin* S. 215; *Tiedemann* ZIP **1983** 515). Die nachträgliche Befragung der Gläubiger kann — vor allem bei großer Zahl derselben — im Strafverfahren dazu führen, daß Zahlungsunfähigkeit nach dem Grundsatz in dubio pro reo zu verneinen ist, weil nicht ausgeschlossen werden kann, daß viele oder einige Gläubiger zur Stundung bereit waren oder die Schuld nicht ernsthaft einforderten.

129 Allerdings braucht die Zahlungsunfähigkeit nicht alle fälligen Geldschulden und daher auch nicht alle Gläubiger zu betreffen. Maßgebend ist vielmehr der **wesentliche Teil** der Geldschulden[79]. Der rechtliche Begriff der Zahlungsunfähigkeit weicht insofern von dem betriebswirtschaftlichen Begriff der Illiquidität ab. Nach *Kilger/K. Schmidt* (§ 30 Anm. 5) soll für die Bestimmung des wesentlichen Teils der Schulden die Verkehrsanschauung herangezogen werden. Vorzugswürdig erscheint jedoch eine **quantitative Abgrenzung**. Entsprechend wird konkursrechtlich eine Unterdekkung bis zu 25% als unwesentlich angesehen[80]. Ob dies strafrechtlich enger zu handhaben, also etwa „je nach Fall" allenfalls eine Obergrenze bis zu 15% anzunehmen ist[81], erscheint zweifelhaft, soweit es nicht nur um die vorhandenen Zahlungsmittel („Barliquidität") geht (vgl. *Weyand* S. 44 ff). Für eine engere strafrechtliche Handhabung des Begriffes der Zahlungsunfähigkeit läßt sich anführen, daß dieses Merkmal bei § 283 nicht das Konkursverfahren auslöst, sondern lediglich die Handlungs- und Unterlassungspflichten des Schuldners verschärft. Gegen eine im Vergleich zum Konkursrecht (nicht so sehr dagegen zu dem ab 1999 geltenden Insolvenzrecht!) verengte Auslegung des Merkmals der Krise im Strafrecht spricht demgegenüber mate-

[78] BGH KTS **1960** 38, 39; WM **1959** 470, 471; NStZ **1987** 279 m. Anm. *Gössel* JR **1988** 256; BGHR § 283 Abs. 1 Zahlungsunfähigkeit 1; BayObLG aaO; *Kilger/K. Schmidt* § 30 Anm. 5; *Dreher/Tröndle* Rdn. 10 vor § 283; *Hiltenkamp-Wisgalle* S. 276 f.

[79] BGH WM **1963** 511, 512; BGHR § 283 Abs. 1 Zahlungsunfähigkeit 2; BayObLG aaO; *Kilger/K. Schmidt* § 30 Anm. 5; *Kuhn/Uhlenbruck* § 102 Rdn. 2; *Jaeger/Lent* § 30 Anm. 5; *Otto* R. Bruns-Gedächtnisschrift S. 278. Deutlich enger § 17 Abs. 2 InsO 1999; vgl. oben Rdn. 126 (ähnlich schon de lege lata *Matzen* S. 50 ff, 115, der auf das Kriterium der Wesentlichkeit verzichten will). Dazu kritisch *Uhlenbruck* KTS **1994** 170 f.

[80] *Hoffmann* MDR **1979** 714 sowie DB **1980** 1527 mit weit. Nachw.

[81] So *Bieneck* in: Müller-Gugenberger § 63 C I; *Hess/Kropshofer* Anh. III Rdn. 4; *Hoffmann* DB aaO; *Richter* GmbHR **1984** 139. Auf eine Grenze von 20% stellt *Hiltenkamp-Wisgalle* S. 278 f ab.

riell-rechtlich wie auch prozessual, daß tatbestandliche Unbestimmtheiten (wie die Wesentlichkeit) einer Verurteilung nur dann nicht entgegenstehen, wenn über ihr Vorliegen kein vernünftiger Zweifel bestehen kann (vgl. oben Rdn. 117 und *Lenckner* JuS **1968** 304 ff). Auch stützt die von *Hoffmann* DB **1980** 1527 zitierte strafrechtliche Rechtsprechung keineswegs die von ihm gezogene Folgerung (vgl. auch *Sch/Schröder/Stree* § 283 Rdn. 52). Diese Rechtsprechung besagt lediglich, daß bereits eine einzelne Verbindlichkeit den wesentlichen Teil der Geldschulden ausmachen kann (zutr. *Schlüchter* MDR **1978** 268). Die erforderliche Quantifizierung kann daher letztlich nicht ohne Berücksichtigung der Art ihrer *Feststellung* erfolgen:

Die Aufstellung eines Überschuldungsstatus und das Vorliegen einer Überschul- **130**
dung ist für sich genommen nicht aussagekräftig im Hinblick auf das Vorliegen der Zahlungsunfähigkeit (RG JW **1905** 157; *Kilger/K. Schmidt* § 30 Anm. 5). Die Zahlungsunfähigkeit knüpft nämlich an den Geldhaushalt, die Überschuldung dagegen an die Vermögenssituation eines Unternehmens an. Erst eine *längerfristige Überschuldung* beeinflußt auch die Finanzierung und damit die Zahlungsunfähigkeit des Unternehmens. Überschuldung ist daher vor allem ein Indiz dafür, daß eine einmal eingetretene Zahlungsunfähigkeit dauerhaft ist (*Hoffmann* MDR **1977** 715; *Weyand* S. 49). Ebenso läßt die *Jahresbilanz* im wesentlichen nur Rückschlüsse auf frühere Liquiditätsrisiken zu (*Plate* DB **1980** 218 mit Nachw.). Geeignet und in der Praxis für die Feststellung der Zahlungsunfähigkeit maßgebend sind vielmehr zwei andere Mittel der Rechnungslegung, die unabhängig voneinander oder auch kumulativ die Zahlungsunfähigkeit erkennen lassen: der Liquiditätsstatus (Liquiditätsbilanz) und der Finanz- oder Zahlungsplan (zust. *Hiltenkamp-Wisgalle* S. 280 f).

Im **Liquiditätsstatus** werden die Vermögenswerte eines Unternehmens nach dem **131**
Grad ihrer Liquidität (Barliquidität) und Liquidierbarkeit (einschließlich des „Überschußvermögens", also der überzähligen oder für das Weiterbestehen des Betriebes nicht lebensnotwendigen Teile des Anlagevermögens) geordnet und den Schulden in der Reihenfolge ihrer Fälligkeit gegenübergestellt (*Arians* S. 178 ff; *Uhlenbruck* GmbH u. Co KG S. 250 ff). Allerdings wird damit schon nicht mehr ein normaler Ablauf des Betriebsprozesses, der auf Ertragserzielung durch Einsatz (und nicht: Veräußerung) von Produktionsfaktoren gerichtet ist, zugrunde gelegt; an die Stelle des Ertragswertes eines Unternehmens tritt vielmehr der Liquidationswert der Aktiva (*Plate* aaO S. 219). Diese hypothetische Überführung der Vermögenswerte in Zahlungsmittel ist jedenfalls dann nicht sachgerecht, wenn das Unternehmen lebensfähig, nämlich ertragsfähig, und eine Liquidation tatsächlich nicht geplant ist (krit. *Matzen* S. 36 f). — Demgegenüber kontrolliert die systematische Gegenüberstellung geplanter Einnahmen und Ausgaben im **Finanzplan**, ob die von dem Unternehmen künftig zu erfüllenden finanziellen Verpflichtungen durch entsprechende Liquiditätszuflüsse, nämlich durch künftige Erträge, gedeckt werden können. Allerdings birgt nicht nur die Prognose des Zukunftsertrages große Schwierigkeiten (vgl. unten Rdn. 157 ff). Vielmehr gehören unter Gesichtspunkten der Liquidität zu den Einnahmen auch Überschüsse aus der Liquidation von nicht mehr benötigten Teilen des Produktivvermögens (*Plate* aaO S. 219) sowie sonstige frei verfügbare Vermögenswerte wie insbesondere Zahlungsmittel und Wertpapiere.

Es empfiehlt sich daher insgesamt, die Ansätze des Liquidationsstatus und der Fi- **132**
nanzplanung zu **kombinieren** und zu den flüssigen (liquiden) Mitteln über die vorge-

[82] BayObLG wistra **1988** 363; *Dreher/Tröndle* Rdn. 13 vor § 283; *Preisendanz/Bieneck* § 283 Anm. 5b; *Samson* SK Rdn. 9 vor § 283; *Sch/Schröder/Stree* § 283 Rdn. 60; *Weyand* S. 43.

nannten frei verfügbaren Vermögenswerte hinaus insbesondere auch Forderungen zu zählen, soweit diese fällig und einbringlich sind (*Schlüchter* aaO S. 267), und realistische Kreditschöpfungsmöglichkeiten zu berücksichtigen (*Reulecke* Kriminalistik **1984** 82). Andererseits sind die von den Gläubigern nicht ernsthaft eingeforderten Schulden auf der Passivseite auszuscheiden (zutr. *Bieneck* in: Müller-Gugenberger § 63 C I; *Weyand* S. 44). Die stichtagsbezogene Gegenüberstellung der in diesem Sinne fälligen und eingeforderten Verbindlichkeiten und der zu ihrer Tilgung vorhandenen oder herbeizuschaffenden Mittel ist in das *Urteil* aufzunehmen (BGHR § 283 Abs. 1 Zahlungsunfähigkeit 1, 2 und 3 sowie wistra **1993** 184). Auf dieser Grundlage kommt *Schlüchter* (aaO S. 268) unter Hinweis auf das Bestimmtheitsgebot des Art. 103 Abs. 2 GG zu der Annahme, daß ein Unternehmen erst dann zahlungsunfähig ist, wenn es mehr als 50% seiner fälligen und eingeforderten Verbindlichkeiten nicht mehr erfüllen kann. Demgegenüber läßt *Otto* (R. Bruns-Gedächtnisschrift S. 278) eine **Unterdeckung von 25%** genügen, hält diese angesichts der Feststellungsschwierigkeiten aber auch für erforderlich. Der letzteren Ansicht ist zuzustimmen (ebenso BayObLG wistra **1988** 363; *L. Müller* in: Lexikon S. 460; *Müller/Wabnitz* S. 122). Sie entspricht dem strafrechtlichen Gläubigerschutz und verhindert, daß § 283 infolge einer zu engen Beziehung (oder Deckung) von Zahlungsunfähigkeit und Zahlungseinstellung (dazu unten Rdn. 143 ff) weitgehend leerläuft.

133 Anstelle der vorstehend beschriebenen betriebswirtschaftlichen herrscht in der Praxis eine **wirtschaftskriminalistische** Feststellung der Zahlungsunfähigkeit vor, indem auf die Häufung von Krisenwarnzeichen wie Mahnbescheide, Vollstreckungsmaßnahmen, Wechsel- und Scheckproteste usw. abgestellt wird. Diese Feststellungsmethode wird von der höchstrichterlichen Rechtsprechung gebilligt[83], gelangt aber in aller Regel zu späteren Eintrittszeitpunkten, da die Gläubiger meist erst mit Verzögerung auf Nichtzahlung reagieren (vgl. nur *Bieneck* wistra **1992** 90). Besondere praktische Bedeutung gewinnt diese *externe* Feststellungsmethode bei der *drohenden* Zahlungsunfähigkeit (vgl. unten Rdn. 142).

134 Weiterhin stellt sich die Frage nach dem **Zeitraum**, auf den die Zahlungsunfähigkeit zu beziehen ist. Das außerstrafrechtliche Schrifttum diskutiert insoweit bereits für den Regelfall Zeiträume zwischen 10 Tagen und einem Jahr (vgl. nur *Hoffmann* MDR **1979** 715; *Plate* aaO S. 219 f, je mit weit. Nachw.). Strafrechtlich ist jedenfalls — wiederum in Abweichung von der betriebswirtschaftlichen Begriffsbestimmung — anerkannt, daß die nur momentane oder kurzfristige Illiquidität, also die (wesensgemäß vorübergehende) *Zahlungsstockung*, noch keine Zahlungsunfähigkeit im Rechtssinne begründet[84]. Nach der Darstellung von *Hoffmann* (MDR **1979** 715) erhebt sich bei strafrechtlichen Ermittlungen, also bei feststehendem Eintritt der (späteren) Zahlungsunfähigkeit, nur in Ausnahmefällen die Frage, ob einer späteren endgültigen Unterdeckung eine Zahlungsstockung vorausgegangen und ob diese bereits mit in die Krisenzeit einzurechnen ist. Das Problem wird für § 283 teilweise auch dadurch entschärft, daß in derartigen Fällen ein „Drohen" der Zahlungsunfähigkeit vorgelegen haben kann. Im übrigen bleibt aber trotz der im nachträglichen Strafverfahren feststehenden Tatsache der eingetretenen Zahlungsunfähigkeit in allen Fällen, in denen dies nicht auf der Hand liegt, das ex ante zu lösende Prognoseproblem bestehen, daß die Illiquidität nicht nur in einem bestimmten Zeitpunkt feststehen, sondern über einen längeren Zeitraum bestehen muß und sich bei dieser Prognose ex

[83] BGHR § 283 Abs. 1 Zahlungsunfähigkeit 2 und bereits BGHSt **1** 191; BGH GA **1953** 73; MDR **1981** 454.

[84] BGHR § 283 Abs. 1 Zahlungsunfähigkeit 1, 2 und 3; BGH wistra **1993** 184; OLG Düsseldorf aaO; LG Köln wistra **1992** 269 (f).

ante „ihr Ende nicht absehen läßt" (*Schlüchter* aaO S. 268). Mit anderen Worten muß aus der Sicht ex ante die Tendenz bestanden haben, daß die Liquiditätslage des Unternehmens gleichbleibend schlecht erschien oder sich sogar noch weiter zu verschlechtern drohte. Insgesamt wird die Feststellung der Zahlungsunfähigkeit jedenfalls die *sichere Prognose* erfordern, daß das Unternehmen in den nächsten *3—6 Monaten* außerstande sein wird, seinen fällig werdenden Verpflichtungen im wesentlichen nachzukommen (vgl. nur *Kuhn/Uhlenbruck* § 102 Rdn. 2 b). Maßgebend ist also grundsätzlich ein Zeitraum von 3 Monaten[85]. Positive Liquiditätsentwicklungen innerhalb weiterer 3 Monate sind aber noch mit zu berücksichtigen[86].

b) Gravierendere Prognoseprobleme und Fragen der strafrechtlichen Tatbestandsbestimmtheit (Art. 103 Abs. 2 GG) wirft die **drohende Zahlungsunfähigkeit** auf, die nach § 283 Abs. 1 ebenfalls als Krisenmerkmal ausreicht und nach § 18 InsO 1999 im neuen Recht Grund für die Eröffnung des Insolvenzverfahrens (bei Antrag des Schuldners) ist (krit. dazu *Uhlenbruck* KTS **1994** 172). Ihre Feststellung wird im nachträglichen Strafverfahren zwar dadurch erleichtert, daß die Tatsache des (späteren) Eintritts der Zahlungsunfähigkeit feststeht und einer eingetretenen in aller Regel die drohende Zahlungsunfähigkeit voraufgehen wird (vgl. *Bretzke* S. 61). Jedoch kann einerseits das „Drohen" auch gänzlich fehlen. Andererseits kann sich auch eine drohende Zahlungsunfähigkeit über „eine ganze Reihe von Monaten erstrecken" (*Hoffmann* DB **1980** 1529). Der sorgfältigen Feststellung kommt daher hier für die Praxis besondere Bedeutung zu. Aber auch materiellrechtlich ist durchaus zweifelhaft, wie das Drohen der Zahlungsunfähigkeit zu verstehen ist, zumal dieser Begriff nicht selten mit bloßen Zahlungsstockungen zusammentrifft und auch seine Definition in § 18 Abs. 2 InsO 1999 nur auf eine *Prognose* verweist. **135**

Nicht zutreffend erscheint die auf den ersten Blick möglicherweise naheliegende Parallele zu § 288. Bei diesem Tatbestand wird für das Drohen der (Einzel-)Zwangsvollstreckung entscheidend auf den Vollstreckungswillen der einzelnen Gläubiger abgestellt. Demgegenüber sind bei §§ 283 ff von vornherein stärker **objektive** Faktoren maßgebend; letztlich ist eine Gesamtbeurteilung der Situation des schuldnerischen Unternehmens entscheidend (*Tiedemann* NJW **1977** 781 mit Nachw.; zust. *Matzen* S. 59 f). **136**

Für die am Rechtsgut der §§ 283 ff orientierte Auslegung des Drohens der Zahlungsunfähigkeit bleiben damit im wesentlichen zwei Möglichkeiten (vgl. *Otto* R. Bruns-Gedächtnisschrift S. 278 ff): Es kann entweder auf die nahe(liegende) Wahrscheinlichkeit des Eintritts der Zahlungsfähigkeit oder aber auf die Wahrscheinlichkeit eines nahen Eintritts der Zahlungsunfähigkeit abgestellt werden. Die erstere Ansicht findet sich vor allem in den Materialien, von der amtl. Begr. (BTDrucks. 7/3441 S. 34) über den Bericht des Sonderausschusses (BTDrucks. 7/5291 S. 17) bis hin zu der offiziösen Übersicht von *Müller/Emmert/Maier* NJW **1976** 1663 und im sonstigen Schrifttum bei *Arzt/Weber* IV Rdn. 337, *Hiltenkamp-Wisgalle* S. 295 f und *Maurach/Schroeder/Maiwald* 1 § 48 II 1. Die zweite Ansicht wird insbesondere von BGHR § 283 Abs. 1 Zahlungsunfähigkeit 2, *Dreher/Tröndle* (Rdn. 11 vor § 283), *Lackner/Kühl* (§ 283 Rdn. 8) und *Otto* (aaO S. 279 ff sowie BT § 61 VI 1 a cc) vertreten. **137**

[85] So auch BayObLG aaO; *Bieneck* in: Müller-Gugenberger § 63 C I; *Franzheim* NJW **1980** 2504; *Weyand* S. 46; ebenso *Hiltenkamp-Wisgalle* S. 286 für Liquiditätslücken unter 50%.

[86] Zustimmend BayObLG wistra **1988** 363 und *L. Müller* in: Lexikon S. 461; ebenso *Otto* R. Bruns-Gedächtnisschrift S. 277 f.

138 Diesen Ansichten ist der Ausgangspunkt des RegE der §§ 283 ff gemeinsam, daß hier im wesentlichen die gleichen Grundsätze anzuwenden seien, „die für die Feststellung einer konkreten Gefahr maßgebend sind“[87]. Jedoch weist *Otto* (aaO S. 280 f) darauf hin, daß es bei § 283 nicht um die konkrete Gefahr der Zahlungsunfähigkeit gehen könne, vielmehr die drohende Zahlungsunfähigkeit als eigene Umschreibung der Krisensituation nur typischerweise gefährlich sein müsse. Dies entspreche der unmittelbaren Rechtsgutsgefährdung beim Versuch. Daher drohe die Zahlungsunfähigkeit dann, wenn sie unmittelbar bevorsteht, nämlich die Gefahr „so nahe gerückt ist, daß sie in den Erfolg umschlägt, wenn nicht sofort wirksame Gegenmaßnahmen getroffen werden“ (aaO S. 281). Hieran erscheint zutreffend, daß jedenfalls regelmäßig ein *zeitliches Näheverhältnis* von drohender und eingetretener Zahlungsunfähigkeit bestehen wird. Andererseits kommt es hierauf aber nicht entscheidend an, da sich die Gefährdung der Gläubiger auch über einen längeren Zeitraum erstrecken kann und es sachgerecht ist, an eine derartige Gefährdung die in § 283 Abs. 1 statuierte Steigerung der Handlungs- und Unterlassungspflichten zu knüpfen. Da die Zahlungsunfähigkeit (Insolvenz) die Befriedigungsinteressen der Gläubiger verletzt, ist die drohende Zahlungsunfähigkeit der Sache nach in der Tat nur als konkrete Gefährdung der Gläubigerinteressen oder als konkret drohende Insolvenz denkbar. Auch bei Vernachlässigung des teleologischen Bezuges auf die Gläubigerinteressen wird damit aber vor allem der *Intensitätsgrad* der Gefährdung bedeutsam. Dieser Intensitätsgrad und das Erfordernis seiner Berücksichtigung ergibt sich auch aus den Unsicherheiten der Prognose: Die Zahlungsunfähigkeit droht, wenn für ihren Eintritt aufgrund der Umstände des Einzelfalles eine überwiegende **Wahrscheinlichkeit** spricht, nämlich der Eintritt nach dem normalen Lauf der Dinge zu erwarten ist (Versuch einer betriebswirtschaftlichen Quantifizierung bei *Bretzke* S. 101 ff). Diese Verengung entspricht methodisch der strafrechtlichen Reduktion unbestimmter Tatbestandsbegriffe auf unzweifelhafte Kernbereiche (vgl. oben Rdn. 117) und soll sicherstellen, daß die Prognose einen besonders hohen, wenn auch nicht den höchsten, Gewißheitsgrad erreicht (vgl. bereits *Tiedemann* NJW **1977** 781; zust. *Bieneck* in: Müller-Gugenberger § 63 C II; *Uhlenbruck* GmbHR **1995** 86). Entgegen BGH JZ **1979** 77 fehlt dieser gesteigerte Wahrscheinlichkeitsgrad insbesondere, solange der Schuldner über die sichere Wahlmöglichkeit verfügt, die Insolvenz abzuwenden (insoweit übereinstimmend *Otto* aaO S. 280). Hervorhebung verdient auch, daß die naheliegende Wahrscheinlichkeit auf den Zeitpunkt der Vornahme der Bankrotthandlung (und nicht auf den Zeitpunkt späterer Folgen) zu beziehen ist (zust. insoweit auch *Dreher/Tröndle* Rdn. 11 vor § 283).

139 Gewisse Modifikationen enthält die ab 1. 1. 1999 geltende Regelung der drohenden Zahlungsunfähigkeit, mit der nach der amtl. Begr. „auch für das Strafrecht größere Klarheit“ erreicht werden soll (BTDrucks. 12/2443 S. 114). **§ 18 Abs. 2 InsO** stellt darauf ab, ob der Schuldner „voraussichtlich nicht in der Lage sein wird, die bestehenden Zahlungspflichten im Zeitpunkt der Fälligkeit zu erfüllen“. Es ist also eine Prognose für die Zeit bis zur Fälligkeit aller derzeit bestehenden Zahlungspflichten zu treffen, wobei jedenfalls für die strafrechtliche Beurteilung einschränkend zu verlangen ist, daß die Zahlungsunfähigkeit einen nicht unerheblichen Teil der Zahlungspflichten (oben Rdn. 129) betreffen wird. Nach der amtl. Begr. (aaO S. 115) sollen freilich auch noch nicht begründete Zahlungspflichten „mit zu berücksichtigen“ sein; dies ist (nur) insoweit richtig, als künftige Zahlungspflichten, sofern sie abseh-

[87] BTDrucks. 7/3441 S. 34; *Lackner/Kühl* § 283 Rdn. 8; *Samson* SK Rdn. 10 vor § 283.

bar und so drängend sind, daß sie vorrangig bedient werden müssen, die Erfüllungsfähigkeit hinsichtlich der derzeit bestehenden Zahlungspflichten beeinträchtigen können. „Voraussichtlich" soll der Eintritt der Zahlungsunfähigkeit bereits dann sein, wenn er wahrscheinlicher ist als deren Vermeidung; dabei stellt die amtl. Begr. (aaO) ausdrücklich auf den auch hier zugrundegelegten Aspekt der Gefährdung der Befriedigungsinteressen der Gläubiger ab.

Die **Feststellung** der drohenden Zahlungsunfähigkeit gestaltet sich je nach dem **140**
Standpunkt des Beurteilers innerhalb oder außerhalb des schuldnerischen Unternehmens sowie je nach den vorhandenen Unterlagen verschieden:

Die **interne** Prognose wird sich vor allem an betriebswirtschaftlichen Methoden **141**
der Finanzplanung oder an Insolvenzindikatoren nach Art der — freilich neuerdings umstrittenen — Bilanzkennzahlen orientieren[88]. Angesichts der Unsicherheiten dieser Prognosemodelle und Indikatoren wird eine drohende Zahlungsunfähigkeit auf dieser Grundlage nur anzunehmen sein, wenn dieses Ergebnis nach allen ernsthaft vertretenen betriebswirtschaftlichen Auffassungen feststeht (zutr. *Schlüchter* MDR **1978** 269). Bei später eingetretener Zahlungsunfähigkeit wird diese Feststellung in aller Regel unproblematisch sein. Insoweit kommt es darauf an, die aus der Sicht ex ante sinkende Tendenz der Liquidität des schuldnerischen Unternehmens für einen bestimmten Zeitraum festzustellen (*Schlüchter* aaO).

Die **externe** Prognose und damit auch der Nachweis der drohenden Zahlungsun- **142**
fähigkeit (sowie ihrer Erkennbarkeit für den Schuldner) richten sich an äußeren Anzeichen aus, welche sinkende Liquidität und abnehmende Kreditwürdigkeit anzeigen. Diese äußeren Umstände sind vor allem dann heranzuziehen, wenn das Fehlen von Buchführungsunterlagen die Rekonstruktion der internen Prognose unmöglich macht (*Hoffmann* MDR **1979** 716; *Richter* GmbHR **1984** 138). Als Beweisanzeichen kommen insbesondere in Betracht: Wechselproteste; häufige Nichteinlösung von Schecks durch die eigenen Banken; Androhung oder Vornahme der Kündigung von Bankkredit; negatives Ergebnis von Kreditverhandlungen; wachsendes Verlangen der Lieferanten und anderer Gläubiger nach Sicherheiten; gerichtliche Mahnbescheide; erfolglose Vollstreckungsmaßnahmen; Ladung zur Abgabe der eidesstattlichen Versicherung (§ 807 ZPO); hohe Rückstände an Steuerlasten und Sozialversicherungsbeiträgen (*Hoffmann* aaO und DB **1980** 1529; *Weyand* S. 47f). Aber auch weniger gravierende Ereignisse sind von Bedeutung: Wechselprolongationen, Mahnungen und Vollstreckungsmaßnahmen, sofern diese Akte gehäuft auftreten, und Nichtbezahlung wiederkehrender Verbindlichkeiten für betriebsnotwendige Leistungen und Lieferungen (Löhne, Gehälter, Telefongebühren, Mieten und Zinsen). Im Einzelfall kann auch bereits der Zusammenbruch eines wichtigen Kunden oder die Erwartung hoher Schadensersatz- oder Steuernachforderungen genügen (*Dreher/Tröndle* Rdn. 11 vor § 283). Jedoch sind alle diese Einzelumstände stets in bezug auf die Liquiditätslage zu sehen. Angesichts von Mißverständnisses in der Literatur (*Matzen* S. 109ff) verdient auch Hervorhebung, daß interne und externe Prognose keineswegs als zweistufiges Prüfungsverfahren anzuwenden, also nicht notwendigerweise zu kumulieren sind. Vielmehr geht es ebenso wie bei der Feststellung der Zahlungsunfähigkeit (oben Rdn. 133) um die *Alternative* von betriebswirtschaftlicher und wirtschaftskriminalistischer Betrachtungsweise (zutr. *Weyand* S. 47) —

---

88 Vgl. *Borup* wistra **1988** 88ff; *Matzen* S. 66ff, 89ff; *Uhlenbruck* ZfbF **1982** 531f mit weit. Nachw.

was nicht ausschließt, daß die letztere die Einsichten der ersteren bestätigt oder strafverfahrensmäßig beweist.

143 c) Die **Zahlungseinstellung** wird im Gesetz (§§ 283 Abs. 6, 283 b Abs. 3, 283 c Abs. 3, 283 d Abs. 4) nicht zur Umschreibung der Krise oder eines tatbestandsmäßigen Erfolgseintritts, sondern ausschließlich als Bedingung der Strafbarkeit verwendet (oben Rdn. 89). Zahlungseinstellung liegt vor, wenn der Schuldner aufhört, seine fälligen und ernsthaft eingeforderten Geldschulden zu begleichen[89]. Ihr liegt in der Regel eine **Zahlungsunfähigkeit** zugrunde. Im außerstrafrechtlichen Schrifttum wird sogar angenommen, die Zahlungseinstellung sei stets Ausdruck (Manifestation) der Zahlungsunfähigkeit; Zahlungseinstellung sei die in die äußere Erscheinung getretene Zahlungsunfähigkeit (*Kuhn/Uhlenbruck* § 30 Rdn. 8; *Scholz/K. Schmidt* § 63 Rdn. 5; vgl. auch oben Rdn. 125). Diese Auffassung dürfte mit dem ab 1999 geltenden Recht nicht mehr vereinbar sein, da § 17 Abs. 2 Satz 2 InsO bestimmt, daß Zahlungsunfähigkeit nur „in der Regel" anzunehmen ist, wenn der Schuldner seine Zahlungen eingestellt hat; diese gesetzliche Vermutung dürfte insbesondere in Fällen bloßer Zahlungsunwilligkeit widerlegbar sein (vgl. sogleich Rdn. 144).

144 Weitergehend soll nach bisher h. M. Zahlungseinstellung strafrechtlich auch ohne Zahlungsunfähigkeit möglich sein, wenn der Täter nämlich irrig Zahlungsunfähigkeit annimmt oder sich trotz Zahlungsfähigkeit zu zahlen weigert **(Zahlungsunwilligkeit)**[90]. Demgegenüber weist *Hoffmann* (MDR **1979** 715 f) zutreffend darauf hin, daß diese Auffassung einer Zeit entstammt, in der die Zahlungsunfähigkeit für das Konkursstrafrecht keine selbständige Rolle spielte. Heute erfordert dagegen § 283 (Abs. 1 und Abs. 2) für die Vollendung objektiv Vorliegen oder zumindest (Abs. 1) Drohen der Zahlungsunfähigkeit. Die **irrige** Annahme drohender oder eingetretener Zahlungsunfähigkeit kann also lediglich zum (untauglichen, aber strafbaren) Versuch nach Abs. 1 i.V.m. Abs. 3 führen (sofern diese Konstellation nicht ein strafloses Wahndelikt darstellt, dazu § 283 Rdn. 198). Die bloße Zahlungsunwilligkeit, also die Verweigerung der Zahlung trotz vorhandener Zahlungsmittel, vermag — sofern keine Überschuldung vorliegt — überhaupt nur dann Strafbarkeit nach Abs. 1 zu begründen, wenn zunächst Zahlungsunfähigkeit vorliegt, der Schuldner dann aber wieder zahlungsfähig wird und sich gleichwohl weigert zu zahlen. Nur für diesen seltenen Fall, der zudem vor das Spezialproblem der Überwindung der Krise stellt (dazu unten Rdn. 168 ff), ist die Gleichstellung von Zahlungsunwilligkeit und Zahlungseinstellung sinnvoll. In allen anderen Fällen geht sie ins Leere (es sei denn, daß Überschuldung vorliegt). Auch zur Strafbarkeit nach Abs. 2 kann die bloße Zahlungsunwilligkeit allenfalls in Verbindung mit einer Bankrotthandlung nach Abs. 1 führen, wenn es noch zu einer wirklichen Zahlungsunfähigkeit (oder zur Überschuldung) kommt. Diese Ergebnisse sind für § 283 denkbar ungereimt. Sie wirken auch bei §§ 283 c, 283 d zumindest seltsam. Lediglich für § 283 b (Abs. 3) kann es sinnvoll erscheinen, den irrenden oder jedenfalls den böswilligen (zahlungsunwilligen) Schuldner einem wirklich insolventen Schuldner gleichzustellen. Jedoch wird auch und insbesondere bei § 283 b in aller Regel der erforderliche innere Zusammenhang zwischen der Buchmanipulation und der angeblichen Zahlungseinstellung fehlen, also

---

[89] RGSt **41** 309, 312; RGZ **100** 62, 65; *Bieneck* in: Müller-Gugenberger § 63 C I und wistra **1992** 89; *Dreher/Tröndle* Rdn. 13 vor § 283; *Lackner/Kühl* § 283 Rdn. 27; *Sch/Schröder/Stree* § 283 Rdn. 60 mit weit. Nachw.

[90] RGSt **14** 221 f; **41** 309, 312; RG JW **1934** 841, 842; BGH bei Herlan GA **1953** 73; *Bieneck* aaO; *Dreher/Tröndle* aaO; *Kilger/K. Schmidt* § 30 Anm. 5; *Kuhn/Uhlenbruck* § 30 Rdn. 3 f; *Lackner/Kühl* aaO; *Maurach/Schroeder/Maiwald* 1 § 48 II 2; *Sch/Schröder/Stree* aaO; *Wessels* BT 2 § 12 III 3; **aA** *Berz* BB **1976** 1440.

auch insoweit Straflosigkeit die Folge sein. Es besteht daher insgesamt Anlaß, die bereits von RGSt **3** 294 eingeleitete Ausweitung des strafrechtlichen Begriffes der Zahlungseinstellung gegenüber dem (engeren) konkursrechtlichen Begriff wieder rückgängig zu machen, zumal der böswillige Täter allein durch seine Böswilligkeit auch in den oben Rdn. 73 ff dargestellten potentiellen Mißbrauchs- und Durchgriffsfällen nicht zum Schuldner wird und damit auch diese Fälle nicht durch einen weiten Begriff der Zahlungseinstellung lösbar sind. Zahlungseinstellung setzt daher auch strafrechtlich Zahlungsunfähigkeit voraus (vgl. bereits *Tiedemann* GmbH-Strafrecht § 84 Rdn. 44). Dies ist für das ab 1. 1. 1999 geltende neue Recht eindeutig.

Ebenso wie bei der Zahlungsunfähigkeit (oben Rdn. 129) kommt es im übrigen **145**
auch für die Zahlungseinstellung darauf an, daß diese sich auf den **wesentlichen Teil** der fälligen und eingeforderten Geldschulden bezieht (vgl. nur *Sch/Schröder/Stree* § 283 Rdn. 60). Die quantitative Abgrenzung ist hier aber enger als bei der Bestimmung des wesentlichen Teils der Schulden im Hinblick auf die Zahlungsunfähigkeit vorzunehmen (oben Rdn. 132; vgl. auch *Hoffmann* MDR **1979** 715 mit Nachw.). Da sich die Zahlungseinstellung auf die Geldschulden im allgemeinen beziehen muß, kann es strafrechtlich nicht ausreichen, daß — wie oben Rdn. 132 zur Zahlungsunfähigkeit dargelegt — der Schuldner jedenfalls 25% seiner Geldschulden nicht mehr erfüllt. Strafrechtlich liegt Zahlungseinstellung erst vor, wenn der überwiegende Teil, also mehr als 50%, der Geldschulden nicht mehr erfüllt wird. Das Nichtbegleichen einzelner Schulden genügt folglich nicht. Umgekehrt schließen vereinzelte Zahlungen die Zahlungseinstellung nicht aus (RGZ **132** 281, 283). Die Nichterfüllung einer einzigen Schuld, zum Beispiel die Nichteinlösung eines Wechsels, reicht für die Annahme von Zahlungseinstellung dann aus, wenn es sich um den wesentlichen (überwiegenden) Teil der Geldschulden handelt (vgl. auch *Dreher/Tröndle* Rdn. 13 vor § 183). Sind in kurzer Zeit wieder (hinreichende) Zahlungsmittel zu erwarten, so liegt keine Zahlungseinstellung, sondern eine bloße *Zahlungsstockung* vor (BGH WM **1975** 6). Die Zahlungseinstellung muß also nach der Prognose ex ante **endgültig** sein. Im nachträglichen Strafverfahren wird die Eigenschaft einer nur vorübergehenden Zahlungseinstellung als bloße Zahlungsstockung regelmäßig klar erkennbar sein (vgl. aber auch *Renger* in: Mommsen, Wirtschaftsdelikte S. 80 f).

Die Zahlungseinstellung ist ein **tatsächlicher** Akt und erfordert keinerlei Erklä- **146**
rung (RGSt **41** 309, 312; *Dreher/Tröndle* Rdn. 13 vor § 283). Sie muß jedoch nach außen erkennbar sein, wobei nicht Kenntnis aller Gläubiger erforderlich ist. Regelmäßig liegt Zahlungsunfähigkeit vor, bevor es zur Zahlungseinstellung kommt. Erforderlichenfalls ist eine vollständige Liquiditätsrechnung aufzustellen. In jedem Fall hat der Strafrichter das Vorliegen der Zahlungseinstellung selbständig zu prüfen und festzustellen (*Hiltenkamp-Wisgalle* S. 305 mit Nachw.).

4. Überschuldung

a) Die in § 283 Abs. 1 neben der Zahlungsunfähigkeit als gleichrangiges Krisen- **147**
merkmal genannte Überschuldung ist — abgesehen von den Fällen des Nachlaßkonkurses und des Konkurses des Gesamtgutes bei fortgesetzter Gütergemeinschaft (§§ 215, 236 KO) — nur bei Kapitalgesellschaften, nichtrechtsfähigen Vereinen und solchen Personengesellschaften, die keine natürliche Person als persönlich haftenden Gesellschafter haben, gesetzlicher Konkursgrund und bereits insoweit rechtspolitisch umstritten (vgl. nur *Haack* NJW **1981** 1353; *Scholz/K. Schmidt* § 63 Rdn. 7, je mit Nachw.). Das ab 1999 geltende neue Insolvenzrecht behält diese Beschränkung bei (§ 19 InsO). Der Wortlaut des § 283 schränkt die Überschuldung als Krisensitua-

tion demgegenüber in keiner Weise auf bestimmte Adressaten ein, sondern läßt sie über das geltende Insolvenzrecht hinaus allgemein als Krisenmerkmal für **jeden Schuldner** gelten. Dies wird von der amtl. Begr. damit gerechtfertigt, daß es bei § 283 Abs. 1 um „wirtschaftlich sinnlose oder zumindest gefährliche Handlungen geht", „die ein sorgfältiger Teilnehmer am Wirtschaftsverkehr zu unterlassen hat" (BT-Drucks. 7/3441 S. 20). Daß diese Begründung gerade offenläßt, worin die Gefährlichkeit der Bankrotthandlungen besteht, ist im Schrifttum von *Otto* (R. Bruns-Gedächtnisschrift S. 269 ff) gerügt worden. *Otto* erblickt in Übereinstimmung mit dem Insolvenz- und insbesondere dem Konkursrecht auch für das Strafrecht in der Überschuldung von natürlichen Personen und Personenhandelsgesellschaften keine greifbare Gefährdung der Gläubigerinteressen und nimmt daher unter Berufung auf den Verfassungsgrundsatz der Verhältnismäßigkeit, also im Wege einer verfassungskonformen Auslegung, diesen Adressatenkreis von dem Merkmal der Überschuldung i. S. d. § 283 Abs. 1 aus (zuletzt *Otto* BT § 61 VI 1 a aa und Jura **1989** 33). — Diese Beschränkung des *Anwendungsbereiches* des § 283 Abs. 1, soweit die Überschuldung in Frage steht, richtet sich nicht nur gegen eine gezielte Willensentscheidung des Gesetzgebers. Sie vermag vielmehr vor allem deshalb nicht zu überzeugen, weil die meisten in § 283 Abs. 1 angeführten Bankrotthandlungen auch unabhängig von der wirtschaftlichen Krise des Schuldners für die Gläubigerinteressen typisch (abstrakt) gefährlich sind[91]. Lediglich für § 283 Abs. 1 Nr. 2 ergeben sich insoweit Bedenken, die aber lediglich die Auffassung bestärken, daß die besonders zahlreichen und unbestimmten normativen Merkmale dieses Tatbestandes durch restriktive Auslegung korrigiert werden müssen (§ 283 Rdn. 52).

148 Die damit insgesamt angesprochene **Auslegung** des Krisenmerkmals der Überschuldung kann von unterschiedlichen Ansätzen her erfolgen. Diese wurden bereits oben Rdn. 125 zur Handhabung des Begriffes der Zahlungsunfähigkeit angedeutet: Die Überschuldung kann inhaltlich zunächst in Übereinstimmung mit dem Handels- und Konkursrecht bestimmt werden. Sie kann sodann aber auch — insbesondere im Hinblick auf die von *Otto* aaO zutreffend erwähnten Eigenarten und Schwierigkeiten der Feststellung einer Überschuldung und damit zugleich im Hinblick auf die Tatbestandsgarantie des Art. 103 Abs. 2 GG — im Strafrecht enger als im außerstrafrechtlichen Bereich gehandhabt werden. Es ist jedoch schließlich auch eine weitere, also großzügigere, Handhabung als im Konkursrecht möglich, da es bei § 283 nicht um die Konkurseröffnung oder um die zivilrechtliche Haftung gegenüber den Gläubigern, sondern um Verhaltensanforderungen an ein ordnungsgemäßes Wirtschaften geht. Endlich ist noch eine differenzierte Auslegung denkbar, je nachdem ob es um wirtschaftlich auch ohne die Krise abstrakt gefährliche Handlungen geht oder nicht (so *Schlüchter* wistra **1984** 46).

149 Die letztere Ansicht ist allerdings sogleich zu verwerfen. Die nicht selten schwierige Feststellung der Überschuldung und die Unsicherheit der Maßstäbe für die Vermögensbewertung sollten nicht noch dadurch weiter erschwert und vergrößert werden, daß die Überschuldung etwa bei § 283 Abs. 1 Nr. 1 anders als für Nr. 2 festgestellt wird (übereinstimmend *Stypmann* wistra **1985** 91). — Dem an sich tragfähigen (teleologischen) Gedanken einer strafrechtlich selbständigen Vorverlegung des Gläubigerschutzes noch über das Konkursrecht hinaus widerspricht dagegen, daß bereits insolvenzrechtlich, nämlich vor allem bei Kapitalgesellschaften mit be-

---

[91] Vgl. oben Rdn. 41; gegen *Otto* daher auch *Dreher/Tröndle* Rdn. 9 vor § 283; *Lackner/Kühl* § 283 Rdn. 6; *Wessels* BT 2 § 12 III 3.

schränkter Haftungsmasse, die Anerkennung der Überschuldung als Konkursgrund eine erhebliche Vorverlegung des Gläubigerschutzes darstellt. Für eine noch weiterreichende strafrechtliche Vorverlegung und Verselbständigung besteht auch im Hinblick auf die zusätzlichen Schutzinteressen des Konkursstrafrechts (oben Rdn. 53 ff) kein Anlaß. Insbesondere die Schwierigkeiten der Überschuldungsfeststellung sprechen daher dafür, die insolvenzrechtliche und die strafrechtliche Inhaltsbestimmung des Überschuldungsbegriffes grundsätzlich identisch zu gestalten, dabei aber auf einige sich aus der Tatbestandsgarantie des Strafrechts und aus der Vergangenheitsbezogenheit des Strafverfahrens ergebende Besonderheiten Rücksicht zu nehmen (vgl. im einzelnen unten c).

b) Trotz der zahlreichen Zweifels- und Streitfragen um die Überschuldung und **150** ihre Feststellung besteht jedenfalls Einigkeit über die **Definition** derselben und über das formale Erkenntnismittel für ihre Feststellung: Überschuldung ist das *Überwiegen der Verbindlichkeiten (Passiva) gegenüber den Vermögenswerten (Aktiva)*[92]. Dies ergibt sich — für die Kapitalgesellschaften und kapitalistischen Personengesellschaften — zwingend aus §§ 92 Abs. 2 S. 2 AktG, 64 Abs. 1 S. 2 GmbHG, 98 Abs. 1 Nr. 2 und 3 GenG, 130 a Abs. 1 S. 1 HGB (ebenso § 19 Abs. 2 S. 1 InsO 1999). Die angrenzenden Begriffe der Unterkapitalisierung und der Unterbilanz sind hiermit nicht identisch und zielen insbesondere bereits insolvenzrechtlich auf andere Rechtsfolgen als die Überschuldung (*Scholz/K. Schmidt* § 63 Rdn. 10).

Da für die Ermittlung des Wertes der Aktiva und der Passiva nicht auf die — z. T. **151** formalisierenden — Bewertungsgrundsätze der §§ 252 ff, 279 ff HGB abzustellen, sondern gemäß § 252 Abs. 1 HGB der „wahre Wert" maßgebend ist, gibt eine Jahresbilanz keine hinreichende Auskunft über das Vorliegen einer Überschuldung (BGHSt **15** 306, 309). Zur Ermittlung der „wahren Werte", nämlich der wirklichen Gegenwartswerte (Zeitwerte), ist vielmehr ein eigener **Überschuldungsstatus**, nämlich eine Vermögensbilanz („Überschuldungsbilanz"), aufzustellen[93]. Angesichts der unterschiedlichen Zwecksetzung ist dieser Überschuldungsstatus auch nicht mit der Konkurseröffnungsbilanz des § 124 KO oder der gem. §§ 4 Abs. 1 Nr. 1, 5 Abs. 1 VerglO, 104 KO bei Einleitung des Vergleichs- oder Konkursverfahrens zu erstellenden Vermögensübersicht identisch (*Scholz/K. Schmidt* § 63 Rdn. 13 mit weit. Nachw.).

c) Bei der Ermittlung des Vermögenswertes durch Aufstellung eines Überschul- **152** dungsstatus stößt vor allem die **Bewertung der Aktiva** auf Schwierigkeiten. Anders als in der Jahresbilanz sind aber im Überschuldungsstatus *stille Reserven* und immaterielle Güter wie insbesondere das technische und kaufmännische *know how* unstreitig zu den Aktiva zu rechnen, da diese aktienrechtlich nicht oder nur eingeschränkt aktivierungsfähigen Posten den Vermögenswert eines Unternehmens erhöhen (vgl. nur *Ransiek* Kap. 2 A II 2 a; *Tiedemann* Schröder-Gedächtnisschrift S. 297 mit Nachw.).

---

92 BGHZ **31** 258, 272; BGHR § 283 Abs. 1 Überschuldung 1; *Arzt/Weber* IV Rdn. 335; *Baumann* § 5 I 1 b; *Bieneck* in: Müller-Gugenberger § 63 B; *Dreher/Tröndle* Rdn. 9 vor § 283; *Hiltenkamp-Wisgalle* S. 220; *Lackner/Kühl* § 283 Rdn. 6; *Otto* BT § 61 VI 1 a aa und Jura **1989** 33; *Schlüchter* wistra **1984** 41; *Sch/Schröder/Stree* § 283 Rdn. 51; *Scholz/K. Schmidt* § 63 Rdn. 10; *Tiedemann* GmbH-Strafrecht § 84 Rdn. 46 und Schröder-Gedächtnisschrift S. 291 mit weit. Nachw.; *Wessels* BT 2 § 12 III 3.

93 Zust. BGHR § 283 Abs. 1 Überschuldung 1, 2; ebenso bereits BGHSt **15** 306, 309; BGH BB **1958** 891 und wistra **1987** 28; OLG Stuttgart NJW **1971** 1144; *Arians* S. 227 ff; *Dreher/Tröndle* aaO; *Höfner* S. 106 ff; *Otto* aaO; *Richter* GmbHR **1984** 139; *Samson* SK Rdn. 7 vor § 283; *Scholz/K. Schmidt* § 63 Rdn. 13; *Tiedemann* Schröder-Gedächtnisschrift S. 296 mit weit. Nachw.; vgl. aber auch *Stypmann* wistra **1985** 89 ff (dessen Erwartungen an das neue Insolvenzrecht jedoch nicht erfüllt worden sind).

Bei den **Passiva** sind nur echte Schulden aufzuführen, also nicht das Stammkapital der GmbH (BGHSt **15** 306, 309) oder etwaige Rücklagen, wohl aber Rückstellungen zur Abdeckung noch entstehender Verbindlichkeiten und insbesondere unverfallbare Pensionsverpflichtungen (vgl. im einzelnen *Hoffmann* MDR **1979** 93 ff). Ansprüche aus dem Sozialplan sind zu passivieren, wenn die Nichtfortführung des Unternehmens feststeht (vgl. auch sogleich Rdn. 154). Auch kapitalersetzende (Gesellschafter-)Darlehen (vgl. § 32 a GmbHG) sind nach h. M. im Überschuldungsstatus zu passivieren, es sei denn es liege eine Verzichts- oder Rangrücktrittserklärung des Darlehensgebers vor[94]. Die Behandlung der Einlage des stillen Gesellschafters richtet sich nach der Gestaltung des Gesellschaftsvertrages, nämlich danach, ob der stille Gesellschafter mit oder erst nach den Gläubigern Erfüllung seines Anspruchs verlangen kann.

153 Für die Bewertung im einzelnen ist davon auszugehen, daß sich diese — ebenso wie bei allen sonstigen Typen von Bilanzen und Vermögensübersichten — nach ihrem **Zweck** bestimmt, also funktional vorzunehmen ist (vgl. nur *Auler* DB **1976** 2169). Als mögliche Zwecke des Überschuldungsstatus werden im insolvenzrechtlichen Schrifttum genannt: Verwertung unter der Prämisse der Auflösung **(Zerschlagung)** des Unternehmens; Verwertung gemäß einer zuvor zu prüfenden optimalen Strategie (z. B. der Reorganisation und **Sanierung**); Verwertung auf eine im Ermessen des Bilanzierenden liegende Art und Weise (*Drukarczyk* ZGR **1979** 561; *Haack* BB **1981** 883; *Kupsch* BB **1984** 161). Diese unterschiedlichen Verwertungsarten und -zwecke werden regelmäßig zu *unterschiedlichen Wertansätzen* führen, wobei der Liquidationswert eines Unternehmens häufig, aber keineswegs stets, niedriger sein wird als der Fortführungswert. Trotz der damit auftretenden Unsicherheiten ist diese Ausrichtung an dem jeweiligen Zweck des Überschuldungsstatus zivilrechtlich angemessen, ja unausweichlich: Bei Liquidation des Unternehmens erfolgt die Befriedigung der Gläubiger aus dem dann vorhandenen Vermögen, bei Fortführung des Unternehmens erfolgt sie aus dem künftigen Vermögen (*Auler* aaO). Nach der sog. dynamischen oder zweistufigen Methode soll zunächst die Lebensfähigkeit des Unternehmens anhand von Finanz- und Ertragsplänen überprüft werden; fällt diese Prognose günstig aus, so darf mit Fortführungswerten, andernfalls muß mit Liquidationswerten bilanziert werden (vgl. nur *Stypmann* wistra **1985** 89 mit Nachw.). In diesem Sinne sieht auch § 19 Abs. 2 S. 2 InsO 1999 vor, daß von der Fortführung des Unternehmens auszugehen ist, „wenn diese nach den Umständen überwiegend wahrscheinlich ist". Für die Feststellung der Konkursantragspflicht (insbesondere nach §§ 64, 84 GmbHG) will eine neuere Ansicht der Literatur dagegen das zweistufige Prüfungsverfahren modifizieren, nämlich gleichsam umgekehrt anwenden: Zunächst sei die „rechnerische Überschuldung" auf der Grundlage der Liquidationswerte zu ermitteln; sodann sei die rechtliche (rechtlich maßgebende) Überschuldung durch Beantwortung der Frage festzustellen, ob eine „überwiegende Wahrscheinlichkeit" für die künftige Ertrags- und Lebensfähigkeit des Unternehmens spricht (*Scholz/K. Schmidt* § 63 Rdn. 10; ebenso BGHZ **119** 201, 213 f für § 32 a GmbHG). Gegenstand der letzteren Prüfung ist nicht die Rentabilität (der Zukunftsertragswert) des Unternehmens, sondern nur die Frage, ob im Fall rechnerischer Überschuldung der künftige Eintritt

[94] *Bieneck* aaO § 63 B I; *Bilo* GmbHR **1981** 106 f; *Kruse* S. 62 ff; *Ulmer* KTS **1981** 480 f; *Richter* GmbHR **1984** 141 mit weit. Nachw.; ebenso zum neuen Recht amtl. Begr. BTDrucks. 12/2443 S. 115; *Uhlenbruck* KTS **1994** 173; **aA** aber OLG München wistra **1994** 278, 279, welches realisierbare Rückforderungsansprüche wegen vor Konkurs zurückgewährter kapitalersetzender Leistungen sogar aktivieren will; wohl auch *Weyand* S. 41 f.

der Zahlungsunfähigkeit wahrscheinlich oder unwahrscheinlich ist (*K. Schmidt* aaO sowie AG **1978** 337 f). Zu der (von *Otto* Jura **1989** 33 bejahten) Frage der Übernahme dieser Konzeption in das Strafrecht sogleich Rdn. 154.

Für die Zwecke der **strafrechtlichen Bewertung** im Rahmen des § 283 wird z.T. **154**
vorgeschlagen, den **Liquidationswert** zugrunde zu legen, da die Nichtfortführung des Unternehmens jedenfalls im Zeitpunkt der Strafverfolgung (nach Eintritt der objektiven Strafbarkeitsbedingung!) feststehe und eine Gefährdung der Gläubiger- und Kreditinteressen bereits dann vorliege, wenn auch nur die Möglichkeit besteht, daß die Schulden nicht (mehr) durch das Vermögen gedeckt sind[95]. In solcher Allgemeinheit vermag diese Ansicht jedoch nicht zu überzeugen. Zwar entspricht es der Grundkonzeption der §§ 283 ff, bei der Ermittlung der Überschuldung von dem Schutz der Gläubiger- und Kreditinteressen auszugehen (vgl. oben Rdn. 45 ff). Jedoch treten diese Interessen potentiell in Konflikt mit dem Interesse des Unternehmensinhabers, der Anteilseigner und der Arbeitnehmer an der Fortführung des Betriebes. Das Verständnis des Vermögens allein als Mittel der Schuldentilgung im Falle der Liquidation müßte zwangsläufig dazu führen, auch die Sozialplanansprüche der Arbeitnehmer sowie die Auslaufkosten und die Kosten eines Konkurs-, Vergleichs- oder Abwicklungsverfahrens in die Überschuldungsbilanz aufzunehmen (vgl. bereits oben Rdn. 152). Die Überschuldungsbilanz würde damit zugleich Konkurs- oder Liquidationseröffnungsbilanz (*Pribilla* KTS **1958** 7; auch *Höfner* S. 140). Diese ausschließliche Ausrichtung an der Zerschlagung ist jedenfalls dann verfehlt, wenn das Unternehmen auf Dauer lebensfähig ist und die Schulden durch Betriebsbestehenswerte gedeckt werden. Die Liquidation ist in diesem Fall kein geeignetes Mittel des Gläubigerschutzes. Ihre Unterstellung nimmt — zirkelschlußartig — eine der möglichen Rechtsfolgen vorweg, über deren Eintreten mittels der Überschuldungsrechnung erst entschieden werden soll (*Höfner* S. 142 mit Nachw.). Die Deutung des Vermögens als Schuldendeckungspotential widerspricht aber auch generell der dynamischen, zukunftgerichteten Funktion des Vermögens, aus dem Zusammenwirken aller Vermögensgegenstände heraus Erfolge (Erträge) zu erwirtschaften (*Höfner* S. 153 f mit Nachw.). Strafrechtlich, nämlich unter dem Gesichtspunkt der Auferlegung bestimmter Handlungs- und Unterlassungspflichten, sind die wirklichen Gegenwartswerte im Zeitpunkt der Vornahme der Bankrotthandlung daher so lange als Unternehmensfortführungswerte zu begreifen, wie nicht von der Einstellung der Unternehmenstätigkeit ausgegangen werden muß. Unter Berücksichtigung des strafprozessualen Grundsatzes „in dubio pro reo" kann daher ein dem Beschuldigten ungünstiger Liquidationswert nur dann anstelle eines höheren Zukunftsertragswertes zugrunde gelegt werden, wenn die **Nichtfortführung** des Unternehmens mit der für das Strafverfahren erforderlichen Gewißheit bereits aus der Sicht ex ante, nämlich im Zeitpunkt der Vornahme der Bankrotthandlung, feststand[96]. Dies ist im methodischen Vorgehen den oben Rdn. 153 erwähnten zweistufigen Prüfungsverfahren des neueren gesellschaftsrechtlichen Schrifttums vergleichbar. Jedoch modifiziert der für eine strafrechtliche Verurteilung erforderliche Gewißheitsgrad entgegen *Bieneck*[97] die Ergebnisse im Verhältnis zum Zivilrecht: Führt die Fortbestehensprognose zu keinem

---

95 *Franzheim* NJW **1980** 2501 und wistra **1984** 212 f; *Hiltenkamp-Wisgalle* S. 239 ff; *Müller/Wabnitz* S. 141; *Weyand* S. 37; dagegen aber *Bieneck* in: Müller-Gugenberger § 63 B II Fußn. 30 und *Richter* GmbHR **1984** 140.

96 *Tiedemann* GmbH-Strafrecht § 84 Rdn. 47 a. E. mit Nachw.; ebenso insbes. *Lackner/Kühl* § 283 Rdn. 6; ähnlich *Lüderssen* Arm. Kaufmann-Gedächtnisschrift S. 675 (für § 84 GmbHG); *Schlüchter* S. 68 und wistra **1984** 43; enger *Richter* GmbHR **1984** 140. Vgl. auch *Drebes* in: Poerting (Hrsg.) Wirtschaftskriminalität I S. 255 f.

97 In: Müller-Gugenberger § 63 B II; ähnlich *Ransiek* Kap. 2 A II 2 a.

eindeutigen Ergebnis, so sind strafrechtlich für die Bewertung sowohl Liquidations- als auch Fortführungswerte zu ermitteln, und es ist für die Beantwortung der Überschuldungsfrage das für den Beschuldigten günstigste Ergebnis zugrunde zu legen. Lediglich die nicht betriebsnotwendigen Unternehmensteile sind regelmäßig nach Liquidationswerten, die insoweit als Veräußerungswerte meist über dem Ertragswert liegen, zu bestimmen.

155 Das **künftige Recht (§ 19 Abs. 2 InsO)** geht eindeutig von der (nicht modifizierten) zweistufigen Prüfungsmethode mit Vorrang der Fortführungsprognose aus. Diese Grundentscheidung sollte auch für das Strafrecht maßgebend und insoweit nur den durch die Eigenarten dieses Rechtsgebietes gebotenen Einschränkungen unterworfen sein. Zu diesen Eigenarten gehört freilich eindeutig der „in dubio pro reo"-Satz. Deshalb dürfte auch künftig im Strafrecht nicht erst dann von der Fortführung auszugehen sein, wenn diese „nach den Umständen überwiegend wahrscheinlich" ist (so aber § 19 Abs. 2 Satz 2 InsO), sondern — wie bisher (oben Rdn. 154) — bereits dann, wenn sie nicht ganz unwahrscheinlich ist. Daß sich hieraus eine „Spaltung" der Überschuldungsfeststellung im Insolvenzrecht einerseits und im Insolvenzstrafrecht andererseits ergibt, folgt aus den unterschiedlichen Zwecksetzungen beider Rechtsgebiete: Der Sinn von § 19 Abs. 2 S. 2 InsO liegt darin, eine eindeutige Beurteilung der Voraussetzungen zur Einleitung eines Insolvenzverfahrens sicherzustellen. Demgegenüber gewährleisten §§ 283 ff bei Strafe die Unversehrtheit der (potentiellen) Konkurs- bzw. Insolvenzmasse (vgl. oben Rdn. 46) in der insoweit besonders gefährlichen Krisensituation bzw. bei Eignung zur Herbeiführung einer solchen Situation. Die unterschiedlichen Zwecke führen überdies genaugenommen nicht zu einer Unterschiedlichkeit der Rechtsbegriffe, sondern zu einer Relativität der Feststellungsmodalitäten für den Rechtsbegriff „Überschuldung". Nicht etwa ist dieser Begriff in §§ 283 ff in dem Sinne zu verstehen, daß das Rechtsinstitut des Insolvenzverfahrens mit allen seinen außerstrafrechtlichen Regelungseffekten geschützt würde (vgl. noch einmal oben Rdn. 46).

156 Der bei Nichtfortführung des Unternehmens maßgebende **Liquidationswert** ist der sich bei einer fiktiven Veräußerung des Schuldnervermögens ergebende Wert (*Höfner* S. 135 f; *Weyand* S. 37). Er wird nach unten durch den Schrottwert begrenzt, der durch Abbruch- und Beseitigungskosten weiter gemindert sein kann (*Auler* DB **1976** 2170 mit Nachw.). Wertobergrenze ist der Marktpreis, verringert um etwaige bei der Veräußerung anfallende Kosten. Dabei ist allerdings zu berücksichtigen, daß auch der Marktpreis kein auf einen festen Betrag fixierter Preis ist, sondern regelmäßig eine Mehrzahl möglicher erzielbarer Verkaufserlöse umfaßt (*Haack* NJW **1981** 1353). — Da im Zeitpunkt der Aufstellung des Überschuldungsstatus Art und Zeitablauf einer etwaigen Liquidation nicht bekannt sind, kann die Ermittlung des Liquidationswertes auf beträchtliche Schwierigkeiten stoßen (vgl. nur *Höfner* S. 143 ff). Diese ergeben sich vor allem daraus, daß erfahrungsgemäß bei Veräußerung des gesamten Unternehmens, bei Veräußerung einzelner geschlossener Betriebsteile und bei getrennter Veräußerung jedes Vermögensgegenstandes (Totalzerschlagung!) unterschiedliche Erlöse erzielt werden. Insoweit können strafrechtlich andere Werte als bei der betriebswirtschaftlichen Schätzung zugrunde zu legen sein. Erscheint die Veräußerung des Unternehmens als Ganzes oder eines geschlossenen Betriebsteiles nicht ausgeschlossen, so muß strafrechtlich von dem sich insoweit ergebenden höheren Veräußerungspreis ausgegangen werden. Wenn die Betriebswirtschaftslehre diesen Wertansatz nur dann gelten lassen will, wenn die Gesamtveräußerung mit Sicherheit zu erwarten ist (vgl. nur *Auler* aaO), so kann dies strafrechtlich im Hinblick auf den

Grundsatz „in dubio pro reo" nicht hingenommen werden. Allerdings setzt dieser prozessuale Grundsatz ganz allgemein voraus, daß nicht jede theoretische Möglichkeit bedacht wird, sondern daß reale Anhaltspunkte für den Zweifel bestehen. Demgegenüber sind in grundsätzlicher Übereinstimmung mit der betriebswirtschaftlichen Auffassung für die Einzelveräußerungspreise primär Marktpreise maßgebend. Sind solche nicht feststellbar, so sind sie in Abhängigkeit von der Marktnachfrage und Verwertungszeit zu schätzen (*Auler* aaO). Auch insoweit ist im Strafverfahren aber der Grundsatz in dubio pro reo zu beachten (zust. *Weyand* S. 37; **aA** *Hiltenkamp-Wisgalle* S. 235, 237 f).

Die Bestimmung des **Fortführungswertes** ist dagegen schon im außerstrafrechtlichen (betriebswirtschaftlichen) Schrifttum lebhaft umstritten (zusammenfassend *Hiltenkamp-Wisgalle* S. 249 ff). Zentrale Streitpunkte sind die Fragen, ob unter dem Aspekt der Unternehmensfortführung für den Unternehmenswert nur auf den — wie auch immer zu bestimmenden — Substanzwert, nur auf die künftigen Erlöse des Unternehmens (Ertragswert) oder auf beide Wertansätze abzustellen ist (vgl. *Tiedemann* GmbH-Strafrecht § 84 Rdn. 47). Nach der heute wohl h. M. gilt bei unterstellter Unternehmensfortführung der Ertragswert als der „richtige" Unternehmenswert (vgl. zuletzt *Ransiek* Kap. 2 A II 2 a). Jedoch wird für die dann erforderliche Schätzung der Zukunftserträge diskutiert, welcher Zeitraum der Vergangenheit für die Zukunftsprognose heranzuziehen ist, ob und in welcher Weise Tendenzen zu berücksichtigen sind, ob ein über dem Substanzwert liegender Ertragswert wegen der Gefahr der Errichtung von Konkurrenzunternehmen zu mindern ist (sog. Mittelwert- oder Berliner Verfahren) u. a. m. (vgl. *Moxter* S. 97 ff; *Piltz* Unternehmensbewertung S. 55 ff; *Tiedemann* Schröder-Gedächtnisschrift S. 299 mit weit. Nachw.). Die grundsätzliche Ausrichtung der Prognose des Zukunftserfolges an den Ergebnissen vergangener Jahre ist freilich schon in sich nicht unzweifelhaft, selbst wenn man davon absieht, daß bei krisenbefangenen Unternehmen die Ertragsfähigkeit regelmäßig abnimmt. In der neueren Betriebswirtschaftslehre werden daher teilweise abweichende, jedoch besonders aufwendige und nur für größere Unternehmen (mit entsprechenden Planungsrechnungen) zweckmäßige Methoden der Zukunftsschätzung, teilweise auch stichtagsbezogene Ertragskraftbestimmungen, vorgeschlagen. Den Unsicherheiten der künftigen Entwicklung des Marktes und der sonstigen Geschäftswertfaktoren einschließlich der politischen Entwicklung sollen teils Alternativrechnungen, teils pauschale Abschläge und sonstige Mittel der Risikoberücksichtigung Rechnung tragen. Darüber hinaus ist keineswegs unstreitig, ob die betriebswirtschaftlichen Regeln für die Unternehmensbewertung überhaupt uneingeschränkt zur Feststellung der Überschuldung herangezogen werden können: Die Unternehmensbewertung geht von der Fragestellung aus, welchen Preis ein potentieller Käufer für das Unternehmen zu zahlen bereit ist. Ertrag, Ertragswert und Ertragsfähigkeit sind daher dynamische Größen. Demgegenüber stellt die Überschuldung eher eine statische Größe dar, auch wenn für ihre Bestimmung gewisse dynamische Gesichtspunkte zu berücksichtigen sind (vgl. bereits oben Rdn. 154). **157**

Das Problem der strafrechtlichen Überschuldungsfeststellung ist daher bislang insgesamt *ungelöst* (so auch *Höfner* S. 232 ff). Die *Praxis* der Staatsanwaltschaften (und Strafgerichte) geht meist von einem großzügig angesetzten Liquidationswert (Veräußerungswert) aus (*Bieneck* in: Müller-Gugenberger § 63 B II a. E.; *Weyand* S. 37), was im Ergebnis für die zahlenmäßig überwiegenden Fälle nicht zu beanstanden ist, in denen sich Krise und Konkurs aus laufenden (und erkennbaren) Verlusten oder Entnahmen ergeben. Für diejenigen Fälle, in denen es auf diese Rechtsfrage an- **158** kommt, muß entschieden werden, wie sich der Strafrichter gegenüber der Vielfalt und Unsicherheit betriebswirtschaftlicher Bewertungen zu verhalten hat. Wenn die Zivilgerichte bisher die Neigung gezeigt haben, alle betriebswirtschaftlichen Schätzungen mehr oder weniger pauschal zu übernehmen (vgl. nur *Piltz* aaO S. 123 f), so ist eine solche Haltung strafrechtlich schon deshalb unannehmbar, weil praktisch von niemandem bestritten wird, daß die betriebswirtschaftliche „Bewertung" häufig nur ein grobes, notwendigerweise mit erheblichen Fehlern verbundenes Schätzen ist (vgl. *Tiedemann* Schröder-Gedächtnisschrift S. 298 mit Nachw.). Selbst die betriebswirtschaftliche Theorie rügt, daß die Bezeichnung des Schätzvorganges als „Bewertung" irreführend ist[98]. Dieses gutachterliche Schätzen ist vom Strafrichter zumindest hinsichtlich der zugrundegelegten Tatsachen, aber auch im Hinblick auf die angewandten Methoden im Sinne der vorstehenden Ausführungen zu überprüfen. Dabei hat der Strafrichter insbesondere auch selbständig festzustellen, ob andere betriebswirtschaftliche Berechnungsmethoden zur Verneinung einer Überschuldung führen würden. Nicht nur prozessual, sondern wegen der Unbestimmtheit des Überschuldungsbegriffes bereits materiellrechtlich (Art. 103 Abs. 2 GG!) kann eine Überschuldung im Strafrecht nur angenommen werden, wenn **alle ernsthaft vertretenen Schätzungsmethoden** zu dem **gemeinsamen Ergebnis der Überschuldung** führen. Diese Auffassung entspricht der in der strafrechtlichen Literatur h. M.[99]. Zumindest im prozessualen Sinne deckt sich diese Auffassung im wesentlichen mit der Forderung, nur eine **qualifizierte**, nämlich eindeutige und erhebliche, **Überschuldung** als für § 283 ausreichend anzusehen[100].

159 Mögliche Abweichungen und Unterschiede zur außerstrafrechtlichen Bewertung ergeben sich auch in anderer Hinsicht. Während nämlich insbesondere in zivilrechtlichen Streitigkeiten auch der Richter regelmäßig vor die Notwendigkeit einer unsicheren Zukunftsprognose gestellt ist, um den Unternehmenswert z. B. für die Abfindung eines Gesellschafters, für die Berechnung des familienrechtlichen Zugewinnausgleichs oder des erbrechtlichen Pflichtteils zu schätzen, ergibt sich im Konkursstrafverfahren die Besonderheit, daß die „ex ante"-Schätzung des Unternehmenswertes bei der Überschuldungsfeststellung im Zeitpunkt der Vornahme der Bankrotthandlung regelmäßig durch Zeitablauf *überholt* ist: Risiken und Chancen der Vergangenheit haben sich zwischenzeitlich verwirklicht oder zerschlagen, ungewöhnliche und nicht voraussehbare Ereignisse sind eingetreten usw. Während die betriebswirtschaftliche Zukunftsprognose versucht, derartigen Möglichkeiten durch pauschale Bereinigungen und Korrekturen auf Durchschnittswerte Rechnung zu tragen, also ein gewichtetes oder das arithmetische Mittel zu bilden und Abweichungen hiervon nur nach dem Grade ihrer Wahrscheinlichkeit zuzulassen (vgl. *Piltz* S. 147 ff mit Nachw.), sind im Konkursstrafverfahren die „wahren" Daten meist bekannt. Es fragt sich, ob und inwieweit diese **Überholung**, nämlich die Erkenntnis der Richtig-

---

[98] *Biermann* S. 45 und 62; *Pribilla* KTS **1958** 23; *Viel/Bredt/Renard* S. 77; *Wittmann* Der Wertbegriff in der Betriebswirtschaftslehre (1956) S. 103.

[99] So *Lackner/Kühl* § 283 Rdn. 6; *L. Müller* in: Lexikon des Rechts S. 460; *Otto* R. Bruns-Gedächtnisschrift S. 221; *Tiedemann* Schröder-Gedächtnisschrift S. 289; *Wessels* BT 2 § 12 III 3; *Weyand* S. 37; ähnlich *Schlüchter* MDR **1978** 269 und wistra **1984** 43; ebenso aus konkursrechtlicher Sicht *Hess/Kropshofer* Anh. III Rdn. 4, aus betriebswirtschaftlicher Perspektive *Kressin* S. 206. Kritisch *Ransiek* Kap. 2 A II 2 a, der aber Zweifel bei der Bewertung ebenfalls zugunsten des Täters ausschlagen läßt. Demgegenüber nimmt *Höfner* S. 270 ff schlicht Verfassungswidrigkeit des Überschuldungsmerkmals an und verwirft die Möglichkeit verfassungskonform-restriktiver Interpretation durch den Richter.

[100] So *Bieneck* in: Müller-Gugenberger § 63 B I; *Hoffmann* MDR **1979** 713 ff; auch *Tiedemann* GmbH-Strafrecht § 84 Rdn. 47; *Bottke* JA **1980** 97. Krit. *Höfner* S. 233 f; *Schlüchter* wistra **1984** 43.

keit oder Unrichtigkeit der Prognose, im Strafverfahren zu berücksichtigen ist. Das Problem stellt sich selbstverständlich nur für die unrichtige Prognose, ist insoweit aber keineswegs auf den Fortführungswert beschränkt, sondern kann auch beim Liquidationswert auftreten. Die Zivilrechtsprechung zu dieser Frage ist uneinheitlich (vgl. *Piltz* S. 163 ff mit Nachw.). Strafrechtlich ist davon auszugehen, „daß die Gegenwartspreise nur stellvertretend für eigentlich relevante, aber unbekannte Zukunftspreise stehen" (*Leunig* S. 108; *Tiedemann* Schröder-Gedächtnisschrift S. 304 mit weit. Nachw.). Ein zum Bilanz- oder Statusstichtag zugrundegelegter Prognosewert auf der Basis vorhandener Erkenntnis hat also nur Ersatzfunktion im Hinblick auf die Ungewißheit der künftigen Veräußerungs- oder Gewinnsituation. Ist dagegen der real erzielte Erlös oder Gewinn nunmehr bekannt, so wäre es im Grundsatz geradezu ein Verstoß gegen Art. 103 Abs. 2 GG, wenn das unsichere betriebswirtschaftliche Prognoseurteil über die künftige (Erlös-)Situation gewählt würde, obwohl die tatsächliche Situation mit den höchst exakt bestimmten, nämlich geradezu zahlenmäßig feststehenden (Erlös-)Werten inzwischen bekannt ist[101]. Ähnlich wie im Steuerrecht wird man strafrechtlich jedenfalls die Verwertung der späteren besseren Erkenntnis zugunsten des Täters zulassen müssen, also „wertaufhellende" Umstände zu seinen Gunsten zu berücksichtigen haben (vgl. auch *Maul* S. 56 f; *Piltz* S. 218). Wertändernde Umstände, nämlich unvorhergesehene spätere Entwicklungen (z. B. Wertsteigerung eines Grundstücks infolge Änderung des Bebauungsplanes), sind jedenfalls bei der Ertragswertbestimmung dann zu berücksichtigen, wenn sie sich zugunsten des Beschuldigten auswirken; auch ist insoweit kein Raum mehr für Risikoabschläge und sonstige Vorsichtsmaßnahmen, die im Rahmen einer Prognose aus Gründen des Gläubigerschutzes durchaus angebracht sind (*Tiedemann* aaO S. 303). Soweit es dagegen auf den Substanzwert — z. B. einzelner Vermögensgegenstände — ankommt, ist ein zum Stichtag feststellbarer **Marktwert** auch dann maßgebend, wenn sich dieser Wert später ändert (vgl. auch *Piltz* S. 218). Ist ein Marktwert (Verkehrswert) aber nicht vorhanden oder nicht feststellbar und ist der Wert auch nicht durch andere Faktoren verfestigt, so ist für den wirklichen Gegenwartswert (Zeitwert) nicht auf eine als überholt erkannte Schätzung, sondern auf die spätere Entwicklung jedenfalls dann abzustellen, wenn diese ihre Wurzeln bereits im Zeitpunkt des Stichtages hatte (vgl. schon *Tiedemann* GmbH-Strafrecht § 84 Rdn. 48). Diese einschränkenden und im Ergebnis meist zugunsten des Täters wirkenden Grundsätze sind auch im Zusammenhang mit der erforderlichen Verknüpfung von Bankrotthandlung, Krise und wirtschaftlichem Zusammenbruch (oben Rdn. 91 ff) zu sehen. Sie gewinnen vor allem bei der Bewertung von **Unternehmensbeteiligungen** Bedeutung, lassen sich hier doch nach dem Urteil hervorragender Sachkenner eindeutige Beurteilungsmaßstäbe überhaupt nicht mehr auffinden[102].

Nicht abschließend geklärt ist schließlich auch, ob und gegebenenfalls inwieweit **160**
bei der strafrechtlichen Feststellung einer Überschuldung das **künftige** unternehmerische **Verhalten** des späteren Beschuldigten zu berücksichtigen ist. BGH JZ **1979** 75, 77 billigt die Annahme des Tatrichters, die Beteiligung an einem anderen, verlustreichen Unternehmen begründe aufgrund einer Prognose über einen zukünftigen Zeitraum von 10 Jahren eine Überschuldung des Mutterunternehmens; die rechtliche Möglichkeit einer Kündigung der Beteiligung könne außer Betracht bleiben, da sie

[101] *Tiedemann* Schröder-Gedächtnisschrift S. 304; zustimmend *Hiltenkamp-Wisgalle* S. 270 ff; vgl. auch *Schlüchter* wistra **1984** 46; **aA** *Richter* GmbHR **1984** 141.

[102] *Heidland* in: Tagungsberichte der Sachverständigenkommission Bd. II, 1973, Anl. 2 S. 19; *Heinen* S. 280; *Moxter* S. 92 f.

angesichts des sonstigen Verhaltens des Unternehmers „unrealistisch" gewesen, nämlich „nach dem zu erwartenden wirtschaftlichen Verhalten der Beteiligten auszuschließen" sei. Dem kann nicht beigetreten werden[103], wobei die betriebswirtschaftlichen Lehren der Reorganisationsplanung spätestens nach dem am 1. 1. 1999 in Kraft tretenden neuen Insolvenzrecht (Reorganisationsplan!) zwingend zu berücksichtigen sind. Zwar ist die Absicht der Unternehmensfortführung neben der Lebensfähigkeit des Unternehmens für die Prognose der Fortführung durchaus von Bedeutung (vgl. BTDrucks. 12/2443 S. 115). Jedoch sieht spätestens das neue Insolvenzrecht auch die Möglichkeit der *Unternehmensfortführung durch Dritte* vor. Daher kann jedenfalls ab 1. 1. 1999 für die Unternehmensbewertung nicht (mehr) entscheidend auf das Verhalten des Unternehmensinhabers abgestellt werden. — Bei der im Falle des BGH unterstellten Fortführung des Mutterunternehmens war richtigerweise zunächst zu untersuchen, ob und auf welche Weise eine *Sanierung* oder *Reorganisation* insbesondere durch Ausschaltung von unrentierlichen Betriebsteilen und Beteiligungen erreicht werden konnte (vgl. *Jaeger/Weber* §§ 207, 208 Rdn. 19 und 20; *Pribilla* KTS **1958** 7). Hierauf beruht gerade auch die von der Zivilrechtsprechung anerkannte betriebswirtschaftliche Regel, daß nicht betriebsnotwendige Vermögensgegenstände aus der Gesamtbewertung ausscheiden und zum Liquidationswert anzusetzen sind (oben Rdn. 154 a. E.), welcher dann dem Gesamtwert wieder hinzuzurechnen ist (vgl. nur *Piltz* S. 181 ff mit Nachw.). Für die Zwecke eines Überschuldungsstatus ist also nicht die Fortführung des bisherigen Unternehmens schlechthin zu unterstellen, sondern konkret darzulegen, in welcher Weise die Fortführung eines gefährdeten Unternehmens zu gestalten ist. Dies ist grundsätzlich aus der Sicht eines *ordentlichen Kaufmanns* zu entscheiden. Jedenfalls im Sinne eines „objektiven" Unternehmenswertes ist also bereits nach geltendem Recht nicht maßgebend auf Person und Willen des jeweiligen Unternehmensinhabers abzustellen[104]. Nur dann, wenn bei §§ 283 ff anstelle des Gläubigerschutzes allein die Selbstinformation des Schuldners über seine Unternehmenssituation entscheidend wäre, könnten Ziele, Motive und sonstige subjektive Einschätzungen des jeweiligen Unternehmensinhabers ausschlaggebend sein. Eine solche totale Subjektivierung entspricht jedoch weder dem Schutzzweck der §§ 283 ff (vgl. auch § 283 Rdn. 5) noch den sonstigen Bewertungsgrundsätzen, die insoweit übereinstimmend sowohl für den Liquidations- als auch für den Substanz- und den Ertragswert von *fiktiven* Vorgängen ausgehen: Liquidationswert ist auch dann der Veräußerungswert, wenn der Unternehmensinhaber den Gedanken an einen Verkauf des Unternehmens weit von sich weist, und entsprechend sind auch der Ertragswert und die Ertragsfähigkeit des Unternehmens nicht ohne weiteres davon abhängig, ob sein gegenwärtiger Inhaber sich in Zukunft (!) wirtschaftlich sinnvoll verhalten oder aber sogar wirtschaftlich gebotene Rationalisierungsmaßnahmen unterlassen wird. Dies schließt keineswegs aus, daß die Persönlichkeit des Inhabers den Ertrag eines Unternehmens besonders steigern und der Wert des Unternehmens (vor allem des kleinen und mittleren Unternehmens) von der Person des Inhabers abhängig sein kann, wie auch der Vermögenswert von der Verwendungsmöglichkeit des Vermögensgegenstandes im Unternehmen oder Haushalt des Vermögensinhabers abhängt (BGHSt **16** 321, 325 ff). Jedoch stößt die im Strafrecht sonst angemessene Individualisierung und Subjektivierung der Betrachtung auf Grenzen, wenn es um die Ermittlung von Verkehrswerten geht, die im Ansatz nur intersubjektiv bestimmt wer-

---

103 Vgl. bereits *Tiedemann* NJW **1979** 254 f; **aA** *Bieneck* in: Müller-Gugenberger § 63 B II; *Schlüchter* wistra **1984** 46.

104 *Biermann* S. 49; *Münstermann* S. 22 f mit Nachw.; auch *Piltz* S. 93 ff mit weit. Nachw. — Zustimmend zu der hier bereits in der Vorauflage Rdn. 149 geäußerten Kritik an BGH JZ **1979** 75 *Hiltenkamp-Wisgalle* S. 266 ff.

den können. Es ist aber auch generell unzulässig, dem Täter bei § 283 über die Annahme einer gegenwärtigen Krise verschärfte künftige Verhaltenspflichten aufzuerlegen, wenn die Annahme einer Krise allein oder doch entscheidend auf ein nur unterstelltes eigenes künftiges Verhalten des Täters gestützt wird. Ob künftiges menschliches Verhalten realistisch oder unrealistisch, zu erwarten oder nicht zu erwarten ist, bleibt notwendigerweise eine unsichere Prognose, die zwar außerstrafrechtlich erforderlich und annehmbar sein mag, im Strafrecht aber nicht ohne Not zur Grundlage einer Verurteilung gemacht werden sollte. Für unmittelbar tatbestandsrelevantes Verhalten des Täters dürfte dies unbezweifelbar sein. Die Unzulässigkeit einer strafrechtlichen Belastung des Täters durch sein prognostiziertes künftiges Fehlverhalten muß aber auch dann gelten, wenn dieses Verhalten nur Hilfstatsache für die Ermittlung eines gesetzlichen Tatbestandsmerkmals und der gesetzlichen Pflichtenbegründung ist.

Der vorerwähnten Frage kommt erhebliche Bedeutung zu, da die von *Bieneck*[105] **161**
mitgeteilte *Praxis* offenbar frühere Bankrotthandlungen, insbesondere auch Buchführungsverstöße, als Indiz für die *mangelnde Fähigkeit und Bereitschaft* (!) des Täters zur *Unternehmensfortführung* ansieht (Bedenken dazu bereits oben Rdn. 149). Demgegenüber bezieht die betriebswirtschaftliche Reorganisationsplanung zwar Überlegungen zur Neuordnung der Führungsstruktur ein (vgl. zuletzt *Risse* KTS **1994** 484 f), sieht dies aber eher als nachrangig an, obwohl Managementfehler als primäre Insolvenzursache erkannt werden (vgl. nur *Krystek* ZfB **1985** 583, 602 f; *Wegmann* BFuP **1989** 567, 572, je mit weit. Nachw.). *Strafrechtlich* sind ähnliche Kriterien zugrunde zu legen wie bei der Bewährungsprognose in bezug auf einen Konkursstraftäter. Daher wird auch danach zu differenzieren sein, ob die Bankrotthandlung auf Rettung oder Aushöhlung des Unternehmens abzielte. Stets müssen jedoch *Zweifel* an der Fähigkeit und Bereitschaft des Schuldners zur Unternehmensfortführung zu seinen Gunsten ausgehen, und für die *Unternehmens*bewertung kann keinesfalls allein auf das Verhalten des Unternehmens*inhabers* abgestellt werden.

5. Konkurseröffnung und Abweisung des Konkurseröffnungsantrages

a) Während Überschuldung, Zahlungsunfähigkeit und Zahlungseinstellung ma- **162**
terielle Zustände der Krise sind und die Zahlungseinstellung als Handlung des Schuldners den wirtschaftlichen Zusammenbruch nach außen zum Ausdruck bringt (oben Rdn. 95), sind die Eröffnung des Konkursverfahrens und die Abweisung des Eröffnungsantrages formalrechtliche Akte des Richters mit **Tatbestandswirkung**: Für den Straftatbestand genügt die Tatsache der Konkurseröffnung (RGSt **26** 37) bzw. der Abweisung des Eröffnungsantrages. Die Berechtigung des Verfahrensaktes, insbesondere das Vorliegen eines Konkursgrundes und eines Konkursantrages, hat der Strafrichter nicht nachzuprüfen (unstr.)[106]. Maßgebend ist strafrechtlich die **Rechtskraft** des Verfahrensaktes, also seine Endgültigkeit: der Ablauf der Frist für die sofortige Beschwerde (§ 109 KO), die bestätigende Entscheidung des Beschwerdegerichts oder der Verzicht des Rechtsmittelberechtigten auf das Rechtsmittel. Hebt das Beschwerdegericht den die Eröffnung aussprechenden Beschluß auf, so fehlt es an der Konkurseröffnung (RGSt **44** 48, 52). Hat der Schuldner selbst den Konkursantrag gestellt, so fehlt allerdings regelmäßig die für die Zulässigkeit der sofortigen Be-

---

[105] aaO.

[106] RGSt **26** 37 f; *Bieneck* in: Müller-Gugenberger § 63 D II; *Dreher/Tröndle* Rdn. 14 vor § 283; *Gübel* S. 154; *Hiltenkamp-Wisgalle* S. 306; *Klug* Konkurs-Strafrecht Rdn. 10 vor § 239 KO; *Lackner/Kühl* § 283 Rdn. 28; *Samson* SK Rdn. 14 vor § 283; *Sch/Schröder/Stree* § 283 Rdn. 61 u. 62.

schwerde erforderliche Beschwer (*Kilger/K. Schmidt* § 109 Anm. 3), so daß die Entscheidung sofort rechtskräftig wird. — Verfahrensakte nach Rechtskraft des Eröffnungsbeschlusses oder des den Eröffnungsantrag abweisenden Beschlusses sind strafrechtlich unbeachtlich. Dies gilt nach h. M. insbesondere auch für die nachträgliche Einstellung des zu Unrecht eröffneten Konkursverfahrens und für die Möglichkeit einer solchen Einstellung[107].

163 **b)** Die **Eröffnung des Konkursverfahrens** setzt gemäß § 103 KO stets einen **Antrag** voraus, den der Schuldner, jeder Gläubiger und die in § 59 I Nr. 3 KO genannten Personen, also insbesondere auch die Arbeitnehmer, der Sozialversicherungsträger und die Bundesanstalt für Arbeit stellen können (vgl. bereits oben Rdn. 28). In gesetzlich besonders bestimmten Fällen besteht eine Pflicht zur Stellung des Konkursantrages (vgl. insbes. § 64 GmbHG und im übrigen *Kilger/K. Schmidt* § 103 Anm. 3 mit Nachw.). — **Konkursgericht** ist gemäß § 71 KO das Amtsgericht, bei dem der Schuldner seine gewerbliche Niederlassung oder seinen allgemeinen Gerichtsstand hat. Das Konkursgericht prüft insbes. das Vorliegen eines Konkursgrundes (z. B. § 102 KO: Zahlungsunfähigkeit des Schuldners). Die Richtigkeit des Ergebnisses dieser Untersuchung darf der Strafrichter im Falle der Konkurseröffnung nicht nachprüfen (oben Rdn. 162). Entsprechend kann sich der Beschuldigte nach h. M. nicht darauf berufen, die Eröffnung sei irrtümlich erfolgt (BGH bei Herlan GA **1955** 364f; *Sch/Schröder/Stree* § 283 Rdn. 61). Für den Regelfall ist diese Einschränkung nicht von Gewicht, da bei Konkurseröffnung meist auch Zahlungseinstellung vorliegt (*Dreher/Tröndle* Rdn. 14 vor § 283; *Sch/Schröder/Stree* aaO). Konkurseröffnung ist im übrigen auch die nach §§ 19, 102 VerglO erfolgende Eröffnung eines Anschlußkonkurses (*Dreher/Tröndle* aaO).

164 Daß §§ 283 Abs. 6, 283b Abs. 3, 283c Abs. 3 die Eröffnung des Konkurses über „das Vermögen des Täters" voraussetzen, stellt vor die oben Rdn. 63 beschriebenen Probleme, die bei juristischen Personen grundsätzlich über § 14 zu lösen sind (ausführlich dazu auch *Sch/Schröder/Stree* § 283 Rdn. 61). Ausscheiden des Täters aus der Organ- oder Gesellschafterstellung vor Konkurseröffnung beseitigt die Strafbarkeit nicht (*Sch/Schröder/Stree* aaO; oben Rdn. 67). Für die Schuldnereigenschaft (Unternehmensinhaberschaft) kommt es hier unstreitig auf die Person an, gegen die sich die Konkurseröffnung richtet, die also im gerichtlichen Konkurseröffnungsbeschluß genannt ist[108]. Diese formale Sicht beruht darauf, daß es außer in den von der KO vorgesehenen Ausnahmefällen (z. B. des Nachlaßkonkurses) keinen Konkurs über eine bestimmte Vermögensmasse, sondern nur über das Vermögen einer natürlichen oder juristischen Person gibt; diese Person ist im Eröffnungsbeschluß anzugeben (RGSt **29** 103, 104f). Fehlt eine solche Angabe (und wird das Konkursverfahren z. B. gegen die „Firma" eröffnet), so ist dem Eröffnungsbeschluß im Wege der **Auslegung** zu entnehmen, wer als Gemeinschuldner von dem Verfahren betroffen ist (RGSt **41** 426, 427; **49** 321, 322).

165 **c)** Die **Abweisung des Eröffnungsantrages** hat nach § 107 Abs. 1 S. 1 KO zu erfolgen, wenn das Gericht nicht zu der Überzeugung gelangt, daß eine die Kosten des Verfahrens (§ 58 Nrn. 1 u. 2 KO) deckende Masse vorhanden ist. Die Abweisung unterbleibt, wenn ein Gläubiger oder ein Dritter zur Deckung der Massekosten Vor-

---

[107] BGH bei Herlan GA **1955** 364; *Bieneck* aaO; *Dreher/Tröndle* aaO; *Lackner/Kühl* aaO; *Samson* SK aaO; *Sch/Schröder/Stree* aaO Rdn. 61 mit weit. Nachw.

[108] RGSt **29** 103, 105; **49** 321, 322; BGH bei Herlan GA **1973** 133 und bei *Dreher/Tröndle* Rdn. 14 vor § 283; *Samson* SK Rdn. 14 vor § 283; *Sch/Schröder/Stree* § 283 Rdn. 61.

schuß leistet (§ 107 Abs. 1 S. 2 KO). Auch hier ist der Strafrichter an den rechtskräftigen Abweisungsbeschluß des Konkursgerichts gebunden (oben Rdn. 162), und die Schuldnereigenschaft richtet sich hier ebenfalls nach der formalen Bezeichnung in dem Gerichtsbeschluß (vgl. nur *Sch/Schröder/Stree* § 283 Rdn. 62; *Samson* SK Rdn. 15 vor § 283 mit weit. Nachw.).

d) Auch die **GesO** kennt als mögliche Entscheidungen über den Antrag auf Gesamtvollstreckung die Ablehnung der Eröffnung (§ 4 Abs. 2 GesO) und den Eröffnungsbeschluß (§ 5 GesO). Diese Entscheidungen stehen grundsätzlich dem Ablehnungs- und Eröffnungsbeschluß nach der KO gleich (§ 1 Abs. 4 Satz 2 GesO, oben Rdn. 9). Allerdings genügt die Ablehnung der Eröffnung wegen Gewähr der Beseitigung der Zahlungsunfähigkeit (§ 4 Abs. 2 Alt. 2 GesO) nicht, da § 283 Abs. 6 ausdrücklich nur die Ablehnung „mangels Masse" nennt (näher unten Rdn. 179). Und sofern das Gesamtvollstreckungsverfahren auf einen Vergleich nach § 16 GesO abzielt oder jedenfalls mit ihm endet, dürfte auch der Eröffnungsbeschluß nicht genügen: Das geltende Konkursstrafrecht läßt die Eröffnung eines Vergleichsverfahrens nicht ausreichen, und es kann dem Täter nicht zum Nachteil gereichen, daß die GesO ein „Einheitsverfahren" für Zerschlagungsliquidation (§§ 17, 18 GesO) und Vergleich anordnet. Insoweit kann § 1 Abs. 4 Satz 2 GesO nicht mit hinreichender, verfassungsrechtlich gebotener Bestimmtheit entnommen werden, der Gesetzgeber habe mit dieser Vorschrift die Strafrechtslage im Beitrittsgebiet verschärfen wollen. **166**

e) Das **neue Insolvenzrecht** behält dieses Verfahrenssystem im Prinzip bei (§§ 26, 27 InsO 1999), erklärt aber auch die **drohende Zahlungsunfähigkeit** für den Fall zum Eröffnungsgrund, daß der Schuldner die Eröffnung des Insolvenzverfahrens beantragt (§ 18 InsO 1999). Insolvenzgericht ist das Amtsgericht, in dessen Bezirk ein Landgericht seinen Sitz hat, für den Bezirk dieses Landgerichts (§ 2 Abs. 1 InsO). **167**

6. Überwindung der Krise (Sanierung). Die Überschuldung und die (drohende oder eingetretene) Zahlungsunfähigkeit — üblicherweise abgekürzt als „Unternehmenskrise" bezeichnet — können nach den Darlegungen oben Rdn. 90 mit der Folge überwunden werden, daß die Strafbarkeit nach § 283 entfällt. Bei § 283 Abs. 2 ergibt sich dies aus dem Fehlen des erforderlichen Kausalzusammenhanges zwischen der Bankrotthandlung und einem später gleichwohl eintretenden Unternehmenszusammenbruch. Für § 283 Abs. 1 sowie bei §§ 283 b, 283 c, 283 d beruht das Entfallen der Strafbarkeit auf dem Wegfall des Strafbedürfnisses bei Fehlen des „tatsächlichen" Zusammenhanges von Krise und Zusammenbruch. **168**

a) Wie Überschuldung und Zahlungsunfähigkeit beseitigt werden können, ist als außerstrafrechtliche Frage hier nicht im einzelnen darzustellen. Betriebswirtschaftslehre, Gesellschaftsrecht und Sanierungspraxis unterscheiden mehrere Sanierungsbegriffe, z. B. auch je nach Beteiligung oder Nichtbeteiligung von Gläubigern außerhalb des Unternehmens **externe und interne Sanierungsmaßnahmen** (vgl. nur *Uhlenbruck* WPg **1978** 661). Dabei verdient rechtlich vor allem Beachtung, daß einzelne Maßnahmen teils die Überschuldung, teils nur die Zahlungsunfähigkeit zu beseitigen vermögen. So kann beispielsweise die weitere Aufnahme von *Fremdkrediten* zwar die Zahlungsunfähigkeit beseitigen, nämlich die Liquidität des Unternehmens wiederherstellen; dagegen räumt diese Maßnahme, die zu neuen Verbindlichkeiten des Unternehmens führt, eine vorhandene Überschuldung nicht aus (RGSt **44** 48, 50; *Scholz/K. Schmidt* § 64 Rdn. 21). Demgegenüber kann die Überschuldung z. B. entfallen durch kapitalersetzende Gesellschafterdarlehen (§§ 32 a, 32 b GmbHG, 32 a KO, 3 b AnfG) und durch — diesen gleichstehende — stille Einlagen von Gesell- **169**

schaftern, jedenfalls soweit eine Rangrücktrittserklärung der Gesellschafter vorliegt (BTDrucks. 12/2443 S. 115; *Scholz/K. Schmidt* aaO).

170 Außerhalb des gerichtlichen Vergleichsverfahrens sowie abgesehen von der Gründung von Auffanggesellschaften (dazu § 283 Rdn. 30) kommen als geeignete Sanierungsmaßnahmen **externer** Art — durch Fremdkapitalgeber — stichwortartig zusammengefaßt in Betracht:

Stundung (Zahlungsaufschub, Moratorium), die eine eingetretene Zahlungsunfähigkeit beseitigen kann, die Überschuldung dagegen nur bei zusätzlicher Rangrücktrittserklärung der Gläubiger aufhebt. Als Hinausschiebung der Fälligkeit von Verbindlichkeiten ist die Stundung wirtschaftlich nur dann sinnvoll, wenn die Liquiditätskrise vorübergehender Natur ist. Vor allem beseitigt die bloße Stundung häufig nicht die **drohende** Zahlungsunfähigkeit. — Mit der Stundung häufig verbunden sind

Herabsetzung oder Erlaß von Kreditzinsen. Diese Maßnahme ist nur ein Unterfall des folgenden Sanierungsmittels:

Erlaß von Schulden (Forderungsverzicht), der in der Regel durch *außergerichtlichen Vergleich* erfolgt und bei Erlaß kurzfristiger Schulden meist zu einer nachhaltigen Besserung der Liquiditätslage führt (Beseitigung der Zahlungsunfähigkeit!). Der durch den Erlaß eintretende Buchgewinn kann zur Tilgung eines bestehenden Bilanzverlustes verwendet werden (Beseitigung der Überschuldung!). Bei fehlender Bereitschaft der Gläubiger zum endgültigen Erlaß kommt auch ein schriftliches Schuldversprechen des Schuldners in Betracht, die Schulden aus künftigem Gewinn (oder Liquidationserlös) zurückzuzahlen („Besserungsverpflichtung"). Vor allem für Großgläubiger sinnvoll ist die **Umwandlung von Schulden** (Verbindlichkeiten) des Unternehmens *in Beteiligungen* am Unternehmen. Die Einlage wird dann geleistet durch Einbringen der Forderung als Sacheinlage (mit der Folge ihres Unterganges durch Konfusion, str.!) oder durch Forderungsverzicht (soweit nicht § 19 Abs. 2 GmbHG oder andere Vorschriften entgegenstehen!) oder durch Aufrechnung (aber nicht möglich bei Überschuldung, da die Gegenforderung dann nicht vollwertig ist!).

171 Als **interne** Sanierungsmaßnahmen sind vor allem zu nennen:

Kapitalerhöhung, regelmäßig nach vorheriger Kapitalherabsetzung zur Beseitigung der Unterbilanz; wenig praktisch: Einforderung von Nachschüssen, soweit solche in der Satzung vorgesehen sind (§§ 26ff GmbHG; vgl. im übrigen §§ 55ff GmbHG).

Auflösung stiller Reserven oder offener Rücklagen, soweit handelsrechtlich zulässig.

Aufnahme einer natürlichen Person als **persönlich haftender Gesellschafter**. Dieses Sanierungsmittel ist sehr beliebt. Zu beachten ist aber, daß der bloße Verkauf des Gesellschaftsanteils (z. B. GmbH-Anteil) nicht genügt, da hierdurch das Gesellschaftsvermögen nicht vergrößert wird.

Gesellschafterdarlehen, sofern eine **Rangrücktrittserklärung** abgegeben wird (vgl. bereits oben Rdn. 152). Ausreichend, aber auch erforderlich, ist hierfür ein (konkludenter) Vertrag (*Falkenhausen* BB **1982** 550; *Priester* BB **1977** 2429). Die Verbindlichkeiten aus solchen Darlehen brauchen anschließend nicht mehr im Jahresabschluß ausgewiesen zu werden; jedoch ist die Kenntlichmachung in der Bilanz empfehlenswert. — Häufig werden statt Darlehen von den Gesellschaftern **Bürgschaften** oder **Grundschulden** gestellt. Diese Sicherungsmittel sind ebenso wie kapitalersetzende Gesellschafterdarlehen zu behandeln (vgl. § 32a Abs. 2 und 3 GmbHG).

b) Wird durch eine oder mehrere der genannten externen oder internen Maßnahmen die **finanzielle Sanierung** des Unternehmens oder auf eine sonstige Weise eine *Sanierung im weiteren Sinne* (*Besserung der Liquiditäts- und Ertragslage* des Unternehmens) erreicht, so tritt die oben Rdn. 168 genannte Rechtsfolge der Straflosigkeit einer voraufgegangenen Bankrotthandlung ein (ebenso *Sch/Schröder/Stree* § 283 Rdn. 59). Dies ist für die Sanierung im engeren Sinne (finanzielle Sanierung) bei Beseitigung der Überschuldung wenig zweifelhaft, da die Überschuldung überwunden ist, wenn die Passiva nicht mehr die Aktiva überwiegen (*Tiedemann* NJW **1979** 254 mit Nachw.). Dagegen darf die Beseitigung der Zahlungsunfähigkeit schon deshalb nicht nur vorübergehender Art sein, weil nach § 283 Abs. 1 bereits das Drohen der (erneuten) Zahlungsunfähigkeit die Strafwürdigkeit der Bankrotthandlungen begründet und außerdem schon die Feststellung der eingetretenen Zahlungsunfähigkeit auch einen künftigen Zeitraum mit umfaßt (oben Rdn. 134). **172**

Demgegenüber neigt BGH JZ **1979** 75, 76 dazu, selbst im Bereich der Überschuldung für die Überwindung der Krise eine *„wirkliche Konsolidierung"* der Unternehmensverhältnisse zu verlangen (ebenso *Bieneck* in: Müller-Gugenberger § 63 D III b unter fehlgehender Berufung auf BGHZ **28** 231; *Hiltenkamp-Wisgalle* S. 332 ff). BGH 1 StR 625/80 v. 10. 2. 1981 S. 12 erklärt eine nur drei Jahre anhaltende und daher „vorübergehende" Erzielung von Gewinn für unbeachtlich, „wenn die Schulden die Gewinne und das sonstige Vermögen nach wie vor erheblich übersteigen"; dafür spreche die tatrichterliche Feststellung einer Unterkapitalisierung (zust. *Dreher/Tröndle* Rdn. 17 vor § 283). Für eine solche restriktive Interpretation läßt sich anführen, daß der Zusammenhang von Bankrotthandlung und Konkurseintritt nur dann zweifelsfrei unterbrochen ist, wenn die Krise und ihre betriebswirtschaftlichen Gründe nicht mehr nachwirken. Mit anderen Worten würde die lediglich finanzielle Sanierung (im engeren Sinne) überhaupt keine Überwindung der Krise darstellen. Beruht etwa die Krise auf ungünstigen Markt- und Absatzverhältnissen, so würde erst eine Besserung derselben bzw. eine Anpassung des Unternehmens an die ungünstige Marktlage, nicht dagegen ein Schuldenerlaß durch Gläubiger und ein Rangrücktritt der Gesellschafter-Kreditgeber die Krise beseitigen. **173**

Diese Einschränkung, welche die Überwindung der Krise auf seltene Ausnahmefälle beschränken würde, übersieht jedoch bereits für das geltende Recht, daß die „Krise" des schuldnerischen Unternehmens nur eine abkürzende und zusammenfassende Bezeichnung für die rechtlichen Tatbestandsmerkmale der Überschuldung und der drohenden oder eingetretenen Zahlungsunfähigkeit ist. Zwar beruhen Zahlungsunfähigkeit und Überschuldung stets auf bestimmten betriebswirtschaftlichen Gründen. Jedoch stellt § 283 Abs. 1 nicht auf diese, sondern auf die auch im Konkurs- und Gesellschaftsrecht bekannten Rechtsbegriffe der Überschuldung und der Zahlungsunfähigkeit ab. Maßnahmen aber, die konkurs- und gesellschaftsrechtlich die Überschuldung (z. B. im Sinne des § 64 GmbHG) beseitigen und daher auch die strafbewehrte Konkursantragspflicht in Wegfall bringen (vgl. nur BGHSt **15** 306, 310; *Scholz/K. Schmidt* § 64 Rdn. 21), könnten überhaupt nur dann als für § 283 unbeachtlich erklärt werden, wenn für §§ 64, 84 GmbHG einerseits und § 283 andererseits unterschiedliche Überschuldungsbegriffe zugrunde gelegt würden. Dies wird nun zwar im Verhältnis von Liquidations- und Betriebsfortführungswerten diskutiert und in der Literatur ganz oder teilweise befürwortet (oben Rdn. 153). Es erscheint aber rechtlich kaum möglich, ein nach Liquidationsgesichtspunkten bewertetes und danach nicht überschuldetes Unternehmen als weiterhin krisenbefangen im Sinne des § 283 zu bezeichnen. Gilt vielmehr für die *Feststellung* der Überschuldung im **174**

Zeitpunkt der Vornahme der Bankrotthandlung, daß die Aktiva bei Annahme von Liquidationswerten jedenfalls erheblich unter den Passiva liegen müssen und bei ex ante möglich erscheinender Betriebsfortführung je nach der möglich erscheinenden Ertragslage auch höher anzusetzen sind (oben Rdn. 156), so ist es für einen späteren *Wegfall* der Überschuldung ausreichend, daß die Passiva nicht die zu Liquidationswerten angesetzten Aktiva überwiegen (zust. *Richter* GmbHR **1984** 142). Jeder Rückgriff auf Kriterien einer betriebswirtschaftlichen Sanierung im Sinne einer nachhaltigen Gewinnerwartung für die Zukunft führt schon deshalb zu Kreisschlüssen, weil die betriebswirtschaftliche Prognose angesichts der in diesem Bereich geltenden Regel „in dubio contra reum" (oben Rdn. 92) praktisch sinnlos würde.

175 Anders als bei dem (gesellschafts)rechtlichen Begriff der Überschuldung, der bekanntlich auch rechtspolitisch umstritten und außerhalb der Kapitalgesellschaften besonders fragwürdig ist (vgl. nur noch einmal *Otto* R. Bruns-Gedächtnisschrift S. 273 ff), bestehen bei der Zahlungsunfähigkeit und ihrer Überwindung weniger Bedenken gegenüber einer relativ freien und zweckorientierten strafrechtlichen Betrachtung. Jedoch bewirkt insoweit die betriebswirtschaftliche Grundlage eine Einschränkung dahingehend, daß — entsprechend den oben Rdn. 170 f skizzierten Maßnahmen der finanziellen Sanierung — zur Überwindung der Zahlungsunfähigkeit grundsätzlich die **Wiederherstellung der Liquidität** ausreicht. Beruht die Wiederherstellung der Liquidität auf kurzfristigen Akten, insbesondere auf kurzfristig zurückzahlbarem Fremdkredit, so steht nichts entgegen, auch strafrechtlich die Liquiditätskrise für nicht überwunden zu erklären, selbst wenn einzelne oder mehrere Gläubiger befriedigt werden. Eine „echte Konsolidierung" ist aber auch im Bereich der Zahlungsunfähigkeit zur Überwindung derselben nicht erforderlich. Ergibt vielmehr eine Finanzplanung für einen — von Unternehmen zu Unternehmen verschieden überblickbaren und auch an der Fälligkeit der Fremdkapitalrückzahlung zu orientierenden — mittelfristigen Liquiditätszeitraum höhere Einnahmen als Ausgaben, so ist zwingend eine Überwindung der Zahlungsunfähigkeit anzunehmen. Die in der Praxis übliche Ausrichtung des Finanzplans an einem „Planungshorizont" von 12 Monaten (vgl. nur *Plate* DB **1980** 219) dürfte für den Durchschnitt der Fälle zutreffend sein. Da auch für die Finanzplanung alle betriebswirtschaftlichen Prognoseprobleme im Ansatz strafrechtlich zu Lasten des schuldnerischen Unternehmens gehen und die zukünftige Ertragsentwicklung erheblichen Einfluß auf die Liquidität des Unternehmens hat, wird mit dieser Betrachtung auch den berechtigten und von § 283 intendierten Belangen der Gläubiger und der Kreditwirtschaft hinreichend Rechnung getragen. Jedenfalls darf auch für den Liquiditätsbereich nicht einfach aus dem späteren Unternehmenszusammenbruch auf die Nichtbeseitigung einer einmal vorhanden gewesenen Zahlungsunfähigkeit geschlossen werden.

176 Für das ab 1. 1. 1999 geltende **neue Recht** kann als Kriterium der Krisenüberwindung schon deshalb keine „echte Konsolidierung" verlangt werden, weil diese nicht einmal Zweck oder Gegenstand des Insolvenzplans bei Fortführung des Unternehmers ist: Eine „echte" Sanierung wird von der InsO weder vorausgesetzt noch angestrebt (oben Rdn. 3). Darüber hinaus zwingt die oben Rdn. 88 beschriebene Vorverlagerung der Strafbarkeit in ein Stadium *vor* dem wirtschaftlichen Zusammenbruch, die Überwindung der Krise nicht im Sinne einer nachhaltigen Sanierung zu verstehen.

177 **c)** Unerheblich ist es für die Überwindung der Krise und die dadurch eintretende *Straflosigkeit* schließlich, ob dem Schuldner die finanzielle Sanierung aus eigener Kraft, insbesondere durch interne Sanierung, oder nur mit **fremder Hilfe** (z. B. durch

Forderungsverzicht der Gläubiger oder Gewährung staatlicher Subventionen) gelingt (zust. *Richter* GmbHR **1984** 142). Nicht nur würde jede Differenzierung insoweit auf breite und unüberwindliche Abgrenzungsschwierigkeiten stoßen. Vielmehr ist auch unter dem Blickwinkel der Gläubigergefährdung sogar der Forderungsverzicht, also die effektiv eingetretene Schädigung der Rechtsgutsträger, rechtlich kein Hindernis für die Annahme eines Wegfalls des Strafbedürfnisses, da die Gläubiger ihren Verzicht im rechtlichen Sinne freiwillig leisten, also der Sache nach in ihre Schädigung einwilligen. Auch wenn dieser Verzicht faktisch in hohem Maße unfreiwillig ist, kann doch die Rechtslage nicht anders beurteilt werden, als wenn es durch Verzicht der Gläubiger gelingt, die Konkurseröffnung oder auch nur den (Gläubiger-)Antrag auf Konkurseröffnung zu vermeiden.

Unbefriedigend kann dieses Ergebnis der Straflosigkeit vor allem dann bleiben, **178** wenn die Krise nur mit Hilfe staatlicher Subventionen, also auf Kosten der Allgemeinheit und ohne jedes unmittelbare Verdienst des Schuldners, überwunden wird. Jedoch wäre eine Sonderbehandlung dieses Falles nur durch eine ausdrückliche gesetzliche Regelung zu erreichen, ähnlich wie insbesondere das 2. österreich. AntikorruptionsG dem Eintritt der Zahlungsunfähigkeit die Verhinderung dieses Ereignisses durch staatliche Hilfe gleichstellt (§ 159 Abs. 2 und 3 österr. StGB)[109]. Insbesondere dann, wenn gesamtwirtschaftliche Belange nicht zum Schutzzweck der §§ 283 ff gerechnet werden (oben Rdn. 56), muß es de lege lata gleichgültig sein, ob der Zufall oder der Staat dem Schuldner dazu verhilft, die Unternehmenskrise zu überwinden (vgl. bereits *Tiedemann* GmbH-Strafrecht Rdn. 32 vor § 82).

d) Nach § 4 Abs. 2 **GesO** ist die Eröffnung des Gesamtvollstreckungsverfahrens **179** abzulehnen, wenn die *Gewähr* besteht, daß die Zahlungsunfähigkeit (oder: die Überschuldung, vgl. *Smid/Zeuner* § 4 Rdn. 18) durch die zuständige Wirtschafts- und Finanzbehörde oder durch Banken, mit denen der Schuldner in Verbindung steht, *beseitigt* wird. Insoweit stellt sich zum einen die Frage, ob bereits die gerichtliche Feststellung dieser Gewähr die Strafbarkeit ausschließt, und zum anderen das Problem, ob dieses Konzept — etwa über Art. 3 GG — auch für das Recht der alten Bundesländer gilt. Die zweite Frage ist schnell beantwortet: Das als Konzession an das frühere Wirtschaftssystem der Länder der ehemaligen DDR konzipierte Übergangsmodell des § 4 Abs. 2 2. Alt. GesO ist wegen seiner Besonderheiten nicht im Wege der Auslegung auf die Rechtslage in den alten Bundesländern zu übertragen. Es führt freilich in den neuen Bundesländern und Ostberlin automatisch zur Straflosigkeit, wenn und soweit die objektive Strafbarkeitsbedingung der Eröffnung des Gesamtvollstreckungsverfahrens oder der Ablehnung der Eröffnung mangels Masse nicht eintritt. Dies ist bei Ablehnung der Verfahrenseröffnung nach § 4 Abs. 2 2. Alt. GesO der Fall. Allerdings bleibt die Frage bestehen, ob auch bei erfolgter *Zahlungseinstellung* die Nichteröffnung des Verfahrens wegen Feststellung der genannten Gewähr strafbarkeitsausschließend wirkt. Eine dahin gehende Tatbestandswirkung der zivilgerichtlichen Feststellung dürfte angesichts des klaren Wortlautes von § 283 Abs. 6 abzulehnen sein, so daß bei Vorliegen einer Zahlungseinstellung auch nach dem Recht der GesO nur die erfolgreiche Überwindung der Krise straffrei stellen kann.

e) Nach **künftigem Recht** (InsO 1999) erhebt sich vor allem die Frage, ob die von **180** den Gläubigern gebilligte Fortführung des Unternehmens jedenfalls bei Eintritt des Erfolges der Gläubigerbefriedigung (aus den Unternehmenserträgen), möglicherwei-

---

[109] Dazu näher *Mayerhofer* in: Österreich. Juristentag (Hrsg.), Rechtliche Grenzen der Kreditgewährung (1984) S. 17 ff; *Pallin* ÖJZ **1986** 102 ff; *Platzgummer* JBl **1987** 757, 762.

se aber auch schon die rechtskräftige Feststellung des hierauf gerichteten Insolvenzplanes die Strafbarkeit beseitigt. Auch hier ist jedoch geradezu evident, daß nicht schon die bloße Feststellung möglicher Krisenüberwindung durch Unternehmensfortführung das Strafbedürfnis entfallen läßt. Den Erfolg der Unternehmensfortführung abzuwarten und bei seinem Eintritt das Strafbedürfnis zu verneinen, wird nicht schon durch den Gesichtspunkt verhindert, daß damit die Gläubiger über die Strafbarkeit oder Nichtstrafbarkeit entscheiden: Dies ist weithin auch nach bisheriger Rechtslage der Fall, soweit es um die Überwindung der Krise geht (vgl. oben Rdn. 170). Wohl aber würde sich — anders als in den oben de lege lata diskutierten Fällen der Krisenabwendung — das (prozessuale) Problem der Aussetzung des Strafverfahrens stellen. Vor allem jedoch würde bei einer entsprechenden Auslegung auch materiellrechtlich das neue Recht der InsO 1999 dysfunktional im Hinblick auf die durch § 283 Abs. 6 ausgedrückte und von Art. 60 EGInsO formell beibehaltene Entscheidung des Strafgesetzgebers wirken. Auch nach künftigem Recht kann daher nur die *vor* Eintritt der Strafbarkeitsbedingung erfolgte Überwindung der Krise straffrei stellen. Materiell rechtfertigt sich diese Einschränkung daraus, daß das neue Recht den Inhalt des § 283 Abs. 6 ändert, nämlich die Strafbarkeit vorverlegt (oben Rdn. 88).

IV. Auslandsrechte und Rechtsvergleichung

181 **1. Schweiz.** Das schweizerische StGB regelt die Konkurstatbestände gemeinsam mit den „Betreibungsdelikten" in Art. 163 ff und ergänzt diesen Strafschutz in Art. 323 ff durch einzelne Übertretungstatbestände für den „Ungehorsam" des Schuldners und dritter Personen im Konkurs- und Betreibungsverfahren. Abgesehen von der systematischen Zusammenfassung von Einzelvollstreckung und Gesamtvollstreckung entspricht das schweizerische Konkursstrafrecht im Ausgangspunkt und in den Grundzügen weitgehend dem deutschen:

182 Art. 163 stellt — in nicht ganz genauem Sprachgebrauch[110] — den **betrügerischen Konkurs** für den Schuldner als Verbrechen und für Dritte als Vergehen unter Strafe. Die *Tathandlungen*, die zeitlich vor oder auch nach Konkurseröffnung liegen können, sind unterteilt in wirkliche und nur zum Schein vorgenommene Vermögensminderungen. In Betracht kommen nach dem Gesetzeswortlaut „namentlich" Veräußerung, Beschädigung, Zerstörung, Entwertung und Unbrauchbarmachung (wirkliche Vermögensminderung) sowie Beiseiteschaffen und Verheimlichen von Vermögensstücken, Vortäuschen von Schulden, Anerkennen vorgetäuschter Forderungen und Vorspiegeln eines geringeren Vermögensstandes „besonders durch falsche Buchführung oder Bilanz" (scheinbare Vermögensminderung). Diese gesetzliche Aufzählung der Beispiele ist *nicht abschließend*, sondern unter dem Oberbegriff der Vermögensminderung oder -verschleierung erweiterungsfähig[111]. Eine wirkliche Vermögensminderung liegt insbesondere auch in einer Veräußerung ohne Erhalt eines entsprechenden Gegenwertes (BGE **93** IV 16, 17). Eine scheinbare Vermögensminderung kann auch in der Eingehung neuer Schulden liegen. Die Tatbestandsmäßigkeit einer wirklichen Vermögensminderung entfällt jedoch (nach freilich umstrittener Ansicht), wenn die Ausgabe dem notwendigen Unterhalt des Schuldners oder dem ord-

---

[110] *Caspar* SchwZStrafR **87** (1971) S. 25 Fußn. 47; *Schubarth/Albrecht* Kommentar zum schweizerischen Strafrecht, Schweizer. StGB BT Bd. II (1990) Art. 163 Rdn. 11.

[111] *Caspar* aaO S. 24; *Schubarth/Albrecht* aaO Rdn. 27; *Stratenwerth* Schweizer. StrafR BT I, 4. Aufl. (1993) S. 396.

nungsgemäßen Geschäftsbetrieb des schuldnerischen Unternehmens dient (*Caspar* SchwZStrafR **87** [1971] S. 25 m. Nachw.). — *Subjektiv* muß die Bankrotthandlung „zum Nachteil der Gläubiger" und vorsätzlich vorgenommen werden. Für die Gläubigerschädigung, deren objektiver Eintritt nach wohl überwiegender Auffassung nicht erforderlich ist (Gefährdungsdelikt[112]), genügt bereits die Erschwerung der Befriedigungsmöglichkeit (BGE **85** IV 217, 219). Der entsprechende Vorsatz (bzw. der objektive Eintritt eines Nachteils der Gläubiger) wird aus der bedrängten Vermögenslage (drohender oder eingetretener Vermögensverfall) des Schuldners geschlossen[113]. *Objektive Bedingung der Strafbarkeit* ist die Konkurseröffnung, die in keinem Kausalzusammenhang mit der Bankrotthandlung zu stehen braucht (vgl. nur *Caspar* aaO S. 21). Die Konkurseröffnung gilt als Indiz dafür, daß die Bankrotthandlung zu einer relevanten Benachteiligung oder Gefährdung der Gläubiger geführt hat (BGE **74** IV 95, 96). Jedenfalls nach Ansicht des Schrifttums muß die Bankrotthandlung daher „in derselben finanziell prekären oder überschuldeten Lage begangen worden sein, mit der die Konkurseröffnung im Zusammenhang steht. Hat sich die Situation nachher konsolidiert, ist insbesondere wieder Zahlungsfähigkeit eingetreten und haben erst spätere Entwicklungen zu jener Finanzlage geführt, aufgrund deren es zum Konkurs kam, fehlt es am notwendigen Zusammenhang zwischen dem durch die strafbare Handlung bewirkten Nachteil und der Konkurseröffnung, weshalb diese als Strafbarkeitsbedingung außer Betracht fällt. Der Schuldner ist, obwohl das Delikt an sich vollendet ist, straflos" (*Caspar* aaO S. 33 f mit weit. Nachw.). Straflos bleibt der Schuldner nach der klaren und wohl ausdrücklich gewollten, im Schrifttum allerdings zunehmend kritisierten Entscheidung des Gesetzgebers auch dann, wenn es — z. B. wegen völliger Aussichtslosigkeit einer auch nur teilweisen Befriedigung — nicht zur Konkurseröffnung kommt (*Caspar* aaO S. 21).

Art. 165 betrifft den **leichtsinnigen Konkurs**, nämlich die (nach überwiegender **183**
Auffassung: fahrlässige) Herbeiführung der Zahlungsunfähigkeit des Schuldners „durch argen Leichtsinn, unverhältnismäßigen Aufwand, gewagte Spekulationen oder grobe Nachlässigkeit in der Ausübung seines Berufes". Gleichgestellt ist die Verschlimmerung der Vermögenslage des Schuldners im Bewußtsein seiner Zahlungsunfähigkeit. Auch hier gilt die objektive Strafbarkeitsbedingung der Konkurseröffnung. Zwischen Bankrotthandlung und Zahlungsunfähigkeit, nicht dagegen zwischen Bankrotthandlung und Konkurseröffnung, ist Kausalzusammenhang erforderlich (BGE **102** IV 21, 23). Auch bei Art. 165 wird aber der Konkurseröffnung die Rechtserheblichkeit abgesprochen, „wenn keinerlei *Zusammenhang* besteht zwischen den betreffenden Handlungen und der Vermögenssituation, welche bei der Konkurseröffnung ... vorliegt. Haben also leichtsinnige Handlungen zu einer selbst länger dauernden Zahlungsunfähigkeit geführt, ist diese aber wieder behoben worden, so wird, wenn der Schuldner aufgrund von späteren, strafrechtlich nicht zu vertretenden Entwicklungen in Konkurs fällt, diese Konkurseröffnung als Bedingung für die Strafbarkeit der früheren Handlungen nicht maßgebend sein können" (*Caspar* aaO S. 38). — Hinsichtlich der Schuld ist umstritten, ob und inwieweit einfache Fahrlässigkeit ausreicht oder qualifizierte *(grobe) Fahrlässigkeit* oder Vorsatz erforderlich ist[114].

---

[112] BGE **102** IV 172, 175; *Schubarth/Albrecht* aaO Rdn. 42; *Trechsel* Schweizer. StGB Art. 163 Rdn. 9 mit weit. Nachw.; **aA** *Caspar* aaO S. 29.

[113] *Caspar* aaO S. 30 f, 39; *Stratenwerth* Schweizer. StrafR S. 397 mit weit. Nachw.

[114] *Caspar* aaO S. 40 f mit Nachw.; *Schubarth/Albrecht* Art. 165 Rdn. 16; *Stratenwerth* Schweizer. StrafR S. 403 f.

184 Neben der **Gläubigerbevorzugung** (Art. 167), die als milderer Spezialfall des „betrügerischen" Konkurses aufgefaßt wird und Zahlungsunfähigkeit des Schuldners — sowie als objektive Strafbarkeitsbedingung Konkurseröffnung — voraussetzt, wird für den Fall des Eintritts derselben Strafbarkeitsbedingung auch die **Unterlassung der Buchführung** unter Strafe gestellt (Art. 166). Der Tatbestand verlangt eine gesetzliche Pflicht zur Führung und Aufbewahrung von Geschäftsbüchern oder zur Aufstellung einer Bilanz und erfordert weiter, daß infolge der Verletzung dieser gesetzlichen Pflicht der Vermögensstand des Schuldners „nicht oder nicht vollständig ersichtlich ist". Strafbar ist insoweit aber nur vorsätzliches Verhalten. Die fahrlässige Verletzung der gesetzlichen Buchführungspflicht wird nach Art. 325 als Übertretung bestraft. Eine Übertretung begeht auch der Schuldner, der gegenüber dem Konkursamt nicht alle Vermögensstücke angibt (Art. 323 Nr. 4) oder der Konkursverwaltung „nicht zur Verfügung steht" (Art. 323 Nr. 5).

185 Bei Konkurs einer **Handelsgesellschaft** kann nach der Rechtsprechung neben den Organen oder Mitgliedern eines Organs auch der *tatsächliche Leiter* wegen eines Konkursdeliktes bestraft werden[115]. Ein Gesetzgebungsvorschlag der schweizer. Expertenkommission („Vorentwurf 1982" Art. 172) will diese Frage ausdrücklich regeln und dabei auch denjenigen einbeziehen, der in dem Geschäftsbetrieb der Gesellschaft „selbständige Entscheidungsbefugnisse ausübt" (mitgeteilt bei *Noll* Schweizerisches Strafrecht BT I [1983] § 52a a. E.). Bereits nach geltendem Recht (Art. 172 Abs. 2, Art. 326 Abs. 2 schwStGB) wird der Organbegriff weit verstanden.

186 **2. Österreich.** Das österreichische StGB bezeichnet die Konkursstraftaten als *„Kridadelikte"*. Sie gelten als „die wichtigsten strafrechtlichen Schranken, die der Unternehmer zu beachten hat" (*Platzgummer* JBl **1987** 757 [ff]). Dabei verzichten §§ 156ff auf jede objektive Strafbarkeitsbedingung:

Die sog. **betrügerische** (richtiger: vorsätzliche) **Krida** besteht gemäß § 156 darin, daß der Schuldner eine Bankrotthandlung vornimmt „und dadurch die Befriedigung seiner Gläubiger oder wenigstens eines von ihnen vereitelt oder schmälert". Dieser tatbestandsmäßige *Erfolg*, der keine Eröffnung des Konkurs- oder „Ausgleichs"verfahrens voraussetzt (EvBl **1971** 47), muß objektiv eingetreten und durch die Tathandlung verursacht worden sein (RZ **1967** 101; SSt **47** 196, 197), wobei die überwiegende Meinung zusätzlich die einschränkenden Kriterien der Lehre von der objektiven Zurechnung zur Anwendung bringt (*Platzgummer* aaO S. 759 mit Nachw.). Der Eintritt des Erfolges muß — ebenso wie die Tathandlung — vom Vorsatz des Täters umfaßt werden. Dolus eventualis reicht aus, wird aber für den zu optimistischen Schuldner problematisiert (*Platzgummer* aaO S. 760 mit Nachw.). Ebenso wie bei anderen Vermögens- und Konkursdelikten beseitigt die rechtzeitige und freiwillige Schadenswiedergutmachung nach Vollendung des Deliktes als tätige Reue die Strafbarkeit (§ 167).

187 Die Bankrotthandlungen werden von § 156 in Anlehnung an das schweizerische Strafrecht (oben Rdn. 182ff) in wirkliche und scheinbare Vermögensverringerungen unterteilt. Diese Aufteilung erscheint im Gesetz am Ende als *Generalklausel* (Oberbegriff) nach der Aufzählung beispielhafter Tathandlungen: „Wer einen Bestandteil seines Vermögens verheimlicht, beiseite schafft, veräußert oder beschädigt, eine nicht bestehende Verbindlichkeit vorschützt oder anerkennt oder sonst sein Vermögen wirklich oder zum Schein verringert...". — Die beispielhaft genannte „Veräuße-

115 BGE **78** IV 28, 30ff; **96** IV 76, 78f; *Schubarth/Albrecht* Art. 172 Rdn. 3ff; **aA** *Stratenwerth* Schweizer StrafR S. 424. Ausführlich *Gehringer* Faktische Organe im Gesellschaftsrecht, unter Berücksichtigung der strafrechtlichen Folgen (1979).

rung" ist nach h. M. als Vermögensminderung nicht tatbestandsmäßig, wenn ein anderes Vermögensstück in die Masse gelangt oder die Veräußerung durch eine Verringerung der Passiva ausgeglichen wird[116]. Insbesondere stellt die Begleichung einer Forderung keine Vermögensverminderung dar, da sie das Vermögen von einer Last befreit (SSt **10** 2). Es gilt also ein wirtschaftlicher Vermögensbegriff (SSt **47** 196, 198). *Unterlassen* wird insbesondere bei fehlender Personalkontrolle für strafbar gehalten (EvBl **1971** 188).

§ 157 stellt der vorsätzlichen Krida des Schuldners die Tathandlung **Dritter** gleich, wenn diese „ohne Einverständnis mit dem Schuldner" handeln und durch eine Bankrotthandlung die Gläubigerbefriedigung vereiteln oder schmälern. Die Generalklausel der sonstigen Vermögensverringerung fehlt in § 157, so daß die Aufzählung der Bankrotthandlungen hier abschließend ist. Jedoch wird die Verringerung des schuldnerischen Vermögens als ungeschriebenes Tatbestandsmerkmal angesehen. Ein Wertausgleich ist daher auch bei § 157 beachtlich[117]. Auch für § 157 ist Vorsatz erforderlich. — Bei Einverständnis des Schuldners entfällt § 157. In diesem Fall machen sich sowohl der Dritte (als unmittelbarer Täter) als auch der Schuldner (als sog. Beitragstäter) nach § 156 strafbar[118], wobei ein Einverständnis des Schuldners schon darin gesehen wird, daß dieser bewußt nicht gegen die Bankrotthandlung des Dritten einschreitet. **188**

§ 158 inkriminiert die **Begünstigung eines Gläubigers** nach Eintritt der Zahlungsunfähigkeit des Schuldners, sofern „dadurch die anderen Gläubiger oder wenigstens einer von ihnen benachteiligt" werden. § 158 Abs. 2 stellt ausdrücklich klar, daß derjenige Gläubiger straflos bleibt, „der den Schuldner zur Sicherstellung oder Zahlung einer ihm zustehenden Forderung verleitet oder die Sicherstellung oder Zahlung annimmt". **189**

Außerdem regelt das österreich. StGB als sog. **fahrlässige Krida** die fahrlässige Herbeiführung (Verursachung) der Zahlungsunfähigkeit durch den Schuldner (§ 159 Abs. 1 Nr. 1). Gleichgestellt ist im neueren österreichischen Recht — vor allem zur Verbesserung seiner Praktikabilität — die fahrlässige Vereitelung oder Schmälerung der Gläubigerbefriedigung, sofern der Schuldner die Tathandlung „in Kenntnis oder fahrlässiger Unkenntnis seiner Zahlungsunfähigkeit" vorgenommen hat (§ 159 Abs. 1 Nr. 2). Für beide Konstellationen werden die Tathandlungen vom Gesetzgeber lediglich beispielhaft — also nicht abschließend — erläutert (SSt **27** 75; RZ **1961** 135). Als Beispiele für die fahrlässige Herbeiführung der Zahlungsunfähigkeit nennt Nr. 1 den übermäßigen Aufwand, das leichtsinnige oder unverhältnismäßige Benutzen oder Gewähren von Kredit, das Verschleudern von Vermögensbestandteilen sowie das Abschließen eines gewagten Geschäftes, „das nicht zum ordnungsgemäßen Betrieb seines Geschäftes gehört oder mit seinen Vermögensverhältnissen in auffallendem Widerspruch steht". Die Rechtsprechung hat darüber hinaus auch folgende Fälle als pflichtwidrig (fahrlässig) anerkannt: Geschäftsgründung und -erweiterung bei völlig unzureichendem Eigenkapital (JBl **1988** 732, 733; SSt **51** 54; SSt **48** 47; EvBl **1971** 188; **1969** 334), grobe organisatorische (Auswahl- und Kontroll-)Mängel **190**

116 *Foregger/Serini/Kodek* Strafgesetzbuch 5. Aufl. (1991) § 156 Anm. II m. Nachw.; *Liebscher* Wiener Kommentar (1981) § 156 Rdn. 15; übereinstimmend nur für den ersteren Fall (Zufluß äquivalenter Vermögenswerte) *Kienapfel* Grundriß des österreichischen Strafrechts BT II, 3. Aufl. (1993) S. 323 Rdn. 14.

117 Zusammenfassend *Liebscher* aaO § 157 Rdn. 5 u. 6.

118 *Foregger/Serini/Kodek* § 157 Anm. I; *Kienapfel* S. 326 Rdn. 6; *Liebscher* aaO § 156 Rdn. 6 mit weit. Nachw.

(EvBl **1971** 188); fehlende Geschäfts- und Branchenkenntnisse (EvBl **1978** 21), unzureichende Marktforschung bzw. -beurteilung (JBl **1988** 732; SSt **56** 13). — Nr. 2 führt als gesetzliche Beispiele für fahrlässige Handlungen in der Krise (Zahlungsunfähigkeit) an: Eingehen einer neuen Schuld; Zahlen einer Schuld; Bestellen eines Pfandes; nicht rechtzeitige Beantragung der Geschäftsaufsicht, des Ausgleichsverfahrens oder der Eröffnung des Konkurses. — Ob über die Herbeiführung der Zahlungsunfähigkeit hinaus für Nr. 1 Schädigung zumindest eines Gläubigers (wie bei Nr. 2 und bei § 156) erforderlich ist, ist umstritten, wird aber von der Rechtsprechung verneint (SSt **33** 5; EvBl **1980** 130; RZ **1962** 196). Ebenso ist streitig, ob § 159 sich insgesamt mit Fahrlässigkeit begnügt oder ob zumindest bei einigen Tathandlungen für diese Vorsatz (und nur bezüglich der Herbeiführung des Erfolges Fahrlässigkeit) verlangt wird (vgl. *Kienapfel* Grundriß des österreichischen Strafrechts BT II, 3. Aufl. [1993] S. 330 Rdn. 3, der S. 330 f Rdn. 6 und 8 eine restriktive Auslegung fordert und S. 332 Rdn. 15 die „kridaträchtigen" Handlungen nach dem Wertmaßstab des „Widerspruchs zu einer in Anbetracht ihrer konkreten wirtschaftlichen Gesamtsituation vertretbaren Geschäftsgebarung" auslegen will, wobei die Sorgfaltspflicht mit „Aufziehen einer Krisensituation" gesteigert werde).

191 Nach § 159 Abs. 3 S. 2 erhöht sich die Strafe wegen fahrlässiger Krida, wenn der Täter „auch seine Geschäftsbücher verfälscht, beiseite geschafft oder vernichtet" hat. Die **mangelhafte Buchführung** allein ist also entgegen dem früheren österreichischen Strafrecht nicht mehr strafbar (krit. insbes. *Kienapfel* aaO S. 345 Rdn. 93 mit weit. Nachw.). Schließlich stellt § 160 **„Umtriebe"** während einer Geschäftsaufsicht, im Ausgleichs- sowie im Konkursverfahren unter Strafe. Strafbar ist insbesondere die Bestechung und Bestechlichkeit eines Gläubigers und das Geltendmachen einer nicht bestehenden Forderung. Der Tatbestand wird als abstraktes Gefährdungsdelikt eingeordnet (vgl. *Kienapfel* aaO S. 346 Rdn. 1).

192 Bei *Handelsgesellschaften* lehnt die österreichische Rechtsprechung eine Erstrekkung der einschlägigen Pflichten, insbesondere zur Beantragung des Konkurses oder Ausgleichsverfahrens, auf *faktische Geschäftsführer* oder auf Gesellschafter, die maßgeblichen Einfluß auf die Geschäftsführung nehmen, in ständiger Rechtsprechung ab (vgl. OGH JBl **1987** 798; SSt **55** 76; *Schick* Koren-Festschrift S. 409 ff). Allerdings erweitert § 161 StGB die Schuldnerpflichten auch auf alle *leitenden Angestellten* i. S. d. § 309 Abs. 2 StGB (dazu *Dellinger* WBl **1993** 201, 202 f mit Bedenken hinsichtlich der Konkursantragslegitimation dieses Personenkreises).

3. Der romanische Rechtskreis

193 **a) Frankreich.** Das französische Konkursstrafrecht war bis 1985 in Art. 402 ff 193
Code pénal enthalten, wobei die tatbestandsmäßigen Verhaltensweisen sich traditionellerweise erst aus dem Handelsrecht ergaben (Art. 126 ff Gesetz vom 13. 7. 1967). Der seit 1994 geltende neue Code pénal enthält nur noch den 1983 eingeführten Tatbestand betrügerischer Herbeiführung der Zahlungsunfähigkeit (Art. 314-7), während das eigentliche Bankrottstrafrecht seit dem 1. 1. 1986 nach durchgreifender Vereinfachung der Tatbestände und Herabsetzung der Sanktionen im *Insolvenzgesetz* von 1985 (Art. 196 ff) zu finden ist. Dabei ist terminologisch zwischen der Zahlungsunfähigkeit (faillite) und dem rein strafrechtlichen Begriff des Bankrotts (banqueroute) zu unterscheiden.

194 **Täter** der Straftat nach Art. 314-7 C. p. kann jeder *Schuldner*, aber auch jeder rechtlich bestellte und jeder faktische Leiter einer juristischen Person sein. Das Bankrottstrafrecht des Insolvenzgesetzes, das unter der Bezeichnung „redressement judi-

ciaire" ein einheitliches Insolvenzverfahren eingeführt hat, wendet sich dagegen nur an *Kaufleute, Handwerker und Landwirte* sowie rechtlich bestellte und faktische Leiter sowie Liquidatoren von juristischen Personen des Privatrechts mit wirtschaftlicher Zielsetzung, aber auch an „ständige Vertreter" dieser juristischen Personen (Art. 196 InsolvenzG). Außenstehende können nur Teilnehmer sein. Jedoch erklären Art. 314-13 C. p. und Art. 202 InsolvenzG auch *juristische Personen* zu tauglichen Tätern der Straftaten.

Die „organisation frauduleuse de l'insolvabilité" des Art. 314-7 C. p. betrifft ent- **195**
gegen dem Anschein der offiziellen Deliktsbezeichnung keineswegs nur die gezielte Herbeiführung, sondern *jede Verursachung oder Verschlimmerung der Zahlungsunfähigkeit* durch Vergrößerung der Passiva oder Verringerung der Aktiva des Vermögens. Als zusätzliche Alternativen der Tatbegehung nennt das Gesetz das Verringern oder Verheimlichen der Einkünfte und das Verheimlichen von Vermögensgegenständen. Subjektiv wird neben Vorsatz die Absicht vorausgesetzt, sich der Vollstreckung wegen einer Geldforderung zu entziehen. Das Gesetz hebt hervor, daß die Tat vor der gerichtlichen Entscheidung über die Forderung begangen werden kann, und läßt die Erklärung des Teilnehmers als für die Schuld solidarisch haftbar zu (Art. 314-8 C. p.). In der bisher veröffentlichten Rechtsprechung nehmen Fälle der Unterhaltspflichtverletzung eine wichtige Rolle ein. Diese Schuldart erwähnt das Gesetz selbst ausdrücklich. Es nimmt dagegen rein vertraglich begründete Schulden (außerhalb des Unterhalts) von seinem Schutz aus und betrifft damit vor allem deliktische Ansprüche. Nach seiner Entstehungsgeschichte soll der Straftatbestand der betrügerischen Herbeiführung oder Verschlimmerung der Zahlungsunfähigkeit vor allem den Schutz von Verbrechensopfern verbessern. Er wird daher in der Literatur nicht als Teil des Bankrottstrafrechts angesehen, obwohl er (auch) in die Zuständigkeit der spezialisierten Strafjustiz für Wirtschaftsstrafsachen fallen kann[119].

Als eigentliches **Bankrottstrafrecht** wird damit in Frankreich nur das in Art. 196 ff **196**
InsolvenzG geregelte Sonderstrafrecht der Kaufleute, Handwerker und Landwirte bezeichnet. Das Gesetz schließt allerdings in Art. 203 ff „andere Straftatbestände" an, die sich teils ebenfalls an den genannten sonderpflichtigen Täterkreis, teils aber auch an Dritte wenden und vor allem Handlungen während des Insolvenzverfahrens betreffen. Es geht bei diesen „délits connexes" insbesondere um vermögensmindernde Akte des erwähnten sonderpflichtigen Täterkreises während der gerichtlichen Beobachtungsphase, die u. a. der Entscheidung dient, ob das Unternehmen fortgeführt oder liquidiert werden soll. Einbezogen sind ferner Verstöße gegen den Fortführungsplan, aber auch unrichtige Anmeldungen von Forderungen durch Gläubiger, Veruntreuung erhaltener Gelder und andere treuwidrige Akte durch Gläubigervertreter, Insolvenzverwalter und Liquidatoren, schließlich auch die Entgegennahme von Sondervorteilen durch Gläubiger nach Eröffnung des Insolvenzverfahrens. Es geht also durchweg um den — umfassend und detailliert gestalteten — Strafschutz dieses Verfahrens.

Die „klassischen" *Bankrotthandlungen* werden unter Aufgabe der früheren Un- **197**
terscheidung von einfachem und betrügerischem Bankrott (dazu Vorauflage Rdn. 176 ff) durch Art. 197 InsolvenzG in vier bzw. fünf Tatbestandsgruppen gegliedert, deren Strafbarkeit durchgehend von der Eröffnung eines gerichtlichen Insolvenzverfahrens abhängt; die bloße Zahlungseinstellung reicht also nicht (mehr) aus

---

119 Vgl. *Bouloc* Vitu-Festschrift S. 65 (ff) mit Nachw.; *Véron* Droit pénal des affaires (1992) S. 58.

(zum früheren Recht Vorauflage Rdn. 175). Das heutige Recht übernimmt alle Fälle des früheren betrügerischen Bankrotts sowie einen Fall des früheren sog. obligatorischen einfachen Bankrotts. Die übrigen Fälle des früheren einfachen Bankrotts sind nicht mehr strafbar.

Die Aufzählung in Art. 197 beginnt mit dem einzigen verbliebenen Fall des früheren obligatorischen einfachen Bankrotts: Vornahme von Ankäufen zwecks Wiederverkauf *unter Marktwert* oder Einsatz von (sonstigen) „ruinösen Mitteln" zwecks Erlangung von Finanzmitteln. Beide Alternativen setzen die Absicht voraus, die Eröffnung des Insolvenzverfahrens zu vermeiden oder zu verzögern. Das Schrifttum unterstreicht die Bedeutung dieser Handlungen, die mit der früheren Strafe des betrügerischen Bankrotts bedroht, also dem Unwertgehalt des Beiseiteschaffens von Aktiva gleichgestellt sind[120]. Es geht insbesondere um „ruinöse" Zinszahlungen für Bankkredite, wobei sich die Rechtsprechung um eine Grenzziehung vor allem auch anhand des genannten subjektiven Erfordernisses bemüht, um sicherzustellen, daß nur Fälle der künstlichen bzw. provisorischen Verlängerung der Unternehmenstätigkeit erfaßt werden[121]. — Die zweite Gruppe von Bankrotthandlungen besteht im Beiseiteschaffen bzw. Unterschlagen (détourner) oder im Verheimlichen von *Aktiva* des Schuldnervermögens, z. B. durch unverbuchte Entnahmen. Bei vollem Wertausgleich, etwa bei Zahlung auf eine fällige und unbestrittene Forderung, entfällt der Tatbestand; Gläubigerbegünstigung ist seit 1985 für die Zeit vor Verfahrenseröffnung nicht mehr strafbar[122]. — Als dritte Bankrotthandlung nennt das Gesetz die betrügerische Erhöhung der *Passiva*, zu der auch die früher ausdrücklich aufgeführte Handlung des Anerkennens nicht bestehender Rechte gehört[123]. — Die beiden letzten Ziffern von Art. 197 betreffen die *Buchführung*, nämlich das Unterhalten einer „fiktiven" Buchführung, das Beiseiteschaffen der Buchführungsunterlagen und das Fehlen der gesetzlich vorgeschriebenen Buchführung (Nr. 4) bzw. eine „offensichtlich unvollständige oder unordentliche" Buchführung, die gesetzlich vorgeschrieben ist (Nr. 5). Als „fiktive" Buchführung wird eine solche mit gravierenden oder wiederholten Unregelmäßigkeiten angesehen[124]. — Für alle Tathandlungen ist *Vorsatz* erforderlich[125]. Der *Versuch* ist straflos.

198 Neben dem strafbaren Bankrott und den „anderen Straftatbeständen" des Insolvenzgesetzes kennt dieses noch die sog. *faillite personnelle*, die zu dem Verbot der Leitung von Handelsunternehmen und von juristischen Personen mit wirtschaftlicher Zielsetzung führt, aber auch weitere **Qualifikations- und Rechtsverluste** zur Folge hat (vgl. Art. 192, 201). Die faillite personnelle wird vom Insolvenzgericht oder vom Strafgericht für die in Art. 187 InsolvenzG aufgeführten Verhaltensweisen gegen Kaufleute, Landwirte und Handwerker ausgesprochen: mißbräuchliche und defizitäre Berufsausübung, die „zur Zahlungseinstellung führen mußte"; Verletzung der gesetzlichen Buchführungsregeln oder Verschwindenlassen der gesamten Buchführung oder eines Teiles derselben; Beiseiteschaffen oder Verheimlichen von Aktiva sowie betrügerische Erhöhung der Passiva. Art. 188 ff führen dieses System weiter aus, das teils als Maßregelrecht, von der Rechtsprechung dagegen als ein Gebilde sui

---

120 *Delmas-Marty* Droit pénal des affaires Bd. 2, 3. Aufl. (1990) S. 579.

121 *Delmas-Marty* S. 579 ff mit Nachw.; zur strafbaren Beteiligung von Bankangestellten *Koering-Joulin* Dalloz **1980** chron. S. 131; *Mouly* Dalloz **1984** chron. S. 32; *Véron* S. 213 f.

122 Vgl. *Delmas-Marty* S. 583 f; *Gauthier/Lauret* Droit pénal des affaires (1994) S. 501.

123 *Delmas-Marty* S. 586 f.

124 *Gauthier/Lauret* S. 507; *Jeandidier* Droit pénal des affaires (1991) S. 257; wohl weitergehend *Véron* S. 210 (jede Unwahrheit).

125 *Delmas-Marty* S. 588; *Gauthier/Lauret* S. 510; *Jeandidier* S. 255, 257; *Véron* S. 211.

generis im öffentlichen Interesse verstanden wird (*Derrida* Revue de science criminelle **1989** 659 f, der in diesen Sanktionen bei Verhängung durch die Strafjustiz sogar eine Nebenstrafe sieht).

b) Italien. Das italienische Konkursstrafrecht wurde in der Neuzeit stark vom französischen Recht beeinflußt. Es ist außerhalb des Strafgesetzbuches in dem Gesetz Nr. 267 vom 16. 3. 1942 über die Regelung des Konkurses, des Vergleichs, der Geschäftsaufsicht und der verwaltungsmäßigen Zwangsliquidation (Legge Fallimentare, L. F.) geregelt. **199**

Art. 216, 217 L. F. folgen der tradierten Aufteilung in betrügerischen und einfachen Bankrott. Der Täterkreis ist wie im französischen Recht auf Kaufleute bzw. **kaufmännische Unternehmer** (imprenditori commerciali) beschränkt, wobei Kleinunternehmer bis zu einem bestimmten Einkommen ausdrücklich ausgeschlossen werden. Strafbarkeit tritt nur ein, wenn der Täter bzw. die von ihm vertretene Handelsgesellschaft vom Konkursgericht für insolvent erklärt oder das Vergleichsverfahren oder das Verfahren der Geschäftsaufsicht eröffnet worden ist[126]. Nach ganz überwiegender Auffassung handelt es sich hierbei materiellrechtlich — jedenfalls soweit die Tathandlungen zeitlich vor der „dichiarazione di fallimento" liegen — um eine objektive Bedingung der Strafbarkeit, im übrigen um ein Tatbestandsmerkmal[127]. Prozessual gesehen hat die Erklärung des Konkursgerichts Tatbestandswirkung, da der Strafrichter die Richtigkeit der Erklärung nicht überprüfen darf[128]. Diese Bindung des Strafrichters entspricht dem historischen Modell des französischen Code de commerce, dessen Art. 585, 591 jedoch von einer ständigen Rechtsprechung schon vor Einführung der gesetzlichen Änderung im Jahre 1967 durch den Hilfsbegriff des faktischen Konkurses (Zahlungseinstellung) im Sinne der Vorauflage Rdn. 175 erwähnten Feststellungs- und Entscheidungsfreiheit des Strafrichters interpretiert bzw. ergänzt worden waren. Dagegen hat auch der italienische Strafrichter selbständig das Vorliegen der Bankrotthandlungen festzustellen. **200**

Art. 216 L. F. regelt den **betrügerischen Bankrott** (bancarotta fraudolenta) und unterteilt diesen — entsprechend der allgemeinen, insbesondere aber romanischen Systematik — in Vermögensmanipulationen, Buchführungsmanipulationen und Gläubigerbegünstigung. Nach Nr. 1 ist der für insolvent erklärte Unternehmer strafbar, wenn er Teile seiner Güter ganz oder teilweise entwendet, verbirgt, verheimlicht, zerstört oder verschwendet oder in der Absicht, einen Gläubiger zu benachteiligen, nicht bestehende Schulden anerkennt. Nr. 2 droht dieselbe Strafe demjenigen Unternehmer an, der seine Handelsbücher oder sonstige Unterlagen der Buchführung ganz oder teilweise unterschlägt, zerstört, verfälscht oder so führt, daß die Vermögenslage nicht mehr erkennbar ist. Subjektiv ist für die Vermögensmanipulationen vor Erklärung der Insolvenz nach überwiegender, in der Praxis aber nicht selten durchbrochener Ansicht *Absicht der Gläubigerbenachteiligung* erforderlich[129]. Gleichgestellt ist die Absicht des Täters, sich oder Dritten einen unrechtmäßigen Vorteil zu verschaffen. — Abs. 3 regelt die Gläubigerbegünstigung, nämlich die Ausführung von Zah- **201**

[126] Die Eröffnung des Vergleichsverfahrens oder des Verfahrens der Geschäftsaufsicht wird nach Art. 236 Abs. 2 L. F. nur auf die Gesellschaftsinsolvenz bezogen; der Einzelunternehmer wird insoweit nicht erfaßt. Vgl. *Pedrazzi* Derecho comparado **1979** Nr. 3 S. 58, der hierin ein Versehen des Gesetzgebers vermutet.

[127] Vgl. *Nuvolone* S. 11 ff; *Pedrazzi* aaO S. 57; *Tiedemann* Wirtschaftsstrafrecht I S. 233 mit weit. Nachw. Eingehend zum Streitstand *Conti* S. 111 ff sowie — zur Bedeutung der zeitlichen Grenzziehung — S. 183 f mit Nachw.

[128] Vgl. aber auch *Kellens* Revue de droit pénal et de criminologie **1971/72** 1061 mit Nachw.

[129] Vgl. *Conti* S. 166 ff; *Nuvolone* S. 66 ff, je mit weit. Nachw.

lungen zum Zwecke der Bevorzugung eines Gläubigers vor den übrigen und zum Schaden der übrigen. Abs. 4 sieht für die Verurteilung wegen betrügerischen Bankrotts ein zehnjähriges Berufsverbot vor.

202 Art. 217 stellt den **einfachen Bankrott** (bancarotta semplice) unter Strafe und zählt folgende 5 Gruppen von Bankrotthandlungen auf: im Verhältnis zur wirtschaftlichen Situation exzessive Ausgaben für persönliche oder familiäre Zwecke; Verbrauch eines erheblichen Teiles des Vermögens durch „Operationen von reinem Zufall oder zutage liegender Unvorsichtigkeit"; Vornahme von „Operationen von gravierender Unvorsichtigkeit", um den Konkurseintritt zu verzögern; Verschlechterung der finanziellen Situation durch Unterlassen rechtzeitiger Konkurs- oder Vergleichsantragstellung (Art. 6 L. F.) oder durch andere „schwere Schuld"; Nichterfüllung der in einem früheren Vergleich oder Konkurs übernommenen Verpflichtungen. Außerdem bestraft Abs. 2 das Unterlassen der gesetzlich vorgeschriebenen Buchführung sowie die unregelmäßige oder unvollständige Buchführung, jedoch insgesamt nur für einen Zeitraum von drei Jahren vor Konkurseröffnung oder vor Eröffnung des Unternehmens, wenn dieses eine kürzere Zeit gedauert hat. Das Berufsverbot, welches mit der Verurteilung nach Art. 217 auszusprechen ist, gilt für zwei Jahre.

203 Die Dogmatik dieses Konkursstrafrechts wird im italienischen Schrifttum intensiv behandelt. Die Diskussion betrifft vor allem das geschützte Rechtsgut (Gläubigerinteressen, öffentliche Wirtschaft, öffentliches Vertrauen, Konkursverfahren)[130], die Rechtsnatur der Strafbarkeitsbedingung, die Einordnung als Gefährdungs- oder Erfolgsdelikt[131] sowie das — überwiegend verneinte — Erfordernis einer Kausalitätsbeziehung zwischen Tathandlung und gerichtlicher Erklärung der Insolvenz[132].

204 **c) Spanien.** Das spanische Strafgesetzbuch regelt das Konkursstrafrecht in seinen Art. 520 ff, und zwar für **Kaufleute** und **Nichtkaufleute** in unterschiedlichen Bestimmungen. Für den ersteren Personenkreis enthalten Art. 520, 521 Código penal (C. p.) nur die Strafandrohung und die Deliktsbezeichnung als betrügerischer und schuldhafter Bankrott; für die Tathandlungen wird insoweit auf das Handelsgesetzbuch (Art. 888 ff Código de Comercio [C. de C.]) von 1885 verwiesen. Nach h. M. handelt es sich bei diesen Art. 520, 521 C. p. um Blankettstraftatbestände[133]. An diesen Sonderdelikten können gemäß Art. 893 C. de C. auch Nichtkaufleute teilnehmen, jedoch nur, soweit sie die kasuistisch beschriebenen Handlungen nach Art. 893 C. de C. selbst ausführen, z. B. Hilfe zum Beiseiteschaffen von Vermögensstücken durch den Schuldner leisten. — Für Nichtkaufleute inkriminieren Art. 523, 524 eigenständig und in abschließender Beschreibung durch das Strafgesetzbuch den betrügerischen und den einfachen Konkurs, wobei die 5 bzw. 6 Bankrotthandlungen die Insolvenz als Erfolg kausal herbeigeführt haben müssen. Art. 525 C. p. enthält auch für die Teilnahme am nichtkaufmännischen Konkursdelikt einen besonderen Straftatbestand.

205 Für die kaufmännischen Konkursdelikte ist nach Art. 520, 521 C. p. zunächst die Konkurseröffnung als objektive Bedingung der Strafbarkeit erforderlich. Außerdem bestimmt Art. 896 C. de C., daß „auf keinen Fall" ein Strafverfahren eingeleitet werden darf, bevor das *Zivilgericht* die rechtskräftige Feststellung getroffen hat, daß es sich um einen betrügerischen oder einfachen (schuldhaften) Bankrott handelt.

---

[130] *Conti* S. 84 ff mit Nachw.; *Nuvolone* S. 27, 32, 37 ff, 181 u. ö.

[131] *Conti* S. 95 ff; *Nuvolone* S. 39.

[132] *Nuvolone* S. 31, 38 u. ö. mit Nachw.

[133] Zusammenfassend *Muñoz Conde* Derecho Penal Parte Especial, 9. Aufl. (1993) S. 335; *Viladàs* S. 55, 95 ff mit weit. Nachw. (und rechtspolitischer Kritik wegen der Beteiligung der Kaufleute an der Handelsgerichtsbarkeit S. 115 ff).

Art. 520, 521 C. p. knüpfen hieran an, indem als **Täter** des kaufmännischen Bankrotts der in Konkurs gefallene *Kaufmann* bezeichnet wird, der als in einer quiebra fraudulenta bzw. culpable befindlich erklärt worden ist. Nach Auffassung der Rechtsprechung ist diese zivilgerichtliche Erklärung eine Prozeßvoraussetzung, die jedenfalls das Recht und die Pflicht des Strafrichters zu eigenständiger Feststellung der Strafbarkeit der Bankrotthandlungen nicht präjudiziert[134]. Entgegen der früheren, neuerdings zunehmend aufgelockerten und aufgegebenen Rechtsprechung ist der Strafrichter aber auch nicht an die zivilgerichtliche Qualifikation des Bankrotts als betrügerisch oder einfach (schuldhaft) gebunden[135]. Die Feststellung der Kaufmannseigenschaft des Täters bleibt dagegen nach Ansicht der Praxis weiterhin dem Zivilgericht vorbehalten. Erklärt übrigens das Zivilgericht die Insolvenz für zufällig (fortuito), so ist kein Strafverfahren wegen Konkursdelikts möglich. — Lücken ergeben sich daraus, daß der insolvente Kaufmann beim Handelsgericht nach der Ley de suspension de pagos von 1922 die Erklärung des Zustandes der Zahlungseinstellung beantragen kann, ohne daß diesem Ausspruch des Gerichtes unmittelbar ein Konkursverfahren folgen würde. Reformbemühungen gehen daher u. a. in die Richtung einer Gleichstellung der Zahlungseinstellung mit dem Konkurs (so Art. 257 RegE eines neuen C. p., 1994, der aber vorsätzliche Herbeiführung der Insolvenz oder Krise verlangt und damit die Praktikabilität des künftigen Rechts vor gravierende Probleme stellt: *Tiedemann* Lecciones S. 244).

Die Bankrotthandlungen bei dem **betrügerischen Bankrott des Kaufmanns** (quiebra fraudulenta) werden von Art. 890 C. de C. in 15 (!) Nummern in sehr kasuistischer Weise[136] abschließend[137] aufgezählt. Die Lehre faßt diese Handlungen entsprechend der bereits oben Rdn. 201 beschriebenen Einteilung zu drei Gruppen zusammen: Vermögensmanipulationen, Buchführungsmanipulationen, Gläubigerbegünstigung[138]. Den Vermögensbestand betreffen unmittelbar die Nrn. 1, 7—12, 14 und 15 des Art. 890. Die Nrn. 2—6 behandeln die Buchdelikte, Nr. 13 stellt die „Antizipierung" von Zahlungen zum Nachteil der Gläubiger unter Strafe; diese Gläubigerbegünstigung unterliegt im Gegensatz zu anderen Rechtsordnungen demselben Strafrahmen wie die sonstigen Bankrotthandlungen. **206**

Im Vordergrund der erstgenannten Fallgruppe betrügerischer Bankrotthandlungen steht das Beiseiteschaffen von Vermögensstücken (alzamiento de bienes, Art. 890 Nr. 1 C. de C.). Diese Straftat wird in Art. 519 C. p. auch noch einmal selbständig inkriminiert. Letzteres hat vor allem für den Fall Bedeutung, daß es nicht zu der zivilgerichtlichen Erklärung des Bankrotts kommt. Die weitere Aufzählung der Bankrotthandlungen umfaßt teilweise auch allgemeine Unterschlagungshandlungen (Nrn. 7—9), ferner den Kauf von Wertgegenständen auf den Namen dritter Personen „zum Nachteil der Gläubiger" (Nr. 12) sowie den Verbrauch von Mitteln der Masse zu eigenen Zwecken nach zivilgerichtlicher Erklärung des Konkurses. Hinsichtlich der Buchdelikte (Art. 890 Nrn. 2—6) erscheint vor allem die ergänzende Vermutung des Art. 891 bemerkenswert, nach welcher der Konkurs eines Kaufmanns, dessen wahre Situation nicht aus seinen Büchern ersichtlich ist, vorbehaltlich gegenteiligen **207**

---

[134] Vgl. *Bajo Fernández* Derecho penal económico aplicado a la actividad empresarial (1978) S. 162 ff; *Bajo Fernández/Suárez González* Manual de Derecho Penal Parte Especial, 2. Aufl. (1993) S. 237 f mit Nachw.

[135] Vgl. *Bajo Fernández* S. 165 ff; *Bajo Fernández/Suárez González* aaO; *Muñoz Conde* aaO, je mit weit. Nachw.

[136] Zur rechtspolitischen Kritik *Muñoz Conde* S. 338 und *Viladàs* S. 90 ff mit Nachw. — Zu dem im Text genannten Entwurf *Gonzáles Rus* in: Schünemann/Suárez S. 94.

[137] Vgl. nur *Bajo Fernández* S. 204 f; *Bajo Fernández/Suárez González* S. 240 (Rdn. 77).

[138] *Bajo Fernández* S. 205 mit Nachw.; *Viladàs* S. 60.

Beweises als betrügerisch anzusehen ist. — Als subjektives Tatbestandserfordernis wird für Art. 520 C. p. meist betrügerische Absicht zum Nachteil der Gläubiger verlangt[139], wobei die handelsrechtliche Vorsatzvermutung für im Strafrecht unanwendbar gehalten wird.

208 Der **einfache schuldhafte Bankrott des Kaufmanns** (quiebra culpable) wird vom Gesetzgeber enger gefaßt und bezieht sich schon nach dem Wortlaut des Art. 521 C. p. nur auf die in Art. 888 C. de C. aufgezählten 5 Handlungen: exzessive, nämlich im Verhältnis zu den Umständen und zu dem liquiden Vermögen des Kaufmanns unverhältnismäßige persönliche und häusliche Ausgaben; Spielschulden, die über das hinausgehen, was ein vorsichtiger pater familias zu Erholungszwecken (!) auszugeben pflegt; Verluste infolge unvorsichtiger und umfangreicher Einsätze oder infolge von An- oder Verkäufen und anderen „Operationen", deren Ziel es ist, den Konkurseintritt hinauszuschieben; Verkauf von Wertpapieren 6 Monate vor Erklärung des Konkurses mit Verlust oder (und) für einen geringeren als den gängigen Preis, sofern der Kaufpreis für die Wertpapiere vom Schuldner noch nicht bezahlt war; Schuldigwerden in Höhe des Doppelten des liquiden Vermögens, wie es sich aus dem letzten Inventar ergibt, sofern die Tathandlung in die Zeit zwischen der letzten Inventarerrichtung und Konkurseröffnung fällt. — Zur Auslegung dieser Anhäufung von normativen Begriffen empfiehlt die Literatur insgesamt den Maßstab des sorgfältigen pater familias bzw. dessen Ersetzung durch den des ordentlichen und vorsichtigen Kaufmanns[140].

209 Umstritten ist sowohl für Art. 521 als auch für Art. 520, ob zwischen der Bankrotthandlung und dem Erfolg der Insolvenz ein **Kausalzusammenhang** bestehen (und nachgewiesen werden) muß. Für die bejahende Ansicht[141] spricht die entsprechende eindeutige Konstruktion des Gesetzgebers in den Fällen des nichtkaufmännischen Konkurses (Art. 523, 524 C. p.). Die verneinende bzw. differenzierende Auffassung[142] kann darauf verweisen, daß das Handelsgesetzbuch nur in den Fällen der Art. 891 und 892 einen Gegenbeweis zuläßt und daher im übrigen Kausalität (und Schuld) unwiderleglich vermute. Die Rechtsprechung ist uneinheitlich. Urteile des Obersten Gerichtshofes aus den 70er Jahren verlangen den Nachweis von Kausalität.

210 Die **Strafen** bei Art. 520, 521 sind gemäß Art. 527 C. p. nach dem Prozentsatz des Ausfalls der Gläubigerforderungen gestuft. Die schwierige Praktikabilität dieses Maßstabes wird beklagt.

211 Der **nichtkaufmännische Bankrott**, durch Art. 523, 524 ebenfalls in betrügerische und einfache Tathandlungen aufgeteilt (insolvencia fraudulenta bzw. culpable), betrifft wiederum vor allem exzessive und unverhältnismäßige persönliche Ausgaben, übermäßige Spielschulden, große Verluste durch Zufallsspekulationen, aber auch die Verzögerung des Konkurses, sofern die Passiva dreimal so hoch wie die Aktiva waren (Art. 523 Nr. 5). Für den einfachen nichtkaufmännischen Konkurs nennt das Gesetz ebenfalls die Tathandlung des Erwerbs von Gütern auf den Namen einer anderen Person (Art. 524 Nr. 4).

212 **d) Portugal.** Das portugiesische Strafgesetzbuch (Código penal) von 1983 i. d. F. v. 1995 unterscheidet — neben der Gläubigerbegünstigung — vorsätzlichen

---

139 *Bajo Fernández* S. 187 f, 192 f mit Nachw.

140 *Bajo Fernández* S. 208; *Bajo Fernández/Suárez González* S. 241 f; *Viladàs* S. 92.

141 *Bajo Fernández* S. 173 ff mit Nachw. (und Hinweis auf die Problematik dieser Ansicht bei den Buchdelikten: S. 206 f); *Muñoz Conde* S. 336; *Viladàs* S. 98 ff.

142 *Bajo Fernández/Suárez González* S. 254 f mit Nachw.

und fahrlässigen Bankrott, dessen Begehung seit 1995 nicht mehr auf Kaufleute beschränkt ist (Art. 227 ff). Jedoch ist für die Strafbarkeit weiterhin die gerichtliche Feststellung erforderlich, daß sich der Schuldner im Zustand der „falência" befindet. Der **vorsätzliche Bankrott** setzt Absicht der Gläubigerbenachteiligung voraus und ist in vier Gruppen von Bankrotthandlungen strafbar, die Art. 227 Abs. 1 aufzählt. Abs. 2 sieht — ähnlich wie § 283 Abs. 2 StGB — die kausale Herbeiführung der Insolvenz durch diese Bankrotthandlungen vor und schärft insoweit die Strafe. Abs. 4 regelt und bestraft bemerkenswerterweise auch Verstöße im Vergleichsverfahren. Unter den Bankrotthandlungen, die klassischen Vorbildern folgen, ist die Beschränkung der unrichtigen Buchführung und Bilanzierung auf Fälle der Vorspiegelung eines zu geringen Vermögensstandes bemerkenswert; allerdings werden Buchführungsmanipulationen generell von der Rechtsprechung — wie im spanischen Recht — als Urkundenfälschung bestraft (vgl. *Tiedemann* Lecciones S. 50 mit Nachw.). Der **fahrlässige Bankrott** (Art. 228) erfaßt die Verursachung der Insolvenz durch offensichtlich übertriebene Ausgaben, ruinöse Spekulationen usw., aber auch durch „grobe Fahrlässigkeit bei der Berufsausübung". — Das neue Recht, das auf das Gesetzes-Dekret Nr. 132/93 über besondere Verfahren zwecks Sanierung oder Liquidation von Unternehmen zurückgeht, verzichtet auf den früher erforderlichen Strafantrag der Gläubiger (der durch Fehlverhalten der Gläubiger verwirkt werden konnte; näher *Bohlander* wistra **1991** 333, 336).

4. Der anglo-amerikanische Rechtskreis

a) England. Das englische Insolvenzstrafrecht ist seit der maßgeblich von den **213**
Vorarbeiten des sog. Cork-Committee beeinflußten Insolvenzrechtsreform im wesentlichen im **Insolvency Act 1986** geregelt[143]. Im Vergleich zur früheren Rechtslage (hierzu Voraufl. Rdn. 193 ff vor § 283) ist es modernisiert, aber auch neu systematisiert worden: Entsprechend der herkömmlichen Unterscheidung zwischen der Insolvenz von Kapitalgesellschaften („company insolvency", „winding up") und der „bankruptcy" von Privatpersonen (und Personengesellschaften) trennt der Insolvency Act 1986 zwischen der strafrechtlichen Verantwortlichkeit von Leitungsorganen in Kapitalgesellschaften und derjenigen von Privatpersonen (und Personengesellschaftern). Auch hat sich der insolvenzrechtliche Hintergrund verändert, indem — ähnlich wie in der deutschen InsO 1999 — das Ziel der Rettung und Sanierung insolvenzbedrohter Unternehmen stark betont wird. Dementsprechend sieht der Insolvency Act 1986 die Zwangsliquidation — bei Kapitalgesellschaften durch „winding up by court", bei Privatleuten und Personengesellschaften im Falle der „bankruptcy" — nur als ultima ratio an. Vorgeschaltet sind Vergleichsverfahren („voluntary" bzw. „individual voluntary arrangements") oder Verfahren der Zwangsverwaltung („administrative orders", „receivership"), die zugleich vor Anträgen auf Zwangsliquidation schützen. Kommt es bei diesen Verfahren nicht zu einer Liquidation, so können Unregelmäßigkeiten strafrechtlich nur durch die allgemeinen Tatbestände der Theft Acts 1968/1978 (vor allem „fraud") erfaßt werden.

---

143 Zur Reformgeschichte *Arnold* ZIP **1985** 213, 217 ff; *Vach*, Aspekte der Insolvenzrechtsreform 1986 in England (1991) S. 3, 17 ff. — Näher zum neuen Insolvenzstrafrecht *Bailey/Groves/Smith* Corporate Insolvency (1992) S. 432 ff; *Berry/Bailey* Bankruptcy (1987) S. 257 ff; *Crystal/Phillips* (Hrsg.) Butterworth's Insolvency Law Handbook, 3. Aufl. (1994) (Gesetzessammlung); *Fletcher* The Law of Insolvency (1990) S. 310 ff, 517 ff. Zum älteren englischen Konkursstrafrecht vgl. die Nachw. in Voraufl. Fußn. 87 ff zu Rdn. 193 ff vor § 283.

214 Sec. 206—219 Insolvency Act 1986 enthalten das **Insolvenzstrafrecht der Kapitalgesellschaften**, welches in der Praxis ganz im Vordergrund steht: In England sind selbst Kleinbetriebe in der Regel als „companies" organisiert, da die Höhe des Mindestkapitals nicht gesetzlich bestimmt ist. Der Täterkreis beschränkt sich auf die Leitungsorgane der Gesellschaft („officers", nämlich „directors", d. h. Geschäftsführer, Manager sowie die für Rechnungslegung und Registeranmeldungen zuständigen „secretaries"), bezieht aber faktische Geschäftsführer ausdrücklich ein[144]. Die Strafbarkeit hängt durchweg vom Eintritt der objektiven Bedingung der Liquidation der Gesellschaft („winding up") ab, wobei freilich die freiwillige Liquidation genügt. Ein Handeln in der Krise der Gesellschaft wird nicht vorausgesetzt; vielmehr verwendet der englische Gesetzgeber strikte, vom Beginn des „winding up" an zurückgerechnete Fristen — eine Technik, die aus dem deutschen (Zivil-)Recht der Konkursanfechtung bekannt ist. Der teils außerordentlich weite Umfang strafbaren Verhaltens wird durch Wertgrenzen (500 £) und in den meisten Tatbeständen auch dadurch zurückgenommen, daß dem Täter der Gegenbeweis fehlender unredlicher Absicht („intent to defraud") offensteht, die freilich vermutet wird.

Im einzelnen lassen sich die strafbaren Handlungen unter zeitlichen Aspekten (vgl. Voraufl. Rdn. 193 vor § 283) in deliktische Verhaltensweisen bis zum Beginn der Liquidation (sec. 206 und 207) und Pflichtverstöße in der Zeit danach (sec. 208—211) aufteilen. Hierbei entspricht sec. 206 („fraud, etc in anticipation of winding up") mehr oder weniger § 283 StGB und stellt das *Verheimlichen* und *Beiseiteschaffen* von Vermögensbestandteilen mit einem Wert über 500 £ sowie *Buchführungsmängel* unter Strafe, sofern die Handlungen binnen 12 Monaten vor dem (aber auch nach Beginn des) „winding up" begangen worden sind und dem Täter nicht der Gegenbeweis des fehlenden „intent to defraud" gelingt. Sec. 207 („transactions in fraud of creditors") hebt *Schenkungen* aus dem Gesellschaftsvermögen, sofern sie binnen fünf Jahren vor Beginn des „winding up" vorgenommen worden sind, sowie andere Handlungen zwecks *Vollstreckungsvereitelung* als besonders gefährlich hervor, wobei dem Täter der Gegenbeweis des fehlenden „intent to defraud creditors" offensteht. Nach Beginn des „winding up" stehen *Informations-, Offenlegungs- und Mitwirkungspflichten* im Vordergrund. Sie sind gegenüber dem gerichtlich bestellten Liquidator („misconduct in course of winding up", sec. 208), in bezug auf die Buchführung („falsification of company's book", sec. 209), aber auch als generelle Wahrheitspflichten („material ommission from statement relating to company's affairs", sec. 210) insbesondere gegenüber den Gläubigern („false representation to creditors", sec. 211) zu erfüllen.

215 Ergänzend sieht der Insolvency Act 1986 eine „penalisation" der Leitungsorgane einer Kapitalgesellschaft in Form von Ersatzpflichten und persönlicher Haftung vor. Sie ist nach deutschem Verständnis als eine Art zivilrechtlicher **Strafschadensersatz** zu werten und zielt in der Sache vor allem auf Fälle der Insolvenzverschleppung ab. Neben der betrügerischen Geschäftsführung („fraudulent trading", sec. 213; Strafvorschrift in sec. 458 Companies Act 1985) ist vor allem das „wrongful trading" (sec. 214) bedeutsam[145]. Es setzt voraus, daß der Direktor die Geschäftstätigkeit zu

---

[144] Dies ergibt sich bereits aus der Legaldefinition in sec. 251, wonach „director" auch derjenige ist, der tatsächlich die Position eines Direktors innehat (sog. „de facto director"). Des weiteren erfassen die meisten Straftatbestände ausdrücklich auch „shadow directors", nämlich Personen, nach deren Weisungen die bestellten Direktoren üblicherweise handeln (ohne Beraterberufe). Das Verhältnis des Begriffs „de facto director" zu dem des „shadow director" ist freilich nicht geklärt; vgl. *Bailey/Groves/Smith* aaO S. 414.

[145] Näher *Vach* aaO S. 172 ff.

einem Zeitpunkt fortführte, in dem er wußte oder hätte wissen müssen, daß vernünftigerweise keine Aussicht bestand, eine „insolvent liquidation" abzuwenden, und daß es dann zu dieser „insolvent liquidation" kommt, also die Insolvenzmasse nicht ausreicht, um die Schulden und die Verfahrenskosten vollständig zu decken. Weiterhin führt bereits jede pflichtwidrige Geschäftsführung („misfeasance", sec. 212) zu Schadensersatzpflichten. Selbst der schlichte Weitergebrauch der Firma einer in Liquidation befindlichen insolventen Gesellschaft („re-use of company names", sec. 216) ist strafbar und führt zu persönlicher Haftung (sec. 217).

Daneben greifen flankierend **Berufsverbote** mit einer Dauer von bis zu 15 Jahren für Direktoren nach dem Company Directors Disqualification Act 1986 (CDDA) ein[146]. Im Unterschied zum deutschen Recht können Berufsverbote nicht nur bei rechtskräftiger Verurteilung wegen gesellschaftsbezogener (sec. 2 CDDA) oder Insolvenz-Straftaten (sec. 4 CDDA) ausgesprochen werden, sondern bereits dann, wenn hartnäckig gegen Publizitätspflichten verstoßen wurde (sec. 3 CDDA), wenn sich bei einer insolvent gewordenen Gesellschaft erweist, daß der Direktor ungeeignet („unfit") ist (sec. 6 CDDA) oder er an „wrongful trading" beteiligt war (sec. 10 CDDA).

Das historisch im Vordergrund stehende, praktisch nunmehr weniger bedeutsame **216**
Strafrecht der Privatinsolvenzen („bankruptcy offences") ist in sec. 350—362 Insolvency Act 1986 geregelt. Auch hier ist die Strafbarkeit dadurch bedingt, daß ein Insolvenzverfahren gerichtlich eröffnet wird (sec. 350 [1]). Allerdings bleibt die Strafbarkeit bei anschließender Niederschlagung des Verfahrens („annulment") oder Restschuldbefreiung („discharge") hinsichtlich zuvor begangener Taten unberührt (sec. 350 [2], [3]), und ein Handeln in der Krise wie im deutschen Recht ist nicht erforderlich. Die teils sehr weite Fassung der Straftatbestände wird durch in dem Insolvency Proceedings (Monetary Limits) Order 1986 bestimmte Wertgrenzen (500 £) und dadurch abgemildert, daß dem Täter durchgängig der Gegenbeweis des fehlenden „intent to defraud" offensteht (sec. 352; vgl. oben Rdn. 214).

Entsprechend dem früheren Schwerpunkt des englischen Insolvenzstrafrechts im Bereich des Verfahrensrechts (Voraufl. Rdn. 196 vor § 283) setzen zahlreiche strafbewehrte Pflichten, vor allem *Informations-, Offenlegungs- und Mitwirkungspflichten*, erst mit Insolvenzeröffnung ein. Insbesondere sind strafbar die Verletzung von Offenlegungspflichten gegenüber dem Insolvenzverwalter („non disclosure", sec. 353), das Verheimlichen von Vermögensgegenständen („concealment of property", sec. 354) oder von Buchführungsunterlagen („concealment of books and papers", sec. 355) sowie sonstige Falschangaben in der Insolvenz („false statements", sec. 356). Auch im Verhältnis zu Kreditgebern oder anderen Geschäftspartnern besteht eine strafbewehrte Pflicht, über den Umstand der Insolvenzeröffnung aufzuklären („obtaining credit; engaging in business", sec. 360); und der Gemeinschuldner darf England und Wales nicht unter Mitnahme des insolvenzbefangenen Vermögens verlassen („absconding", sec. 358; vgl. Voraufl. Rdn. 195 vor § 283).

Daneben betont das neue Recht stärker als bislang die Pflichten des späteren Gemeinschuldners vor Insolvenzeröffnung. So sind das *Verheimlichen* von Vermögensgegenständen oder Buchführungsunterlagen sowie gegenüber den Gläubigern gemachte *Falschangaben* auch dann strafbar, wenn die Tat binnen 12 Monaten vor Stellung des Insolvenzantrags begangen wurde. In diesem Zeitraum ist weiterhin jede *Verfügung über kreditierte Ware*, die nicht im gewöhnlichen Geschäftsverkehr erfolgt, unter Strafe gestellt („fraudulent trading with property obtained on credit",

---

[146] Näher *Bailey/Groves/Smith* aaO S. 426 ff.

sec. 359). *Mangelhafte Buchführung* ist binnen eines Zeitraums von zwei Jahren vor Stellung des Insolvenzantrags strafbar („failure to keep proper accounts of business", sec. 361), sofern der Täter nicht beweist, daß die Mängel angesichts der Umstände „honest and excusable" waren. Während desselben Zeitraumes sind auch *Spiel* sowie wilde und gefährliche *Spekulation* strafbar („gambling", sec. 362; vgl. Voraufl. Rdn. 194 vor § 283). Zeitlich am weitesten, nämlich auf höchstens fünf Jahre vor Stellung des Insolvenzantrags, vorverlagert ist die Strafbarkeit wegen *Schenkung* oder anderen Beiseiteschaffens, vor allem bei drohender Zwangsvollstreckung („fraudulent disposal of property", sec. 357).

217 Insgesamt ist hervorzuheben, daß das neue englische Recht den Charakter des Insolvenzstrafrechts als **Unternehmensstrafrecht** betont (und insoweit auch besondere Regeln für die Ermittlung und Verfolgung der in Kapitalgesellschaften begangenen Insolvenzstraftaten vorsieht; vgl. sec. 218, 219 Insolvency Act 1986). Die praktische Bedeutung der strafrechtlichen Verantwortlichkeit der Organe von Kapitalgesellschaften wird in der Literatur freilich zurückhaltend beurteilt[147]. Offenbar greift die Praxis vorrangig auf die zivilrechtliche Verantwortlichkeit der Direktoren wegen „fraudulent" und „wrongful trading" einerseits und auf Berufsverbote gegen Direktoren andererseits zurück. Im übrigen ist im Vergleich zum früheren Recht (Voraufl. Rdn. 217 vor § 283) zu bemerken, daß in der englischen Insolvenzrechtsreform eine deutliche Annäherung an das kontinentaleuropäische Insolvenzstrafrecht stattgefunden hat und insbesondere die eigentlichen Bankrotthandlungen vor Insolvenzeröffnung wesentlich stärkere Beachtung als bislang gefunden haben.

218 **b) USA.** Das US-amerikanische Konkursstrafrecht findet sich heute in 18 U. S. C. §§ 151 ff und geht auf den Bankruptcy Act von 1898[148] zurück. Die einschlägigen Straftatbestände dienen vor allem dem Zweck, die Effektivität des Konkurs- und des Vergleichsverfahrens im Sinne einer Verteilung allen verfügbaren Vermögens auf die Gläubiger zu sichern (Stegemann v. U. S. 425 F. 2 d 984, 986 [9th Cir.] cert. den. 400 US 837; U. S. v. Shapiro 101 F. 2 d 375 [7th Cir.] cert. den. 306 U. S. 657). Sie stehen in ihrer praktischen Bedeutung hinter den „civil remedies" (Verweigerung der Restschuldbefreiung!) zurück.

219 18 U. S. C. § 151 begrenzt den Begriff des Schuldners (debtor) nur nach dem Betroffensein durch einen Konkursantrag. Bereits nach dem Katalog von 18 U. S. C. § 152 kann sich auch **jeder Dritte** (und der für den Schuldner Handelnde) strafbar machen; in Betracht kommen insbesondere Anwälte und Angestellte des Schuldners. §§ 153 ff beschreiben recht ausführlich auch Unterschlagungs- und Untreuehandlungen von Konkursverwaltern und anderen konkursrechtlichen Funktionsträgern. Aneignungshandlungen, Honorarabkommen u. a. m. dieser Personen werden als Sonderdelikte unter Strafe gestellt, um Machenschaften von Anwälten und sonstigen Personen, die sich berufsmäßig mit der Abwicklung von Konkursen und Vergleichen beschäftigen, zu verhindern.

220 Ähnlich wie im englischen Recht (oben Rdn. 214) lassen sich die Konkursstraftaten unterteilen in solche, die bereits vor Einleitung des Konkurs- oder Vergleichsverfahrens begangen werden können, und solche, welche den Beginn dieses Verfahrens voraussetzen. Zur ersteren Gruppe gehört vor allem Abs. 7 des § 152. Dieser erfaßt das wissentliche und betrügerische **Verheimlichen** oder **Übertragen von Vermögens-**

---

[147] *Bailey/Groves/Smith* aaO S. 432.

[148] Zu diesem *Klöcker* S. 35 f; *Wach* in: Vergleichende Darstellung des Deutschen und Ausländischen Strafrechts Bes. Teil Bd. VIII (1906) S. 39 f. — Text des geltenden Rechts bei *Klöcker* S. 219 ff.

stücken bei bevorstehendem („imminent") Konkursverfahren, mit dessen Eröffnung der Täter rechnet, oder in der Absicht, die Bestimmungen des Konkurs- und Vergleichsrechts zu umgehen („with intent to defeat the provisions") — was in der Regel zusammentreffen wird. Im Fall U. S. v. Knickerbocker Fur Coat Co. (66 F. 2d 388 [2nd Cir.] 1933) wurde Strafbarkeit des Versteckens von Pelzen angenommen, obwohl es später nicht zum Konkursverfahren, sondern zu einer außergerichtlichen Einigung mit den Gläubigern kam. — Mit *Verfahrenseröffnung* wird neben Abs. 2 (falscher Eid im Zusammenhang mit dem Konkurs- oder Vergleichsverfahren) und Abs. 3 (falsche Erklärungen in diesen Verfahren) vor allem auch Abs. 1 des § 152 einschlägig, der das Verheimlichen von Vermögensstücken gegenüber dem Vermögensverwalter, Konkursverwalter oder anderen mit der Betreuung und Verwaltung beauftragten Personen oder gegenüber Gläubigern bestraft. Da der Täter bei Vornahme der Tathandlung nicht nur wissentlich und betrügerisch handeln, sondern auch eine gewisse Kenntnis (some knowledge) von der Eröffnung des Konkursverfahrens haben muß (Rachmil v. U. S. 43 F. 2d 878, 880 f [9th Cir.] 1930), wirkt dieser Akt auch bei der zweiten Gruppe der Bankrotthandlungen nicht im Sinne einer objektiven Strafbarkeitsbedingung. Nach Einleitung des Konkurs- oder Vergleichsverfahrens ist strafbar auch die Geltendmachung von nicht oder nicht in der Art oder Höhe bestehenden Forderungen (Abs. 4), das Annehmen von Vermögensgegenständen, die der Schuldner seinem Vermögen entzogen hat (sofern das Annehmen in der Absicht erfolgt, die Bestimmungen des Konkurs- und Vergleichsrechts zu umgehen, Abs. 5), das Annehmen von Geld- oder Sachwerten als Gegenleistung für Handlungen oder Unterlassungen in bezug auf das Verfahren (Abs. 6), das wissentlich und in betrügerischer Absicht vorgenommene Fälschen, Zerstören usw. von Aufzeichnungen in bezug auf die Konkursmasse oder die Vermögensverhältnisse des Schuldners (Abs. 8) sowie das wissentliche und betrügerische Zurückhalten von schriftlichen Informationen einschließlich Büchern und Geschäftspapieren des Schuldners (Abs. 9).

Insgesamt ist im Hinblick auf die US-amerikanischen Konkursstraftatbestände **221**
die ausführliche Erfassung der neben dem Gemeinschuldner am Konkurs- oder Vergleichsverfahren beteiligten Personen auffällig. Die Zahl der Anklagen wegen Konkursstraftaten ist aber insgesamt außerordentlich gering.

5. Rechtsvergleichung und Folgerungen für die Strafrechtsreform. Unser notwen- **222**
digerweise kurzer und vom Standpunkt des deutschen Rechts vorgenommener Ausblick auf einige ausländische Rechtsordnungen deckt Gemeinsamkeiten und Unterschiede auf. Dabei konnte die Praxis des ausländischen Konkursstrafrechts nur an wenigen Stellen angedeutet werden. Ganz außer Betracht bleiben mußten diejenigen Straftatbestände, die in den früheren **sozialistischen Staaten** — meist im Anschluß an den Tatbestand der „Unwirtschaftlichkeit" von Betriebs- und Behördenleitern nach Art. 128 des sowjetrussischen StGB von 1926 — fehlerhaftes Wirtschaftsverhalten von Funktionären und anderen Personen erfaßten und seit einiger Zeit grundlegend reformiert werden, wobei sich die Reformen und Reformpläne eng an westliche Modelle anlehnen (z. B. §§ 289 ff ungar. StGB i. d. F. v. 1992), diese aber auch kombinieren und mischen (z. B. poln. Gesetz über den Schutz des Wirtschaftsverkehrs v. 12. 10. 1994)[149]. Bereits das jugoslaw. Strafgesetzbuch von 1951 kannte Straftatbestände, die

[149] Zum früheren Recht Übersichten bei *Kellens* Revue de droit pénal et de criminologie **1971/72** 1050 ff und *Schultze-Willebrand* Das Strafrecht der europäischen sozialistischen Staaten (1980) S. 180 ff; *Schroeder* ZStW **95** (1983) 486 ff mit weit. Nachw. Zu den Reformarbeiten vgl. etwa *Lammich/Piesliakas* MschrKrim **1994** 377, 380 (Litauen); *Lauffs* RIW **1986** 779, 785, 788 (China); *Pusztai* in: Eser/Kaiser/E. Weigend S. 436 ff (Ungarn).

unserem Konkursstrafrecht unmittelbar entsprachen. Bestraft wurde danach (Art. 213 a, 213 b) u. a. derjenige, der „die Zwangsliquidierung einer wirtschaftlichen Organisation verursacht", namentlich wegen unwirtschaftlicher Ausgaben in Kenntnis der Zahlungsunfähigkeit der Organisation; strafbar war auch „das Verursachen von Vorteilen bei den Gläubigern, wenn dadurch ein Nachteil bei den anderen Gläubigern eintritt". Das tschechische StGB kennt seit 1961 den Straftatbestand der Vereitelung der Gläubigerbefriedigung unabhängig von Konkurs- und Vergleichsverfahren.

223 Innerhalb der **westlichen** Rechtsordnungen ist zentrales und traditionelles Unterscheidungsmerkmal der Konkursstrafrechte vor allem die dem historischen französischen Modell entnommene und auch im belgischen und italienischen Recht wiederkehrende Beschränkung des Täterkreises auf **Kaufleute**. Die Entscheidung für oder gegen eine solche Beschränkung ergibt sich aus dem jeweiligen (außerstrafrechtlichen) Insolvenzrecht, dessen Reform in Frankreich eine erhebliche Ausweitung des Täterkreises gebracht hat. Umgekehrt kennen auch Staaten, die — wie das deutsche und das nordische (skandinavische), aber auch das österreichische und schweizerische Konkursstrafrecht — grundsätzlich *jeden Schuldner* als potentiellen Konkursstraftäter behandeln, insbesondere im Buchführungsbereich Besonderheiten, die ihrerseits aus dem Handelsrecht folgen. Ein *Mischmodell* mit grundsätzlicher Ausrichtung an kaufmännischen Tätern und minder schweren Straftatbeständen für sonstige Schuldner bietet das spanische Recht, welches in dieser Frage auch Teile des lateinamerikanischen Strafrechts beeinflußt hat. Dogmatisch sinnvoll, aber wahrscheinlich mit Schwierigkeiten der praktischen Anwendung verbunden, ist die insbesondere in Italien anzutreffende Beschränkung des Konkursstrafrechts auf Unternehmer von einem bestimmten Umfang der Geschäftstätigkeit an bzw. die englische Unterscheidung zwischen der Insolvenz von Kapitalgesellschaften und derjenigen von Privatpersonen (oder Personengesellschaften). Die deutsche InsO 1999 (§ 304) sieht zwar für Minderkaufleute ein vereinfachtes Insolvenzverfahren vor, berührt die Geltung der §§ 283 ff StGB aber weder insoweit noch bei dem gleichgestellten „Verbraucherinsolvenzverfahren".

224 Die meisten hier berücksichtigten Staaten beschränken die Strafbarkeit auf diejenigen Fälle, in denen Zahlungsunfähigkeit (Insolvenz) eintritt und durch eine **Zahlungseinstellung** oder auf sonstige Weise manifest wird. Dabei besteht in den romanischen Staaten klassischerweise eine Bindung des Strafrichters an das Erfordernis der (zivilrechtlichen) Eröffnung des Insolvenzverfahrens, so daß Fälle der bloßen Zahlungseinstellung straffrei bleiben. Die Beseitigung dieser Beschränkungen wird nahezu durchgehend angestrebt[150]. Jedoch behält z. B. das neue portugiesische StGB das Erfordernis einer „declaração de falência" ausdrücklich bei. — Eine Ausnahme von diesem Gesamtsystem bietet in Europa zunächst das österreichische Kridastrafrecht, das sich nicht nur von jeder Bindung an außerstrafrechtliche Insolvenzverfahren löst, sondern jedenfalls formell nicht einmal Zahlungseinstellung voraussetzt (ebenso § 256 tschech. StGB). Die erforderliche Vereitelung oder Schmälerung der Gläubigerbefriedigung dürfte freilich regelmäßig mit Zahlungsunfähigkeit und Zahlungseinstellung zusammenfallen (vgl. näher OGH EvBl **1980** 130). Auch das Strafgesetzbuch Norwegens (§§ 281 ff) läßt Zahlungsschwierigkeiten und Gläubigerverluste als strafrechtlich maßgebende Erfolge genügen, während das schwedische StGB

[150] *Pedrazzi* Derecho comparado **1979** Nr. 3 S. 63; auch *Kellens* Revue de droit pénal et de criminologie **1971/72** 1062.

(Kap. 11 §§ 1 ff) und das in den letzten Jahren mehrfach geänderte StGB Finnlands (Kap. 39 §§ 1 ff) auf die Insolvenz abstellen, allerdings auch unmittelbar drohende Insolvenz und Verschlimmerung der Insolvenz ausreichen lassen. Diese ist im finnischen und teilweise auch im schwedischen Strafrecht bei dem Tatbestand der „Unredlichkeit" des Schuldners Erfolg, bei dem finnischen Tatbestand des „Schuldnerbetruges" und im schwedischen Strafrecht dagegen grundsätzlich — wie bei § 283 Abs. 1 StGB — Voraussetzung des strafbaren Handelns. Demgegenüber bietet das dänische Strafgesetzbuch (§§ 283, 290, 292, 300) ein stark gemischtes Modell, das teilweise auch auf die Einleitung von Insolvenzverfahren abhebt.

Hinsichtlich der **gesetzlichen Systematik** stellen nicht wenige Rechtsordnungen **225** als eigentlichen Grundtatbestand des Konkursstrafrechts das Erfolgsdelikt der (vorsätzlichen) Herbeiführung der Zahlungsunfähigkeit voran, um die Strafbarkeit bloßer Bankrotthandlungen (mit nachfolgender oder voraufgehender Konkurseröffnung usw.) erst im Sinne von Gefährdungsdelikten (Auffangtatbeständen) anzuschließen. Dabei wird durchweg der historische Ursprung der „Bankrotthandlungen" als bloßes Beweismittel für die Feststellung der Böswilligkeit des Schuldners deutlich[151]. Einige Rechtsordnungen kennen für diesen Bereich daher auch heute noch eine strafrechtliche Beweislastumkehr. Vor allem im englischen Konkursstrafrecht obliegt es dem Täter, das Fehlen des „intent to defraud", zu beweisen, wobei sich der historische Ursprung der Bankrotthandlungen in dem Beiseiteschaffen von Vermögensbestandteilen, verstanden als Flucht des Schuldners mit seiner Habe[152], bis heute erhalten hat („absconding", vgl. oben Rdn. 216). Dogmatisch moderner, freilich in der praktischen Anwendung schwieriger und zugleich relativ unbestimmt sind demgegenüber gesetzgeberische Lösungen und Lösungsvorschläge, die — wie das portugiesische StGB beim fahrlässigen und der spanische RegE 1994 beim vorsätzlichen Bankrott — auf die Beschreibung von Bankrotthandlungen ganz oder weitgehend verzichten und die (schuldhafte) Herbeiführung der Insolvenz unter Strafe stellen. Das schwedische und das finnische StGB gehen einen *Mittelweg* und zählen Bankrotthandlungen auf, deren Vornahme kausal zur Insolvenz oder drohenden Insolvenz bzw. zur wesentlichen Verschlechterung der finanziellen Lage führen muß (ähnlich das polnische Gesetz von 1994).

Hinsichtlich der strafbaren Bankrotthandlungen findet sich in zahlreichen westli- **226** chen Konkursstrafrechten die insbesondere von der romanischen Lehre entwickelte Aufteilung in **Vermögensmanipulationen** (Verminderung der Aktiva und Erhöhung der Passiva), **Buchführungsmanipulationen** und — meist mit geringerer Strafdrohung — **Gläubigerbegünstigung**. Nicht nur im deutschen Sprachraum herrscht zur Auslegung des Beiseiteschaffens von Vermögensbestandteilen eine finale Ausrichtung dieser Tathandlung vor (vgl. auch § 283 Rdn. 28). Bei realem Wertausgleich, möglicherweise aber auch bei der bloßen Verringerung der Passiva durch Tilgung bestehender Verpflichtungen, kann die Tatbestandsmäßigkeit dieser Bankrotthandlung häufig verneint werden (vgl. auch § 283 Rdn. 30). Eine Begrenzung der Strafbarkeit riskanter Geschäfte auf völlig unvertretbare Handlungsweisen wird vor allem durch das englische Konkursstrafrecht nahegelegt. Der Maßstab des ordentlichen (sorgfältigen) Kaufmanns gilt im übrigen als Auslegungshilfe für die Ausfüllung und Konkretisierung der zahlreichen normativen Tatbestandsmerkmale des Konkursstrafrechts

---

151 Zusammenfassend dazu *Bajo Fernández* S. 184 mit Nachw.

152 Zu dieser historischen Entwicklung und ihrer Deutung (Erscheinung der Personalexekution!) *Binding* Lehrbuch I S. 423 (Fußn. 1); *Bajo Fernández* S. 212 Fußn. 150; *Reichart* GS **48** (1893) 85 ff.

(vgl. auch oben Rdn. 111 ff). Die Strafbarkeit von Buchführungsmängeln wird nicht selten auf einen bestimmten Zeitraum vor Konkurseröffnung beschränkt.

227 Für den „germanischen" Rechtskreis einschließlich der Strafgesetzbücher von Norwegen (§ 284), Schweden (Kap. 11 §§ 1 Abs. 1, 3 Abs. 1) und Finnland (Kap. 39 §§ 1 Nr. 2, 6 Nr. 4) ist die Ergänzung der Bankrotthandlungen durch eine **Generalklausel** bzw. die Anordnung von Analogie typisch[153]. Insbesondere das einschlägige österreichische und schweizerische Strafrecht wird allgemein dahin verstanden, daß die vom Gesetzgeber genannten Bankrotthandlungen nicht abschließend, sondern nur beispielhaft aufgeführt und unter dem Oberbegriff der wirklichen oder scheinbaren Vermögensverringerung durch „sonstige" Handlungen ergänzbar sind. Eine entsprechende Auslegung des § 283 Abs. 1 Nr. 8 StGB liegt daher — trotz des abweichenden Wortlautes — nahe (vgl. § 283 Rdn. 11). Vor allem die Konkretisierung der österreichischen Generalklausel einer „sonstigen Verringerung des Vermögensstandes" durch das Rechtsprechungsbeispiel völlig unzureichenden Eigenkapitals bietet auch für § 283 Abs. 1 Nr. 8 StGB eine Auslegungshilfe (vgl. § 283 Rdn. 164 sowie AE § 192 Abs. 1 Nr. 1).

228 Der Sache nach wird schließlich in zahlreichen Rechtsordnungen die **Krise** des schuldnerischen Unternehmens als Grund für eine Steigerung der Sorgfaltspflichten angesehen (vgl. z. B. § 300 Abs. 1 Nr. 1 dän. StGB, Kap. 11 §§ 1 Abs. 1, 4 Abs. 1 schwed. StGB, Kap. 39 § 1 finn. StGB; Art. 6 § 1 poln. Ges. v. 1994, § 256 a tschech. StGB i. d. F. v. 1991; § 290 ungar. StGB; auch § 193 AE). Umfassend wird der Pflichtenkreis des Schuldners (bzw. des für ihn Handelnden) vom Zeitpunkt der Insolvenz bzw. der Einleitung des Insolvenzverfahrens an (so insbesondere auch der angloamerikanische Rechtskreis und das neue französische Recht). Dieser Zeitpunkt ist weithin auch für die Strafbarkeit Dritter maßgebend (vgl. auch § 196 AE). Welchen Einfluß die Überwindung der Krise durch den Schuldner auf dessen Strafbarkeit hat (vgl. oben Rdn. 172 ff), wird vor allem im schweizerischen, aber z. B. auch im finnischen Schrifttum diskutiert (oben Rdn. 182; *Heinonen* S. 305 f).

229 Unter diesem Gesamtblickwinkel ist die tatbestandliche Bindung des *§ 283 Abs. 1* StGB an das Erfordernis einer wirtschaftlichen *Krise* des schuldnerischen Unternehmens durchaus sachgerecht und kriminalpolitisch jedenfalls vertretbar. Die durch dieses gesetzliche Erfordernis teilweise auftretenden Einbußen an Praktikabilität werden allerdings auch von ausländischen Beobachtern gesehen (zu der nicht immer korrekten Überwindung dieser Schwierigkeiten durch die deutsche Praxis § 283 Rdn. 158 ff). — Gesetzessystematisch wäre es für das deutsche Konkursstrafrecht unter rechtsvergleichendem Blickwinkel vorzugswürdig, § **283 Abs. 2 als Grundmodell** voranzustellen und die praktisch wie theoretisch mehr hilfsweise zu begreifende Konstruktion des § 283 Abs. 1 nachfolgen zu lassen (vgl. bereits *Binding* Lehrbuch I S. 421 f, 425 f). Die Lösungen und Beispiele insbesondere des österreichischen und schweizerischen Strafrechts sowie die nordischen (skandinavischen) Strafgesetzbücher legen darüber hinaus die Empfehlung nahe, die Generalklausel des § 283 Abs. 1 Nr. 8 sowohl für die Auslegung der übrigen Bankrotthandlungen als auch als eigene zusätzliche Umschreibung einer Bankrotthandlung stärker als bisher zu nutzen. Für eine etwaige **Reform** des deutschen Konkursstrafrechts ergibt sich aus der Betrachtung einiger benachbarter Auslandsrechte vor allem die weitere Anregung, die Straf-

[153] Vgl. für die nordischen (skandinavischen) Strafrechtsordnungen bereits *Wolff* Der Bankerutt, Diss. Marburg 1907 S. 55 f (mit auch im übrigen beachtlichen Reformüberlegungen S. 50 ff). Im *dänischen* Strafrecht ist Analogie generell zulässig; vgl. *Jescheck* AT § 15 II 4 Fußn. 22 mit Nachw.

barkeit der *Buchführungsdelikte* — insbesondere nach § 283 b — auf einen *Zeitraum* von drei Jahren vor Eintritt der objektiven Strafbarkeitsbedingung zu begrenzen. Daneben legt die Rechtsvergleichung gesetzgeberische Klarstellungen im Bereich des § 283 Abs. 1 (erhebliche Überschuldung, Einordnung der Nr. 8) und des § 14 (Handeln „als" Organ oder Vertreter, faktischer Geschäftsführer) nahe.

§ 283
Bankrott

(1) Mit Freiheitsstrafe bis zu fünf Jahren oder mit Geldstrafe wird bestraft, wer bei Überschuldung oder bei drohender oder eingetretener Zahlungsunfähigkeit

1. Bestandteile seines Vermögens, die im Falle der *Konkurseröffnung zur *Konkursmasse*** gehören, beiseite schafft oder verheimlicht oder in einer den Anforderungen einer ordnungsgemäßen Wirtschaft widersprechenden Weise zerstört, beschädigt oder unbrauchbar macht,**

2. in einer den Anforderungen einer ordnungsgemäßen Wirtschaft widersprechenden Weise Verlust- oder Spekulationsgeschäfte oder Differenzgeschäfte mit Waren oder Wertpapieren eingeht oder durch unwirtschaftliche Ausgaben, Spiel oder Wette übermäßige Beträge verbraucht oder schuldig wird,

3. Waren oder Wertpapiere auf Kredit beschafft und sie oder die aus diesen Waren hergestellten Sachen erheblich unter ihrem Wert in einer den Anforderungen einer ordnungsgemäßen Wirtschaft widersprechenden Weise veräußert oder sonst abgibt,

4. Rechte anderer vortäuscht oder erdichtete Rechte anerkennt,

5. Handelsbücher, zu deren Führung er gesetzlich verpflichtet ist, zu führen unterläßt oder so führt oder verändert, daß die Übersicht über seinen Vermögensstand erschwert wird,

6. Handelsbücher oder sonstige Unterlagen, zu deren Aufbewahrung ein Kaufmann nach Handelsrecht verpflichtet ist, vor Ablauf der für Buchführungspflichtige bestehenden Aufbewahrungsfristen beiseite schafft, verheimlicht, zerstört oder beschädigt und dadurch die Übersicht über seinen Vermögensstand erschwert,

7. entgegen dem Handelsrecht

a) Bilanzen so aufstellt, daß die Übersicht über seinen Vermögensstand erschwert wird, oder

b) es unterläßt, die Bilanz seines Vermögens oder das Inventar in der vorgeschriebenen Zeit aufzustellen, oder

8. in einer anderen, den Anforderungen einer ordnungsgemäßen Wirtschaft grob widersprechenden Weise seinen Vermögensstand verringert oder seine wirklichen geschäftlichen Verhältnisse verheimlicht oder verschleiert.

(2) Ebenso wird bestraft, wer durch eine der in Absatz 1 bezeichneten Handlungen seine Überschuldung oder Zahlungsunfähigkeit herbeiführt.

(3) Der Versuch ist strafbar.

(4) Wer in den Fällen

* In den neuen Bundesländern und Ostberlin: *Eröffnung des Gesamtvollstreckungsverfahrens* (BGBl. 1991 I S. 1185). Ab 1. 1. 1999 einheitlich: *Eröffnung des Insolvenzverfahrens* (BGBl. 1994 I S. 2940).

** In den neuen Bundesländern und Ostberlin: *Gesamtvollstreckungsmasse* (BGBl. 1991 I S. 1185). Ab 1. 1. 1999 einheitlich: *Insolvenzmasse* (BGBl. 1994 I S. 2940).

1. des Absatzes 1 die Überschuldung oder die drohende oder eingetretene Zahlungsunfähigkeit fahrlässig nicht kennt oder
2. des Absatzes 2 die Überschuldung oder Zahlungsunfähigkeit leichtfertig verursacht,
wird mit Freiheitsstrafe bis zu zwei Jahren oder mit Geldstrafe bestraft.

(5) Wer in den Fällen
1. des Absatzes 1 Nr. 2, 5 oder 7 fahrlässig handelt und die Überschuldung oder die drohende oder eingetretene Zahlungsunfähigkeit wenigstens fahrlässig nicht kennt oder
2. des Absatzes 2 in Verbindung mit Absatz 1 Nr. 2, 5 oder 7 fahrlässig handelt und die Überschuldung oder Zahlungsunfähigkeit wenigstens leichtfertig verursacht,
wird mit Freiheitsstrafe bis zu zwei Jahren oder mit Geldstrafe bestraft.

(6) Die Tat ist nur dann strafbar, wenn der Täter seine Zahlungen eingestellt hat oder über sein Vermögen das *Konkursverfahren eröffnet oder der Eröffnungsantrag mangels Masse abgewiesen worden ist.**

Schrifttum

Siehe vor § 283, ferner:

Baetge Bilanzen, 3. Aufl. (1994); *Blankenbach/Richter* Bekämpfung der Wirtschaftskriminalität, wistra **1982** 222; *Blumers* Bilanzierungstatbestände und Bilanzierungsfristen im Handelsrecht und Strafrecht (1983); *Cobet* Fehlerhafte Rechnungslegung (1991); *Coenenberg* Jahresabschluß und Jahresabschlußanalyse, 15. Aufl. (1994); *Dreiss/Eitel-Dreiss* Erstes Gesetz zur Bekämpfung der Wirtschaftskriminalität (1977); *Gropp* Deliktstypen mit Sonderbeteiligung (1992); *Großfeld* Bilanzrecht, 2. Aufl. (1990); *Haas* Beiseiteschaffen von Forderungen, wistra **1989** 259; *Hauck* Rechnungslegung und Strafrecht, Diss. Tübingen 1986; *Hellge* Konkursvermeidung (1982); *Hendel* Rückzahlungen der Gesellschaft an den Gesellschafter-Geschäftsführer und Konkursstrafrecht, NJW **1977** 1943; *Kleinfeller* Zur Lehre vom strafbaren Bankrott, GS **43** (1890) 161; *Klug* Aktienstrafrecht (1975); *H. Kruse* Grundsätze ordnungsmäßiger Buchführung, 3. Aufl. (1978); *Küffner* Betriebswirtschaftliches Insolvenzwesen (1983); *Küting/Weber* Handbuch der Rechnungslegung, 3. Aufl. (1990); *Leffson* Die Grundsätze ordnungsmäßiger Buchführung, 7. Aufl. (1987); *Nelles* Aktienrechtliche Bilanzdelikte, Diss. Münster 1974; *Oehmichen* Abgrenzungsschwierigkeiten zwischen Bilanzfälschung und Bilanzverschleierung, in: Belke/Oehmichen (Hrsg.), Wirtschaftskriminalität (1983) S. 234; *Renkl* Abgrenzungsprobleme bei den Straftatbeständen der Konkursordnung, JuS **1973** 611; *H. Schäfer* Die Verletzung der Buchführungspflicht in der Rechtsprechung des BGH, wistra **1986** 200; *Schlüchter* Irrtum über normative Tatbestandsmerkmale im Strafrecht (1983); *Schlüchter* Steuerberatung im strafrechtlichen Risiko? (1986); *Schlüchter* Tatbestandsmerkmal der Krise — überflüssige Reform oder Versöhnung des Bankrottstrafrechts mit dem Schuldprinzip? MDR **1978** 977; *Schmedding* Unrichtige Konzernrechnungslegung (1991); *K. Schmidt* Handelsrecht, 4. Aufl. (1994); *Stötter* Konkurrenzfragen bei den Bankrottdelikten, KTS **1963** 12; *Tiedemann* Art. Bilanzstrafrecht, in: Krekeler/Tiedemann/Ulsenheimer/Weinmann (Hrsg.), Handwörterbuch des Wirtschafts- und Steuerstrafrechts (1987); *Tiedemann* Der Vergleichsbetrug, Klug-Festschrift (1983) S. 405; *Tiedemann* Zum Stand der Irrtumslehre, insbesondere im Wirtschafts- und Nebenstrafrecht, Geerds-Festschrift (1995) S. 95; *Wöhe* Bilanzierung und Bilanzpolitik, 8. Aufl. (1992); *Zirpins/Terstegen* Wirtschaftskriminalität (1963).

Entstehungsgeschichte siehe Rdn. 40ff vor § 283.

* In den neuen Bundesländern und Ostberlin: *Gesamtvollstreckungsverfahren* (BGBl. 1991 I S. 1185). Ab 1. 1. 1999 einheitlich: *Insolvenzverfahren* (BGBl. 1994 I S. 2940).

Übersicht

I. Aufbau und Einordnung des Tatbestandes

1. Allgemeine Übersicht. Der Tatbestand des § 283 umschreibt in Abs. 1 und Abs. 2 die vorsätzlichen Tathandlungen des Bankrotts. Es handelt sich gleichsam um die **Grundtatbestände** des Konkursstrafrechts. Dabei bringt Abs. 2 das strafwürdige Unrecht: die schuldhafte Verursachung der Insolvenz, besser zum Ausdruck (vgl. bereits *Binding* Lehrbuch I S. 421); er ist aber wegen der Schwierigkeiten des Kausalitätsnachweises in der Praxis nur selten anwendbar (Rdn. 86 vor § 283 sowie *Tiedemann* ZIP **1983** 514; näher dazu unten Rdn. 180). Das Gesetz stellt daher in Abs. 1 die Umschreibung der sog. Bankrotthandlungen voran; ihre Vornahme ist unabhängig vom ursächlichen Erfolgseintritt rechtswidrig und strafbar, erfordert jedoch für die Bestrafung den oben Rdn. 91 ff vor § 283 beschriebenen „tatsächlichen" Zusammenhang mit der Konkurseröffnung oder Zahlungseinstellung. Die Krisensituation (dazu ausführlich Rdn. 125 ff vor § 283) steht also mit den Bankrotthandlungen bei Abs. 1 nur in zeitlichem, bei Abs. 2 auch in kausalem Zusammenhang. — Abs. 3 ordnet über das frühere Recht hinausgehend allgemein die Strafbarkeit des **Versuchs** sämtlicher Tathandlungen an, die in Abs. 1 Nrn. 1—8 aufgeführt und auch für die Anwendung des Abs. 2 Voraussetzung sind (vgl. § 23 Abs. 1). In unterschiedlicher Kombination stellen Abs. 4 und Abs. 5 — ebenfalls sehr weitgehend — auch **fahrlässige** Begehung unter Strafe (krit. *Dreher/Tröndle* Rdn. 8 vor § 283). Insbesondere läßt Abs. 4 Nr. 1 fahrlässiges Verkennen der Überschuldung oder der drohenden bzw. eingetretenen Zahlungsunfähigkeit (Abs. 1) ausreichen. In allen Fällen ist der in Abs. 6 genannte Eintritt der **objektiven Strafbarkeitsbedingung** (vgl. oben Rdn. 89 vor § 283) erforderlich, um die Strafbarkeit auszulösen. Vor diesem Zeitpunkt kann daher auch kein Strafverfahren wegen einer Konkursstraftat eingeleitet werden. 1

2. Abstraktes Gefährdungs- oder Erfolgsdelikt?

a) Für die Tatbestandsmäßigkeit nach Abs. 1 reicht die Vornahme der in Nrn. 1—8 aufgeführten sog. Bankrotthandlungen unabhängig von dem Eintritt eines schädlichen Erfolges aus, sofern diese Handlungen im Zustand der Krise (Rdn. 125 ff vor § 283) verwirklicht werden; allerdings muß die objektive Strafbarkeitsbedingung des Abs. 6 hinzutreten, um die Strafbarkeit auszulösen. Bei Abs. 2 muß demgegenüber nicht nur die objektive Strafbarkeitsbedingung eintreten, sondern die (außerhalb einer Krise vorgenommene) Bankrotthandlung muß auch kausal den Taterfolg von Überschuldung oder Zahlungsunfähigkeit herbeiführen. **Abs. 2** ist damit eindeutig als **Erfolgsdelikt** aufgebaut und entspricht insoweit dem „Normal- 2 typ" strafrechtlicher Tatbestände, mag auch der Erfolg (Überschuldung oder Zahlungsunfähigkeit) hier ein nicht notwendig in der Außenwelt sichtbarer sein (vgl. aber auch *Kindhäuser* S. 316 Fußn. 82).

3 **b)** Da Abs. 1 die Strafbarkeit an keinerlei tatbestandsmäßigen Erfolgseintritt bindet und insbesondere auch — entgegen dem E 62 und dem E EGStGB — keine konkrete Gefährdung der Befriedigungsinteressen der Gläubiger erfordert, stellt **Abs. 1** nach der gängigen strafrechtlichen Terminologie und überwiegenden Auffassung ein **abstraktes Gefährdungsdelikt** dar[1].

4 Allerdings wird hier im Gegensatz zu § 283 b (Verletzung der Buchführungspflicht) der typische (abstrakte) Gefährdungsgehalt der Bankrotthandlungen vom Gesetzgeber an das Vorliegen einer bestimmten (Krisen-) Situation gebunden, also das bloße Beiseiteschaffen von Vermögensbestandteilen (Nr. 1) oder der Schleuderverkauf kreditierter Waren (Nr. 3) durch den Schuldner außerhalb einer Krise nach Abs. 1 für nicht strafwürdig erachtet. Die Abstraktion ist somit durch das zusätzliche Erfordernis der wirtschaftlichen Krise abgemildert. Es wird daher auch die Ansicht vertreten, Abs. 1 gehöre zu der (umstrittenen) Mischgruppe der sog. **abstrakt-konkreten** Gefährdungsdelikte, bei denen die typische Gefährdungseignung einer Handlung an die Lage des Einzelfalles gebunden ist (grundlegend *Schröder* JZ **1967** 522 ff)[2].

5 Darüber hinaus machen *Dreher/Tröndle* (Rdn. 4 vor § 283; ebenso schon *Schaefer* LK[8] Vorbem. I 1 vor § 239 KO) darauf aufmerksam, daß einige Bankrotthandlungen für ihre Vollendung durchaus den Eintritt eines Erfolges erfordern, der durch den Täter schuldhaft herbeigeführt worden sein muß (so Nr. 1 und die 1. Alt. von Nr. 8, teilweise auch Nrn. 2—4); freilich besteht dieser Erfolg nicht in der Insolvenz. Andere Begehungsweisen (Nr. 8 2. Alt. sowie Nr. 2 und Nr. 4) kennzeichnen *Dreher/Tröndle* (aaO) in sachlicher Übereinstimmung mit der erwähnten Figur der abstrakt-konkreten Gefährdungsdelikte als „potentielle" Gefährdungsdelikte. Für Nrn. 5—7 schließlich stimmen *Dreher/Tröndle* (aaO) mit der üblichen Einordnung als abstrakte Gefährdungsdelikte überein. — Diese Hinweise sind vor allem für die Auslegung der Nrn. 1—8 wertvoll. Da *Dreher/Tröndle* als geschütztes Rechtsgut des § 283 den Schutz der Konkursmasse vor unwirtschaftlicher Verringerung und Verheimlichung bezeichnen (vgl. oben Rdn. 46 vor § 283), ist aus ihrer Sicht insbesondere die Einordnung der Nr. 1 und der 1. Alt. von Nr. 8 als Erfolgsdelikt durchaus folgerichtig: Nicht nur gehört der Erfolg der Verringerung der etwaigen Konkursmasse zum gesetzlichen Tatbestand, sondern er entspricht auch dem geschützten Rechtsgut[3].

6 Die allgemeine dogmatische Einordnung des § 283 wird damit durch die **Rechtsgutsbestimmung** präjudiziert (dazu ausführlich Rdn. 45 ff vor § 283). In diesem Sinne stellen die Bankrotthandlungen nach Abs. 1, bezogen auf das primäre Rechtsgut der

---

[1] Vgl. *Lackner/Kühl* § 283 Rdn. 1; *Krause* S. 210 f, 247 f; *Matzen* S. 15 ff; *Otto* BT § 61 IV; *Schmidhäuser* BT Kap. 11 Rdn. 93; *Samson* SK Rdn. 4 vor § 283; *Sch/Schröder/Stree* § 283 Rdn. 1.

[2] In diesem Sinne *Maurach/Schroeder/Maiwald* 1 § 48 I 3; *Otto* R. Bruns-Gedächtnisschrift S. 268; *Preisendanz/Bieneck* Anm. 1 c vor § 283; *Schlüchter* Grenzbereich S. 137; *Tiedemann* Wirtschaftsstrafrecht I S. 240; vgl. auch *Arzt/Weber* IV Rdn. 329; *Wessels* BT 2 § 12 III 2.

[3] Zu Vorläufern dieser Auffassung im älteren Schrifttum *v. Brunegg* GS **82** 250; *Walther* S. 10 f mit weit. Nachw. Nach *v. Brunegg* aaO S. 230, 241 ff waren die Konkursdelikte im Ergebnis sämtlich als Verletzungsdelikte zu bezeichnen, da eine Forderung „schon durch die bloße Hemmung ihrer Geltendmachung in ihrer Substanz angegriffen" werde (S. 249). Für die Einordnung der Konkursstraftaten als Gefährdungsdelikte (Gefährdung der Gläubigerbefriedigung) durch die h. M. der älteren Lit. vgl. demgegenüber *Kleinfeller* GS **43** 163 f mit Nachw.

Befriedigung der Gläubiger, **kein Erfolgsdelikt** dar, da eine Verletzung der Gläubigerinteressen erst mit Zahlungseinstellung oder Konkurseröffnung eintritt bzw. erst mit diesen äußerlich erkennbaren Ereignissen feststellbar wird. Trotz dieses prozessualen Aspektes der Feststellungsschwierigkeiten ist auch materiellrechtlich davon auszugehen, daß die bloße Vornahme der Bankrotthandlungen nach Abs. 1 jedenfalls die Gesamtheit der Gläubiger an ihrem Befriedigungsinteresse (noch) nicht verletzt, sondern (nur) gefährdet. Da aber Abs. 1 diese Gefährdung nicht zum Tatbestandsmerkmal erhebt, liegt kein konkretes Gefährdungsdelikt vor. Bezogen auf das Rechtsgut der Gläubigerinteressen stellt somit keine Handlung nach Abs. 1 ein Erfolgsdelikt dar.

Hervorhebung verdient in diesem Zusammenhang weiter, daß selbst die nahezu **7** unstreitige Einordnung der **Buchdelikte** (§ 283 Abs. 1 Nrn. 5—7 und vor allem § 283 b) als *abstrakte Gefährdungsdelikte* nur in bezug auf die Vermögensinteressen der Gläubiger zutreffend und zwingend ist. In bezug auf das überindividuelle Interesse am Funktionieren der Kreditwirtschaft (Rdn. 55 vor § 283) stellt der bei den Buchdelikten typische Mangel an Übersicht über das eigene Vermögen (vgl. unten Rdn. 90) bereits eine Verletzung gewährten Vertrauens dar — ganz ebenso wie das wirtschaftlich verantwortungslose Tun oder Unterlassen bei den übrigen Bankrotthandlungen. Dieser außertatbestandliche Erfolg einer Verletzung individuellen Vertrauens sowie des überindividuellen (ideellen) Interesses am Funktionieren der Kreditwirtschaft verstärkt vor allem den *Handlungsunwert* (Aktunwert) der Bankrotthandlungen (vgl. auch *Kindhäuser* S. 318; *Tiedemann* LK[10] § 264 Rdn. 13; § 265 b Rdn. 12): Nrn. 1—8 umschreiben in diesem Sinne Handlungs- und Unterlassungspflichten des Schuldners. Sie sind „nichts weniger als ein betriebswirtschaftliches Kompendium, ein Lehrbuch richtigen kaufmännischen und unternehmerischen Verfahrens" (*Bockelmann* BT-1 S. 157). Das gleichrangige Allgemeininteresse bei der Rechtsgutsbestimmung (Rdn. 53 ff vor § 283), für dessen richtige dogmatische Erfassung bisher neben der Kategorie des Handlungsunrechts nur die des (erfolgsorientierten) abstrakten Gefährdungsdelikts zur Verfügung steht, legt daher für **Abs. 1 insgesamt** die **Kennzeichnung als abstraktes Gefährdungsdelikt** nahe. Daneben tritt die Kennzeichnung als **echtes Sonderpflichtdelikt** (hierzu allgemein *Jakobs* AT Abschn. 7 Rdn. 70; *Roxin* AT 1 § 10 Rdn. 128 ff; zu den Konsequenzen bei § 28 unten Rdn. 228), da der Täter einerseits als Schuldner in einer Sonderbeziehung zu den (mit)geschützten Gläubigern steht, andererseits in einen überindividuellen Funktionszusammenhang (Kreditwirtschaft!) eingebunden ist und sich diesen zunutze macht, damit aber auch institutionell besonders verpflichtet ist (ordnungsgemäßes Wirtschaften, ordnungsgemäße Buchführung!). Insoweit erweist sich die Frage, ob § 283 im Hinblick auf seine überindividuelle Schutzkomponente Erfolgs- oder Gefährdungsdelikt ist, als wenig ergiebig: Wie beispielsweise die Amts- oder Rechtspflegedelikte zeigen, steht in überindividuellen und institutionellen Zusammenhängen die Pflichtverletzung im Vordergrund. Da und soweit Institutionen als Pflichtenzusammenhänge verstanden werden können, ist mit der Pflicht auch die Institution verletzt (vgl. bereits *Tiedemann* Tatbestandsfunktionen S. 126 ff). Das von *Dreher/Tröndle* hervorgehobene tatbestandliche Erfordernis eines gewissen Erfolgseintritts bei einigen Bankrotthandlungen vermag hieran insgesamt nichts zu ändern, da der Erfolgseintritt insoweit noch ganz zum Symptomcharakter der (Bankrott-)Handlung gehört und erst bei Abs. 2 in einen tatbestandsmäßigen Erfolg — die Insolvenz oder die Überschuldung — umschlägt. Abs. 2 als eindeutiges Erfolgsdelikt zeigt auch, daß § 283 insgesamt auf die Interessen der Gläubiger und nicht auf die Konkursmasse zu beziehen ist. Massebezogene „Erfolge“ der Bankrotthandlungen stellen eine (abstrakte) Gefährdung der Gläubigerinteressen dar und ändern daher — zusammengefaßt — auch nichts an der Einordnung von Abs. 1 als schlichtem *Tätigkeitsdelikt*, das insbesondere keine Probleme des Kausalverlaufs aufweist (zu diesem Abgrenzungskriterium gegenüber dem Erfolgsdelikt hier nur *Dreher/Tröndle* Rdn. 13 vor § 1). Insbesondere bleibt das Beiseiteschaffen von Vermögensbestandteilen nach Abs. 1 Nr. 1 auch dann strafbar, wenn der spätere Konkurs ohnehin masselos ist.

3. Grund- und Auffangtatbestände

8 **a)** Weniger ausführlich wird in der Literatur bisher die Frage des inneren Aufbaues des § 283 diskutiert. Dabei geht es einerseits um das **Verhältnis von Abs. 1 und Abs. 2**, die in der praktischen Rechtshandhabung üblicherweise nebeneinander angewandt werden (vgl. nur BGH JZ **1979** 76, 77). Diese Ansicht ist deshalb abzulehnen, weil die Strafbarkeit bei Abs. 1 aus der soeben Rdn. 6 beschriebenen Sicht des Erfolgsunrechts auf einer abstrakten Gefährdung derjenigen Interessen beruht, die durch Abs. 2 gegen Verletzung (oder doch gegen eine intensivere Gefährdung) geschützt sind. Es besteht also ein *Vorrang von Abs. 2* gegenüber Abs. 1, dessen Handlungsumschreibungen nur ein Ersatz für nicht nachweisbar kausal-schuldhafte Konkursherbeiführung sind. Ganz unbestreitbar dürfte diese auf die geschichtliche Entwicklung des Konkursstrafrechts (oben Rdn. 33 ff vor § 283) gestützte Auslegung für den Fall sein, daß dieselbe bei drohender Zahlungsunfähigkeit (Abs. 1) vorgenommene Bankrotthandlung kausal zum Eintritt der Zahlungsunfähigkeit (oder Überschuldung) führt (vgl. auch unten Rdn. 232). Infolge des fehlenden Kausalitätserfordernisses und der Ausweitung des zeitlichen Zusammenhangs wirkt *Abs. 1* ebenso wie bereits seine historischen Vorläufer (oben Rdn. 34 ff vor § 283) der Sache nach als *Auffangtatbestand* für die nicht nachweisbare schuldhafte Herbeiführung der Insolvenz. Auch in Fällen gezielter Insolvenzen (dazu unten Rdn. 181) wird eine Verurteilung praktisch häufig nur nach Abs. 1 möglich sein.

9 **b)** Andererseits stellt sich für Abs. 1 die Frage, ob **Nr. 8** nur Auffangtatbestand für solche Fälle ist, die nicht nach Nrn. 1—7 strafbar sind (so z. B. OLG Düsseldorf NJW **1982** 1712, 1713), oder ob diese Generalklausel als **Grundtatbestand** des gesamten Abs. 1 anzusehen ist (vgl. *Schöne* JZ **1973** 450; *Tiedemann* GmbH-Strafrecht Rdn. 41 vor § 82). Der Wortlaut und teilweise auch die Entstehungsgeschichte von Nr. 8 legen die erstere Auffassung nahe; nach der Formulierung des Gesetzes geht es um „andere“ wirtschaftlich verantwortungslose Handlungen, für deren zusätzliche Erfassung deshalb ein kriminalpolitisches Bedürfnis bestanden haben soll, weil der Gesetzgeber nicht alle denkbaren konkursträchtigen Handlungen voraussehen und typisieren könne (Bericht und Antrag des Sonderausschusses BTDrucks. 7/5291 S. 18). Für die Einordnung der Nr. 8 als eine Art Grundtatbestand läßt sich neben der Erfahrung der Rechtsvergleichung (Rdn. 227 vor § 283) anführen, daß auch in Nrn. 1—7 wirtschaftlich verantwortungslose Handlungen umschrieben werden, nämlich Verhaltensweisen, die den Anforderungen einer ordnungsgemäßen Wirtschaft widersprechen (vgl. bereits Rdn. 101 vor § 283). Daß in Nrn. 1—3 das Merkmal des *groben* Widerspruchs nicht wiederkehrt, sondern nur allgemein auf die Anforderungen einer ordnungsgemäßen Wirtschaft abgestellt wird, widerspricht dieser Sicht nicht ohne weiteres, da dieses Merkmal insoweit nur als Korrektiv gegenüber der Strafbarkeit von Handlungstypen eingesetzt ist, die bereits als solche grob wirtschaftswidrig sind und nur im Einzelfall als hinnehmbar erscheinen können.

Die auch während der Entstehungsgeschichte der Vorschrift nur teilweise gesehene[4], jedoch aus der Entstehungsgeschichte des § 239 StGB (vgl. RGSt **6** 231 f) bekannte Streitfrage hat Konsequenzen nicht nur für die Bestimmung des Anwendungsbereichs von Nr. 8, sondern auch für die Auslegung des gesamten Abs. 1 und — über die Auslegung der tatbestandlichen Bankrotthandlungen — auch für die des Abs. 2: Der Anwendungsbereich von Nr. 8 wäre relativ eng, wenn es bei der Generalklausel im wörtlichen Sinne nur um „andere" grob wirtschaftswidrige Handlungen ginge; insbesondere müßten die voraufgehenden Nrn. 1—7 bei dieser Auslegung eine mehr oder weniger weit reichende *Sperrwirkung* für die Erfassung solcher Handlungen durch Nr. 8 entfalten, die in unmittelbarer Nähe von Nrn. 1—7, aber außerhalb von deren Tatbestandsbereich liegen (z. B. Verschleuderung eigener, also nicht im Sinne von Nr. 3 kreditierter, Waren oder Wertpapiere). Die Restriktion der Nr. 8 wäre nach dieser Auffassung jedenfalls eine doppelte, nämlich sowohl durch das Merkmal des „groben" Widerspruchs als auch durch das Erfordernis einer „anderen" Verringerungs- oder Verheimlichungshandlung. **10**

Daß diese Auffassung zu eng ist und daß Nr. 8 auch als Grundtatbestand des Abs. 1 anzusehen ist, dürfte als Annahme zum einen bereits der — freilich unklaren — **Entstehungsgeschichte** entsprechen. Nicht nur weist die Begründung des Regierungsentwurfs ausdrücklich in diese Richtung (vgl. Fußn. 4). Vielmehr dürfte auch die Stellungnahme des Sonderausschusses des Deutschen Bundestages für die Strafrechtsreform (BT-Drucks. 7/5291 S. 18) trotz ihres scheinbar entgegenstehenden Wortlauts in diesem Sinne zu verstehen sein. Der Sonderausschuß setzte sich nämlich aaO mit dem Vorschlag des Deutschen Richterbundes auseinander, der Generalklausel die Fassung zu geben: „in einer *ähnlichen*, den Anforderungen einer ordnungsgemäßen Wirtschaft widersprechenden Weise ...". Mit der Ablehnung dieses Vorschlages wollte der Sonderausschuß dem Richter die Begründung dafür ersparen, daß das für Nr. 8 in Frage kommende Verhalten den „übrigen Fallgruppen an Unrechtsgehalt und Tatgeschehen gleichstehe" (aaO S. 18). Demgegenüber ist jedoch zu bedenken, daß alle in Nrn. 1—7 aufgeführten Handlungen — im Sinne der Begründung des RegE — ein Verringern des Vermögensstandes oder ein Verheimlichen bzw. Verschleiern der geschäftlichen Verhältnisse darstellen[5]; der Anwendungsbereich von Nrn. 1—7 reicht nirgends über den von Nr. 8 hinaus. Bereits hieraus ergibt sich trotz der gesetzlichen Redeweise von einer „anderen" Handlungsweise bei Nr. 8, daß die für Nr. 8 in Frage kommenden Handlungen denen nach Nrn. 1—7 **ähnlich** sind und sein müssen: Eine „andere" Vermögensverringerung oder -verschleierung ist dem Beiseiteschaffen von Vermögensbestandteilen oder der Manipulation der Buchführung stets „ähnlich". Des weiteren und vor allem entspricht auch nur bei Ergänzung oder Ersetzung der Formulierung von Nr. 8 durch das Merkmal der Ähnlichkeit diese Generalklausel noch dem Erfordernis hinreichender Bestimmbarkeit und Voraus- **11**

---

[4] Gegensätzlich die bereits oben im Text angeführte Stellungnahme des Sonderausschusses für die Strafrechtsreform (BTDrucks. 7/5291 S. 18: Die Generalklausel „soll selbständig neben die übrigen Bankrotthandlungen treten und sozialschädliche Verhaltensweisen erfassen, die sich einer Typisierung [noch] entziehen.") einerseits und die Begr. des RegE (BTDrucks. 7/3441 S. 36) andererseits („Im Grunde genommen laufen alle kasuistisch aufgeführten Fälle darauf hinaus, daß der Vermögensstand in einer den Anforderungen einer ordnungsgemäßen Wirtschaft grob widersprechenden Weise verringert wird oder daß die Übersicht über die wirklichen Verhältnisse verborgen bleibt. Dies wird in der Nr. 8 in Form einer allgemeiner umschriebenen Tathandlung festgelegt.").

[5] Vgl. amtl. Begr. aaO S. 36; *Maurach/Schroeder/Maiwald* 1 § 48 III A 1 („Nr. 8 ... eine Kurzfassung und Gruppierung der übrigen 7 Nummern"); *Schöne* JZ **1973** 450; *Tiedemann* Wirtschaftsstrafrecht I S. 98; *Wilts* Prot. 7/2825; **aA** *Schlüchter* Grenzbereich S. 55 f.

sehbarkeit des Straftatbestandes (Art. 103 Abs. 2 GG; vgl. amtl. Begr. aaO S. 36 und näher unten Rdn. 155 ff). Bei Wegfall der Anknüpfung an Nrn. 1—7 wäre der Anwendungsbereich von Nr. 8 nämlich völlig unbestimmt; der Gesetzgeber hätte eine Strafnorm geschaffen, deren Anwendungsbereich ihm selbst dunkel war. — Auch die nachrangige Stellung der Nr. 8 hinter Nrn. 1—7 bedeutet angesichts der sonstigen Gesetzestechnik des StGB nicht notwendigerweise, daß in dieser nachgeschobenen Generalklausel nicht der Grundtatbestand der Bankrotthandlungen liegen könnte. Vielmehr ist — entsprechend der Gesetzesfassung bei § 315 b Abs. 1 Nr. 3 — das Wort „anderen" zu dem Verständnis von „ähnlichen" zu korrigieren. Dieses auch durch die Fassung und Auslegung des österreichischen und des schweizerischen Konkursstrafrechts gestützte Ergebnis (vgl. Rdn. 182 und 187 vor § 283) würde übrigens unübersehbar deutlich werden, wenn im Gesetzestext der Nr. 8 das Satzzeichen nach der Formulierung „anderen" entfiele.

12 Mit dieser korrigierenden Auslegung entstehen einerseits **Ausweitungen**, andererseits aber auch **Einschränkungen** sowohl der Nr. 8 als auch der Nrn. 1—7: Bei Nr. 8 kann vor allem das Verringern des Vermögensstandes (1. Alt.) schon im Hinblick auf Art. 103 Abs. 2 GG (und teilweise im Gegensatz zu der Stellungnahme des Sonderausschusses für die Strafrechtsreform) nur Fälle von etwa gleichem oder höherem Gewicht wie in Nrn. 1—7 betreffen; aus dem Verständnis der Nr. 8 als Grundtatbestand ergibt sich insbesondere für Nrn. 5—7 die Rückwirkung, daß *Bagatellfälle* (z. B. der Fristüberschreitung) im Wege der Auslegung aus dem Tatbestandsbereich auszunehmen sind. Andererseits verringert sich die *Sperrwirkung* von Nrn. 1—7 gegenüber Nr. 8: Zwar ist bei der Beziehung von Nr. 8 auf die Buchdelikte der Nrn. 5—7 zu beachten, daß diese Tatbestandsumschreibungen nur die rechtlich gebotene, nicht dagegen die freiwillige Buchführung und Bilanzierung betreffen. Jedoch hindert dies nicht, über Nr. 8 zusätzliche Buchführungs- und Kalkulations- sowie Planungserfordernisse einzuführen, soweit diese durch elementare Anforderungen an ein ordnungsgemäßes Wirtschaften geboten sind (vgl. im einzelnen unten Rdn. 158, 168 u. ö.). Ebenso sind die in der Literatur genannten meisten Beispiele für Nr. 8 (vgl. insbes. *Dreher/Tröndle* Rdn. 31) nur bei deren Einordnung als Grundtatbestand zutreffend: Verschleuderung eigener Waren oder Wertpapiere (keine Sperrwirkung von Nr. 3!); übermäßige Privatentnahmen aus dem Geschäftsvermögen (keine Sperrwirkung von Nrn. 1 und 2!); künstliche Einstufung des Geschäftsführers als Arbeitnehmer zum Zwecke der Erlangung von Konkursausfallgeld (keine Sperrwirkung von Nr. 4!).

Nrn. 1—7 werden damit zu **Beispielen**, die nach Art der Regel-Beispiele im Rahmen von Nr. 8 analogiefähig sind (vgl. *Schöne* JZ **1973** 450; *Tiedemann* GmbH-Strafrecht Rdn. 41 vor § 82). Diese systematische Einordnung von *Nr. 8 als Grundtatbestand* und Oberbegriff der Nrn. 1—7 erlaubt es auch, die **Überschneidungen** insbesondere von Tathandlungen nach Nrn. 1—3 befriedigend zu erklären, nämlich ohne weiteres hinzunehmen, und das **ordnungsgemäße Wirtschaften** als **Grundbegriff** von § 283 anzuerkennen (vgl. oben Rdn. 101 ff vor § 283).

13 **Zusammengefaßt** zieht die auch von Nr. 8 zwingend vorausgesetzte Verringerung des Vermögensstandes bzw. Verheimlichung oder Verschleierung der geschäftlichen Verhältnisse im Verhältnis zu Nrn. 1—7 einen Tat- und Handlungsrahmen, innerhalb dessen „andere" als die in Nrn. 1—7 genannten Handlungsweisen nur „ähnliche" Verhaltensweisen sein können. Die Ähnlichkeit braucht freilich angesichts des von Nr. 8 genannten Rahmens nicht besonders festgestellt zu werden, sondern ergibt sich aus den übrigen Merkmalen des Straftatbestandes. Der Sache nach geht es in

Nr. 8 also um „sonstige“ Handlungen, die den Vermögensstand verringern usw. (so die Formulierung im neuen österreichischen Konkursstrafrecht, vgl. Rdn. 187 vor § 283). Die Verringerung des Vermögensstandes und die Unkenntnis oder Fehlkenntnis der Gläubiger von den geschäftlichen Verhältnissen stellt damit innerhalb von Nr. 8 ein tatbestandliches Erfordernis dar, dessen Eintritt und Nachweis auch bei völlig neuartigen Verhaltensweisen, die der Gesetzgeber nicht vorhergesehen hat, strafrechtlich begrenzend wirkt.

II. Tathandlungen (Abs. 1 und 2)

A. Handeln und Unterlassen während der Krise

1. Beiseiteschaffen, Verheimlichen und Beschädigen von Vermögensbestandteilen (Nr. 1)

a) Die „klassische“ Bankrotthandlung des Verheimlichens oder Beiseiteschaffens von Vermögensbestandteilen — seit 1976 ergänzt um das Zerstören, Beschädigen und Unbrauchbarmachen der Vermögensbestandteile — ist die häufigste Art der (wirklichen oder scheinbaren) Vermögensverringerung durch den Schuldner. Was zum Schuldnervermögen als potentieller Konkursmasse (Insolvenzmasse) zählt, ergibt sich einerseits aus dem Konkursrecht (Insolvenzrecht), andererseits aus dem wirtschaftlichen Vermögensbegriff des Strafrechts (unten Rdn. 16ff). Einen **weiten Anwendungsbereich** erhält die Tathandlung nach Nr. 1 vor allem dadurch, daß von der Rechtsprechung auch Verfügungen und Ausgaben im Rahmen normaler Austauschgeschäfte zunächst als tatbestandsmäßig angesehen werden, so daß die Annahme eines Beiseiteschaffens erst im Wege einer teleologischen Reduktion bei vollem Wertausgleich entfallen kann (unten Rdn. 30). Auch Entnahmen aus dem Schuldnervermögen werden von der h. M. unter Nr. 1 subsumiert (krit. dazu unten Rdn. 31). Demgegenüber spielt das Zerstören usw. praktisch kaum eine Rolle. 14

b) Gegenstand der Tathandlung sind nach dem Gesetzeswortlaut solche **Teile des schuldnerischen Vermögens**, „die im Falle der Konkurseröffnung zur Konkursmasse gehören“ oder — in den neuen Bundesländern und Ostberlin — im Falle der Eröffnung des Gesamtvollstreckungsverfahrens zur Gesamtvollstreckungsmasse gehören, § 4 Abs. 2 S. 1 GesO (bzw. im Falle der Eröffnung des Insolvenzverfahrens zur Insolvenzmasse gehören, Art. 60 Nr. 2 a EGInsO 1999). Damit wird der Sache nach auf § 1 KO (bzw. § 35 InsO 1999 oder auch auf entsprechende ausländische Vorschriften, vgl. unten Rdn. 244) verwiesen: 15

(1) *Das Konkursverfahren umfaßt das gesamte, einer Zwangsvollstreckung unterliegende Vermögen des Gemeinschuldners, welches ihm zur Zeit der Eröffnung des Konkursverfahrens gehört (Konkursmasse).*

(2) *Die im § 811 Nr. 4, 9 der Zivilprozeßordnung ... vorgesehenen Beschränkungen kommen im Konkursverfahren nicht zur Anwendung.*

(3) *Zur Konkursmasse gehören auch die Geschäftsbücher des Gemeinschuldners.*

(4) *Gegenstände, die nicht gepfändet werden sollen, gehören nicht zur Konkursmasse.*

§ 1 Abs. 1 Satz 2 GesO lautet:

Sie (sc. die Gesamtvollstreckung) erfaßt das gesamte Vermögen des Schuldners mit Ausnahme der Sachen und Forderungen, die nach den Bestimmungen der Zivilprozeßordnung und anderer Rechtsvorschriften nicht der Vollstreckung unterliegen.

§§ 35, 36 InsO 1999 lauten:

§ 35 Das Insolvenzverfahren erfaßt das gesamte Vermögen, das dem Schuldner zur Zeit der Eröffnung des Verfahrens gehört und das er während des Verfahrens erlangt (Insolvenzmasse).

§ 36 (1) Gegenstände, die nicht der Zwangsvollstreckung unterliegen, gehören nicht zur Insolvenzmasse.
(2) Zur Insolvenzmasse gehören jedoch
1. die Geschäftsbücher des Schuldners ...;
2. die Sachen, die nach § 811 Nr. 4 und 9 der Zivilprozeßordnung nicht der Zwangsvollstreckung unterliegen.

16 **α)** Zum **Vermögen** gehören in diesem Sinne alle beweglichen und unbeweglichen Sachen, also insbesondere auch Grundstücke (RGSt **62** 152 f) und grundstücksgleiche Rechte sowie das Wohnungseigentum, aber auch Forderungen und sonstige obligatorische oder dingliche Rechte (BGHSt **3** 32, 35 und bei Herlan GA **1961** 358). Diese können im Rechtssinne „beiseitegeschafft" und im Sinne der §§ 37 Abs. 1 KO, 6 AnfG „weggegeben" werden, z. B. durch schenkweise Abtretung (vgl. im einzelnen unten Rdn. 25 ff). Erforderlich ist jedoch, daß die Gegenstände geldwert, nicht also **wertlos** sind (BGHSt **3** 36; **5** 120, 121; 1 StR 561/79 bei *Dreher/Tröndle* Rdn. 3). Es gilt grundsätzlich derselbe *wirtschaftliche Vermögensbegriff*[6], wie er für §§ 253, 263, 266 anerkannt ist. Dieser Begriff ist zwar am Verkehrswert ausgerichtet, also „objektiv" zu bestimmen. Jedoch sind dabei die individuellen Umstände und Bedürfnisse des Vermögensinhabers, also die Brauchbarkeit des Gegenstandes im Unternehmen und für das Unternehmen, zu berücksichtigen. Dies bedeutet:

17 Gegenstände mit bloßem *Affektionswert* scheiden — anderes als bei §§ 242, 246 — als Tatobjekt des § 283 Abs. 1 Nr. 1 aus. Nach *Lackner/Kühl* (Rdn. 9) soll bei *zweifelhaftem Wert* der Sache oder Forderung Nr. 1 eingreifen und dieser Tatbestand nur bei feststehender Wertlosigkeit ausscheiden. Dies ist mißverständlich. In der Tat ist eine in ihrer Realisierung zweifelhafte Forderung wertgemindert. Sie behält aber regelmäßig einen gewissen Wert. Ist zweifelhaft, ob die Forderung oder Sache ganz wertlos ist und sind diese Zweifel nicht zu beseitigen, so entfällt für die strafrechtliche Betrachtung die Anwendung der Nr. 1 nach dem Grundsatz „in dubio pro reo". *Bagatellwerte* können durchaus beiseite geschafft, verheimlicht usw. werden. Die Eigenschaft der Nr. 8 als Grundtatbestand auch der Nr. 1 (oben Rdn. 9 ff) bedeutet nicht, daß für Nr. 1 nur größere Vermögenswerte in Betracht kämen. In Bagatellfällen ist aber eine Verfahrenseinstellung nach § 153 StPO angemessen (zutr. *Dreher/Tröndle* Rdn. 3 a. E.). Auch eine erhebliche *Belastung*, z. B. mit Pfandrechten, beseitigt den für Nr. 1 erforderlichen Wert der Sache nicht (RG DRiZ **1934** Nr. 315 S. 314). Lediglich wenn die Belastung den Wert bereits voll ausschöpft oder übersteigt, ist der Gegenstand nicht mehr taugliches Objekt des Beiseiteschaffens durch zusätzliche Belastung (vgl. *Wessels* BT-2 § 12 III 3 a). Verheimlicht, zerstört usw. werden kann aber auch ein voll oder über Wert belasteter Gegenstand noch insoweit, als die Tathandlung den Gläubigerzugriff vereitelt oder wesentlich erschwert (*Schaefer* LK[8] § 239 KO Anm. II Ziff. 1).

18 Fraglich kann die Vermögenszugehörigkeit von **Geschäftsbüchern** sein. § 1 Abs. 3 KO rechnet sie ebenso wie § 36 Abs. 2 Nr. 1 InsO 1999 ausdrücklich zur Konkursmasse (Insolvenzmasse), obwohl sie nach § 811 Nr. 11 ZPO unpfändbar sind: Der Konkursverwalter braucht diese Unterlagen für seine Verwaltungstätigkeit (*Baumann* Konkurs § 5 III 2 a). Damit ist nichts darüber ausgesagt, inwieweit Geschäftsbücher zum Vermögen des Schuldners zählen. Im Ausgangspunkt ist eine solche Annahme durchaus berechtigt, da auch Verkaufs- und Kalkulationsunterlagen sowie andere

---

[6] Ebenso zum österreich. Kridastrafrecht *Kienapfel* Grundriß des österreichischen Strafrechts BT II, 3. Aufl. (1993), S. 322 Rdn. 11 mit weit. Nachw.

Geschäftspapiere für den Verkehr oder doch für das jeweilige Unternehmen und für die Konkursmasse Vermögenswert haben (können). Das Handelsrecht rechnet die Handelsbücher daher zum Vermögen des Kaufmanns (vgl. *Schlegelberger/Hildebrandt* § 38 Rdn. 20). Allerdings ist der konkursrechtliche Begriff der Geschäftsbücher sehr weit ausgedehnt und erfaßt auch Arbeitsbücher, Akten, Korrespondenzen sowie weitere Beweisurkunden (vgl. nur *Kilger/K. Schmidt* § 1 Anm. 2 A b). Soweit derartige Schriftstücke keinen (eigenen) Vermögenswert haben, werden sie strafrechtlich nicht durch Nr. 1, sondern nur durch Nr. 6 und Nr. 8 (Verheimlichen der geschäftlichen Verhältnisse) geschützt. Für alle Geschäftsbücher gilt das gleiche im Beitrittsgebiet, wo eine § 1 Abs. 3 KO, § 36 Abs. 2 Nr. 1 InsO entsprechende Vorschrift fehlt (h. M., vgl. *Smid/Zeuner* § 1 GesO Rdn. 102 ff mit Nachw.).

Zum Vermögen und zur Konkursmasse gehören weiter auch die *Geschäftseinrichtung* (BGH bei Herlan GA **1953** 74), *Gesellschaftsanteile*, Ansprüche auf *Auseinandersetzungsguthaben, Patente* (bereits ab Anmeldung: *Baumann* Konkurs § 11 I 1 b), technisches und/oder kaufmännisches *Know how* (in den durch das sog. Dücko-Urteil BGHZ **16** 172 ff gezogenen Grenzen), aber auch eine *Kundenkartei* (die zwar nicht der Zwangsvollstreckung unterliegt, aber gemäß § 1 KO in die Konkursmasse fällt: BTDrucks. 7/5291 S. 18; *Sch/Schröder/Stree* Rdn. 3). Entgegen BGH bei Herlan GA **1953** 73 zählt auch die *Firma* zum Vermögen und zur Konkursmasse. Die bloße Bezeichnung des Handelsunternehmens ist allerdings insoweit kein vom Konkurs betroffener Vermögenswert, als es um den bürgerlichen Namen einer natürlichen Person geht (OLG Düsseldorf NJW **1982** 1712 f). Über die Firma kann der Konkursverwalter daher auch nur mit Zustimmung des Gemeinschuldners verfügen, wenn dessen Familienname in der Bezeichnung enthalten ist und damit das Persönlichkeitsrecht des Gemeinschuldners tangiert wird (BGHZ **32** 103 ff; OLG Düsseldorf aaO mit Nachw.; weitergehend *Baumann* aaO). Diese Einschränkung gilt aber nur für die Firma eines Einzelkaufmanns und für die Firma einer Personenhandelsgesellschaft (vgl. BGHZ **17** 209, 214; offengelassen bei OLG Düssseldorf aaO). **19**

Entsprechend dem wirtschaftlichen Vermögensbegriff (oben Rdn. 16) ist es für § 283 Abs. 1 Nr. 1 schließlich unbeachtlich, ob der Vermögensbestandteil **unrechtmäßig** erworben worden ist. Auch eine durch Betrug erlangte Sache kann dem Zugriff der Gläubiger nach Nr. 1 entzogen werden (BGH GA **1955** 149, 150). Das Anfechtungsrecht des Betrogenen beseitigt die Zugehörigkeit der Sache zum Schuldnervermögen nicht (*Sch/Schröder/Stree* Rdn. 3). Entsprechend der unten Rdn. 21 wiedergegebenen Rechtsprechung zum Aussonderungsrecht gehören allerdings gestohlene und unterschlagene Sachen, bei denen der Eigentümer jederzeit die Herausgabe verlangen kann, nicht zum Vermögen des Schuldners. **20**

β) Hinsichtlich der **Sicherungsrechte** gilt: Auch *verpfändete* Sachen zählen zur Konkursmasse, da sie Eigentum des Schuldners bleiben und kein Aussonderungsrecht des Pfandgläubigers begründen (BGH BB **1955** 110). Vom Schuldner zur *Sicherheit* übereignete Sachen sind ebenfalls taugliches Tatobjekt für Nr. 1, da der Gläubiger nur ein Absonderungsrecht hat (§ 48 KO) und die Sache daher in der Regel zur Konkursmasse des Sicherungsgebers gehört (BGHSt **3** 32, 35f mit Nachw.; **5** 119, 120). BGHSt **3** 35 stellt zusätzlich darauf ab, daß der Anspruch des Schuldners, bei Zahlung der Schuld das Eigentum zurückzuerwerben, als Vermögensrecht zur Konkursmasse rechnet. Ob der Wert der sicherungsübereigneten Sache unter dem Wert der gesicherten Forderung bleibt, ist im Hinblick auf § 64 KO unerheblich (BGHSt **5** 121; BGH GA **1960** 375, 376; **aA** noch BGHSt **3** 36). BGHSt **5** 121 bezeichnet es in diesem Fall lediglich als zweifelhaft, ob der Schuldner eine derartige Sache beiseite **21**

schafft, wenn er sie dem Sicherungsnehmer zur Verwertung übergibt. Dies dürfte zu verneinen sein. — Demgegenüber scheiden für Nr. 1 Sachen aus, die im *Eigentumsvorbehalt* des Lieferanten geblieben sind, daher von diesem *ausgesondert* werden können und folglich nicht im Vermögen des Gemeinschuldners verbleiben (BGHSt **3** 36; BGH GA **1955** 149, 150; RGSt **66** 177, 178). Insoweit kann aber Nr. 3 einschlägig sein. Außerdem kann nach Nr. 1 das *Anwartschaftsrecht* des Schuldners auf Eigentumserwerb beiseite geschafft, verheimlicht usw. werden (ganz h. M.[7]), falls die Anwartschaft einen meßbaren wirtschaftlichen Wert hat, was von dem Verhältnis der Kaufpreisrestforderung zum Wert der Sache abhängt[8]. Der bloße *Besitz* kommt daher nur in Betracht, soweit ihn nicht die Aussonderungsberechtigung eines anderen entwertet (*Schaefer* LK[8] § 239 KO Anm. II Ziff. 1).

22 Kein Bestandteil des schuldnerischen Vermögens sind **Forderungen**, die dem Schuldner zur Einziehung abgetreten sind. Diese Forderungen stehen materiellrechtlich und wirtschaftlich nicht dem Schuldner zu, sondern dem, der sie ihm abgetreten hat (RGSt **72** 252, 254ff; *Schaefer* LK[8] § 239 KO Anm. II Ziff. 1).

23 Auszuscheiden sind für Nr. 1 nach der ausdrücklichen Bestimmung des § 1 Abs. 1 und Abs. 4 KO (ebenso § 36 Abs. 1 InsO 1999) weiterhin solche Gegenstände, die **unpfändbar** sind (z. B. eine Schreibmaschine nach § 811 Nr. 5 ZPO: RGSt **73** 127, 128; vgl. im übrigen §§ 850ff, 852, 859ff ZPO), und Gegenstände, die nicht gepfändet werden sollen (z. B. Schränke nach § 812 ZPO). Unpfändbar und konkursfrei ist auch der Anspruch auf Lieferung einer unpfändbaren Sache (RGSt **73** 127, 128) sowie ein nicht übertragbares Recht (§§ 399 BGB, 851 ZPO), z. B. ein persönliches Vor- oder Ankaufsrecht (BGH wistra **1994** 349) oder der Nießbrauch. Für Geschäftsbücher, die bei der Einzelzwangsvollstreckung gem. § 811 Nr. 11 ZPO ebenfalls unpfändbar sind, gilt § 1 Abs. 3 KO (§ 36 Abs. 2 Nr. 1 InsO 1999) als lex specialis: Sie gehören zum Schuldnervermögen, soweit sie geldwert sind (oben Rdn. 18). Entsprechend der unterschiedlichen Zwecksetzung von Einzel- und Gesamtvollstreckung und der Beschränkung von § 283 Abs. 1 Nr. 1 auf Vermögenswerte steht nichts entgegen, den Begriff der Geschäftsbücher in den einzelnen Vorschriften unterschiedlich zu verstehen.

Schließlich fallen Gegenstände, die vom Schuldner erst **nach Konkurseröffnung** aus freien Mitteln (§ 1 KO) **erworben** wurden, nach geltendem Recht nicht in die Konkursmasse und sind somit kein taugliches Tatobjekt (RGSt **40** 105, 110; **55** 30 für die Veräußerung von Sachen, die der Täter erst nach Eröffnung des Konkursverfahrens gestohlen hat). Über das Neuvermögen ist aber ein neuer Konkurs möglich (*Baumann* Konkurs § 5 III 2b mit Nachw.). Dies gilt auch nach der GesO; Hinzuerwerb nach Eröffnung der Gesamtvollstreckung ist unstr. bei natürlichen, nach h. M. (**aA** *Kilger/K. Schmidt* § 1 GesO Anm. 3b) auch bei juristischen Personen gesamtvollstreckungsfrei (vgl. § 7 Abs. 1 GesO). § 35 InsO 1999 bezieht dagegen das während des Insolvenzverfahrens erlangte Vermögen, also den sog. Neuerwerb, ein.

24 **γ)** Auch die **Arbeitskraft** des Schuldners ist kein Vermögensbestandteil, der in die Konkursmasse fällt[9]. Es besteht für den Schuldner strafrechtlich kein Zwang, zugun-

[7] BGHSt **3** 32, 36; BGH BB **1957** 274; *Bieneck* in: Müller-Gugenberger § 65 A; *Dreher/Tröndle* Rdn. 3; *Hess/Kropshofer* Anh. III Rdn. 7; *Lackner/Kühl* Rdn. 9; *Maurach/Schroeder/Maiwald* 1 § 48 III A 1; *Samson* SK Rdn. 7; *Weyand* S. 57.

[8] BGH GA **1960** 375, 376, auch **1962** 146, 147 und BGH 4 StR 396/76 bei *Dreher/Tröndle* Rdn. 3; *Sch/Schröder/Stree* Rdn. 3. Ebenso für das schweizer. Recht *Caspar* SchwZStrafR **87** (1971) 26f.

[9] OLG Düsseldorf NJW **1982** 1712, 1713 mit Nachw.; *Bieneck* aaO; *Baumann* Konkurs § 11 I 1b; *Dreher/Tröndle* Rdn. 3; *Samson* SK Rdn. 7; *Weyand* S. 56.

sten der Gläubiger und der Konkursmasse weiterzuarbeiten (zust. *Bieneck* in: Müller-Gugenberger § 75 A I). Die Einstellung der Arbeitstätigkeit durch den Schuldner ist also nicht nach Nr. 1 strafbar. Dagegen steht das Entgelt für die (erfolgte) Arbeitsleistung des Schuldners ebenso wie die Arbeitsleistung der *Angestellten und Arbeitnehmer* des Schuldners der Konkursmasse zu. Die Veredelung (Werterhöhung), die ein Gegenstand durch Be- oder Verarbeitung erfährt, kann also — mit dem Gegenstand — beiseite geschafft oder verheimlicht usw. werden. Dies hat Bedeutung für Unternehmer und Banken, welche die Weiterarbeit von insolventen Unternehmen auf Kosten der Bundeanstalt für Arbeit und des Fiskus durch **Vorgriff auf das Konkursausfallgeld** als Finanzierungsmittel für die Nettolöhne veranlassen (sog. *Nettolohnsystem*)[10]. Setzt der Schuldner seine Arbeitnehmer in einem anderen Betrieb ein, der rechtlich einer anderen (juristischen) Person gehört, so ist der **Ausgleichsanspruch** gegen den anderen Betrieb ein Vermögensbestandteil, der beiseite geschafft und (z. B. durch Nichtverbuchung) verschleiert werden kann (BGH 2 StR 799/76 v. 15. 4. 1977 S. 6 f). Zum „Vorbeisteuern" von Aufträgen und Arbeitsleistungen an dem bisherigen Unternehmen des Schuldners zugunsten eines neuen Unternehmens (mit eigener Rechtspersönlichkeit) unten Rdn. 155 u. 161 (zu Nr. 8). Sichere Gewinnerwartungen des Altunternehmens, insbesondere nach bereits getätigten Aufwendungen (Geschäftsreisen, Beratungskosten usw.), gehören zu dessen Vermögen (*Bieneck* aaO).

c) Die Tathandlung des **Beiseiteschaffens** von Vermögensbestandteilen wird traditionell definiert als Vereitelung oder wesentliche Erschwerung des alsbaldigen Gläubigerzugriffs durch (dinglich)rechtliche oder tatsächliche Verfügungen[11]. Neben der *räumlichen* Entfernung soll damit grundsätzlich jede Veränderung der *rechtlichen* Lage tatbestandsmäßig sein, z. B. durch Veräußerung eines Grundstücks (BGH wistra **1987** 29; RGSt **61** 107 f [f]; **62** 152 [f]), Übertragung des Miteigentumsanteils an einem Grundstück (BGH bei Herlan GA **1971** 38), Erklärung der Löschungsbewilligung für eine Grundschuld (RGSt **62** 277 f), Eintragung einer Vormerkung zur Sicherung des Auflassungsanspruchs (RG bei *Schaefer* LK[8] § 239 KO Anm. II Ziff. 1 b), Einziehen einer Forderung bei anschließendem Verbrauch zu privaten Zwecken (BGH bei Herlan GA **1961** 358; RGSt **66** 88 f [f]; **aA** *Haas* wistra **1989** 260 für § 288), Gutschrift eingehender Gelder auf dem Konto der Freundin (BGHSt **34** 309 ff), Ersetzung von Gesamthandseigentum (der GmbH-Gründer) durch Alleineigentum (eines Gründers) (BGH 1 StR 156/80 v. 2. 12. 1980 S. 15 f), aber auch *Scheinveräußerung* (BGH JZ **1979** 75, 76; RG JW **1936** 3006), zum Schein vorgenommene oder „nicht gerechtfertigte" Sicherungsübereignung (BGH 1 StR 407/80 v. 21. 10. 1980 S. 3, 1 StR 452/78 v. 30. 1. 1979 S. 11, auch bei Holtz MDR **1979** 457) sowie überhaupt jede Veräußerung oder Belastung *ohne* alsbald greifbaren *Gegenwert*[12]. Auf die rechtliche *Wirksamkeit* z. B. der Veräußerung kommt es nicht an (vgl. nur RGSt **62** 152 f). 25

[10] Zu den einzelnen Formen dieser Finanzierung und ihrer (straf)rechtlichen Einordnung *Müller/Wabnitz* S. 149 ff; *Hanau/Kappus* ZIP **1988** 885 ff; *Schieckel/Grüner/Dalichau* Arbeitsförderungsgesetz Bd. 2 (Stand: 1. 8. 1991) § 141 k Anm. 4 a; *Tiedemann* ZIP **1983** 518 f. Näher unten Rdn. 165 und 170. Zur Rechtslage ab 1999 *Uhlenbruck* KTS **1994** 183 mit Nachw.

[11] BGH 1 StR 452/78 v. 30. 1. 1979 S. 11; RGSt **61** 107, 108; **62** 277, 278; **64** 138, 140; **66** 131 (f); *Bieneck* in: Müller-Gugenberger § 65 B I; *Dreher/Tröndle* Rdn. 4; *Lackner/Kühl* Rdn. 10; *Maurach/Schroeder/Maiwald* 1 § 48 III A 1; *Otto* BT § 61 VI 1 c aa; *Samson* SK Rdn. 8; *Sch/Schröder/Stree* Rdn. 4; *Wessels* BT-2 § 12 III 3 a.

[12] BGH NJW **1952** 898 (f) und bei Holtz MDR **1979** 457; RGSt **61** 107, 108; **62** 152 (f); **66** 88 f (f), 131 (f); *Bieneck* in: Müller-Gugenberger § 65 B I; *Lackner/Kühl* aaO; *Otto* aaO; *Wessels* aaO; *Weyand* S. 57 f.

26 **α)** Diese aus dem früheren Recht (§ 239 Abs. 1 Nr. 1 KO a. F.) übernommene Begriffsbestimmung ist indessen insoweit ergänzungsbedürftig, als sie das normativ-mißbilligende **finale** Element des Beiseiteschaffens außer acht läßt und damit die Tatbestandsmäßigkeit vorschnell ausweitet. Diese Ausweitung wurde im früheren Recht teils durch das ausdrückliche Tatbestandserfordernis der Absicht der Gläubigerbenachteiligung korrigiert (vgl. Rdn. 38 vor § 283), teils bereits durch die bloße Existenz dieses Erfordernisses objektiv mehr oder weniger verhindert. (Letzteres wird z. B. in bezug auf die Gründung und Unterstützung selbständiger Tochtergesellschaften in dem BGH-Urteil 1 StR 98/56 v. 6. 7. 1956 S. 16 f sichtbar.) Der Verzicht des Gesetzgebers auf das subjektive Tatbestandsmerkmal der Gläubigerbenachteiligungsabsicht darf aber auch nach heutigem Recht nicht dazu führen, alle Verfügungen und insbesondere alle Ausgaben selbst im Rahmen **normaler Austauschgeschäfte** zunächst als Beiseiteschaffen von Vermögensbestandteilen anzusehen und erst durch den wertmäßigen Ausgleich der Verfügung (durch die Gegenleistung) wieder aus dem typisierten Unwerturteil des Tatbestandes herauszunehmen (dazu unten Rdn. 30). Eine Einschränkung liegt auch deshalb nahe, weil der Reformgesetzgeber — im Ansatz zutreffend — die Bezeichnung des Tatobjektes von den körperlich-anschaulichen „Vermögensstücken" (§ 239 Abs. 1 Nr. 1 KO a.F.) grundsätzlich auf alle „Vermögensbestandteile" erweitert und damit klargestellt hat, daß das Tatobjekt auch nicht-gegenständliche Werte betrifft. Die Tathandlung verliert hierdurch an Konturen, was durch Besinnung auf den Unrechtstypus interpretatorisch zu korrigieren ist.

27 Die h. M. sucht das erforderliche Korrektiv darin, daß entgegen dem Wortlaut von Nr. 1 das Erfordernis der Verletzung der **Anforderungen einer ordnungsgemäßen Wirtschaft** auch auf das Beiseiteschaffen (und das Verheimlichen) bezogen wird[13]. Diese Auffassung hatten RGSt **62** 277, 278 (mit Nachw.) sowie BGH NJW **1952** 898 (f) und bei Herlan GA **1953** 74 schon für das alte Recht vertreten und hiermit die Straflosigkeit des einfachen Bewirkens der geschuldeten Leistung begründet. BGHSt **34** 309, 310 f hält diese Auffassung für das neue Recht mit der Klarstellung aufrecht, es dürfe nicht um die Erfüllung neu eingegangener Verbindlichkeiten gehen. RGSt **66** 88, 89 leitete das Erfordernis eines Verstoßes gegen die ordnungsgemäße Wirtschaft gerade aus der finalen Tendenz des „Beiseiteschaffens" und seinem Verhältnis zum „Verheimlichen" ab (vgl. auch RGSt **66** 131 [f]). Auch das Kriterium des übermäßigen, nämlich über einen „angemessenen" Lebensunterhalt hinausgehenden Aufwandes für private Entnahmen nach Nr. 1 a. F. war von vornherein stark normativiert (BGH bei Herlan GA **1959** 340), und BGH bei Holtz MDR **1979** 457 kennzeichnet die Tathandlung der Nr. 1 nach neuem Recht ganz generell durch den Satz, der Schuldner müsse den Willen haben, die Verwendung der Konkursmasse zugunsten der Gläubiger zu „hintertreiben". Schließlich wird für die Tathandlung des Zerstörens, Beschädigens oder Unbrauchbarmachens in der Literatur einschränkend Böswilligkeit oder Mutwille, also ein subjektives Tatelement, verlangt (*Samson* SK Rdn. 10 mit Nachw., unten Rdn. 49).

28 Mit der h. M. ist anzuerkennen, daß eine rechtliche oder tatsächliche Verfügung, die den Anforderungen einer ordnungsgemäßen Wirtschaft entspricht, kein Beiseiteschaffen darstellt. Jedoch ist diese Einschränkung keineswegs ausreichend, folgt sie

[13] BGHSt **34** 309, 310; BGHR § 283 Abs. 1 Nr. 1 Beiseiteschaffen 2; BGH 1 StR 452/78 v. 30. 1. 1979 S. 11 (auch bei Holtz MDR **1979** 457) mit weit. Nachw.; zuvor BGH NJW **1952** 898 (f) und bei Herlan GA **1953** 74; aus der Lit. insbes. *Lackner/Kühl* Rdn.10; *Mohr* S. 124 ff; *Otto* aaO; *Sch/Schröder/Stree* Rdn. 4 und 7; *Wessels* BT-2 § 12 III 3 a; *Weyand* aaO.

doch einerseits aus der Eigenschaft von § 283 Abs. 1 Nr. 8 als Grundtatbestand auch der Nr. 1 (oben Rdn. 9 ff), andererseits und vor allem aber auch daraus, daß ein ordnungsgemäßes Wirtschaften nicht mißbilligt wird (vgl. auch *Lampe* GA **1987** 250). Die normative Komponente des Gesetzesbegriffes „Beiseiteschaffen" wird daher vor allem durch die *subjektive* Zielrichtung des Handelns bestimmt: Beiseite geschafft ist — wie bei dem Merkmal des Verheimlichens (unten Rdn. 38) und ähnlich wie bei § 288 — ein Vermögensbestandteil nur, wenn er durch einen dinglichen oder tatsächlichen Akt dem Gläubigerzugriff entzogen oder dieser Zugriff wesentlich erschwert werden soll, wenn also das Handeln auf wesentliche Veränderung der tatsächlichen oder rechtlichen Lage des Vermögensbestandteils zum Nachteil der Gläubiger **abzielt** (vgl. für das Verheimlichen BGH bei Herlan GA **1954** 310; allgemeiner *Tiedemann* ZIP **1983** 519). Insofern war es für das richtige Verständnis von Nr. 1 zweckmäßiger, daß § 239 KO a. F. die Tathandlung des Verheimlichens voranstellte und damit eine systematisch entsprechende Auslegung des nachgestellten Beiseiteschaffens zusätzlich nahelegte. Richtig definieren den Begriff des Beiseiteschaffens auch nach heutigem Recht *Maurach/Schroeder/Maiwald* 1 § 48 III A 1 mit der final-personalen Wendung: „jede Entziehung vor dem Zugriff der Gläubiger" (ähnlich BGHSt **34** 309, 310 und besonders deutlich BGH wistra **1993** 184, 185). Nur diese — auch im ausländischen Recht anerkannte — Finalität der Tathandlung ermöglicht eine sinnvolle Abgrenzung von Nr. 1 zu den sonstigen Bankrotthandlungen, insbesondere auch zu Nr. 8 als dem eigentlichen Grundtatbestand. Dem „groben" Verstoß bei Nr. 8 entspricht bei Nr. 1 die *finale Tendenz*, die entgegen *Krause* (S. 254 f) nicht (nur) als Gesinnungsmerkmal, sondern als Zweckverfolgung zu verstehen ist (und als solche auch von *Krause* als für die *Bewertung* wesentlich angesehen wird; **krit.** allerdings auch *Mohr* S. 118 f).

Die Notwendigkeit einer solchen *Subjektivierung* der Tathandlung des Beiseiteschaffens folgt für das heutige Recht weiter daraus, daß bereits bei normalen Austauschgeschäften, also bei Erbringung einer Leistung oder einer Zahlung, der Wille des Täters darüber entscheidet, wohin die Gegenleistung gelangen oder welche Schuld getilgt werden soll. Ganz in diesem Sinne sah schon BGH bei Herlan GA **1954** 310 f die Veräußerung eines Gegenstandes trotz Erhalt eines gleichwertigen Vermögensgegenstandes dann als Beiseiteschaffen an, wenn der Schuldner „die Absicht hatte, zu seinem eigenen Nutzen über den Kaufpreis zu verfügen und diesen den Gläubigern zu entziehen". Bei wirtschaftlicher Gleichwertigkeit macht also die Eigennützigkeit des Täters diesen nach Nr. 1 strafbar (*Lampe* aaO). Dabei versteht sich, daß eine Tatvollendung erst mit Eintritt des äußeren Erfolges (der Gläubigerbeeinträchtigung) vorliegt, vorher also allenfalls Versuch gegeben ist. Ebenso schließt die Finalität der Benachteiligung nicht schlechthin die Möglichkeit von dolus eventualis aus. Bei einer nur mit dolus eventualis vorgenommenen Gläubigerbeeinträchtigung wird aber das Vorliegen eines Beiseiteschaffens besonders sorgfältiger Prüfung bedürfen. — Eine wesentliche Erschwerung der strafrechtlichen Beweisführung ergibt sich insgesamt aus der hier vertretenen Subjektivierung des Beiseiteschaffens nicht. Vor allem wird der spätere tatsächliche Erfolgseintritt ganz regelmäßig den Schluß auf einen entsprechenden früheren Willen (des Schuldners) zulassen.

Für die Einzelheiten der Tathandlung bedeutet dies:

Das bloße **Erbringen einer fälligen Leistung** ist trotz Schmälerung der Haftungs- **29**
masse nicht tatbestandsmäßig. Die Leistungserbringung an einen einzigen Gläubiger während der Unternehmenskrise kann zwar den Geboten einer ordnungsgemäßen Wirtschaft geringfügig widersprechen — eine grobe Wirtschaftswidrigkeit i. S. v.

Nr. 8 ist hierin dagegen keinesfalls zu sehen —, zielt jedoch nicht auf Schmälerung des Haftungszugriffs aller Gläubiger, sondern allenfalls auf Bevorzugung eines derselben (§ 283 c!). Die Straflosigkeit des Erbringens der geschuldeten Leistung muß schon deshalb als uneingeschränkter Grundsatz anerkannt werden, weil sonst das zivilistische System für Zeiträume, in denen das Konkurs- bzw. Insolvenzrecht (noch) nicht gilt, zugunsten völlig unklarer Maßstäbe außer Kraft gesetzt würde. Wie bereits oben Rdn. 27 erwähnt, entspricht der genannte Grundsatz auch der Judikatur. Vgl. auch § 283 c Rdn. 25 (dort Rdn. 36 auch zur Sperrwirkung des § 283 c bei jeder Leistung des Schuldners an einen nicht nur fiktiven Gläubiger).

30 Straflos ist eine — an sich tatbestandsmäßige — Handlung ferner grundsätzlich dann, wenn eine **Saldierung** ergibt, daß dieselbe für die Haftungsmasse verlustbringende Handlung einen entsprechenden *Vorteil* bewirkt. Dies ergibt sich im Wege der teleologischen Reduktion von § 283 Abs. 1 Nr. 1 aus der Einsicht, daß das Beiseiteschaffen unter vollem Wertausgleich die typische Gefährdungseignung der Tathandlung für die Gläubigerinteressen entfallen läßt (vgl. nur RGSt **66** 88 f [f] mit Nachw. und bereits oben Rdn. 14). Dieser Rückgriff auf den Schutzzweck des § 283 deckt sich nur teilweise und nur im Ergebnis mit dem vorgenannten Grundsatz: Das Bewirken einer Leistung durch den Schuldner führt zum Erlöschen der Verbindlichkeit und damit zu einer Entlastung der Haftungsmasse; insoweit kommt es auch nicht darauf an, ob Leistung und Verbindlichkeit wirtschaftlich gleichwertig waren. Soweit es dagegen um Geschäfte und Ausgaben geht, für die ein vorheriger Rechtsgrund nicht bestand, muß ein voller und realer *Gegenwert* in das Schuldnervermögen gelangen, die Gegenleistung also entsprechend dem wirtschaftlichen Vermögensbegriff **wirtschaftlich gleichwertig** sein und als Zugriffsobjekt für die Gläubiger zur Verfügung stehen (BGHR § 283 Abs. 1 Zahlungsunfähigkeit 3 und bereits BGH NJW **1953** 1152, 1153). Die Gleichwertigkeit bestimmt sich, wie oben Rdn. 16 dargelegt, grundsätzlich nach Verkehrswerten (BGH aaO). Jedoch ist für einen individualisierenden Maßstab Raum: Die Brauchbarkeit für das Unternehmen oder die Person des Schuldners ist für die Bewertung der Gegenleistung beachtlich, weil sich der maßgebende „alsbaldige" (potentielle) Gläubigerzugriff nicht auf einzelne Vermögensbestandteile, sondern auf das gesamte Vermögen des Schuldners bezieht. Unter diesen Gesichtspunkten erscheint die Vornahme einer *Betriebsaufspaltung* und die Übertragung von Vermögenswerten auf eine Betriebsübernahme- oder **Auffanggesellschaft** im Ausgangspunkt dann als nicht nach Nr. 1 strafbar, wenn die neue Gesellschaft auch Verbindlichkeiten in entsprechender Höhe übernimmt (*Tiedemann* ZIP **1983** 517; vgl. aber auch *Krause* S. 272 f; *Mohr* S. 119 ff). Allerdings hat bereits die ältere Rechtsprechung den Gedanken eines Wertausgleichs nur im Rahmen einer *ordnungsgemäßen Wirtschaftsführung* zugelassen (vgl. auch oben Rdn. 27). Diese Einschränkung erscheint vor allem unter dem zusätzlichen Schutzaspekt einer funktionsfähigen Kreditwirtschaft (Rdn. 55 ff vor § 283) als zutreffend (folgerichtig ablehnend daher *Krause* S. 259, 263 f). Vgl. daher zusammenfassend und abschließend zu der genannten Form der Betriebsaufspaltung unten Rdn. 164 und 168 zu Nr. 8. Entgegen *Mohr* (S. 118 f) erlaubt auch das oben Rdn. 28 dargestellte Kriterium der Finalität unter Aspekten der Gläubigerbenachteiligung in dem Gesamtzusammenhang von Wert- und Haftungsausgleich sowie ordnungsmäßigem Wirtschaften eine Abgrenzung: Ein wirtschaftlich sinnvoller Sanierungsversuch durch Vermögensübertragung wird seiner Gesamtbewertung nach nur selten auf Benachteiligung der Gläubigergesamtheit gerichtet sein. Anderes gilt, wenn die Übertragung zwecks Verschaffung einer Aufrechnungsmöglichkeit für den Täter erfolgt (BGH wistra **1993** 184, 185).

Für die Beurteilung von **Entnahmen** aus dem Geschäftsvermögen zu privaten Zwecken geht die h. M. davon aus, daß hierin bzw. in dem anschließenden Verbrauch des Geldes sowohl ein Beiseiteschaffen als auch eine unwirtschaftliche Ausgabe (i. S. d. Nr. 2) liegen kann, obwohl eine Trennung von Geschäfts- und Privatvermögen nur im Verhältnis von juristischen Personen und deren Gesellschaftern rechtlich vorgesehen ist. BGH MDR **1981** 510, 511 (und bereits bei Herlan GA **1959** 340) stellt — auch für Nr. 1 — darauf ab, ob der Verbrauch des Geldes dem *angemessenen Lebensunterhalt* des Schuldners dient (ebenso RGSt **66** 88, 89). Die Angemessenheit soll sich nicht nur nach dem bisherigen Lebenszuschnitt (Familienverhältnisse, Haushaltsführung, persönliche Lebensumstände), sondern auch unter Berücksichtigung der Krisensituation beurteilen. Zukunftspläne müssen realistisch und unternehmensbezogen sein: „Allein der Wunsch, sich zunächst einmal den durch das bevorstehende Konkursverfahren drohenden Unannehmlichkeiten und Schwierigkeiten zu entziehen und sich erst dann nach Verdienstmöglichkeiten umzusehen, könnte ... die dafür gemachten Aufwendungen nicht rechtfertigen" (BGH MDR aaO für die Kosten einer Flugreise nach Brasilien, die nicht „durch vertretbare Gründe — etwa Abwicklung eines Geschäfts am Zielort oder die konkret begründete Aussicht weiterer beruflicher Tätigkeit dort — sachlich gerechtfertigt war"). Andererseits bedeutet die krisenbedingte Einschränkung des Lebensstils des Schuldners auch nach der Rechtsprechung und entgegen *Schlüchter* (JR **1982** 29 ff) nicht, daß der Schuldner auf den notdürftigen Unterhalt beschränkt wäre. Überhaupt ist zu bedenken, daß kein (zivil)rechtlicher Maßstab dafür existiert, welche Privatentnahmen ein Einzelkaufmann oder ein Angehöriger eines freien Berufes tätigen darf. Da durch die bloße Entnahme der Gläubigerzugriff regelmäßig ohnehin nicht vereitelt oder erschwert wird, kann das Beiseiteschaffen nur im **Verbrauch** des Geldes gesehen werden, wie auch die Rechtsprechung anerkennt (vgl. nur RGSt **66** 89). Entgegen der genannten Rechtsprechung kann hierin aber mit Rücksicht auf das oben Rdn. 28 genannte personalfinale Kriterium schon im Ausgangspunkt *kein Beiseiteschaffen* gesehen werden, soweit es nicht um ein Horten von Geldmitteln für die Zukunft geht (ebenso im Ergebnis *Samson* SK Rdn. 8); ganz exzessive Ausgaben können prozessual gesehen ein Indiz dafür sein, daß der Täter das Geld dem Gläubigerzugriff entziehen will. Unberührt bleibt selbstverständlich die Anwendbarkeit von Nr. 2 (dazu unten Rdn. 65 ff). Auch nach der Rechtsprechung scheidet Nr. 1 für persönliche Entnahmen durch **Organe oder Vertreter** aus, da derartige Handlungen — auch in Form einer Darlehensgewährung oder einer Erhöhung des Geschäftsführergehaltes — nicht für das Unternehmen, sondern eigennützig erfolgen (vgl. bereits BGH 1 StR 98/56 v. 6. 7. 1956 S. 20 f; oben Rdn. 79 ff vor § 283; **aA** anscheinend noch BGH bei Herlan GA **1958** 47, wonach der Gesellschafter-Geschäftsführer Nr. 1 erfüllt, wenn er aus der Kasse der GmbH Gelder für seinen und seiner Familie notwendigen Unterhalt entnimmt, es sei denn die Entnahme diene „zur Befriedigung ihm zustehender fälliger Gehaltsansprüche"). 31

Mit Konkurseröffnung (ab 1999: Eröffnung des Insolvenzverfahrens) tritt dagegen der Verlust der Verwaltungs- und Verfügungsbefugnis des Gemeinschuldners über sein zur Konkursmasse (Insolvenzmasse) gehöriges Vermögen (§ 6 Abs. 1 KO) und damit eine Art Gütertrennung ein (vgl. für die Rechtslage ab 1999 § 80 Abs. 1 InsO). Die Einziehung einer Forderung durch den Gemeinschuldner und der Verbrauch dieses Geldes für private Zwecke ist daher nach Nr. 1 strafbar (so BGH bei Herlan GA **1961** 358 auch für den im Sinne des § 8 KO schlechtgläubigen Schuldner). Die bloße Zahlungseinstellung führt dagegen nicht zu einer solchen Wirkung. Die 32

Vornahme von Notverkäufen nach Zahlungseinstellung, um dringendste Lebensbedürfnisse zu befriedigen, erfüllt auch nach h. M. Nr. 1 nicht (BGH NJW **1952** 898; *Sch/Schröder/Stree* Rdn. 4).

33 Entgegen der h. M. fallen angesichts der oben Rdn. 28 dargelegten Einschränkung aber auch sonstige unternehmensbezogene **Austauschgeschäfte** nicht unter Nr. 1, selbst wenn sie keinen vollen wertmäßigen Ausgleich herbeiführen. Notverkäufe zum Zwecke der Liquiditätsverbesserung stellen ebensowenig ein Beiseiteschaffen von Vermögensbestandteilen dar wie Aufwendungen für Innovationen, deren wirtschaftliches Ergebnis (noch) dem bisherigen Unternehmen zugute kommen soll. Einschlägig ist für beide Fallbereiche vielmehr allein Nr. 2.

34 Für Nr. 1 verbleiben damit — teilweise in Abweichung von der h. M. — noch folgende, zum Teil typische Bankrotthandlungen (vgl. auch *Tiedemann* Wirtschaftsstrafrecht II S. 74):

Als Beiseiteschaffen tatbestandsmäßig ist das *Verbringen* von Gegenständen *an einen anderen Ort* (BGHSt **11** 145 f; **7** 146 f) zum Zwecke des **Versteckens** oder des **heimlichen Verkaufes**; die **Übertragung** von Vermögensbestandteilen auf *Vertrauenspersonen*, insbesondere auf nahe *Verwandte* (vgl. § 31 Nr. 2 KO, § 138 InsO 1999)[14], oder auf eigens zu diesem Zweck gegründete *Unternehmen* im Eigentum des Täters (BGH JZ **1979** 75, 76 f), soweit nicht eine insolvenzunabhängige causa vorliegt oder eine entsprechende Gegenleistung erbracht wird und in das Vermögen des Täters gelangt; mit der genannten Einschränkung auch die Abtretung von **Forderungen** und die Einräumung von **(Grund-)Pfandrechten** (RGSt **66** 131 f); ferner die Entgegennahme von Geldbeträgen auf *fremden Bankkonten* (BGHSt **34** 309 ff), es sei denn, daß die eingehenden Beträge zugunsten der bisherigen Gläubiger verwendet werden (BGH aaO und bei Herlan GA **1959** 340 — eventuell aber Verheimlichen: vgl. *Richter* GmbHR **1984** 143; jedoch ist die Sperrwirkung des § 283 c zu beachten, vgl. § 283 c Rdn. 36). In jedem Fall genügt eine nur **zum Schein** erfolgende Abtretung (RG bei *Dreher/Tröndle* Rdn. 4) oder Übereignung (BGHZ JZ **1979** 76 f). Bei der Grundstücksübertragung reicht zur Vollendung die Eintragung einer **Auflassungsvormerkung**, da durch diese Maßnahme bereits die Verwertung des Grundstücks zur Befriedigung der Gläubiger erschwert wird (RG DRiZ **1934** Nr. 315 S. 314; *Sch/Schröder/Stree* Rdn. 4). Dagegen ist die Eintragung einer **Hypothek**, die noch nicht valutiert ist, kein vollendetes Beiseiteschaffen; das Verschweigen der entstehenden Eigentümergrundschuld kann aber ein Verheimlichen darstellen (RGSt **67** 365, 366 f; *Sch/Schröder/Stree* aaO). Ein Beiseiteschaffen stellt grundsätzlich auch die **Rückzahlung eines eigenkapitalersetzenden Darlehens** durch den Gesellschafter-Geschäftsführer der GmbH an sich selbst dar (*Hendel* NJW **1977** 1947; *Sch/Schröder/Stree* Rdn. 4 a). Jedoch ist dieses ausschließlich eigennützige Verhalten des Geschäftsführers nach der Rechtsprechung (Rdn. 79 vor § 283) im Hinblick auf § 14 nicht geeignet, eine Täterschaft des Geschäftsführers nach § 283 bzw. § 283 c zu begründen. In Betracht kommt daher nach der Rechtsprechung nur § 266 (vgl. *Richter* GmbHR **1984** 145 und näher unten § 283 c Rdn. 9). Vgl. auch *Kruse* S. 46 ff, der nur durch das Verheimlichen des Anfechtungsanspruches aus § 32 a KO (unten Rdn. 39!) § 266 2. Alt. erfüllt sieht.

35 Entgegen der h. M. hängt es von den Umständen des **Einzelfalles** ab, ob folgende Handlungen ein (finales) Beiseiteschaffen darstellen: *Schenkungen* über das Maß des Üblichen hinaus (vgl. § 32 Nr. 1 KO, § 134 InsO 1999); Übernahme von *Vertrags-*

[14] Beispiele: RGSt **62** 152 (f), 287 f (f); **64** 139 (ff); RG JW **1936** 3006; BGH wistra **1987** 29; BGH 4 StR 140/83 v. 7. 6. 1983 S. 4 sowie bei Herlan GA **1971** 38; *Hammerl* S. 82 mit weit. Nachw.

pflichten ohne gleichzeitigen Erwerb von Vertragsrechten (BGH bei Herlan GA **1953** 74); *Rückzahlung* eines (eigenkapitalersetzenden) *Darlehens* durch den Geschäftsführer an einen (anderen) GmbH-Gesellschafter (*B. Kruse* S. 35 ff), Verlagern von Vermögenswerten auf *Tochtergesellschaften* (BGH 1 StR 98/56 v. 6. 7. 1956 S. 19 f mit Nachw.: maßgebend seien der „Zweck der Gründung und die Notwendigkeit der Unterstützung der Tochtergesellschaften, insbes. deren wirtschaftliche Aufgabe ..., ferner die Erkennbarkeit der Vorgänge für die Gläubiger sowie die Zugriffsmöglichkeiten auf das Vermögen der Tochtergesellschaften"; ist die Gründung der Tochtergesellschaften strafrechtlich nicht zu beanstanden, so kann die nachfolgende finanzielle Unterstützung derselben ebenfalls straflos sein, wenn sie „aus rechtlichen oder wirtschaftlichen Erwägungen notwendig" ist).

Entgegen der h. M. stellt wegen Fehlens der Finalität in bezug auf die Gläubiger die **Schmiergeldzahlung** nur ausnahmsweise ein Beiseiteschaffen dar (**aA** BGHSt **28** 371, 374; *Sch/Schröder/Stree* Rdn. 4 a — von der h. M. wird die Schmiergeldzahlung aber dann ebenfalls von Nr. 1 ausgenommen, wenn hierdurch ein entsprechender wirtschaftlicher Vorteil entsteht, vgl. oben Rdn. 30, unten Rdn. 57 und 67). Ebenfalls entgegen der h. M. ist das **Einziehen von Forderungen** und der anschließende Verbrauch des Geldes für eigene Zwecke (oben Rdn. 25) ebenso wie die **Privatentnahme** (oben Rdn. 31) regelmäßig kein Beiseiteschaffen (**aA** BGH bei Herlan GA **1961** 358; *Sch/Schröder/Stree* Rdn. 4). **36**

β) Nur beschränkt möglich ist schließlich ein Beiseiteschaffen durch **Unterlassen**. Den Schuldner trifft keine allgemeine Garantenpflicht, seinen Vermögensbestand zugunsten der Gläubiger zu erhalten (vgl. — auch zum folgenden — *Sch/Schröder/Stree* § 13 Rdn. 31 und § 283 d Rdn. 12). Zwar ist die Sonderpflicht bei bestimmten Sonderdelikten (z. B. § 266) zugleich Garantenpflicht (vgl. nur *Roxin* LK § 28 Rdn. 40), und die Sonderpflicht des Schuldners bei § 283 ergibt sich aus seiner besonderen Nähe zu den (und seiner Einwirkungsmöglichkeit auf die) Gläubigerinteressen (vgl. Rdn. 59 vor § 283). Gleichwohl ist der Schuldner nicht Garant für die Befriedigungsinteressen und damit für das Vermögen seiner Gläubiger. Die Gegenansicht würde den Schuldner im Ergebnis verpflichten, günstige Geschäftsabschlüsse nicht auszuschlagen, seine Arbeitskraft zugunsten des Unternehmens einzusetzen usw. Eine solche Stellung des Schuldners als *Beschützergarant* für das Vermögen aller aktuellen und potentiellen Gläubiger anzunehmen, würde deutlich zu weit gehen, auch wenn der Gesichtspunkt des Gläubigerschutzes die Freiheit des Schuldners zur Disposition über sein eigenes Vermögen einschränkt. Unstreitig ist daher die Nichthinderung der Entwendung oder Zerstörung von Vermögensstücken durch Dritte oder durch Naturgewalt nicht tatbestandsmäßig. Schafft dagegen ein anderer die Vermögensbestandteile fort, um sie gerade dem Schuldner zu erhalten, so soll der „Gemeinschuldner" nach *Sch/Schröder/Stree* (§ 13 Rdn. 31) zum Eingreifen verpflichtet sein. Dies wird mit der besonderen Pflichtenstellung des Gemeinschuldners begründet, soll also möglicherweise erst von der Konkurseröffnung oder Konkursantragstellung an gelten (vgl. auch BGH bei Herlan GA **1973** 133). Denkbar ist eine zeitliche Grenzziehung auch im Hinblick auf die Krisensituation des § 283 Abs. 1. Jedoch bliebe dann sowohl ein Unterlassen des Schuldners nach § 283 Abs. 2 als auch das Nichteinschreiten gegen das Beiseiteschaffen von Buchführungsunterlagen nach § 283 b (Abs. 1 Nr. 2) straflos. — Trotz Anlehnung der Differenzierung von *Sch/Schröder/Stree* an die gesetzliche Regelung des § 283 d erscheint die unterschiedliche Behandlung je nach der *Motivation des Dritten* zweifelhaft. Die Unterlassenstäterschaft des Schuldners bei der (fremdnützigen) Konstellation des § 283 d ließe sich wohl nur **37**

durch die Erwägung rechtfertigen, daß § 283 eigennütziges Verhalten des Schuldners zum Nachteil der Gläubigerinteressen unterbinden will. Jedoch ist diese Interpretation allenfalls für das Verhältnis des § 283 zu § 283 c (und auch insoweit nur für den Regelfall) zutreffend und paßt im Rahmen des § 283 von vornherein weder auf die Buchdelikte (Nrn. 5—7) noch auf die Fahrlässigkeitstatbestände (Abs. 5). Auch würde die Annahme einer Garantenstellung des Schuldners im Falle des § 283 d eine Durchbrechung der gesetzlichen Bewertung darstellen, nach der ein fremdnützig handelnder Dritter nicht bei Überschuldung, sondern nur bei Kenntnis (und objektivem Vorliegen) der drohenden oder eingetretenen Zahlungsunfähigkeit oder Zahlungseinstellung des Schuldners strafbar ist: Bei Annahme einer Unterlassungstäterschaft des Schuldners auch bei Überschuldung würde der in Kenntnis der Krise zugunsten der Schuldners handelnde Dritte zugleich strafbare Beihilfe zur Unterlassung des Schuldners begehen, sofern dem Dritten bekannt ist, daß das Nichteinschreiten des Schuldners vorsätzlich geschieht. Zwar könnte die Existenz des § 283 d auch dazu benutzt werden, nur die Strafbarkeit des Dritten einzuschränken, während die Garantenstellung des Schuldners bestehen bliebe. Jedoch ließe auch diese Möglichkeit die Feststellung unberührt, daß die Annahme einer mit der Sonderpflicht einhergehenden strafrechtlichen Garantenpflicht des Schuldners außerordentlich weit reichen würde, zumal das Strafrecht generell die bloße Nichterfüllung von Zahlungspflichten nicht inkriminiert. Ein dogmatisch einleuchtender Grund für die Differenzierung der Stellung des Schuldners als Beschützergarant für die Vermögensinteressen der Gläubiger je nach eigen- oder fremdnützigem Verhalten des Dritten (und/oder nach der Vermögensminderung durch Menschen oder Naturkräfte) könnte daher allenfalls noch in der Tatsache gesehen werden, daß die Sonderpflichtverletzung durch den Schuldner eine Steigerung des Handlungsunrechts bedeutet, für dessen Bestimmung Gesinnungsmerkmale in stärkerem Maße konstitutiv sind als beim Erfolgsunrecht (der Gefährdung oder Verletzung von Gläubigerinteressen). Auch mögen Rechtsgefühl und Rechtsvergleichung die Annahme einer Unterlassenstäterschaft desjenigen Schuldners nahelegen, der den Vermögensbestandteil nicht selbst beiseite schafft, sondern das Beiseiteschaffen durch Dritte **zu seinen Gunsten** zuläßt[15]. Jedoch wird die für die Sonderdeliktsnatur des § 283 wesentliche Nähe und Beziehung des Schuldners zum geschützten Rechtsgut (Rdn. 59 vor § 283) durch die eigennützige Motivation des Schuldners nicht im Sinne einer Stellung des Schuldners als Beschützergarant gesteigert. Freilich gefährdet die eigennützige Motivation des Schuldners die Gläubigerinteressen potentiell stärker als eine neutrale oder altruistische Einstellung. Jedoch kommt es auf diese rein faktische Gefährdung nicht an (vgl. *Langer* Das Sonderverbrechen [1972] S. 402 ff). Maßgebend ist vielmehr ein normatives Urteil, welches den Eigennutz des Wirtschafters grundsätzlich als berechtigt anerkennt. Dieses Urteil ist für die Bewertung von Unterlassungen des Schuldners vor allem dann maßgebend, wenn das Beiseiteschaffen im Wege der Interpretation seines finalen Charakters entkleidet und mit der (wirtschaftswidrigen) Vermögensverringerung identifiziert wird (oben Rdn. 25 ff). — Aber auch der Gesichtspunkt des *Überwachungsgaranten*, wie er etwa für die Garantenstellung des Betriebsinhabers bei Straftaten seiner Angestellten gegenüber Dritten herangezogen wird, stützt eine Differenzierung je nach Motivation des Handelnden nicht; vielmehr können auch Außenstehende zugunsten des Schuldners handeln (vgl. allerdings *Gracia Martín* in: Schünemann/Suárez S. 32). Letztlich ist es daher wohl der Gedanke der *normativen*

---

15 Vgl. zu dieser Lösung des österreich. Schrifttums oben Rdn. 188 vor § 283.

(oder *sozialen*) *Tatherrschaft*, der den Schuldner als Täter (des § 283 Abs. 1 Nr. 1) erscheinen lassen kann, wenn ein Dritter zu seinen Gunsten (also in der Situation des § 283 d) Vermögensbestandteile beiseite schafft (vgl. *Gracia Martín* aaO). Jedoch ist diese Art der Tatherrschaft auf die Fälle zu begrenzen, in denen der Schuldner den Dritten zu solchem Tun *veranlaßt* hat (vgl. § 283 d Rdn. 24). Insbesondere die Rechtsprechung zu § 283 c hat gegenüber mißverständlichen Äußerungen in tatrichterlichen Urteilen immer wieder mit Nachdruck hervorgehoben, daß bloße Passivität des Schuldners nicht tatbestandsmäßig sein könne (vgl. § 283 c Rdn. 15). Da § 283 c lex specialis zu § 283 Abs. 1 Nr. 1 ist, hat diese Rechtsprechung auch für Nr. 1 mehr als nur indizielle Bedeutung — mag bei § 283 c das Beiseiteschaffen eines Vermögensbestandteils auch zugunsten eines Gläubigers erfolgen, das Unterlassen des Schuldners also nur in der Nichtabwehr eines Gläubigerzugriffs bestehen. — *Zusammengefaßt* besteht eine Garantenstellung des Schuldners zugunsten der Gläubigerinteressen bei Nr. 1 nur unter den auch sonst anerkannten allgemeinen Gesichtspunkten, z. B. der Ingerenz.

d) Die Tathandlung des **Verheimlichens** von Vermögensbestandteilen wird, wie **38**
bereits oben Rdn. 28 erwähnt, allgemein durch das subjektiv-finale Merkmal des Verbergens vor den Gläubigern gekennzeichnet. Zur Vollendung ist der Eintritt dieses „Erfolges" erforderlich (**a. A.** *Dreher/Tröndle* Rdn. 5). Verheimlichen ist daher jedes Verhalten, durch das ein Vermögensbestandteil der Kenntnis der Gläubiger oder des Konkursverwalters entzogen wird[16]. Ausreichend ist auch, daß lediglich die Zugehörigkeit des Vermögensbestandteils zur Konkursmasse verheimlicht oder ein den Gläubigerzugriff hinderndes Rechtsverhältnis vorgetäuscht wird[17]. Nach Konkurseröffnung und dem damit verbundenen Verlust der Verwaltungs- und Verfügungsmacht des Schuldners ist tauglicher Adressat des Verheimlichens auch der Konkursverwalter.

Die Tathandlung kann in einem positiven Tun (unrichtige Angaben) oder in einem (garanten)pflichtwidrigen Unterlassen (Verschweigen) bestehen. Die Pflichtenstellung des Gemeinschuldners ist weitgehend gesetzlich normiert. Einschlägig ist insbesondere die Verletzung der umfassenden Auskunftspflicht des Gemeinschuldners gegenüber dem Konkursverwalter und dem Gläubigerausschuß gemäß § 100 KO bzw. § 3 GesO und künftig § 97 InsO 1999 sowie das Verschweigen von Vermögensbestandteilen im Rahmen der eidesstattlichen Versicherung des Gemeinschuldners nach § 125 KO bzw. künftig § 98 InsO 1999 (BGHSt **11** 145 f: Tateinheit mit § 156!).

α) Klar abgegrenzt ist damit die Pflichtenstellung des Schuldners vom Zeitpunkt **39**
der **Eröffnung des Konkursverfahrens** bzw. dem (zulässigen) Antrag auf Eröffnung des Insolvenzverfahrens an: Auch ohne besondere Aufforderung ist der Gemeinschuldner de lege lata verpflichtet, dem Konkursverwalter solche Vermögensbestandteile *anzuzeigen*, die in den Unterlagen des — vom Gemeinschuldner gestellten — Antrags auf Konkurseröffnung nicht aufgeführt sind (BGH GA **1956** 123 f; *Sch/Schröder/Stree* Rdn. 5). Daneben — und vor allem für den Fall des Antrags eines Gläubigers auf Konkurseröffnung — löst das *Auskunftsverlangen* des Konkursverwalters, des Gläubigerausschusses oder des Gerichts die umfassende Pflicht zur Aus-

---

16 RGSt **64** 138, 140; *Bieneck* in: Müller-Gugenberger § 65 B II; *Bockelmann* BT-1 § 21 II; *Lackner/Kühl* Rdn. 10; *Sch/Schröder/Stree* Rdn. 5; *Walther* S. 39; *Wessels* BT-2 § 12 III 3 a; *Weyand* S. 58 f; vgl. auch *Samson* SK Rdn. 9.

17 RG aaO; *Schaefer* LK[8] § 239 KO Anm. II Ziff. 1 a mit weit. Nachw. — Vgl. ferner unten Rdn. 40.

kunft „über alle das Verfahren betreffenden Verhältnisse" (§ 100 KO, §§ 20, 22 Abs. 3 S. 3, 97 InsO 1999) aus. Strafrechtlich (für § 283 Abs. 1 Nr. 1) wird diese umfassende Auskunftspflicht aber nur insoweit relevant, als es um den Schuldner und seine organschaftlichen Vertreter (nicht dagegen seine in § 97 Abs. 1 S. 2 InsO 1999 genannten früheren Angestellten) und um Bestandteile des schuldnerischen Vermögens oder um die Zugehörigkeit des Vermögensbestandteils zur Konkursmasse geht. Letzteres ist grundsätzlich eine materiellrechtliche und keine verfahrensrechtliche Frage. Verschweigt der Gemeinschuldner daher im Rahmen des § 100 KO bzw. des § 97 InsO 1999 **fremdes Eigentum**, welches er im Besitz hat, so bleibt er straflos, auch wenn es — insbesondere zur Geltendmachung des Eigentumsvorbehalts eines Lieferanten — einer Aussonderung (§ 43 KO bzw. § 47 InsO 1999) bedarf und die Vermutung des § 1006 BGB zunächst für die Zugehörigkeit beweglicher Sachen zur Konkursmasse spricht (vgl. *Schaefer* LK[8] § 239 KO Anm. II Ziff. 1 sowie oben Rdn. 21). Besteht allerdings eine *Anwartschaft* des Gemeinschuldners auf Eigentumserwerb und hat diese Vermögenswert, so ist sie anzugeben (vgl. oben Rdn. 21). Entsprechendes gilt für den Freistellungsanspruch der Gesellschaft gegen den Gesellschafter, der eine kapitalersetzende Bürgschaft übernommen und bezüglich seines eigenen Rückgriffsanspruchs eine Rangrücktrittserklärung abgegeben hat (*Bieneck* in: Müller-Gugenberger § 65 B II mit Nachw.). — Ein Wert, den der Gemeinschuldner mittels einer anfechtbaren Handlung aus seinem Vermögen weggegeben hat, bzw. der aus der Vornahme der anfechtbaren Handlung erwachsene *Anfechtungsanspruch* zählt nach RGSt **66** 152, 153 als Vermögensbestandteil zur Konkursmasse, so daß unrichtige Angaben des Gemeinschuldners gegenüber dem Konkursverwalter über Umstände, die das Anfechtungsrecht betreffen, ein Verheimlichen darstellen (ebenso BGH 1 StR 1/58 v. 22. 5. 1958 S. 10; BGHSt **8** 55, 58; *Sch/Schröder/Stree* Rdn. 5). Diese Ansicht ist zumindest kriminalpolitisch sinnvoll, da anderenfalls die falschen Auskünfte über solche Umstände allenfalls im Verfahren nach § 125 KO bzw. § 98 InsO 1999 zur Strafbarkeit gemäß § 156 StGB führen könnten — was regelmäßig zu verneinen sein wird, da der Gemeinschuldner in seinem eigenen Konkursverfahren nicht als Zeuge vernommen wird, sondern eher die Stellung einer Partei hat (BGHSt **3** 309, 311 mit Nachw.). Die Auskunftspflicht nach § 100 KO wird übrigens nicht dadurch eingeschränkt, daß der Gemeinschuldner ein strafbares Verhalten (Beiseiteschaffen!) offenbaren muß; in diesem Falle ist er durch ein sich unmittelbar aus Verfassungsrecht ergebendes strafprozessuales Verwertungsverbot geschützt (BVerfGE **56** 37, 48 ff). § 97 Abs. 1 S. 3 InsO 1999 regelt dies künftig ausdrücklich.

40 Neben derart falschen Auskünften gegenüber dem Konkursverwalter kommt nach Konkurseröffnung als Verheimlichen z. B. auch das **Einziehen** und Einbehalten eines vor Konkurseröffnung fällig gewordenen und nach der Konkurseröffnung vom Käufer bezahlten **Kaufpreises** in Betracht (BGH bei Herlan GA **1954** 310; *Sch/Schröder/Stree* Rdn. 5). Neben „Veranstaltungen körperlicher Art", z. B. einem *Verbergen*, kann das Verheimlichen ferner durch eine „Veranstaltung *rechtlicher* Art" verwirklicht werden, etwa durch „Behauptung eines den Zugriff hindernden Rechtsverhältnisses" (RGSt **64** 138, 141; RG JW **1936** 3006; *Sch/Schröder/Stree* aaO).

41 **β)** Weniger eindeutig ist die Frage zu beantworten, welche Handlungen und Unterlassungen des Schuldners **vor Konkurseröffnung** ein Verheimlichen darstellen können. Einerseits wird es für unerheblich erklärt, daß bereits Nachforschungen eines Gläubigers eingesetzt haben (*Dreher/Tröndle* Rdn. 5 mit Nachw.). Andererseits soll jedenfalls der zahlungsunfähige Schuldner, dem Einzelzwangsvollstreckungen drohen, durch unrichtige Angaben gegenüber dem Gerichtsvollzieher Vermögensbestandteile verheimlichen können (RGSt **64** 138, 139ff), obwohl dieses Verhalten zunächst nach § 288 straflos ist.

42 Fraglich erscheint bereits, ob allgemein auch nur ausdrückliche falsche Auskünfte gegenüber Nachfragen einzelner Gläubiger ein Verheimlichen darstellen, wie dies die h. M. unter dem Stichwort des **Ableugnens des Besitzes** anzunehmen scheint[18]. Wenn nämlich der einzelne Gläubiger im Wege der Einzelzwangsvollstreckung regelmäßig keinen Anspruch auf Pfändung und Verwertung gerade eines bestimmten Vermögensbestandteiles hat, ist es nicht unbedenklich, ihm ein solches Recht auf dem Umweg über den Straftatbestand des § 283 Abs. 1 Nr. 1 zu verschaffen. Die Bedenken beziehen sich aber vor allem auch darauf, daß nach der Formulierung der h. M. auch unrichtige Anworten auf beiläufige oder gezielte Fragen eines nicht vollstreckungswilligen Gläubigers — z. B. eines Arbeitnehmers über das Eintreffen einer bestimmten Warenlieferung — nach Nr. 1 strafbar sein müßten. Eine Abgrenzung kann trotz der damit verbundenen Einbuße an Praktikabilität letztlich nur durch das personal-finale Element erfolgen, daß das Vorhandensein des Vermögensbestandteils (oder seine Zugehörigkeit zur Masse) der Kenntnis der Gläubiger (oder des Vollstreckungsbeamten) *und* dadurch dem Zugriff entzogen werden **soll** (vgl. auch RGSt **64** 138, 140f zu § 239 KO Abs. 1 Nr. 1 a. F.). Vor Konkurseröffnung wird dies in aller Regel nur dann der Fall sein, wenn der *Gläubiger* seinen *Willen zur Durchsetzung* seines Anspruches — vor allem durch Vollstreckung in das Schuldnervermögen — zu erkennen gegeben hat oder ein solcher Wille nach den Umständen des Falles naheliegt. Insofern ist es auch zulässig, aus der Unrichtigkeit der Angaben prozessuale Schlüsse auf die Verheimlichungstendenz des Täters zu ziehen (vgl. auch BGH bei Herlan GA **956** 347 für die fälschliche Bezeichnung von Gegenständen als im Eigentum der Ehefrau befindlich in einem Gütertrennungsvertrag, der mit einem Vermögensverzeichnis dem Registergericht eingereicht wird). Weitere Einschränkungen ergeben sich daraus, daß Gegenstand von Zugriff und Frage des Gläubigers nur Vermögensbestandteile sind. Die unrichtige Beantwortung von Fragen des Gläubigers zu *wirtschaftlichen Verhältnissen* des Schuldners (vgl. auch § 265b!) ist nicht als Verheimlichen nach Nr. 1, sondern allenfalls als Verschleiern Nach Nr. 8 strafbar.

43 **γ) Unterlassungen** des Schuldners können vor Konkurseröffnung nur ausnahmsweise ein Verheimlichen von Vermögensbestandteilen darstellen (vgl. oben Rdn. 37). Im Buchführungsbereich geht Nr. 1 nicht über Nrn. 5—7 hinaus. Es wäre unzulässig, die handelsrechtliche Buchführungspflicht strafrechtlich über die Auslegung des § 283 Abs. 1 Nr. 1 auf Nichtkaufleute auszudehnen, steuerrechtliche Aufzeichnungspflichten in Nr. 1 inkorporieren zu wollen usw. Insbesondere die *Nichtverbuchung* von vermögensmindernden Vorgängen (z. B. Entnahmen aus dem Geschäftsvermögen) stellt daher nur dann ein Verheimlichen dar, wenn handelsrechtlich eine Verbuchungspflicht besteht (vgl. auch BGH 2 StR 799/76 v. 15. 4. 1977 S. 6f: Nichtverbuchen von Rückzahlungen kapitalersetzender Darlehen und von Ausgleichsforderungen durch GmbH-Geschäftsführer). Im übrigen werden Unterlassungen vor allem in den Fällen der **Ingerenz** tatbestandsmäßig sein: Der (Gemein-)Schuldner reicht dem Gericht mit dem Antrag auf Eröffnung des Vergleichsverfahrens gutgläubig eine unvollständige Vermögensübersicht ein (BGH bei Herlan GA **1956** 123f) oder gibt dem Konkursverwalter gutgläubig unvollständige Auskunft (RG DRZ **1927** 1076). Die Rechtsprechung nimmt in diesen Fällen bei nachfolgendem Vorsatz des Schuldners

[18] *Bieneck* aaO; *Dreher/Tröndle* Rdn. 5; *Hess/Kropshofer* Anh. III Rdn. 13; *Lackner/Kühl* Rdn. 10; *Samson* SK Rdn. 9; *Sch/Schröder/Stree* Rdn. 5; *Wessels* BT 2 § 12 III 3a; *Weyand* S. 59.

Strafbarkeit des Unterlassens der Berichtigung oder Ergänzung an (vgl. *Schaefer* LK[8] § 239 KO Anm. II Ziff. 1 a mit weit. Nachw.). Dies ist angesichts der Pflichtwidrigkeit der unvorsätzlichen Vorhandlung in den genannten Fällen zutreffend (vgl. *Tiedemann* Klug-Festschrift S. 410 f). Kein bloßes Unterlassen, sondern strafbares *Tun* ist dagegen gegeben, wenn der erklärungspflichtige Schuldner dem Konkursgericht oder dem Konkursverwalter seine unrichtige oder unvollständige Buchführung als Erklärung vorlegt und die Unrichtigkeit oder Unvollständigkeit kennt.

44 e) Neben dem Verheimlichen und Beiseiteschaffen stellt Nr. 1 das **Zerstören, Beschädigen und Unbrauchbarmachen** von Vermögensbestandteilen unter Strafe. Diese in § 239 KO a. F. noch nicht vorgesehene Handlungsalternative hat — wie auch der RegE (BTDrucks. 7/3441 S. 34) einräumt — praktisch nur geringe Bedeutung[19], da Bankrotthandlungen meist aus Eigennutz heraus begangen werden, die Beschädigung usw. dagegen auf anderen Motiven beruht (und daher in § 303 StGB auch unter geringere Strafe als die Zueignungshandlungen nach §§ 242 ff gestellt ist). Dient also die Inkriminierung dieser Handlungsalternative eher der systematischen Vollständigkeit als einem praktischen Bedürfnis, so ist auch die durch das 1. WiKG angefügte Aufzählung in sich perfektionistisch, da sich alle diese Tathandlungen weitgehend überschneiden. Im übrigen wurde bereits unter der Geltung des § 239 Abs. 1 Nr. 1 KO a. F. die Vernichtung eines Vermögensstückes als Beiseiteschaffen angesehen (vgl. nur *Klug* Konkurs-Strafrecht § 239 Rdn. 3; *Schaefer* LK[8] § 239 KO Anm. II Ziff. 1 b). Für eine solche ausweitende Auslegung, die nach früherem Recht allerdings nicht unbestritten war, besteht heute kein Bedürfnis mehr.

45 Die **Auslegung** der dritten Alternative von Nr. 1 kann sich an der Auslegung der entsprechenden Tathandlungen in §§ 87, 303, 316 b orientieren, wobei die Ausdehnung von Nr. 1 auf nichtkörperliche Vermögensbestandteile (oben Rdn. 16) von untergeordneter Bedeutung ist: Forderungen und Rechte (wie z. B. die Anwartschaft auf Eigentumserwerb) können nach natürlichem Sprachgebrauch nicht beschädigt oder unbrauchbar gemacht werden, und auch ihre „Zerstörung" (z. B. durch Nichtzahlung des Restkaufpreises, Rücktritt vom Vertrag o. ä.) wird bei der gebotenen restriktiven Auslegung nicht von Nr. 1 erfaßt. Wohl aber können bereits nach allgemeinem Sprachgebrauch Sachgesamtheiten und Funktionseinheiten wie Betriebe oder Betriebsteile zerstört usw. werden. Die Anlehnung an den sonstigen strafrechtlichen Vermögens- und Sachschutz führt also entgegen *Dreher/Tröndle* (Rdn. 6) nicht zu einer völligen Beschränkung auf einzelne körperliche Vermögensgegenstände i. S. d. § 303. Dadurch bleibt es bei Nr. 1 möglich, insbesondere die Betriebssabotage[20] zu erfassen.

46 Das vom Gesetzgeber vorangestellte **Zerstören** ist nur ein stärkerer Grad des Beschädigens und besteht bei § 303 in der völligen Aufhebung der bestimmungsgemäßen Brauchbarkeit der Sache[21]. Da der Gesetzgeber bei § 283 Abs. 1 Nr. 1 — unnötigerweise — das Unbrauchbarmachen gesondert inkriminiert, liegt es nahe, als Zerstören bei Nr. 1 nur die (völlige) Vernichtung der *Sachsubstanz* zu verstehen.

---

[19] Vgl. AE „Straftaten gegen die Wirtschaft" Begr. S. 83; *Bieneck* in: Müller-Gugenberger § 65 B III; *Krause* S. 115; *Weyand* S. 59. Noch weitergehend *Eulencamp* in: Tagungsberichte der Sachverständigenkommission zur Bekämpfung der Wirtschaftskriminalität Bd. III Anl. 5 S. 45, der meint, daß diese Handlungen „überhaupt nicht vorkommen, denn sie widersprechen ganz und gar der Interessenlage des Schuldners". Zweifelnd *Hiltenkamp-Wisgalle* S. 164 f.

[20] Dazu bes. *Lampe* ZStW **89** (1977) 325; auch *Wolff* LK[10] § 303 Rdn. 2.

[21] RGSt **8** 33; *Sch/Schröder/Stree* § 303 Rdn. 11; *Wolff* aaO Rdn. 10 mit weit. Nachw.

47 Als **Beschädigen** wird bei § 303 eine körperlich-verändernde Einwirkung auf die Sache mit der Wirkung verstanden, daß die Brauchbarkeit gemindert ist[22]. Für Nr. 1 liegt wiederum eine Einschränkung auf Substanzbeeinträchtigungen nahe, da die Funktionseinbuße über das Unbrauchbarmachen selbständig erfaßt wird:

48 Ein Vermögensbestandteil ist **unbrauchbar** gemacht, wenn seine Eignung für den bestimmungsgemäßen Zweck beseitigt wird (*Sch/Schröder/Stree* Rdn. 6). Eine Substanzverletzung kann hierfür ausreichen, ist aber nicht erforderlich. Es geht vorrangig um die Funktionseinbuße.

49 Insgesamt einschränkend verlangt die dritte Alternative von Nr. 1, daß die Tathandlungen den **Anforderungen einer ordnungsgemäßen Wirtschaft** widersprechen. Damit soll es ermöglicht werden, z. B. das Zerstören von Investitionsgütern im Zusammenhang mit ihrer Ersetzung durch neue Sachen als straflos anzusehen (RegE BTDrucks. 7/3441 S. 34; *Bockelmann* BT-1 § 21 II), also insbesondere Modernisierungsmaßnahmen von dem Tatbestand auszunehmen (*Maurach/Schroeder/Maiwald* 1 § 48 III A 1). *Dreher/Tröndle* (Rdn. 6) nennen als weiteres Beispiel den Abbruch einer baufälligen Lagerhalle und verallgemeinern die gesetzgeberische Einschränkung dahingend, daß „im Grunde nur mutwillige Handlungen bleiben" (ebenso *Samson* SK Rdn. 10; *Weyand* S. 59).

In der Tat führt das Erfordernis des Widerspruchs zu den Anforderungen einer ordnungsgemäßen Wirtschaft dazu, daß die Handlung bei Reparatur- oder Ersetzungsabsicht nicht tatbestandsmäßig ist (*Samson* aaO), also die *subjektive* Zwecksetzung des Täters bei Vornahme der Tathandlung Beachtung verdient. Verfolgt der Täter wirtschaftlich vertretbare Zwecke, so handelt er im strafrechtlichen Sinne nicht den Anforderungen einer ordnungsgemäßen Wirtschaft zuwider (Rdn. 117 vor § 283). Allerdings ist es denkbar, daß die Handlung des Täters objektiv zweifelsfrei sinnlos (unvertretbar) ist, der Täter aber sein Tun für wirtschaftlich sinnvoll hält. Die Mutwilligkeit des Beschädigens usw. konkretisiert also nur im Regelfall das vom Gesetzgeber aufgestellte Korrektiv des ordnungsgemäßen Wirtschaftens. Ein selbständiges oder zusätzliches Tatbestandserfordernis ist die Mutwilligkeit nicht.

50 Die bloße **Sachentziehung** wird ebenso wie bei § 303 auch von der dritten Alternative des § 283 Abs. 1 Nr. 1 nicht erfaßt, es sei denn, daß die Sachentziehung dazu führt, daß eine Sachgesamtheit oder Funktionseinheit (z. B. eines Betriebes) unbrauchbar gemacht wird. Eine erhebliche Lücke im Strafschutz entsteht dadurch bei § 283 nicht, da die Sachentziehung in aller Regel ein Beiseiteschaffen von Vermögensbestandteilen darstellt.

51 Eine Tatbegehung durch **Unterlassen** ist ähnlich wie beim Beiseiteschaffen nur eingeschränkt möglich, denn der Schuldner hat keine Garantenstellung zur Erhaltung seines Vermögens gegenüber den Gläubigern (und der Kreditwirtschaft) (oben Rdn. 37). Das Nichteinschreiten gegenüber Zerstörungshandlungen (usw.) Dritter oder gegenüber schädigenden Einwirkungen der Natur ist somit nicht strafbar.

2. Eingehen von Risikogeschäften und Verbrauch übermäßiger Beträge usw. (Nr. 2)

52 **a)** Die Bankrotthandlung nach Nr. 2 besteht aus zwei Alternativen, von denen die erste mit dem Erfordernis des Widerspruchs zu den Anforderungen einer ordnungsgemäßen Wirtschaft und die zweite mit dem Merkmal der Unwirtschaftlichkeit der Ausgabe bzw. des Übermaßes der verbrauchten Beträge normative Gesichtspunkte

[22] BGHSt **29** 129, 132 ff; *Sch/Schröder/Stree* aaO Rdn. 8; *Wolff* aaO Rdn. 4 mit weit. Nachw.

von hoher Unbestimmtheit enthält. Aber auch die sonstige Beschreibung der Tathandlungen erfolgt mittels einer ungewöhnlichen Häufung normativer Begriffe, die vor allem bei den Verlust- und Spekulationsgeschäften die Gefahr begründen, in den *Anwendungsbereich* des Straftatbestandes auch Fälle normalen wirtschaftlichen Risikos und normaler Geschäftstätigkeit einzubeziehen. Die h. M. begegnet dieser Gefahr — zutreffend — mit der Forderung nach **restriktiver Auslegung** der in der ersten Alternative aufgezählten Typen riskanter Geschäfte (unten Rdn. 54ff). Ähnliche Einschränkungsgesichtspunkte ergeben sich aus Art. 103 Abs. 2 GG auch für die zweite Alternative, die mit der historischen Bezeichnung als (übermäßige Summen verbrauchender) „Aufwand" enger umschrieben war und heute nach dem Gesetzeswortlaut *jede Ausgabe* pönalisiert, die unwirtschaftlich ist und zu einem übermäßigen Geldverbrauch führt (vgl. näher Rdn. 64).

53 **b)** Die Risikogeschäfte der 1. Alternative werden inhaltlich von der h. M. vor allem dadurch begrenzt, daß die vom Strafgesetzgeber genannten Geschäftstypen mit den entsprechenden *zivilrechtlichen Vertragstypen* identifiziert und im übrigen im Anschluß an die Gesetzesmaterialien *einengend* ausgelegt werden:

54 **α) Verlustgeschäfte** sind nach dem Bericht des Sonderausschusses (BTDrucks. 7/5291 S. 18) nur solche Geschäfte, die „von vornherein auf einen Vermögensverlust oder eine Vermögensminderung angelegt" sind und auch tatsächlich zu einer Vermögensminderung führen. „Geschäfte, die erst im nachhinein zu einem Verlust führen, sollen nicht erfaßt werden" (Sonderausschuß aaO). Dabei kommt es auf die objektive Lage und ihre Kenntnis durch den Täter an; finale Elemente spielen keine Rolle. Dies bringt die amtl. Begr. (BTDrucks. 7/3441 S. 35) durch die Formulierung zum Ausdruck, das Geschäft müsse „schon nach der Vorauskalkulation bei Gegenüberstellung der Einnahmen und Ausgaben" eine Vermögensminderung ergeben. Die Literatur hat diese stark einschränkende Definition übernommen[23]. *Dreher/Tröndle* (§ 283 Rdn. 7) weisen zutreffend darauf hin, daß damit bereits eine Generalklausel für die Bankrotthandlung nach Nr. 3 aufgestellt werde: Schleuderverkäufe stellen grundsätzlich Verlustgeschäfte dar (unten Rdn. 72). Nr. 3 ist insoweit lex specialis, Nr. 2 Auffangtatbestand (*Bieneck* in: Müller-Gugenberger § 73 A). Bei Verfügung über Bestandteile des Vermögens, die im Falle der Konkurseröffnung zur Konkursmasse gehören, erfüllen Verlustgeschäfte auch Nr. 1 (vgl. *Krause* S. 127).

55 **β) Spekulationsgeschäfte** sind nach der amtl. Begr. (BTDrucks. 7/3441 S. 35) solche Geschäfte, „bei denen ein besonders großes Risiko eingegangen wird in der Hoffnung, einen größeren Gewinn als den sonst üblichen zu erzielen, und um den Preis, möglicherweise einen größeren Verlust hinzunehmen". Als Beispiel für solche Geschäfte nennt der RegE die Beteiligung an unseriösen Unternehmen, um „bereits eingetretene Verluste wieder wettzumachen" (aaO S. 35). In der Tat kann die Beteiligung an einem Unternehmen ein übermäßiges (außergewöhnliches) Wagnis sein, weil etwa die Finanzierung des Unternehmens nicht gesichert und noch völlig offen ist (*Scholz/Schneider* GmbHG § 43 Rdn. 78 u. 80 mit Nachw.). Der Unterschied des Spekulationsgeschäftes zum „normalen" Geschäft mit angemessenem Risiko besteht also nach der amtl. Begr. in einem doppelten Erfordernis: der Hoffnung auf einen besonders großen Gewinn bei Eingehen eines besonders großen Risikos. Diese starke Einschränkung der Strafbarkeit ist zutreffend. Einerseits weist nämlich die amtl.

[23] *Bieneck* in: Müller-Gugenberger § 73 A; *Blei* II § 70 II 1; *Dreher/Tröndle* Rdn. 7; *Hess/Kropshofer* Anh. III Rdn. 16; *Hiltenkamp-Wisgalle* S. 171; *Lackner/Kühl* Rdn. 12; *Maurach/Schroeder/Maiwald* 1 § 48 III A 1; *Otto* BT § 61 VI 1; *Samson* SK Rdn. 11; *Sch/Schröder/Stree* Rdn. 9; *Weyand* S. 60.

Begr. (aaO S. 35) darauf hin, daß derartige Bankrotthandlungen im heutigen Wirtschaftsleben eine erhebliche Rolle spielen. Andererseits handelt es sich bei der Pönalisierung solcher Handlungen durch das 1. WiKG historisch um eine Rückkehr zu dem von RGSt **15** 277, 280f beschriebenen Entwurf zum Preußischen Strafgesetzbuch von 1851 (§ 237), der es als einfachen Bankrott bestrafen wollte, wenn der Schuldner durch Ausschweifung, Aufwand, Spiel, Differenzhandel oder „Handelsoperationen, welche auf einen Zufall berechnet sind", übermäßige Summen verbraucht hat oder übermäßige Summen schuldig geworden ist. Das StGB und die KO hatten diese „gewagten Handelsgeschäfte" oder „Handelsspekulationen" (RG aaO S. 281) bewußt nicht unter Strafe gestellt, und die Rechtsprechung hatte es gerade unter Hinweis auf diese Entstehungsgeschichte abgelehnt, derartige Handelsgeschäfte unter den Begriff des Spieles (oder des Aufwandes) zu subsumieren (RG GA **64** [1917] 115, 116; BGH GA **1964** 119, 120 und bei Herlan GA **1954** 311).

Die somit maßgebende besondere Höhe des Gewinnes bzw. der Gewinnerwartung und des Verlustes bzw. des Verlustrisikos bestimmt sich vor allem nach dem Maßstab des faktisch Üblichen (amtl. Begr. aaO S. 35). Damit entstehen ähnliche Feststellungsschwierigkeiten, wie sie von § 302 a bekannt sind. Sowohl prozessual (in dubio pro reo!) als auch materiellrechtlich (Art. 103 Abs. 2 GG!) werden Spekulationsgeschäfte nur in extremen Fällen strafrechtlich als vorliegend anzunehmen sein, wie sich noch zusätzlich aus dem Korrektiv der „Anforderungen einer ordnungsgemäßen Wirtschaft" ergibt (dazu und insbes. zu dem Erfordernis der Berücksichtigung des Unternehmensgegenstandes und der Branche bereits oben Rdn. 118 vor § 283). Als weiteres Konkretisierungsmerkmal wird beachtlich sein, daß die Spekulation nicht nur „in hohem Grade gewagt und gefährlich" ist, sondern in ihrem Gelingen „vom reinen Zufalle abhängt" (RGSt **16** 238, 240; auch *Dreher/Tröndle* § 283 Rdn. 8). Maßgebend ist also vor allem auch die Kontrolle des Verlustrisikos (oben Rdn. 118 vor § 283; *Maurach/Schroeder/Maiwald* 1 § 48 III A 1). **56**

Beispiele derartiger Spekulationsgeschäfte, die freilich stets nur im Einzelfall als solche eingestuft werden können, sind neben der bereits Rdn. 55 erwähnten Beteiligung an einem nach der Finanzierung unseriösen Unternehmen (amtl. Begr. aaO S. 35; *Sch/Schröder/Stree* § 283 Rdn. 10): Geldanlage in einem besonders kostenaufwendigen Geschäftszweig (BGH 5 StR 551/53 v. 16. 2. 1954 S. 13 ff zu § 266: Darlehensgewährung an eine noch im Aufbau befindliche Filmverleih-GmbH, die mit erheblichen finanziellen Verpflichtungen aus dem Erwerb von Filmaufführungsrechten belastet war); Zahlung hoher Schmiergelder, sofern der Täter nicht „berechtigt hoffen durfte, die verursachten Ausgaben durch ein gewinnbringendes Geschäft mit dem Vertragsgegner alsbald rechtfertigen zu können" (BGH 5 StR 236/55 v. 5. 7. 1955 S. 3 ff für „vertrauliche Provisionen" an Beamte der früheren DDR im Interzonenhandelsgeschäft — die Entscheidung betrifft den übermäßigen Aufwand nach § 240 Abs. 1 Nr. 1 KO a. F.); Waren- sowie Devisentermingeschäfte (*Scholz/Schneider* GmbHG § 43 Rdn. 77 mit Nachw.; diese Geschäfte werden aber regelmäßig auch Differenzgeschäfte i. S. d. Rdn. 58 darstellen). **57**

γ) **Differenzgeschäfte** sind nach überwiegender, zu § 240 KO a. F. sogar einhellig vertretener Auffassung ausschließlich Geschäfte i. S. d. § 764 BGB[24], denen also der „Differenzeinwand" entgegengehalten werden kann. Diese Vorschrift spricht von Verträgen, die auf Lieferung von Waren oder Wertpapieren lauten und in der Ab- **58**

[24] *Bieneck* aaO; *Hess/Kropshofer* Anh. III Rdn. 18; *Hiltenkamp-Wisgalle* S. 173; *Lackner/Kühl* Rdn. 12; *Samson*- SK Rdn. 11; *Sch/Schröder/Stree* Rdn. 11; *Weyand* S. 61. Vgl. zu § 240 Abs. 1 Nr. 1 KO a. F. *Klug* Konkurs-Strafrecht § 240 Rdn. 3.

sicht geschlossen werden, daß der Unterschied zwischen dem vereinbarten Preis und dem Börsen- oder Marktpreis der Lieferzeit von dem verlierenden Teil an den gewinnenden gezahlt werden soll oder jedenfalls die Absicht des einen Teils auf die Zahlung des Unterschiedes gerichtet ist und der andere Teil diese Absicht kennt oder kennen muß. Damit ist zivilrechtlich wie strafrechtlich entscheidend, daß es dem Täter subjektiv bei Vertragsschluß auf die Zahlung der Differenz, nicht dagegen auf die Lieferung der Waren oder Wertpapiere ankommt[25]. Wird allerdings zivilrechtlich überhaupt keine Lieferung von Waren oder Wertpapieren als Vertragsinhalt vereinbart, sondern nur bestimmt, daß der Verlierende den Unterschied zwischen dem Gegenwartspreis und dem Zukunftspreis an den Gewinnenden zu zahlen hat, so liegt von vornherein nur *Spiel* i. S. d. § 762 BGB vor; zivilrechtlich bedarf es daher der Verweisung des § 764 BGB nicht. Da dieser Fall aber nach zivilrechtlicher Einschätzung nur theoretische Bedeutung hat (vgl. *Staudinger/Engel* § 764 Rdn. 6), mag die Frage offenbleiben, ob hier auch strafrechtlich nur Spiel — mit dem zusätzlichen Tatbestandserfordernis des Verbrauches übermäßiger Beträge — vorliegt. Auch die sonstigen von § 764 BGB unmittelbar angesprochenen Fälle des Differenzgeschäftes kommen nur selten vor. Im allgemeinen geht vielmehr die Differenzabsicht der Vertragspartner dahin, sich bis zum Lieferzeitpunkt durch ein *Gegengeschäft* zu decken und die Differenz zwischen dem vereinbarten Preis und dem des Gegengeschäfts entgegenzunehmen oder zu zahlen. Auch diese Fallkonstellation wird, sofern die übrigen Tatbestandsvoraussetzungen des § 764 BGB vorliegen, zivilrechtlich als Differenzgeschäft angesehen, es sei denn daß ein „wirtschaftlich berechtigter Zweck" vorliegt (*Staudinger/Engel* aaO Rdn. 8). Die strafrechtliche Literatur und Rechtsprechung (vgl. etwa RGSt **14** 80, 85 f) erwähnt meist überhaupt nur diese Fallkonstellation und spricht von der Differenz zwischen An- und Verkaufspreis.

59 Über den Anwendungsbereich des § 764 BGB hinaus wollen *Dreher/Tröndle* (§ 283 Rdn. 9) und *Maurach/Schroeder/Maiwald* (1 § 48 III A 1) in bewußter Abweichung von der Rechtslage nach § 240 KO a. F. auch die nach §§ 50 ff BörsenG zivilrechtlich voll wirksamen, nicht dem Differenzeinwand ausgesetzten „offiziellen" **Börsentermingeschäfte** einbeziehen. Dieser Tatbestandsausdehnung stehen aber sowohl die unterschiedliche zivilrechtliche Behandlung und wirtschaftliche Zwecksetzung als auch die zusätzliche Kontrolle des Börsenterminhandels und letztlich wohl auch Art. 12 GG entgegen (zust. *Weyand* S. 62). Soweit *Dreher/Tröndle* ihre Ansicht damit begründen, es gehe bei § 283 anders als nach früherem Recht um ein Handeln in der Krise, wird nicht berücksichtigt, daß dies nur für Abs. 1 zutrifft, während § 283 Abs. 2 zwar die in Abs. 1 genannten Handlungen, nicht dagegen eine Krisensituation erfordert. Die Ansicht von *Dreher/Tröndle* würde daher auf eine unterschiedliche Reichweite der Tathandlung nach Nr. 2 je nach ihrem Bezug auf Abs. 1 oder Abs. 2 hinauslaufen. Jedenfalls wäre es schwerlich hinnehmbar, dem zur Teilnahme am Börsenhandel zugelassenen Personenkreis (vgl. § 3 Abs. 2 BörsenG) bei nachfolgendem Konkurs (usw.) die Teilnahme am Börsenterminhandel als unrechtmäßig vorzuwerfen, wenn sich die zugelassenen Personen bei Vornahme des Geschäftes in geordneten Vermögensverhältnissen befanden. Daß diese Personen sich bei einer Vermögenskrise i. S. d. § 283 Abs. 1 der Teilnahme am Börsenterminhandel ganz enthalten müßten, wäre aber ebenfalls ein sehr weitreichendes strafrechtliches Gebot. Richtiger erscheint es daher, die Vornahme von Börsentermingeschäften nach §§ 50 ff Bör-

---

[25] RG GA **60** (1913) 442; *Krause* S. 130; *Lackner/Kühl* aaO; *Otto* aaO; *Samson* SK aaO; *Sch/Schröder/Stree* aaO.

senG allgemein nicht als Differenzgeschäft nach Nr. 2 anzusehen, wohl aber die Einordnung als Spekulationsgeschäft zuzulassen (oben Rdn. 55 ff) und damit im *Einzelfall* die Strafwürdigkeit entsprechend der Höhe des Risikos und dem Maßstab ordnungsgemäßen Wirtschaftens zu bestimmen. Allein über den letzten Maßstab (in den dann aber alle vorgenannten Gesichtspunkte wie Art. 12 GG usw. eingebracht werden müßten!) will dagegen *Bieneck* (in: Müller-Gugenberger § 73 A) Börsentermingeschäfte straflos stellen. Derselben Ansicht ist *Krause* (S. 132 f), der die hier vertretene Auffassung als „geradezu widersinnig" bezeichnet, da offizielle Börsentermingeschäfte wegen ihrer rechtlichen Wirksamkeit für den Schuldner und die Gläubiger noch gefährlicher seien als die eigentlichen Differenzgeschäfte und damit in Parallele zu den Spekulationsgeschäften ständen; erst das Merkmal der (fehlenden) Wirtschaftswidrigkeit befreie Branchen, die sich berufsmäßig mit solchen Geschäften befassen, von dem Risiko der Strafbarkeit. Folgerichtig kommt *Krause* im späteren Zusammenhang mit der 2. Alt., aber in allgemeiner Formulierung seines risikotheoretischen Ansatzes, zu dem Schluß: „Soweit bestimmte Verbindlichkeiten im Konkurs — mangels Klagbarkeit — nicht geltend gemacht werden können (so in den Fällen der §§ 762, 764 BGB), bedeutet ihre Eingehung keine relevante Risikoschaffung für die Gläubiger." (S. 255) Dies müßte freilich dazu führen, als Differenzgeschäfte gerade nicht die Geschäfte des § 764 BGB, sondern ausschließlich rechtlich voll wirksame, „offizielle" Bösentermingeschäfte anzusehen — eine Folgerung, die *Krause* nicht zieht, die jedoch die Brüchigkeit seiner faktischen Risikobetrachtung aufweist (vgl. auch bereits RGSt **22** 12, 14: „Diese Auffassung widerstreitet aber den gesetzlichen Bestimmungen über Bestrafung des Bankbruches."). Es erscheint daher einfacher und sachgerechter, rechtlich wirksame Börsentermingeschäfte allein dem Begriff der *Spekulationsgeschäfte* zu unterstellen.

Im übrigen ist Differenzgeschäft auch die *Prolongation* eines solchen Geschäftes **60**
(RG Recht **1917** Nr. 323 S. 177 f; *Sch/Schröder/Stree* Rdn. 11). *Devisengeschäfte* können jedenfalls dann Differenzgeschäfte sein, wenn es um ausländische Geldsorten geht; diese sind als Waren anzusehen[26]. Werden Devisengeschäfte dagegen mit Wechseln oder Schecks abgewickelt, so kann nach überwiegender, jedoch bestrittener Auffassung ebenfalls ein Differenzgeschäft vorliegen, nämlich ein solches über Wertpapiere[27]. Eine Erweiterung der Pönalisierung von Devisen-Differenzgeschäften auf solche über „Geld" wurde daher vom Gesetzgeber für überflüssig erachtet[28]. Näher zum Begriff der Waren und Wertpapiere als *Tatobjekt* des Differenzgeschäftes unten Rdn. 73. — Im **Ausland** vorgenommene Börsentermingeschäfte unterliegen dem Differenzeinwand (BGH NJW **1981** 1897 f; OLG München NJW **1981** 2706 f) und unterfallen vorbehaltlich der unten Rdn. 242 ff dargestellten Regeln des internationalen Strafrechts dem Tatbestand der Nr. 2 (zu dem engeren Gesetzeszweck von § 89 BörsenG vgl. BGHSt **29** 152, 157 ff; BGH ZIP **1983** 148).

c) Tathandlung der ersten Alternative von Nr. 2 ist das Eingehen der genannten **61**
Risikogeschäfte, also bereits ihr Abschluß (zust. *Dreher/Tröndle* Rdn. 11). Auf den Eintritt des ungünstigen Erfolges (Verlustes) kommt es daher nicht an. Gehen Spekulations- oder Differenzgeschäfte aber günstig aus, wird die Gläubigerposition also

[26] Näher unten Rdn. 73. Vgl. hier nur Bericht Sonderausschuß BTDrucks. 7/5291 S. 18; *Dreher/Tröndle* Rdn. 9; *Maurach/Schroeder/Maiwald* 1 § 48 III A 1; *Sch/Schröder/Stree* Rdn. 11.

[27] Bericht Sonderausschuß aaO; *Sch/Schröder/Stree* aaO; **aA** *Maurach/Schroeder/Maiwald* aaO.

[28] Bericht Sonderausschuß aaO; *Wilts* 89. Sitzung des Sonderausschusses Dt. Bundestag 7. Wahlperiode Sten. Dienst S. 2822.

bei nachträglicher Betrachtung verbessert, so entfällt die Strafbarkeit[29]. Es handelt sich hier teilweise um denselben Gedanken einer teleologischen Reduktion des Straftatbestandes wie bei dem oben Rdn. 30 erwähnten Wertausgleich im Rahmen der Bankrotthandlung des Beiseiteschaffens. Teilweise geht es auch um eine Entsprechung zu dem Rdn. 90 ff vor § 283 näher dargestellten Gedanken der Unterbrechung des Zusammenhanges von Bankrotthandlung und Strafbarkeitsbedingung.

62 Nicht tatbestandsmäßig ist aufgrund der ausdrücklichen gesetzgeberischen Anordnung der Abschluß solcher Risikogeschäfte, die den **Anforderungen einer ordnungsgemäßen Wirtschaft** nicht widersprechen. Die bloße Zielsetzung der Unternehmensfortführung, also der Versuch, das krisenbefangene Unternehmen durch riskante Geschäfte noch eine Weile über Wasser zu halten, reicht insoweit nicht aus (*Dreher/Tröndle* Rdn. 10; vgl. aber auch unten Rdn. 65). Überhaupt werden in der Krise Spekulations- und Differenzgeschäfte nur noch ausnahmsweise zulässig sein (*Bieneck* in: Müller-Gugenberger § 73 A mit Beispielen; *Weyand* S. 62). Dagegen sollen nach Ansicht eines Teiles der Literatur die Verlustgeschäfte durch die Aussicht auf gewinnbringende Anschlußgeschäfte straffrei gestellt sein (*Samson* SK Rdn. 11; *Sch/Schröder/Stree* Rdn. 12). Unter dem Gesichtspunkt wirtschaftlicher Vernunft (so insbes. *Samson* aaO) stimmt die überwiegende Ansicht daher auch der Annahme der amtl. Begründung (BTDrucks. 7/3441 S. 35) zu, der Abschluß eines Verlustgeschäftes könne mit der im Wirtschaftsverkehr zu wahrenden Sorgfalt vereinbar sein, „um Arbeitsplätze auch während eines Konjunkturtiefs zu erhalten"[30]. Dieser allgemeine Maßstab wirtschaftlicher Vernunft oder der gebotenen Sorgfalt im Wirtschaftsverkehr kann jedoch schon deshalb nicht überzeugen, weil er im Hinblick auf das Bestimmtheitsgebot des Art. 103 Abs. 2 GG praktisch darauf hinausliefe, nur wirtschaftlich völlig unvernünftige Geschäftsabschlüsse, über deren Unvertretbarkeit kein ernsthafter Zweifel möglich ist, der Nr. 2 unterzuordnen (vgl. oben Rdn. 117 vor § 283). Eine derart weitgehende Einschränkung kann zwar in bezug auf die Spekulationsgeschäfte sinnvoll sein. Im Hinblick auf die Verlust- und Differenzgeschäfte erscheint sie jedoch weder in sich sinnvoll noch mit der Absicht des Gesetzgebers vereinbar. Wie bereits oben Rdn. 114 vor § 283 allgemein dargelegt, ist vielmehr auch für Nr. 2 der Maßstab ordnungsgemäßen Wirtschaftens primär an den Gläubiger- und Kreditinteressen, also an den geschützten Rechtsgütern und Schutzzwecken des § 283 auszurichten. Insbesondere das Eingehen von Verlustgeschäften zur Erhaltung von *Arbeitsplätzen* wird daher tatbestandlich nur unter dem Gesichtspunkt hingenommen werden können, daß der Unternehmer mit seinem eigenen Interesse an der Betriebsfortführung zugleich Arbeitnehmerinteressen wahrnimmt und sich im Rahmen der Anforderungen einer ordnungsgemäßen Wirtschaft hält (oben Rdn. 118 vor § 283) oder daß die Gefährdung der Gläubigerinteressen durch konkrete kreditwirtschaftliche Vorteile aufgewogen wird. Halten sich die Verluste in engen Grenzen, so kommt eine Rechtfertigung nach § 34 in Betracht (weitergehend für Tatbestandsausschluß in diesem Fall *Sch/Schröder/Stree* Rdn. 12).

63 **d)** Im Rahmen der zweiten Alternative haben vor allem die unwirtschaftlichen Ausgaben eine praktische Bedeutung. **Spiel** und **Wette** kommen dagegen als insol-

[29] Zustimmend *Bieneck* in: Müller-Gugenberger § 73 A; *Dreher/Tröndle* Rdn. 11; *Krause* S. 129; *Pfeiffer* in: Tagungsberichte der Sachverständigenkommission zur Bekämpfung der Wirtschaftskriminalität Bd. III Anl. 6 S. 10; *Samson* SK Rdn. 11; *Sch/Schröder/Stree* Rdn. 12; *Weyand* S. 63.

[30] Vgl. nur *Dreher/Tröndle* Rdn. 10; *Hess/Kropshofer* Anh. III Rdn. 19; *Hiltenkamp-Wisgalle* S. 174; *Samson* aaO; **aA** aber *Maurach/Schroeder/Maiwald* 1 § 48 III A 1; vgl. dazu bereits oben Rdn. 52 und 118 vor § 283.

venzauslösende Faktoren seltener vor und stellen auch für die Auslegung keine besonderen Probleme dar: Beide Begriffe sind unstreitig in dem engen (zivilrechtlichen) Sinn des § 762 BGB zu verstehen[31], wonach es für die Einordnung auf den Vertragszweck und insbesondere auf die Abhängigkeit des Geschäftserfolges vom Zufall ankommt (vgl. nur *Palandt/Thomas* § 762 Anm. 1). Entgegen dem Wortlaut des § 762 Abs. 1 S. 1 BGB wird durch Spiel oder Wette nach h. M. durchaus eine zivilrechtliche Verbindlichkeit begründet; jedoch ist diese unvollkommen und insbesondere nicht einklagbar (vgl. *Palandt/Thomas* aaO Anm. 2). Unter diese Begriffe fällt vor allem die Teilnahme an einer *Lotterie* (RGSt **27** 180, 181 f; *Dreher/Tröndle* Rdn. 13) sowie an Fußballtoto und Zahlenlotto (*Lackner/Kühl* Rdn. 13), aber auch die progressive Kundenwerbung nach dem Schneeballsystem (vgl. für § 286 BGH NJW **1952** 392; *Pecher* in: Münchener Kommentar § 762 Rdn. 10 mit weit. Nachw.). Spekulations- und Differenzgeschäfte sind dagegen trotz ihrer ähnlichen Abhängigkeit vom Zufall nur für die erste Alternative relevant (oben Rdn. 55 ff; *Dreher/Tröndle* aaO).

Mit der Bezeichnung als **„unwirtschaftliche Ausgaben"** sollte nach dem Bericht **64**
des Sonderausschusses (BTDrucks. 7/5291 S. 18) keine Änderung gegenüber der Auslegung des früheren Begriffes des *Aufwandes* herbeigeführt werden. Nach der Begr. des RegE (BTDrucks. 7/3441 S. 34) soll die Neubezeichnung deshalb besser sein, weil der „Aufwand" auch wertneutrale, ja sogar wirtschaftlich notwendige Aufwendungen umfasse (vgl. § 157 AktG). Jedoch kann nicht zweifelhaft sein, daß auch und gerade der Begriff der Ausgabe völlig *wertneutral* ist (vgl. BGH GA **1964** 119 [f]), und den Bedenken des Gesetzgebers hätte durch die — früher ohnehin geläufige, wenn auch untechnische — Bezeichnung als „übermäßiger Aufwand" hinreichend Rechnung getragen werden können. Die Ausgaben müssen nach früherem wie nach heutigem Recht ohnehin zum Verbrauch „übermäßiger" Summen führen.

In der Bezeichnungsänderung durch das 1. WiKG liegt daher letztlich zumindest eine Akzentverschiebung, die zur Einbeziehung auch aller normalen Geschäftsvorgänge führt, soweit diese mit Ausgaben verbunden sind. Derartige Geschäftsausgaben fielen zwar — als betrieblich bedingter Aufwand — auch nach früherem Recht unter den Straftatbestand des einfachen Bankrotts (zusammenfassend BGH 1 StR 399/72 v. 28. 11. 1972 S. 9 mit Nachw.). Jedoch betrafen die bekannt gewordenen Gerichtsentscheidungen und literarischen Äußerungen vor allem Ausgaben für Werbung, Repräsentation, Geschäftsreisen, Ausstellung sowie Schmiergeldzahlungen[32], die sämtlich auch von dem allgemeinen Sprachgebrauch des Wortes „Aufwand" gedeckt sind. Übrigens erfolgte historisch die strafrechtliche Erfassung übermäßiger Lebens- und Geschäftsführung meist in getrennten Tatbeständen, wie auch heute noch in einer Reihe ausländischer Strafrechtsordnungen im Ansatz deutlich erkennbar ist (Rdn. 182 ff vor § 283).

Demgegenüber fallen nach der neueren BGH-Rechtsprechung auch **alle Ge- 65**
schäftsausgaben unter den Begriff „Ausgaben", z. B. Aufwendungen zum Zwecke der Sanierung einer Tochtergesellschaft (BGH 3 StR 242/79 v. 4. 9. 1979 bei *Tiedemann* Dünnebier-Festschrift S. 528) oder für die Errichtung einer Zweigniederlassung (BGH aaO und *Dreher/Tröndle* Rdn. 12). Folgerichtig hebt die Literatur für das neue Recht hervor, es sei unerheblich, ob die Ausgabe für private oder für geschäftliche

[31] *Dreher/Tröndle* Rdn. 13; *Hiltenkamp-Wisgalle* S. 175; *Krause* S. 125; *Lackner/Kühl* Rdn. 13; *Samson* SK Rdn. 13; *Sch/Schröder/Stree* Rdn. 18; *Weyand* S. 64.

[32] Vgl. nur BGHSt **3** 23, 26; BGH NJW **1953** 1480, 1481; BGH GA **1974** 61 f; BGH 1 StR 399/72 v. 28. 11. 1972 S. 8 ff; *Klug* Konkurs-Strafrecht § 240 Rdn. 3; *Renger* in: Mommsen S. 79; *Teufel* Betrügerischer Bankrott S. 39; *Schaefer* LK[8] § 240 KO Anm. II Ziff. 1 c γ.

Zwecke getätigt werde (*Dreher/Tröndle* aaO; *Sch/Schröder/Stree* Rdn. 17; *Weyand* S. 63). Damit kommt dem Korrektiv der **Unwirtschaftlichkeit** der Ausgabe besondere, ja ausschlaggebende Bedeutung zu. Die Begr. des RegE (BTDrucks. 7/3441 S. 34) enthält hierzu keine eigene Definition. Der vorgenannte BGH-Beschluß v. 4. 9. 1979 (S. 8 f) stellt darauf ab, ob der Sanierungszweck „bei vernünftiger wirtschaftlicher Betrachtung sinnvollerweise angestrebt werden konnte", und bezeichnet als „unwirtschaftlich" solche Ausgaben, die „den Regeln einer ordnungsgemäßen Wirtschaft widersprechen". Es geht also sachlich um denselben Maßstab wie bei den Anforderungen einer ordnungsgemäßen Wirtschaft innerhalb der ersten Alt. von Nr. 2. Unwirtschaftlich sind somit *wirtschaftlich unvertretbare* Ausgaben (zust. *Krause* S. 119 mit Nachw.), deren Sinnlosigkeit für wirtschaftlich denkende Beobachter feststeht, also *eindeutig* gegeben ist (vgl. bereits Rdn. 117 vor § 283; *Hiltenkamp-Wisgalle* S. 168 ff; *Müller* in: Lexikon des Rechts S. 461). In diesem Sinne stellt auch BGH aaO (S. 9) für umfangreiche Sanierungsbemühungen darauf ab, ob „deren Aussichtslosigkeit ... von vornherein feststand"; eine Geldüberweisung zwecks Sanierung sei dann „wirtschaftlich", wenn die Überweisung „vom Standpunkt eines objektiven Beobachters selbst bei Inkaufnahme späteren Verlustes des überwiesenen Geldes letztlich zur Sanierung der Firma führen konnte." Das der früheren Definition des Aufwandes entnommene Kriterium der Abweichung vom „Maß des Notwendigen und Üblichen" (RegE aaO; *Dreher/Tröndle* und *Sch/Schröder/Stree*, jeweils aaO) kann zwar für die Ermittlung der Unvertretbarkeit der Ausgabe eine Rolle spielen, ist aber keinesfalls der alleinige Maßstab. Auch unübliche Geschäftsausgaben können durchaus sinnvoll sein. Generell läßt die Bestimmung der betriebswirtschaftlichen Notwendigkeit oder Zweckmäßigkeit der Ausgabe einen weiten Beurteilungsspielraum. Die Übernahme der früheren Definition in das heutige Recht wird daher zutreffend von *Maurach/Schroeder/Maiwald* 1 § 48 III A 1 kritisiert. Jedoch geht es wiederum zu weit, wenn *Maurach/Schroeder/Maiwald* aaO als unwirtschaftlich alle *Privatausgaben* bezeichnen, da diese als „wirtschaftlichen Zwecken überhaupt nicht dienend" anzusehen seien (umgekehrt *Bieneck* in: Müller-Gugenberger § 73 B, der meint, bei privaten Ausgaben könne die Unwirtschaftlichkeit nicht sinnvoll festgestellt werden, so daß sie nur durch Nr. 1 zu erfassen seien). Vielmehr sind *private* Entnahmen und Ausgaben jedenfalls so lange nicht unwirtschaftlich, wie der Täter zu den Entnahmen berechtigt ist (zust. *Krause* S. 121). Insoweit bestehen z. T. ausdrückliche Vorschriften (z. B. §§ 29, 30 GmbHG); z. T. ergeben sich die Grenzen im Wege der Auslegung (z. B. des Rechtsbegriffs des angemessenen Lebensunterhalts; vgl. BGH MDR **1981** 510 f mit Anm. *Schlüchter* JR **1982** 29; oben Rdn. 31). Zutreffend ist demgegenüber die weitere von *Maurach/Schroeder/Maiwald* aaO angebotene und für Geschäftsausgaben gemeinte Erläuterung, es komme darauf an, ob die Ausgabe „außer Verhältnis zu dem erzielbaren Erfolg" steht. Diese **Unverhältnismäßigkeit** ist auch in dem Sinne der richtige Bezugspunkt, als angesichts der durch Art. 103 Abs. 2 GG gebotenen Verengung des normativ-unbestimmten Begriffes der Unwirtschaftlichkeit nicht so sehr der positive Sinngehalt als vielmehr die negative Sinnlosigkeit der Maßnahme festzustellen ist (**krit.** *Bieneck* aaO). Beispiele sind insbesondere aussichtslose Investitionen (so bereits BGH bei Herlan GA **1954** 311; auch BGH GA **1964** 119, 120), maßloser Werbeaufwand (z. B. Unterhalten eines „Rennstalles" durch einen Fahrradhändler oder einer Villa zwecks Aufrechterhaltung der Kreditwürdigkeit: RG GA **64** [1917] 115, 116) und die Finanzierung einer verlustreichen Tochtergesellschaft (sofern die Beteiligung oder jedenfalls die Finanzierungsverpflichtung aus wichtigem Grunde gekündigt werden kann; dazu *Wellensiek* ZIP **1984** 544). Auch die Weiterführung unrentabler Betriebsteile kann eine unwirtschaftliche, da unverhältnismäßige Belastung des Gesamtunternehmens darstellen. Dagegen begründet die bloße (und regelmäßig gegebene!) Erfolgsunsicherheit von *Sanierungsbemühungen* als solche noch keine Unwirtschaftlichkeit (*Dreher/Tröndle* aaO unter Bezugnahme auf den oben erwähnten BGH-Beschluß v. 4. 9. 1979). Jedoch verlangte schon BGH GA **1964** 119, 120 eine Prüfung der finanziellen Auswirkungen (kostspieliger Investitionen).

e) Die Vermögenssituation des Täters bzw. seines Unternehmens ist bei der Be- 66
stimmung der Unwirtschaftlichkeit der Ausgabe bereits mit zu berücksichtigen (insoweit überzogen die Kritik von *Maurach/Schroeder/Maiwald* aaO an RegE S. 34). Jedoch kommt der Vermögenslage vor allem für das zusätzliche Korrektiv Bedeutung zu: Die Ausgabe muß — ebenso wie Spiel oder Wette (vgl. oben Rdn. 63) — **übermäßige Beträge** verbrauchen oder betreffen, also *außer Verhältnis* zum Vermögen des Täters stehen (zust. *Samson* SK § 283 Rdn. 12). Hierin liegt die Entsprechung zur „groben" Wirtschaftswidrigkeit i. S. d. Nr. 8. Bereits die frühere Rechtsprechung hat, wenn auch mit meist anderer (positiver) Akzentuierung, auf die Angemessenheit des Verhältnisses von Ausgabe und Vermögenssituation abgestellt[33]. Mit der — auch aus Nr. 8 folgenden — Einschränkung, daß es nicht auf die Verhältnismäßigkeit und Angemessenheit, sondern auf die Unverhältnismäßigkeit und Unangemessenheit ankommt, hat diese Rechtsprechung auch für die heutige Rechtslage Gültigkeit. Dabei ist von dem Zeitpunkt bzw. Wirtschaftszeitraum auszugehen, den die Ausgabe betrifft[34]. BGHSt 1 StR 399/72 v. 28. 11. 1972 (S. 7 f) präzisiert dies dahin: „Der erforderliche Vergleich ist ... für den Zeitpunkt der Ausgaben und aus dieser Schau für einen Zeitraum zu ziehen, den der Schuldner bei vernünftigem Wirtschaften ins Auge gefaßt hätte." Abzustellen ist dabei auf die gesamte Vermögenslage des Schuldners. Maßgebend sind neben den Einkünften insbesondere auch die Geschäftsaussichten (BGH aaO S. 8 und bereits BGH 3 StR 474/53 v. 9. 4. 1953 S. 4). Das letztgenannte BGH-Urteil hebt auch zutreffend hervor, daß bei der Beurteilung von Unternehmen ohne Haftungsbeschränkung nicht nur das Geschäftsvermögen, sondern auch das *Privatvermögen* zu berücksichtigen ist, da insbesondere der Einzelkaufmann für seine geschäftlichen Verbindlichkeiten mit seinem gesamten Vermögen haftet (aaO S. 4). Entsprechend sind mehrere rechtlich unselbständige Geschäftsbetriebe vermögensmäßig als Einheit anzusehen (vgl. bereits RGSt **70** 260, 261). Der Täter ist also insbesondere nicht berechtigt, aus einem günstig arbeitenden Betrieb besonders hohe Summen zu entnehmen und zu verbrauchen, wenn andere Betriebe desselben Täters mit Verlust arbeiten (*Sch/Schröder/Stree* Rdn. 14 a. E.). Bei einem Konzern rechtlich selbständiger Unternehmen dürfen dagegen die Vermögensmassen und Ausgaben der Konzernmitglieder nicht zusammengerechnet werden (BGH bei Herlan GA **1967** 264), es sei denn, daß ein Gewinn- und Verlustabführungsvertrag besteht.

Unter Berücksichtigung dieser Gesichtspunkte sind im Einzelfall als unwirt- 67
schaftlich und übermäßig angesehen worden (wobei der Übergang von einer moralisierenden Auffassung zu dem auch hier zugrunde gelegten Vertretbarkeitsmaßstab Beachtung verdient): Luxusanschaffungen wie z. B. Sportflugzeug (BGH 1 StR 592/75 v. 4. 11. 1975 bei *Dreher/Tröndle* Rdn. 12; 1 StR 399/72 v. 28. 11. 1972 S. 8), Luxusyacht (*Dreher/Tröndle* aaO; *Sch/Schröder/Stree* Rdn. 17); Kraftfahrzeug der Luxusklasse (BGH 2 StR 165/78 v. 21. 6. 1978 bei *Dreher/Tröndle* Rdn. 14); Ausstattung einer Wohnung „mit einem das übliche Maß weit übersteigenden Prunk" (*Sch/*

[33] RGSt **15** 309, 312 ff; **42** 278, 280; **73** 229 f; BGH NJW **1953** 1480, 1481; BGH bei Herlan GA **1956** 348 und **1964** 119 f; auch BGHSt **3** 23, 25 f.

[34] BGH bei *Dreher/Tröndle* Rdn. 12 und Rdn. 14; *Sch/Schröder/Stree* Rdn. 14 mit weit. Nachw.

Schröder/Stree aaO); Bau einer „Villa" (RG GA **64** [1917] 115 f); Anmietung oder Beibehaltung einer „zu teueren" Wohnung „ohne zwingenden Grund" (BGH bei Herlan GA **1954** 311; *Sch/Schröder/Stree* aaO); kostspielige Besuche in einer Münchener Bar (BGH NJW **1953** 1480, 1481); teuere Urlaubsreise (nach Brasilien: BGH MDR **1981** 510, 511); „unangemessene" Ausgaben für den Lebensunterhalt (*Sch/Schröder/Stree* aaO; vgl. aber auch oben Rdn. 65); „teuere oder überflüssige" Kleider (*Schaefer* LK, 8. Aufl. § 240 KO Anm. II Ziff. 1 c α unter Hinweis auf RG Rspr. **10** 215 f). Für die Geschäftsausgaben werden folgende Beispiele strafbaren Aufwandes angeführt: „überhöhte" Spesen (BGH 5 StR 236/55 v. 5. 7. 1955 bei *Dreher/Tröndle* Rdn. 12); ungewöhnlich hohe Kosten für Laden- oder Büromiete, Gehälter und Werbung (*Sch/Schröder/Stree* aaO; RGSt **16** 238, 241; **42** 278, 280; **73** 229 f); Schmiergeldzahlungen und andere Ausgaben für strafbare Zwecke, da und soweit diese Ausgaben nicht nur den geschäftlichen Ruf des Schuldners, sondern damit „zugleich seine Vermögenslage gefährden" (BGH 1 StR 399/72 v. 28. 11 1972 S. 10, wo diese Folge als Regelfall bezeichnet wird). Jedoch ist allgemein ein im unmittelbaren Zusammenhang mit der Ausgabe in das Tätervermögen gelangender **Gegenwert** als Ausgleich ebenso wie in den oben Rdn. 30 genannten Fällen zu berücksichtigen, sofern der Gegenwert in etwa gleichem Umfang der Befriedigung der Gläubiger dienen kann[35]. Die gegenteilige Auslegung der Rechtsprechung stützt sich einseitig auf den natürlichen Wortsinn des „Ausgebens" (von Geld) und vernachlässigt die im Rahmen der Wortbedeutung mögliche und sinnvolle teleologische Reduktion, welche die Rechtsprechung beim „Beiseiteschaffen" von Vermögensbestandteilen ohne weiteres zuläßt (oben Rdn. 30). Allerdings hat die Ansicht der Rechtsprechung zu Nr. 2 den Vorteil, schwierige Beweisaufnahmen zu erübrigen, da diese Ansicht zugleich die Berücksichtigung von Zwecken und Motiven des Aufwandes — z. B. Aufrechterhaltung des geschäftlichen Kredites durch wohlhabendes Auftreten — verwirft (BGH bei Herlan GA **1954** 311; RG GA **64** [1917] 115, 116). Im übrigen werden aber „übliche" Löhne und Betriebskosten (BGH bei Herlan GA **1958** 47) sowie „angemessene" Lebensversicherungsprämien (RG JW **1934** 2472 f) nicht dadurch sinnlos, übermäßig oder unwirtschaftlich, daß die Zahlungseinstellung bevorsteht (*Sch/Schröder/Stree* Rdn. 17). „Auch in einem Geschäft, das sich in solcher Lage befindet, können und dürfen Aufwendungen gemacht werden, die das Maß des Üblichen und Notwendigen nicht übersteigen. Daß sie gemacht werden, kann sogar im Interesse der Gläubiger liegen" (BGH 5 StR 182/56 v. 19. 10. 1956 S. 6). Jedoch darf der Schuldner in der Krise Personal nur dann neu einstellen, wenn die Auftragslage des Unternehmens dies erfordert; insbesondere die Anstellung von Familienangehörigen, denen für die Zeit nach dem Unternehmenszusammenbruch eine Anwartschaft auf Arbeitslosengeld verschafft werden soll, findet hier ihre Grenze.

68 Unter **prozessualen** (revisionsrechtlichen) **Gesichtspunkten** ist hervorzuheben, daß die tatrichterlichen Feststellungen für die Frage der Übermäßigkeit des Aufwandes sich nicht nur am Gewinn des Unternehmens orientieren dürfen, sondern die „gesamte Vermögens- und Liquiditätslage" schildern müssen (BGH 1 StR 625/80 v. 10. 2. 1981 S. 15). Vor allem bei Privatentnahmen hat das Urteil zwar nicht in allen Einzelheiten, wohl aber im wesentlichen, die Art der Verwendung darzulegen. Diese Darlegung ist häufig auch schon materiellrechtlich erforderlich, wenn nämlich die Anwendung des § 14 in Frage steht (oben Rdn. 78 ff vor § 283). „Es kommt nicht ent-

---

[35] Zustimmend *Krause* S. 266; *Sch/Schröder/Stree* Rdn. 17: **aA** BGH NJW **1953** 1480, 1481 und bei Herlan GA **1959** 341; BGH GA **1964** 119, 120; RG GA **64** (1917) 115 f; *Weyand* S. 64; vermittelnd *Bieneck* in: Müller-Gugenberger § 73 B.

scheidend darauf an, wieviel der Angeklagte ausgegeben, sondern was er mit den Beträgen bezahlt hat" (BGH 5 StR 236/55 v. 5. 7. 1955 S. 5 zu der Frage, welche Unkosten der Angeklagte mit seinen Spesen bestritten hat). Unzureichend wäre insbesondere die Feststellung, der Täter habe die Ausgaben „zu persönlichen Zwecken" getätigt (BGH 3 StR 474/53 v. 9. 4. 1953 S. 4). Soweit ein Verbrauch zur Bestreitung des Lebensunterhaltes in Betracht kommt, muß dargetan werden, welche Unterhaltsverpflichtungen der Täter hat, welche Summen er hierfür aufgewendet hat und inwieweit sie unangemessen waren, insbesondere das Maß des Notwendigen und Üblichen überstiegen (BGH 3 StR 474/53 aaO). Ebenso muß gegebenenfalls dargetan werden, inwieweit der Täter bei Geschäftsreisen dieses Maß durch seine Lebensführung und inwiefern er es durch eine zu starke Reisetätigkeit überschritten hat (BGH aaO S. 4). Es muß also regelmäßig festgestellt werden, welche Ausgaben dem Schuldner nach den in seinen Lebensverhältnissen üblichen geschäftlichen und privaten Verpflichtungen zwangsläufig erwachsen (BGH GA **1964** 119f) und ob der diese Ausgaben übersteigende Aufwand für den jeweiligen Zeitraum „das rechte Maß hielt" (BGH bei Herlan GA **1956** 348).

f) Tathandlung ist vor allem das *Verbrauchen* der übermäßigen Beträge, also das Tätigen der Ausgabe. Die bloße Privatentnahme stellt jedenfalls beim Einzelkaufmann (und generell bei Identität von Täter und Vermögensträger) noch keine Ausgabe dar; maßgebend ist vielmehr die Minderung des Tätervermögens durch den Abfluß der Finanzmittel oder die Weggabe eines Vermögensstückes. — Daneben läßt das Gesetz bereits das *Schuldigwerden* genügen, also die Belastung des Vermögens mit einer Verbindlichkeit (*Dreher/Tröndle* Rdn. 14; *Lackner/Kühl* Rdn. 13). Eine Naturalobligation reicht insoweit nach h. M. nicht aus (*Samson* SK Rdn. 12 mit Nachw.). Für Spiel und Wette kommt als Tathandlung also nur der Verbrauch in Betracht. Dieser liegt nach h. M. noch nicht in der Hingabe eines Schecks für eine Spielschuld, da die entsprechende zivilrechtlich „unvollkommene" und jedenfalls nicht einklagbare Forderung im Konkursverfahren nicht mit Aussicht auf Anerkennung geltend gemacht werden kann; vielmehr werden die Gläubigerinteressen erst gefährdet, „wenn die Spielschuld in ein verbindliches Rechtsverhältnis umgewandelt" worden ist (BGHSt **22** 360, 361 mit Anm. *Schröder* JR **1970** 31; *Lackner/Kühl* aaO). Die weitergehende, auf RGSt **22** 12ff gestützte Ansicht von *Dreher/Tröndle* (Rdn. 14) kann für sich zwar den wirtschaftlichen Vermögensbegriff anführen, der für Nr. 1 anerkannt ist (oben Rdn. 16, vgl. aber auch unten Rdn. 73). Jedoch ist es kaum haltbar, den Begriff des Schuldigwerdens bei Nr. 2 anders als den des Schuldners bei § 283 insgesamt auszulegen (zust. *Weyand* S. 65). Insoweit, also für die Bestimmung des Täterkreises, wurde oben Rdn. 60ff vor § 283 aber in Übereinstimmung mit der ständigen Rechtsprechung eine zivilrechtsakzessorische Begriffsbildung zugrunde gelegt. Auch die von *Sch/Schröder/Stree* (Rdn. 15) erwähnte Möglichkeit gutgläubigen Erwerbs des Schecks stellt nur eine abstrakte Vermögensgefährdung dar. Steht fest, daß der Scheck nicht weitergegeben und der Täter von einem gutgläubigen Erwerber nicht in Anspruch genommen werden konnte (so der Fall des BGH aaO), so liegt ein Schuldigwerden nicht vor. 69

Fraglich ist auch für Nr. 2 und insbesondere für den Verbrauch übermäßiger Summen durch unwirtschaftliche Ausgaben, ob und inwieweit eine Täterschaft durch **Unterlassen** in Betracht kommt (vgl. für Nr. 1 oben Rdn. 37). Eine verbreitete Ansicht will Ausgaben von Angestellten des Unternehmens und von Familienangehörigen dann dem Täter zurechnen, wenn dieser die ihm mögliche Beaufsichtigung unterlas- 70 sen hat[36]. Jedoch ist nicht ersichtlich, warum bei der zweiten Alternative von Nr. 2 eine weitergehende Garantenstellung des Täters als sonst angenommen werden könnte. Zwar kann die Tathandlung nach Nr. 2 auch fahrlässig begangen werden (§ 283 Abs. 5 Nr. 1). Jedoch ist das Tätigen von Ausgaben wesensmäßig nur vorsätzlich möglich, da diese Tathandlung ein finales Element enthält. Bezogen auf die Tathandlung kann der Täter fahrlässig nur handeln, wenn er Geld oder vergleichbare Wertverkörperungen verliert, vergißt usw. Die Fahrlässigkeit kann sich daher bei Nr. 2 im wesentlichen überhaupt nur auf die Unverhältnismäßigkeit und Unwirtschaftlichkeit der (vorsätzlichen) Ausgabe beziehen (vgl. unten Rdn. 192 und 215; auch *Sch/Schröder/Stree* Rdn. 58). Entsprechend setzt auch die Nichthinderung von Ausgaben Dritter jedenfalls voraus, daß der (Unterlassungs-)Täter das Verhalten der Dritten, also den Vermögensabfluß, kennt (§ 16). Erst bei solcher Kenntnis (und Billigung) wird das Problem einer *Garantenstellung* des Täters — z. B. als Betriebsinhaber und Überwachungsgarant für das Verhalten seiner Angestellten (*Tiedemann/ Vogel* JuS **1988** 299 mit Nachw.) — praktisch relevant. Bei der Lösung dieses Problems (vgl. auch oben Rdn. 37) verdient Beachtung, daß die Bejahung einer Garantenpflicht des Schuldners über § 823 Abs. 2 BGB zu seiner zivilrechtlichen Haftung gegenüber den Gläubigern führt; dies ist vor allem für andere Personen als den Schuldner, nämlich für den in § 14 genannten Personenkreis, relevant.

71 **g) Geschäftspartner** des Schuldners, die mit diesem Verlust-, Spekulations- oder Differenzgeschäfte abschließen, sind ebenso wie Mitspieler und Wettgegner nicht wegen Beihilfe strafbar, soweit sich ihre Aktivität auf das zur Tatbestandsverwirklichung Notwendige beschränkt (*notwendige Teilnahme*; vgl. *Sch/Schröder/Stree* Rdn. 65 und unten Rdn. 229). Bei Überschreiten dieser Rolle und insbesondere bei Anstiftungshandlungen tritt dagegen Strafbarkeit nach §§ 26, 27 ein (*Gropp* S. 228 f; näher unten Rdn. 229).

3. Schleuderverkauf kreditierter Waren und Wertpapiere (Nr. 3)

72 **a)** Das Veräußern oder sonstige Abgeben von kreditierten Waren und Wertpapieren erheblich unter ihrem Wert wird vom Gesetzgeber gesondert inkriminiert. Es ist an sich bereits als Verlustgeschäft nach Nr. 2 strafbar (oben Rdn. 54), wird aber auch von Nr. 8 erfaßt (*Samson* SK Rdn. 14) und ist bei Tatobjekten der Nr. 1 nach der Rechtsprechung auch als Beiseiteschaffen strafbar. Es handelt sich um ein wirtschaftlich besonders gefährliches Verhalten, das relativ mühelos zu bewerkstelligen ist und den wirtschaftlichen Zusammenbruch einerseits hinausschiebt, andererseits so gut wie sicher herbeiführt und verschlimmert (vgl. bereits Rdn. 7 vor § 283; *Klug* JZ **1957** 464; *Tiedemann* Wirtschaftsstrafrecht II S. 74). Die Gefährlichkeit dieses üblicherweise als **Verschleudern** bezeichneten Vorgehens für die gesamte Gläubigerschaft ist angesichts des evidenten Wertabflusses nahezu allgemein anerkannt (vgl. nur BGHSt **9** 84, 86 f mit Nachw.; *Weyand* S. 66; **krit.** aber *Höfner* S. 62 ff) und hat dazu geführt, das noch in § 240 Abs. 1 Nr. 2 KO a. F. enthaltene und auch im ausländischen Recht bekannte zusätzliche Tatbestandserfordernis der Absicht, die Eröffnung des Konkursverfahrens hinauszuschieben, im neuen Recht zu streichen, zumal die Handlung — wie alle Verhaltensweisen nach Abs. 1 — ein Handeln in der Krise voraussetzt: Die Krise wird durch die Verschleuderung von Vermögenswerten der Sache nach

[36] RGSt **31** 152; *Binding* Lehrbuch I S. 436; *Dreher/ Tröndle* Rdn. 12; *Hess/Kropshofer* Anh. III Rdn. 22; *Sch/Schröder/Stree* Rdn. 17; einschränkend *Weyand* S. 63, der zutreffend Familienangehörige nur einbeziehen will, wenn sie im Betrieb beschäftigt sind und in ihrer Angestelltenfunktion tätig werden.

weiter verschärft (amtl. Begr. BTDrucks. 7/3441 S. 35; *Sch/Schröder/Stree* Rdn. 20). Der Täter wirtschaftet hier mit fremden Vermögenswerten, ohne für einen Ausgleich des Verlustes der Sache durch einen angemessenen Preis zu sorgen (BGH aaO; amtl. Begr. aaO). — Der *Anwendungsbereich* ist auf Waren und Wertpapiere beschränkt, erfaßt also solche Rechte nicht, die durch kein (Wert-)Papier verkörpert sind (z. B. Patente, vgl. näher sogleich Rdn. 74). Im einzelnen ist der Kreis der tauglichen Tatobjekte nach dem vorgenannten Schutzzweck der Nr. 3, im übrigen nach der Verkehrsauffassung und dem üblichen Sprachgebrauch zu bestimmen:

b) Der Begriff der Waren und Wertpapiere stimmt mit dem Bezugsobjekt des Differenzgeschäftes der ersten Alternative von Nr. 2 überein und ist — ebenso wie Inhalt und Reichweite des Differenzgeschäftes — zivilrechtlich auszulegen. Den weiten wirtschaftlichen Vermögensbegriff der Nr. 1 (oben Rdn. 16) auch für Nr. 2 und Nr. 3 zu benutzen könnte zwar durch die Erwägung nahegelegt werden, daß auch diese Bankrotthandlungen zur Verringerung der Haftungsmasse führen; insbesondere einer Orientierung der Begriffe am HGB scheint zu widersprechen, daß § 283 sich insgesamt nicht auf Kaufleute beschränkt. Jedoch entspricht zum einen der Waren- und Wertpapierbegriff des BGB dem des Handelsverkehrs (RGZ **74** 161, 162; **130** 85, 88), und zum anderen schließt Nr. 8 etwaige Strafbarkeitslücken, die durch eine zivilrechtskonforme Auslegung der Waren und Wertpapiere entstehen könnten. **Waren** sind daher entsprechend der in § 1 Abs. 2 Nr. 1 HGB enthaltenen Legaldefinition (vgl. auch § 196 Abs. 1 Nr. 1 BGB) alle beweglichen Sachen, die Gegenstand des Handelsverkehrs sind (RGZ **130** 88) bzw. sein können (zust. *Krause* S. 135). Ebenso wie bei § 283 Abs. 1 Nr. 2 umfaßt der Begriff auch bei Nr. 3 ausländische Geldsorten (Bericht Sonderausschuß BTDrucks. 7/5291 S. 18; oben Rdn. 60). 73

Der Begriff des **Wertpapiers** (vgl. § 1 Abs. 2 Nr. 1 HGB) setzt zumindest eine Urkunde voraus, die ein privates Recht in der Weise bescheinigt („verbrieft"), daß es ohne diese Urkunde nicht geltend gemacht werden kann. Jedoch ist der Sprachgebrauch innerhalb der deutschen Gesetzgebung, die keinerlei einschlägige Legaldefinition enthält, uneinheitlich. Er umfaßt teilweise alle „Papiere mit Geldwert", beschränkt dagegen an anderen Stellen den Wertpapierbegriff auf die Order- und Inhaberpapiere, bei denen primär nicht das Recht, sondern das Papier übertragen wird und das Recht aus dem Papier dem Recht am Papier folgt (z. B. Wechsel, Konnossement, Order-Lagerschein; Inhaberschuldverschreibung und Inhaberaktie). Nur die letzteren Wertpapiere „verkörpern" das Recht und verbriefen es nicht nur. Es liegt nahe, den Wertpapierbegriff des § 283 auf diese Wertpapiere i. e. S. als die eigentlichen Verkehrspapiere zu beschränken, also die sog. Rektapapiere (Namenspapiere) vom Strafschutz auszuschließen (zust. *Bieneck* in: Müller-Gugenberger § 73 C; *Krause* S. 135 f; *Weyand* S. 66); bei den letzteren Papieren (z. B. Hypothekenbrief) wird nicht die Urkunde, sondern das Recht verkauft und übertragen (vgl. § 952 BGB). Diese Begriffsbeschränkung in Nrn. 2 und 3 wird durch die Parallelisierung mit den Waren sowie durch die entsprechende Auslegung des HGB nahegelegt: Der Kauf von nicht in Wertpapieren verkörperten Rechten ist kein Handelskauf i. S. d. §§ 373 ff HGB (vgl. *Hopt* HGB Überbl. vor § 373 Rdn. 10). 74

Diese Tatobjekte sind „beschafft", wenn der Täter durch Rechtsgeschäft (*Lackner/Kühl* Rdn. 14; *Sch/Schröder/Stree* Rdn. 20) die tatsächliche Verfügungsmöglichkeit (Besitz) erlangt hat (vgl. RGSt **62** 257, 258; *Dreher/Tröndle* Rdn. 15; *Samson* SK Rdn. 14). Der bloße Vertragsschluß reicht nicht aus (RGSt **62** 258; *Sch/Schröder/Stree* aaO). Ob die Waren oder Wertpapiere durch (Kredit-)Betrug oder auf sonstwie anfechtbare Weise erlangt sind, ist unbeachtlich (RGSt **66** 175, 75

179; *Dreher/Tröndle* aaO; *Sch/Schröder/Stree* aaO). Da es auf Eigentumserwerb nicht ankommt, sind auch die unter *Eigentumsvorbehalt* gelieferten Waren taugliche Tatobjekte, zumal das „Wirtschaften mit fremden Vermögenswerten" (oben Rdn. 72) und die Gläubigergefährdung hier noch deutlicher zutage liegen als bei zivilrechtlichem Eigentumserwerb des Täters[37].

76 **Kreditiert** sind die Waren und Wertpapiere, wenn sie spätestens im Zeitpunkt der Veräußerung oder sonstigen Abgabe (unten Rdn. 77) noch nicht oder nicht voll bezahlt sind (RGSt **72** 187, 190). Kreditgewährung ist also jeder Verzicht auf sofortige Barzahlung (*Samson* SK Rdn. 14), somit auch die Gewährung eines Zahlungszieles z. B. von 30 Tagen (*Dreher/Tröndle* Rdn. 15; allgemein zur Laufzeit und zu den Formen des Lieferantenkredits *Tiedemann/Sasse* Delinquenzprophylaxe S. 11 ff mit Nachw.). Daß der Kredit erschlichen wurde (Kreditbetrug!), steht der Anwendung von Nr. 3 nicht entgegen (vgl. soeben Rdn. 75). Erfolgt die Bezahlung dagegen sofort, jedoch mit Hilfe eines Kredites Dritter, so ist nicht Nr. 3, wohl aber gegebenenfalls Nr. 2 (Verlustgeschäft, vgl. *Bieneck* aaO) oder Nr. 8 einschlägig (*Dreher/Tröndle* aaO).

Im Hinblick auf eine „wirtschaftliche Betrachtungsweise" (amtl. Begr. BTDrucks. 7/3441 S. 35) sind den kreditierten Waren nach dem Gesetz solche Sachen gleichgestellt, die aus den kreditierten (noch nicht bezahlten) Waren (z. B. Rohstoffen) hergestellt sind. Daß bei der Herstellung anderes Material mitverarbeitet wird, hindert die gesetzliche Fiktion der Identität nicht (*Dreher/Tröndle* Rdn. 15; *Samson* SK Rdn. 14; *Sch/Schröder/Stree* Rdn. 21). Der Strafgesetzgeber trägt mit dieser Fiktion den Vorgängen des Wirtschaftslebens und den für diese entwickelten zahlreichen Sicherungsformen des Zivilrechts Rechnung.

77 **c)** Die Tathandlung des **Veräußerns** liegt vor, wenn der Täter sein Recht an der Sache auf andere überträgt; auf ein *Entgelt* kommt es dabei nicht an (str.)[38]. Das Verschenken ist daher nach h. M. ebenfalls tatbestandsmäßig.— Das sonstige **Abgeben** liegt in der Überlassung des Besitzes ohne Übertragung des Eigentums (*Lackner/Kühl* Rdn. 14; *Sch/Schröder/Stree* Rdn. 21 mit weit. Nachw.), z. B. in der Verpfändung (RGSt **48** 217, 218) oder Bestellung eines kaufmännischen Zurückbehaltungsrechts (*Sch/Schröder/Stree* aaO mit Nachw.).

78 Für die Veräußerung oder sonstige Abgabe „erheblich unter Wert" ist auf den Verkaufswert, nämlich den **Marktpreis** im Zeitpunkt dieser Handlung, abzustellen (BGH bei Herlan GA **1955** 365; RGSt **72** 187, 190; **47** 61 f; *Sch/Schröder/Stree* Rdn. 22). Der Einkaufspreis ist nur ein Indiz für den marktgemäßen Verkaufspreis (*Dreher/Tröndle* Rdn. 15; *Lackner/Kühl* aaO; *Sch/Schröder/Stree* aaO). Der Marktpreis soll nach BGH aaO auch die Unkosten umfassen, so daß ihre Nichtberücksichtigung die Annahme eines Verkaufes erheblich unter dem Wert begründen könne. Dies ist nur für den (Ausnahme-) Fall zutreffend, daß sich der Marktpreis allein durch die Nachfrage gerade auf das Angebot des Schuldners bildet. In allen sonstigen Fällen kann ein Verkauf zum Marktpreis definitionsgemäß kein Verkauf unter Wert sein, auch wenn der Verkaufspreis nicht die Kosten deckt. Ist der Marktpreis

---

[37] BGHSt **9** 84, 86 ff mit zust. Bespr. *Klug* JZ **1957** 464 f; *Bieneck* in: Müller-Gugenberger § 73 C; *Dreher/Tröndle* Rdn. 15; *Krause* S. 136, 261 f; *Lackner/Kühl* Rdn. 14; *Maurach/Schroeder/Maiwald* 1 § 48 III A 1; *Sch/Schröder/Stree* Rdn. 20; *Weyand* S. 66; **aA** RGSt **72** 187, 188; **66** 176, 177 ff.

[38] Vgl. für die h. M. RGSt **48** 217, 218; *Bieneck* aaO; *Klug* Konkurs-Strafrecht § 240 KO Rdn. 4; *Lackner/Kühl* aaO; *Sch/Schröder/Stree* Rdn. 21; **aA** *Dreher/Tröndle* Rdn. 15; *Weyand* S. 67 (der für Schenkungen auf Nr. 1 verweist).

nicht feststellbar, so ist der „übliche Preis" maßgebend (BGH aaO; *Krause* S. 136; *Sch/Schröder/Stree* aaO). Dies läßt sich auf die Parallele der früheren Fassung des § 302 a stützen: Ein „üblicher" Verkaufspreis ist der zentrale Faktor für den Wert des Verkaufsobjektes. Soweit auf dem einschlägigen Markt kein Wettbewerb herrscht und die Preise folglich keine „echten" Marktpreise sind, mag der wettbewerbsrechtlich entscheidende „hypothetische Marktpreis" zwar über oder unter dem üblichen Preis liegen. Jedoch ist es nicht Aufgabe des § 283, diese Wettbewerbsverzerrung zu bekämpfen (vgl. oben Rdn. 119 vor § 283). — Der Markt- oder übliche Preis ist **erheblich** unterschritten, wenn der unterste noch marktmäßige oder noch übliche Preis nicht unerheblich, also auch nur um wenige Prozent, unterboten wird. Dieser im Verhältnis zur Rechtsprechung zum „auffälligen" Mißverhältnis zwischen Leistung und Preis beim Wucher (§ 302 a) tendenziell strengere Maßstab ergibt sich aus dem systematischen Verhältnis von Nr. 3 zu Nr. 1 (Beiseiteschaffen durch ungünstige Austauschgeschäfte) und Nr. 2 (Verlustgeschäft), wo bereits jede nicht unerhebliche Minderung der Gegenleistung tatbestandsmäßig ist. Bei der Ermittlung des untersten noch marktmäßigen Preises sind aber tatsächlich marktübliche (also nicht nur nach dem RabattG rechtlich zulässige!) Rabatte zu berücksichtigen. Auch muß im Einzelfall bedacht werden, ob die Ware unter Marktgesichtspunkten schlecht absetzbar, leicht verderblich usw. ist; hier geht der Maßstab ordnungsmäßigen Wirtschaftens bereits in die Ermittlung des untersten Preises ein (dazu sogleich Rdn. 79). Hingegen müssen Einzelfälle nicht marktgemäß gebildeter Unterpreise, etwa bei anderweitigen Schleuder- und Krisenverkäufen oder bei Dumpingangeboten, außer Acht gelassen werden (anders, wenn der gesamte Markt durch Nachfragekartelle oder von ruinösem Anbieterwettbewerb beherrscht wird!). Insgesamt ist zu fordern, daß die Preisunterschreitung aus der Sicht eines mit den Marktverhältnissen Vertrauten eindeutig feststeht; das Erfordernis der Erheblichkeit gewährleistet insoweit vor allem, daß Unsicherheiten über den Marktpreis („Preisspanne") keinesfalls zu Lasten des Täters gehen (vgl. auch *Tiedemann* Tatbestandsfunktionen S. 216 ff).

Grundsätzlich begründet bereits die Höhe der Abweichung des Verkaufspreises **79** vom Marktpreis oder üblichen Preis das Unrecht des Verschleuderns. Jedoch verlangt der Gesetzgeber — ebenso wie schon § 240 Nr. 2 KO a. F. — zusätzlich die Feststellung eines Verstoßes gegen die **Anforderungen einer ordnungsgemäßen Wirtschaft.** An einem solchen Verstoß fehlt es jedenfalls bei der *Mischkalkulation*, nämlich der unter dem Marktpreis oder dem üblichen Preis liegenden Kalkulation von Sonderangeboten (oben Rdn. 119 vor § 283 mit Nachw.; *Dreher/Tröndle* Rdn. 16), bei Räumungsverkäufen (*Dreher/Tröndle* aaO; *Samson* SK Rdn. 14; vgl. auch oben Rdn. 119 vor § 283) sowie bei drohendem Verderben der kreditierten Ware (*Lackner/Kühl* Rdn. 14; *Sch/Schröder/Stree* Rdn. 23). Nach überwiegender Auffassung soll der Verstoß aber auch dann entfallen können, wenn der Täter einem nahe bevorstehenden Preissturz zuvorkommen[39], einen neuen Markt gewinnen oder einen Konkurrenzkampf durchstehen will (vgl. nur *Dreher/Tröndle* Rdn. 16). Überwiegend wird auch die Preiskalkulation bei Lockvogel-Angeboten für nicht tatbestandsmäßig gehalten[40], obwohl insoweit — anders als bei den erwähnten Sonderangeboten — eine Täuschung der Verbraucher vorliegt (vgl. oben Rdn. 119 vor § 283). Beschränkt man die Kriterien der ordnungsgemäßen Wirtschaft auf die von § 283 geschützten In-

---

[39] *Bieneck* aaO; *Dreher/Tröndle* Rdn. 16; *Klug* JZ **1957** 463 mit Nachw.; *Lackner/Kühl* Rdn. 14; *Samson* SK Rdn. 14; *Sch/Schröder/Stree* Rdn. 23; *Weyand* S. 68.

[40] *Dreher/Tröndle* aaO; *Göhler/Wilts* DB **1976** 1660; *Hiltenkamp-Wisgalle* S. 178; *Lackner/Kühl* aaO; *Sch/Schröder/Stree* aaO; *Weyand* aaO.

teressen (Rdn. 119 vor § 283), so widersprechen in der Tat auch sog. Lockvogel-Angebote nicht den Anforderungen einer ordnungsgemäßen Wirtschaft, da der gesamtwirtschaftlich beachtliche Schutz der Verbraucher von Irreführung und Täuschung nach der hier vertretenen Auffassung für § 283 nicht relevant wird (**aA** wohl *Weyand* S. 68). — Zweifelhaft und umstritten ist auch, ob ein besonders günstiger Einkaufspreis dazu führen darf, bei dem Wiederverkauf den Marktpreis oder üblichen Preis erheblich zu unterschreiten. Die bejahende Ansicht[41] verdient unter dem Gesichtspunkt einer teleologischen Reduktion, also wegen der fehlenden Gläubigergefährdung, den Vorzug.

80 **d)** Der **Abnehmer** der Waren oder Wertpapiere begeht regelmäßig nur *notwendige Teilnahme*, ist also straflos (BGH bei Herlan GA **1956** 348). Da Nr. 3 allerdings nicht dem Schutz des Abnehmers, sondern dem der Gläubiger (und der Kreditwirtschaft) dient, wird der Abnehmer dann strafbar, wenn er seine tatbestandsnotwendige Rolle überschreitet (vgl. *Tiedemann* in: Immenga/Mestmäcker § 38 Rdn. 14 mit Nachw.). Anstiftung zum Schleuderverkauf ist daher stets strafbar, während es für die Strafbarkeit der Beihilfe darauf ankommt, ob der Abnehmer eine über den Erwerbsvorgang hinausgehende Aktivität entfaltet (vgl. auch *Gropp* S. 229 und unten Rdn. 229).

4. Fiktion fremder Rechte (Nr. 4)

81 **a)** Diese Bankrotthandlung betrifft im Gegensatz zu den Handlungen nach Nrn. 1—3 nicht die Verringerung der Konkursmasse durch Verminderung des Aktivvermögens oder (wirkliche) Vergrößerung der Passiva, sondern hat die **künstliche Vergrößerung der Passiva**, daneben auch die andere Gewichtung derselben, zum Gegenstand (*Sch/Schröder/Stree* Rdn. 24). Die Schuldenmasse wird hier nur *zum Schein* vergrößert, da die behaupteten Gläubigerrechte nicht oder nicht in der behaupteten Weise bestehen. Allerdings ist die Bankrotthandlung nach Nr. 4 „vielfach nur eine Vorbereitungshandlung zu Nr. 1" (*Dreher/Tröndle* Rdn. 19) oder dient der Verdeckung des bereits erfolgten Beiseiteschaffens von Vermögensbestandteilen. Dies ist unten Rdn. 234 bei den Konkurrenzen zu berücksichtigen. Selbständige Bedeutung hat Nr. 4 damit nur dort, wo es nicht zur Befriedigung oder Sicherung des fingierten Anspruchs kommt (*Bieneck* in: Müller-Gugenberger § 70; vgl. aber auch unten Rdn. 86). — Da die angeblichen Gläubigerrechte nicht oder nicht in der vom Täter behaupteten Form existieren, liegt bei Nr. 4 an sich eine bloße Gefährdung der Gläubigerinteressen vor. Jedoch schlägt diese Gefährdung in eine Verletzung um, wenn für das vorgetäuschte oder anerkannte Recht im Konkursverfahren vorrangige Befriedigung gewährt und damit die Befriedigung der nichtbevorrechtigten Gläubiger ausgeschlossen oder verringert wird (BGH LM Nr. 14 zu § 239 KO). Aber auch in den übrigen Fällen verkürzt die zusätzliche (fingierte) Gläubigerstellung die Befriedigungsquote der anderen (wahren) Gläubiger (BGH bei Herlan GA **1958** 48).

82 **b)** Die von Nr. 4 als Tatobjekt genannten **Rechte** sind umfassend zu verstehen und schließen sowohl schuldrechtliche als auch dingliche Berechtigungen ein[42]. Die Tathandlungen können sich sowohl auf die Höhe und den Umfang eines Rechtes beziehen — das Recht besteht hier teilweise nicht (RGSt **24** 433 ff) —, aber auch die Art des Rechtes betreffen, sofern die Täuschung über die Art des Rechtes geeignet ist, die

[41] *Bieneck* aaO; *Klug* JZ **1957** 463; *Lackner/Kühl* aaO; *Sch/Schröder/Stree* Rdn. 23; **aA** *Krause* S. 137; *Maurach/Schroeder/Maiwald* 1 § 48 III A 1.

[42] Amtl. Begr. BTDrucks. 7/3441 S. 35; RGSt **64** 311, 312; *Bieneck* in: Müller-Gugenberger § 70; *Dreher/Tröndle* Rdn. 17; *Samson* SK Rdn. 16; *Sch/Schröder/Stree* Rdn. 25; *Weyand* S. 69.

Befriedigung der Gesamtgläubigerschaft zu beeinträchtigen. Die letztere Voraussetzung ist z. B. dann erfüllt, wenn ein in Wahrheit fehlendes Konkursvorrecht für ein an sich existentes Recht fingiert wird[43].

Problematisch und ungeklärt ist, ob das *Tatobjekt* bei den beiden möglichen Tathandlungen *identisch* ist. Für die Tathandlung des Vortäuschens von Rechten anderer reicht in dem vorgenannten Sinne jede Täuschung über konkursrelevante Gesichtspunkte des Gläubigerrechtes aus. Dagegen ist die Anerkennung „erdichteter Rechte" nach dem historischen Gesetzeswortlaut anscheinend weiter eingeschränkt. „Erdichtet" sind Rechte nach einer verbreiteten Formel dann, wenn sie überhaupt nicht oder nicht in der behaupteten Form bestehen (vgl. etwa *Lackner/Kühl* Rdn. 15). Damit ist an sich dieselbe Weite hergestellt, wie sie beim Vortäuschen von vornherein besteht. Jedoch ist nach h. M. dann kein Recht „erdichtet", wenn das Recht an sich besteht, aber aus eher formalen Gründen (z. B. Verjährung) oder aus moralischen Gründen (z. B. Spiel- oder Wettschulden) nicht durchgesetzt werden kann und vom Täter gleichwohl aus beachtlichen Gründen, z. B. der Kulanz, anerkannt wird (amtl. Begr. BTDrucks. 7/3441 S. 35; *Dreher/Tröndle* Rdn. 19; *Sch/Schröder/Stree* Rdn. 27). „Erdichtet" bedeutet damit soviel wie: völlig (frei) erfunden. Damit scheint sich das Vortäuschen fremder Rechte auf den zivilrechtlichen Bestand und Inhalt des Rechtes zu beziehen, während der Gegenstand des Anerkennens eine gewisse Ablösung vom Zivilrecht zu erfordern oder zu gestatten scheint. In Wahrheit geht es aber in beiden Fällen vor allem um die auch für die Strafbarkeit des Unterlassens (unten Rdn. 88) relevante Frage, ob und inwieweit sich der Schuldner gegenüber einrede- oder einwendungsbehafteten Gläubigerrechten verteidigen muß. Darf der Schuldner trotz etwaiger Krise seines Unternehmens (Abs. 1) verschweigen, daß die Forderung des Gläubigers verjährt ist oder der Möglichkeit der Minderung unterliegt? Das Gebot der Auslegung des Schuldnerverhaltens nach seinem Erklärungswert führt dazu, daß diese Frage beim Vortäuschen fremder Rechte grundsätzlich nicht anders als beim Anerkennen erdichteter Rechte zu beantworten ist. Der Bezugspunkt für die Richtigkeit oder Unrichtigkeit der Erklärung des Schuldners ist also im wesentlichen identisch. Jedoch ergeben sich im einzelnen einige Einschränkungen, die zweckmäßigerweise mit den Tathandlungen dargestellt werden: 83

c) Das **Vortäuschen** von Rechten anderer besteht darin, daß der Täter sich gegenüber einem Dritten, also nach außen, auf das nicht bestehende Recht beruft[44]. Es muß folglich ein Adressat vorhanden sein, dem gegenüber das fingierte Recht vorgetäuscht wird (vgl. nur amtl. Begr. BTDrucks. 7/3441 S. 35). In Betracht kommt z. B. die Täuschung des Konkursverwalters durch falsche Eintragung in die Bücher, die ihm zugänglich gemacht werden (BGH bei Herlan GA **1953** 74), oder eine falsche eidesstattliche Versicherung nach § 125 KO gegenüber dem Konkursgericht (RGSt **64** 42, 43). Neben dem ausdrücklichen ist auch das *konkludente* Vortäuschen tatbestandsmäßig. Diese Ausweitung entspricht der h. M. zu §§ 263, 264, 265 b und hat vor allem für die Bestimmung des Umfanges des (Mit-) Erklärten Bedeutung. Ähnlich wie bei der Auslegung zivilrechtlicher Willenserklärungen kommt es auf den Maßstab des Empfängerhorizontes unter Berücksichtigung der Rechtslage und des Normalfalles an. Wer daher behauptet, gegen ihn bestehe eine Forderung, und dabei ver- 84

[43] BGH LM Nr. 14 zu § 239 KO; amtl. Begr. aaO; *Bieneck* aaO; *Dreher/Tröndle* aaO; *Lackner/Kühl* Rdn. 15; *Samson* SK aaO; *Sch/Schröder/Stree* Rdn. 25 und 27.

[44] *Dreher/Tröndle* Rdn. 18; *Hiltenkamp-Wisgalle* S. 179; *Lackner/Kühl* aaO; *Sch/Schröder/Stree* Rdn. 25; *Weyand* S. 69. Ebenso die h. M. zu § 239 Abs. 1 Nr. 2 KO a. F., vgl. BGH bei Herlan GA **1953** 74; *Klug* Konkurs-Strafrecht § 239 Rdn. 4.

schweigt, daß diese bereits rechtskräftig abgewiesen wurde, macht sich nach Nr. 4 strafbar (*Sch/Schröder/Stree* Rdn. 25). Zwar wirkt die zivilprozessuale Rechtskraft eines Urteils nur zwischen den Prozeßparteien, so daß die erfolgte Abweisung einer Klage auch nur in diesem Verhältnis Beachtung erfordert; auch wird die Frage einer strafbaren Handlung nach Nr. 4 zwischen den Prozeßparteien nicht auftauchen, da den Prozeßparteien die Abweisung der Klage in aller Regel bekannt ist. Jedoch besagt die Behauptung der Existenz eines Rechtes regelmäßig, daß dieses Recht auch gerichtlich durchsetzbar ist. Das Verschweigen einzelner Verteidigungsmöglichkeiten (Verjährung, Minderung) ist in der Regel insoweit nicht tatbestandsmäßig, als das Recht als solches (zunächst) besteht. Wer dagegen eine Wettschuld als normale (echte) Schuld hinstellt, täuscht konkludent.

85 Das **Anerkennen** erdichteter Rechte setzt nach h. M. ein Zusammenwirken des Täters (Schuldners) mit dem Scheingläubiger voraus und besteht in der Erklärung des Schuldners (Täters), daß ihm gegenüber ein Recht dieses Scheingläubigers bestehe[45]. Der Scheingläubiger muß seinerseits die erdichtete Forderung gegenüber dem Schuldner geltend machen, und zwischen diesem und jenem muß hierbei, spätestens aber zum Zeitpunkt der Abgabe des Anerkenntnisses, Einvernehmen darüber bestehen, daß die Forderung erdichtet ist und anerkannt werden soll. Eine Annahme des Anerkenntnisses durch den Scheingläubiger ist jedoch strafrechtlich — anders als bei § 781 BGB — nicht erforderlich (*Sch/Schröder/Stree* § 283 Rdn. 26). Die Anerkennung braucht nicht im Konkursverfahren zu erfolgen (BGH LM Nr. 2 zu § 239 KO), sondern kann z. B. auch im Zivilprozeß (*Sch/Schröder/Stree* aaO) sowie außerhalb jeden Streitverfahrens vorgenommen werden. Beispiele sind die näher unten Rdn. 156 (zu Nr. 8) behandelten Schein- und Umgehungsgeschäfte zwecks späterer Erlangung von Konkursausfallgeld. Entsprechend den bereits oben Rdn. 83 angedeuteten Einschränkungen liegt dagegen kein Anerkennen erdichteter Rechte vor, wenn das Recht dem Grunde nach besteht, sei es auch nur als unvollkommene Verbindlichkeit (Spiel- und Wettschuld) oder als einredebehaftete Forderung (Verjährung). Eine rechtskräftig abgewiesene Forderung ist aber auch hier als nicht existent zu behandeln, da sie im Verhältnis der Parteien überhaupt nicht (mehr) durchsetzbar ist (vgl. oben Rdn. 84); der Gesetzeswortlaut steht dieser Auslegung wohl nicht entgegen.

86 Die bloße **Erfüllung einer Nichtschuld** fällt nicht unter Nr. 4, wohl aber unter Nr. 1 (*Dreher/Tröndle* Rdn. 19). Nr. 4 ist auch nicht einschlägig, wenn voraufgegangene Vermögensverschiebungen (Nr. 1) durch Täuschungen verschleiert werden sollen, denn nur die Vortäuschung (noch) bestehender Rechte ist tatbestandsmäßig (*Bieneck* in: Müller-Gugenberger § 70). Daher soll das Vortäuschen einer Darlehensgewährung und der erfolgten Rückzahlung nach Nr. 4 straflos sein, da insoweit die Forderung nicht (mehr) als (noch) bestehend hingestellt werde (BGH bei Herlan GA **1953** 74; RG JR **1928** 1548 f; *Sch/Schröder/Stree* Rdn. 25 mit weit. Nachw.). Andererseits sah BGH bei Herlan GA **1956** 347 ein Anerkennen erdichteter Rechte in der Handlung eines GmbH-Geschäftsführers, der angebliche eigene Forderungen gegenüber der GmbH geltend machte und zugleich den Tatsachen zuwider Barauszahlungen in der gleichen Höhe verbuchen ließ, wodurch die fälschlich anerkannten Schulden als beglichen erschienen. Zwar fällt diese Anmeldung eigener erdichteter (Gehalts-)Forderungen durch den Geschäftsführer zur Konkursmasse (der GmbH) nach der bereits oben Rdn. 79 vor § 283 geschilderten neueren Rechtsprechung nicht mehr unter

[45] BGH bei Herlan GA **1953** 74; *Dreher/Tröndle* Rdn. 19; *Hiltenkamp-Wisgalle* S. 179 f; *Klug* aaO; *Lackner/Kühl* aaO; *Samson* SK Rdn. 16; *Sch/Schröder/Stree* Rdn. 26; *Weyand* aaO.

Nr. 4, weil der Täter insoweit nicht als Vertreter der Gesellschaft, sondern ausschließlich eigennützig handelt; in Betracht kommt nach dieser Rechtsprechung nur noch § 263 (*Dreher/Tröndle* Rdn. 19; *Sch/Schröder/Stree* Rdn. 25 mit weit. Nachw.). Jedoch sieht auch BGH 5 StR 467/78 vom 16. 1. 1979 (S. 4) Nr. 4 als erfüllt an, wenn die beiden geschäftsführenden Gesellschafter einer GmbH der Gesellschaftskasse hohe Mittel für eigene Zwecke entnehmen und beiseiteschaffen, diese Handlungen durch einen fingierten Darlehens- und Sicherungsübereignungsvertrag mit einem eingeweihten Dritten verdecken und sich von dem Dritten über die entnommenen Beträge Quittungen erteilen lassen, welche die Kassenentnahmen als Rückzahlung des angeblich der Gesellschaft gewährten Darlehens erscheinen lassen. In einem solchen Fall steht nichts entgegen, in dem Abschluß des fingierten Darlehensvertrages das Anerkennen erdichteter Rechte zu sehen, mag der angebliche Darlehensanspruch im Zeitpunkt der Vorlage des Vertrages gegenüber Dritten auch bereits als erloschen hingestellt werden. Der (Fort-)*Bestand* des fingierten Rechtes braucht also nur im *Zeitpunkt* der eigentlichen Tathandlung behauptet zu werden. Insoweit kommt der regelmäßigen zeitlichen Vorverlegung der zweiten Alternative von Nr. 4 erhebliche Bedeutung zu.

Mit dem Anerkennen bzw. Vortäuschen der Rechte anderer ist die Straftat — bei hinzutretender objektiver Strafbarkeitsbedingung (Abs. 6) — **vollendet.** Ob das vorgetäuschte oder anerkannte Recht später im Konkursverfahren geltend gemacht wird, ist unerheblich (BGH LM Nr. 14 zu § 239 KO; RGSt **62** 287, 288; *Dreher/Tröndle* Rdn. 17). *Dreher/Tröndle* bezeichnen es auch im übrigen als unbeachtlich, ob „nachteilige Rechtswirkungen entstehen" (aaO mit Nachw.). Jedoch weist BGH bei Herlan GA **1958** 48 zutreffend darauf hin, daß es für § 239 Abs. 1 Nr. 2 KO a. F. nicht ausreichte, wenn sich der Schuldner durch die Schaffung erdichteter Schulden lediglich einen Einfluß auf die Abstimmung über das Vergleichsverfahren verschaffte. Diese der Sache nach auf das frühere Tatbestandserfordernis der Absicht der Gläubigerbenachteiligung abzielende Rechtsprechung wurde durch BGH LM Nr. 8 zu § 239 KO dahingehend verallgemeinert, daß bereits das Anerkennen als Willensbetätigung des Schuldners definiert wird, „die geeignet ist, die Befriedigung der Gläubiger zu beeinträchtigen". Die bereits oben Rdn. 30 und 67 erwähnte *teleologische Reduktion* führt daher auch bei Nr. 4 zum Tatbestandsausschluß solcher Handlungen, bei denen eine Beeinträchtigung der Gläubigerbefriedigung nicht in Betracht kommt. 87

d) Zweifelhaft kann schließlich sein, inwieweit eine Tatbegehung durch **Unterlassen** möglich ist. *Sch/Schröder/Stree* Rdn. 26 wollen unabhängig von dem Problem einer Garantenstellung ein Anerkenntnis erdichteter Rechte auch in der prozessualen Unterlassung des Bestreitens einer Forderung, in der Nichterhebung eines Widerspruchs bzw. Einspruchs gegen Versäumnisurteile, Mahn- oder Vollstreckungsbescheide sehen. Dem hat bereits *Schaefer* in der 8. Aufl. dieses Kommentars (§ 239 KO Anm. II Ziff. 2 b mit Nachw.) widersprochen, obwohl nach damaliger Rechtslage das subjektive Erfordernis der Absicht der Gläubigerbenachteiligung ein gewisses Korrektiv bieten konnte. Da nach heutiger Rechtslage die Tathandlung nach Nr. 4 im Hinblick auf Abs. 2 des § 283 auch unabhängig von der Krise Bedeutung hat, würde die von *Sch/Schröder/Stree* angenommene Pflicht zum Bestreiten, zur Erhebung von Widerspruch, Einspruch usw. im Zivilprozeß jeden Schuldner, also praktisch jedermann und jeden Zivilprozeß betreffen. Es liegt auf der Hand, daß dies zu weit geht. Aber auch bei Vorliegen oder Annahme einer allgemeinen Garantenstellung des Schuldners gegenüber seinen Gläubigern (vgl. dazu bereits oben Rdn. 37) ist die 88

Begehung der Bankrotthandlung nach Nr. 4 durch Unterlassen schwerlich möglich. Da sowohl das Vortäuschen als auch und insbesondere das Anerkennen einen Erklärungsvorgang zum Gegenstand hat, müßte die Pflicht zur Abgabe einer Erklärung notwendigerweise oder zumindest im Regelfall auf alle Gläubiger bezogen werden. Der Schuldner müßte also als Garant verpflichtet werden, Erklärungen gegenüber allen seinen Gläubigern abzugeben. Daß dies — vor allem außerhalb der Krise, also für Abs. 2 — kaum richtig sein kann, liegt ebenfalls auf der Hand. Ernsthaft diskutiert werden kann das Problem der Garantenstellung daher überhaupt nur für die Fälle der *Ingerenz*, soweit also der Schuldner pflichtwidrig-unvorsätzlich einen bestimmten oder mehrere bestimmte Gläubiger getäuscht hat und dies später erkennt. Inwieweit bei solchen Fallkonstellationen eine Garantenpflicht aus Ingerenz angenommen werden kann, ist umstritten und weithin ungeklärt (vgl. *Tiedemann* Klug-Festschrift S. 410f mit Nachw.).

89 **e)** Straflosigkeit des Gläubigers, der an dem Anerkennen des fingierten Rechtes mitwirkt (oben Rdn. 85), kommt unter dem Gesichtspunkt der **notwendigen Teilnahme** nicht in Betracht. Vielmehr ist der mitwirkende (Schein-) Gläubiger als Teilnehmer strafbar (ebenso *Bieneck* aaO). Der von Nr. 4 gemeinte Scheingläubiger gehört weder zu dem durch § 283 geschützten Personenkreis noch ist seine Mitwirkungshandlung derart, wie insbesondere von § 781 BGB vorgesehen. Ähnlich wie bei der 1. Alternative (Vortäuschen) und bei § 208 BGB beschränkt sich die Rolle des Gläubigers auf die eines Adressaten, dem gegenüber die tatbestandsmäßige Handlung des Schuldners vorzunehmen ist. Ausschließlich der Schuldner, nicht dagegen der angebliche Gläubiger, „erdichtet" die (fremden) Rechte und erkennt sie an. Im einzelnen gilt: Liegt das erforderliche Einvernehmen (oben Rdn. 85) schon bei Geltendmachung der erdichteten Forderung vor, so macht sich der Scheingläubiger entweder wegen Anstiftung, wenn er den Schuldner zur Abgabe des Anerkenntnisses bestimmt hat, oder wegen Beihilfe, wenn die Initiative vom Schuldner ausging, strafbar. Hat der Scheingläubiger die erdichtete Forderung hingegen (in betrügerischer Absicht) ohne vorheriges Einvernehmen mit dem Schuldner geltend gemacht, so liegt entweder Anstiftung vor, wenn der Scheingläubiger den Schuldner nachträglich zur Abgabe des Anerkenntnisses bestimmt, oder psychische Beihilfe, wenn das Einvernehmen auf Initiative des Schuldners hergestellt wird.

5. Unterlassene und mangelhafte Buchführung (Nr. 5)

90 **a)** Nr. 5 betrifft — gemeinsam mit Nr. 6 und Nr. 7 — das kaufmännische Rechnungswesen, nämlich die Grundlagen und Mittel der handelsrechtlichen Rechnungslegung: Durch die handelsrechtliche Buchführung gibt der Kaufmann gegenüber seinen Kapitalgebern und Arbeitnehmern, aber auch gegenüber den Finanzbehörden (vgl. § 140 AO 1977) und teilweise auch gegenüber der Öffentlichkeit, Rechenschaft. Vor allem aber dient das Rechnungswesen unter konkursstrafrechtlichen Gesichtspunkten, wie AE § 192 Abs. 1 Nr. 3 ausdrücklich hervorhebt, der eigenen Übersicht des Kaufmanns über seinen Vermögensstand, über Größe und Geschwindigkeit seines Umsatzes, über seine Kapital- und Schuldenverhältnisse, über seine Zahlungsmöglichkeit und über die Risikogestaltung (zusammenfassend *Klein*, Anl. 2 zu den Tagungsberichten der Sachverständigenkommission zur Bekämpfung der Wirtschaftskriminalität Bd. III S. A 2). Unternehmerische Fehleinschätzungen, die eine vorrangige Insolvenzursache darstellen (Rdn. 13 vor § 283), sind typischerweise in unzureichender Information begründet. „Wer ohne Übersicht über seinen Vermögensstand wirtschaftet, kann auf Dauer unmöglich den Erfordernissen einer ord-

nungsgemäßen Wirtschaftsführung gerecht werden und läuft Gefahr, über kurz oder lang in Konkurs zu geraten" (AE Bes. Teil, Straftaten gegen die Wirtschaft, Begr. S. 83). Nicht so sehr durch dauernde oder periodische Information unternehmensexterner Personen und Institutionen, sondern vor allem durch die **Selbstinformation des Kaufmanns** und durch die damit ermöglichte Kontrolle und Steuerung vollzieht sich der von Nr. 5 bezweckte **Gläubigerschutz**[46]. Diesen Gesichtspunkt des „Zwanges zur Selbstinformation im Gläubigerinteresse" heben auch die amtl. Begr. (BTDrucks. 7/3441 S. 38) und BGH bei Holtz MDR **1981** 454 sowie OLG Hamburg NJW **1987** 1342, 1343 hervor (vgl. auch OLG Karlsruhe NStZ **1985** 317; § 283 b Rdn. 1), während etwa BGHR § 283 Abs. 1 Nr. 7 a Konkurrenzen 1 den Blickwinkel ganz auf den Schutz der Gläubiger verengt, in deren Interesse die gesetzlich vorgeschriebenen Aufzeichnungen zu machen seien. Daß die Buchführung und vor allem auch die Bilanz keine umfassende und zeitnahe Übersicht insbesondere über das Vermögen und die Schuldendeckung ermöglichen (*Hauck* S. 85 ff), spricht weder gegen die Gläubigerschutz- noch gegen die Selbstinformationsfunktion. Vielmehr sieht es auch § 238 Abs. 1 S. 1 HGB als Zweck der Buchführung an, daß der Kaufmann „die Lage seines Vermögens ersichtlich zu machen" hat, und die Bilanz wird als Darstellung des Verhältnisses „seines Vermögens und seiner Schulden" definiert (§ 242 Abs. 1 S. 1 HGB). Daß es dabei keinesfalls *nur* um Selbstinformation geht, ergibt sich schon aus § 238 Abs. 1 S. 2, wonach die Buchführung „einem sachverständigen Dritten innerhalb angemessener Zeit" einen Überblick über die Geschäftsvorfälle und über die Lage des Unternehmens vermitteln muß, sowie aus § 239 Abs. 1 S. 2 HGB, der „Abkürzungen, Ziffern, Buchstaben oder Symbole" in der Buchführung nur zuläßt, wenn deren Bedeutung im Einzelfall „eindeutig festliegt". Auffassungen, die durch §§ 283 ff das staatliche Insolvenzverfahren als geschützt ansehen (Rdn. 46 vor § 283), betonen demgegenüber den *Dokumentationswert* (Beweiswert) der kaufmännischen Rechnungslegung als Basis für das Konkursgericht und den Konkursverwalter, aber auch für die sonstigen Verfahrensbeteiligten (*Hauck* S. 90 ff; *Schüppen* S. 115 f, 121). Diese Ansicht kann sich darauf stützen, daß historisch handelsrechtliche Pflichten der Buchführung und Bilanzierung zuerst im Zusammenhang mit dem Konkursstrafrecht auftauchen (vgl. *Schüppen* S. 87) und daß noch heute für alle nicht publizitätspflichtigen Einzelunternehmen und Personenhandelsgesellschaften Strafsanktionen für Buchführungs- und Bilanzdelikte in spezifischer Form nur in §§ 283 ff existieren. Jedoch hat die Kodifikation des Rechtes der kaufmännischen Rechnungslegung im HGB durch das Bilanzrichtlinien-Gesetz (BiRiLiG) 1985 gegenüber dieser „klassischen" Dokumentations- oder Beweisfunktion der Rechnungslegung die *Informationsfunktion* in den Vordergrund gerückt, wie sie bereits in der Ordonnance de commerce von 1673 und anschließend vom Code de commerce von 1807 als Bilanzzweck definiert wurde (vgl. *Schüppen* S. 64): Das BiRiLiG, auf dessen Neuerungen § 283 durch das Tatbestandsmerkmal des „Handelsrechts" Bezug nimmt, zielt auf verbesserte Selbstinformation des Kaufmanns als Mittel zum Zweck des Gläubigerschutzes ab (*Hopt* HGB Anm. II 2 A vor § 238). — Im einzelnen ist die Selbstinformation damit Inhalt einer *öffentlich-rechtlichen* Pflicht (RGSt **13** 235, 237), deren Erfüllung unverzichtbar ist und bei eingetretener Insolvenz auch dem *Konkursverwalter* den erforderlichen Überblick verschafft. In der Krise verstärkt sich sowohl die Bedeutung der

[46] Vgl. bes. *Bieneck* in: Müller-Gugenberger § 69 A; *Blumers* S. 24; *Maul* S. 20; *Moxter* StuW **1989** 232 f (f) und *Goerdeler*-Festschrift, 1987, S. 361, 369 f; *Schmid* in: Müller-Gugenberger § 32 C I 2; auch *Hüffer* in: Großkomm. HGB Rdn. 1 vor § 238, § 238 Rdn. 2 mit weit. Nachw.; historisch *Leffson* S. 51 f.

Selbstinformationspflicht des Schuldners als auch die Dokumentationsfunktion der Bilanz gegenüber den Gläubigern (vgl. nur *Blumers* S. 115). Vorrangig ist die Dokumentation gegenüber den Gläubigern strafrechtlich aber schon deshalb nicht, weil die Gläubiger im allgemeinen kein Recht auf Vorlage der oder Einsicht in die Buchführung haben (vgl. für die Zeit nach Konkurseröffnung *Baumann* Konkurs § 5 III 2a Fußn. 51).

91 Entsprechend dieser Einschätzung der handelsrechtlichen Buchführung als klassischem (Prognose- und Beweis-)Mittel zur Vermeidung, aber auch zur Dokumentation von Fehlentwicklungen und ihren Ursachen betrifft der Straftatbestand der Nr. 5 nur die **gesetzliche** Verpflichtung zur Führung von **Handelsbüchern**, also nicht die freiwillige Buchführung, die indessen Gegenstand von Nr. 6 sein kann. Die steuerrechtliche und die gewerberechtliche Buchführung bleiben für Nr. 5 ganz außer Betracht, da der Straftatbestand von „Handels"büchern spricht[47]; für die Nichtführung oder unordentliche Führung sonstiger Bücher sieht das Nebenstrafrecht eigene Straf- und Bußgeldtatbestände vor (§ 379 Abs. 1 Nr. 2 AO, §§ 68 Abs. 2 Nr. 4, 69 Abs. 5 Nr. 3 WeinG usw.). Nicht unter Nr. 5 fallen auch spezielle handelsrechtliche Bücher wie das Tagebuch des Handelsmäklers (§ 100 HGB), das Aktienbuch der Aktiengesellschaften (§ 67 AktG) und das Baubuch des Unternehmers nach § 2 Bauforderungssicherungs G (*Dreher/Tröndle* Rdn. 20) sowie das Tagebuch des Kursmaklers (§ 33 BörsenG). Sie sind „sonst erforderliche Aufzeichnungen" i. S. d. § 239 Abs. 1 HGB (vgl. *Schlegelberger/Hildebrandt* § 38 Rdn. 19), dienen mehr dem Nachweis gegenüber bestimmten Gläubigern als der eigenen Prognose und kennen meist ebenfalls einen besonderen Straf- und Bußgeldschutz (§ 103 HGB, § 6 BauforderungssicherungsG). Dagegen bezeichnet § 14 Abs. 1 DepotG das von dem Verwahrer von Wertpapieren zu führende Verwahrungsbuch ausdrücklich als Handelsbuch; dieses wird nach h. M. durch Nr. 5 erfaßt (*Dreher/Tröndle* aaO; *Sch/Schröder/Stree* Rdn. 30 mit weit. Nachw.). Jedoch kann dies von vornherein nur für das sog. persönliche Depotbuch gelten, in welchem die Wertpapiere unter den Namen der Hinterleger aufgeführt sind. Da aber auch diese i. S. d. § 1 DepotG verwahrten Wertpapiere im fremden Eigentum (der Hinterleger) bleiben, kann die fehlende oder unrichtige Führung des Verwahrungsbuches nur ausnahmsweise die Übersicht über den Vermögensstand des Kaufmanns erschweren.

92 Wer buchführungspflichtig ist und welche Bücher als „Handelsbücher" anzusehen sind, ergibt sich somit aus dem **Handelsrecht**, nämlich dem HGB (§§ 238 ff) und den handelsrechtlichen Einzelgesetzen (§§ 150, 152 AktG, §§ 41 ff GmbHG, § 33 Abs. 1 GenG, §§ 1, 5, 11 PublizitätsG). Jedoch reichen auch *ausländische* Handelsgesetze als Verpflichtungsgrund aus (vgl. unten Rdn. 244). Außerdem dehnt § 14 die Verpflichtung zur Buchführung auf Organe und bestimmte Vertreter des buchführungspflichtigen Schuldners aus (vgl. unten Rdn. 98).

93 **b)** Als Abschluß (bzw. Grundlage und Beginn) der Buchführung sind **Bilanz und Inventar** Teil der Buchführung im weiteren Sinne (vgl. RGSt **13** 354, 355; **30** 170 f; **39** 165, 167 f mit weit. Nachw.). Sie fallen nach h. M. unter Nr. 5 (und unter Nr. 6), werden jedoch in Nr. 7 als lex specialis noch einmal besonders erwähnt und geschützt (näher unten Rdn. 128). Richtiger erscheint es angesichts der Verselbständigung der Nr. 7, unter Handelsbüchern und Buchführung i. S. d. Nr. 5 nur die *Buchführung im*

---

[47] H. M., vgl. *Bieneck* in: Müller-Gugenberger § 69 B I (dort B II auch zu den Konsequenzen bei Beauftragung eines Steuerberaters); *Hess/Kropshofer* Anh. III Rdn. 27; *Lackner/Kühl* Rdn. 16; *Samson* SK Rdn. 17; *Sch/Schröder/Stree* Rdn. 29. — Zum Verhältnis von gesetzlicher und freiwilliger Buchführung nach § 240 KO a. F. BGHSt **2** 386 ff.

engeren Sinne — also ohne Jahresabschluß und wohl auch ohne Inventar — zu verstehen[48]. Auch die Eröffnungsbilanz (vgl. § 242 HGB und unten Rdn. 131) wird von Nr. 7 vollständig und selbständig erfaßt.

Als Grundlage der (späteren) Bilanzierung betrifft Nr. 5 (und Nr. 6) **Handelsbücher**, nämlich die fortlaufende buchmäßige Erfassung der „Handelsgeschäfte" bzw. — genauer — der „Geschäftsvorfälle" eines kaufmännischen Unternehmens (§ 238 Abs. 1 HGB). (Verbucht werden nicht die schuldrechtlichen Verpflichtungs-, sondern die wirtschaftlichen Erfüllungsgeschäfte!) Wenn Nr. 5 von „Handelsbüchern" und § 238 Abs. 1 HGB von „Büchern" eines Kaufmanns spricht, so stellt dieser strafrechtlich maßgebende Wortlaut klassischerweise auf die äußere Form, nämlich auf das Gebundensein, ab (vgl. nur RGSt **7** 87, 89; *Hüffer* in: Großkomm. HGB § 238 Rdn. 31). Dem entspricht die strafrechtliche Judikatur zum Urkundenstrafrecht, welche das Handelsbuch des Kaufmanns als Gesamturkunde einordnet und für die über die Einzelurkunden hinausgehende Beweiswirkung dieser Urkunde äußerlich eine gewisse Gewähr der *Festigkeit* verlangt (vgl. nur RG JW **1936** 1538 und LZ **1917** 125; *Tröndle* LK[10] § 267 Rdn. 83 und 84 mit weit. Nachw.). Jedoch hatte bereits ein Gutachten der Industrie- und Handelskammer Berlin vom 25. 2. 1927 (bei *Brüggemann* in: Großkomm. HGB, 3. Aufl. § 43 Anm. 2) unter gewissen Voraussetzungen auch die Buchführung auf losen Blättern zugelassen, und § 239 Abs. 4 S. 1 HGB gestattet nunmehr die Führung der Handelsbücher und „sonst erforderlichen Aufzeichnungen" „auch in der geordneten Ablage von Belegen" (oder auf Datenträgern), „soweit diese Formen der Buchführung einschließlich des dabei angewandten Verfahrens den Grundsätzen ordnungsgemäßer Buchführung entsprechen". Diese durch technische Fortschritte eingeleitete *Ausweitungstendenz* des Handelsrechts läßt auch strafrechtlich für den Begriff des Handelsbuches die Funktion der vollständigen Dokumentation (für einen bestimmten Zeitraum) gegenüber der äußeren Form in den Vordergrund treten. Hierdurch war es allerdings bereits in der strafrechtlichen Literatur und Rechtsprechung zu §§ 239, 240 KO a. F. zu einer gewissen Verwirrung darüber gekommen, ob und inwieweit auch bloße Aufzeichnungen und Karteien als Tatobjekte ausreichen. BGHSt **4** 271, 275 verneinte dies im Ausgangspunkt zutreffend und unterschied von den Handelsbüchern sonstige Belege, Unterlagen und „Nebenbücher", die „nur die Grundlage für die Eintragungen in den Handelsbüchern bilden" oder „nicht dazu dienen, die Verhältnisse des Handelsgewerbes zu beurkunden und klarzulegen", z. B. weil die Schriftstücke nur der Arbeitserleichterung oder der innerbetrieblichen Kontrolle dienen (ebenso *Schaefer* LK[8] § 239 KO Anm. II 3 lit. b; wohl **aA** *Tröndle* LK aaO Rdn. 83). Demgegenüber wollte BGHSt **14** 262, 264 als Handelsbücher „schlechthin alle Aufzeichnungen eines Kaufmanns" unter der alleinigen Voraussetzung ansehen, daß sie „den Grundsätzen ordnungsgemäßer Buchführung entsprechen". Demgemäß wurde eine Kartei nebst zugehörigen Geschäftspapieren als „Buchersatz" angesehen und dem Handelsbuch gleichgestellt. Diese zu § 19 WeinG 1930 ergangene Entscheidung darf aber keineswegs verallgemeinert werden, soweit sie das Formmerkmal des Buches ganz zugunsten des inhaltlichen Bezuges auf die „Geschäftsvorfälle" aufgeben will. Auch wenn vielmehr das neuere Handelsrecht von dem Erfordernis der Gebundenheit der (Handels-)Bücher teilweise absieht (und insoweit auch für das Konkursstrafrecht maßgebend ist), so ist doch mit der amtl. Begr. (BTDrucks. 7/3441 S. 36) zum geltenden Konkursstrafrecht darauf hinzuweisen, daß das HGB (§ 257) zwischen Handelsbüchern und sonstigen „Unterlagen" un- 94

[48] Ebenso *Hauck* S. 122 f; *Lackner/Kühl* Rdn. 16; *Maurach/Schroeder/Maiwald* 1 § 48 III A 1.

terscheidet. Insbesondere die Buchungsbelege werden von § 257 Abs. 1 Nr. 4 HGB trotz ihres engen Bezuges zur Buchführung zutreffend nicht als Teil der Handelsbücher behandelt. Vor allem besteht angesichts der durch Nr. 6 vorgenommenen Ausweitung des Strafschutzes auf „sonstige Unterlagen" kein strafrechtliches Bedürfnis zur Überdehnung des Begriffes des Handelsbuches, wie sie in den Vernichtungs-Fällen BGHSt **14** 262 und BGH NJW **1955** 394f (Lieferscheinblocks als Handelsbücher!) vorgenommen wurde. Der Begriff des Handelsbuches sollte daher nicht strafrechtlich-autonom verwendet, sondern auf den handelsrechtlichen Begriffsumfang zurückgeführt werden. Die Belege i. e. S. (Buchungsbelege) können allerdings für die „Führung" der Handelsbücher — also für die Tathandlung — von Bedeutung sein: Ihre Vernichtung, ihre Fälschung und selbst ihr bloßes Fehlen kann die Buchführung i. S. d. 2. Alt. mangelhaft machen (näher unten Rdn. 112); ihre vollständige Sammlung kann dazu führen, daß trotz Fehlens der Buchführung eine hinreichende Übersicht über den Vermögensstand gegeben ist (unten Rdn. 118).

95 Die durch § 239 Abs. 4 HGB erfolgte Zulassung einer Ersetzung der klassischen Buch-Führung durch Verfahren der **EDV-Buchführung** ist für das Strafrecht ebenfalls verbindlich. Der *Buch*begriff der Nr. 5 wird damit zwar gelockert, aber letztlich durch das Erfordernis des § 239 Abs. 4 S. 2 HGB gewahrt, daß sichergestellt sein muß, daß die Daten „jederzeit innerhalb angemessener Frist lesbar gemacht werden können" (Speicherbuchführung). Ebenfalls zulässig ist die EDV-Buchführung *außer Haus*, also mit Hilfe eines Servicebüros oder -unternehmens („outsourcing"), bis hin zur Verlagerung der Buchführung in das *Ausland* (*Hopt* HGB § 239 Anm. 4). Zu den damit zusammenhängenden Fragen des Internationalen Strafrechts unten Rdn. 244f. Zur Auslegung der Grundsätze ordnungsgemäßer Buchführung beim Einsatz von EDV-Anlagen im Rechnungswesen vgl. die Stellungnahme des Fachausschusses für moderne Abrechnungssysteme (FAMA) des Instituts der Wirtschaftsprüfer WPg **1975** 555ff, **1988** 1ff sowie *Schuppenhauer* Grundsätze über eine ordnungsmäßige Datenverarbeitung, 4. Aufl. (1992).

96 c) **Buchführungspflichtig**, nämlich nach Handelsrecht zur Führung von Handelsbüchern verpflichtet und damit tauglicher **Täter** nach Nr. 5, ist gemäß § 238 Abs. 1 HGB „jeder Kaufmann". Dies ist nach § 1 Abs. 1 HGB derjenige, der „ein Handelsgewerbe betreibt". Jedoch nimmt § 4 Abs. 1 HGB hiervon die Kleingewerbetreibenden aus, „deren Gewerbebetrieb nach Art oder Umfang einen in kaufmännischer Weise eingerichteten Geschäftsbetrieb nicht erfordert" (sog. Minderkaufleute). Dieselbe Einschränkung gilt gemäß § 2 S. 1 HGB für Inhaber handwerklicher und sonstiger gewerblicher Unternehmen, deren Gewerbe nicht schon nach § 1 Abs. 2 HGB als Handelsgewerbe gilt; diese sog. Sollkaufleute, die gemäß § 2 S. 2 HGB ihre Eintragung in das Handelsregister herbeiführen sollen, unterliegen seit dem 1. WiKG gem. § 262 HGB ebenfalls von Anfang an der Buchführungspflicht. Ebenso gilt die Buchführungspflicht des § 238 Abs. 1 HGB für **Handelsgesellschaften** (§ 6 HGB). Vor ihrer Eintragung in das Handelsregister und nach ihrer Gründung ist die Gesellschaft (z. B. GmbH) dann — als OHG — buchführungspflichtig, wenn sie unter einer gemeinschaftlichen Firma Grundhandelsgeschäfte betreibt und nicht unter die Ausnahme des § 4 HGB fällt (BGHSt **3** 23, 26 mit Nachw.; *Sch/Schröder/Stree* Rdn. 29; zur Rechtslage nach Eintragung unten Rdn. 98ff). Land- und Forstwirte gelten gemäß § 3 HGB grundsätzlich nur dann als Kaufleute, wenn sie in das Handelsregister eingetragen sind (sog. Kannkaufleute). Es kommt somit primär darauf an, ob das Unternehmen ein sog. *Grundhandelsgeschäft* nach § 1 Abs. 2 HGB zum Gegenstand hat, also insbesondere Waren- oder Wertpapiere (zu diesen Begriffen bereits oben

Rdn. 73 und 74) angeschafft und weiterveräußert werden (§ 1 Abs. 2 Nr. 1 HGB). Dies trifft z. B. für *Gastwirte* zu (BGH GA **1956** 356 [f]), dagegen nicht für *Bauunternehmer*, die zwar Baustoffe anschaffen, diese aber nur als Arbeitsmittel zur Herstellung eines Bauwerks benutzen (BGH LM KO § 239 Nr. 8 mit Nachw.); Entsprechendes gilt für *Bauhandwerker* (BGHZ **59** 179, 182). *Baustoffhändler* fallen dagegen unter Nr. 1, *Wertpapierhändler* unter Nr. 4 des § 1 Abs. 2 HGB (*Hopt* HGB § 1 Rdn. 25). — Prozessual muß die Kaufmannseigenschaft im Strafurteil *festgestellt* werden (BGH bei Herlan GA **1964** 136).

Sodann ist — für Grundhandelsgeschäfte negativ, für sonstige Unternehmensgegenstände positiv — zu ermitteln, ob das Unternehmen nach Art und Umfang einen **in kaufmännischer Weise eingerichteten Geschäftsbetrieb** erfordert (§ 2 HGB). Maßgebend ist das Erfordernis einer solchen Einrichtung, nicht ihr tatsächliches Vorhandensein. Dieses Erfordernis bestimmt sich nach der Verkehrsauffassung, die mit der Vorstellung vom (Voll-)Kaufmann regelmäßig eine Reihe bestimmter Merkmale verbindet: kaufmännische Buch- und Kassenführung einschließlich regelmäßiger Aufstellung von Inventur und Bilanz; kaufmännische Korrespondenz und deren Aufbewahrung; Beschäftigung von ausgebildetem Personal. Vor allem hinsichtlich der kaufmännischen Buchführung besteht allerdings die Gefahr eines Zirkelschlusses. Um ihr zu begegnen, sind zusätzliche — mehr quantitative — Kriterien heranzuziehen, unter denen vor allem die Höhe des *Umsatzes* eine wichtige Rolle spielt. Jedoch hat die Strafrechtsprechung wiederholt darauf hingewiesen, daß die Höhe des Umsatzes nur ein *Indiz* für die Erforderlichkeit kaufmännischer Einrichtung ist (BGH GA **1956** 356 und bei Herlan GA **1964** 136). Daneben kommt es an auf: Zahl der Betriebsstätten und der Beschäftigten (BGHSt **3** 23, 26), Größe des Anlage- und Betriebskapitals, Inanspruchnahme und Gewährung von Kredit, Diversität der Erzeugnisse und Leistungen, Umfang und Vielfalt der Geschäftsbeziehungen, Umfang der Korrespondenz, Größe und Beschaffenheit der Betriebsräume (BGH bei Herlan aaO). Maßgebend sind nicht so sehr einzelne Kriterien; vielmehr ist ihr Zusammenwirken im Sinne eines „Gesamtbildes" entscheidend (*Tiedemann* LK[10] § 265 b Rdn. 26 mit Nachw.). BGH GA **1964** 136 stellt — der Sache nach übereinstimmend — auf „den ganzen Geschäftsaufbau und die Organisation des Betriebes" ab. Mit *Hauck* (S. 101 ff) ist für die Strafbarkeit Eindeutigkeit dieses Gesamtbildes zu verlangen. 97

Bei juristischen Personen und Handelsgesellschaften bestimmt sich der taugliche Täterkreis nach § 14 (vgl. im einzelnen Rdn. 62 ff vor § 283). Danach ist bei der **GmbH** gemäß § 41 GmbHG der (bzw. die, also jeder) Geschäftsführer buchführungspflichtig[49]. Bei der **OHG** und **KG** sind alle persönlich haftenden Gesellschafter buchführungspflichtig (soweit sie nicht von der Geschäftsführung ausgeschlossen sind und sofern ein in kaufmännischer Weise eingerichteter Geschäftsbetrieb erforderlich ist: RG Rspr. **5** 359 ff), nicht dagegen die Kommanditisten, die auch handelsrechtlich keine Kaufleute sind (RGSt **69** 65, 69; *Dreher/Tröndle* Rdn. 21; vgl. auch oben Rdn. 60 und 62 vor § 283). Auch für einen mit der Geschäftsführung betrauten Kommanditisten verneint die h. M. die Buchführungspflicht (*Hüffer* in: Großkomm. HGB § 238 Rdn. 22 mit Nachw.). Für *Scheinfirmen* und „Hintermänner" gelten die oben Rdn. 71 ff vor § 283 dargelegten Grundsätze: Buchführungspflichtig ist, wer das Geschäft als eigenes — sei es auch unter fremdem Namen — betreibt (vgl. nur RGSt 98

[49] BGH bei Herlan GA **1967** 265; OLG Karlsruhe Justiz **1977** 206; RG GA **61** (1914) 115; vgl. im einzelnen *Scholz/Crezelius* GmbHG § 41 Rdn. 4 ff.

49 321 f; *Hüffer* aaO Rdn. 17). Die Eintragung im Handelsregister wirkt außer im Falle des § 3 HGB nicht konstitutiv (RG JW **1912** 951 f; *Schlegelberger/Hildebrandt* § 38 Rdn. 5). Zur *Übertragung* der Buchführung auf einzelne Organe, Gesellschafter oder Dritte unten Rdn. 101.

99 **d)** Die Buchführungspflicht **beginnt** mit der Eigenschaft als (Voll-)Kaufmannn und endet mit ihr. Ebenso wie der Täter bereits im Zeitpunkt der mangelhaften Buchführung Vollkaufmann sein muß, um sich nach Nr. 5 strafbar zu machen (BGH bei Herlan GA **1953** 75; RGSt **45** 4, 6), dauert seine Buchführungspflicht nur so lange an, wie sein Geschäftsbetrieb nach Art und Umfang einen in kaufmännischer Weise eingerichteten Betrieb erfordert (RG JW **1912** 951, 952; *Dreher/Tröndle* Rdn. 20). Die — nicht nur vorübergehende — *Schrumpfung* des Unternehmens(zweckes) läßt also trotz Eintragung im Handelsregister die Buchführungspflicht entfallen (vgl. auch § 5 HGB!) und führt handelsrechtlich zur Löschungspflicht (vgl. RGZ **155** 75, 83; OLG Karlsruhe BB **1964** 571, 572). Die Rechtsscheinwirkung des § 5 HGB entfaltet im Strafrecht keine Wirkung (*Sch/Schröder/Stree* Rdn. 29; *Weyand* S. 73). Jedoch sind auch für die Prüfung der Eigenschaft als Vollkaufmann Unternehmensgegenstand und Unternehmenszweck zu beachten: Ein auf vollkaufmännischen Betrieb angelegtes Unternehmen ist schon von der ersten Vorbereitung an „vollkaufmännisch" (BGHZ **10** 91, 96), und ein Saison-Betrieb verliert die Eigenschaft als Vollkaufmann nicht außerhalb der Saison (AG Wyk BB **1958** 891). Für *Handelsgesellschaften* ist zu beachten, daß zwar gem. § 1 des Ges. über die Aufhebung und Löschung von Gesellschaften und Genossenschaften vom 9. 10. 1934 die *Ablehnung des Konkurseröffnungsantrages mangels Masse* zur Auflösung führt. Jedoch tritt dann Abwicklung durch Liquidatoren ein, und für diese gilt die Buchführungspflicht der §§ 238 ff HGB. Diese Pflicht lebt auch wieder auf, wenn sich nach Durchführung der Liquidation und/oder des Konkursverfahrens noch Vermögensgegenstände finden (vgl. auch unten Rdn. 132). Zur Behandlung des Täterirrtums über die Buchführungspflicht, vor allem auch in den vorgenannten Fällen, unten Rdn. 188.

100 Scheidet der gemäß § 14 Buchführungspflichtige aus seiner Stellung als Gesellschafter, Organ oder Vertreter aus, so **endet** seine Buchführungspflicht mit dem *Zeitpunkt des Ausscheidens* (BGH bei Holtz MDR **1981** 100; *Dreher/Tröndle* Rdn. 21). Unerheblich ist, ob der Pflichtige freiwillig und auf eigene Initiative oder aber unfreiwillig ausscheidet. Für die Annahme, er müsse auf seinen Nachfolger oder auf die verbleibenden Gesellschafter, Organe usw. im Sinne einer Pflichterfüllung „einwirken" (so BGHSt **2** 53 f zu § 84 GmbHG), ist rechtlich kein Raum; insbesondere besteht keine Nachwirkung der Pflicht über den Zeitpunkt des Ausscheidens hinaus (*Tiedemann* GmbH-Strafrecht § 84 Rdn. 39). Auch § 283 b oder die voraufgegangene eigene Verletzung der Buchführungspflicht begründet nicht etwa eine Garantenstellung des Ausscheidenden (BGH bei Holtz aaO). Ein Fortbestand der Pflicht kommt daher nur unter dem Gesichtspunkt in Betracht, daß der gemäß § 14 Pflichtige nur zum Schein oder nur „formal" ausscheidet, tatsächlich aber weiterhin als Geschäftsführer usw. tätig bleibt (BGH aaO; oben Rdn. 67 vor § 283). Auch hier ist in keinem Fall die Eintragung des Ausscheidens im Handelsregister maßgebend (vgl. Rdn. 67 vor § 283).

101 **e)** Der Kaufmann braucht seine Buchführungspflicht nicht höchstpersönlich zu erfüllen, sondern kann sich der Mitwirkung von **Hilfspersonen** bedienen, die *Pflichterfüllung* aber auch auf Unternehmensangestellte oder Dritte, insbesondere Steuerberater, *übertragen.* Im letzteren Fall können sich die Angestellten und Dritten unter den Voraussetzungen des § 14 selbst als Täter strafbar machen (Rdn. 66 vor § 283;

Dreher/Tröndle Rdn. 21 mit Nachw.). Daneben bleibt der Unternehmensinhaber selbst als Täter nach Abs. 1 Nr. 5 strafbar, wenn er vorsätzlich (oder fahrlässig, Abs. 5) die beauftragte Person nicht ordentlich ausgewählt hat oder sie nicht gehörig überwacht[50].

Entsprechendes gilt bei *kollegialer Geschäftsführung*, wenn einem von mehreren Gesellschaftern einer OHG oder einem von mehreren Geschäftsführern einer GmbH die Buchführung vertraglich übertragen wird: Da alle nicht von der Geschäftsführung ausgeschlossenen Gesellschafter (oben Rdn. 98) und alle Geschäftsführer buchführungspflichtig sind, haben die anderen Gesellschafter oder Geschäftsführer dafür zu sorgen, daß die Buchführungspflicht ordnungsgemäß erfüllt wird[51]. Bei Übertragung der Pflichterfüllung auf einen trifft die anderen eine Auswahl-, Überwachungs- und Informationsverantwortung. Notfalls müssen sie die Buchführung selbst übernehmen oder, wenn sie dazu außerstande sind, die Buchführung einem geeigneten Dritten übertragen (RGSt **45** 387, 388). Wird der Unternehmensinhaber allerdings von seinem mit der Buchführung beauftragten Steuerberater immer erneut vertröstet, so bedarf der Vorsatz des Unternehmensinhabers besonders eingehender Feststellung (BGH 1 StR 303/77 v. 25. 10. 1977 S. 4 ff zu § 283 b Abs. 1 Nrn. 1 und 3 b); gemäß Abs. 5 ist aber auch hier Fahrlässigkeit bei der Auswahl und Kontrolle strafbar. Fahrlässigkeit liegt jedoch dann nicht vor, wenn der Unternehmer z. B. wegen allgemeiner Umstellungsschwierigkeiten (Einführung von EDV!) „nicht davon ausgehen konnte, bei einer anderen Steuerberaterkanzlei eine schnellere Bearbeitung zu erreichen" (BGH 1 StR 719/79 v. 5. 2. 1980 S. 4).

f) Die **erste Alternative** von Nr. 5 betrifft nach ganz h. M. nur den Fall, daß der **102**
Täter die ihm obliegende oder von ihm übernommene **Buchführung ganz unterläßt**, also überhaupt kein Buch führt[52]. Führt er lediglich einzelne Bücher nicht, kommt er also seiner Buchführungspflicht jedenfalls teilweise nach, so ist nur die 2. Alt. einschlägig; es kann dann mangelhafte Buchführung vorliegen[53]. „Die Buchführung ist in ihrer Gesamtheit zu beurteilen" (RGSt **49** 277 [ff]). Dasselbe gilt, wenn Handelsbücher mit Unterbrechungen geführt werden; das zeitweise Nichtführen erfüllt dann ebenfalls (nur) die 2. Alt.[54]. Für den Täter ist diese Rechtslage im Hinblick auf die zusätzlichen Tatbestandseinschränkungen der 2. Alt. (dazu unten Rdn. 118) relativ günstig (vgl. etwa den Fall BGH bei Holtz MDR **1981** 106). Da zudem der Begriff der Handelsbücher i. S. d. § 238 Abs. 1 HGB — auch strafrechtlich — von der Rechtsprechung ausweitend verstanden wird (vgl. oben Rdn. 94), entgeht der Täter bereits durch ein Minimum an Buchführung der Anwendung der 1. Alt. von Nr. 5.

---

50 Amtl. Begr. aaO S. 38; BGH bei Herlan GA **1953** 75; RGSt **58** 304, 305; *Bieneck* in: Müller-Gugenberger § 69 B II; *Dreher/Tröndle* Rdn. 21; *Hess/Kropshofer* Anh. III Rdn. 28; *Sch/Schröder/Stree* Rdn. 32; *Schünemann* LK § 14 Rdn. 54; *Weyand* S. 74.

51 RGSt **45** 387 f; OLG Karlsruhe Justiz **1977** 206 mit Nachw.; *Dreher/Tröndle* aaO; *Sch/Schröder/Stree* aaO; aus dem handelsrechtlichen Schrifttum *Hüffer* in: Großkomm. HGB § 238 Rdn. 23; *Scholz/Crezelius* GmbHG § 41 Rdn. 5 mit weit. Nachw.

52 BGHSt **4** 270, 274 mit Nachw. sowie bei Holtz MDR **1980** 455; RGSt **30** 170 f; *Bieneck* aaO § 69 C; *Dreher/Tröndle* Rdn. 23; *Hiltenkamp-Wisgalle* S. 181; *Lackner/Kühl* Rdn. 17; *Samson* SK Rdn. 18; *Sch/Schröder/Stree* Rdn. 33; *Weyand* S. 77.

53 BGH NStZ **1981** 353; BGH BB **1957** 274; BGHSt **4** 274; *Bieneck* aaO; *Dreher/Tröndle* Rdn. 23; *Lackner/Kühl* aaO; *Weyand* aaO. Allgemein dazu *Tiedemann* Tatbestandsfunktionen S. 380 ff mit weit. Nachw.

54 BGH bei Holtz MDR **1980** 455; *Sch/Schröder/Stree* Rdn. 33. Zur Abgrenzung vgl. auch RG GA **61** (1914) 115 (Unterlassen von Eintragungen über mehr als sechs Wochen unter Umständen, „die auf die Fortsetzung der Unterlassung bis ins Ungewisse" hinweisen).

103 **α)** Im einzelnen handelt es sich bei der 1. Alt. um ein **echtes Unterlassungsdelikt** (zust. *Dreher/Tröndle* Rdn. 23). Die aus Handelsrecht folgende Pflicht zur Buchführung dauert grundsätzlich so lange, wie die (Voll-)Kaufmannseigenschaft besteht (oben Rdn. 99). Jedoch kommt dem Wesen der Buchführung als periodischer Rechenschaftslegung auch für Nr. 5 insofern Bedeutung zu, als die durch Bilanz und Inventar als Ziel und Bestandteil der Buchführung deutlich werdende Einteilung in Geschäftsjahre in Frage steht. Bereits die Unterlassung der Buchführung während eines solchen *Zeitraums* begründet daher die Strafbarkeit nach der 1. Alt., so daß bei späterer mangelhafter Buchführung zusätzlich Strafbarkeit nach der 2. Alt. gegeben sein kann (RGSt **49** 277 ff), und umgekehrt (*H. Schäfer* wistra **1986** 201 f). Insoweit ist aber Tateinheit bzw. bei entsprechendem Vorsatz Fortsetzungszusammenhang möglich (vgl. unten Rdn. 236). Nur für *denselben* Zeitraum kann nicht sowohl ein Unterlassen der gebotenen Buchführung als auch mangelhafte Buchführung angenommen werden (RG aaO S. 279).

104 Die Maßgeblichkeit einzelner Zeiträume äußert sich auch darin, daß eine **Nachholung** der Buchführung nur eingeschränkt möglich ist. Bereits die ordnungsgemäße Erfüllung der Buchführungspflicht ist zeitlich nur im Sinne der oben Rdn. 90 genannten Zwecke möglich und verlangt fortlaufende Verbuchung der Geschäftsvorfälle „binnen kurzer Frist nach dem Vorgange" (RGSt **39** 217, 219). Da die Bilanz als Ergebnis der Buchführung diese auswertend zum Bilanzstichtag abschließt, kann nach der tatsächlichen Erstellung der Bilanz oder nach vergeblichem Ablauf der in Nr. 7 b in Bezug genommenen Bilanzierungsfrist die Erstellung der Handelsbücher grundsätzlich nicht mehr strafbefreiend wirken, sofern man — wie hier — den primären Zweck der Buchführung (und Bilanzierung) in der Selbstinformation des Kaufmanns sieht. Inwieweit die (vollständige!) Nachholung bis zu dem Zeitpunkt des Unternehmenszusammenbruchs die Annahme strafbaren Unterlassens ausschließt, hängt vor allem davon ab, wie das Verhältnis des primären Buchführungszweckes der Selbstinformation zu dem klassischen Zweck der Dokumentation gegenüber den Gläubigern und dem Konkursverwalter inhaltlich bestimmt wird. RGSt **39** 217, 219 sah in der Anlegung *neuer* Bücher für die zurückliegenden Monate keine „Führung" von Handelsbüchern für diese Zeit (zust. für den Regelfall *Lackner/Kühl* Rdn. 17). Wegen (und trotz) der genannten handelsrechtlichen Pflicht des Kaufmanns zur alsbaldigen oder doch „zeitnahen" Verbuchung der Geschäftsvorfälle ist daher (nur) ein gewisser (kurzer) Zeitraum anzunehmen, innerhalb dessen die Vornahme der Aufzeichnung *noch* ordnungsgemäß ist, nämlich den Handelsgepflogenheiten entspricht und dem Zweck der rechtzeitigen Selbstinformation (vgl. oben Rdn. 90) genügt (vgl. RGSt **47** 311, 312; *Weyand* S. 77, der einen Rückstand bis zu 6 Wochen zulassen will; dazu aber auch unten Rdn. 112). Die in diesem Sinne rechtzeitige Nachholung der Buchführung stellt dann einen strafbefreienden Rücktritt vom Versuch dar, sofern das Unterlassen bereits vorsätzlich begonnen wurde (vgl. *Tiedemann* Wirtschaftsstrafrecht I S. 225 f mit Nachw.). Im übrigen kann die Nachholung den erforderlichen *Zusammenhang* mit der objektiven Strafbarkeitsbedingung beseitigen (vgl. unten Rdn. 118).

105 **β)** Der primäre Buchführungszweck der Selbstinformation stellt schließlich vor die Frage, ob sich der Täter (Kaufmann) innerhalb des Rdn. 104 genannten engen zeitlichen Rahmens darauf berufen kann, auch ohne jede Buchführung eine **hinreichende Übersicht** über seine Handelsgeschäfte und seinen Vermögensstand gehabt zu haben (vgl. den Fall OLG Hamburg NJW **1987** 1342, 1344). Diese von AE § 192 Abs. 1 Nr. 3 für Situationen außerhalb der Unternehmenskrise bejahte Frage ist für

§ 283 Abs. 1 schon wegen der hier vorliegenden Krisensituation zu verneinen, läßt diese Situation doch — zugleich im Interesse einer ordnungsgemäßen Konkursverwaltung — die Zwecke externer Rechnungslegung mit in den Vordergrund treten (oben Rdn. 90). Für § 283 Abs. 2 und für § 283 b bleibt die Frage dagegen bestehen, trifft insoweit aber auf die Formalnatur der ausdrücklich statuierten öffentlich-rechtlichen Pflicht, deren Verletzung vom Gesetzgeber erfolgs- und gefährdungsunabhängig unter Strafe gestellt ist (näher unten Rdn. 118 und § 283 b Rdn. 1).

g) Das praktische Schwergewicht nicht nur von Nr. 5, sondern des gesamten Konkursstrafrechts liegt bei der **2. Alt.** dieser Bankrotthandlung: der **mangelhaften Buchführung**. Vor allem in der Krise (§ 283 Abs. 1) wird die Buchführung häufig vernachlässigt, obwohl sie gerade hier erforderlich ist, um das Unternehmen erfolgreich steuern zu können. Die verbreitete Vernachlässigung der Buchführung in der Krise führt in der strafrechtlichen Praxis zu der häufigen Anwendung von Nr. 5 (oder von § 283 b), wobei dieser Straftatbestand nicht selten auch als **Auffangtatbestand** für nicht nachweisbare sonstige (schwerere) Konkursdelikte wirkt (vgl. nur *Weyand* S. 72). Dies ist rechtlich jedenfalls dann nicht zu beanstanden, wenn der Verdacht weiterer Konkursdelikte nicht straferschwerend berücksichtigt wird (vgl. aber auch *Tiedemann* Peters-Festgabe 1984 S. 146 f). Die Verletzung der Nrn. 5—7 wird darüber hinaus verstärkt angeklagt, seitdem die Verurteilung wegen eines solchen „Buchdeliktes" das im Jahre 1980 eingeführte Berufsverbot des § 6 Abs. 2 GmbHG auslöst (*Richter* GmbHR **1984** 149). **106**

Der von Anfang an unordentlichen Buchführung stellt das Gesetz die Vornahme **späterer Änderungen** gleich (vgl. auch § 239 Abs. 3 HGB). Dabei kommt es nicht darauf an, ob gleichzeitig der Straftatbestand der Urkundenfälschung (§ 267) oder der Urkundenunterdrückung (§ 274 Nr. 1) erfüllt ist (*Lackner/Kühl* Rdn. 18; *Sch/Schröder/Stree* Rdn. 35). Da die Führung der Handelsbücher nicht nur im eigenen Interesse des Kaufmanns erfolgt (oben Rdn. 90), entfällt mit der Eintragung eines Geschäftsvorfalles in ein Handelsbuch die Dispositionsbefugnis des Eintragenden, so daß spätere Änderungen des Eintrages (z. B. mittels Durchstreichen, Radieren, Überkleben) regelmäßig den Tatbestand der Urkundenfälschung erfüllen. *Irrtümliche* Eintragungen sind mittels Gegenbuchung (Stornierung) oder auf eine sonstige Weise zu berichtigen, welche unter Erhaltung der Lesbarkeit des einmal Geschriebenen ersichtlich macht, daß und wann die Veränderung erfolgt ist. **107**

Für beide Fälle der 2. Alt. von Nr. 5 ist schließlich erforderlich, daß die **Übersicht über den Vermögensstand erschwert** wird. Entsprechend der Auslegung bereits des früheren Rechts ist — entgegen der Formulierung in §§ 239 Abs. 1 Nr. 4, 240 Nr. 3 KO a. F. — nicht zu fordern, daß die Handelsbücher überhaupt keine Übersicht des Vermögensstandes gewähren. Vielmehr reicht es für den Strafbarkeit aus, daß die Übersicht zwar (nachträglich) gewonnen werden kann, aber nur unter erheblichen Schwierigkeiten und unter Aufwendung besonderer Mühen (vgl. amtl. Begr. BTDrucks. 7/3441 S. 35 unter Hinweis auf RGSt **29** 305, 308 und **47** 311, 312). Einzelheiten dazu unten Rdn. 118. **108**

α) Wie bereits oben Rdn. 102 dargelegt, ist zwischen dem völligen Unterlassen und der unvollständigen oder sonstwie unrichtigen Buchführung zu unterscheiden. Das unvollständige und unrichtige Führen von Büchern ist **positives Tun**, nicht etwa qualifiziertes Unterlassen (*Tiedemann* Tatbestandsfunktionen S. 381 f mit Nachw.). Dabei ist Nr. 5 formal als Erfolgsdelikt konstruiert. Der Sache nach geht es aber um ein *schlichtes Tätigkeitsdelikt*: Das (Erfolgs-)Merkmal der Unübersichtlichkeit der Buchführung gibt nur einen bestimmten Schweregrad der Mangelhaftigkeit an, um ge- **109**

ringfügige Verstöße als nicht tatbestandsmäßig auszuscheiden (vgl. auch amtl. Begr. BTDrucks. 7/3441 S. 35). *Schüppen* (S. 174) leitet aus dem Erfordernis richterlicher Beurteilung des Einzelfalles ab, daß hier ein sog. abstrakt-konkretes Gefährdungsdelikt vorliegt.

110 **β)** Maßstab für die Ermittlung des tatbestandsmäßigen Unrechts sind die in § 238 Abs. 1 HGB genannten **Grundsätze ordnungsmäßiger Buchführung** (GoB). Ihr Inhalt ist daher für die Feststellung eines etwaigen Verstoßes und damit der Strafbarkeit nach Nr. 5 2. Alt. zunächst zu eruieren. Erst anschließend ist — negativ — zu fragen, ob der Verstoß so geringfügig ist, daß die durch die Buchführung bezweckte Übersicht über den Vermögensstand nicht erschwert wurde. Ähnlich wie bei § 265 b Abs. 1 Nr. 1 a (vgl. LK[10] Rdn. 56 ff) geht es entweder um unrichtige oder um unvollständige Darstellungen. Neben solchen Verstößen gegen die Prinzipien der **Wahrheit** und **Vollständigkeit** der Buchführung können bei § 283 aber auch Verstöße gegen das Prinzip der **Klarheit** tatbestandsmäßig sein; dieses Prinzip hat vor allem die Übersichtlichkeit zum Gegenstand (vgl. *Tiedemann* LK[10] § 265 b Rdn. 61).

111 Bei den GoB handelt es sich um einen unbestimmten Rechtsbegriff, der im Ausgangspunkt auf außerrechtliche Normen der **Verkehrssitte** verweist. Diese werden durch ihre Inbezugnahme im Gesetz (§ 238 HGB) nicht etwa zu Rechtssätzen, sind allerdings nunmehr durch §§ 238 ff HGB teilweise kodifiziert. Soweit dies nicht (eindeutig) der Fall ist, dürfen sie einer strafrechtlichen Verurteilung nur zugrunde gelegt werden, wenn und soweit über ihren Inhalt in den beteiligten Verkehrskreisen kein Zweifel besteht[55]. Die GoB sind als Handelsbräuche weitgehend tatsächliche Übung, die der (Straf-)Richter induktiv festzustellen hat (vgl. nur *H. Kruse* S. 56 ff mit Nachw.); insoweit gilt der Satz *in dubio pro reo.* Für deduktive richterliche Ableitungen ist dagegen Raum, soweit es um die Werthaftigkeit der Verkehrsübung geht (vgl. *Großfeld* S. 13 f; *Leffson* S. 27 ff). Die Maximalforderungen von Richtigkeit, Vollständigkeit und Klarheit (Übersichtlichkeit) als allgemeine Bedingungen jeder Informationsvermittlung stellen ausfüllungsbedürftige Leitgesichtspunkte dar, deren Inhalt von festen und anerkannten Kernbereichen bis zu bloßen Soll-Hinweisen und Empfehlungen reicht, die gleichsam den Randbezirk der GoB darstellen. Der letztere Bereich ist wegen Art. 103 Abs. 2 GG durch Nr. 5 (ff) nicht durchgehend strafbewehrt (vgl. auch *Tiedemann* in: Immenga/Mestmäcker GWB § 38 Rdn. 1 mit weit. Nachw.; ferner bereits oben Rdn. 116 ff vor § 283). Soweit die GoB vielmehr mangels tatsächlicher Anerkennung und Befolgung oder infolge Unsicherheit und Unklarheit der Ableitung zu unbestimmt sind, hat der Strafrichter sie auch dann unberücksichtigt zu lassen, wenn wirtschaftswissenschaftliche Gutachten von ihrer Verbindlichkeit ausgehen. Soweit BVerfGE **78** 205, 214 f Normen, die das strafrechtliche Tatbestandsmerkmal „fremd" ausfüllen, von dem strafrechtlichen Bestimmtheitsgebot dispensiert hat, rechtfertigt dies keine Berücksichtigung (zu) unbestimmter GoB im Strafrecht: Während „fremd" das Tatobjekt von Eigentumsdelikten kennzeichnet und insoweit den „Regelungseffekt" der außerstrafrechtlichen (Eigentums-)Normen für das Strafrecht übernimmt, geht es bei den GoB keinesfalls um das Tatobjekt des § 283, sondern um Maßstäbe für die richtige Erfüllung der Buchführungspflicht; *diese* ist das Handlungsobjekt von Nr. 5 (vgl. auch unten Rdn. 188) und wird auch nicht

[55] Zusammenfassend — auch zum folgenden — *Tiedemann* Wirtschaftsstrafrecht I S. 197 ff mit Nachw.; zust. *Hauck* S. 126, 138; *Hüffer* in: Großkomm. HGB § 238 Rdn. 68; *Schüppen* S. 173; ebenso vor allem *Sch/Schröder/Lenckner* § 265 b Rdn. 2; vgl. auch BGHSt **30** 285, 288. Zutreffend bezeichnet *Schüppen* (S. 167) diese Ansicht für den Bereich des Bilanzstrafrechts als h. M.

um ihres „Regelungseffekts", sondern um der Selbstinformation des Schuldners sowie der Gläubigerinformation willen geschützt (oben Rdn. 90).

Auch wenn das Gesetz die Erfordernisse einer ordnungsmäßigen Buchführung nirgends erschöpfend aufzählt, ergeben sich die Leitprinzipien doch aus der ausdrücklichen Normierung in § 239 Abs. 2 HGB, wonach die Eintragungen in Büchern und in sonst erforderlichen Aufzeichnungen „vollständig, richtig, zeitgerecht und geordnet vorgenommen werden" müssen. Daneben kommt §§ 145, 146 AO sowie den Grundsätzen der Finanzverwaltung auch für das Handelsrecht eine gewisse Bedeutung zu; jedoch ist hier besonders zu beachten, daß die steuerrechtliche Ordnungsmäßigkeit einer Buchführung bereits verneint werden kann, wenn sie im Konkursstrafrecht noch zu bejahen ist (vgl. *Zirpins/Terstegen* S. 190). — Im einzelnen gebietet das **Prinzip der Vollständigkeit**, daß die Buchführung alle Geschäftsvorfälle, nämlich die wirtschaftlichen Erfüllungsgeschäfte (*Schlegelberger/Hildebrandt* § 38 Rdn. 14; *Sch/Schröder/Stree* Rdn. 34; oben Rdn. 94), also die Vermögensveränderungen infolge der Geschäftsabschlüsse fortlaufend lückenlos erfaßt (vgl. § 146 Abs. 1 S. 1 AO). Eine nur rechnerisch richtige Wiedergabe des Vermögensstandes ist nicht genügend. Vielmehr muß die Buchführung auch Aufschluß über die zugrunde liegenden Geschäfte geben (vgl. nur RG GA **59** [1912] 124 ff), so daß die Vermögenslage durch falsche Angaben über die Art der Geschäfte oder über die Person des Gläubigers unzutreffend dargestellt sein kann (BGH bei Herlan GA **1961** 358 mit dem Zusatz, daß diese unzutreffende Darstellung „durch falsche Belege verschleiert" sein muß). Das damit bereits angesprochene **Prinzip der Richtigkeit** ist ebenfalls in § 239 Abs. 2 HGB sowie in § 146 Abs. 1 S. 1 AO enthalten und fordert zutreffende Darstellung der Geschäftsvorfälle. Das **Prinzip der zeitgerechten Verbuchung** verlangt die Verbuchung sämtlicher Geschäftsvorfälle sogleich nach Prüfung der Richtigkeit und unter Angabe des zutreffenden Datums in chronologischer Reihenfolge; die Buchungen dürfen also weder vorweggenommen noch aufgeschoben werden (vgl. aber auch unten Rdn. 116). Handels- und Steuerrecht schwanken zwischen Höchstfristen von 10 Tagen und einem Monat (*Hopt* HGB § 239 Anm. 2). Das in § 239 Abs. 2 HGB zusätzlich angeführte **Prinzip der geordneten Verbuchung** spricht den Grundsatz der Klarheit und Übersichtlichkeit an, wonach Kontenbezeichnung und Text klar und eindeutig sein müssen; insbesondere sind gemischte Konten sowie Zusammenziehungen der vorgeschriebenen Kontenarten und Aufrechnungen zu vermeiden. Ordnung der Darstellung bedeutet ferner, daß der zeitliche Ablauf der Geschäftsvorfälle erkennbar ist (§ 238 Abs. 1 S. 3 HGB). Ein bestimmtes *Buchführungssystem* ist dagegen nicht vorgeschrieben. Kraft Verkehrssitte richten sich aber alle größeren Unternehmen nach den aktienrechtlichen Vorschriften, die doppelte Buchführung verlangen; einfache Buchführung genügt grundsätzlich nur für Handwerker und Kleingewerbetreibende (vgl. Ziff. II 1 der Richtlinien zur Organisation der Buchführung vom 11. 11. 1937 bei *Hüffer* in: Großkomm. HGB § 238 Rdn. 48). Ebenfalls nicht gesetzlich vorgeschrieben ist, **welche Bücher** der Kaufmann zu führen hat. Bereits die einfache Buchführung verlangt aber ein Journal (Grundbuch), in dem die Geschäftsvorfälle in chronologischer Reihenfolge einzutragen sind (vgl. § 145 Abs. 1 AO); eventuell sind bare und unbare Geschäftsvorfälle getrennt in einem Kassenbuch und einem Tagebuch zu verbuchen (vgl. *Maul* S. 77). Insbesondere bei umfangreichem Kreditverkehr kann es geboten sein, die Grundbücher in einem Hauptbuch (Kontokorrentbuch, Personenkonten-Buch) zusammenzufassen und dabei die Geschäftsvorfälle sachlich — vor allem nach Kunden und Lieferanten — zu ordnen, so daß Forderungen und Schulden jederzeit ersichtlich sind (*Maul* S. 79). Zur doppelten Buchführung und ih- **112** ren Kontenarten *Maul* S. 81 ff. — Der Strafrichter hat vor allem bei Einzelkaufleuten im *Urteil* festzustellen, welche Handelsbücher der Kaufmann nach Art und Umfang des von ihm betriebenen Handelsgeschäfts „mindestens hätte führen müssen" (BGH 1 StR 756/81 v. 28. 1. 1982 S. 3).

Allgemeine und von der konkursstrafrechtlichen Rechtsprechung besonders betonte Geltung hat schließlich das sog. **Belegprinzip**, wonach alle Buchungen jederzeit aufgrund von Belegen nachprüfbar sein müssen, also keine Buchung ohne Beleg erfolgen darf (vgl. nur BGH bei Herlan GA **1961** 358; *Hüffer* aaO § 239 Rdn. 10, 11, 37). Die Belege müssen vor der Verbuchung abgezeichnet sein; sie sind laufend zu numerieren und geordnet aufzubewahren (vgl. BGH NJW **1954** 1010). Die Belege allein ersetzen die Buchführung als solche nicht (BGH bei Herlan GA **1959** 341), es sei denn, daß diese Buchungsweise als vollständige Belegsammlung den Grundsätzen ordnungsgemäßer Buchführung entspricht (§ 239 Abs. 4 S. 1 HGB). Belege in dem genannten Sinn sind nur Urkunden, die geschäftliche Vorgänge beweisen; hierzu zählen nicht Aufzeichnungen (von Angestellten), die nur der Arbeitserleichterung (z. B. für die Aufstellung der Bilanz) dienen (BGH bei Herlan GA **1961** 359).

113 **γ)** Die strafrechtlich relevanten Verstöße und Fallgruppen lassen sich entweder nach den vorgenannten Prinzipien gruppieren oder unter kriminalistisch-kriminologischen Aspekten beschreiben (*Zirpins/Terstegen* S. 195 ff); sie können ferner in Anlehnung an die Bilanz- und Inventarverstöße zusammengefaßt werden (unten Rdn. 137 ff sowie *Tiedemann* LK[10] § 265 b Rdn. 61). Die folgenden Ausführungen legen eine gemischte Betrachtungsweise zugrunde:

114 Meist relativ einfach — anhand einer Belegprüfung — festzustellen ist das Weglassen, also die **Nichtverbuchung**, von Geschäftsvorfällen (z. B. Nichteintragen von erhaltenen Waren, Nichtverbuchen von Privatentnahmen oder von Barzahlungen: BGH bei Holtz MDR **1981** 100; RGSt **29** 304, 307; Nichtverbuchen der Verpfändung von Waren: RGSt **40** 105, 106; zu den o. R.-Geschäften sowie zu den o. D.-Geschäften näher *Zirpins/Terstegen* S. 208 ff). Dem Nichtverbuchen auf der Soll-Seite entspricht auf der Haben-Seite das Einstellen *fiktiver Posten* und das Unterlassen der Abschreibung oder Wertberichtigung nach Erkenntnis der Wertlosigkeit eines Postens (RGSt **13** 354, 355 f; **39** 222, 223). Die Verbuchung von erdichteten Geschäftsvorgängen kommt als *Falschbuchung* auch auf der Soll-Seite vor, wenn z. B. Privatentnahmen oder Unterschlagungen als angebliche Lohnzahlungen an (nicht vorhandene) Arbeitskräfte oder Geldzahlungen an angebliche Betrüger eingestellt werden (vgl. *Zirpins/Terstegen* S. 207 f).

115 Schwieriger festzustellen sind **Falschbewertungen**, zu denen auch das vorerwähnte Unterlassen der Abschreibung oder Wertberichtigung zählt. Insoweit hat die Rechtsprechung seit langem die Einschränkung entwickelt, daß nur „willkürliche" oder „wissentliche" Falschbewertungen die Buchführung unrichtig machen (vgl. RGSt **39** 222, 223; *Klug* Aktienstrafrecht § 400 Anm. 11 mit weit. Nachw.). Dies entspricht der bereits oben Rdn. 117 vor § 283 genannten allgemeinen Beschränkung der Strafbarkeit bei Bewertungen und Prognosen auf Fälle *eindeutiger* Unvertretbarkeit (*Tiedemann* ZStW **94** [1982] 328; zust. *Schmedding* S. 102; *Schüppen* S. 167). RGZ **120** 363, 367 meint offenbar dasselbe Kriterium, wenn es von dem Erfordernis „offenbarer Willkür" spricht. Solche Willkür wird etwa anzunehmen sein, wenn der Täter „gar keine Unterlagen für seine Bewertung gehabt" und den verbuchten Wert „ganz willkürlich ... eingesetzt", also praktisch aus der Luft gegriffen hat (RGSt **39** 223). BGH 5 StR 236/55 v. 5. 7. 1955 S. 3 hebt hervor, daß keine mangelhafte Buchführung (durch

Unterlassen von Abschreibungen und Rückstellungen) vorliegt, „soweit die Güte der Forderungen Ansichtssache sein kann".

Überhaupt nicht strafbar sind nach der Rechtsprechung bloße Verstöße gegen das Prinzip der zeitgerechten Buchung, sofern die **verspätete Verbuchung** inhaltlich richtig ist (und auch nicht zur Unrichtigkeit auf den einzelnen Konten führt). Dies ergibt sich aus der sogleich Rdn. 118 zu schildernden Rechtsprechung zum Vollendungszeitpunkt. Werden aber Geschäftsvorgänge aus einem anderen Geschäftsjahr verbucht, so liegt eine inhaltliche Unrichtigkeit vor (vgl. dazu auch *Zirpins/Terstegen* S. 197 f). **116**

Am häufigsten und für die Technik der Buchführung besonders typisch sind formell oder/und materiell **unrichtige Verbuchungen** von (richtigen) Geschäftsvorfällen. Neben der vorsätzlichen Veränderung von Zahlen (z. B. durch willkürliches Vorsetzen einer Ziffer oder bewußte Rechenfehler) sind hervorzuheben: Auswerfen des Betrages in einer falschen Kontengruppe (z. B. auf Unkostenkonto statt auf Privatkonto), falsche Überträge, Unterlassung von Gegenbuchungen, Stornierungen durch Umbuchungen (näher dazu *Zirpins/Terstegen* S. 201 ff). Besondere Aufmerksamkeit widmet die *wirtschaftskriminalistische Buchprüfung* den unklar bezeichneten sowie den nicht genügend aufgeteilten Konten und dem Konto pro diverse. Hier sind falsche Verbuchungen von (richtigen) Geschäftsvorfällen besonders häufig (*Zirpins/Terstegen* S. 203 f; ausführlich auch *Teufel* Insolvenzkriminalität S. 200 ff). **117**

δ) Das für alle vorgenannten Buchführungsverstöße geltende zusätzliche Erfordernis der Erschwerung der **Übersicht über den Vermögensstand** bezieht sich darauf, ob diese Mängel ein im wesentlichen falsches Bild vom Gesamtzustand des Vermögens vermitteln (RGSt **29** 304, 308). Entsprechend der vom Gesetzgeber des 1. WiKG festgeschriebenen Judikatur kommt es darauf an, ob „ein sachverständiger Dritter sich den erforderlichen Überblick über die Vermögenslage des Schuldners entweder überhaupt nicht oder doch nur mit erheblichen Schwierigkeiten, unter Aufwendung besonderer Mühen, zu beschaffen vermag" (RGSt **47** 311, 312). Da die Buchführung gerade auch den Zweck der jederzeitigen Selbstinformation des Kaufmanns verfolgt (oben Rdn. 90), entfällt die Strafbarkeit nur dann, wenn die Berichtigung oder Vervollständigung der Buchführung „ohne nennenswerten Zeitverlust" möglich ist (RGSt **47** 312). Braucht ein Sachverständiger nach Konkurseintritt mehrere Wochen, um die Buchführung so weit in Ordnung zu bringen, daß sich der Vermögensstand mit einiger Zuverlässigkeit übersehen läßt, so war der Überblick erheblich erschwert (RG aaO). Dagegen wird der Überblick im allgemeinen dann nicht erschwert sein, wenn trotz Nichtverbuchung einzelner Geschäftsvorfälle *vollständige Belege* vorhanden sind (BGH 1 StR 756/81 v. 28. 1. 1982 S. 3 und bei Holtz MDR **1980** 455 sowie bei Herlan GA **1959** 341) oder wenn es sich um fortlaufende, in bestimmter Höhe regelmäßig anfallende Aufwendungen handelt (RGSt **29** 308; *Sch/Schröder/Stree* Rdn. 36). Liegt nur ein einziger Buchführungsmangel vor, so bedarf das Merkmal der Erschwerung der Übersicht besonderer Feststellungen (RGSt **29** 307 f). — Auf der anderen Seite kann sich der Kaufmann nach h. M. trotz des primären Zweckes der Selbstinformation nicht darauf berufen, er selbst habe trotz Mangelhaftigkeit der Buchführung einen hinreichenden Überblick über seinen Vermögensstand gehabt (*Bieneck* in: Müller-Gugenberger § 68 C; *H. Schäfer* wistra **1986** 200 f). Neben dem bereits oben Rdn. 105 angeführten eher formalen Grund der ausdrücklichen gesetzlichen Verpflichtung zur richtigen und vollständigen Buchführung und ihrer öffentlich-rechtlichen Natur soll nach einer verbreiteten Formulierung auch „jeder sachverständige Dritte die Vermögenslage ohne große Mühe erkennen können" (*Preisen-* **118**

danz/Bieneck Anm. 6e dd). Die Rechtsprechung hat allerdings vor allem dann Schwierigkeiten gehabt, den Eigenwert einer richtigen und vollständigen Buchführung für die Information Dritter zu begründen, wenn die Jahresbilanzen richtig und vollständig waren, also die — mehr oder weniger konkrete — Gefahr einer Schädigung der Vermögensbelange Dritter ausgeblieben ist. Da Dritte im übrigen außerhalb besonderer Rechtsformen und besonderer Prüfungsrechte keinen Anspruch auf Einsicht in die Buchführung des Kaufmanns haben (vgl. bereits Rdn. 90 a. E.) und Unrichtigkeiten, Unvollständigkeiten sowie Unklarheiten der Buchführung regelmäßig erst über das verselbständigte Mittel der Bilanz relevant werden, ist die Rechtsprechung schließlich auf den Ausweg verfallen, als *maßgebenden Zeitpunkt* für das Fehlen der Übersicht, also auch für die **Vollendung** der Tat, den Eintritt der objektiven Strafbarkeitsbedingung, also die Konkurseröffnung, Ablehnung der Konkurseröffnung oder Zahlungseinstellung, zu erachten[56]. RGSt **29** 222, 225 suchte dieses Ergebnis vor allem mit grammatikalischen (Auslegungs-)Gesichtspunkten zu begründen. Unter teleologischen Aspekten besteht dagegen im Zeitpunkt der objektiven Strafbarkeitsbedingung eine von der mangelhaften Buchführung ausgehende Gefahr für die Gläubiger und/oder für die Kreditwirtschaft nur eingeschränkt, nämlich im Hinblick auf noch schwebende Geschäfte, Anfechtungsgründe usw.; eine Dispositionsmöglichkeit und ein zugehöriges Informationsbedürfnis des Kaufmanns selbst besteht nicht mehr, sobald der Konkurs eröffnet ist. Stellt man daher die Buchdelikte der Nrn. 5—7 mit den übrigen Bankrotthandlungen des Abs. 1 gleich, so kommt es auch bei ihnen typischerweise auf die abstrakte Gefährdung von Vermögensinteressen der Gläubiger und der Kreditwirtschaft im Zeitpunkt der Handlungsvornahme an. Das tatbestandsmäßige Unrecht liegt daher bereits mit dem Mangel der Buchführung vor. Dieser Zeitpunkt ist daher nach richtiger Ansicht auch für die Übersicht und für die tatbestandsmäßige Vollendung entscheidend[57]. Die gegenteilige Ansicht der Rechtsprechung wird von *Preisendanz/Bieneck* aaO damit erklärt, daß bis zum Eintritt der objektiven Strafbarkeitsbedingung nur Versuch vorliege, von dem der Täter durch **Nachholung** der fehlenden oder Berichtigung der unvollständigen (oder nicht zeitgerechten) Verbuchung strafbefreiend zurücktreten könne (vgl. auch oben Rdn. 104). Jedoch prüft die Rechtsprechung keineswegs die Freiwilligkeit des Rücktritts und klärt auch nicht die zeitliche Reichweite des Vorsatzes (Tatentschlusses). Sie geht damit offenbar nicht von einer Versuchskonstellation aus. Auch läßt sie eine strafbefreiende Beseitigung des Mangels an Übersicht bis zum Zeitpunkt der objektiven Strafbarkeitsbedingung nur bei der 2. Alt. von Nr. 5, nicht dagegen bei der 1. Alt. zu (BGH 2 StR 375/76 v. 23. 3. 1977 S. 6 f). Diese Widersprüche lassen sich insgesamt jedenfalls nicht durch die Annahme einer Versuchskonstellation bereinigen. Die Versuchslösung stimmt aber auch nicht mit der primären Funktion der Buchführung als Mittel der Selbstinformation des Kaufmanns überein. Vielmehr dürfte die „klassische" Annahme eines Vorranges der *Dokumentationsfunktion* der Buchführung gegenüber den Gläubigern bzw. gegenüber dem Konkursverwalter die Rechtsprechung dazu veranlaßt haben, für die Mangelhaftigkeit der Buchführung entscheidend auf den Zeitpunkt der Zahlungseinstellung usw. abzustellen. Diese Zweckrichtung der Buchführung stand zwar historisch im Vordergrund des Konkursstrafrechts (vgl. oben Rdn. 90), widerspricht aber den Intentionen des Reformgesetzgebers (oben

[56] RGSt **29** 222, 225; BGH 5 StR 236/55 v. 5. 7. 1955 S. 2f (auch bei *Tiedemann* GmbH-Strafrecht Rdn. 44 vor § 82); ebenso *Bieneck* in: Müller-Gugenberger § 69 C; *Hauck* S. 144 f; *Samson* SK Rdn. 18.

[57] Vgl. bereits *Tiedemann* aaO 2. Aufl. Rdn. 31; ebenso *Lackner/Kühl* Rdn. 18; *Sch/Schröder/Stree* Rdn. 36.

Rdn. 90, § 283 b Rdn. 1). Die Dokumentationsfunktion der Buchführung kann daher nicht für die Frage der Tatvollendung, sondern nur unter dem Gesichtspunkt des *Zusammenhanges* von Bankrotthandlung und Strafbarkeitsbedingungen herangezogen werden (vgl. § 283 b Rdn. 15). Insoweit wird mangelhafte und unterlassene Buchführung aber vor allem im Hinblick auf die Nachholung gleich zu behandeln sein (vgl. näher § 283 b Rdn. 14).

h) Der Buchführungspflichtige wird sowohl bei der 1. wie bei der 2. Alt. durch eigenes **Unvermögen** von der Pflicht zur Buchführung nicht ohne weiteres befreit. Bei eigener fachlicher Unfähigkeit, Krankheit, Arbeitsüberlastung usw. hat er vielmehr die Buchführung auf andere Personen zu übertragen, wobei es gleichgültig ist, ob es sich um Außenstehende (z. B. Steuerberater) oder um Unternehmensangehörige (z. B. Mitgesellschafter oder Angestellte) handelt (vgl. bereits oben Rdn. 101). Fehlen aber dem Unternehmensinhaber die *Finanzmittel* zur Bezahlung des mit der Buchführung Betrauten oder zu Betrauenden und kann er (aus fachlichen Gründen) die Bücher nicht selbst führen, so entfällt nach BGHSt **28** 231, 232 f die Strafbarkeit. Zwar betrifft diese Entscheidung nur die Unterlassung der Bilanzierung (§ 283 Abs. 1 Nr. 7 b bzw. § 283 b Abs. 1 Nr. 3 b) sowie den Fall der Zahlungsunfähigkeit, ist also jedenfalls auf bloße Zahlungsschwierigkeiten nicht übertragbar. Jedoch wird man die Ansicht der neuen Rechtsprechung bei völligem Mangel an Geldmitteln auf die gänzliche Unterlassung der Buchführung (1. Alt.) und auch auf diejenigen Fälle der mangelhaften Buchführung (2. Alt.) ausdehnen müssen, in denen die Unvollständigkeit oder Unklarheit der Buchführung unmittelbare Folge des genannten Mangels ist. Die tatsächliche Möglichkeit zur Vornahme einer rechtlich gebotenen Handlung ist nämlich nicht nur bei den Unterlassungsdelikten (1. Alt.) Voraussetzung der Tatbestandsmäßigkeit, sondern beansprucht auch für solche Tätigkeits- und Erfolgsdelikte Geltung, die Unterlassungs- und Überwachungselemente enthalten (wie z. B. auch §§ 324 ff). Der von BGHSt **28** 231 ff begründete Standpunkt entspricht inzwischen für die Bilanzierung (Nr. 7) der h. M.[58]. Soweit allerdings noch Geldmittel vorhanden sind und anderweitig eingesetzt werden, ist die hier behandelte Ausnahmesituation nicht gegeben (zutr. *Müller/Wabnitz* S. 146; *Richter* GmbHR **1984** 147). Wenn liquide Mittel nicht in ausreichendem Umfang vorhanden sind, müssen sie vorrangig zugunsten der Erfüllung der öffentlich-rechtlichen Pflichten, zu denen auch diejenige zur ordnungsmäßigen Buchführung zählt (oben Rdn. 90), verwendet werden. 119

Scheinbar weitergehend fordert eine beachtliche Mindermeinung[59], jeder Vollkaufmann müsse der Pflicht zur Buchführung unter allen Umständen nachkommen oder aber das *Unternehmen aufgeben.* Diese Auffassung ist für Nr. 5 teilweise zutreffend: Soweit im Zeitpunkt des Eintritts der Mittellosigkeit Buchungen für vergangene (zeitnahe, § 239 Abs. 2 HGB!) Geschäftsvorfälle noch nicht vorgenommen worden sind, kann das Unterlassen der Nachholung dieser Buchungen nach dem Grundsatz „ad impossibilium nulla obligatio" und im Sinne der Entscheidung BGHSt **28** 231 allerdings nicht strafbarkeitsbegründend wirken. Soweit es dagegen um die laufende und insbesondere künftige Buchführung geht, steht die Unternehmensfortführung ohne Erfüllung der Buchführungspflicht dem positiven Tun näher als dem Unterlassen und ist als Mangel jeglicher Übersicht grob wirtschaftswidrig im Sinne der Nr. 8. 120

[58] BGHR § 283 Abs. 1 Zahlungsunfähigkeit 3, Abs. 1 Nr. 7 b Bilanz 1; BayObLG wistra **1990** 201, 202; OLG Stuttgart NStZ **1987** 460, 461; *Dreher/Tröndle* Rdn. 30; *Lackner/Kühl* Rdn. 20; *L. Müller* in: Lexikon des Rechts S. 462; *Schmid* in: Müller-Gugenberger § 32 C VII 2; *Sch/Schröder/Stree* Rdn. 47.

[59] *Bieneck* in: Müller-Gugenberger § 69 B II; *H. Schäfer* wistra **1986** 204; *Schlüchter* JR **1979** 515; *Weyand* S. 75.

Der Schuldner muß daher in der Tat seine Unternehmenstätigkeit aufgeben, wenn keine Mittel zur gegenwärtigen und künftigen Erfüllung der Buchführungspflicht vorhanden sind. Dabei wird für die Abwicklung laufender Geschäfte ein kurzer Übergangszeitraum zuzubilligen sein. Großzügiger ist mit der Annahme von Straflosigkeit bei der unterlassenen oder fehlerhaften Bilanzierung nach Nr. 7 zu verfahren (vgl. dazu unten Rdn. 154).

6. Beiseiteschaffen und Vernichten von Handelsbüchern usw. (Nr. 6)

121 **a)** Der Tatbestand schützt nach der amtl. Begr. (BT-Drucks. 7/3441 S. 36) die tatsächlich erstellte Buchführung nebst den hierauf bezüglichen Unterlagen gegen Vernichtung und Entziehung vor Ablauf der in § 257 Abs. 4 HGB genannten Frist von 10 Jahren (für Handelsbücher, Inventare, Eröffnungsbilanzen, Jahresabschlüsse, Lageberichte, Konzernabschlüsse, Konzernlageberichte und die zu ihrem Verständnis erforderlichen Arbeitsanweisungen und sonstigen Organisationsunterlagen) bzw. von 6 Jahren (für die empfangenen Handelsbriefe, die Wiedergaben der abgesandten Handelsbriefe und Buchungsbelege sowie Mikrokopien der beiden letzteren Gruppen von Unterlagen); diese Fristen laufen ab Schluß des Kalenderjahres, „in dem die letzte Eintragung in das Handelsbuch gemacht, das Inventar aufgestellt, die Eröffnungsbilanz oder der Jahresabschluß festgestellt, der Konzernabschluß aufgestellt, der Handelsbrief empfangen oder abgesandt oder der Buchungsbeleg entstanden ist" (§ 257 Abs. 5 HGB). Nr. 6 gilt somit nach h. M. nicht nur für nach Handelsrecht Buchführungspflichtige, sondern auch für **freiwillig Buchführende**[60]. Diese vom Gesetzgeber im Anschluß an die Rechtsprechung zu § 239 Abs. 1 Nr. 4 KO (vgl. vor allem BGHSt **2** 386 f) gewollte und im Wortlaut der Nr. 6 zum Ausdruck gebrachte Ausweitung unterscheidet diesen Tatbestand auch von § 283b Abs. 1 Nr. 2 (vgl. dort Rdn. 18). Jedoch ist unklar, wie weit die dadurch eintretende tatbestandliche Ausdehnung reichen soll. Während einige Erläuterungen stillschweigend davon ausgehen, daß nur Kaufleute Normadressaten von Nr. 6 sein können, beziehen *Dreher/Tröndle* Rdn. 25 grundsätzlich auch Privatleute ein, und nach *Sch/Schröder/Stree* Rdn. 39 soll der Hinweis auf die kaufmännische Pflicht überhaupt nur zur Umschreibung der Art der Unterlagen dienen. Allerdings halten *Dreher/Tröndle* aaO die Ausweitung auf Private nur — im Hinblick auf die in Abs. 1 vorausgesetzte Krisensituation — für sinnvoll, soweit es um freiwillig geführte Handelsbücher geht; dagegen sei bei den sonstigen in § 257 Abs. 1 HGB genannten Unterlagen deren Begriffsbestimmung bei einem Privatmann „kaum möglich". *Dreher/Tröndle* aaO empfehlen daher insoweit eine einschränkende Auslegung der Nr. 6, vor allem in den Fällen der Unkenntnis des Täters (Nichtkaufmanns) von der Krisensituation. Dem ist für den Privatmann ohne weiteres zuzustimmen, da hier in der Tat — auch unabhängig von der Kenntnis oder Unkenntnis des Täters — nicht hinreichend auszumachen ist, welche empfangenen Briefe den vom Kaufmann „empfangenen Handelsbriefen" i. S. d. § 257 Abs. 1 Nr. 2 HGB entsprechen sollen. Es wäre kaum sinnvoll, hierzu alle geschäftliche Angelegenheiten betreffenden oder von Geschäftsleuten abgesandten Briefe (z. B. auch eine zu Unrecht ergangene Mahnung in bezug auf eine Handwerkerrechnung) zu zählen. In Wahrheit zeigen die der Neufassung des Gesetzes voraufgegangenen Entscheidungen BGHSt **2** 386 f und RGSt **42** 284 ff, daß es bei der vom

60 *Bieneck* in: Müller-Gugenberger § 69 D; *Dreher/Tröndle* Rdn. 25; *Hess/Kropshofer* Anh. III Rdn. 32; *Hiltenkamp-Wisgalle* S. 185; *Lackner/Kühl* Rdn. 19; *Samson* SK Rdn. 19; *Sch/Schröder/Stree* Rdn. 39. Vgl. aber auch *Schaefer* LK[8] § 239 KO Anm. II Ziff. 4 mit Nachw. zum älteren Schrifttum und zu den Motiven zur KO.

Gesetzgeber intendierten Ausweitung um **Minderkaufleute** ging, die nach den oben Rdn. 96ff dargelegten Grundsätzen handelsrechtlich nicht zur Buchführung verpflichtet sind (vgl. § 4 HGB). Privatleute scheiden demgegenüber ganz grundsätzlich als Täter von Nr. 6 (ebenso wie bereits nach dem eindeutigen Gesetzeswortlaut von Nr. 5 und Nr. 7) aus, da sie selbst bei tatsächlicher Buchführung jedenfalls keine „Handelsbücher" führen (vgl. BGHSt **4** 270, 275!) und die in § 257 Abs. 1 HGB konkretisierten „sonstigen Unterlagen" nur in bezug auf die Führung von Handelsbüchern verstehbar und sinnvoll sind (zust. *Hiltenkamp-Wisgalle* S. 186f). Bewahrt also etwa ein Privatmann Unterlagen über ein von ihm vermietetes Hausgrundstück auf, so handelt es sich nicht um Unterlagen i. S. d. § 257 HGB. Die gegenteilige Auffassung würde nach Nr. 6 auch den buchführungspflichtigen Vollkaufmann verpflichten, über § 257 HGB hinaus entsprechende Unterlagen über Vorgänge, die sein Privatvermögen betreffen, nicht zu vernichten, sofern er diese Unterlagen zunächst aufbewahrt hat. Eine solche Ausweitung aber wäre widersinnig (auch wenn beim Einzelkaufmann keine Trennung von Privat- und Geschäftsvermögen besteht, vgl. unten Rdn. 137). *Privatleute* können daher nur dann Täter nach Nr. 6 sein, wenn sie Handelsbücher usw. eines Kaufmanns vernichten: Die Ausweitung liegt in dem Verzicht auf die Einordnung der Nr. 6 als kaufmännisches Sonderdelikt, in der Bestimmung des Tatobjektes dagegen nur insoweit, als hier neben Handelsbüchern auch die in § 257 HGB genannten sonstigen Unterlagen geschützt werden.

Kommen also nach richtiger Ansicht Privatleute als Adressaten von Nr. 6 nur in **122** Betracht, soweit sie fremde (kaufmännische) Handelsbücher (usw.) vernichten und selbst Schuldner sind oder für diesen gem. § 14 handeln, so fragt sich vor allem, ob die tatsächliche Buchführung der **Angehörigen freier Berufe** unter Nr. 6 fällt (bejahend *Weyand* S. 79). Dies ist auch deshalb problematisch, weil diese Buchführung meist keineswegs „freiwillig", sondern z. B. aus steuerrechtlichen oder standesrechtlichen Gründen erfolgt. Richtigerweise kann auch diese — teilweise mit anderen Aufbewahrungsfristen verbundene — Buchführung nicht als durch Nr. 6 erfaßt angesehen werden. Wie bereits RGSt **16** 426, 429 dargelegt hat, verfolgt die Aufbewahrung der Handelsbücher denselben Zweck wie die Verpflichtung zur Buchführung. Wer von vornherein nicht unter das Handelsrecht fallen kann und eine Buchführung zu anderen als handelsrechtlichen Zwecken vornimmt, führt keine „Handelsbücher" und hat die in § 257 HGB genannten Unterlagen daher auch nach Konkursstrafrecht nicht aufzubewahren (ebenso wohl *Preisendanz/Bieneck* Anm. 6f aa in Verb. mit Anm. 6e aa a. E.). Die praktische Bedeutung der nach dem Wortlaut von Nr. 6 verunglückten Ausweitung liegt somit in der *Einbeziehung von Minderkaufleuten*, soweit diese *tatsächlich Handelsbücher führen* oder die in § 257 Abs. 1 Nrn. 2—4 HGB genannten Unterlagen tatsächlich aufbewahren. Daß die Abgrenzung von Minderkaufleuten und Privaten sowie Angehörigen freier Berufe unter dem Gesichtspunkt von Nr. 6 nicht immer sachgerechte Ergebnisse hervorbringt, weil der Katalog des § 1 HGB Art und Umfang geschäftlicher Tätigkeit in historisch einseitigem Verständnis ausgrenzt, ist nicht besonders gravierend, da eklatant wirtschaftswidrige Fälle der Vernichtung von Buchführungsunterlagen durch Private oder Angehörige freier Berufe jedenfalls durch Nr. 8 erfaßt bleiben.

Der spätere **Wegfall der Kaufmannseigenschaft** läßt die Aufbewahrungspflicht un- **123** berührt. Die Pflicht zur Aufbewahrung geht auch ohne die Kaufmannseigenschaft auf die Erben des Schuldners und auf den Testamentsvollstrecker, aber auch auf den Konkursverwalter und auf den Geschäftserwerber über (*Brüggemann* in: Großkomm. HGB § 44 Anm. 1, unklar aber § 44b Anm. 3, wonach die Erben eines Kaufmanns nur bei Fortführung des Handelsgeschäfts wegen Vernichtens von Handelsbüchern strafbar sein sollen). **Nach Durchführung des Konkursverfahrens** besteht eine Aufbewahrungspflicht im strafrechtlichen Sinne aber nicht mehr; jedenfalls fehlt es hier an dem erforderlichen Zusammenhang zwischen Bankrotthandlung und Unternehmenszusammenbruch (RGSt **9** 134 ff). Bei vorzeitiger Einstellung des Konkursverfahrens (mangels Masse oder mit Zustimmung der Gläubiger) kommt es darauf an, ob ein berechtigtes Interesse der Gläubiger an dem Vorhandensein der Bücher weiterbesteht. Nach Ablauf der handelsrechtlichen Aufbewahrungsfristen kann § 274 einschlägig bleiben, sofern längere verwaltungsrechtliche Fristen für die Vorlegung und Aufbewahrung von Unterlagen bestehen; diese Pflichten sind für Nr. 6 unerheblich (**aA** *Weyand* S. 79). Auch die besondere Aufbewahrungspflicht der §§ 273 Abs. 2 AktG, 74 Abs. 1 GmbHG, 93 GenG nach Auflösung (Liquidation) der juristischen Person wird von Nr. 6 nicht strafbewehrt.

124 **b)** Die **Tatobjekte** werden durch die handelsrechtlichen Normen über die Aufbewahrungspflichten bestimmt und sind seit 1985 vom Gesetzgeber umfassender umschrieben, da § 257 HGB nicht nur die von § 44 HGB a. F. erwähnten Handelsbücher, Inventare, Bilanzen sowie die zu ihrem Verständnis erforderlichen Arbeitsanweisungen und sonstigen Organisationsunterlagen usw. bis hin zu den Buchungsbelegen erfaßt, sondern in § 257 Abs. 1 Nr. 1 auch „Jahresabschlüsse“, also auch die *Gewinn- und Verlustrechnung* (§ 242 HGB) sowie den *Lagebericht* der Kapitalgesellschaften (§ 264 HGB) einschließt. Auch wenn der Wortlaut von § 283 Abs. 1 Nr. 6 unverändert geblieben ist, ist die Erweiterung der „sonstigen Unterlagen“ durch die 1985 erfolgte Änderung des Handelsrechtes zweifelsfrei gedeckt (so auch *Dreher/Tröndle* Rdn. 25 jedenfalls für die Lageberichte, aber ohne Erwähnung der Gewinn- und Verlustrechnungen). Der von den Kapitalgesellschaften mit dem Jahresabschluß aufzustellende *Anhang* (§ 264 HGB) wird von § 257 HGB nicht ausdrücklich erwähnt, bildet aber nach § 264 Abs. 1 S. 1 HGB mit der Bilanz und der Gewinn- und Verlustrechnung „eine Einheit“ und fällt schon deshalb ebenfalls unter die Aufbewahrungspflicht des § 257 (*Hüffer* in: Großkomm. HGB § 257 Rdn. 12).

125 **c)** Die **Tathandlungen** von Nr. 6 entsprechen im wesentlichen denen von Nr. 1 (vgl. dort Rdn. 25, 38, 44 ff). Das Korrektiv des Widerspruches zu den Anforderungen einer ordnungsgemäßen Wirtschaft fehlt bei Nr. 6, da die gesetzliche Regelung der Aufbewahrung in § 257 HGB gerade den allgemeinen Maßstab ordnungsgemäßen Wirtschaftens konkretisiert. Handlungen nach *Einstellung* des Konkursverfahrens sind allerdings nur dann strafbar, wenn ein berechtigtes Interesse der Gläubiger am Vorhandensein der Bücher und Unterlagen fortbesteht (BGH bei Herlan GA **1954** 311; *Sch/Schröder/Stree* Rdn. 41; oben Rdn. 123 a. E.).

Nicht besonders genannt ist in Nr. 6 das (von Nr. 1 erwähnte) Unbrauchbarmachen. Alle relevanten Fälle des Unbrauchbarmachens werden aber durch die Tathandlungen des Beschädigens oder Zerstörens erfaßt. *„Zerstören“* ist nach der amtl. Begründung (BTDrucks. 7/3441 S. 36) sowohl die völlige Substanzvernichtung als auch die sonstige Aufhebung der Funktionsfähigkeit durch Einwirkung auf die Sache, z. B. „die völlige und irreparable Auflösung der Ordnung einer Loseblattsammlung“.

Wie sich aus der Einbeziehung der „sonstigen Unterlagen“ in Nr. 6 ergibt, reicht es für alle Tathandlungen aus, daß sie sich auf einen Teil der Handelsbücher (und sonstigen Unterlagen) beziehen; eine Gesamtvernichtung aller Handelsbücher oder Unterlagen ist nicht erforderlich (*Sch/Schröder/Stree* Rdn. 40). Tatbestandsmäßig ist auch das *Löschen von Daten*, die elektronisch gespeichert sind (*Sch/Schröder/ Stree* aaO; *Weyand* S. 80).

Für alle Tathandlungen stellt das Gesetz jedoch das zusätzliche Erfordernis auf, daß die **Übersicht** über den Vermögensstand **erschwert** wird. Ist also z. B. nur die Substanz der Unterlage betroffen, der Inhalt dagegen unberührt, so liegt keine strafbare Beschädigung vor (*Dreher/Tröndle* Rdn. 25). Entsprechendes gilt, wenn ein verheimlichter oder beiseite geschaffter Beleg für den Gesamtüberblick über die Vermögenslage keine Rolle spielt. Andererseits macht die Zurückbehaltung einer Abschrift an Stelle der vernichteten Unterlage nicht ohne weiteres straffrei (vgl. RGSt **16** 426, 429). — Nach Ansicht der Rechtsprechung dürfte die Unübersichtlichkeit auch hier auf den Eintritt der objektiven Strafbarkeitsbedingung zu beziehen sein, so daß eine vor diesem *Zeitpunkt* erfolgende Wiederherstellung der Buchführung als strafbefreiend angesehen werden kann. **126**

Nach RG JW **1899** 804 ist das **Unterlassen** dann tatbestandsmäßig, wenn die Bücher ohne Verschulden des Aufbewahrungspflichtigen vernichtet worden sind und daher die erforderliche Übersicht über den Vermögensstand fehlt (zust. *Brüggemann* in: Großkomm. HGB § 44 b Anm. 3). Diese Entscheidung betont aber zu Recht, daß die Pflicht zur Aufbewahrung nicht ohne weiteres die Pflicht zur Erneuerung untergegangener Bücher einschließt und daß die letztere Pflicht nur aus der allgemeinen Verpflichtung (des Kaufmanns) folgen kann, einen vollständigen Überblick über seine Handelsgeschäfte und seinen Vermögensstand zu haben. Eine Pflicht zur Erneuerung untergegangener Bücher kann daher überhaupt nur den buchführungspflichtigen Vollkaufmann treffen, nicht dagegen den Minderkaufmann, der tatsächlich Bücher führt und den nach Nr. 6 nur ein Vernichtungsverbot trifft. **127**

7. Bilanzdelikte einschließlich Unterlassung der Aufstellung von Bilanz und Inventar (Nr. 7)

a) Der praktisch außerordentlich wichtige[61] Straftatbestand der Nr. 7 regelt ähnlich wie Nr. 5, jedoch in anderer Reihenfolge, das Unterlassen der Aufstellung von Bilanz oder Inventar „in der vorgeschriebenen Zeit" (lit. b) und die mangelhafte Bilanzaufstellung des Kaufmanns mit der Folge, „daß die Übersicht über seinen Vermögensstand erschwert wird" (lit. a). Nr. 7 ist damit jedenfalls lex specialis zu Nr. 5 (vgl. oben Rdn. 93). Innerhalb der gesetzlichen Gesamtregelung der Buchdelikte entfaltet Nr. 7 zudem Exklusiv- oder *Sperrwirkung*: Die Nichterwähnung des Inventars in lit. a führt dazu, daß nur die verspätete (unterlassene) Inventaraufstellung als solche (gemäß lit. b) strafbar ist; es greift für die mangelhafte Inventaraufstellung nicht etwa Nr. 5 ein. Vielmehr erfaßt und bestraft Nr. 7 lit. b das Unterlassen der Inventaraufstellung selbständig als einen Fall unterlassener Vorbereitung für die Aufstellung der Bilanz (amtl. Begr. BTDrucks. 7/3441 S. 36). Da die Bilanz allerdings aus dem Inventar zu entwickeln ist und dieses voraussetzt (vgl. nur RGSt **15** 174, 175 f), werden Inventarfehler regelmäßig auch zu Bilanzfehlern führen und können insoweit mittelbar nach lit. a bestraft werden. Inwieweit das Unterlassen der Inventaraufstellung zugleich ein Versuch des Unterlassens der Bilanzierung ist, dürfte angesichts der selbständigen Inkriminierung der unterlassenen Inventaraufstellung meist nur theoretisch von Interesse sein und ist praktisch wohl nur für den Fall bedeutsam, daß der **128**

---

[61] Vgl. *Bieneck* in: Müller-Gugenberger § 69 A, E II; *Richter* GmbHR **1984** 147; *Sch/Schröder/Stree* Rdn. 43; *Teufel* Insolvenzkriminalität S. 199; *Tiedemann* Würtenberger-Festschrift S. 252 ff; *Weyand* S. 71 f.

Täter vor Ende der Bilanzierungsfrist aus seiner Pflichtenstellung ausscheidet oder die Strafbarkeitsbedingung vor Ablauf dieser Frist eintritt (vgl. unten Rdn. 151).

129 Infolge seiner Eingangsverweisung wendet sich der Tatbestand der Nr. 7 nur an Personen, die nach Handelsrecht bilanzierungs- und inventarpflichtig sind. Dies sind nach §§ 240, 242, 4 HGB alle Kaufleute mit Ausnahme der sog. Minderkaufleute, „deren Gewerbebetrieb nach Art oder Umfang einen in kaufmännischer Weise eingerichteten Geschäftsbetrieb nicht erfordert" (dazu im einzelnen bereits oben Rdn. 97). Die etwaige steuerrechtliche Buchführungspflicht dieser Minderkaufleute (vgl. §§ 160 ff AO) ist für Nr. 7 ohne Bedeutung: Strafbar können nach Nr. 7 nur **Vollkaufleute** sein[62]. Der Täterkreis deckt sich daher mit dem von Nr. 5 (oben Rdn. 96 ff). Jedoch ist zu beachten, daß die Bilanz als Anerkenntnis (Rdn. 136) im Rechtssinne nur vom Kaufmann aufgestellt werden kann. Dritte, insbesondere *Steuerberater*, können daher im Hinblick auf die Bilanzerstellung nur Gehilfen sein (*Tiedemann* GmbH-Strafrecht Rdn. 68 vor §§ 82 ff mit Nachw.; **aA** *Schlüchter* Steuerberatung S. 37; *Weyand* S. 146 f).

130 **b)** Die **Bilanz** (von latein. bilanx, zuerst adjektiv. im 5. Jh. nachgewiesen: zwei Waagschalen habend) stellt zwei Wertegruppen gleicher Gesamthöhe einander für einen bestimmten Stichtag in Kontoform gegenüber: das Vermögen des Unternehmens (Aktiva), unterteilt in das nicht zur Veräußerung bestimmte Anlagevermögen und das zum Umsatz bestimmte Umlaufvermögen, sowie das Kapital des Unternehmens (Passiva), unterschieden nach Eigen- und Fremdkapital. Die beiden Seiten einer solchen „Beständebilanz" zeigen damit die Herkunft (Passiva) und die Verwendung (Aktiva) der Mittel. Dabei müssen sowohl die Aktiv- als auch die Passivposten gruppenweise aufgeführt werden (RG JW **1917** 859, 860). § 242 HGB bezeichnet diese Bilanz im engeren Sinne als „Abschluß" und definiert ihn als Darstellung des Verhältnisses des Vermögens und der Schulden. Daneben gibt es eine *Gewinn- und Verlustrechnung*, die von § 242 Abs. 2 HGB als Gegenüberstellung der Aufwendungen und Erträge des Geschäftsjahres definiert wird und zu deren Aufstellung am Schluß eines jeden Geschäftsjahres der Vollkaufmann ebenfalls verpflichtet ist. Das betriebswirtschaftliche Schrifttum spricht hier mitunter von einer „Erfolgsbilanz" oder „Bilanz im weiteren Sinne" (vgl. *Heinen* S. 16 ff; *Hilke* S. 7). § 242 Abs. 3 HGB faßt Bilanz und Gewinn- und Verlustrechnung zum sog. Jahresabschluß zusammen, der bei Kapitalgesellschaften zusätzlich um einen Anhang zu erweitern und um einen Lagebericht zu ergänzen ist, wobei der Anhang nach § 264 Abs. 1 S. 1 HGB mit Bilanz und Gewinn- und Verlustrechnung „eine Einheit bildet". Die Frage, ob Nr. 7 einen engen oder einen weiten Bilanzbegriff zugrunde legt oder bei Kapitalgesellschaften sogar den Anhang und den Lagebericht einschließt, ist umstritten. *Hauck* (S. 120 ff.) vertritt eine weite, *Bieneck* (in: Müller-Gugenberger § 69 E I) und wohl auch *Sch/Schröder/Stree* (Rdn. 44) vertreten eine enge Auffassung. Die letztere ist richtig. Zwar ist *Hauck* (aaO) zuzugeben, daß eine teleologische Auslegung für die Gegenansicht spricht, da sowohl die Selbstinformation des Kaufmanns und der Gläubigerschutz als auch insbesondere der Einblick des Konkursverwalters verbessert wird, wenn die Ursachen der Zahlungsunfähigkeit offengelegt werden — weist die Gewinn- und Verlustrechnung doch den Gewinn und Verlust anders als die Bilanz nicht als Saldo, sondern zerlegt in seine einzelnen Komponenten aus, indem das Zustande-

---

[62] *Dreher/Tröndle* Rdn. 26; *Hiltenkamp-Wisgalle* S. 188, 190; *Hüffer* in: Großkomm. HGB § 238 Rdn. 67; *Lackner/Kühl* Rdn. 20; *Sch/Schröder/Stree* Rdn. 44 u. 45.

kommen des Gewinns oder Verlustes erkennbar gemacht wird. Für eine systematische Betrachtung ist jedoch beachtlich, daß der gleichzeitig mit § 283 in das StGB eingefügte § 265 b (Abs. 1 Nr. 1 a) Bilanzen und Gewinn- und Verlustrechnungen unter den Kreditunterlagen getrennt aufführt, also von einem eindeutig engen Bilanzbegriff ausgeht. Entscheidend fällt letztlich ins Gewicht, daß auch das Handelsrecht (§ 242 HGB) Bilanz und Gewinn- und Verlustrechnung deutlich trennt (vor 1985 bestand sogar keine geschriebene Verpflichtung des Einzelkaufmanns zur Aufstellung einer Gewinn- und Verlustrechnung, vgl. Vorauflage Rdn. 128) und entsprechend den unterschiedlichen Definitionen unterschiedlichen Regeln unterwirft (vgl. §§ 266 ff, 275 ff HGB). Mit der Wendung „entgegen dem Handelsrecht" übernimmt Nr. 7 diesen (handelsrechtsakzessorischen) Sprachgebrauch. Erst recht sind damit Anhang und Lagebericht bei den Kapitalgesellschaften nicht in Nr. 7 einzubeziehen. Allerdings kann der *Anhang* für die Ermittlung des Inhalts der Bilanz Bedeutung erlangen, so daß eine deutliche Klarstellung eines problematischen Bilanzpostens im Anhang dazu führen kann, daß die Übersicht über den Vermögensstand nicht erschwert ist (*Tiedemann* GmbH-Strafrecht Rdn. 70 vor § 82; weitergehend *Schüppen* S. 197 f unter Betonung einer europarechtlichen Auslegung, die aber primär auf den Jahresabschlußbegriff des § 331 HGB zielt). — Praktisch ist die Streitfrage für lit. a der Nr. 7 nicht besonders erheblich, da es wegen der engen Verbindung von Jahresbilanz und Gewinn- und Verlustrechnung nur wenige Manipulationsmöglichkeiten gibt, deren Auswirkungen sich auf die letztere beschränken (vgl. *Nelles* S. 126); angesichts der Ergänzung des Strafschutzes durch Nr. 8 entstehen durch die hier vertretene Auffassung auch keine gravierenden Strafbarkeitslücken. Für lit. b der Nr. 7 aber würde es zu weit gehen, das Unterlassen der Aufstellung einer Gewinn- und Verlustrechnung als strafbar zu bezeichnen.

Hinsichtlich der Beständebilanz unterscheidet das HGB im übrigen nur nach den **131**
Anlässen und **Zeitpunkten** ihrer Errichtung: § 242 HGB verlangt eine „Eröffnungsbilanz" (Anfangs-Bilanz, Gründungs-Bilanz) bei dem Beginn des Handelsgewerbes (vgl. auch Rdn. 132) und eine „Bilanz" genannte „Abschlußbilanz" für den Schluß eines jeden Geschäftsjahres, welches 12 Monate nicht überschreiten, wohl aber kürzer sein darf (vgl. ferner Rdn. 132). **Beginn** des Handelsgewerbes liegt rechtlich auch bei jedem *Inhaberwechsel* vor, da auch in diesem Fall — unabhängig von der Änderung oder Beibehaltung der Firma — „ein neues Rechtssubjekt mit dem Betriebe des Handelsgeschäftes beginnt und damit das Handelsgeschäft selbst in vermögensrechtlicher Beziehung eine andere Unterlage erhält"[63]. Vor allem die Pflicht des Kaufmanns zur Selbstinformation (oben Rdn. 90) erfordert die Bilanzaufstellung bei jedem Inhaberwechsel (*Blumers* S. 24 f). Beispiele eines solchen Inhaberwechsels sind: Erbfall (RGSt **28** 428, 429), Eintritt eines Gesellschafters in das Unternehmen eines Einzelkaufmanns[64], Ausscheiden des einzigen Mitgesellschafters[65]. Nach dem Zweck des § 242 HGB: Offenlegung der finanziellen Grundlage, von der aus mit der Geschäftsführung begonnen wird (vgl. nur RGSt **29** 429), ist eine Eröffnungsbilanz aber auch zu erstellen bei Geschäftseröffnung nach Beendigung des Konkursverfahrens[66] sowie bei Anwachsen eines minderkaufmännischen Gewerbebetriebes zu

[63] RGSt **28** 428, 429; zustimmend *Dreher/Tröndle* Rdn. 27; *Hüffer* in: Großkomm. HGB § 242 Rdn. 21; *Sch/Schröder/Stree* Rdn. 45.

[64] RG LZ **1914** 689 f u. GA **43** (1895) 387 f; *Blumers* S. 29 ff; *Dreher/Tröndle* aaO; *Hüffer* aaO Rdn. 23; *Sch/Schröder/Stree* aaO.

[65] RGSt **16** 55 f; **26** 222, 223 ff; **45** 3, 6; *Dreher/Tröndle* aaO; *Hüffer* aaO Rdn. 23; *Sch/Schröder/Stree* aaO.

[66] RGSt **25** 76, 78; *Blumers* S. 25 f; *Hüffer* aaO Rdn. 22; *Sch/Schröder/Stree* aaO; näher unten Rdn. 132 a. E.

einem vollkaufmännischen Betrieb[67]. Entsprechendes gilt für den Minderjährigen, der bisher ohne die erforderliche vormundschaftsgerichtliche Genehmigung ein Handelsgeschäft betrieben hat, mit der Erteilung der Genehmigung oder mit dem Erreichen der Volljährigkeit[68]. Ebenso ist eine Abschlußbilanz aufzustellen, wenn das vollkaufmännische Unternehmen nicht nur vorübergehend zum Kleingewerbebetrieb (Minderkaufmann) wird[69].

132 Zu Form und Inhalt der Bilanz vgl. unten Rdn. 136ff. Eine im Laufe des Geschäftsjahres als Kreditunterlage aufgestellte „Zwischenbilanz" ersetzt die Jahresbilanz nicht (BGH 1 StR 531/55 v. 10. 4. 1956). Ob die letzte monatliche „Übersichtsbilanz" als Jahresbilanz ausreicht, hängt von ihrem Inhalt ab (BGH 3 StR 154/52 v. 22. 1. 1953 S. 16f). Für die **Eröffnungsbilanz** verdient Hervorhebung, daß die wirklichen Werte der einzelnen Vermögensgegenstände anzusetzen sind („Vermögensbilanz") und daß die Pflicht zur Erstellung der Eröffnungsbilanz unabhängig von der Vermögenslage entsteht. Die Bilanz ist daher auch aufzustellen, wenn bei Beginn des Geschäftsbetriebes weder Aktiva noch Passiva vorhanden sind[70]. In diesem Fall ist das Fehlen der Aktiva und Passiva anzugeben (RG Rspr. **4** 316, 317). Bei Aufgabe des Geschäftes (oder nicht nur vorübergehender Schrumpfung auf den Umfang eines Kleingewerbes) während des laufenden Geschäftsjahres ist eine **Abschlußbilanz** auf diesen Zeitpunkt zu erstellen (*Hüffer* in: Großkomm. HGB § 242 Rdn. 52 mit Nachw.). Hervorhebung verdient, daß nach Abweisung des Konkurseröffnungsantrages mangels Masse die von dem Antrag betroffene GmbH auch nach Löschung im Handelsregister weiterbesteht, solange sie Vermögen hat. Die Liquidatoren haben daher gem. § 71 Abs. 1 GmbHG „für den Beginn der Liquidation eine Bilanz (Eröffnungsbilanz) und einen die Eröffnungsbilanz erläuternden Bericht sowie für den Schluß eines jeden Jahres einen Jahresabschluß und einen Lagebericht aufzustellen" (**Liquidationsbilanz**; eingehend dazu *Arians* S. 150ff mit Nachw.). Finden sich nach Durchführung der Liquidation noch Vermögensgegenstände der GmbH, so hat diese in Wahrheit trotz Löschung als Rechtssubjekt weiterbestanden; es erfolgt dann Liquidation unter erneuter Beachtung der §§ 238ff HGB (*Kalter* KTS **1983** 531f mit Nachw.). Dasselbe gilt, wenn sich nach Durchführung des Konkursverfahrens noch Vermögensgegenstände finden. Eröffnet der frühere Gemeinschuldner *nach beendigtem Konkursverfahren* ein dem früheren gleiches Geschäft (vgl. bereits oben Rdn. 131), so ist für die Frage, ob es sich um die Fortführung des alten Unternehmens oder um die Eröffnung eines neuen Unternehmens (mit der Verpflichtung zur Erstellung einer Eröffnungsbilanz) handelt, maßgebend, „ob der Vermögenskomplex des früheren Geschäftes wesentlich verändert und wirtschaftlich eine neue Grundlage geschaffen ist" (RGSt **25** 76, 78).

133 **c)** Das **Inventar** ist notwendige Grundlage der Bilanz (RGSt **15** 174, 175f; BTDrucks. 7/5291 S. 23). Es ist gemäß § 240 Abs. 1 HGB das „genaue" Verzeichnis aller Vermögensgegenstände sowie der Schulden, also aller Aktiva und Passiva, unter Angabe ihres Wertes für einen bestimmten Stichtag. Es geht also um dieselben Vermögensgegenstände und Schulden wie bei der Bilanz; nur die Art der Darstellung

[67] RGSt **45** 3, 6; DJZ **1906** 656; JW **1908** 603; Recht **1914** Nr. 1943; *Blumers* S. 27ff; *Hüffer* aaO Rdn. 22; *Weyand* S. 81.

[68] RGSt **45** 5; *Hüffer* aaO mit weit. Nachw.

[69] BGH NJW **1954** 1853, 1854; OLG Karlsruhe GA **1975** 313, 315; *Dreher/Tröndle* Rdn. 27; *Sch/Schröder/Stree* Rdn. 45.

[70] RG JW **1890** 432, GA **38** (1891) 351 (f) und LZ **1915** 897; *Dreher/Tröndle* Rdn. 27; *Hüffer* aaO Rdn. 22; *Weyand* aaO; ausführlich *Arians* S. 85ff mit weit. Nachw. — Zur *Frist* für die Erstellung der Eröffnungsbilanz unten Rdn. 148.

ist unterschiedlich: es fehlt hier die Vergleichung. Die Errichtung des Inventars („Inventur") hat nach § 240 HGB stets zu erfolgen, wenn eine Bilanz zu erstellen ist (dazu soeben b). Unter zeitlichen Gesichtspunkten gibt es daher Eröffnungsinventare (in Entsprechung zu den Eröffnungsbilanzen) und Schlußinventare (in Entsprechung zu den Abschlußbilanzen).

Herkömmlicherweise besteht die Inventur, soweit es um körperliche Gegenstände geht, in einer körperlichen Bestandsaufnahme am Stichtag. § 240 Abs. 3 und 4 sowie § 241 HGB lassen hiervon im Rahmen ordnungsmäßiger Buchführung gewisse Erleichterungen und Ausnahmen zu (Stichprobeninventur, sog. permanente Inventur, vor- oder nachverlegte Stichtagsinventur u. a. m.). Anders als bei der Bilanz (unten Rdn. 141 ff) gibt es für das Inventar keine besonderen Gliederungsvorschriften, da mit ihm keine externe Informationsgewährung verbunden ist (vgl. nur *Maul* S. 48, aber auch *Hüffer* in: Großkomm. HGB § 240 Rdn. 26). Auch braucht das Inventar — anders als die Bilanz (unten Rdn. 136) — nicht unterzeichnet zu werden. Vielmehr erfaßt die Unterschrift des Kaufmanns unter die Bilanz das Inventar mit (amtl. Begr. BTDrucks. 7/3441 S. 23). **134**

d) Die **mangelhafte Bilanzaufstellung** wird in **Nr. 7 lit. a** entsprechend der Tatbestandsfassung von Nr. 5 lediglich durch den Widerspruch zum Handelsrecht und durch die Folge umschrieben, daß die Übersicht über den Vermögensstand erschwert ist. Ebenso wie der Hinweis auf die „gesetzliche Verpflichtung" zur Buchführung in Nr. 5 meint auch in Nr. 7 der Hinweis auf das „Handelsrecht" vor allem die gesetzliche Verpflichtung zur Aufstellung einer Bilanz (und eines Inventars in lit. b). Die Unübersichtlichkeit des Vermögensstandes eines Kaufmanns ist wie bei Nr. 5 nicht allein auf den Kaufmann selbst, sondern vor allem auch auf außenstehende Dritte zu beziehen; der Einwand des Bilanzierungspflichtigen, er habe trotz mangelhafter Bilanzaufstellung einen hinreichenden Überblick über seinen Vermögensstand gehabt, ist daher unbeachtlich (vgl. bereits Rdn. 105 und 118). Ebenso wie bei Nr. 5 (vgl. oben Rdn. 109) ist die Unübersichtlichkeit nur scheinbar vom Gesetz als Taterfolg konzipiert; in Wahrheit wird durch dieses Merkmal ein gewisser Schweregrad des Mangels angezeigt (vgl. dazu bereits Rdn. 118). Auch bei dem Tatbestand der lit. a handelt es sich daher um ein *Tätigkeitsdelikt.* **135**

α) Das Handelsrecht enthält seit dem BiRiLiG 1985 eine Reihe ausdrücklicher (gesetzlicher) Grundsätze für den formellen und materiellen Inhalt der Bilanz (§§ 243 ff, 264 ff HGB). Daß die Bilanz nach § 245 HGB von dem Kaufmann bzw. allen persönlich haftenden Gesellschaftern unter Angabe des Datums zu **unterzeichnen** ist, dient der Dokumentation der rechtlichen Zurechnung und der Rechtssicherheit. Jedoch ist das Fehlen der — erst seit dem 1. WiKG geforderten — Datumsangabe unschädlich, da diese Angabe lediglich Beweiszwecke verfolgt und ihr Fehlen auch in keinem Fall die Übersicht über den Vermögensstand erschwert. Aber selbst das Fehlen der Unterschrift stellt nicht ohne weiteres einen Mangel dar (vgl. *Dreher/Tröndle* Rdn. 26; *Weyand* S. 83). Für das Unterlassen der Bilanzierung (lit. b) ist anerkannt, daß der Formverstoß der fehlenden Unterzeichnung eine vorliegende Bilanz nicht nichtig (rechtlich inexistent) macht (RGSt **7** 87 ff; **8** 424 ff; Rspr. **2** 417, 419; DJZ **1929** 926; *Hüffer* in: Großkomm. HGB § 245 Rdn. 14). Die Unterzeichnung der Bilanz soll vor allem sicherstellen, daß sich der Kaufmann „mindestens alljährlich von dem Stande der Dinge überzeuge" und daß der Kaufmann für die aufgestellte Vermögensübersicht „die Verantwortlichkeit übernimmt", nämlich sie „als seine Bilanz anerkennt" (RGSt **8** 427). Ist nach den Umständen des Einzelfalles sichergestellt, daß die Darstellung des Verhältnisses von Vermögen und Schulden in einem Abschluß **136**

dem Bilanzierungspflichtigen zuzurechnen — nämlich von ihm i. S. d. Rdn. 150 „aufgestellt" — ist, so liegt auch im Sinne der lit. a kein Mangel vor, welcher die Übersicht über den Vermögensstand erschwert. Der Satz „in dubio pro reo" findet bei dieser Zurechnung keine Anwendung.

137 **β)** Die in § 246 Abs. 1 HGB genannte Pflicht des Kaufmanns zur Angabe „sämtlicher Vermögensgegenstände und Schulden" bringt den Bilanzierungsgrundsatz der **Vollständigkeit** zum Ausdruck. Es sind also insbesondere alle betrieblich genutzten Gegenstände in die Bilanz aufzunehmen (*Großfeld* S. 33). Der Einzelkaufmann hat nach früher h. M., die aber im jüngeren handelsrechtlichen Schrifttum weithin abgelehnt wird, auch sein Privatvermögen (und seine Privatschulden) in die Bilanz (und in das Inventar) einzustellen, da auch sein Privatvermögen Haftungsgrundlage für den Gläubigerzugriff und von dem Geschäftsvermögen rechtlich nicht getrennt sei[71]. Allerdings konnte der Einzelkaufmann für diesen privaten Bereich schon nach der früher h. M. die Namen von Gläubigern und Schuldnern weglassen[72]. Seit dem BiRiLiG soll die Buchführung einen Überblick „über die Lage des Unternehmens" (und über die Geschäftsvorfälle) vermitteln (§ 238 Abs. 1 S. 2 HGB). Auch § 5 Abs. 4 PublG enthält den allgemeinen Rechtsgedanken einer buchmäßigen Trennung von Privat- und Geschäftssphäre, und für die Bilanz geht sogar die h. M. dahin, daß Privatvermögen nicht bilanziert werden *darf* (BTDrucks. 10/4268 S. 97 f; *Hopt* HGB § 246 Rdn. 21). Ferner lassen sich die handelsrechtlichen Bewertungsregeln nicht ohne weiteres auf die Privatsphäre übertragen. Schließlich entspricht der Ausschluß des Privatvermögens aus der Buchführung des Kaufmanns dem durch das BiRiLiG konkretisierten Buchführungszweck, der nicht (mehr) in dem Aufzeigen möglicher Zugriffsobjekte, sondern im Gläubigerschutz durch unternehmensbezogene Selbstkontrolle des Kaufmanns (und Dokumentation) besteht (oben Rdn. 90).

Der Verstoß gegen das Vollständigkeitsprinzip macht die Bilanz unrichtig, z. B. bei *Weglassen von Vermögenswerten* wie Waren, Forderungen oder Zweigstellen bei den Aktiva (RGSt **62** 357, 359). Jedoch gelten insbesondere für die Bilanzierung von Sicherungsrechten nicht juristische, sondern wirtschaftliche Gesichtspunkte (*Heinen* S. 191; *Hilke* S. 42, je mit Nachw.). Für nicht-körperliche Vermögenswerte (z. B. know how, goodwill) ergeben teilweise erst die im folgenden genannten Grundsätze ordnungsmäßiger Buchführung und Bilanzierung, ob und unter welchen Bedingungen sie aktiviert werden dürfen oder müssen (vgl. aber auch den Grundsatz des § 248 Abs. 2 HGB: Aktivierungsverbot für nicht entgeltlich erworbene immaterielle Vermögensgegenstände).

138 **γ)** Für das zentrale Problem der **Bewertung** der einzelnen Vermögensgegenstände (und Schulden) enthielt § 40 Abs. 2 HGB a. F. nur eine Angabe des Zeitpunktes, nicht dagegen einen Wertmaßstab. §§ 252 ff HGB n. F. geben demgegenüber allgemeine und spezielle Bewertungsgrundsätze an, von denen z. T. nach § 252 Abs. 2 HGB abgewichen werden kann, bei Kapitalgesellschaften unter Umständen sogar abgewichen werden muß, um „ein den tatsächlichen Verhältnissen entsprechendes Bild zu vermitteln" (§ 264 Abs. 2 HGB; dazu *Schüppen* S. 198 ff mit Nachw.). Ebenso wie bei Nr. 5 greifen ergänzend die Grundsätze ordnungsmäßiger Buchführung ein (vgl. § 243 Abs. 1 HGB), hier konkretisiert als *Grundsätze ordnungsmäßiger Bilanzierung* (GoBi). Sie ergeben sich in Anlehnung an das Bilanzrecht der Kapitalgesellschaften

[71] RGSt **41** 41, 43 ff sowie BGH 1 StR 555/61 v. 20. 3. 1962 bei *Maul* S. 46; krit. aber *Hüffer* in: Großkomm. HGB § 238 Rdn. 52, 53, 68 mit Nachw.

[72] *Dreher/Tröndle* Rdn. 26; vgl. auch *Schlegelberger/Hildebrandt* § 39 Rdn. 3.

(§§ 264 ff HGB) aus Rechtsprechung, Wissenschaft und tatsächlicher Übung (*Schüppen* S. 155 ff mit Nachw.) und knüpfen im Ausgangspunkt an außerrechtliche Maßstäbe an, stellen aber keine Rechtssätze dar (oben Rdn. 111). Da die Einhaltung der GoBi Richtigkeit und Übersichtlichkeit der Bilanz gewährleistet, ist ihre Heranziehung für Nr. 7 a unbedenklich, ja geboten. Als zumindest teilweise außerrechtliche Erscheinung (der Verkehrssitte) unterliegen die GoBi allerdings der oben Rdn. 111 hervorgehobenen, aus Art. 103 Abs. 2 GG abzuleitenden Einschränkung, daß sie dem Strafurteil nur insoweit zugrunde gelegt werden können, als ihr Inhalt zweifelsfrei feststeht, also anerkannt ist (vgl. auch *Tiedemann* LK[10] § 265 b Rdn. 60). Insbesondere für Bewertungen ist Strafbarkeit daher nur anzunehmen, wenn die vom Täter vorgenommene *(Über-)Bewertung* schlechterdings nicht mehr vertretbar ist (*Tiedemann* GmbH-Strafrecht Rdn. 52 vor § 82 sowie § 82 Rdn. 150 mit weit. Nachw.; oben Rdn. 115; auch Rdn. 117 vor § 283). Entsprechend müssen Schätzungen, als welche sich letztlich auch die Bewertungen darstellen (vgl. nur *Heinen* S. 181; *Tiedemann* Klug-Festschr. S. 415), lediglich frei von Willkür sein (*Bieneck* in: Müller-Gugenberger § 69 E I) und dem Prinzip der Vorsicht (§ 252 Abs. 1 Nr. 4 HGB) entsprechen. Dieses „Prinzip der Willkürfreiheit" wird auch mit dem Begriff der subjektiven Wahrhaftigkeit in Verbindung gebracht, welches von einer verbreiteten Ansicht dazu benutzt wird, nur *bewußte*, also vorsätzliche Falschbewertungen als tatbestandsmäßig anzusehen (vgl. bereits oben Rdn. 115 sowie *Heinen* S. 182; aber auch *Wöhe* S. 209 f mit weit. Nachw.). Auch im übrigen und ganz allgemein ist das Prinzip der **Bilanzwahrheit**, welches das vorgenannte Prinzip der Bilanzvollständigkeit mit umfaßt, anerkanntermaßen nur relativ gültig, da ein objektiver Wert (auch in der Betriebswirtschaftslehre) nicht existiert: Der Wert haftet dem Gegenstand nicht an, sondern ist ihm von dem Bewertenden „beizulegen", wie § 40 Abs. 2 HGB a. F. zutreffend formulierte und auch § 253 Abs. 2 S. 3 HGB n. F. sagt (zusammenfassend dazu *Hilke* S. 50 mit Nachw.). Die Bilanz ist daher inhaltlich als richtig („wahr") anzusehen, wenn die Wertansätze den gesetzlichen Vorschriften und den GoBi entsprechen. Hervorhebung verdient, daß — im Gegensatz zur steuerlichen Bilanzierung — die *Unterbewertung* von Aktiva außerhalb der Geltung des AktG, also insbesondere für den Einzelkaufmann und die OHG, aber auch für KG und GmbH, handelsüblich und statthaft ist, da es insoweit keines Schutzes der Eigentümer vor der Verwaltung bedarf; die Grenzen ergeben sich insoweit erst aus dem von § 253 Abs. 4 HGB genannten „Rahmen vernünftiger kaufmännischer Beurteilung" (*Hopt* HGB § 252 Anm. 5 C b; *Hüffer* in: Großkomm. HGB § 243 Rdn. 24 mit weit. Nachw.).

Weniger problematisch (und eindeutig strafbar) ist das *Einstellen fiktiver Posten*, **139**
etwa durch Aktivierung von Forderungen und Gegenständen, die dem Kaufmann nicht (mehr) gehören (RGSt **43** 407, 416; **67** 349, 350), oder durch sonstige *Falschbezeichnungen*, z. B. durch Ausweis aufgelöster stiller Reserven als angebliche Einnahmen aus laufendem Geschäftsbetrieb (RGSt **62** 357, 360). Auch *Umgehungshandlungen* und *„Schiebungen"* sind bilanzmäßig in der Regel als Falschbezeichnung (oder Falschbewertung) zu behandeln (vgl. bereits *Tiedemann* LK[10] § 265 b Rdn. 63).

Insgesamt ist für die inhaltliche Richtigkeit der Bilanz unter dem Gesichtspunkt **140**
der Bilanzwahrheit festzuhalten, daß für die Wertbestimmung bei den einzelnen Aktiva und Passiva notwendigerweise ein Bewertungsspielraum besteht, der vom Gesetzgeber und durch die GoBi eingegrenzt, durch Bewertungswahlrechte aber auch teilweise wieder ausgeweitet werden kann.

δ) Das Prinzip der **Bilanzklarheit**, in § 243 Abs. 2 HGB ausdrücklich angespro- **141**
chen, erfordert deutliche Gliederung und übersichtliche Darstellung der Bilanz, ins-

besondere auch eine klare Abgrenzung der einzelnen Bilanzposten sowie getrennten Ausweis von Aktiva und Passiva (*Saldierungsverbot*; § 246 Abs. 2 HGB). Ebenso gehört hierzu das *Prinzip der Einzelbewertung*, wonach jedes Wirtschaftsgut gesondert zu erfassen und zum Stichtag zu bewerten ist (Stichtagsprinzip; § 252 Abs. 1 Nr. 3 HGB); erst anschließend darf es mit artverwandten Gegenständen zu einer Bilanzposition zusammengefaßt werden (*Hilke* S. 54). Eine sog. Gruppenbewertung ist nur unter den Voraussetzungen des § 240 Abs. 4 HGB zulässig.

142 Der Tatbestand der Nr. 7 a stellt entscheidend gerade auf das Prinzip der Bilanzklarheit ab, wenn er die *Übersicht* über den Vermögensstand zum entscheidenden Merkmal erhebt (vgl. *Maul* S. 48). Jedoch meint Nr. 7 a keineswegs nur Verstöße gegen die formale Richtigkeit im Sinne der Übersichtlichkeit, also die sog. Bilanzverschleierung, sondern — wie im voraufgehenden bereits als selbstverständlich unterstellt — auch die Fälle der inhaltlichen Bilanzunwahrheit (*Sch/Schröder/Stree* Rdn. 44). Im Gegenteil werden bloße Verstöße gegen die formale Übersichtlichkeit, z. B. gegen die Gliederungsvorschriften des § 266 HGB, als erfolgsunwirksame Falschdarstellungen überhaupt nur in schwerwiegenden Fällen dazu führen, daß ein sachverständiger (bilanzkundiger) Leser die Vermögensverhältnisse nicht oder nur schwer erkennen kann (vgl. RGSt **68** 346, 349; *Nelles* S. 45 ff mit weit. Nachw.). Dasselbe gilt für die (erkennbar) fehlerhafte und ungenaue Bezeichnung (Beispiele bei *Zirpins/Terstegen* S. 268 ff) sowie für die Vermischung von Posten (**aA** wohl *Dreher/Tröndle* Rdn. 29 im Anschluß an *Uhlenbruck* Prot. 7/2840). Im einzelnen ist die Grenze zwischen Falschbezeichnung und Verletzung von Gliederungsvorschriften fließend. Eine scharfe Grenzziehung ist jedoch nicht erforderlich, da Nr. 7 a — wie erwähnt — sowohl die bloße Verschleierung als auch die inhaltliche Fälschung (Unwahrheit) der Bilanz inkriminiert. Es braucht daher hier auch nicht näher auf die in der Literatur entwickelten Systematisierungs- und Abgrenzungsvorschläge eingegangen zu werden, unter denen etwa die von *Kalveram* vorgeschlagene Aufteilung von (formalen, nämlich ergebnisneutralen) Darstellungsfälschungen und (materiellen) Ergebnisfälschungen vorzudringen scheint (näher und kritisch dazu *Nelles* S. 19 ff mit Nachw.; auch *Uhlenbruck* aaO sowie *Oehmichen* in: Belke/Oehmichen S. 244 ff).

143 *Zusammengefaßt* stellen Klarheit und Übersichtlichkeit der Bilanz ein Prinzip dar, dessen Eigenwert sich insbesondere bei dem getrennten Ausweis gefährlicher Posten (z. B. eigene Aktien, Forderungen an verbundene Unternehmen usw.) zeigt und sich auf das Schuldendeckungspotential bezieht (*Maul* S. 48 ff). Verstöße gegen dieses Prinzip sind häufig einfacher zu erkennen als inhaltliche Fehler, so daß nach dem Maßstab des durchschnittlichen bilanzkundigen Lesers einschlägige Verstöße der Tendenz nach seltener die Übersicht über den Vermögensstand erschweren als inhaltliche (Bewertungs-)Fehler oder fingierte Posten.

144 **ε)** Entsprechend den Darlegungen zu Nr. 5 (oben Rdn. 118) und der Rechtsprechung zu § 240 Nr. 3 KO a. F. (zuletzt BGH 2 StR 375/76 v. 23. 3. 1977 S. 6 mit Nachw.) kommt es für das Vorliegen der Unübersichtlichkeit und damit für die Erfüllung des Straftatbestandes auf den **Zeitpunkt** des Eintritts der objektiven Strafbarkeit an (zu den Bedenken gegen diese Auffassung der Rechtsprechung bereits Rdn. 118). Werden die Mängel vorher behoben, so ist der Tatbestand der Nr. 7 a nach Ansicht der Rechtsprechung nicht erfüllt (BGH aaO für § 240 Nr. 3 KO a. F.; zust. *Bieneck* in: Müller-Gugenberger § 69 F I). Berichtigt der Täter dagegen die mangelhafte Bilanz nicht bis zu dem Zeitpunkt des Bedingungseintritts, so wirkt entsprechend der unten Rdn. 153 angeführten Rechtslage eine richtige Bilanzierung für nachfolgende Geschäftsjahre nicht ohne weiteres strafbefreiend, da Nr. 7a auf die Richtigkeit und Übersichtlichkeit jeder einzelnen Bilanz abstellt, die aufzustellen der Täter nach Handelsrecht verpflichtet war. Allerdings kann bei nachfolgenden richtigen Bilanzen der Zusammenhang zwischen dem ursprünglichen Bilanzdelikt und dem Unternehmenszusammenbruch ausgeschlossen sein und aus diesem Grunde Straflosigkeit eintreten (Rdn. 91 ff vor § 283; vgl. auch § 283b Rdn. 14).

Da die Bilanzierung Bestandteil und Abschluß der Buchführung ist (oben Rdn. 93), kommen im übrigen als Bilanzen nach Nr. 7 (lit. a) nur solche in Betracht, welche aus der Buchführung entwickelt sind und diese abschließen sollen. Stellt der Täter daher *neben den Abschlußbilanzen* auf der Grundlage einer an sich ordnungsgemäßen Buchführung *vorsätzlich verfälschte Bilanzen* her, um diese einzelnen Gläubigern als Kreditunterlage zu überreichen, so liegt auch bei späterem Unternehmenszusammenbruch grundsätzlich kein Konkursdelikt vor (BGHSt **30** 186f[73] für § 283b Abs. 1 Nr. 3a, vgl. dort Rdn. 8). In Betracht kommt insoweit nur versuchter oder vollendeter Kreditbetrug nach §§ 263, 265b. Lediglich dann, wenn der Täter die Buchführung oder die normalen Bilanzen zur Verdeckung dieser Tat ganz oder teilweise verheimlicht, kann auch ein Vergehen nach Nr. 1, Nr. 5 oder Nr. 7 gegeben sein. Bei besonders groben oder wiederholten Fällen der Vorlage gefälschter Bilanzen zwecks Krediterlangung ist Nr. 8 (2. Alt.) einschlägig (vgl. unten Rdn. 172). **145**

e) Das **Unterlassen der Aufstellung von Bilanz oder Inventar** wird von **Nr. 7b** lediglich an den Ablauf der „vorgeschriebenen Zeit" geknüpft (dazu Rdn. 147 ff). Auslegungsprobleme entstehen aber auch, soweit es um das Unterlassen geht: Die h. M. stellt der nicht aufgestellten auch eine besonders mangelhafte („Schein"-)Bilanz gleich (dazu näher unten Rdn. 152). **146**

α) Ausdrücklich vorgeschrieben ist eine bestimmte **Frist für die Aufstellung der Bilanz** nur für *Kapitalgesellschaften* (AG, KGaA, GmbH und Wirtschaftsgenossenschaften). § 264 Abs. 1 HGB sieht insoweit für Kapitalgesellschaften eine *absolute* Frist von 3 Monaten, § 336 Abs. 1 für Wirtschaftsgenossenschaften eine solche von 5 Monaten vor. Die Einhaltung dieser Frist stellt den Täter unabhängig von der (Krisen-)Situation des Unternehmens straflos (zusammenfassend *Blumers* S. 115f, 147f). Für *kleine* Kapitalgesellschaften i. S. d. § 267 Abs. 1 HGB erlaubt § 264 Abs. 1 S. 3 HGB eine Fristverlängerung bis zu 6 Monaten, „wenn dies einem ordnungsgemäßen Geschäftsgang entspricht". In der Krise und damit bei stärkerer Gläubigergefährdung kann eine schnellere Vermögensübersicht erforderlich werden, so daß sich die Frist für die kleine Kapitalgesellschaft bis auf 3 Monate verkürzen kann (vgl. nur *Bieneck* in: Müller-Gugenberger § 69 E II). Für *Einzelkaufleute* und Personengesellschaften stellt § 243 Abs. 3 HGB im Hinblick auf Jahresbilanzen allgemein auf die „einem ordnungsmäßigen Geschäftsgang entsprechende Zeit" ab. Bei der damit erforderlichen Einzelfall-Betrachtung (entsprechend dem Umfang, der Organisation und den sonstigen Verhältnissen des Unternehmens) soll Leitbild nach der amtl. Begr. (BTDrucks. 61/82 S. 64) die kleine GmbH als typisch mittelständisches Unternehmen, also die Fristenregelung des § 264 Abs. 1 S. 3 HGB sein. Diese *Sechsmonatsfrist* darf daher durch diesen Personenkreis nur ausnahmsweise geringfügig *überschritten* werden (*Hopt* HGB § 243 Anm. 3; OLG Düsseldorf NJW **1980** 1291; **aA** **147**

[73] Mit Anm. *Schmidt* LM § 283 Nr. 2; zust. *Bockelmann* BT 1 § 21 III; *Dreher/Tröndle* Rdn. 29; *Lackner/Kühl* Rdn. 20; *Richter* GmbHR **1984** 148; *Sch/Schröder/Stree* § 283b Rdn. 4; *Wessels* BT 2 § 12 III 4 (a. E.); *Weyand* S. 83; **aA** *H. Schäfer* wistra **1986** 200. Vgl. dazu aber auch § 283b Rdn. 15.

Bieneck aaO). Vor allem aber kann nach h. M. in der *Unternehmenskrise* eine *Unterschreitung* (Fristverkürzung) geboten sein[74]. BVerfGE **48** 48, 60ff hat dies für § 240 Nr. 4 KO a. F. dahingehend verallgemeinert, daß der Schutzzweck des Konkursstrafrechts eine stärkere Verkürzung der Bilanzierungsfrist als nach dem HGB anzunehmen gebieten könne. Dieser Beschluß ist freilich nicht nur insoweit angreifbar, als er bereits für § 240 KO a. F. von einem — aus der objektiven Strafbarkeitsbedingung abgeleiteten — Erfordernis einer „Krisenlage" des Unternehmens ausging. Vielmehr ist es auch bedenklich, gerade unter dem verfassungsrechtlichen Gesichtspunkt zweifelhafter *Tatbestandsbestimmtheit* der Strafvorschriften über unterlassene Bilanzaufstellung die Rechtssicherheit dadurch zu verbessern und die Erkennbarkeit des Strafbaren dadurch zu erhöhen, daß die strafrechtliche Norm strenger als die wortgleiche handelsrechtliche Norm ausgelegt wird. Die Garantie des Art. 103 Abs. 2 GG bei unbestimmten Tatbestandsmerkmalen des Strafrechts wird hierdurch geradezu in ihr Gegenteil verkehrt (vgl. *Tiedemann* in: Immenga/Mestmäcker GWB, Rdn. 27 vor § 38). Richtiger erscheint es, in der Wendung „entgegen dem Handelsrecht" die Anordnung eines handelsrechtsakzessorischen Sprachgebrauches von Nr. 7 zu sehen und daher insgesamt mit der h. M. eine „Normspaltung" zu vermeiden (vgl. *Tiedemann* NJW **1981** 945 mit Nachw.), also bereits die handelsrechtliche Regelung des § 243 HGB für die Krisensituation eng zu handhaben und den Inhalt von Nr. 7b für hiermit deckungsgleich zu erklären (vgl. auch Bericht Sonderausschuß BTDrucks. 7/5291 S. 18, 22f). Dies kann nach wohl h. M. den Zeitraum je nach Intensität der Krise (und dem entsprechenden Bedürfnis nach alsbaldigem Überblick für die weitere Planung) bis zur Bilanzaufstellung „unverzüglich" nach Schluß des Geschäftsjahres verkürzen[75]. Dies war auch die erklärte Absicht des Gesetzgebers bei der Neufassung des § 243 Abs. 3 entsprechenden § 39 Abs. 2 HGB a. F. durch das 1. WiKG 1976 (Bericht Sonderausschuß aaO S. 22f). Sollte allerdings das Handelsrecht keine entsprechende Fristverkürzung zulassen (so z. B. *Hüffer* in: Großkomm. HGB § 243 Rdn. 40), müßte der im Strafrecht vorherrschenden Meinung die Gefolgschaft versagt werden.

148 „Zu Beginn" des Geschäftsbetriebes sind nach §§ 242 Abs. 1, 240 Abs. 1 HGB die *Eröffnungsbilanz* (vgl. oben Rdn. 132) und das *Eröffnungsinventar* aufzustellen. Ein Teil der strafrechtlichen Literatur verlangt insoweit *unverzügliches* Handeln (*Lackner/Kühl* Rdn. 20; *Sch/Schröder/Stree* Rdn. 45). Richtig ist es demgegenüber, kraft der durch § 242 Abs. 1 Satz 2 HGB angeordneten Verweisung (auch) auf § 243 Abs. 3 HGB hier ebenfalls die einem ordnungsgemäßen Geschäftsgang entsprechende Zeit zugrunde zu legen (*Bieneck* in: Müller-Gugenberger § 69 E II; *Dreher/Tröndle* Rdn. 27; *Weyand* S. 84), wie es der Entwurf des BiRiLiG ausdrücklich vorsah (vgl. Vorauflage Rdn. 146). Allerdings deutet bereits die Wortfassung „zu" Beginn des Handelsgewerbes darauf hin, daß hier grundsätzlich nur ein recht kurzer Zeitraum in Betracht kommt, für dessen Bemessung allerdings auch der mit der Bilanzerstellung verbundene Aufwand zu berücksichtigen ist. *Blumers* (S. 55f) will eine Frist von

---

[74] *Bieneck* in: Müller-Gugenberger § 69 E II; *Blumers* S. 61, 73, 80; *Hauck* S. 132; *Maul* S. 17; *Mühlberger* DStR **1978** 215; *Richter* GmbHR **1984** 147f; *Rowedder* BB **1955** 110. Vgl. auch die Übersicht bei BVerfGE **48** 48, 62. Für die entsprechende Fristverkürzung bei der *Inventar*errichtung *Schmid* in: Müller-Gugenberger § 32 C V 1 mit Nachw.; auch *Hüffer* in: Großkomm. HGB § 240 Rdn. 45.

[75] *Blumers* S. 82ff mit Nachw.; *Dreher/Tröndle* Rdn. 30; *Hauck* S. 132; *Hiltenkamp-Wisgalle* S. 196; *Lackner/Kühl* Rdn. 20; *Wilts* und *Göhler* Prot. 7/2824 — allerdings in der mit Abs. 2 nicht zu vereinbarenden Annahme, „der Tatbestand der Nr. 7b solle nur für den Fall einer Krise gelten".

3 Monaten seit Geschäftsbeginn zugestehen (ebenso *Weyand* S. 84), diese aber bei Vorliegen von Anzeichen für eine Überschuldung ebenso wie bei Schlußbilanzen verkürzen. RGSt **28** 428, 430 hielt jedenfalls eine mehr als 3 Monate nach Geschäftseröffnung erstellte Eröffnungsbilanz für verspätet.

Eine **Fristverlängerung**, wie sie § 41 Abs. 3 GmbHG a. F. als Möglichkeit für den Gesellschaftsvertrag der GmbH vorsah, kommt angesichts dieser ausdrücklichen Gesetzesregelung strafrechtlich nicht in Betracht. Insbesondere verlängert die Bewilligung einer längeren Frist für die Abgabe der *Steuererklärung* de lege lata nicht die Frist zur Aufstellung der Handelsbilanz (*Bieneck* aaO; *Weyand* S. 85). Der Entwurf des BilanzrichtlinienG (BTDrucks. 257/83) wollte dagegen für diesen Fall eine spätere Aufstellung des Jahresabschlusses zulassen, „wenn dies einem ordnungsgemäßen Geschäftsgang entspricht" — also nicht bei (drohender) Krise des Unternehmens (*Blumers* S. 123). Auch die Ungewißheit über die richtigen Wertansätze darf nicht zu einer Fristüberschreitung führen (*Maul* S. 52, 54). **149**

„Aufgestellt" i. S. d. § 242 Abs. 1 HGB ist die Bilanz mit der von § 245 HGB vorgeschriebenen Unterzeichnung der Bilanz „unter Angabe des Datums" (vgl. *Hüffer* in: Großkomm. HGB § 242 Rdn. 18, 20). Dagegen will *Blumers* (S. 125 f) in Anlehnung an *Rose* (DB **1974** 1034) unter strafrechtlichen Aspekten genügen lassen, daß ein vorläufiger Bilanzentwurf unter sachgerechter Bewertung von Buchhaltung und Inventar erstellt ist, also der Unternehmensinhaber den erforderlichen Überblick über die Vermögens- und Ertragsverhältnisse erlangt. Die erst anschließend durch Entscheidung über die Ausnutzung von Wahlrechten, Abschreibungen, Wertberichtigungen, Rücklagen und Rückstellungen zu liefernde Rechenschaft (über den Gewinn und die Gewinnverwendung) gegenüber den Gläubigern bleibe als „Bilanzverfeinerung" strafrechtlich außer Betracht. Diese Auffassung ist unzutreffend. Der bloße *Entwurf* ist von der Aufstellung einer Bilanz zu unterscheiden. Der Entwurf steht unter dem jederzeitigen Vorbehalt der Änderung; die aufgestellte Bilanz ist der Intention nach endgültig. Zwar entscheidet über diese Endgültigkeit strafrechtlich kein äußerer Akt wie etwa die Unterzeichnung. Jedoch müssen alle Bilanzposten vollständig und endgültig bewertet sein. Der Kaufmann muß den Abschluß daher jedenfalls für sich selbst als endgültig *anerkannt* haben (*Bieneck* in: Müller-Gugenberger § 69 E II; *Weyand* S. 83). Fehlende Unterzeichnung ist zwar unschädlich (vgl. bereits oben Rdn. 136). Jedoch beweist eine vorhandene Unterschrift die erforderliche *Feststellung* der Bilanz (*Hopt* HGB § 245 Anm. 3 A). **150**

Endet die Frist zur Bilanz- oder Inventaraufstellung erst nach Eintritt der objektiven Strafbarkeitsbedingung (Unternehmenszusammenbruch), so soll nach einer verbreiteten Ansicht Strafbarkeit nach lit. b eingreifen, wenn der Täter bis zu diesem Zeitpunkt keine hinreichenden **Vorbereitungen** für die Bilanzaufstellung getroffen hat[76]. *Dreher/Tröndle* (Rdn. 30) wenden hiergegen ein, daß das Unterlassen erst mit Ablauf der Frist tatbestandsmäßig sei. Dies ist an sich zutreffend. Allerdings kommt auch bereits vor Fristablauf ein Versuch des Unterlassens nach Abs. 3 in Betracht: Der Täter setzt i. S. d. § 22 zur Verwirklichung des Tatbestandes unmittelbar an, wenn sein Entschluß zur Nichtbilanzierung durch äußere Handlungen hinreichend objektiviert wird (*Maihofer* GA **1958** 295; *Tiedemann* Wirtschaftsstrafrecht I S. 226). Dies ist regelmäßig dann der Fall, wenn die Bilanzaufstellung nach dem normalen Lauf **151**

---

[76] BGH wistra **1992** 146 f sowie bei Herlan GA **1956** 348 (= BB **1957** 274), bei Herlan GA **1959** 49 und bei Herlan GA **1971** 38; *Hess/Kropshofer* Anh. Rdn. 38; *Lackner/Kühl* Rdn. 20; *Sch/Schröder/Stree* Rdn. 47; *Weyand* S. 86.

der Dinge nur noch unter großen Schwierigkeiten möglich wäre (je nach Umfang der Vermögensverhältnisse daher wohl zu eng BGH BB **1957** 274: Bilanzierungsfrist 31. März, Eröffnung des Konkursverfahrens 7. März). Unter dieser Voraussetzung tatsächlicher Art kommt also für die genannte Fallkonstellation Strafbarkeit wegen *versuchten* Unterlassens der Bilanzaufstellung bzw. Inventaraufstellung in Betracht, sofern der Täter vorsätzlich handelt. Bei bloßer Fahrlässigkeit bleibt der Täter dagegen straffrei, da es nach h. M. keinen fahrlässigen Versuch gibt. Für die (kriminalpolitische) Richtigkeit dieser Auffassung spricht auch, daß das 1. WiKG die unterlassene Inventaraufstellung selbständig inkriminiert und hierin einen Fall unterlassener Vorbereitung für die Bilanzaufstellung gesehen hat (vgl. oben Rdn. 128 unter Hinweis auf die amtl. Begr. BTDrucks. 7/3441 S. 36; diese fährt fort: „Es würde allerdings wohl zu weit gehen, schlechthin darauf abzustellen, daß der Schuldner keine Vorbereitungen zur Aufstellung der Bilanz trifft. Für weitere Vorbereitungshandlungen zur Aufstellung der Bilanz sind wohl keine Fristen vorgesehen, so daß diese Vorbereitungen also noch am Tage vor dem Fristablauf für die Aufstellung der Bilanz erledigt werden könnten."). Vor allem gegen Ende der Bilanzierungsfrist kann das Unterlassen der Inventaraufstellung bereits vollendet sein, während im Hinblick auf die unterlassene Bilanzaufstellung — bei entsprechendem Vorsatz — nur Versuch vorliegt.

152 **β)** Das rechtzeitige, nämlich fristgemäße, Aufstellen einer mangelhaften Bilanz fällt grundsätzlich nicht unter lit. b, sondern unter lit. a, sofern der Mangel den oben Rdn. 135 beschriebenen Schweregrad erreicht. Dieser Ausgangspunkt ist unstr.[77]. Jedoch stellen Rechtsprechung und ein Teil der Literatur eine besonders grob mangelhafte Bilanz als sog. **Scheinbilanz** einer überhaupt nicht aufgestellten Bilanz gleich[78]. Die Gegenansicht will demgegenüber lit. b auf das völlige Unterlassen rechtzeitiger Bilanzaufstellung (bzw. Inventaraufstellung) beschränken (*Lackner/Kühl* Rdn. 20; auch *Maurach/Schroeder/Maiwald* BT 1 § 48 III A 1 — für Nr. 5 —). Auf den ersten Blick kommt dieser Streitfrage allein für das Unterlassen der Inventaraufstellung eine gewisse praktische Bedeutung zu, da eine grob fehlerhafte Bilanz stets unter lit. a fallen dürfte, also für den Begriff der Scheinbilanz nach lit. b kein Bedürfnis zu bestehen scheint. Da sich auch Inventarfehler im allgemeinen in der zugehörigen Bilanz auswirken (oben Rdn. 128), scheint die Streitfrage noch weiter an Bedeutung zu verlieren. Indessen sind nach Ansicht der Rechtsprechung die Voraussetzungen für die Berichtigung der Bilanz und für die Nachholung der Bilanzierung in lit. a und lit. b verschieden (vgl. oben Rdn. 118, 144 und sogleich Rdn. 153): Die Strafbarkeit nach lit. b ist mit Fristablauf gleichsam eine absolute — unter der alleinigen Voraussetzung, daß es zum Eintritt der objektiven Strafbarkeitsbedingung kommt und der Zusammenhang mit ihr nicht ausgeschlossen ist. Die Streitfrage ist also von einigem praktischen Gewicht. Bei ihrer Beantwortung spricht für eine wortgetreue Interpretation von lit. b, daß als Unterlassen im Strafrecht allgemein nur „völliges" Unterlassen verstanden wird, insbesondere die Rechtsfigur eines Unterlassens „durch Tun" überaus umstritten ist (vgl. *Jescheck* LK § 13 Rdn. 83 a. E.) und die Umdeutung unvollständiger Akte in ein Unterlassen ganz überwiegend abgelehnt wird (vgl. nur *Tiedemann* LK[10] § 265 b Rdn. 75). Andererseits ist in lit. b das Unterlassen auf ein bestimmtes Tatobjekt bezogen, welches rechtlich dahingehend qualifiziert wird, daß eine das Verhältnis von Vermögensgegenständen und Schulden auf einen bestimm-

[77] RGSt **12** 78, 82; **13** 354, 356 f; RG JW **1917** 859, 860; BGH 1 StR 625/53 v. 12. 3. 1954 bei *Dreher/Tröndle* Rdn. 30.

[78] RGSt **12** 82; **15** 174 ff; RG JW **1935** 2061 (f); *Binding* Lehrbuch I S. 439; *Dreher/Tröndle* aaO; *Sch/Schröder/Stree* Rdn. 46; *Weyand* S. 86.

ten Stichtag ersichtlich machende Aufstellung (Abschluß) vorliegen muß (§ 242 Abs. 1 HGB; oben Rdn. 130). Ebenso wie nun das Fehlen einzelner Posten (oder der Unterschrift, oben Rdn. 136) die Bilanz regelmäßig nicht als unwirksam (nicht vorhanden) erscheinen läßt, so fehlt es auf der anderen Seite dann an einer Bilanz (Abschluß), wenn eine Aufstellung von Vermögensgegenständen und/oder Schulden von vornherein nicht als vollständig konzipiert ist. Vor allem die Rechtsprechung zu § 84 GmbHG hat — wenn auch unter teilweise abweichenden Leitgesichtspunkten — eine Grenzziehung zwischen Vorliegen und Nichtvorliegen einer Bilanz entwickelt und gewisse *Mindestanforderungen* unterstrichen, deren Nichterfüllung dazu führt, daß ein Schriftstück mit der Angabe einzelner Aktiva und/oder Passiva naturgemäß nicht als Bilanz anzusehen ist (vgl. BayObLG ZIP **1982** 444 mit Bespr. *Tiedemann* S. 653, 655). Dies ist im Grundsatz auch für Nr. 7 b als zutreffend anzuerkennen, wobei die Bezeichnung als „Scheinbilanz" das Erfordernis hervorhebt, daß eine nach außen und auf den ersten Blick als Gegenüberstellung von Vermögens- und Schuldposten erscheinende Vermögensübersicht vom Täter überhaupt nicht auf Vollständigkeit hin angelegt ist. Dies wird insbesondere dann der Fall sein, wenn zahlreiche und/oder große Bilanzposten weggelassen werden und daher „nur eine Zusammenstellung willkürlich herausgegriffener Posten" vorliegt (RGSt **15** 174, 176) oder weil Buchführung und Inventar als Grundlage der Bilanzierung fehlen (RG aaO). Das Fehlen der Unterschrift ist dagegen nicht notwendigerweise schädlich (vgl. bereits oben Rdn. 136).

γ) Das Unterlassen ist mit Ablauf der oben Rdn. 147 ff genannten Frist vollendet **153** (zust. BayObLG wistra **1990** 201, 202). Einer späteren **Nachholung** der Bilanz- oder Inventaraufstellung kommt daher grundsätzlich keine strafbefreiende Wirkung zu; die Aufstellung ist dann verspätet (**aA** *Hauck* S. 145 f, da § 283 die Ordnungsmäßigkeit des Konkursverfahrens schütze). Diese Ansicht entspricht hier — anders als bei lit. a (oben Rdn. 144) — auch der Rechtsprechung, welche die Begründung für dieses Ergebnis darin findet, daß lit. b kein Erfordernis der Unübersichtlichkeit des Vermögensstandes enthält (RGSt **39** 165, 167 f; BGH 2 StR 375/76 v. 23. 3. 1977 S. 6 f). Ebenso und erst recht schließt die ordnungsgemäße Aufstellung der Bilanz und des Inventars für *spätere Geschäftsjahre* die Strafbarkeit nicht aus (RG aaO sowie GA **48** [1901] 452). Allerdings wird bei einer solchen Fallgestaltung der erforderliche tatsächliche **Zusammenhang** mit der objektiven Strafbarkeitsbedingung nicht selten ausgeschlossen sein (vgl. § 283 b Rdn. 14; auch *Wessels* BT 2 § 12 III 4).

Die Strafbarkeit entfällt schließlich, wie bereits oben Rdn. 119 dargelegt, bei **Unmöglichkeit** der Bilanz- oder Inventaraufstellung, z. B. wegen Fehlens jeglicher *Finanzmittel.* Diesen aus der Rechtsnatur von lit. b als Unterlassungsdelikt folgenden Grundsatz hat BGHSt **28** 231, 232 f für die völlige Zahlungsunfähigkeit des Kaufmann bekräftigt (vgl. dazu die Nachw. oben Rdn. 119). Der Grundsatz gilt aber auch für die Nichterfüllung der Bilanzierungs- und Inventarisierungspflicht durch einen Pflichtigen, der eine völlig mangelhafte Buchführung vorfindet und aus diesem Grunde Bilanz und Inventar nicht aufstellen kann (OLG Frankfurt BB **1977** 312, 313 für den Liquidator einer GmbH; zust. *Sch/Schröder/Stree* Rdn. 47). Die oben Rdn. 120 zur unterlassenen Buchführung entwickelten Einschränkungen gelten für das Unterlassen der Bilanzierung nicht in gleichem Maße, da bei vorhandener Buchführung das Fehlen der ohnehin retrospektiven Bilanz die Übersicht über den Vermögensstand nicht so gravierend beeinträchtigt, daß die Unternehmenstätigkeit sogleich eingestellt werden müßte. Auch dieser Gesichtspunkt kann allerdings die Un- **154** ternehmensfortführung nur für einen beschränkten Zeitraum nach erfolglosem Ablauf der Bilanzierungsfrist rechtfertigen.

8. Sonstiges Verringern des Vermögensstandes und Verheimlichen oder Verschleiern der geschäftlichen Verhältnisse (Nr. 8)

155 **a)** Der **Anwendungsbereich** dieser durch das 1. WiKG geschaffenen Generalklausel ist zweifelhaft und wurde auch im Gesetzgebungsverfahren nicht geklärt. Fraglich ist bereits, ob die in Nr. 8 genannten „anderen" Handlungsweisen nicht in Wahrheit „sonstige" Handlungen meinen, die im Hinblick auf den Oberbegriff der Vermögensverringerung, Verheimlichung oder Verschleierung der geschäftlichen Verhältnisse den in Nrn. 1—7 ausdrücklich umschriebenen Handlungen „ähnlich" sind. Diese Frage wurde oben Rdn. 11 bejaht (zust. *Weyand* S. 86 f). Unklar blieb im Gesetzgebungsverfahren auch, ob schon jetzt Fallgestaltungen existieren, die unter Nr. 8 fallen, oder ob dieser Tatbestand gleichsam in Reserve für noch nicht voraussehbare wirtschaftliche Entwicklungen und Fallgestaltungen gehalten wird (im letzteren Sinne zusammenfassend *Wilts* und *Sturm* Prot. 7 /2825). Die Annahme liegt nahe, daß es bereits derzeit Fälle von Nr. 8 gibt, die sich lediglich mangels hinreichender Typisierung der Erfassung durch Nrn. 1—7 entziehen. Angesichts der weiten Auslegung des Beiseiteschaffens (Nr. 1) und der unwirtschaftlichen Ausgaben (Nr. 2) sowie der Einfügung der Spekulations- und Verlustgeschäfte in Nr. 2 lassen sich allerdings bisher nur relativ wenige Beispiele auffinden, die eindeutig nur unter die erste Alternative von Nr. 8 fallen, ohne bereits durch Nrn. 1—7 erfaßt zu sein (zust. *Krause* S. 138). Deutlicher erkennbar ist der Anwendungsbereich der zweiten Alternative von Nr. 8, die insbesondere die unrichtige Wiedergabe und Verschleierung der Unternehmensverhältnisse in geschäftlichen Mitteilungen erfaßt (vgl. AE § 193 Abs. 1 Nr. 8; *Sch/Schröder/Stree* Rdn. 49), so etwa bei der *Werbung für Kapitalanlage*, für *Beteiligung am Bauwesen* und an *Warentermingeschäften* (vgl. *Tiedemann* GmbH-Strafrecht Rdn. 41 vor § 82 mit Nachw.; zust. *Weyand* S. 88 f). Unter die erste Alternative fällt als Verstoß gegen „elementarste kaufmännische Grundsätze" das Wirtschaften ohne jeden Überblick über die Gewinn- und Verlustsituation (BGH NJW **1981** 354, 355), da es hier um positives Tun geht; das bloße Fehlen des Überblicks ist als Unterlassen regelmäßig nicht nach der 2. Alt. strafbar (unten Rdn. 171). Daneben bleiben für die 1. Alt. vor allem solche — nach früherem Recht ebenfalls nicht als Konkursdelikte zu ahndende — Handlungsweisen übrig, die vermögenswerte, aber nicht selbständig faßbare oder pfändbare Aussichten und Chancen eines Unternehmens betreffen, welche nicht i. S. d. Nr. 1 „beiseite geschafft" werden können. Zu denken ist etwa an den *geschäftlichen Ruf* (*Krause* S. 141 Fußn. 243 unter Hinweis auf BGH GA **1974** 61) sowie an das „Vorbeisteuern" von Aufträgen (und *Arbeitskraft!*) an dem Altunternehmen des Täters zugunsten seines Neuunternehmens (vgl. OLG Düsseldorf NJW **1982** 1712 ff; auch *Dreiss/Eitel-Dreiss* S. 160; näher unten Rdn. 161). In Betracht kommen weiter *Umleitungen* von angebotenen *Nachschüssen* der Gesellschafter auf eine neu gegründete Gesellschaft (*Krause* aaO) und Unterlassungshandlungen, soweit diese nicht schon zu einem Beiseiteschaffen von Vermögensbestandteilen führen — wie etwa die gezielte Nichtausnutzung von Exportlizenzen (vgl. *Dreiss/Eitel-Dreiss* S. 161, aber auch unten Rdn. 159). Schließlich enthält der Maßstab des groben Widerspruchs zu den Anforderungen einer ordnungsgemäßen Wirtschaft in Nr. 8 auch ein selbständiges Rechtsinstrument, um nach anderen Rechtsnormen nicht ausdrücklich erfaßte *Umgehungsgeschäfte* zu bestrafen, wobei die Strafbarkeit und Rechtswidrigkeit nach Nr. 8 über § 134 BGB zugleich die zivilrechtliche Nichtigkeit des Geschäftes bewirkt.

156 Nicht zwingend erforderlich ist dagegen die 1. Alt. von Nr. 8 zur Erfassung der von *Eitel* während des Gesetzgebungsverfahrens (Prot. 7/2547 f) angeführten Manipulationen mit **Konkursausfallgeld** durch sachlich unbegründete rückwirkende Gehaltserhöhungen von Angestellten, rückwirkende Anstellung neuer Geschäftsführer und Einstufung von Gesellschaftern als Arbeitnehmer durch Veränderung der Beteiligungsverhältnisse (vgl. auch Bericht des Sonderausschusses BTDrucks. 7/5291 S. 18). Handelt es sich hierbei um Scheingeschäfte, so kommt bereits Nr. 4 zum Zuge (zutr. *Dreher/Tröndle* Rdn. 31). Sind die genannten Maßnahmen dagegen — was anzunehmen näher liegt — zivilrechtlich wirksam, so ist zwar für ein „Vortäuschen" von „Rechten anderer" kein Raum, da und soweit diese Rechte nach dem ArbeitsförderungsG (AFG) entstanden sind. Jedoch liegt dann ein Schuldigwerden (des Unternehmens) in bezug auf Ausgaben vor, die i. S. d. Nr. 2 auch als „unwirtschaftlich" eingeordnet werden müßten, wenn sie nach Nr. 8 sogar grob wirtschaftswidrig sein sollen (zust. *Bieneck* in: Müller-Gugenberger § 75 A I; **aA** ohne Begründung *Eitel* aaO S. 2548). Die vertraglichen Ansprüche der Arbeitnehmer auf Lohnzahlung gehen nämlich kraft Gesetzes (§ 141 m AFG) auf die Bundesanstalt für Arbeit über und sind nach § 59 Abs. 1 Nr. 3 a KO im Konkurs vorrangig zu befriedigen (anders InsO 1999, die den Vorrang beseitigt; vgl. *Uhlenbruck* KTS **1994** 183). Die „künstliche" Schaffung von Ansprüchen auf Konkursausfallgeld belastet daher das Vermögen des Unternehmens durch zusätzliche Forderungen. Dasselbe gilt für die bereits oben Rdn. 24 erwähnte Finanzierung der Unternehmensfortführung durch „Vorgriff" auf das Konkursausfallgeld (dazu näher unten Rdn. 165 und 170). Insoweit hat § 141 k Abs. 2 a AFG zwar mit Wirkung vom 1. 1. 1988 eine Klarstellung gebracht, die aber dann durch den Maßstab der groben Wirtschaftswidrigkeit nach Nr. 8 ergänzt werden muß, wenn man in § 141 k Abs. 2 a AFG keine allgemeine gesetzliche Umgehungsklausel sieht (vgl. *Hanau/Kappus* ZIP **1988** 888 ff, die die gesetzliche Regelung um einen „ungeschriebenen Mißbrauchstatbestand" erweitern wollen und sich hierfür im Ergebnis zutreffend auf Voraufl. Rdn. 153 berufen). Im übrigen bleibt für Nr. 2 zusätzlich das Tatbestandsmerkmal der Unverhältnismäßigkeit der Belastung mit den unwirtschaftlichen Ausgaben zu prüfen. Bei sachlich unbegründeten und überflüssigen Maßnahmen wie dem Anstellen neuer Geschäftsführer, Gehaltserhöhung in der Krise usw. steht aber praktisch *jede* Belastung des Schuldnervermögens außer Verhältnis zu dem Gesamtwert des noch verbliebenen Vermögens.

157 Ein Beispiel für die 1. Alt. von Nr. 8 könnte schließlich der im Gesetzgebungsverfahren von *Uhlenbruck* (Prot. 7/2838) erwähnte und von *Dreher/Tröndle* (Rdn. 31) der Nr. 8 zugeordnete Bereich pseudo-legaler Sanierung durch Vermögensübertragung auf Sanierungs- oder **Auffanggesellschaften** darstellen (vgl. dazu auch *Blankenbach/Richter* wistra **1982** 224; *Müller/Wabnitz* S. 152 ff). Ein Beiseiteschaffen von Vermögensbestandteilen i. S. d. Nr. 1 wird insbesondere bei der Betriebsaufspaltung meist gezielt dadurch vermieden, daß die Neugesellschaft (Basis- oder Besitzgesellschaft) auch Schulden des alten Unternehmens (welches zur Produktionsgesellschaft wird) übernimmt — wenn auch nur in bezug auf solche Schulden, an denen der Neugesellschaft im Sinne einer Fortsetzung der Geschäftsbeziehungen mit den bisherigen Gläubigern gelegen ist (vgl. oben Rdn. 30 und *Tiedemann* ZIP **1983** 517). Ob hierin ein Verhalten nach Nr. 8 liegt, wird unten Rdn. 164 näher zu erörtern sein. — Ein Anwendungsbereich für Nr. 8 bliebe möglicherweise auch, soweit der Inhaber oder Vertreter des schuldnerischen Unternehmens an der Bildung bestimmter Formen von *Sicherungspools* von Großgläubigern mitwirkt und es sich nicht um Übertragung von Unternehmenseigentum auf diese Gläubiger, sondern lediglich um die Verbesserung

der Beweislage zugunsten der Gläubiger handelt. Jedoch geht für derartige Handlungen § 283 c als exklusive Spezialregelung vor (vgl. § 283 c Rdn. 39; auch AG Siegen wistra **1985** 196 f).

158 *Zusammengefaßt* hat die **2. Alt.** von Nr. 8 vor allem für verschleiernde geschäftliche Mitteilungen praktische Relevanz; jedoch ist insoweit nur ein (zumindest konkludentes) Tun, nicht dagegen auch ein bloßes Unterlassen (ohne Vorliegen einer Garantenstellung) tatbestandsmäßig (vgl. unten Rdn. 171). — Demgegenüber ist der **1. Alt.** von Nr. 8 bisher nur eingeschränkte Bedeutung vor allem für solche Fallgestaltungen beigelegt worden, in denen dem schuldnerischen Unternehmen lediglich vermögenswerte Chancen und Lagen entzogen werden, die nicht i. S. d. Nr. 1 „beiseite geschafft" werden können. Für die Zukunft kann die 1. Alt. vor allem für bestimmte Sanierungspraktiken und auch im Hinblick auf Erfordernisse moderner, über die klassische Buchführung hinausgehender Mittel und Methoden der Wirtschaftsplanung, z. B. im Bereich der Finanzplanung, Bedeutung erlangen (vgl. *Maul* S. 21; *Tiedemann* ZIP **1983** 522). Dies und die Eröffnung eines selbständigen Anwendungsbereiches neben Nrn. 1—3 setzt freilich u. a. voraus, daß die 1. Alt. von Nr. 8 nicht eine strikte Einzelbetrachtung jeder Handlung erfordert, sondern für die Feststellung der Vermögensverringerung zumindest eine gewisse zeitliche und sachliche **Gesamtbetrachtung** zuläßt; diese ist allerdings umstritten (dazu sogleich Rdn. 162).

159 **b)** Die **1. Alternative** von Nr. 8 erfaßt ebenso wie der Tatbestand von Nr. 1 grundsätzlich nur positives Tun. Lediglich bei Vorliegen einer Garantenstellung ist bloßes *Unterlassen* tatbestandsmäßig. Der Schuldner hat nicht etwa wie der Vermögenssorgepflichtige nach § 266 eine besondere Obhutspflicht, deren Verletzung unmittelbar und ohne weiteres den Tatbestand erfüllen könnte (vgl. dazu *Hübner* LK[10] § 266 Rdn. 72 und 88 mit Nachw.; *Sch/Schröder/Stree* Rdn. 136 vor § 13). Vielmehr geht es hier um sein eigenes Vermögen, mag ihm dies — vor allem in der Situation des Abs. 1 — auch wirtschaftlich gesehen teilweise von den Gläubigern zur Verfügung gestellt sein. Allein hieraus ergibt sich ebenso wie zu Nr. 1 keine Garantenstellung des Schuldners zur Mehrung oder auch nur zur Erhaltung seines Vermögens, und zwar auch nicht in der Krisensituation (oben Rdn. 37). Soweit der Täter als Organ, Vertreter usw. eine strafrechtliche Betreuungspflicht für fremdes Vermögen hat, ist es nur theoretisch von Interesse, ob diese Pflicht auch für Nr. 8 ausreicht: Die vorsätzliche Nichterfüllung der Betreuungspflicht macht jedenfalls bei schädigender Wirkung des Unterlassens nach § 266 strafbar, und bei Eigennutz des Täters entfällt nach der neueren Rechtsprechung ohnehin jede Strafbarkeit nach § 283 in Verb. mit § 14 (vgl. Rdn. 79 vor § 283).

160 **α)** Als **Verringern des Vermögensstandes** wird jede Verminderung der Aktiva und jede Vergrößerung der Passiva verstanden[79]. Ebenso wie bei Nr. 1 und bei Nr. 5 (2. Alt.) sowie Nr. 7 (lit. a) kommt es grundsätzlich auf das wirtschaftliche Erfüllungsgeschäft an (vgl. oben Rdn. 25, 112). Als Erhöhung der Passiva reicht aber wie bei Nr. 2 bereits das Eingehen von Verpflichtungen aus. Die dingliche Belastung stellt ebenso wie sonstige Formen unmittelbarer Beeinträchtigung vorhandener Vermögenswerte schon ein Beiseiteschaffen nach Nr. 1 dar, da sie den Gläubigerzugriff erschwert. Der selbständige Anwendungsbereich der 1. Alt. von Nr. 8 liegt daher zum

[79] *Bieneck* in: Müller-Gugenberger § 73 D; *Lackner/Kühl* Rdn. 21; *Sch/Schröder/Stree* Rdn. 49.

einen in der Beeinträchtigung bzw. Vereitelung eines Vermögens**zuwachses** (durch positives Tun):

Der Vermögensbegriff ist ebenso wie bei Nr. 1 im wirtschaftlichen Sinne zu verstehen. Zum Vermögen rechnen hier aber auch Umstände und Faktoren, die nicht (selbständig) pfändbar sind und im Falle der Konkurseröffnung nicht gemäß § 1 KO zur Konkursmasse gehören, jedoch nach der Verkehrsauffassung geldwert sind bzw. den Wert anderer Vermögensgegenstände oder des Unternehmens insgesamt erhöhen. Hierzu zählen die bei §§ 263, 266 anerkannten tatsächlichen Aussichten und Hoffnungen, soweit sie nicht ganz unbestimmt und vage, sondern hinreichend wahrscheinlich sind (eingehend *Lackner* LK[10] § 263 Rdn. 134 mit Nachw.), insbesondere die Stammkundschaft sowie der sicher bevorstehende Abschluß mit einem Gelegenheitskunden (BGHSt **20** 143, 145 mit Nachw.), aber auch konkrete Absatz- und Gewinnerwartungen bei starrer Marktlage (BGH bei Holtz MDR **1981** 100) oder die Möglichkeit, die Arbeitskraft gegen Entgelt zu verwerten (RGSt **68** 379, 380; *Lackner* aaO Rdn. 140), sowie der Besitz von Beweismitteln (RGSt **16** 1, 11; *Dreher/Tröndle* § 263 Rdn. 27a). Ob der Vermögenswert nach den handelsrechtlichen GoB oder nach steuerrechtlichen Grundsätzen für die Bilanz aktivierungspflichtig ist oder überhaupt aktiviert werden kann, ist allenfalls als Indiz zu berücksichtigen; für den strafrechtlich-wirtschaftlichen Vermögensbegriff kommt es jedenfalls nicht darauf an, ob das Wirtschaftsgut selbständig verkehrsfähig ist (*Lackner* aaO Rdn. 137). In diesem Sinne kann insbesondere die **Verlagerung der Geschäftstätigkeit** von einem Unternehmen auf ein anderes (vgl. oben Rdn. 155) eine Verringerung des Vermögensstandes des ersteren darstellen; freilich wird ein solches Verhalten nur selten den Anforderungen einer ordnungsgemäßen Wirtschaft grob widersprechen (OLG Düsseldorf NJW **1982** 1712, 1713; unten Rdn. 168). Ebenso stellt die Aufgabe einer Anwartschaft auf Erteilung des Zuschlages in einer Submission eine Vermögensbeeinträchtigung dar (vgl. BGHSt **17** 147, 148 f); jedoch kann diese Vermögensminderung eventuell durch das Versprechen der übrigen Teilnehmer an einem Submissionskartell aufgewogen werden, dem Verzichtenden innerhalb konkret abzusehender Zeit einen anderweitigen Auftrag zu verschaffen. Die zusätzlich von *Dreiss/Eitel-Dreiss* S. 160, 161 f genannten Fälle des Verkaufes günstiger Kontrakte und der konzernrechtlichen Untreue fallen bereits unter Nr. 1, wie die oben Rdn. 25 ff beschriebene Ausdehnung des Begriffes des Beiseiteschaffens zeigt. **161**

Zum anderen erweitert sich der Anwendungsbereich der 1. Alt. von Nr. 8 vor allem im Verhältnis zu Nrn. 1 und 2 dadurch, daß die 1. Alt. eine gewisse **Gesamtbetrachtung** des Wirtschaftens erlaubt, wie sie bisher vor allem aus der außerstrafrechtlichen Rechtsprechung zur Konkursanfechtung nach § 30 Nr. 2 KO und auch aus der strafrechtlichen Judikatur zu § 283 c (vgl. dort Rdn. 14), aber auch aus dem Wertausgleichsgedanken bei Nr. 1 (oben Rdn. 30) und Nr. 2 (oben Rdn. 67), aus der Gesamtbetrachtung bei Nr. 2 (BGH GA **1974** 61, 62; *Dreher/Tröndle* Rdn. 12) sowie der Rechtsprechung zum Nachteilsbegriff bei § 266 (dazu *Lüderssen* Arm. Kaufmann-Gedächtnisschrift S. 687 f) bekannt ist. Unter dem Gesichtspunkt der rechtlichen Handlungseinheit erscheint die Auslegung vertretbar, daß die 1. Alt. von Nr. 8 die Vermögensverringerung durch grob wirtschaftswidriges *Wirtschaften* betrifft. Die Vermögensverringerung erscheint insoweit — ähnlich wie der Mangel der Buchführung bei Nr. 5 2. Alt. — unter zeitlichen Aspekten als Ergebnis eines grob fehlerhaften Wirtschaftens, das jedenfalls bei gleichartigen Geschäften (z. B. Inanspruchnahme überhöhter Kredite) auch strafrechtlich als einheitliche Tätigkeit aufgefaßt werden kann. Vermögensverringerung und grobe Wirtschaftswidrigkeit brauchen also **162** nicht unbedingt nur auf jede Einzeldisposition bezogen zu werden. Vielmehr ist sowohl bei Zerlegung eines Vorganges in mehrere Akte als auch bei zeitlicher Dauer des Wirtschaftens eine *Gesamtbewertung* möglich und geboten, wobei die Zusammenfassung insoweit bedenkenfrei ist, als sie auf die Bewertung (und nicht auf die Einzelakte) zielt. Eine Verletzung des Tatschuldprinzips (vgl. zuletzt BGHSt **40** 138, 158 f) liegt daher nicht vor, wie besonders die Konstellation von Nr. 8 in Verbindung mit *Abs. 2*, aber auch die unbestrittene Möglichkeit rechtlicher Handlungseinheit zeigt. Auch muß vor allem bei der Betrachtung der Dauer des Wirtschaftens (seit Beginn der Krise) der Einwand des Täters relevant bleiben, daß das Ergebnis der Verringerung des Vermögensstandes nur auf einem einzigen (oder mehreren) nicht pflichtwidrigen Geschäft(en) oder auf einem nicht vorhersehbaren äußeren Ereignis (z. B. vom Täter nicht veranlaßte Kündigung eines Kredites) beruht, ohne daß damit eine Umkehr der materiellen Beweislast oder eine Einschränkung des Grundsatzes „in dubio pro reo" einträte. Subjektiv ist jedenfalls dolus eventualis erforderlich, wobei insoweit die Rechtsprechung zum Kreditbetrug nach § 263 brauchbare Anhaltspunkte liefert. — Entscheidend ist also, daß ein grob fehlerhaftes Wirtschaften als Gesamtvorgang kausal (dazu unten Rdn. 180) zu einer zumindest billigend in Kauf genommenen Vermögensverringerung führt, die sich im Falle des Abs. 2 zur Zahlungsunfähigkeit steigern kann.

163 Vor allem unter dem letzteren Blickwinkel kann die 1. Alt. von Nr. 8 das Gründen und Erweitern von Unternehmen mit **völlig unzureichendem Eigenkapital** erfassen (vgl. § 192 Abs. 1 Nr. 1 AE; zust. *L. Müller* in: Lexikon des Rechts S. 462). Diese Handlung wurde vom 1. WiKG mangels hinreichender Typisierbarkeit nicht gesondert unter Strafe gestellt (vgl. oben Rdn. 124 vor § 283; *Dreiss/Eitel-Dreiss* S. 159). Zwar werden die *Ausgaben* des Täters für die *Gründung* als Gesamtvorgang in krassen Fällen bereits durch Nr. 1 und/oder Nr. 2 erfaßt, wenn und soweit durch die Ausgaben keine hinreichend sicheren Gegenwerte geschaffen werden. In weniger krassen Fällen, die ebenfalls mit Zahlungseinstellung oder Konkurs enden, kann aber Nr. 8 einschlägig sein, wenn die grobe Wirtschaftswidrigkeit in der geringen Eigenkapitalausstattung oder in dem (eventuell: hiermit einhergehenden) Mangel an Übersicht und Planung liegt. Wegen der bestehenden Überschuldung ist hier meist von Anfang an eine Krise gegeben (vgl. die bereits Rdn. 173 vor § 283 zitierte BGH-Entscheidung 1 StR 625/80 v. 10. 2. 1981). Ein Spekulationsgeschäft i. S. d. Nr. 2 dürfte dagegen angesichts der restriktiven Auslegung dieses Begriffes (oben Rdn. 55 ff) nur selten vorliegen. Auch wird die Unwirtschaftlichkeit von Ausgaben nach der genannten Nr. 2 bei der Unternehmensgründung nur schwer festzustellen sein, da dieses Merkmal auf das Gesamtvermögen und Einkommen des Schuldners zu beziehen ist (oben Rdn. 66). Zwar gilt für Nr. 8 grundsätzlich derselbe Bezugspunkt, obwohl die Gefährlichkeit der Unternehmensgründung mit völlig unzureichenden Finanzmitteln in dem Mißverhältnis des aufgewandten Kapitals zu dem angestrebten Geschäftszweck liegt (vgl. AE aaO). Die letztere Relation ist aber bei Nr. 8 im Rahmen der zu β) darzulegenden Gesichtspunkte selbständig zu prüfen und nicht auf den Zeitpunkt der Gründungsausgaben beschränkt: Führt die unzureichende Eigenkapitalausstattung zum Scheitern des Unternehmens und damit zum Verlust des eingesetzten Vermögens, so steht das Strafbarkeitsurteil nur noch unter dem Vorbehalt, daß ein derartiges Wirtschaften als grob fehlerhaft einzuordnen ist. Aufgrund seiner Ablehnung einer Gesamtbetrachtung will demgegenüber *Krause* (S. 306, 410) die Unterkapitalisierung nur zum Anlaß für eine Verschärfung des Maßstabes ordnungsgemäßen Wirtschaftens bei als solchen vermögensmindernden Maßnahmen nehmen. Damit ergibt sich kein über Nr. 1 und Nr. 2 hinausgehender Anwendungsbereich von Nr. 8. Dagegen orientiert sich die hier vertretene Auslegung (auch) an der österreichischen und französischen Rechtsprechung zu Fällen, in denen eine mangelhafte Eigenkapitalausstattung zu immer höherer Kreditaufnahme und schließlich zur Zahlungsunfähigkeit führt (vgl. nur OGH ÖJZ **1969** 498, 499; EvBl **1971** 329, 330; Rdn. 190 vor § 283). Allerdings ist insoweit nach deutschem Recht zumindest dolus eventualis erforderlich (oben Rdn. 162).

Die Gesamtbetrachtung nach 1. Alt. bedeutet ferner, daß gewisse Praktiken wirk- **164**
licher oder angeblicher **Sanierung** strafbar sein können, sofern die Sanierung fehlschlägt (Abs. 6) und das zusätzliche Urteil grober Wirtschaftswidrigkeit feststeht. So ist die Vermögensübertragung auf eine *Auffanggesellschaft (Betriebsaufspaltung)* nach Nr. 8 auch im Wege einer wirtschaftlichen Gesamtbewertung zu betrachten. Diese kann unter dem Gesichtspunkt des „Aushöhlens" ergeben, daß die Vermögenslage des Altunternehmens als verringert erscheint, auch wenn den auf die Auffanggesellschaft übertragenen Aktiva gleichzeitig übernommene Passiva gegenüberstehen: Der Gesichtspunkt, daß die Auffanggesellschaft nur willkommene Verbindlichkeiten übernimmt und bei dem Altunternehmen nur unbrauchbares Material verbleibt (vgl. *Mohr* S. 117 f; *Tiedemann* ZIP **1983** 517), kann — auch unter Berücksichtigung des oben Rdn. 161 dargelegten Vermögensbegriffes — trotz rechnerischen Ausgleichs zur Annahme einer wirtschaftswidrigen Vermögensverringerung führen (zust. *L. Müller* in: Lexikon des Rechts S. 462). Dies ist allerdings nicht erst die Folge der hier vorgeschlagenen Gesamtbetrachtung, sondern Ausfluß der bereits von der älteren Rechtsprechung (zu Nr. 1) anerkannten Nichtanwendung des Wertausgleichsgedankens bei Verstoß gegen die Anforderungen einer ordnungsgemäßen Wirtschaft (vgl. oben Rdn. 30 und unten Rdn. 168). Im Ergebnis gleich, aber zur Annahme von Nr. 1 bzw. § 283 c neigend, stuft *Krause* (S. 271 ff) den „Aktiv-Passiv-Tausch" außer bei quotenerhaltender Übernahme von Verbindlichkeiten als grob wirtschaftswidrig ein (krit. dagegen *Mohr* S. 120 ff, der auf die praktischen Bewertungsschwierigkeiten für die Bestimmung der Angemessenheit der Gegenleistung hinweist und auf die Einwilligung der Gläubiger abstellt).

Entsprechendes gilt letztlich für die Unternehmensfinanzierung durch **Vorgriff** **165**
auf das Konkursausfallgeld (vgl. oben Rdn. 156 und unten Rdn. 170). Die Belastung der späteren Konkursmasse mit übergegangenen Lohnansprüchen (oben Rdn. 156) wird wertmäßig durch die Weiterarbeit der Arbeitnehmer nicht ausgeglichen, auch wenn Sicherungseigentum im Wert erhöht wird und daher die gesicherten Forderungen durch abgesonderte Befriedigung erlöschen (vgl. § 283 c Rdn. 14). Ein Wertausgleich wäre aber auch unter dem Gesichtspunkt unbeachtlich, daß andere Gläubiger geschädigt werden (vgl. dazu näher § 283 c Rdn. 14). Allgemein stellt § 141 k Abs. 2 a AFG mit Wirkung vom 1. 1. 1988 (vgl. bereits Rdn. 156) insoweit darauf ab, daß ein Anspruch auf Konkursausfallgeld, der einem Kreditgeber übertragen oder verpfändet werden kann, nur dann besteht, wenn der Kreditgeber oder Pfandgläubiger „nicht zugleich Gläubiger des Arbeitgebers oder an dessen Unternehmen beteiligt war". Unter dem in Abs. 2 a Satz 2 formulierten gesetzlichen Umgehungsgesichtspunkt ist dem jedenfalls der von der amtlichen Begründung genannte Fall gleichzustellen, daß der Kreditgeber oder an dem Unternehmen Beteiligte einen Strohmann oder einen Pool vorschiebt (BTDrucks. 11/1161 S. 13), aber wohl auch der Fall, daß der Anstoß für die Vorfinanzierung des Arbeitsentgelts durch einen unbeteiligten Dritten vom Arbeitgeber oder einer für ihn handelnden Person ausgeht (Runderlaß 111/89 vom 11. 10. 1989 der Bundesanstalt für Arbeit, Dienstblatt S. 60 ff mit weite-

ren Umgehungsfällen S. 62). Soweit dann der Gesichtspunkt des Scheingeschäftes oder der Umgehung nach § 141 k Abs. 2a Satz 2 AFG reicht, die Rechtsgestaltung also unwirksam ist, bedarf es keines Rückgriffs auf (und keiner Anwendung von) Nr. 8. Wird allerdings Abs. 2a Satz 2 als eine nur unvollkommene, etwa auf die vom Gesetzgeber ausdrücklich genannten Fallkonstellationen beschränkte Umgehungsregelung begriffen, so eröffnet gerade der Maßstab der groben Wirtschaftswidrigkeit von Nr. 8 die Möglichkeit, zusätzliche Mißbrauchsfälle als strafrechtlich relevant und damit auch außerstrafrechtlich unwirksam zu qualifizieren (zust. *Hanau/Kappus* ZIP **1988** 890 f). Maßgebend ist auch insoweit, ob es um die mißbräuchliche Verfolgung von Sonderinteressen und um eine Aufschiebung der Eröffnung des Konkursverfahrens oder aber um sinnvolle Versuche einer Sanierung oder um die erforderliche Nutzung des Zeitraumes bis zur Eröffnung des Konkursverfahrens geht, um sich einen Überblick über die Aktivmasse zu verschaffen (zusammenfassend *Hess* in: GK-AFG, 5. Aufl. [1991] § 141 k Rdn. 54 und in: Hess/Kropshofer Anh. I § 141 k AFG Rdn. 53 u. 54, je mit Nachw.).

166 Weniger bedeutsam ist Nr. 8 für die im wesentlichen durch Nr. 2 und Nr. 3 erfaßte *Verschleuderung* von Sachen und Rechten: Bei der Verschleuderung von Ware, die im Eigentum des Täters steht, sowie von Erzeugnissen der Urproduktion, die nicht unter § 1 Abs. 2 Nr. 1 HGB fallen, und von Immaterialgüterrechten (wie z. B. Patenten) kommt Nr. 8 zwar grundsätzlich in Betracht (vgl. *Dreher/Tröndle* Rdn. 31). Jedoch liegen hier regelmäßig bereits Verlustgeschäfte i. S. d. Nr. 2 oder Handlungen nach Nr. 1 (Beiseiteschaffen: *Krause* S. 140 Fußn. 241) vor (vgl. oben Rdn. 54).

167 **β)** Der Tatbestand der 1. Alt. von Nr. 8 erfordert neben der Verringerung des Vermögensstandes, daß die Vermögensverringerung **„den Anforderungen einer ordnungsgemäßen Wirtschaft grob widerspricht"**. Entsprechend den oben Rdn. 117 ff vor § 283 entwickelten Grundsätzen zur strafrechtlichen Handhabung dieses Maßstabes (und allgemein von unbestimmten, auf außerrechtliche Wertungen verweisenden Rechtsbegriffen) ist dieses Erfordernis *eng* zu handhaben und auf Fälle *eindeutiger* Unvertretbarkeit zu beschränken[80].

168 Während für den privaten Wirtschafter jedenfalls außerhalb der Krise praktisch keine allgemeinen Maßstäbe für ein „ordnungsgemäßes" Wirtschaften existieren (vgl. oben Rdn. 110 vor § 283), haben sich Inhaber eines kaufmännischen oder handwerklichen Unternehmens sowie die Angehörigen freier Berufe an den Grundregeln ordnungsgemäßer Unternehmens- und Geschäftsführung auszurichten, die den Schutz der Gläubiger und die Anforderungen der Kreditwirtschaft konkretisieren. Diese Grundregeln sind weithin ungeschrieben und wechseln je nach Rechts- und Finanzierungsform sowie nach Größe und Branchenzugehörigkeit des Unternehmens (vgl. Rdn. 111 ff vor § 283). Nicht ohne weiteres zwingend oder auch nur indiziell für das Vorliegen einer nicht ordnungsgemäßen Wirtschaftsführung ist die Strafbarkeit oder Ordnungswidrigkeit des Verhaltens; insoweit kommt es auf die Schutzrichtung der einschlägigen Verbotstatbestände an (näher Rdn. 119 vor § 283). Dasselbe gilt für die etwaige Wettbewerbswidrigkeit des Verhaltens, da sich diese aus der Gefährdung oder Beeinträchtigung von Mitbewerbern und Verbrauchern, nicht dagegen von Gläubigern und/oder der Kreditwirtschaft ergibt (Rdn. 119 vor § 283). Wohl aber können dem Anwendungsbereich des § 826 BGB Anhaltspunkte für das Urteil grober Wirtschaftswidrigkeit entnommen werden, soweit es um Handlungen geht, durch die

[80] *Tiedemann* GmbH-Strafrecht Rdn. 42 vor § 82; auch *Dreiss/Eitel-Dreiss* S. 165; *Richter* GmbHR **1984** 145; *Schlüchter* Irrtum S. 137 mit weit. Nachw.

Gläubiger und (sonstige) Kreditgeber geschädigt werden; dies gilt z.B. unter dem Gesichtspunkt der *Konkursverschleppung* (vgl. bereits Rdn. 7 vor § 283) für die Fortführung insolventer Unternehmen durch den Unternehmer oder einen nicht amtlich bestellten Vertreter bzw. ohne sonstige richterliche Überwachung (näher unten Rdn. 170). Primär betrifft der in Nr. 8 verwandte Maßstab aber das Handeln gegen die wohlverstandenen eigenen (betriebswirtschaftlichen) Interessen des Schuldners. Gegen die Grundsätze einer ordnungsgemäßen Wirtschaft verstößt daher z.B. die *Gewährung von Geld- oder Warenkredit* an unbekannte Kreditnehmer *ohne Prüfung der Kreditwürdigkeit* (Rdn. 118 vor § 283; zust. *Weyand* S. 88; **aA** *Krause* S. 140 Fußn. 241: Nr. 1 oder Nr. 2), die Weiterbelieferung eines betrügerischen Abnehmers (**aA** *Krause* aaO: Nr. 1), die Kalkulation und der Verkauf *unter Kosten* oder sogar unter Einstandspreisen über einen längeren Zeitraum ohne billigenswertes Motiv (Rdn. 119 vor § 283; regelmäßig zugleich Verlustgeschäft nach Nr. 2!), im allgemeinen — je nach Geschäftszweig — auch das *Eingehen besonders risikoreicher Geschäfte* in der Hoffnung auf besonders großen Gewinn (vgl. Nr. 2 und Rdn. 118 vor § 283; zust. *Weyand* aaO) sowie vor allem das Wirtschaften ohne ein branchenübliches **Mindestmaß an Übersicht und Planung** (vgl. BGH NJW **1981** 354, 355; *Weyand* aaO und bereits Rdn. 120ff vor § 283). Dabei bezieht sich das ordnungsgemäße Wirtschaften auf das Unternehmen ein- und desselben Rechtsträgers. Wird dieses Unternehmen in seinem Vermögensstand verringert, so entfällt die Wirtschaftswidrigkeit insbesondere einer *Aushöhlung* des Altunternehmens nicht deshalb, weil die übertragenen Vermögenswerte einem neuen Unternehmen (eines anderen Rechtsträgers) zugute kommen. Vom wirtschaftswidrigen „Aushöhlen" ist das nicht mißbilligte „Totschrumpfen" (*Hellge* S. 107ff mit Nachw.) zu unterscheiden, da niemand gezwungen ist, seine Wirtschaftstätigkeit in der einmal begonnenen Art und Weise fortzuführen. Die Grenzziehung ergibt sich aus der subjektiven Zielsetzung des Schuldners unter Berücksichtigung des Gläubigerschutzes, der Einordnung als positives Tun oder bloßes Unterlassen und des Vorliegens oder Fehlens von Täuschungs- und Verschleierungsmaßnahmen (bei deren Vornahme auch die 2. Alt. in Betracht kommt!).

Das gesteigerte Urteil eines **groben** Verstoßes folgt entweder aus dem elementaren **169**
Charakter der verletzten Wirtschaftsregel (Rdn. 103 vor § 283) oder aus dem besonderen Gewicht und Ausmaß des Pflichtverstoßes. Die soeben Rdn. 168 angeführten Wirtschaftsregeln der Nichtfortführung insolventer Unternehmen ohne amtliche Kontrolle, der eigenen Kreditkontrolle, der Preisbildung innerhalb eines betriebswirtschaftlichen Vertretbarkeitsrahmens, der Vermeidung übermäßiger Risiken und der Einhaltung eines Mindestmaßes an Planung und Übersicht besitzen diesen elementaren Wesenszug (vgl. BGH aaO). Die Steigerung des Pflichtverstoßes und sein besonderes Gewicht kann sich insbesondere aus der Beharrlichkeit und der Wiederholung des Verstoßes ergeben. Bei einmaligen geschäftlichen Fehlleistungen muß sich die Existenz der einschlägigen Wirtschaftsregel sowie die Leichtfertigkeit des Handelns dagegen dem durchschnittlichen kaufmännischen Beobachter geradezu aufdrängen, um unter Nr. 8 zu fallen. Tatbestandsmäßig können daher vor allem sein: *wirtschaftlich untragbare Investitionen*; *Aufnahme überhöhter Kredite* (an der Grenze zum Wucher; zust. *Weyand* S. 88); *Übernahme eines extremen Risikos.* Auch wenn es sich um klar erkennbare Verstöße gegen kaufmännische Verhaltensregeln handelt, werden demgegenüber persönliche fachliche Unzulänglichkeiten (etwa mit der Folge nachlässiger Marktbeobachtung und fehlender Übersicht) sowie fehlerhafte Reaktionen gegenüber Marktstörungen, Krisensituationen, Zinserhöhungen und

neuen Rechtsvorschriften seltener zur Anwendung von Nr. 8 führen. Insbesondere die Fehleinschätzung der eigenen Kapazität ist erst über den Gedanken des *Übernahmeverschuldens* strafrechtlich (schuld)relevant, und es wird nur in Ausnahmefällen möglich sein, bereits die Aufnahme einer Geschäftstätigkeit durch einen Unternehmer ohne kaufmännische Grundkenntnisse als groben Verstoß gegen die Anforderungen einer ordnungsgemäßen Wirtschaft einzustufen.

170 Grob wirtschaftswidrig ist wegen der regelmäßig eintretenden Vergrößerung der Schäden schließlich auch die oben Rdn. 168 erwähnte *Fortführung eines insolventen Unternehmens* ohne richterliche Überwachung (vgl. §§ 129 Abs. 2, 132 Abs. 1 KO). Auch wenn eine rechtliche Verpflichtung zur Konkursantragstellung nur für bestimmte Rechtsformen von Vermögensmassen vorgeschrieben ist (vgl. vor allem § 64 GmbHG, im übrigen *Baumann* Konkurs § 5 I 3 b), die Unterlassung einer solchen Antragstellung in den übrigen Fällen also rechtlich nicht mißbilligt werden kann, so ist die Weiterführung der Geschäfte trotz Eintritts der Zahlungsunfähigkeit ein wirtschaftlich verantwortungsloses (positives) Tun. Hierauf beruht auch die Einordnung der Unternehmensfinanzierung durch Vorgriff auf das *Konkursausfallgeld* als mißbräuchlich, wenn die Nichtfortführung des Unternehmens auf Dauer feststeht, also eine Sanierung nicht wirklich bezweckt ist[81]. Das Urteil der Mißbräuchlichkeit findet hier eine Parallele in dem zivilrechtlichen Haftungstatbestand der Konkursverschleppung (§ 826 BGB), der freilich vor allem für Externe (Gläubiger, Kreditgeber) zusätzlich die einseitige Verfolgung eigener Vorteile voraussetzt. Für die Einordnung als wirtschaftswidrig ist bei der Vorfinanzierung von Konkursausfallgeld auch beachtlich, ob diese Finanzierungsweise die Versichertengemeinschaft (und den Fiskus) schädigt (*Tiedemann* ZIP **1983** 519), also dem Gesetzeszweck der Konkursausfallgeldversicherung widerspricht (vgl. § 283 c Rdn. 14).

171 **c)** Die **2. Alternative** von Nr. 8 bezieht sich auf „geschäftliche Verhältnisse", die aber auch bei Privatleuten vorliegen können. Der *Anwendungsbereich* des Tatbestandes ist also nicht auf Kaufleute oder Geschäftsleute beschränkt. — Auch bei der 2. Alt. ist eine Tatbestandsverwirklichung durch *Unterlassen* nur bei Vorliegen einer Garantenstellung möglich. Diese Auslegung engt zwar den Anwendungsbereich ein, entspricht jedoch allgemeinen Grundsätzen. Das bloße Unterlassen (z. B. der Planung und Übersicht) kann schon mangels eines personalen Bezugspunktes nicht als Verheimlichen oder Verschleiern angesehen werden. Da dieses Unterlassen in Verbindung mit einer verlustbringenden Tätigkeit in aller Regel als aktives Tun die 1. Alt. erfüllt, besteht auch kriminalpolitisch keine wirkliche Notwendigkeit zu einer ausweitenden Auslegung.

Die damit für die 2. Alt. bei bloßem Unterlassen erforderliche Garantenstellung kann sich insbesondere aus *Ingerenz* ergeben, wenn nämlich der Täter gutgläubig-pflichtwidrig unrichtige (oder unvollständige) Angaben gemacht hat und dies nachträglich erkennt. Problematisch ist insoweit die Pflichtwidrigkeit. Sie folgt nicht bereits aus der Unrichtigkeit der Erklärung, sondern ist nur bei qualifizierten Erklärungen, die den Anspruch auf inhaltliche Wahrheit erheben, anzunehmen (*Tiedemann* Klug-Festschr. S. 410 f).

172 **α) Geschäftliche Verhältnisse** sind — enger als die Vermögenslage in § 82 Abs. 2 Nr. 2 GmbHG und weniger weitgehend als die wirtschaftlichen Verhältnisse in § 265 b StGB — alle auf das schuldnerische Unternehmen bezogenen Umstände, die

[81] Vgl. noch einmal *Hanau/Kappus* ZIP **1988** 888 (ff); *Hess* in: GK-AFG, 5. Aufl. (1991) § 141 k Rdn. 53 ff und in: Hess/Kropshofer Anhang I Rdn. 53, je mit weit. Nachw.

für die geschäftliche Einschätzung (Bonität, Kreditwürdigkeit) des Unternehmens von Bedeutung sein können. Die Tatbestandsfassung lehnt sich offensichtlich an § 400 (Abs. 1 Nr. 1) AktG an, dessen Auslegung daher für die Handhabung dieses Straftatbestandes benutzt werden kann.

Da die Geschäftsvorfälle von vollkaufmännischen Unternehmen bereits durch Nrn. 5 und 7 erfaßt werden, geht es hier vor allem um *Nichtkaufleute* sowie um Minderkaufleute und die von diesem Personenkreis erstellten Bilanzen und sonstigen Vermögensübersichten. Für Vollkaufleute kommt Nr. 8 in Betracht, wenn diese z. B. neben der ordnungsgemäßen Buchführung und Bilanzierung *zusätzlich falsche Bilanzen* anfertigen und vorlegen, um Kredite zu erschleichen (so der Fall BGHSt **30** 186 f, vgl. oben Rdn. 145). Grob wirtschaftswidrig ist ein solches Verhalten zumindest dann, wenn es wiederholt oder gegenüber mehreren Kreditgebern vorgenommen wird (vgl. auch *Richter* GmbHR **1984** 148).

Im einzelnen zählen zu den geschäftlichen Verhältnissen vor allem die Vermö- **173**
gensverhältnisse, also insbesondere die Aktiva und Passiva des Unternehmens sowie das Privatvermögen und die privaten Schulden des Einzelkaufmannes oder des Nichtkaufmannes, aber auch die allgemeine Geschäfts- und Ertragslage (so daß auch allgemeine Urteile wie „ein erfreuliches Ergebnis" objektiv richtig sein müssen: RGSt **38** 195, 199). Die „Verhältnisse" umfassen auch Werturteile, innere Tatsachen und künftige Ereignisse, können sich also vor allem auch auf geplante Entwicklungen, Investitionsvorhaben sowie sonstige Planungsmaßnahmen beziehen (vgl. *Tiedemann* LK[10] § 265 b Rdn. 65 und 66). Hierzu zählt also auch die geplante Art der Verwendung von nachgesuchten Krediten (*Tiedemann* aaO Rdn. 66). Auch persönliche Umstände und Verhältnisse des Unternehmensinhabers kommen in Betracht, soweit sie unmittelbar für das Unternehmen von wirtschaftlicher Bedeutung sind (*Tiedemann* aaO Rdn. 65). Zu den „geschäftlichen Verhältnissen" von Kapitalanlagegesellschaften gehören auch die Lage und Rendite des Anlageobjektes, die personelle Zusammensetzung und Verschachtelung der Gesellschaften und die Höhe von Provisionen. Häufig sind die geschäftlichen Verhältnisse in Buchführungs- und sonstigen schriftlichen Unterlagen dokumentiert.

β) Das **Verheimlichen** ist grundsätzlich ebenso wie bei Nr. 1 auszulegen und als **174**
ein Verhalten zu bestimmen, durch das die wirklichen geschäftlichen Verhältnisse der Kenntnis der Gläubiger oder des Konkursverwalters entzogen werden (vgl. oben Rdn. 38). Gläubiger sind auch potentielle Gläubiger im zeitlichen Stadium der Vorverhandlungen, der Werbung usw. (vgl. Rdn. 53 ff vor § 283). Ein völliger Verzicht auf dieses finale Merkmal des Adressaten oder auch die Ausweitung dieses Erfordernisses bis hin zum Schutz der Allgemeinheit ist angesichts der Rdn. 55 ff vor § 283 vorgenommenen Rechtsgutsbestimmung nicht möglich. Die weitergehende, allgemein auf den „Wirtschaftsverkehr" abstellende Fassung von § 193 Abs. 1 Nr. 8 AE wurde bei den Gesetzesberatungen ausdrücklich abgelehnt (Prot. 7/2825). Auch das bloße Unterlassen (z. B. der Buchführung oder Aufzeichnung) ist regelmäßig nicht tatbestandsmäßig, kann aber in Verbindung mit einer Tätigkeit als aktives Tun unter die 1. Alt. fallen (vgl. oben Rdn. 168). Die grobe Wirtschaftswidrigkeit liegt dann in dem Wirtschaften ohne Einhaltung eines Mindestmaßes an Überblick.

Andererseits verlangt das subjektiv-finale Element des Verbergens vor den Gläubigern hier in noch geringerem Maße als bei Nr. 1 körperlich-gegenständliche Akte (des Versteckens usw.). Erfaßt wird vielmehr gerade auch das gezielte Gestalten der rechtlichen Verhältnisse, der Auskünfte, Prospekte, Vermögensübersichten usw. Mit Hilfe dieser Tatmittel werden die geschäftlichen Verhältnisse jedenfalls dann „verheimlicht", wenn ihre Darstellung in wesentlichen Punkten „unrichtig" ist (ebenso AE aaO). Eine unvollständige Darstellung ist nur dann unrichtig, wenn sich die Unvollständigkeit auf den dargestellten Umstand bezieht; das Verschweigen einzelner selbständiger Tatsachen stellt daher kein Verheimlichen dar (vgl. zu § 4 UWG *Tiedemann* Wirtschaftsstrafrecht II S. 36 mit Nachw.). Ein Verheimlichen kann auch in dem Vernichten der tatsächlich vorhandenen Buchführung oder sonstiger schriftlicher Unterlagen gesehen werden. Dies hat vor allem für Täterkreise Bedeutung, die mangels Kaufmannseigenschaft nicht bereits von Nr. 6 erfaßt werden (vgl. oben Rdn. 122).

175 γ) Das **Verschleiern** ist in Anlehnung an das Bilanzstrafrecht (Nr. 7 a) als mangelhafte Darstellung zu bezeichnen, die nicht so sehr dem Inhalt als vielmehr der Art und Weise (Form) nach unrichtig ist; es geht also um irreführende Darstellungen (*Bieneck* in: Müller-Gugenberger § 73 D; *Lackner/Kühl* Rdn. 21). Anders als bei § 265 b (vgl. dazu *Tiedemann* LK[10] Rdn. 61) ist keine strenge Grenzziehung zwischen Unrichtigkeit und Irreführung (Verschleierung) erforderlich, da Nr. 8 in ihrer 2. Alt. beide Tathandlungen unter Strafe stellt. Für das Weglassen einzelner Punkte gilt auch beim Verschleiern die oben Rdn. 174 genannte Abgrenzung.

176 *Im einzelnen* kann wegen der fließenden Übergänge zwischen Unrichtigkeit und Irreführung (Verschleierung) insbesondere für die Beurteilung von Übertreibungen, Werbung mit Äußerungen und Zuschriften Dritter, Belobigungen, Zeugnissen usw. auf die Rechtsprechung zu §§ 3, 4 UWG zurückgegriffen werden, auch wenn diese Rechtsprechung traditionellerweise Unwahrheit und Irreführung nicht trennt. Daneben und vor allem kommt für die Verschleierung i. e. S. eine Darstellung in Betracht, die in wesentlichen Punkten so **unklar** (undeutlich) ist, daß sich die geschäftlichen Verhältnisse trotz ihrer inhaltlichen Benennung nicht oder doch nur schwer erkennen lassen (vgl. RGSt **68** 346, 349). Ebenso wie beim Verheimlichen sind auch für das Verschleiern vor allem irreführende Angaben in Prospekten (*Dreher/Tröndle* Rdn. 31) und in sonstigen geschäftlichen Mitteilungen einschlägig (*Sch/Schröder/Stree* Rdn. 49; *Tiedemann* GmbH-Strafrecht Rdn. 41 vor § 82; vgl. auch AE § 193 Abs. 1 Nr. 8). In Betracht kommt aber auch das Zweckentfremden von Kundengeldern im Baubetreuungsbereich jedenfalls in den praktisch zahlreichen Fällen, in denen wahrheitswidrig behauptet wird, das für die Kundengelder angegebene Konto sei ein Sonderkonto für das geplante Bauvorhaben bzw. die nächste Rate sei wegen fortgeschrittener Arbeiten fällig usw. (vgl. *Holzmann* Bauträgeruntreue und Strafrecht [1981] S. 78). Auch in der vertraglichen Erklärung des Baubetreuers oder Bauunternehmers, die Kundengelder nur für die vereinbarten Zwecke zu verwenden, liegt bei Absicht anderer Verwendung (für andere Bauvorhaben oder andere Kunden) ein Verheimlichen oder Verschleiern (vgl. auch oben Rdn. 155). Dagegen fällt das von *Dreher/Tröndle* (Rdn. 31) und *Weyand* (S. 88) erwähnte verheimlichte Unterhalten eines Tochterunternehmens im Ausland regelmäßig bereits unter Nr. 5 und Nr. 7 a (vgl. nur *Schlegelberger/Hildebrandt* § 39 Rdn. 2).

177 δ) Umstritten ist, ob auch die 2. Alt. durch das Erfordernis **groben Widerspruchs zu den Anforderungen einer ordnungsgemäßen Wirtschaft** einzuschränken ist. Die bejahende Ansicht[82] stützt sich vor allem auf das Erfordernis hinreichender Abgrenzung von Nr. 8 zu Nrn. 1—7 und auf die Notwendigkeit der Ausscheidung von Baga-

[82] *Dreiss/Eitel-Dreiss* S. 157; *Höfner* S. 76 f; *Lackner/Kühl* Rdn. 21; *Sch/Schröder/Stree* Rdn. 49; wohl auch *Dreher/Tröndle* Rdn. 31 und Bericht und Antrag des Sonderausschusses BTDrucks. 7/5291 S. 18.

tellfällen bzw. zur Beschränkung von Nr. 8 auf gravierende Fälle. Allerdings lassen sich Bagatellfälle schon durch eine den Nrn. 5 und 7 entsprechende restriktive Auslegung, die nur wesentliche (erhebliche) Unrichtigkeiten und Irreführungen genügen läßt, aus dem Tatbestand eliminieren. Das Problem einer Abgrenzung zu den sonstigen Bankrotthandlungen verliert an Gewicht, wenn Nr. 8 mit der hier vertretenen Auffassung zugleich als Oberbegriff und Grundtatbestand des gesamten Abs. 1 angesehen wird (vgl. oben Rdn. 10 ff). Da auch nach der Gegenansicht[83] für die 2. Alt. ein besonders verwerfliches oder gefährliches Handeln verlangt wird, dürfte die Streitfrage für die Praxis keine besondere Rolle spielen. Jedoch liegt es nahe, das Erfordernis grober Wirtschaftswidrigkeit auch auf die 2. Alt. zu beziehen, zumal es als kaum angängig erscheint, die Darstellung der geschäftlichen Verhältnisse als Verschleierung oder Verheimlichung einzuordnen, solange der Bezugsmaßstab einer ordnungsgemäßen Darstellung nicht im Wirtschaftsverkehr anerkannt ist. Dasselbe gilt — auch im Rahmen der 1. Alt. — für Erfordernisse der Planung (Finanzplan!).

Noch einmal *zusammengefaßt*, dürfte — wie bereits oben Rdn. 155 angedeutet — **178** die Hauptbedeutung der 2. Alt. in der strafrechtlich-eigenständigen Ergänzung des § 4 UWG, also im Bereich der Werbung, liegen. Je nach Umfang der entfalteten Geschäftstätigkeit kann demgegenüber die 1. Alt. über Nrn. 5—7 hinaus das Wirtschaften ohne Übersicht und Planung erfassen, z. B. bei Bauträgerunternehmen und ähnlichen Anlagegesellschaften, bei denen ein solches Fehlen der Übersicht und Planung stets auch einen groben Widerspruch zu den Anforderungen einer ordnungsgemäßen Wirtschaft darstellt (vgl. *Richter* GmbHR **1984** 148). Die Geschäftstätigkeit ohne hinreichende Buchführung und Finanzierungsplan (*Tiedemann* GmbH-Strafrecht Rdn. 42 vor § 82) kann in diesen Fällen als positives Tun die 1. Alt. erfüllen, sofern die Geschäftstätigkeit zu der Verringerung oder zu dem Verlust des Unternehmensvermögens führt.

B. Handeln und Unterlassen außerhalb der Krise (Abs. 2)

Für das Verhalten außerhalb der Unternehmenskrise knüpft Abs. 2 die Strafbar- **179** keit nach § 283 an die kausale Herbeiführung einer Krise. Diese ist somit als Taterfolg ausgestaltet (*Erfolgsdelikt*, vgl. oben Rdn. 2). Jedoch wird die Krise in diesem Sinne enger als bei Abs. 1 verstanden: Neben dem Eintritt der **Überschuldung** reicht nur der tatsächliche Eintritt der **Zahlungsunfähigkeit**, also der Insolvenz, aus; die lediglich drohende Zahlungsunfähigkeit genügt dagegen nicht (bzw. führt nur zu einer Krisensituation nach Abs. 1). Der Taterfolg ist damit zeitlich und sachlich nicht weit von der objektiven Strafbarkeitsbedingung der Zahlungseinstellung (Abs. 6) entfernt und fällt nicht selten mit dieser zusammen (vgl. zum Verhältnis von Zahlungsunfähigkeit und Zahlungseinstellung Rdn. 125 vor § 283).

1. Erfordernis eines Kausalzusammenhangs. Zwischen Bankrotthandlung und **180** Taterfolg muß nach Abs. 2 *Kausalzusammenhang* bestehen. Der Nachweis dieser Kausalität wurde bereits von der amtl. Begr. als nur ausnahmsweise möglich bezeichnet (BTDrucks. 7/3441 S. 20, 36 f; vgl. auch oben Rdn. 1). Jedoch reicht es nach allgemeinen Grundsätzen aus, daß die Tathandlung lediglich mit ursächlich war (*Sch/Schröder/Stree* Rdn. 54). Entscheidend ist nach der insbesondere von der Rechtspre-

---

[83] Amtl. Begr. BTDrucks. 7/3441 S. 36; *Maurach/Schroeder/Maiwald* 1 § 48 III A 1; *Schlüchter* MDR **1978** 980.

chung vertretenen h. M., ob die Bankrotthandlung „hinweggedacht" werden kann und damit der konkrete Erfolgseintritt entfiele *(conditio sine qua non)*. Das selbständige Handeln Dritter (z. B. Kündigung eines Kredits) unterbricht die Kausalität ebensowenig wie die Tatsache, daß der gleiche Erfolg später durch andere Ursachen (z. B. ein Konjunkturtief) ebenfalls herbeigeführt worden wäre. Haben Täuschungshandlungen des Schuldners (z. B. gegenüber Kreditgebern) den Unternehmenszusammenbruch hinausgeschoben, so sind sie ebenfalls — für den Erfolgseintritt zu diesem konkreten Zeitpunkt — ursächlich, sofern die Kausalitätslehre vom Erfolg in seiner „konkreten Gestalt" zugrunde gelegt wird (*Roxin* AT-1 § 11 Rdn. 17) und auch der Pflichtwidrigkeitszusammenhang sowie die objektive Zurechenbarkeit bejaht werden. Wenn dagegen feststeht oder nicht auszuschließen ist, daß es bei Unterbleiben der Bankrotthandlung ebenfalls zur Krise gekommen wäre, so entfällt der Tatbestand (Beispiel bei *Dreiss/Eitel-Dreiss* S. 166). Auch das bloße Verstärken der Krise ist nur dann tatbestandsmäßig, wenn sich gleichzeitig der Zeitpunkt des Eintritts von Überschuldung oder Zahlungsunfähigkeit verschiebt.

181 **2. Geeignete Bankrotthandlungen und ihre Auslegung.** Mit der Strafbarkeit vorsätzlicher oder leichtfertiger (Abs. 4 Nr. 2) Herbeiführung der Krise werden kriminologisch unterschiedliche **Fallgruppen** erfaßt: die gezielte Herbeiführung des Bankrotts bzw. der Krise durch Gründung kurzlebiger Unternehmen zum Zwecke der Erlangung von Geld- und Warenkredit (vgl. *Tiedemann* Wirtschaftsstrafrecht II S. 74) und durch planmäßige Aushöhlung des Unternehmens (vgl. BGH JZ **1979** 75, 76f; *Lampe* GA **1987** 243 ff) ebenso wie die „Steuerung" der Insolvenz durch Betriebsaufspaltung und ähnliche Maßnahmen (vgl. *Blankenbach/Richter* wistra **1982** 224; *Liebl* S. 80 ff) und die grob fahrlässige Mißwirtschaft unter Außerachtlassung elementarer Grundsätze ordnungsgemäßen Wirtschaftens (etwa durch rücksichtslose Privatentnahmen, hochriskante Spekulationsgeschäfte, Schleuderverkäufe und Blindwirtschaft). Der letztere Bereich belegt, daß auch grobe Buchführungsmängel die Krise (mit) herbeiführen können (amtl. Begr. BTDrucks. 7/3441 S. 37; **aA** *Dreher/Tröndle* Rdn. 32 mit Nachw.). Zu denken ist insbesondere an die Fälle, in denen eine Bank oder ein Mitgesellschafter (Kommanditist) das (Gesellschafter-)Darlehen wegen der Verspätung oder des Unterlassens der Bilanzaufstellung (Nr. 7) kündigt und dies bereits vorher in Aussicht gestellt hat (vgl. *Blumers* S. 131 mit Nachw.). Es sind somit **alle** Bankrotthandlungen nach Abs. 1 *geeignet*, die Krise i. S. d. Abs. 2 in ihrer konkreten Form (und zu ihrem konkreten Zeitpunkt) zu verursachen. Einigermaßen häufig und relativ leicht nachzuweisen sind vor allem hohe Privatentnahmen, Beiseiteschaffen wertvoller Vermögensbestandteile und Schleuderverkäufe, also Tathandlungen nach Nrn. 1—3.

182 Für die **Auslegung** der tatbestandlichen Voraussetzungen gilt grundsätzlich das zu Abs. 1 Ausgeführte. Wenn sich allerdings *Dreher/Tröndle* Rdn. 32 entschieden gegen „irgendwelche Abstriche" an diesen Strafbarkeitsvoraussetzungen wenden, „da es sich bei der Vorsatztat nach Abs. 2 praktisch um den skrupellosen Geschäftemacher handelt", so ist dem bereits unter kriminologischen Gesichtspunkten (und für den Fall BGH JZ **1979** 75 ff) teilweise zu widersprechen, liegen doch insbesondere auch die Fälle der Betriebsaufspaltung — also der gesteuerten Insolvenz — in einem von der Rechtsprechung weithin legalisierten Grenzbereich. Vor allem aber ergeben sich unbestreitbare rechtliche „Abstriche" insoweit, als h. M. und amtl. Begr. durchgehend annehmen, daß die Krise nach Abs. 1 allgemein die Maßstäbe ordnungsgemäßen Wirtschaftens bei Nrn. 1, 2, 3 und 8 steigert (vgl. Rdn. 104 vor § 283) und die Bilanzierungs- und Inventarisierungsfristen nach Nr. 7 b verkürzt (vgl. *Blumers* S. 142 f

und oben Rdn. 147; zust. *Krause* S. 142, 417 ff). Außerhalb der Unternehmenskrise gelten daher zwar grundsätzlich die zu Abs. 1 entwickelten Maßstäbe und Kriterien. Jedoch bedürfen sie praktisch ständig der Korrektur:

Bei **Nr. 1** stößt bereits der personal-finale Bezug des Beiseiteschaffens und des Verheimlichens (gegenüber den Gläubigern oder dem Konkursverwalter!) auf Auslegungsschwierigkeiten, wenn das Unternehmen nicht krisenbefangen ist. Die Neigung der Rechtsprechung, auch alle „normalen" Austauschgeschäfte zunächst als Beiseiteschaffen anzusehen und diese Tathandlung erst anschließend unter dem Gesichtspunkt des Wertausgleiches straflos zu stellen, verdeckt diese Schwierigkeiten der Auslegung nur teilweise. Wesentlich und feststellungsbedürftig bleibt in jedem Fall die Tendenz der Gefährdung des Gläubigerzugriffs (infolge rechtlicher oder tatsächlicher Verfügung über das Schuldnervermögen, vgl. oben Rdn. 25). Auch soweit Privatentnahmen nach Abs. 1 Nr. 1 beurteilt werden, ist für ihre Angemessenheit nach der Rechtsprechung die Lage des Unternehmens, also auch das Vorhandensein oder Fehlen der Krisensituation maßgebend (oben Rdn. 31). Andere typische Tathandlungen nach Nr. 1 wie die Rückzahlung von eigenkapitalersetzenden Darlehen (oben Rdn. 34) sind geradezu definitionsgemäß an das Vorliegen einer Krise gebunden, da insbesondere das Rückzahlungsverbot des § 32a GmbHG den (Fort-)Bestand der Unterkapitalisierung voraussetzt; allerdings decken sich die Krise in Gestalt der Unterkapitalisierung und diejenige in Gestalt der Überschuldung, Zahlungsunfähigkeit oder drohenden Zahlungsunfähigkeit keineswegs notwendig oder voll. Insgesamt bedarf Abs. 1 Nr. 1 aber für das Handeln außerhalb der Unternehmenskrise auch deshalb der durchgehenden interpretatorischen Korrektur, weil die Rechtsprechung das Erfordernis des Verstoßes gegen die Anforderungen einer ordnungsgemäßen Wirtschaft entgegen dem Wortlaut auf sämtliche Tathandlungen der Nr. 1 bezieht (vgl. dazu oben Rdn. 27). 183

Auch **Nr. 2** stellt teils auf diesen Maßstab der ordnungsgemäßen Wirtschaft, teils auf das inhaltsgleiche Kriterium der Unwirtschaftlichkeit ab. Rechtswidrigkeit und Rechtmäßigkeit der einzelnen Tathandlungen richten sich daher ebenfalls nach dem Vorliegen oder Fehlen einer kritischen Situation. Außerhalb von Unternehmenskrisen wird insbesondere das Eingehen einzelner Spekulationsgeschäfte nur ausnahmsweise — bei besonderem Umfang des Geschäftes — pflichtwidrig sein. Private Ausgaben und die ihnen vorausgehenden Entnahmen aus dem Geschäftsvermögen werden außerhalb der Krise ihre Grenze nicht selten erst an ausdrücklichen gesetzlichen Verboten (z. B. der Auszahlung des Stammkapitals, § 30 Abs. 1 GmbHG) finden. 184

Verkäufe unter Wert nach **Nr. 3** widersprechen zwar auch außerhalb der Krise grundsätzlich den Anforderungen einer ordnungsgemäßen Wirtschaft, soweit sie sich auf kreditierte Waren oder Wertpapiere beziehen (vgl. *Tiedemann* Wirtschaftsstrafrecht I S. 239 ff, II S. 74 mit Nachw.). Jedoch ist sowohl diese Einordnung als auch die Grenzziehung durchaus umstritten, so daß die Strafbarkeit eindeutig — wie bei dem Schleuderverkauf eigener Waren oder Wertpapiere (oben Rdn. 166) — erst bei einem erheblichen Ausmaß oder bei Fehlen betriebswirtschaftlich vernünftiger Anlässe angenommen werden kann. 185

Keine Besonderheiten ergeben sich dagegen aus dem Fehlen oder Vorliegen einer Krise für die Auslegung der Tathandlungen nach Nrn. 4—7 a. *Zusammengefaßt* fallen einzelne Geschäfte und Handlungen außerhalb der Krise der Tendenz nach nur eingeschränkt — bei besonderem Umfang, erheblicher Zeitdauer u. ä. — unter Nrn. 1—3 (vgl. auch *Wilts* Prot. 7/2826). Insoweit gewinnt für die Zeit fehlender Krise Nr. 8 besondere Bedeutung. Als (mit) krisenauslösend oder krisenverstärkend 186 kommen für **Nr. 8** vor allem in Betracht: Schleuderverkäufe eigener, also nicht kreditierter Waren; treuwidrige Verwendung von Kundengeldern durch Baubetreuer nach dem „Schneeballsystem", also zur Schließung von Finanzierungslücken bei anderen Bauvorhaben; Belastung der Haftungsmasse mit Regreßforderungen der Bundesanstalt für Arbeit wegen Finanzierungsvorgriffs auf das Konkursausfallgeld; Neugründung und Erweiterung von Unternehmen mit völlig unzureichendem Eigenkapital; Wirtschaften ohne Einhaltung der Mindesterfordernisse von Übersicht und Planung; wiederholte Täuschungsmanöver mit falschen Bilanzen und sonstigen Unterlagen.

C. Vorsatzerfordernis

187 **1. Übersicht.** Die Handlungen und Unterlassungen nach Abs. 1 und Abs. 2 sind nur bei vorsätzlicher Begehung strafbar, soweit nicht fahrlässige Begehung ausdrücklich mit Strafe bedroht ist (§ 15). Derartige Ausnahmen der Fahrlässigkeitsstrafbarkeit sehen Abs. 4 in bezug auf die Krisensituation und Abs. 5 für Handlungen nach Nrn. 2, 5 und 7 vor. Somit bleiben Handlungen nach Nrn. 1, 3, 4, 6 und 8 nur bei vorsätzlicher Vornahme bzw. Unterlassung strafbar, wobei aber gemäß Abs. 4 auch in diesen Fällen fahrlässige Unkenntnis bzw. leichtfertige Herbeiführung der Krise ausreicht.

188 **2. Formen und wesentlicher Gegenstand des Vorsatzes.** Soweit für die Bankrotthandlungen Vorsatz erforderlich ist (soeben Rdn. 187), reicht stets auch bedingter Vorsatz **(dolus eventualis)** aus[84].

Der Vorsatz muß sich auf alle Tatbestandsmerkmale, nicht dagegen auf die objektive Strafbarkeitsbedingung nach Abs. 6 erstrecken. Er setzt bei normativen (wie auch bei deskriptiven) Tatbestandsmerkmalen *Bedeutungskenntnis* voraus. Angesichts der Vielzahl normativer Tatbestandsmerkmale in Abs. 1 und Abs. 2 ist dies besonders wichtig, ausschlaggebend allerdings nur, soweit Abs. 4 und Abs. 5 nicht (auffangweise) Fahrlässigkeit genügen lassen. Bedeutungskenntnis ist bei Verweisung des Straftatbestandes auf außerstrafrechtliche Rechtsnormen weitgehend mit *Rechtskenntnis* identisch, so daß die Unkenntnis der Rechtsnormen und selbst die Unkenntnis ihrer Auslegung den Vorsatz ausschließen kann (zust. *Cobet* S. 76). Soweit Nrn. 5—7 sich auf handelsrechtliche Pflichten beziehen, gehören Existenz und Inhalt derselben zum Tatbestand (*Dreher/Tröndle* Rdn. 33; *Samson* SK Rdn. 25; **aA** *Bieneck* in: Müller-Gugenberger § 69 F II), und zwar unabhängig davon, ob man hier normative Merkmale oder ein Blankettgesetz für gegeben hält (*Tiedemann* Tatbestandsfunktionen S. 373 ff). Wer also seine handelsrechtliche Pflicht zum Führen (Nr. 5) oder Aufbewahren (Nr. 6) von Handelsbüchern (und „sonstigen Unterlagen") nicht kennt, handelt unvorsätzlich[85]. Dasselbe gilt für das Verkennen der Eigenschaft als Vollkaufmann bei Nrn. 5 und 7 (*Schaefer* LK[8] § 239 KO Anm. IV a) und für den Irrtum über die Pflicht zur Bilanzierung und über die Bilanzierungsfrist nach Nr. 7 b (*Dreher/Tröndle* aaO; **aA** *Bieneck* aaO), wobei hier wie bei Nr. 5 aber fahrlässige Unkenntnis gemäß Abs. 5 strafbar ist (vgl. dazu unten Rdn. 217 ff). Tatob-

[84] BGH 1 StR 625/80 v. 10. 2. 1981 S. 12; *Dreher/Tröndle* Rdn. 33; *Lackner/Kühl* Rdn. 23; *Preisendanz/Bieneck* Anm. 8; *Sch/Schröder/Stree* Rdn. 56.

[85] Zutr. *Binding* Lehrbuch I S. 433; *Dreher/Tröndle* Rdn. 33; **aA** (für den faktischen Geschäftsführer, neben dem ein bestellter Geschäftsführer tätig ist) BGH StV **1984** 461 mit abl. Anm. *Otto* (ablehnend auch *Schmedding* S. 144).

jekt ist nämlich bei Nr. 5 und Nr. 7 nicht das Handelsbuch oder die Bilanz, sondern die handelsrechtliche Buchführungs- und Bilanzierungspflicht — ähnlich wie der Steueranspruch bei § 370 AO oder die Unterhaltspflicht bei § 170 b. Ähnlich bestimmen bei Nr. 6 erst die handelsrechtlichen Aufbewahrungspflichten das taugliche Tatobjekt. Wenn BGH NJW **1981** 354, 355 (für § 283 b Abs. 1 Nr. 3 b) nur einen Gebotsirrtum nach § 17 annehmen und die Buchführungs- und Bilanzierungspflicht ebenso wie die Anzeigepflicht nach § 138 behandeln will (zust. *Sch/Schröder/Stree* Rdn. 56), so impliziert dies die Auflösung und Beseitigung der Tatbestandsverweisung auf das Handelsrecht. Diese Ansicht müßte folgerichtig auch dazu führen, daß die „einem ordnungsmäßigen Geschäftsgang entsprechende" Frist zur Bilanzerstellung (§ 243 Abs. 3 HGB) durch eine Zahlenangabe (vgl. oben Rdn. 147) ersetzt würde, so daß auch der Irrtum über die Länge der Frist zum bloßen Verbotsirrtum würde. Die Umwandlung derart offener (normativer) Tatbestandsteile in reine Handlungsbeschreibung entspricht zwar einer verbreiteten Tendenz von Rechtsprechung und Schrifttum. In dieselbe Richtung weist teilweise auch die Einordnung von Nrn. 5 und 7 als Sonderdelikt (vgl. Rdn. 59 vor § 283), wird hier doch erst im Wege der Interpretation ein Tatbestandsmerkmal des Handelns als „Vollkaufmann" eingeführt. Die noch weitergehende interpretatorische Eliminierung normativer Tatbestandsteile und ihre Ersetzung durch reine Deskription ist aber eine von der Freiheit der Auslegung nicht mehr gedeckte Umformung des Tatbestandes in seiner semantischen und verfassungsrechtlichen Bedeutung (*Tiedemann* Geerds-Festschrift S. 100 ff).

Auch soweit die Buchdelikte (Nrn. 5 und 7) auf die *Richtigkeit und Vollständigkeit* abstellen, ist für den Vorsatz erforderlich, daß der Täter den Soll-Inhalt kennt[86]. Erst aus dieser Kenntnis des Soll-Maßstabes ergibt sich die auch von der h. M. anerkannte *Appellfunktion* des Vorsatzes. Tatbestandsirrtümer können sich daher auch daraus ergeben, daß der Täter eine bestimmte Bilanzierungspraxis für zulässig hält oder meint, er dürfe aus EG-rechtlichen Gründen vom Handelsrecht abweichen, um ein den tatsächlichen Verhältnissen entsprechendes Bild der Verhältnisse einer Kapitalgesellschaft zu vermitteln (*Schüppen* S. 199 ff, 212 f; *Tiedemann* NJW **1993** 24). Ebenfalls ein Tatbestandsirrtum ist die irrige Annahme, die Übersicht über den Vermögensstand werde nicht i. S. d. Nr. 7 a erschwert.

Umstritten ist vor allem, ob sich bei *normativen Tatbestandsmerkmalen* die erfor- **189**
derliche Bedeutungskenntnis des Täters bereits aus seiner Kenntnis der einschlägigen *Tatsachen* ergibt. Die verneinende Ansicht dürfte für die Krisenmerkmale der Überschuldung und (drohenden) Zahlungsunfähigkeit vorherrschen[87]. Für die Kenntnis der Zahlungsunfähigkeit ist also das Wissen des Täters nötig, daß die liquiden Mittel seines Unternehmens nicht ausreichen, um jedenfalls ¾ der fälligen und ernsthaft eingeforderten Geldschulden zu bezahlen, und daß dieser Mangelzustand zumindest die nächsten 3 Monate andauern wird (vgl. Rdn. 128 ff vor § 283). Die drohende Zahlungsunfähigkeit erfordert in noch stärkerem Maße eine Prognose des Täters, nämlich sein Urteil, daß der Eintritt der Zahlungsunfähigkeit nach dem normalen Lauf der Dinge in naher Zeit zu erwarten ist (zu den einschlägigen Prognosekriterien Rdn. 140 ff vor § 283). Vorsatz hinsichtlich der eingetretenen Überschuldung schließlich setzt Kenntnis der negativen Relation von Vermögenswerten und Schulden, also u. U. auch Kenntnis davon voraus, daß unverfallbare Pensionsverpflich-

86 *Tiedemann* GmbH-Strafrecht § 82 Rdn. 174 und in LK[10] § 265 b Rdn. 77, je mit Nachw.; zustimmend *Cobet* S. 76 f; *Schmedding* S. 131, 141 f; *Schüppen* S. 212.

87 *Lackner/Kühl* Rdn. 23; *Tiedemann* aaO § 84 Rdn. 97; wohl auch *Dreher/Tröndle* Rdn. 33 und *Sch/Schröder/Stree* Rdn. 56; **aA** *Schlüchter* Irrtum S. 136 f.

tungen und kapitalersetzende (Gesellschafter-)Darlehen bei fehlender Verzichts- oder Rangrücktrittserklärung des Darlehensgebers zu den Schulden zu rechnen sind (vgl. Rdn. 152 vor § 283); ebenso ist für die Bewertung der Aktiva mit Liquidationswerten (bis hinab zum Schrottwert) die Kenntnis des Täters erforderlich, daß das Unternehmen wegen mangelnder Ertragsfähigkeit nicht fortgeführt werden kann (vgl. Rdn. 154 vor § 283). Aber auch für den (groben) Verstoß gegen die Anforderungen einer ordnungsgemäßen Wirtschaft in Nrn. 1, 2, 3 und 8 sowie für den Vorsatz in bezug auf die Unwirtschaftlichkeit der Ausgaben bei Nr. 2 reicht Kenntnis der für diese Beurteilung maßgebenden Tatsachen nicht aus (**aA** *Dreher/Tröndle* Rdn. 33). Vielmehr ist erforderlich, daß der Täter das *Bewußtsein von der Unangemessenheit* bzw. Unwirtschaftlichkeit seiner Maßnahmen erlangt (vgl. BGH NJW **1953** 1480, 1481 und MDR **1981** 510, 511 mit abl. Anm. *Schlüchter* JR **1982** 29 ff).

190 Die **Ursache** der Unkenntnis ist für den Tatbestandsirrtum rechtlich nicht erheblich. Die zum Vorsatzausschluß nach § 16 führende Unkenntnis von Umständen, die zum Tatbestand gehören, kann zum Beispiel darauf beruhen, daß der Täter von einem Mitinhaber des Unternehmens getäuscht wurde (RGSt **1** 49; **13** 354, 360; RG GA **38** [1891] 200 ff) oder daß er — bei Nr. 5 — Art und/oder Umfang des Geschäftsbetriebes verkannt hat (*Schaefer* LK[8] § 240 KO Anm. IV a. E.).

Im einzelnen bedeutet dies für die nur vorsätzlich begehbaren Bankrotthandlungen:

191 **a)** Bei **Nr. 1** entfällt der Vorsatz gemäß § 16, wenn der Täter die Zugehörigkeit des Vermögensbestandteils zur (potentiellen) Konkursmasse verkennt (*Schaefer* LK[8] § 239 KO Anm. IV a). Die Fehlannahme kann auf Rechtsunkenntnis, aber z. B. auch darauf beruhen, daß der Täter den fraglichen Gegenstand für wertlos hält (vgl. oben Rdn. 17). Ein Tatbestandsirrtum liegt auch vor, wenn der Täter entgegen § 1 Abs. 3 KO davon ausgeht, daß Geschäftsbücher nicht zur Konkursmasse zählen (vgl. oben Rdn. 18). Der *Vorsatz des Beiseiteschaffens* fehlt allgemein, wenn die Handlung des Schuldners nicht auf Gläubigerbenachteiligung gerichtet ist (oben Rdn. 26 und 28). Dies ist insbesondere für „normale" Austauschgeschäfte, aber auch für Privatentnahmen, Schmiergeldzahlungen und das Einziehen von Forderungen zu beachten (oben Rdn. 31 ff). Für das *Verheimlichen* von Vermögensbestandteilen ist vor Konkurseröffnung erforderlich, daß der Täter erkennt, daß zumindest *ein* Gläubiger seinen Willen zur Durchsetzung seines Anspruches zu erkennen gegeben hat (oben Rdn. 42). Ein bloßer Verbotsirrtum i. S. d. § 17 wäre dagegen die Annahme, daß unrechtmäßig erworbene Vermögensbestandteile beiseite geschafft werden dürfen (vgl. oben Rdn. 20).

192 **b)** Bei **Nr. 2** ist vor allem beachtlich, daß die Sonderregelung des Schleuderverkaufes in Nr. 3 es ausschließt, fahrlässige Schleuderverkäufe als Verlustgeschäfte nach Nr. 2 in Verb. mit Abs. 5 Nr. 1 zu bestrafen. Ähnlich verbietet es die normative Struktur des Tatbestandsmerkmals „Differenzgeschäfte", dieses ganz durch den Inhalt der einschlägigen BGB-Regeln und ihre Auslegung zu ersetzen. Die irrige Annahme eines wirtschaftlich berechtigten Zweckes (oben Rdn. 58) schließt daher den Vorsatz aus; jedoch kann gem. Abs. 5 Strafbarkeit wegen fahrlässigen Eingehens eines Differenzgeschäftes gegeben sein (str., vgl. unten Rdn. 215). Im übrigen ist hier noch einmal zu wiederholen, daß der Täter erkennen und billigen muß, daß seine Ausgaben — insbesondere aufgrund von Privatentnahmen — „unwirtschaftlich" sind und zu einem „übermäßigen" Verbrauch führen (BGH NJW **1953** 1480, 1481 sowie MDR **1981** 510, 511; oben Rdn. 189). Auch die Verkennung der Höhe des Verlustrisikos führt zum Wegfall des Vorsatzes bei der Vornahme von Spekulationsgeschäften. Der Irrtum über die Zulässigkeit der Vornahme solcher Geschäfte ist dagegen Verbotsirrtum (§ 17).

c) Bei **Nr. 3** ist für den Vorsatz insbesondere die Kenntnis des Täters erforderlich, **193**
daß die Waren oder Wertpapiere noch nicht (voll) bezahlt, also kreditiert sind (vgl. oben Rdn. 76) und daß der Veräußerungspreis erheblich unter dem Marktpreis oder dem „üblichen" Preis liegt. Auch der Irrtum über den Verstoß gegen die Anforderungen einer ordnungsgemäßen Wirtschaft ist keineswegs stets bloßer Subsumtionsirrtum, sondern führt bei falscher Wertung des Täters zum Vorsatzausschluß. Im übrigen braucht der Verschleuderungsvorsatz noch nicht bei der Beschaffung der Waren oder Wertpapiere gegeben zu sein, sondern muß nur im Zeitpunkt der Veräußerung oder sonstigen Abgabe vorliegen (vgl. *Dreher/Tröndle* Rdn. 16).

d) Bei **Nr. 4** fehlt der für die Bestrafung erforderliche Vorsatz, wenn der Täter — **194**
sei es auch aufgrund irriger rechtlicher Beurteilung — die von ihm anerkannten Rechte für existent hält. Es handelt sich nicht etwa nur um einen Verbotsirrtum (**aA** *Schaefer* LK[8] § 239 KO Anm. IV a). Dies wird auch daraus deutlich, daß von einem vorsätzlichen Vortäuschen fremder Rechte nur die Rede sein kann, wenn der Täter die Unwahrheit seiner Erklärung — also auch die Nichtexistenz der angeblichen Rechte anderer — kennt. Besondere Aufmerksamkeit verdient die subjektive Tatseite ferner, wenn der Täter sich für berechtigt hält, eine Forderung anzuerkennen, weil die Gegenforderung, mit der aufgerechnet worden war, bestritten ist (vgl. RG DR **1940** 793). Ein bloßer Subsumtionsirrtum wäre es dagegen, wenn der Täter irrig davon ausgeht, daß Nr. 4 nur dingliche Rechte betrifft.

e) Bei **Nr. 6** gehört die Kenntnis der sich aus dem HGB ergebenden Aufbewah- **195**
rungsfristen ebenso wie die Bedeutung einer „sonstigen Unterlage" als Handelsbrief i. S. d. § 257 Abs. 1 HGB zum Vorsatz. Es wäre hier ebenso wie bei Nr. 7 lit. b (vgl. oben Rdn. 188) unzulässig, die Normativstruktur des Tatbestandes durch Einsetzen der im HGB vorgeschriebenen Fristen aufzulösen und damit die Verweisung auf das HGB als bloßes Blankettmerkmal aufzufassen. — Hinsichtlich der Tathandlung des Zerstörens oder Beschädigens reicht es auch, wenn der Täter weiß und will, daß die Schriftstücke im Hinblick auf den Zweck der Vermögensübersicht unbrauchbar werden.

f) Bei **Nr. 8** erlangt die Streitfrage Gewicht, ob der Täter den (groben) Verstoß ge- **196**
gen die Anforderungen einer ordnungsgemäßen Wirtschaft als solchen kennen, also auch Kenntnis von diesen Anforderungen haben muß. Die verneinende Ansicht (*Dreher/Tröndle* Rdn. 33; *Schlüchter* Irrtum S. 137) beruft sich zu Unrecht auf die oben Rdn. 188 angeführte Rechtsprechung des BGH zu dem Irrtum über das Bilanzierungsgebot. Zwar verweist auch Nr. 8 auf außerstrafrechtliche Maßstäbe. Dadurch wird der Tatbestand jedoch schon deshalb nicht zum bloßen Blankettgesetz, weil die Tathandlung in Nr. 8 vom Strafgesetzgeber durchaus selbständig beschrieben wird. Da das Verringern des Vermögensstandes als solches unrechtsneutral ist, erhält der Tatbestand erst durch den Verstoß gegen die Anforderungen einer ordnungsgemäßen Wirtschaft die erforderlichen Konturen. Diese Konturen müssen nach allgemeinen Grundsätzen auch im Tätervorsatz ihre Entsprechung finden (vgl. *Tiedemann* Tatbestandsfunktionen S. 329 ff und Geerds-Festschrift S. 99). Selbstverständlich muß der Tätervorsatz aber auch die Vermögensverringerung umfassen. Bei der Finanzierung durch Vorgriff auf das spätere Konkursausfallgeld der Arbeitnehmer muß der Täter also wissen, daß die auf die Bundesanstalt für Arbeit übergegangenen Ansprüche der Arbeitnehmer auf Lohnzahlung die Konkursmasse belasten

(oben Rdn. 156). Ein bloßer Subsumtionsirrtum (Verbotsirrtum) wäre es dagegen, wenn der Täter meint, daß vermögenswerte Aussichten und Anwartschaften, auf die er verzichtet oder die er auf andere Unternehmen verlagert, nicht zu dem Vermögen i. S. d. Nr. 8 zählen (vgl. oben Rdn. 161). Demgegenüber liegt ein vorsätzliches Verheimlichen oder Verschleiern i. S. d. 2. Alt. von Nr. 8 wiederum nur vor, wenn der Täter den Soll-Zustand und damit auch seine Verpflichtung zur Offenlegung kennt (vgl. auch oben Rdn. 188).

D. Versuchsstrafbarkeit (Abs. 3)

197 **1. Begründung und Tragweite der Versuchsstrafbarkeit.** Abs. 3 ordnet die Strafbarkeit des Versuches für alle in Abs. 1 und Abs. 2 genannten vorsätzlichen Handlungen und Unterlassungen (*Wilts* Prot. 7/2826) an. Nach Abs. 6 ist allerdings auch der Versuch nur strafbar, wenn es — nachher oder vorher — zum Eintritt der objektiven Strafbarkeitsbedingung kommt. Gleichwohl geht diese Regelung — auch im Vergleich zum früheren Recht — sehr weit. Bei Vornahme vor Zahlungseinstellung usw. sind die nur abstrakt gefährlichen und wegen ihres symptomatischen Gehaltes als grob wirtschaftswidrig inkriminierten Bankrotthandlungen im Versuchsstadium naturgemäß noch weiter von jedem relevanten Erfolgseintritt und — im Falle des Abs. 2 — auch von der Eignung zur Herbeiführung eines Erfolges entfernt. Kriminalpolitisch erscheint es daher zutreffend, wenn §§ 192 ff AE (mit Ausnahme des § 196 Abs. 3) sowie nicht wenige Auslandsrechte von der Versuchsstrafbarkeit der Konkursdelikte überhaupt absehen. Die in Abs. 3 getroffene Regelung beruht demgegenüber offenbar auf der Betonung des *Handlungsunrechts*, das auch sonst bei der Versuchsstrafbarkeit (und bei Abs. 1 auch im Vollendungsstadium, vgl. oben Rdn. 7) dominiert. So berechtigt oder jedenfalls vertretbar aber die Strafbarkeit etwa des versuchten Beiseiteschaffens von Vermögensbestandteilen *nach* Zahlungseinstellung oder Konkurseröffnung erscheint (vgl. das Beispiel bei *Dreher/Tröndle* Rdn. 34), so unbefriedigend wäre es, wegen eines versuchten Konkursdeliktes auch dann zu bestrafen, wenn jeder Zusammenhang mit der objektiven Strafbarkeitsbedingung fehlt. Zwar könnte erwogen werden, beim Versuch auf das Erfordernis eines solchen Zusammenhanges ganz zu verzichten. Da aber der Versuchstäter strafrechtlich schwerlich schlechter gestellt werden darf als derjenige, dessen Tat zur Vollendung kommt, muß in Entsprechung zu dem oben Rdn. 91 ff vor § 283 Dargelegten der *fehlende Zusammenhang* von versuchter Bankrotthandlung und objektiver Strafbarkeitsbedingung rechtlich beachtlich sein: Das Fehlen dieses Zusammenhanges läßt auch beim Versuch das Strafbedürfnis entfallen. Allerdings führt die durchgehende Versubjektivierung der Betrachtung beim Versuch dazu, daß das Vorliegen oder Fehlen des Zusammenhanges zwischen (versuchter) Bankrotthandlung und Zahlungseinstellung (usw.) danach zu beurteilen ist, wie sich die Lage bei vollständiger Verwirklichung des Täterplanes dargestellt hätte. Da die objektive Strafbarkeitsbedingung außerhalb des Vorsatzbezuges bleibt, ist für diese Beurteilung die Sicht eines objektiven Beobachters maßgebend. Dies führt zur Straflosigkeit vieler Fälle des untauglichen Versuchs, aber — wegen Fehlens des Zusammenhanges — auch des an sich tauglichen Versuchs. Die Anordnung der Versuchsstrafbarkeit nach Abs. 3 ist also nicht nur kriminalpolitisch bedenklich, sondern kommt entgegen der Ansicht des Gesetzgebers in der Praxis nur relativ selten zum Tragen. Sie hat praktisch vor allem für das Verhalten des Täters *nach Eintritt der Strafbarkeitsbedingung* Bedeutung.

198 **2. Untauglicher Versuch.** In dem soeben dargelegten eingeschränkten Sinne ist grundsätzlich auch der untaugliche Versuch strafbar, da nach der herrschenden sub-

jektiven Versuchslehre der rechtsfeindliche Wille auch hier nach außen betätigt wird. Dies ist für die irrige Annahme der Tauglichkeit der Tathandlung kaum bestritten und auch für die irrige Annahme der Tauglichkeit des Tatobjektes zutreffend (z. B. irrige Annahme der Pfändbarkeit eines Vermögensbestandteils oder Unkenntnis eines Absonderungsrechts: BGHR § 283 Abs. 3 Beiseiteschaffen 1). Zweifelhaft ist dagegen die Behandlung des Irrtums des Täters über seine eigene *Tauglichkeit als Tatsubjekt* (vgl. *Tiedemann* Schröder-Gedächtnisschrift S. 295 f):

Das 2. StrRG hat — anders als der Vorschlag in § 25 Abs. 3 Nr. 1 AE — die Streit- **199**
frage nicht geregelt, weil der Reformgesetzgeber davon ausging, die Rechtsprechung werde ohnehin im Wege der Auslegung zur Annahme von Straflosigkeit gelangen (BTDrucks. V/4095 S. 11). Gleichwohl nimmt heute eine verbreitete Auffassung Strafbarkeit des untauglichen Versuchs auch bei irriger Annahme (von tatsächlichen Umständen) der Täterqualifikation an (vgl. nur *Lackner* § 22 Rdn. 13 mit weit. Nachw.). Jedoch ist die irrige Annahme des Täters, er sei Schuldner, Kaufmann, Beamter usw., nicht geeignet, ihn objektiv in die für diese Personen geltende spezifische Pflichtenstellung zu bringen (vgl. bereits RGSt **8** 198, 199). Die nur subjektiv vorgestellte besondere Nähe zum geschützten Rechtsgut betrifft aber ebenfalls nur die Rechtsgeltung, nicht dagegen einen Tatumstand. Der (Minder-)Kaufmann, der irrig einen hohen Umsatz seines Unternehmens annimmt, wird hierdurch ebensowenig wegen versuchten Unterlassens der (vollkaufmännischen) Buchführung und Bilanzierung strafbar wie ein Privatmann, der Vermögensgegenstände verschenkt und dabei irrig annimmt, er schulde einem Gläubiger noch Geld. Neben dem Irrtum über die Eigenschaft als (Voll-)Kaufmann oder als Schuldner führt aber auch die irrige Annahme der Krisenbefangenheit nach Abs. 1 zum Wahndelikt und nicht zum untauglichen Versuch: Nur einen krisenbefangenen Schuldner trifft nach Abs. 1 die Rechtspflicht, seine Vermögensbestandteile nicht zu verschenken, zu billig zu veräußern, zu beschädigen usw. Die Situationsbeschreibung der Krise steht der Statusbenennung als Schuldner oder Kaufmann rechtlich (sonderpflichtbegründend) gleich.

Zusammengefaßt stellt die irrige Annahme der speziellen Rechtspflicht bzw. der besonderen Täterqualität des Sonderdeliktes ein strafloses **Wahndelikt** dar. Dies gilt auch für die irrige Annahme der Krisensituation nach Abs. 1[88].

3. Ansetzen zur Tatbestandsverwirklichung. Im Sinne des § 22 liegt die strafbare **200**
Betätigung des Deliktsentschlusses in Handlungen, die objektiv bereits ein Tatbestandsmerkmal verwirklichen (z. B. Beschaffen der Waren oder Wertpapiere auf Kredit bei Abs. 1 Nr. 3, Vornahme der Bankrotthandlung ohne Eintritt des Erfolges bei Abs. 2) oder mit denen nach dem Täterplan unmittelbar zur Tatbestandsverwirklichung angesetzt wird. Eine solche subjektiv — aus der Sicht des Täters — vorliegende unmittelbare, nämlich räumlich und zeitlich nahe Gefahr für die geschützten Rechtsgüter ist relativ einfach zu bejahen oder zu verneinen bei körperlichen Akten, z. B. des Beiseiteschaffens oder Zerstörens usw. nach Nr. 1. Daß der Abschluß des obligatorischen Geschäftes allerdings stets bereits einen Versuch des Beiseiteschaffens darstelle, kann *Dreher/Tröndle* (Rdn. 34) nicht zugegeben werden (zust. *Sch/Schröder/Stree* Rdn. 64). Nicht mehr haltbar ist auch die von BGH bei Herlan GA **1954** 310 vertretene Auffassung, der Beginn des Beiseiteschaffens liege in dem

[88] Zustimmend *Bieneck* in: Müller-Gugenberger § 65 D; **aA** BGH JZ **1979** 75, 76 f; *Lackner/Kühl* Rdn. 23; *Sch/Schröder/Stree* Rdn. 64; *Vogler* LK § 22 Rdn. 160; dagegen bereits *Tiedemann* NJW **1979** 154 u. Schröder-Gedächtnisschrift S. 295 f.

Schreiben eines Briefes, in welchem eine Schenkung mitgeteilt (angekündigt) wird; hier fehlt die zeitliche Nähe zu dem Vollzugsakt. Bei äußerlich gleichförmigen, ineinander übergehenden Geschehensabläufen, wie sie etwa bei dem Verbrauch übermäßiger Beträge nach Nr. 2 oder für den Buchführungsbereich nach Nr. 5 2. Alt. gegeben sein können, ist eine stärker wertende Abgrenzung erforderlich (vgl. nur *Sch/Schröder/Eser* § 22 Rdn. 41, 42; *Tiedemann* Wirtschaftsstrafrecht I S. 221 f; krit. *Vogler* LK[10] § 22 Rdn. 54 ff). Danach kann z. B. die Einfügung unrichtiger Belege in die Buchführung bloße (straflose) Vorbereitungshandlung sein (BGH 5 StR 814/82 v. 25. 1. 1983 bei *Vogler* aaO Rdn. 124 Fußn. 93).

201 Bei **Unterlassungen** (z. B. Nr. 5 1. Alt., Nr. 7 b) entspricht es dem für die Versuchsstrafbarkeit erforderlichen Ansetzen zur Tatbestandsverwirklichung, wenn der Täter den für die Vornahme der Handlung zur Verfügung stehenden Zeitraum ungenützt ablaufen läßt. Mit diesem Endzeitpunkt ist freilich bereits Vollendung gegeben. Vor diesem Zeitpunkt liegt Versuch vor, wenn der *Unterlassungsentschluß* durch äußere Handlungen *objektiviert* wird, die diesen Entschluß hinreichend erkennen lassen (*Maihofer* GA **1958** 295; *Tiedemann* Wirtschaftsstrafrecht I S. 226; vgl. jetzt auch BGHSt **40** 257, 271). Dies trifft bei Unterlassen der Bilanzaufstellung regelmäßig dann zu, wenn die rechtzeitige Fertigstellung nur noch unter besonderen Schwierigkeiten möglich wäre und der Täter dies weiß (vgl. bereits oben Rdn. 151).

202 4. **Rücktritt.** Da die Rechtsprechung für das Fehlen der Übersicht über den Vermögensstand nach Nrn. 5 2. Alt. und 7 b nicht auf den Zeitpunkt der Tat, sondern auf den des Eintritts der Strafbarkeitsbedingung abstellt und erst von diesem Zeitpunkt an Strafbarkeit des Buchdelikts für gegeben erachtet, könnte es naheliegen, bis zu diesem Zeitpunkt bloßen Versuch anzunehmen (vgl. *Preisendanz/Bieneck* Anm. 6 e ee). Da dieser Versuch regelmäßig beendigt sein würde, wäre für die tätige Reue Freiwilligkeit des Rücktritts und außerdem erforderlich, daß der Täter eigene, auf Verhinderung der Tatvollendung abzielende Tätigkeiten entfaltet (und hiermit Erfolg hat). Jedoch wurde bereits oben Rdn. 118 dargelegt, daß diese Deutung als Versuch weder der Ansicht der Rechtsprechung zugrunde liegt noch im übrigen richtig ist. Für das Vorliegen des Versuchs (einer Bankrotthandlung) und eines Rücktritts hiervon gelten daher die allgemeinen Lehren der §§ 22 ff.

203 Für die erforderliche **Freiwilligkeit** des Rücktritts ist allgemein problematisch, daß mit zunehmender zeitlicher Nähe zum Eintritt der objektiven Strafbarkeitsbedingung häufig auch ein erhöhtes Risiko der Tatentdeckung vorliegen wird. In diesem Fall (und erst recht bei Entdeckung der Tat durch Außenstehende) entfällt mit der Freiwilligkeit des Rücktritts auch der Eintritt der Straflosigkeit. Jedoch läßt nicht jede Änderung der äußeren Umstände den Rücktritt des Täters im psychologischen Sinne unfreiwillig werden. Freiwilligkeit wird z. B. zu bejahen sein, wenn der Täter in Verschleuderungsabsicht Waren auf Kredit bestellt und geliefert erhält, sie aber wegen günstiger Marktlage zum Normalpreis oder mit Übergewinn verkauft (Fall bei *Dreiss/Eitel-Dreiss* S. 168).

III. Fahrlässigkeit (Abs. 4 und 5)

A. Fahrlässige Unkenntnis und leichtfertige Herbeiführung der Krise (Abs. 4)

204 **1. Fahrlässige Unkenntnis der Krise i. S. d. Abs. 1.** Gemäß Abs. 4 Nr. 1 reicht es für die Strafbarkeit von Bankrotthandlungen nach Abs. 1 aus, daß der Täter bei (vorsätzlicher!) Vornahme dieser Handlungen das Vorliegen der Krisensituation fahrlässig

nicht kannte. Obwohl hier nur ein einziges Tatbestandsmerkmal — die Krisensituation — nicht vom Vorsatz umfaßt ist, liegt insgesamt ein Fahrlässigkeitsdelikt vor, so daß Versuch und Teilnahme nicht möglich sind (*Dreher/Tröndle* Rdn. 35). Der Strafrahmen ist wegen des geringeren Unwerts dieses Verhaltens gemildert. Nach der Praxis der Strafrechtsprechung greift Abs. 4 Nr. 1 zugleich als Auffangtatbestand für solche Fälle ein, in denen die Kenntnis des Täters vom Vorliegen der Krisensituation nicht nachweisbar ist (vgl. dazu nur BGHSt **17** 210, 212 f).

Trotz der langen historischen Tradition von Fahrlässigkeitsdelikten im Bereich des Konkursstrafrechts (vgl. Rdn. 35 vor § 283 sowie BGHSt **15** 103, 104 f) geht diese Ausdehnung der Strafbarkeit bis hin zur leichtesten Fahrlässigkeit bei Verkennen der Krisensituation sehr weit (vgl. bereits oben Rdn. 1 sowie *Tiedemann* Schröder-Gedächtnisschrift S. 292 mit weit. Nachw.). Die Feststellung der Fahrlässigkeit wirft weniger in bezug auf die eingetretene *Zahlungsunfähigkeit* als vielmehr im Hinblick auf das *Drohen* derselben sowie auf das Vorliegen einer *Überschuldung* Probleme auf. Abgesehen von den — zahlenmäßig freilich überwiegenden — Fällen, in denen sich die Überschuldung und das Drohen der Zahlungsunfähigkeit aus laufenden Verlusten und zu hohen Privatentnahmen ergibt (vgl. Rdn. 7 vor § 283), erfordert nämlich das Erkennen sowohl einer Überschuldung als auch des Drohens der Zahlungsunfähigkeit **Prognosen** und andere betriebswirtschaftliche Maßnahmen wie insbesondere die Aufstellung eines Finanzplanes und einer Vermögensbilanz (Status). Da der Gesetzgeber nur für Kapitalgesellschaften von einer Selbstprüfungspflicht ausgeht (und auch diese nach h. M. auf bestimmte Anlässe begrenzt ist, vgl. unten Rdn. 208), kann eine Verpflichtung des Täters zur Überprüfung der Vermögens- und Ertragslage sowie der Liquidität seines Unternehmens nur aus den ungeschriebenen Grundsätzen ordnungsgemäßen Wirtschaftens abgeleitet werden. **205**

a) Der Fahrlässigkeitsvorwurf setzt damit vor allem voraus, daß die Krise nicht nur für einen sorgfältigen Wirtschafter *erkennbar*, sondern daß die Unkenntnis der Krise seitens des Täters objektiv **pflichtwidrig** war, also eine Verpflichtung des Täters zur Überprüfung der Situation seines Unternehmens bestand. In diesem Sinne ist — wie bereits zu Abs. 1 Nr. 8 ausgeführt (oben Rdn. 158 und 168) — das völlige Fehlen jeglicher Übersicht und Planung grob wirtschaftswidrig und damit objektiv pflichtwidrig, weil es elementaren Grundsätzen des Wirtschaftens widerspricht (BGH NJW **1981** 354, 355). Soweit der Täter (in den Fällen von Abs. 1 Nrn. 5 und 7) handelsrechtlich zur Buchführung verpflichtet ist, wird sich die Erkennbarkeit der Krisensituation regelmäßig aus der Jahresbilanz ergeben, die insbesondere mit einer buchmäßigen Überschuldung das erste Anzeichen für eine tatsächliche Überschuldung enthält. Bei Unterlassen oder Mangelhaftigkeit der Buchführung (i. w. S.) kann sich der Täter selbstverständlich nicht darauf berufen, daß ihm infolge dieser Vernachlässigung die Erkenntnis der Krise unmöglich war; vielmehr liegt die Pflichtwidrigkeit dann gerade in der fehlenden oder mangelhaften Buchführung (*Dreher/Tröndle* Rdn. 35 mit Nachw.). **206**

Im einzelnen wird für Inhaber bzw. Leiter von Unternehmen und für Angehörige freier Berufe neben dem Grunderfordernis einer gewissen Übersicht und Planung (vgl. Rdn. 120 ff vor § 283) je nach Unternehmensgröße, Finanzierungsart und Branchenzugehörigkeit zu verlangen sein, daß jedenfalls bei **bestimmten Anlässen** diejenigen betriebswirtschaftlichen Mittel — insbesondere Finanzplan und Überschuldungsstatus — eingesetzt werden, die eine hinreichende Erkenntnis der Liquiditäts- und Ertragslage ermöglichen (*Müller/Wabnitz* S. 141). Als derartige Anlässe kommen zum einen gravierende *exogene* Störungen und Umstände in Betracht, die bei **207** der Bilanzierung zur Vornahme von Sonderabschreibungen zwingen würden (erheblicher Vermögensverlust durch höhere Gewalt oder durch Verschulden Dritter; drastischer Absatzrückgang infolge Ausfalls des einzigen oder des hauptsächlichen Abnehmers; politische und konjunkturelle Besonderheiten). Einschlägig sind aber auch anhaltende oder sich kumulierende *endogene* Störungen und Vorgänge (laufende Verluste ohne hinreichende Reserven; mehrfache Ablehnung von Kreditgesuchen; häufige Umgründungen). Werden wiederholt oder ständig zu hohe Privatentnahmen getätigt, so liegt die Pflichtwidrigkeit in der Vornahme dieser Handlungen ohne Vergewisserung hinsichtlich der Angemessenheit und der Auswirkungen der Entnahmen. Entsprechendes gilt, wenn Privatentnahmen als angebliche Betriebsausgaben deklariert werden. Abgesehen von dem gewichtigen Merkmal laufender Verluste haben die genannten Umstände und Insolvenzindikatoren sämtlich den Vorteil, für den Täter ohne weiteres erkennbar zu sein. Die Rdn. 142 vor § 283 beschriebenen **Frühsignale** einer Unternehmenskrise dienen vor allem der externen Prognose drohender Insolvenz (von dritten Unternehmen), haben aber auch für den (nachträglichen) Nachweis von Vorsatz oder Fahrlässigkeit des Täters im Hinblick auf die Lage seines eigenen Unternehmens zur Tatzeit Bedeutung (vgl. nur *Richter* GmbHR **1984** 138). Außerhalb der vorgenannten gravierenden Anlässe und Konstellationen wird man aber — je nach Rechts- und Finanzierungsform des Unternehmens usw. — im allgemeinen nur bei Vorliegen mehrerer Frühsignale einer Unternehmenskrise eine strafrechtlich relevante Pflicht des Unternehmensinhabers (oder Unternehmensleiters) zur Benutzung aufwendiger betriebswirtschaftlicher Erkenntnismittel annehmen können (*Tiedemann* Schröder-Gedächtnisschrift S. 295; auch *Küffner* S. 97). Eine solche Pflicht kann auch bei Gründungs- oder Einführungskrisen in den ersten Jahren der Unternehmensexistenz sowie bei erkannter technischer oder auch kaufmännischer Rückständigkeit bestehen (*Tiedemann* aaO S. 294 mit weit. Nachw.). Besonders kostenaufwendige und komplizierte (und gleichwohl mit nicht unerheblichen Fehlerquoten behaftete) Prognosemodelle, deren sinnvoller Einsatz an das Vorhandensein einer elektronischen Datenverarbeitungsanlage gebunden ist — z. B. Cash-flow-Rechnungen, Kapitalflußrechnungen usw. —, werden aus strafrechtlicher Sicht für kleine und mittlere Unternehmen überhaupt nicht erfordert (vgl. auch *Uhlenbruck* Gläubigerberatung S. 51). Insgesamt wird angesichts der Unsicherheiten der betriebswirtschaftlichen Krisenforschung und ihrer vorrangigen Ausrichtung an Großunternehmen (vgl. zuletzt *Hilke* Mittelstand S. 9; *Küffner* S. 97 f, je mit Nachw.) der Rahmen leichter Fahrlässigkeit kaum je mit hinreichender Sicherheit zu bestimmen sein und daher auch für Abs. 4 Nr. 1 *in der Praxis* die **grobe Fahrlässigkeit** (Leichtfertigkeit) im Vordergrund stehen (*Tiedemann* aaO S. 295; weitergehend bes. *Hiltenkamp-Wisgalle* S. 349 ff mit Nachw.). Sie liegt insbesondere dann vor, wenn der Inhaber oder Leiter des Unternehmens keinerlei Vorkehrungen getroffen hat, um die finanzielle Lage des Unternehmens zumindest in größeren Zeitabständen zu kennen (interne Finanzanalyse), vor allem die finanziellen Folgen der Kapitalstruktur zu überschauen und die Zahlungsbewegungen im wesentlichen vollständig zu erfassen.

208 Weitergehend nimmt eine vordringende Ansicht der neueren Literatur eine **Pflicht zur ständigen Beobachtung** der Liquidität und Rentabilität des Unternehmens an, wobei diese Ansicht teilweise gerade auf die Fahrlässigkeitsstrafbarkeit des § 283 gestützt wird[89]. Hierzu wurde bereits oben Rdn. 123 vor § 283 darauf hingewiesen,

---

[89] *Bretzke* S. 129 ff und KTS **1985** 415; *Hiltenkamp-Wisgalle* S. 343 ff, 352 f; *Küffner* S. 24, 41; *Uhlenbruck* Gläubigerberatung S. 60; *Weyand* S. 33.

daß jedenfalls die Heranziehung des § 283 die genannte Auffassung nicht zu stützen vermag. Der Straftatbestand enthält nirgends eine Verschärfung außerstrafrechtlicher Maßstäbe der Pflichtwidrigkeit, sondern nimmt auf diese Bezug. Daß damit bestimmte (z. B. Spekulations-)Geschäfte ohne hinreichende Übersicht nicht vorgenommen werden dürfen, liegt nicht in dem Erfordernis einer Übersicht, sondern in der generellen Gefährlichkeit dieser Geschäfte begründet. Die gegenteilige Auffassung verkennt, daß die drohende Zahlungsunfähigkeit jedenfalls nach geltendem Recht kein Konkursauslösungsgrund ist und die Überschuldung nur bei Kapitalgesellschaften eine Konkursantragspflicht der zuständigen Organe begründet. Allein diese Konkursantragspflicht (z. B. nach §§ 64, 84 GmbHG) begründet oder beinhaltet möglicherweise eine (auch insoweit umstrittene!) Pflicht zur ständigen Beobachtung der Liquidität und Rentabilität (vgl. *Tiedemann* GmbH-Strafrecht § 84 Rdn. 102 mit Nachw.).

Die objektive **Erkennbarkeit** der Krisensituation des Abs. 1 (die mit dem betriebs- **209** wirtschaftlichen Verständnis der Unternehmenskrise nicht ohne weiteres identisch ist!) ergibt sich entweder aus dem Einsatz der vorgenannten betriebswirtschaftlichen Erkenntnismittel, soweit dieser Einsatz rechtlich geboten ist, oder aber aus den internen und externen Faktoren und Umständen, die unmittelbare Rückschlüsse auf die Liquiditäts- und Ertragslage zulassen. Externe, nach außen hin ohne weiteres erkennbare Indikatoren wie Wechselproteste, erfolglose Pfändungen und sonstige Verschlechterungen der Zahlungsweise können im übrigen ebenfalls die Verpflichtung des Täters begründen, hinreichend sichere Erkenntnismittel der internen Insolvenzprognose einzusetzen.

b) Der strafrechtliche Schuldvorwurf der Fahrlässigkeit setzt weiter voraus, daß **210** der Täter **subjektiv**, also nach seinen persönlichen Fähigkeiten und Kenntnissen in der Lage war, die ihm obliegende Pflicht zu erfüllen und das Vorliegen der Krise zu erkennen. Die verbreitete Schwäche zur realen Selbsterkenntnis, auch in bezug auf die eigene wirtschaftliche Lage, Fehleinschätzungen z. B. im Hinblick auf die Folgen von Investitionsentscheidungen oder der Vermehrung der Fremdfinanzierung, der Konjunktur- und der Zinsentwicklung usw., und andere Qualifikationsmängel entlasten den Täter im Strafrecht grundsätzlich oder doch tendenziell. Angesichts der Tatsache, daß ein großer Teil der Insolvenzursachen in Managementfehlern und in der mangelhaften Qualifikation des Führungspersonals liegt (vgl. oben Rdn. 13 vor § 283), würde damit ein weiter Bereich von Insolvenzkriminalität ungeahndet bleiben müssen. Die h. M. vermeidet dieses Ergebnis durch den Begriff des **Übernahmeverschuldens** bzw. der fahrlässigen Tätigkeitsübernahme: Fahrlässigkeit ist anzunehmen, wenn bei der Übernahme der Geschäftstätigkeit für den Täter vorhersehbar war, daß ihm die für die Erkennung der dabei entstehenden Gefahren erforderlichen Fähigkeiten sowie das Erfahrungswissen fehlen (*Schroeder* LK § 16 Rdn. 141 mit Nachw.). Nur wenn also der Täter bei Übernahme der Geschäftstätigkeit subjektiv nicht erkennen konnte, daß ihm die erforderlichen Erkenntnisfähigkeiten und Kenntnisse fehlen, bleibt er auch insoweit straflos.

2. Leichtfertige Herbeiführung der Krise i. S. d. Abs. 2. Nach Abs. 4 Nr. 2 ist die **211** vorsätzliche Vornahme einer Bankrotthandlung (i. S. d. Abs. 1 Nrn. 1—8) außerhalb der Krise strafbar, wenn durch diese Handlung die Überschuldung oder Zahlungsunfähigkeit leichtfertig verursacht wird. Auch diese Tat unterliegt einem gemilderten Strafrahmen, der mit dem für die Fahrlässigkeitstat nach Abs. 4 Nr. 1 vorgesehenen Rahmen identisch ist. Jedoch ist das Vergehen nach Abs. 4 Nr. 2 gemäß § 11 Abs. 2

Vorsatztat. Es ist somit strafbare Teilnahme nach §§ 25 ff möglich (*Dreher/Tröndle* Rdn. 37; näher unten Rdn. 227). Der Versuch bleibt dagegen straflos, da sich Abs. 3 nur auf Vorsatztaten nach Abs. 1 und Abs. 2 bezieht (vgl. *Dreher/Tröndle* aaO).

212 **a)** Für das — praktisch nur selten nachweisbare — Erfordernis eines **Kausalzusammenhanges** zwischen der (vorsätzlichen) Bankrotthandlung und dem Eintritt von Zahlungsunfähigkeit oder Überschuldung kann auf oben Rdn. 180 verwiesen werden. Oben Rdn. 181 ff wurde auch schon die besondere Bedeutung von Nrn. 1—3 und Nr. 8 für diesen Bereich der ursächlichen und schuldhaften Insolvenzherbeiführung hervorgehoben.

213 **b)** Die Schuldform der **Leichtfertigkeit** besteht hier ebenso wie bei § 264 Abs. 3 in grober Fahrlässigkeit, also vor allem einer Vernachlässigung elementarer Anforderungen durch den Täter, wobei auch hier auf desssen persönliche Fähigkeiten und Verhältnisse abzustellen ist (vgl. *Tiedemann* LK[10] § 264 Rdn. 102). Der Sache nach geht es um grobe Rücksichtslosigkeit im Hinblick auf den möglichen Eintritt des Taterfolges der Krise, also um eine Einstellung in der Nähe des Vorsatzes (vgl. *Schroeder* LK § 16 Rdn. 209 ff mit Nachw.). Zu denken ist — wie bei der vorsätzlichen Verwirklichung von Abs. 2 — insbesondere an das Beiseiteschaffen wertvoller Vermögensbestandteile (z. B. Grundstücke), an überhöhte Privatentnahmen und an die Verschleuderung von Waren oder Wertpapieren. In Betracht kommen aber auch grob wirtschaftswidrige Verringerungen des Vermögensstandes nach Art des leichtsinnigen Konkurses i. S. d. Art. 165 schweizer. StGB und der fahrlässigen Krida i. S. d. § 159 Abs. 1 Nr. 1 österreich. StGB: unbedachte Kreditgewährung ohne hinreichende Sicherheit; Unternehmensgründung oder -erweiterung mit völlig unzureichendem *Eigenkapital*; Wirtschaften mit groben *organisatorischen Mängeln* insbesondere der Auswahl und Kontrolle oder ohne jede Geschäfts- und Branchenkenntnisse (vgl. oben Rdn. 168 und bereits Rdn. 118 vor § 283).

B. Fahrlässige Bankrotthandlungen (Abs. 5)

214 Die Bankrotthandlungen nach Abs. 1 Nrn. 2, 5 und 7 sind gemäß Abs. 5 auch bei fahrlässiger Begehungsweise strafbar. Dabei reicht nach Nr. 1 fahrlässige Unkenntnis der Krisensituation aus (dazu oben Rdn. 204 ff), und nach Nr. 2 braucht die Krise im Falle des Abs. 2 nur leichtfertig verursacht zu werden (dazu oben Rdn. 211 ff). Jedoch erfassen Nrn. 1 und 2 auch fahrlässige Handlungen, bei denen der Täter im Hinblick auf das Vorliegen oder auf die Verursachung der Krise vorsätzlich handelt (*Müller-Emmert* Prot. 7/2827). Hierzu weisen *Dreher/Tröndle* (Rdn. 37) zutreffend darauf hin, daß nicht vorstellbar ist, wie der Täter durch fahrlässiges Verhalten vorsätzlich den Erfolg des Abs. 2 soll herbeiführen können (vgl. dazu auch *Hiltenkamp-Wisgalle* S. 359). In den Fällen, in denen der Täter z. B. über die normativen Tatbestandsmerkmale der Bankrotthandlung nach Abs. 1 Nr. 2 irrt, wird entweder die Voraussicht des Erfolges durch den Täter fehlen oder aber sein Irrtum die soziale Bedeutungskenntnis der Handlungsmerkmale unberührt lassen, also die Vorsätzlichkeit der Handlung nicht ausschließen. Dogmatisch und rechtspolitisch ist somit der Anwendungsbereich von Abs. 5 nicht hinsichtlich der Buchdelikte i. S. d. Abs. 1 Nrn. 5 und 7 (zutr. *Eitel* Prot. 7/2548 f), wohl aber hinsichtlich der Bankrotthandlungen nach Abs. 1 Nr. 2 zweifelhaft (*Eyrich* Prot. 7/2827; *Schlüchter* MDR **1978** 980).

215 **1. Fahrlässige Bankrotthandlung nach Abs. 1 Nr. 2.** Für die Handlung nach Abs. 1 Nr. 2 heben *Dreher/Tröndle* (Rdn. 33) hervor, daß das Eingehen von Differenzgeschäften wegen der finalen Natur dieses Verhaltens nur vorsätzlich möglich sei. Dies

ist richtig. Freilich bleibt auf der Grundlage der herrschenden Handlungs- und Schuldlehre fahrlässige Begehung in der Weise möglich, daß der Täter bei im übrigen vorsätzlich-finalem Handeln über ein Tatbestandsmerkmal irrt, weil er z. B. von einem wirtschaftlich berechtigten Zweck des Geschäftes ausgeht (vgl. oben Rdn. 192 und allgemein dazu *Tiedemann* Tatbestandsfunktionen S. 344 ff). Weiter kritisieren *Dreher/Tröndle* (aaO) für den Abschluß von Verlustgeschäften, daß das Unrecht dieser Tathandlung im bewußten Eingehen von Geschäften liege, die von vornherein auf Verlust angelegt sind. Diese Kritik läßt sich auch für das Eingehen von Spekulationsgeschäften fortführen: Ein fahrlässiges Spekulieren — in Verkennung der Höhe des Verlustrisikos (oben Rdn. 55) — ist schon begrifflich kaum vorstellbar, und das Handlungsunrecht liegt auch hier gerade in dem bewußten Eingehen eines hohen Risikos in der Hoffnung auf hohen Gewinn. Es wäre aber auch wenig sachgemäß, die Fahrlässigkeit unmittelbar auf die Tathandlung des „Eingehens" von Verlust-, Spekulations- oder Differenzgeschäften beziehen zu wollen: Der Irrtum über das Wirksamwerden des einschlägigen schuldrechtlichen Vertrages könnte zwar theoretisch dazu führen, daß der auf solche Weise fahrlässig herbeigeführte Geschäftsabschluß für strafbar erklärt wird; sinnvoll ist dieses Ergebnis aber nicht. Es bleibt daher insgesamt für die praktische Anwendung des Abs. 5 auf die vorgenannten Geschäfte der 1. Alt. von Abs. 1 Nr. 2 im wesentlichen nur der Bereich des Tatbestandsirrtums über das Korrektiv der Anforderungen einer ordnungsgemäßen Wirtschaft (zust. *Weyand* S. 93). Die Tathandlung des „Eingehens" der Geschäfte muß dagegen vorsätzlich erfolgen; auch die Eigenschaft als Verlust-, Spekulations- oder Differenzgeschäft muß vom Vorsatz umfaßt sein.

Ähnliche Einschränkungen gelten für die fahrlässige Begehung von Bankrotthandlungen i. S. d. 2. Alt. von Abs. 1 Nr. 2. Auch hier ist die Fahrlässigkeit nicht auf die eigentliche Handlung zu beziehen, denn Spiel und Wette sind nur bei bewußter Vornahme, Ausgaben nur bei finaler Vorstellung des Täters denkbar oder sinnvoll. Ein angemessener Anwendungsbereich für fahrlässige Handlungsweisen ergibt sich aber bei (Tatbestands-)Irrtümern über die Unwirtschaftlichkeit der Ausgabe und die Übermäßigkeit des Verbrauches. **216**

2. Fahrlässige Buchdelikte nach Abs. 1 Nrn. 5 und 7. Das Führen von Handelsbüchern ist ebenso wie das vorerwähnte Eingehen von Geschäften nur vorsätzlich möglich. Die Fahrlässigkeit wird sich daher vor allem auf die Mangelhaftigkeit der Buchführung oder Bilanzierung beziehen (vgl. RGSt **13** 354, 359 f; **16** 277, 279; § 283 b Rdn. 9), also darauf, daß die Übersicht über den Vermögensstand erschwert wird (ebenso *Dreher/Tröndle* Rdn. 36; *Sch/Schröder/Stree* Rdn. 58). Ein fahrlässiges Unterlassen von Buchführung und Bilanzierung (Nr. 5 1. Alt. und Nr. 7 b) ist ebenfalls nur eingeschränkt möglich, nämlich — abgesehen von extremen Fällen der Vergeßlichkeit — bei einem vorsatzausschließenden Irrtum des Täters über seine Eigenschaft als Vollkaufmann oder über seine Verpflichtung zur Vornahme dieser Akte (z. B. der Bilanzierung für Schachtelgesellschaften: BGH GA **1981** 518) oder schließlich über die Länge des von Nr. 7 b gemeinten Zeitraumes (*Dreher/Tröndle* aaO; vgl. oben Rdn. 188). **217**

Ein praktisch gewichtiger Anwendungsbereich der Fahrlässigkeitsstrafbarkeit bleibt damit — vor allem im Hinblick auf die bereits oben Rdn. 188 kritisierte Irrtumsrechtsprechung des BGH — für die Buchdelikte nur in einem wesentlichen Teilbereich: bei der nicht sorgfältigen **Auswahl oder Überwachung** von Personen, die der buchführungspflichtige Täter mit der Buchführung oder Bilanzierung beauftragt **218** hat[90]. Dies kommt z. B. für den Techniker-Geschäftsführer einer GmbH in Betracht, der die Buchführung und Bilanzierung einem anderen, kaufmännisch vorgebildeten Geschäftsführer überläßt (OLG Karlsruhe Justiz **1977** 206).

IV. Vollendung der Tat, Verjährung und objektive Strafbarkeitsbedingung

219 **1. Vollendung, Beendigung und Verjährung der Tat.** In der Strafbarkeitsbedingung der Zahlungseinstellung, Eröffnung des Konkursverfahrens oder Abweisung des Eröffnungsantrages mangels Masse (Abs. 6) wird die Beeinträchtigung der Forderungsrechte der Gläubiger nach außen erkennbar[91]. Jedoch gehört dieser äußere Erfolg nicht zum tatbestandsmäßigen Unrecht. Sein Eintritt stellt nur eine Bedingung für die Bestrafung der schuldhaften Gefährdung der Gläubigerrechte und der Kreditwirtschaft dar. In aller Regel tritt die Bedingung **nach** Vornahme der Bankrotthandlung ein, so daß die Strafbarkeit derselben aufschiebend bedingt ist. Jedoch ist Strafbarkeit auch dann gegeben, wenn die Bankrotthandlung (z. B. das Beiseiteschaffen von Vermögensbestandteilen oder das Unterlassen der Buchführung nach Abweisung des Antrages auf Konkurseröffnung mangels Masse) der Zahlungseinstellung usw. folgt, die Handlung des Täters also — im Falle von Abs. 1 Nr. 1 — den bereits eingetretenen Schaden vergrößert (vgl. näher Rdn. 96 vor § 283).

220 Entgegen der früheren RG-Rechtsprechung (vgl. etwa RGSt **16** 188, 190; JW **1936** 3007) ist die Tat rechtlich nicht erst mit Eintritt der objektiven Strafbarkeitsbedingung, sondern bereits mit Vollendung der Bankrotthandlung nach Abs. 1 bzw. mit Eintritt des Erfolges nach Abs. 2 **vollendet**[92]. Bei den echten Unterlassungsdelikten des Abs. 1 Nr. 5 1. Alt. und Nr. 7 b ist die Tat mit Ablauf der oben Rdn. 147 genannten Frist vollendet. Beim Versuch (Abs. 3) kommt es auf den Abschluß der letzten zur Tatausführung bestimmten Handlung an.

221 Tatsächlich **beendet** ist die Tat dagegen mit dem Eintritt der objektiven Strafbarkeitsbedingung, sofern der Täter die Bankrotthandlung vorher begangen hat. In diesem Fall beginnt die **Verjährung** gemäß § 78 a S. 1 mit der Zahlungseinstellung, Eröffnung des Konkursverfahrens oder Abweisung des Eröffnungsantrages mangels Masse, da erst von diesem Zeitpunkt an alle materiellrechtlichen Voraussetzungen der Strafbarkeit vorliegen[93]. Aus § 78 b folgt, daß die Möglichkeit der Strafverfolgung für den Lauf der Verjährungsfrist maßgebend ist (*Sch/Schröder/Stree* Rdn. 69). — Wird die Bankrotthandlung dagegen erst nach Eintritt der Strafbarkeitsbedingung begangen, so beginnt die Verjährung mit Vornahme (Vollendung) der Bankrotthandlung (vgl. *Schaefer* LK[8] § 239 KO Anm. VII).

222 Sowohl die Vorsatztat nach Abs. 1 und Abs. 2 und der Versuch nach Abs. 3 als auch die fahrlässige Tat nach Abs. 4 und Abs. 5 *verjähren* gemäß § 78 Abs. 3 Nr. 4 in *5 Jahren.*

223 **2. Formen der Strafbarkeitsbedingung und Zusammenhang mit den Bankrotthandlungen.** Die Begriffe und Voraussetzungen der Zahlungseinstellung, Eröffnung des

[90] Vgl. BGH bei *Böhle-Stamschräder* KuT **1957** 24; RGSt **16** 277, 279; **45** 88 ff; **58** 304, 305; *Dreher/Tröndle* Rdn. 36; *Sch/Schröder/Stree* Rdn. 58; *Weyand* S. 93.

[91] Vgl. amtl. Begr. BTDrucks. 7/3441 S. 33; BGHSt **28** 231, 233; OLG Düsseldorf NJW **1980** 1292; RGSt **16** 188, 190 mit weit. Nachw.; *Otto* R. Bruns-Gedächtnisschrift S. 281; oben Rdn. 90 und 95 vor § 283.

[92] *Dreher/Tröndle* Rdn. 34; *Lackner/Kühl* Rdn. 31; *Schaefer* LK[8] § 239 KO Anm. V; *Sch/Schröder/Stree* Rdn. 63.

[93] RGSt **3** 350, 351; **7** 391, 392; *Dreher/Tröndle* aaO; *Lackner/Kühl* aaO; *Preisendanz/Bieneck* Anm. 14; *Sch/Schröder/Stree* Rdn. 69; krit. *Maurach/Schroeder/Maiwald* I § 48 II 2.

Konkursverfahrens und Abweisung des Eröffnungsantrages mangels Masse wurden bereits oben Rdn. 143 ff und 163 ff vor § 283 unter Erwähnung auch der Rechtslage nach der Gesamtvollstreckungsordnung und der InsO 1999 erläutert. Hervorzuheben bleibt, daß das erst durch das 1. WiKG eingeführte Merkmal der **Ablehnung der Konkurseröffnung** (künftig: Abweisung des Antrages auf Eröffnung der Insolvenzverfahrens) in der Praxis den Nachweis der Zahlungseinstellung und damit die Ermittlung derjenigen Tatsachen, aus denen die Zahlungseinstellung zu folgern ist, erspart (amtl. Begr. BTDrucks. 7/3441 S. 37). Infolge der verfahrensmäßigen Formalisierung von Eröffnung und Abweisung der Eröffnung des Konkursverfahrens bedarf es eines Nachweises der Zahlungseinstellung vor allem in den Fällen, in denen der wahre Schuldner (auch) ein von diesem Gerichtsverfahren nicht betroffener *Hintermann* ist (vgl. oben Rdn. 71 ff vor § 283).

Auch das Erfordernis eines **Zusammenhanges** zwischen Bankrotthandlung und Eintritt der Strafbarkeitsbedingung wurde bereits oben Rdn. 91 ff vor § 283 erörtert: Nach h. M. muß trotz der soeben Rdn. 219 wiederholten Beschreibung dieses Zusammenhanges nur eine *„tatsächliche"*, jedoch keine ursächliche *Beziehung* zwischen den Täterhandlungen nach Abs. 1—5 und dem Eintritt der Zahlungseinstellung, Konkurseröffnung oder Abweisung des Eröffnungsantrages bestehen. Fehlt jeder Zusammenhang, so tritt Straflosigkeit ein (zusammenfassend BGHSt **28** 231, 233 f mit Nachw.). Dies ist vor allem in den Versuchsfällen des Abs. 3 (vgl. oben Rdn. 197), aber auch bei längerem zeitlichem Zurückliegen der Buchdelikte nach Abs. 1 Nrn. 5—7 zu beachten (vgl. Rdn. 91 vor § 283; näher und zusammenfassend zu den Buchdelikten § 283 b Rdn. 14). Nach h. M. wird der erforderliche Zusammenhang insbesondere nicht dadurch beseitigt, daß alle Gläubiger aus der Zeit der Vornahme der Bankrotthandlung befriedigt worden sind, sofern die früheren Verbindlichkeiten durch Eingehen neuer Schulden getilgt worden sind (vgl. BGH bei Holtz MDR **1981** 454; *Sch/Schröder/Stree* Rdn. 59; oben Rdn. 92 vor § 283). 224

V. Täterschaft und Teilnahme

1. Allgemeines. Die Abgrenzung von Täterschaft (§ 25) und Teilnahme (§§ 26, 27) wird bei § 283 vor allem dadurch bestimmt, daß Täter nur ein *Schuldner* sein kann, der vor oder nach Vornahme der Bankrotthandlung seine Zahlungen einstellt oder über dessen Vermögen das Konkursverfahren eröffnet oder der Eröffnungsantrag mangels Masse abgewiesen worden ist (vgl. Rdn. 59 vor § 283). Im Falle des Abs. 1 muß hinzukommen, daß der Schuldner zahlungsunfähig ist, ihm die Zahlungsunfähigkeit droht oder Überschuldung vorliegt; bei Abs. 1 Nrn. 5 und 7 muß der Schuldner außerdem Vollkaufmann sein. Personen, die diese Eigenschaften nicht haben, also insbesondere weder ihre Zahlungen selbst eingestellt haben noch Betroffene eines Konkursverfahrens sind, können nur *Teilnehmer* (Anstifter oder Gehilfen) an dem Sonderdelikt des § 283 sein (RGSt **31** 407, 409 f; allgemein *Roxin* LK § 26 Rdn. 101 und § 27 Rdn. 52, je mit weit. Nachw.). Ausnahmen von diesem Grundsatz werden durch § 14 für Organe, Vertreter und Beauftragte des Schuldners zugelassen, sofern diese für den Schuldner — nach der Rechtsprechung: in seinem wirtschaftlichen Interesse — handeln (vgl. oben Rdn. 78 ff vor § 283). 225

2. Mittäterschaft. Nach § 25 Abs. 2 bedeutet Mittäterschaft gemeinschaftliche Begehung der Straftat durch mehrere Täter. Bei Sonderdelikten wie § 283 setzt dies voraus, daß eine gemeinsame (meist: außerstrafrechtliche) Sonderpflicht besteht (*Roxin* LK § 25 Rdn. 162 ff). Für § 283 heißt dies, daß es sich um dieselben Schulden oder um 226 dieselben Gläubiger handeln muß (vgl. RGSt **31** 407, 410). Abgesehen von den Fällen der *Gesamtschuld* ist Mittäterschaft bei § 283 also vor allem in der Form denkbar und möglich, daß *mehrere Mitgesellschafter* oder *mehrere Organe* oder Vertreter des schuldnerischen Unternehmens nach § 14 für dieses handeln (*Dreher/Tröndle* Rdn. 38; *Lackner/Kühl* Rdn. 25). Dabei kann der Tatbeitrag des einen Täters in einem Tun (z. B. mangelhafte Buchführung) und der des anderen Täters in einem bloßen Unterlassen (z. B. von Aufsichts- und Überwachungsmaßnahmen) bestehen (*Roxin* aaO Rdn. 164). Fehlt es an einem gemeinsamen Tatentschluß, so liegt Nebentäterschaft vor.

Zweifelhaft ist, ob eine Beteiligung als Mittäter weitergehend auch für Außenstehende möglich ist, soweit Taten nach Abs. 2 und Abs. 4 Nr. 2 in Frage stehen. Die bejahende Ansicht von *Dreher/Tröndle* (Rdn. 38) übersieht, daß Abs. 6 auch für diesen Bereich gilt, also sämtliche Erscheinungs- und Begehungsformen des § 283 Sonderdeliktsnatur besitzen.

227 **3. Anstiftung und Beihilfe.** *Außenstehende*, die weder selbst Schuldner sind noch im Sinne des § 14 für den Schuldner handeln, können sich als Täter nur nach § 283 d, im Hinblick auf § 283 dagegen lediglich als Teilnehmer (Anstifter oder Gehilfen) strafbar machen (Rdn. 225). § 283 d steht der Möglichkeit einer Beihilfe zu § 283 nicht entgegen (*Lackner/Kühl* Rdn. 25; *Sch/Schröder/Stree* Rdn. 65); jedoch geht die täterschaftliche Verwirklichung des § 283 d der Strafbarkeit wegen Beihilfe zu § 283 vor (vgl. § 283 d Rdn. 26). Auch für den Teilnehmer an § 283 wirkt der Eintritt der Strafbarkeitsbedingung gemäß Abs. 6 rein objektiv; diese braucht also nicht vom Vorsatz des Teilnehmers umfaßt zu sein (RGSt **45** 88, 91 f; *Dreher/Tröndle* Rdn. 38).

228 Umstritten ist, ob dem Anstifter oder Gehilfen nach § 28 Abs. 1 die obligatorische **Strafmilderung** des § 49 Abs. 1 zugute kommt. Dabei besteht weitgehend Einigkeit darüber, daß die Strafe für den Gehilfen nicht doppelt — nach § 27 Abs. 2 und nach § 28 Abs. 1 — zu mildern ist (vgl. nur BGHSt **26** 53 ff; *Roxin* LK § 27 Rdn. 66). Die umstrittene Frage der Anwendung des § 28 Abs. 1 hat also im Ergebnis nur für den **Anstifter** Bedeutung. Die in der Literatur vorherrschende Ablehnung der Anwendung des § 28 Abs. 1 stützt sich darauf, daß die Schuldnereigenschaft sachbezogen (rechtsgutsbezogen) sei und daher kein besonderes persönliches Merkmal im Sinne dieser Vorschrift darstelle[94]. Jedoch ist jedenfalls die Krisenbefangenheit ein solches persönliches Merkmal, also § 28 Abs. 1 jedenfalls für die Teilnahme an Bankrotthandlungen nach Abs. 1 anzuwenden (*Renkl* JuS **1973** 614). Eine weitergehende Anwendung von § 28 Abs. 1 auch auf Abs. 2 und Abs. 4 Nr. 2 des § 283, also auf § 283 insgesamt, wird vor allem von *Samson* SK Rdn. 28 vertreten (dagegen *Dreher/Tröndle* Rdn. 38). Diese Ansicht erscheint als zutreffend, da auch die Schuldnereigenschaft ein personales Merkmal ist, welches die rechtliche Pflichtenstellung des Handlungssubjekts kennzeichnet. Es handelt sich zwar um eine objektive Charakterisierung. Jedoch betrifft diese nicht primär die Tat, nämlich die Rechtsgutsverletzung, sondern den Täter (zusammenfassend *Roxin* LK § 28 Rdn. 29 und 39; vgl. auch oben Rdn. 59 vor § 283).

229 **4. Notwendige Teilnahme.** Inwieweit Teilnehmer an den Bankrotthandlungen des Abs. 1 trotz ihrer Mitwirkung straflos bleiben, wurde bereits oben Rdn. 71, 80 und 89 erörtert. Da es sich bei den Mitwirkenden nicht notwendigerweise um die Gläubiger

[94] *Arzt/Weber* IV Rdn. 348; *Lackner/Kühl* Rdn. 25; *Maunach/Schroeder/Maiwald* 1 § 48 II 3 („subjektive Umschreibung einer objektiven Situation"); *Preisendanz/Bieneck* Anm. 12; *Sch/Schröder/Stree* Rdn. 65; *Vormbaum* GA **1981** 133.

des Schuldners, sondern typischerweise um außenstehende Dritte handelt, ergibt sich die Straflosigkeit dieser Teilnehmer nicht schon aus dem Schutzzweck des § 283. Jedoch führt der personale Unrechtsbezug dieses Tatbestandes in Verbindung mit dem Gedanken der Nichtüberschreitung des zur Tatbestandsverwirklichung Notwendigen (vgl. nur *Roxin* LK Rdn. 32 ff vor § 26) dazu, daß jedenfalls die Bestrafung wegen **Beihilfe** entfällt, wenn Geschäftspartner des Schuldners bei Verlust-, Spekulations- oder Differenzgeschäften oder als Mitspieler und Wettgegner an Handlungen nach Abs. 1 Nr. 2 mitwirken oder die vom Schuldner nach Abs. 1 Nr. 3 verschleuderten kreditierten Waren oder Wertpapiere erwerben (zutr. *Sch/Schröder/Stree* Rdn. 65; ebenso BGH bei Herlan GA **1956** 348). Entsprechendes gilt für Erwerber von Vermögensbestandteilen, die der Schuldner durch „normale" Austauschgeschäfte des Wirtschaftsverkehrs beiseite schafft (vgl. dazu oben Rdn. 25 ff). *Gropp* S. 135, 223 will dies damit begründen, daß der notwendige Teilnehmer nur peripher am „Multiplikator-Unrecht" des Schuldners mitwirke, sofern er sich auf das Wahrnehmen einer (schon vorhandenen) Gelegenheit beschränkt.

Die Strafbarkeit wegen **Anstiftung** bleibt dagegen nach Ansicht der Rechtsprechung (ebenso wie die Strafbarkeit der Anstiftung zur Gläubigerbegünstigung durch den Gläubiger bei § 283 c) bestehen (vgl. *Roxin* aaO Rdn. 35 und 41, der zutreffend auf die Auslegung des besonderen Tatbestandes und nicht auf die allgemeine Teilnahmelehre abstellt; so im Ansatz auch *Gropp* S. 98 ff, 121).

5. Abgrenzung zu Anschlußstraftaten. Unter zeitlichen Aspekten ist umstritten, ob **230**
es für die Abgrenzung von Teilnahme an § 283 einerseits und Täterschaft nach §§ 257 ff andererseits auf die Beendigung der Bankrotthandlung oder auf den Eintritt der Strafbarkeitsbedingung ankommt[95]. Es entspricht der oben Rdn. 87 vor § 283 vertretenen Ansicht, vom Zeitpunkt der tatsächlichen Beendigung der Bankrotthandlung nach Abs. 1 an bzw. nach Eintritt des Erfolges gemäß Abs. 2 etwaige Unterstützungshandlungen dem Kreis der §§ 257 ff zuzuweisen, auch wenn diese Handlungen vor der Zahlungseinstellung usw. vorgenommen werden. Strafbare Teilnahme (Anstiftung, Beihilfe) ist daher bei § 283 zeitlich nur eingeschränkt möglich.

VI. Konkurrenzen und Urteilsformel

1. Mehrere Bankrotthandlungen. Für die Bestimmung der Konkurrenzverhältnis- **231**
se ist vor allem die außertatbestandliche Natur der objektiven Strafbarkeitsbedingung (Abs. 6) zu berücksichtigen: Da das rechtlich mißbilligte Verhalten in der Bankrotthandlung und nicht etwa in der Zahlungseinstellung oder Konkurseröffnung (usw.) liegt (Rdn. 87 ff vor § 283), faßt der Eintritt dieser Strafbarkeitsbedingung entgegen der RG-Rechtsprechung nicht mehrere Bankrotthandlungen zu einer Handlungseinheit zusammen (BGHSt **1** 186, 190 ff mit Nachw.; **3** 23, 26; **11** 145, 147; GA **1978** 185, 186). Vielmehr bestimmt sich die Konkurrenz **nach allgemeinen Grundsätzen**, also nach dem Verhältnis der Bankrotthandlungen untereinander (vgl. nur *Lackner/Kühl* Rdn. 32; *Sch/Schröder/Stree* Rdn. 66). Den von *Stötter* (KTS **1963** 12 ff) vorgebrachten Bedenken gegenüber der „Aufwertung der einzelnen Bankrotthandlungen zu selbständigen Delikten" sollte aber bei der Abfassung des **Urteilstenors** insoweit Rechnung getragen werden, als bei mehreren Bankrotthandlungen nicht z. B. wegen „Bankrotts in drei Fällen" oder wegen „fortgesetzten Bankrotts" zu verurtei-

---

95 Im ersteren Sinne *Sch/Schröder/Stree* Rdn. 65 und *Stree* JuS **1965** 474 mit weit. Nachw., im letzteren Sinne *Schaefer* LK[8] § 239 KO Anm. VI.

len ist, wenn es nur einmal zur Zahlungseinstellung oder Konkurseröffnung usw. gekommen ist. Sofern nicht nur wegen *eines* Vergehens des Bankrotts (vgl. § 260 Abs. 4 S. 2 StPO) verurteilt wird, sollte die Urteilsformel vielmehr durch einen Klammerzusatz ergänzt werden, also beispielsweise wie folgt lauten: „wegen Bankrotts (Beiseiteschaffen von Vermögensbestandteilen in Tatmehrheit mit übermäßigem Aufwand)".

232 Im einzelnen schließen sich die vorsätzlichen Begehungsweisen nach Abs. 1 und Abs. 2 einerseits und die Fahrlässigkeitskombinationen nach Abs. 4 und Abs. 5 andererseits gegenseitig aus (vgl. aber auch oben Rdn. 204 ff). Ferner schließt die Anwendung des Abs. 4 diejenige des Abs. 5 aus (*Dreher/Tröndle* Rdn. 40). Innerhalb von Nr. 5 schließen sich die (völlige) Unterlassung der Buchführung und die mangelhafte Buchführung bereits tatbestandlich gegenseitig aus (vgl. RGSt **30** 170 f; oben Rdn. 102).

233 a) **Gesetzeskonkurrenz** (Gesetzeseinheit) liegt insoweit vor, als Handlungen nach Abs. 1 Nrn. 1—7 zugleich den Tatbestand der *Nr. 8* erfüllen. Nach der hier vertretenen Auffassung (oben Rdn. 9 ff) stellt Nr. 8 zugleich den Grundtatbestand von Abs. 1 dar, tritt also hinter den speziellen Nrn. 1—7 zurück. Sieht man Nr. 8 dagegen nur als Ergänzung zu den in Nrn. 1—7 aufgezählten spezielleren Bankrotthandlungen, so schließt die Anwendung von Nrn. 1—7 ohnehin diejenige von Nr. 8 bereits tatbestandlich aus. — Verursacht eine der Bankrotthandlungen nach Abs. 1 Nrn. 1—8 bei ihrer Vornahme im Zustande der drohenden Zahlungsunfähigkeit den Eintritt der Zahlungsunfähigkeit oder der Überschuldung, liegt also *neben Abs. 1 auch Abs. 2* vor, so geht Abs. 2 vor (vgl. bereits oben Rdn. 8). Die Annahme von Tateinheit zwischen Abs. 1 und Abs. 2 durch BGH JZ **1979** 75, 76 f und *Dreher/Tröndle* Rdn. 40 ist verfehlt. Sie trägt nicht hinreichend der Tatsache Rechnung, daß Abs. 1 symptomatische (abstrakte) Gefährdungen im Hinblick auf denjenigen Krisenerfolg umschreibt, der bei Abs. 2 als Erfolgseintritt gilt (Subsidiarität).

234 Eine einzige Tat (nach Abs. 1 Nr. 2) ist gegeben, wenn der Täter in mehrfacher Hinsicht *übermäßigen Aufwand* treibt (BGHSt **3** 23, 26; *Vogler* LK Rdn. 30 vor § 52). Dasselbe gilt, wenn der Täter durch mehrere *Verstöße gegen die Buchführungspflicht* die Buchführung innerhalb eines einzigen Zeitabschnittes unordentlich macht[96], und zwar wohl auch dann, wenn der Täter teils vorsätzlich, teils fahrlässig handelt (BGH bei Herlan GA **1956** 347) oder teils vor und teils nach Kriseneintritt handelt (vgl. Rdn. 237). Dabei geht § 283 Abs. 1 Nr. 5 dem § 283 b vor (vgl. näher § 283 b Rdn. 18). Hinsichtlich desselben Vermögensbestandteiles ist das nachfolgende *Verheimlichen* im Verhältnis zum *voraufgegangenen Beiseiteschaffen* mitbestrafte Nachtat (*Sch/Schröder/Stree* Rdn. 66; *Wessels* BT 2 § 12 III 3 f). Die Annahme eines einheitlichen Deliktes durch BGHSt **11** 146 f und BGH wistra **1982** 231 sowie 3 StR 387/78 v. 3. 11. 1978 S. 3 f berücksichtigt den Sicherungscharakter des nachfolgenden Verheimlichens nicht hinreichend, führt allerdings dazu, daß tateinheitlich mit dem Verheimlichen begangene sonstige Straftaten (z. B. § 156) mit der Konkursstraftat in Tateinheit stehen (ebenso BGH bei Herlan GA **1971** 38; vgl. unten Rdn. 240). Die hier vertretene Auffassung führt dagegen zur Tatmehrheit zwischen dem Beiseiteschaffen und der nachfolgenden sonstigen Straftat (vgl. *Sch/Schröder/Stree* Rdn. 118 vor §§ 52 ff). Ein entsprechender Streit besteht hinsichtlich der Behandlung des Beiseiteschaffens nach voraufgegangenem Verheimlichen (vgl. *Dreher/Tröndle* Rdn. 40). BGH bei

[96] BGHSt **3** 23, 26 f; BGH bei Herlan GA **1971** 38; *Bieneck* in: Müller-Gugenberger § 69 II; *Vogler* LK Rdn. 30 vor § 52.

Herlan GA **1959** 49 nimmt hier Fortsetzungszusammenhang an. Für wiederholtes Verheimlichen desselben Vermögensbestandteils bejaht BGH 3 StR 387/78 vom 3. 11. 1978 S. 4 (auch bei *Dreher/Tröndle* aaO) zutreffend das Vorliegen einer mitbestraften Nachtat und deutet BGHSt **11** 146 f in demselben Sinne. Für *Nr. 4* ist zu bedenken, daß dieser Tatbestand nur dann selbständige Bedeutung hat, wenn es nicht zur Befriedigung oder Sicherung des fingierten Anspruchs kommt (oben Rdn. 81). Bei vollendeter Vermögensverschiebung, insbesondere also erfolgreichem Beiseiteschaffen, treten die Tathandlungen des Vortäuschens oder Anerkennens als materielle Vorbereitungshandlungen zurück (*Bieneck* in: Müller-Gugenberger § 70). Bei nur versuchter Vermögensverschiebung nach Nr. 1 bleibt es dagegen bei der Strafbarkeit (auch) nach Nr. 4 (**aA** *Bieneck* aaO: Subsidiarität der versuchten Vermögensverschiebung).— Das Unterlassen der Buchführung während eines periodischen Zeitabschnitts stellt eine **Dauerstraftat** dar (BGH 1 StR 199/56 v. 22. 6. 1956 bei *Dreher/Tröndle* Rdn. 40).

b) Tateinheit zwischen einzelnen Bankrotthandlungen nach Abs. 1 (oder zwischen Handlungen nach Abs. 1 und anderen, für den Erfolgseintritt nach Abs. 2 kausalen Bankrotthandlungen) wird nur ausnahmsweise vorliegen (BGH GA **1978** 185, 186 mit Nachw.; *Lackner/Kühl* Rdn. 32). Wenn der Kaufmann die Buchführung und Bilanzierung einem anderen übertragen hat und dieser die Buchführung und die Bilanzierung unterläßt, bejaht BGH aaO (mit weit. Nachw.) trotz Mehrheit der Unterlassungen des anderen für den Kaufmann Tateinheit zwischen Abs. 1 Nr. 5 und Nr. 7 b, „wenn der strafbare Erfolg nach beiden Richtungen durch dasselbe schuldhafte Verhalten oder aufgrund einer einzigen Entschließung des Täters herbeigeführt wird" (ebenso BGH bei Holtz MDR **1981** 100). Ein- und dieselbe Unterlassung nach Nr. 7 b nimmt auch BGH GA **1981** 518 für die Nichterfüllung der Bilanzierungspflichten für die GmbH und die KG bei einer GmbH u. Co KG an. **235**

Regelmäßig stehen mehrere Bankrotthandlungen zueinander im Verhältnis der **Tatmehrheit**[97]. Dies gilt z. B. bei Abs. 2 für mehrere Bankrotthandlungen, die alle für den Erfolgseintritt (mit) ursächlich sind, bei Abs. 1 für das Unterlassen der Buchführung während einer Periode und mangelhafte Buchführung während eines anderen Zeitabschnitts (RGSt **49** 276, 279; *Schaefer* LK[8] § 240 Anm. VII; oben Rdn. 103) sowie für mehrere Verstöße gegen die Bilanzierungspflichten in bezug auf mehrere Jahre (BGH bei Herlan GA **1956** 348; *Bieneck* in: Müller-Gugenberger § 69 II; vgl. aber neuerdings BGH wistra **1995** 147, 148 und hierzu sogleich Rdn. 236).

Nach bisheriger Rechtsprechung kommt bei entsprechendem Gesamtvorsatz und Gleichartigkeit der Begehungsweise **Fortsetzungszusammenhang** in Betracht, z. B. zwischen unterlassener oder *mangelhafter Buchführung* nach Nr. 5 und *Unterlassen der Bilanzaufstellung* nach Nr. 7 b, wenn der Täter von vornherein erkennt, daß der Buchführungsverstoß ihn zugleich außerstande setzt, seiner Bilanzierungspflicht zu genügen[98]. Dabei ist auch eine Ausdehnung des Gesamtvorsatzes auf weitere Einzelhandlungen möglich (BGHR § 283 Abs. 1 Nr. 7 a Konkurrenzen 1). Der Eintritt der Krise unterbricht den Fortsetzungszusammenhang nicht (BGH NStZ **1984** 455). — **236**

[97] BGH GA **1978** 185, 186; *Dreher/Tröndle* Rdn. 40; *Lackner/Kühl* Rdn. 32; *Sch/Schröder/Stree* Rdn. 66; **aA** *Otto* BT § 61 VI 1 g: Handlungseinheit.

[98] BGHR § 283 Abs. 1 Nr. 5 Buchführung 1, Konkurrenzen 1, Nr. 7 b Konkurrenzen 1; zuvor BGH JZ **1954** 56, NJW **1955** 394 sowie bei Herlan GA **1959** 49 und GA **1971** 38; BGH bei Holtz MDR **1979** 806 und **1981** 100; BGH wistra **1984** 144 mit weit. Nachw.; *Bieneck* in: Müller-Gugenberger § 69 II; *H. Schäfer* wistra **1990** 85 f; *Sch/Schröder/Stree* aaO. Vgl. auch BGH bei Holtz MDR **1980** 455 (zu § 283 b).

Ob diese Rechtsprechung nach dem Beschluß des Großen Strafsenats vom 3. 5. 1994 (BGHSt **40** 138 ff) weiter Gültigkeit beanspruchen kann, bleibt abzuwarten; im Konkursstrafrecht hat der BGH — anders als bei § 263 sowie bei § 370 AO (BGHSt **40** 195) — die fortgesetzte Handlung (noch) nicht ausdrücklich aufgegeben. Sie soll freilich allgemein „seltene Ausnahme" und nur dann zulässig sein, wenn dies — was am jeweiligen Straftatbestand zu messen sei — zur sachgerechten Erfassung des verwirklichten Unrechts und der Schuld unumgänglich ist, wobei tatbestandsbezogene Gründe von besonderem Gewicht erforderlich seien; beschreibe der Tatbestand „jeweils hinreichend voneinander abgrenzbar" einzelne Verhaltensweisen, so sei die fortgesetzte Handlung bereits mangels Hinweisen in der Beschreibung der deliktischen Handlung unzulässig (BGHSt **40** 138, 163 ff). Hiernach dürfte die fortgesetzte Handlung vor allem bei § 283 Abs. 1 Nr. 1, aber auch bei Nrn. 4 und 7 a ausscheiden, jedoch bei Nrn. 2, 3, 5 und vor allem 8 (oben Rdn. 162) diskutabel bleiben. Auch hebt BGHSt **40** 138, 164 hervor, daß es Tatbestände gibt, die zwar jeweils durch eine Einzelhandlung verwirklicht werden können, aber ihrem Sinn nach ein über den Einzelfall hinausgehendes, auf gleichartige Tatwiederholungen gerichtetes Verhalten, somit ganze Handlungskomplexe treffen sollen; hier komme eine „rechtliche" oder „gesetzliche" Handlungseinheit, eine „tatbestandliche Bewertungseinheit" in Betracht (vgl. bereits BGHSt **30** 28, 31 zum Handeltreiben bei § 29 Abs. 1 Nr. 1 BtMG). Dies könnte wiederum für Abs. 1 Nr. 8 von besonderer Bedeutung sein (vgl. erneut oben Rdn. 162; auch *Dreher/Tröndle* Rdn. 25 e vor § 52, der auf Fälle hinweist, in denen der „Gesamtunwert" des Verhaltens erst im Verbund mit nachfolgenden Handlungskomplexen hervortritt), unterstützt aber auch die bisherige Rechtsprechung zum übermäßigen Aufwand oder zu Verstößen gegen die Buchführungspflicht (soeben Rdn. 234). So stellt es nur eine einzige Tat nach § 283 Abs. 1 Nr. 5 2. Alt. dar, wenn die Buchführung infolge mehrerer, in einem bestimmten Zeitraum begangener Verstöße gegen die Buchführungspflicht mangelhaft ist, weil die Verstöße die in ihrer Gesamtheit zu bewertende Buchführung insgesamt unordentlich machen (BGH wistra **1995** 147, 148).

237 Die *Buchdelikte* des § 283 Abs. 1 Nrn. 5—7 bzw. Abs. 2 i.V.m. Abs. 1 Nrn. 5—7 sind leges speciales gegenüber § 283 b Abs. 1 (BGH 2 StR 606/80 v. 12. 11. 1980 S. 5 f; *Dreher/Tröndle* Rdn. 41). Dies gilt auch im Verhältnis von Buchdelikten vor und in der Krise (BGH NStZ **1984** 455; *H. Schäfer* wistra **1990** 86). Ebenso tritt § 283 b Abs. 2 hinter § 283 Abs. 5 zurück (*Dreher/Tröndle* aaO). Die bloße Tatsache, daß das Buchdelikt der Verschleierung einer anderen Bankrotthandlung (z. B. nach Abs. 1 Nr. 1) dient, führt nicht zur Subsidiarität des Buchdeliktes (*H. Schäfer* aaO). Demgegenüber stellt § 283 c im Verhältnis zu § 283 eine Privilegierung dar (näher dazu § 283 c Rdn. 39), die dem § 283 und insbesondere dessen Abs. 1 Nr. 1 als lex specialis vorgeht, sofern der Täter nicht über die Bevorzugung einzelner Gläubiger hinaus die Konkursmasse schädigen will (vgl. hier nur BGHSt **8** 55, 56 mit Nachw.). Damit entfaltet § 283 c Sperrwirkung (auch) für den Fall, daß der Schuldner dem Gläubiger eine kongruente, die Konkursmasse schmälernde Deckung gewährt; auf § 283 Abs. 1 Nr. 1 kann dann nicht zurückgegriffen werden (BGH aaO S. 58 f mit Nachw.). Läßt der Täter dagegen dem Gläubiger größere Vermögenswerte zufließen, als sie den Forderungen des Gläubigers entsprechen, so ist nach der Rechtsprechung Tateinheit zwischen § 283 Abs. 1 Nr. 1 und § 283 c anzunehmen (vgl. zuletzt BGH 4 StR 140/83 v. 7. 6. 1983 S. 5 mit Nachw.; näher und krit. dazu § 283 c Rdn. 40). — Auch die täterschaftliche Verwirklichung des *§ 283 d* geht im Verhältnis zur Beihilfe gegenüber der Tat des Schuldners nach § 283 Abs. 1 Nr. 1 grundsätzlich vor (vgl. bereits oben Rdn. 227, näher § 283 d Rdn. 26).

2. Verhältnis zu anderen Konkursstraftaten. Im Verhältnis zur pflichtwidrigen *Unterlassung der Konkurs- oder Vergleichsantragstellung* (§ 84 Abs. 1 Nr. 2 GmbHG, § 401 Abs. 1 Nr. 2 AktG, § 148 Abs. 1 Nr. 2 GenG, § 130 b HGB) ist regelmäßig Tatmehrheit gegeben (BGH 2 StR 485/63 v. 29. 1. 1964 bei *Tiedemann* GmbH-Strafrecht § 84 Rdn. 108 mit weit. Nachw.). Auch die Unterlassungsdelikte insbesondere nach § 283 Abs. 5 1. Alt. und Nr. 7 b stehen zu § 84 GmbHG usw. grundsätzlich nicht im Verhältnis der „Unterlassungseinheit", sondern der Tatmehrheit (*Tiedemann* aaO Rdn. 106 mit Nachw.). **238**

3. Verhältnis zu sonstigen Straftaten

a) Mit anderen Straftaten nach dem **StGB** trifft § 283 vor allem zusammen, soweit es um Aussagedelikte, Betrug und Urkundenfälschung geht. Ausnahmsweise kann § 283 auch gleichzeitig mit Untreue vorliegen. Jedoch geht § 266 nach der neueren Rechtsprechung bei ausschließlich eigennützigem oder im Interesse eines Dritten liegendem Handeln des Täters bereits tatbestandlich vor, soweit der Täter Organ oder Vertreter i. S. d. § 14 ist (BGHSt **30** 127, 128 ff; Rdn. 79 vor § 283). Tateinheit kommt nach der Rechtsprechung dann in Betracht, wenn der Täter sowohl für den Vertretenen als auch zu dessen Nachteil tätig wird, z. B. durch Zahlung von Schmiergeldern aus Mitteln der und für die GmbH (BGHSt **28** 371, 372 ff) oder durch übermäßigen Aufwand für geschäftliche Zwecke (BGHSt **3** 23, 27; BGH bei Herlan GA **1954** 311), außerdem im Bereich der Buchdelikte (*Sch/Schröder/Stree* Rdn. 67; vgl. bereits oben Rdn. 84 vor § 283). **239**

Bei unrichtiger Abgabe der eidesstattlichen Versicherung nach § 125 KO tritt das Verheimlichen nach § 283 Abs. 1 Nr. 1 in Tateinheit zu *§ 156*[99]. Dasselbe gilt für das hierdurch erfolgende Vortäuschen von Rechten anderer nach § 283 Abs. 1 Nr. 4 (RGSt **64** 42, 43). Bei Unterschlagung von Ware, die unter *Eigentumsvorbehalt* steht, steht das Beiseiteschaffen des Anwartschaftsrechts auf Eigentumserwerb nach Nr. 1 ebenfalls in Tateinheit zu § 246 (vgl. die Fälle BGHSt **3** 32, 36 und BB **1957** 74; *Dreher/Tröndle* Rdn. 42). Mit (Kredit-)Betrug nach §§ 263, 265 b kann Tateinheit vor allem bei *Schleuderverkauf* von Waren vorliegen, deren Lieferung (Kreditierung) der Täter durch Täuschung erreicht (RGSt **66** 175, 180). Auch mit § 288 soll nach RGSt **20** 214, 215 Tateinheit möglich sein, wenn der Schuldner in der Befürchtung, ein Wechselgläubiger werde zwangsvollstrecken, im Zustande der Zahlungsunfähigkeit Vermögensbestandteile zugunsten anderer Gläubiger beiseite schafft (§ 283 c). Indessen dürfte hier § 283 (c) dem § 288 vorgehen, da auch die letztere Vorschrift (nur) das Befriedigungsinteresse des Gläubigers schützt und dieses Interesse durch den entsprechenden Schutz aller Gläubiger in § 283 bzw. § 283 c ohne Einschränkung gewährleistet wird. — Tatmehrheit mit § 263 schließlich liegt vor, wenn der Täter Vermögensbestandteile, die er durch *Betrug* erlangt hat, später beiseite schafft (BGH GA **1955** 149, 365; auch RG LZ **1923** 142). Zwischen Abs. 1 Nr. 5 und § 263 besteht nach BGH 1 StR 553/62 v. 8. 10. 1963 (bei *Dreher/Tröndle* Rdn. 42) ebenfalls Tatmehrheit. Dasselbe gilt im Verhältnis von Abs. 1 Nr. 2 und § 266, wenn ein Mitgesellschafter vertragswidrig der Gesellschaftskasse Gelder entnimmt und diese für eigene Zwecke ausgibt (BGH bei Herlan GA **1954** 311). **240**

---

[99] BGHSt **11** 145 ff; BGH wistra **1982** 231; BGH 4 StR 140/83 v. 7. 6. 1983 S. 6; *Dreher/Tröndle* Rdn. 42; *Sch/Schröder/Stree* Rdn. 67.

241 **b)** Im Verhältnis zu Straftatbeständen des **Nebenstrafrechts** ist vor allem umstritten, ob die als Erfolgsdelikt ausgestaltete Konkursstraftat des § 37 *DepotG* dem § 283 als lex specialis vorgeht (so *Dreher/Tröndle* Rdn. 42) oder mit § 283 in Tateinheit bzw. Tatmehrheit tritt (so *Sch/Schröder/Stree* Rdn. 67). Die letztere Ansicht ist grundsätzlich richtig, da und soweit der Verwahrer außer den Hinterlegern noch andere Gläubiger hat. § 37 DepotG dient der Erhaltung und Verschaffung von Wertpapiereigentum und damit der Sicherung von Aussonderungsrechten, die nicht zur Konkursmasse gehören; die Depotstraftaten betreffen damit nicht die Gesamtheit der Konkursgläubiger, sondern einzelne Gläubiger, die sich in einer spezifischen Beziehung zu dem Verwahrer befinden (vgl. bereits *Binding* Lehrbuch I S. 441; vgl. heute auch *Otto* Bankentätigkeit und Strafrecht [1983] S. 28 ff, 31, der auf die geringe praktische Bedeutung der §§ 34, 35 und 37 DepotG im Verhältnis zu den §§ 246, 266 StGB hinweist, die bei Mißbräuchen im Hinblick auf die Aufbewahrung von Wertpapieren regelmäßig eingreifen). Nur in bezug auf die Führung des Verwahrungsbuches gehen §§ 37, 14 DepotG dem § 283 (Abs. 1 Nr. 5) vor, soweit dieser Tatbestand überhaupt durch Nichtführung oder mangelhafte Führung dieses speziellen Handelsbuches erfüllt werden kann (oben Rdn. 91). — Im Verhältnis zu § 283 geht § 5 BauforderungssicherungsG als lex specialis vor, da und soweit die zweckwidrige Verwendung von Baugeld nur die Baugläubiger schädigt (vgl. RGSt **48** 117 f; zum Anwendungsbereich des § 5 BauforderungssicherungsG *Holzmann* Bauträgeruntreue und Strafrecht [1981] S. 169 ff). Dagegen bleiben Bankrott und Steuerhinterziehung (§ 370 AO) auch dann nebeneinander bestehen, wenn der Fiskus der einzige vom Konkursverfahren berührte Gläubiger ist (BGHR § 283 Abs. 1 Nr. 1 Konkurrenzen 1).

242 **VII. Internationales Strafrecht.** Angesichts der internationalen Unternehmensverflechtung und der Unterhaltung von Betriebsstätten im Ausland ist es von Bedeutung, ob gemäß § 3 StGB deutsches Konkursstrafrecht auch dann anzuwenden ist, wenn die Bankrotthandlung im Ausland vorgenommen wird, die objektive Strafbarkeitsbedingung der Zahlungseinstellung, Konkurseröffnung oder Ablehnung der Konkurseröffnung dagegen im Inland eintritt. Dieser Inlandsbezug kann entweder dadurch entstehen, daß das Unternehmen, für welches der Täter handelt, von Anfang an seinen Sitz im Inland hat; oder es kommt zu einer Sitzverlegung in das Inland spätestens bis zum Zeitpunkt des Bedingungseintritts (vgl. RG JW **1935** 2061 f). Aber auch für den privaten Bereich ist das Problem keineswegs bedeutungslos (vgl. RGSt **16** 188 ff: Der Angeklagte verspielte zu Neujahr 1887 ca. 70 000 M. in der Spielbank von Monte Carlo; Ende Januar 1887 wurde in Brandenburg über sein Vermögen das Konkursverfahren eröffnet).

Nach § 9 Abs. 1 ist die Tat auch an dem **Ort** begangen, an dem „der zum Tatbestand gehörende Erfolg eingetreten ist". Ob dies im weiteren Sinne zu verstehen und auch auf die außerhalb des Unrechtstatbestandes befindliche objektive Strafbarkeitsbedingung zu beziehen ist, wird in Rechtsprechung und Literatur unterschiedlich beantwortet. RGSt **16** 189 f und **43** 85 (ff) haben mit einer dogmatisch überholten Begründung für die ausweitende Auslegung plädiert, für die auch das praktische Bedürfnis spricht (*Schaefer* LK[8] § 239 KO Anm. VIII). In der heutigen Literatur überwiegt diese Ansicht deutlich[100]. Für sie spricht, daß § 9 nicht den Unrechts-, sondern

[100] *Dreher/Tröndle* § 9 Rdn. 3; *Jescheck* AT § 18 IV 2 b; *Lackner* § 9 Rdn. 2; *Sch/Schröder/Eser* § 9 Rdn. 7; *Tröndle* LK[10] § 9 Rdn. 6 mit weit. Nachw.; **aA** *Krause* Jura **1980** 454; *Stree* JuS **1965** 473 f; vgl. auch *Rudolphi* SK § 9 Rdn. 6.

den Gesamttatbestand meint, der für die Strafbarkeit maßgebend ist. Ob der Täter weiß, daß dieser „Erfolg" (der Zahlungseinstellung, Konkurseröffnung usw.) im Inland eintritt, ist nach ganz h. M. unbeachtlich, da § 9 eine Rechtsanwendungsvorschrift darstellt (vgl. nur *Dreher/Tröndle* § 9 Rdn. 3).

Im Ausgangspunkt weniger problematisch ist der umgekehrte Fall: Die Bankrotthandlung wird im Inland vorgenommen, während die Zahlungseinstellung oder Konkurseröffnung im Ausland erfolgt. Praktisch kann dieser Fall insbesondere bei **multinationalen Unternehmen** werden, wenn eine ausländische Tochtergesellschaft in Konkurs gerät und die deutsche Muttergesellschaft Vermögensbestandteile (z. B. Know-how) der Tochtergesellschaft ohne wertmäßigen Ausgleich erworben oder ein deutsches Aufsichtsratsmitglied die Beaufsichtigung der Buchführung und Bilanzierung unterlassen hat[101]. Nach § 9 Abs. 1 ist hier deutsches Konkursstrafrecht anzuwenden. Allerdings stellt sich für dieses die Frage, ob § 283 auch ausländische Schuldner betrifft und ausländische Gläubiger schützt. Diese Frage ist zu bejahen, da es sich um individuale (und nicht um staatliche) Interessen und Rechtsgüter handelt; es gilt dann nach ganz h. M. das Prinzip universalen Schutzes (vgl. nur *Tröndle* LK[10] Rdn. 24 vor § 3 mit Nachw.). Allerdings führt diese Auffassung für das Konkursstrafrecht im internationalen Bereich zu einer Konkurrenz verschiedener anwendbarer Strafrechtsordnungen. Auch dieser Konflikt ist nach allgemeinen Grundsätzen zu lösen (vgl. *Tröndle* aaO Rdn. 21). Es gilt also insbesondere die Anrechnungsvorschrift des § 51 Abs. 3 (vgl. auch § 153 c Abs. 1 Nr. 3 StPO). **243**

Grundsätzlich wendet das für die Aburteilung zuständige deutsche Gericht nur deutsches Strafrecht an. Für die von § 283 in Bezug genommenen konkurs- und handelsrechtlichen Begriffe und Pflichten (z. B. potentielle Konkursmasse bei Nr. 1; Buchführungs- und Bilanzierungspflichten bei Nrn. 5 bis 7) ist aber im Wege der sog. **Fremdrechtsanwendung** (*Sch/Schröder/Eser* Rdn. 23 f vor §§ 3—7) das ausländische Tatortrecht maßgebend (vgl. bereits *Binding* Lehrbuch I S. 433; neuerdings *Liebelt* NStZ **1989** 182 f mit weit. Nachw.). Entgegen OLG Karlsruhe NStZ **1985** 317 (zu § 283 b) ist eine derartige Fremdrechtsanwendung bei Nrn. 5 bis 7 nicht deshalb ausgeschlossen, weil diese Blankettstrafgesetze seien und jeder Anhaltspunkt dafür fehle, daß der Geltungsanspruch ausländischer (Handels-)Gesetze auf inländischem Rechtsetzungswillen beruhe: Zum einen liegt — wie OLG Karlsruhe (aaO) im Ansatz zutreffend bemerkt — insoweit allenfalls ein unechtes, nämlich kein Blankettstrafgesetz im staatsrechtlichen Sinne vor (näher zur Rechtsnatur von Nrn. 5 bis 7 oben Rdn. 111, 188), so daß der Hinweis auf BGHSt **21** 277, 279 und *Tröndle* LK[10] § 2 Rdn. 7 nicht verfängt. Zum anderen verweisen Nrn. 5 bis 7 keineswegs ausdrücklich auf „deutsches" Handelsrecht; vielmehr kann sich die Anwendbarkeit des ausländischen Handelsrechts durchaus nach deutschem (!) Internationalem Privatrecht (und der insoweit herrschenden „Sitztheorie") ergeben. Zur Begründung der Fremdrechtsanwendung ist es deshalb auch nicht zwingend erforderlich, den in Nrn. 5 bis 7 enthaltenen Verweis auf das Handelsrecht als normatives Tatbestandsmerkmal zu verstehen (so aber *Liebelt* aaO; vgl. erneut oben Rdn. 188). Insgesamt gilt der — auch von OLG Karlsruhe aaO anerkannte — Grundsatz, daß bei außerstrafrechtlichen Vorfragen das Tatortrecht heranzuziehen ist. **244**

Im Ergebnis dürfte die Fremdrechtsanwendung den Auslandstäter durchweg begünstigen: Ist der Täter nach dem anwendbaren ausländischen Recht nicht buchfüh-

[101] Zu einem kanadisch-argentinischen Beispielsfall *Alconada Aramburu* El caso Swift-Deltec (Buenos Aires 1973).

rungspflichtig (usw.), so kann nicht etwa eine an sich nach deutschem Recht bestehende Buchführungspflicht zur Strafbarkeit führen (*Sch/Schröder/Eser* Rdn. 24 vor §§ 2—7; vgl. auch *Jakobs* Abschn. 5 Rdn. 22; *Tröndle* LK[10] § 9 Rdn. 15). Insoweit ist § 7 Abs. 2 Nr. 1 auch als Ausprägung des Grundsatzes stellvertretender Strafrechtspflege zu verstehen, was in Verbindung mit der grundsätzlich nur lokalen Bewertungsfunktion des deutschen Strafrechts (vgl. § 3 Abs. 2 StGB a. F.!) zur Anerkennung der dem Täter günstigeren ausländischen Bewertung führen muß (*Liebelt* aaO). Wenn OLG Karlsruhe (aaO) demgegenüber meint, der Geltungsbereich deutscher Strafnormen und damit auch des von Nrn. 5 bis 7 in Bezug genommenen deutschen Handelsrechts sei nicht auf das Gebiet der Bundesrepublik Deutschland beschränkt, so kann dies wiederum allenfalls für „echte" Blankettstrafgesetze im staatsrechtlichen Sinne überzeugen; außerdem sieht sich OLG Karlsruhe aaO gezwungen, das ausländische Recht spätestens bei der Anwendung von § 14 zu berücksichtigen (wo für den Direktor einer schweizerischen AG, dessen Stellung nicht dem Vorstand einer deutschen AG entspricht, zwar nicht Abs. 1, jedoch Abs. 2 in Betracht kommen soll!). — Ist der Täter hingegen nur nach dem anwendbaren ausländischen, nicht aber entsprechend deutschem Recht buchführungspflichtig (usw.), so kommt es für die Strafbarkeit nach Nrn. 5 bis 7 darauf an, ob die ausländische Regelung grundsätzlich strenger ist — dann insoweit Straflosigkeit — oder ob das ausländische Recht einem vergleichbaren Organ eine dem deutschen Recht vergleichbare Buchführungspflicht (usw.) auferlegt. Beispielsweise kann sich das deutsche Mitglied der „Verwaltung" einer schweizerischen AG (vgl. Art. 707 ff schweizOR) nach Nrn. 5 bis 7 strafbar machen, obwohl das AktG eine „Verwaltung" nicht kennt, da die buchführungspflichtige (*Schubarth/Albrecht*, SchweizStGB, Art. 172 Rdn. 7a) „Verwaltung" der Sache nach dem auch nach deutschem Recht buchführungspflichtigen (§ 91 AktG) Vorstand entspricht. Insbesondere betrifft das Vermögensinteresse der Gläubiger als geschütztes Rechtsgut der §§ 283 ff auch ausländische Gläubiger, so daß nichts entgegensteht, unter den Voraussetzungen des § 7 Abs. 2 Nr. 1 die Tat eines Deutschen im Ausland zu bestrafen (insoweit zutreffend OLG Karlsruhe aaO; zu den Voraussetzungen der identischen Norm nach schweizerischem Recht oben Rdn. 184 vor § 283).

245 Im Ergebnis ebenso zu entscheiden ist die Frage der Anwendbarkeit der **GesO** im Rahmen des § 283 (oben Rdn. 9 vor § 283 sowie § 283 Rdn. 15): Es kommt darauf an, ob das Verfahren nach den Grundsätzen des *interlokalen Insolvenzrechts* der GesO oder der KO untersteht. Insoweit gilt: Wird im Beitrittsgebiet bei dem nach § 1 Abs. 3 GesO in Verbindung mit §§ 13, 17 ZPO örtlich zuständigen Gericht das Gesamtvollstreckungsverfahren eröffnet, so untersteht dieses der GesO, umfaßt nach Anl. II Kap. III Sachgeb. A Abschn. II Nr. 1 d Einigungsvertrag auch das im Geltungsbereich der KO — also im ehemaligen Gebiet der Bundesrepublik — belegene Vermögen und hindert ein gesondertes Konkursverfahren. Umgekehrt erfaßt ein im Geltungsbereich der KO vom zuständigen Amtsgericht (§ 71 KO) eröffnetes Konkursverfahren auch das im Beitrittsgebiet belegene Vermögen und hindert ein Gesamtvollstreckungsverfahren (§ 22 Abs. 4 GesO). Fragen des *interlokalen Strafrechts* stellen sich demgegenüber nicht, weil die Strafvorschrift des § 283 als solche seit dem 3. 10. 1990 einheitlich in der ganzen Bundesrepublik gilt; daher ist insbesondere unerheblich, wo die Tathandlung begangen wurde.

§ 283 a

Besonders schwerer Fall des Bankrotts

In besonders schweren Fällen des § 283 Abs. 1 bis 3 wird der Bankrott mit Freiheitsstrafe von sechs Monaten bis zu zehn Jahren bestraft. Ein besonders schwerer Fall liegt in der Regel vor, wenn der Täter
1. aus Gewinnsucht handelt oder
2. wissentlich viele Personen in die Gefahr des Verlustes ihrer ihm anvertrauten Vermögenswerte oder in wirtschaftliche Not bringt.

Schrifttum siehe vor und zu § 283.

Entstehungsgeschichte siehe Rdn. 40 ff vor § 283.

Übersicht

I. Aufbau und Einordnung der Vorschrift. § 283 a enthält keinen eigenen Straftatbestand, sondern stellt eine **Strafzumessungsvorschrift** für besonders schwere Fälle des vollendeten oder versuchten vorsätzlichen Bankrotts nach § 283 Abs. 1 bis 3 dar. Für derartige Fälle ist das Mindest- und Höchstmaß der Strafe heraufgesetzt. Die Tat bleibt damit zwar **Vergehen** (vgl. § 12 Abs. 3). Jedoch ist hier nach § 47 Geldstrafe als Sanktion regelmäßig ausgeschlossen (*Dreher/Tröndle* Rdn. 1; *Weyand* S. 96). 1

Mit der Erhöhung des Strafrahmens trägt der Gesetzgeber der Erfahrung Rechnung, daß der vorsätzliche Bankrott in Formen begangen sein kann, für deren Ahndung der normale Strafrahmen des § 283 (Freiheitsstrafe bis zu fünf Jahren oder Geldstrafe) nicht ausreicht (amtl. Begr. BTDrucks. 7/3441 S. 37). Der Gesetzgeber bedient sich der *Regel-Beispiel-Technik*: Unter den Voraussetzungen von Nrn. 1 und 2 des S. 2 ist regelmäßig ein besonders schwerer Fall mit dem erhöhten Strafrahmen des S. 1 anzunehmen; jedoch kann die Anwendung dieser Regel aufgrund der Umstände des Einzelfalles entfallen, so daß es bei dem Strafrahmen des § 283 Abs. 1 bleibt. Allerdings muß es sich bei der letzteren Konstellation um gewichtige Umstände handeln, die den Einzelfall als so stark vom Normalfall des Regelbeispiels abweichend erscheinen lassen, daß die Anwendung des erhöhten Strafrahmens des § 283 a unangemessen wäre (*Sch/Schröder/Stree* Rdn. 2; auch *Samson* SK Rdn. 1). — Auch außerhalb der Regel-Beispiele des S. 2 kann, wie die Fassung des S. 1 klar ergibt, ein besonders schwerer Fall vorliegen. Bei einer entsprechenden Annahme wird sich der Richter an der Schwere und Art der Regel-Beispiele als Leitbild orientieren (amtl. Begr. aaO S. 37). Diesem methodischen Vorgehen kommt besondere Bedeutung zu. Da nämlich die besonders schweren Fälle des Bankrotts ähnlich mannigfaltig sind wie beim Betrug und sich häufig erst aus einem Zusammentreffen verschiedener Umstände ergeben, hat sich der Gesetzgeber — anders als beim Diebstahl (§ 243) — nur in der Lage gesehen, zwei Beispiele besonders schwerer Fälle zu typisieren (vgl. amtl. 2

Begr. aaO). Bei der Einordnung als besonders schwerer Fall außerhalb dieser Regel-Beispiele (unten Rdn. 12) hat der Richter zu beachten, daß die Regel-Beispiele des S. 2 in jeder Hinsicht Vorsatz voraussetzen (vgl. nur *Sch/Schröder/Stree* Rdn. 8); dies stellt das Wort „wissentlich" in Nr. 2 — unter Ausschluß des dolus eventualis — lediglich klar (vgl. Bericht Sonderausschuß BTDrucks. 7/5291 S. 19; *Müller-Emmert* Prot. 7/2830).

II. Regel-Beispiele (S. 2)

3 **1. Gewinnsucht** (Nr. 1). Das Handeln aus Gewinnsucht, als Beispiel eines besonders schweren Falles auch in § 235 Abs. 2 bekannt, betrifft vor allem ein Schuld-Gesinnungs-Merkmal, bedeutet aber auch bereits eine Steigerung des Unrechts (*Schmidhäuser* Strafrecht AT 8/92 ff mit Nachw.). Die Einfügung dieses Regel-Beispiels in § 283 a war rechtspolitisch vor allem deshalb umstritten, weil es von dem legitimen Gewinnstreben des Kaufmanns nur schwer abgrenzbar ist (*Wilts* Prot. 7/2828; *Hiltenkamp-Wisgalle* S. 362). Der Gesetzgeber hat das Merkmal trotz dieses Bedenkens unter Bezugnahme auf die von der Rechtsprechung bei anderen Tatbeständen postulierte **restriktive Auslegung** beibehalten: Gewinnsucht liegt nur vor, wenn das Gewinnstreben auf ein ungewöhnliches, „ungesundes", sittlich anstößiges Maß gesteigert ist[1]. Diese in dem Wortbestandteil „Sucht" zum Ausdruck kommende Steigerung für § 283 a zu verlangen ist vor allem auch im Verhältnis zu § 283 zutreffend, da eine „bloße" Gewinnabsicht den Bankrotthandlungen häufig zugrunde liegt (vgl. § 283 Rdn. 37), also praktisch den Normalfall darstellt (*Sch/Schröder/Stree* Rdn. 4). Die Ermittlung dieses Normalfalles stellt daher den Ausgangspunkt bei der Feststellung der Gewinnsucht dar. Als weiteres Kriterium, aus dem sich die normative Einordnung der Gewinnsucht ergibt und das eine Abgrenzung zu dem legitimen Gewinnstreben ermöglicht, nennen *Sch/Schröder/Stree* (aaO) die besondere Rücksichtslosigkeit, mit der sich der Täter um seiner eigenen Vorteile willen über die Interessen der Gläubiger und über die Anforderungen einer ordnungsgemäßen Wirtschaft hinwegsetzt, z. B. durch Einplanung des wirtschaftlichen Zusammenbruchs von Anfang des Geschäftsbeginns an (ähnlich *Dreher/Tröndle* Rdn. 2 allgemein für die Fälle von § 283 Abs. 2). Dies ist zutreffend, da die — auf die geschützten Rechtsgüter bezogene — Verantwortungslosigkeit des Täterhandelns ein allgemeiner Maßstab für die Steigerung von Unrecht und Schuld im Wirtschaftsrecht ist, wobei dieser Maßstab durch zusätzliche Gesinnungsmerkmale wie Eigennutz, Beharrlichkeit der Tatwiederholung und Mißachtung der Anforderungen der Wirtschaftsordnung konkretisiert wird (vgl. *Tiedemann* Tatbestandsfunktionen S. 232 f mit Nachw.). Bereits hieraus ergibt sich, daß nur bewußte (vorsätzliche) Verstöße in Betracht kommen (*Tiedemann* aaO S. 233). Gewinnsucht ist damit das **Streben nach Gewinn um jeden Preis** (zust. *Weyand* S. 97). „Sucht" ist dabei nicht im Sinne eines Hanges zu verstehen. Vielmehr reicht es aus, daß der Täter eine einmalige Gelegenheit ausnutzt, sofern er dabei besonders rücksichtlos vorgeht (*Sch/Schröder/Stree* aaO). Jedoch muß die Gewinnsucht bestimmendes *Motiv* sein (*Sch/Schröder/Stree* aaO).

4 Im einzelnen ergeben sich Einordnungs- und Eingrenzungsschwierigkeiten daraus, daß es bei § 283 Abs. 1 häufig (z. B. bei Nr. 1, aber auch bei Nr. 2 und Nr. 8) um das **eigene Vermögen des Täters** geht. Zwar wird im Rahmen der Gewaltkriminalität

[1] Amtl. Begr. BTDrucks. 7/3441 S. 37 unter Hinweis auf BGH GA **1953** 154; *Bieneck* in: Müller-Gugenberger § 65 E; *Hiltenkamp-Wisgalle* S. 362 f; *Maurach/Schroeder/Maiwald* 1 § 48 III A 2; *Sch/Schröder/Stree* Rdn. 4; *Weyand* S. 97; vgl. auch *Samson* SK Rdn. 3 sowie *Dreher/Tröndle* Rdn. 2 i.V.m. § 235 Rdn. 10 (mit weit. Nachw.); aus der Rechtsprechung vor allem BGHSt. **1** 388, 389 f; **3** 30, 32; **17** 35, 37 f; GA **1961** 171.

„Habgier" auch in dem Ersparen von Aufwendungen gesehen (*Jähnke* LK[10] § 211 Rdn. 8 mit Nachw.). Jedoch ist hier, für wirtschaftliches Handeln, das Streben nach (wirtschaftlichem) „Gewinn" restriktiv als Tendenz zur Vermehrung vorhandener Mittel zu verstehen, wobei im Ausgangspunkt nur eigene Mittel, also nicht Kredite, in Betracht kommen. Bei Nr. 8 wird allerdings das Merkmal des „groben" Widerspruchs zu einer ordnungsgemäßen Wirtschaftsführung bei hinzutretendem Gewinnstreben eine Einordnung des Handelns als gewinnsüchtig erleichtern und nahelegen. Dagegen handelt es sich bei Nrn. 1 und 4 meist darum, daß der Täter sein (eigenes) Vermögen vor dem — berechtigten — Zugriff der Gläubiger zu retten sucht und damit ein zwar rechtswidriges, aber psychologisch verständliches Verhalten an den Tag legt. Dies stellt entgegen *Dreher/Tröndle* (Rdn. 2) nicht bereits regelmäßig einen besonders schweren Fall des Bankrotts dar. Vielmehr dürfte Gewinnsucht im wesentlichen nur dann anzunehmen sein, wenn die beiseite geschafften Vermögensbestandteile (oder erdichteten Passiva) besonders hoch sind, also die Haftungsmasse bewußt *ausgehöhlt* und gezielt bis gegen Null reduziert wird, so daß ein hoher Schaden entsteht. Ebenso ist das Wirtschaften ohne Entrichten von Steuern und Sozialabgaben nicht schon als solches Ausdruck besonderer sittlicher Verwerflichkeit — es sei denn, daß dieses Unterlassen nach Art der Schatten- oder Untergrundwirtschaft von Anfang an *gezielt* (und nicht nur aus Anlaß einer Unternehmenskrise!) eingesetzt wird (zust. *Weyand* S. 97). Bloße Unterlassungen, z. B. auch im Buchführungsbereich nach § 283 Abs. 1 Nrn. 5—7, werden das Regel-Beispiel der Nr. 1 allenfalls ausnahmsweise erfüllen. Auch übermäßige Privatentnahmen (§ 283 Abs. 1 Nr. 2) indizieren nur selten Gewinnsucht, vor allem wenn der Täter die entnommenen Mittel für sich verbraucht. Anders liegt es z. B., wenn der Täter mit diesen Mitteln ein neues Unternehmen (eventuell auch: der Ehefrau) aufbaut. Es kommt also auf den Zweck der Entnahme an. Auch können übermäßige Entnahmen ein Anzeichen für sonstige besondere Rücksichtslosigkeit gegenüber den Gäubigern sein (unten Rdn. 12).

2. Gefährdung vieler Personen (Nr. 2). Das zweite von § 283 a genannte Regel-Beispiel faßt mit dem Gesichtspunkt der Gefährdung „vieler Personen" zwei Fälle zusammen, die sich teils auf das Vermögen dieser Personenvielzahl, teils auf die Verursachung einer wirtschaftlichen Notlage dieser Personen beziehen. Die 1. Alt. beinhaltet eine konkrete Gefährdung, die 2. einen Verletzungserfolg; bei Überschneidung beider Fälle geht daher die 2. Alt. vor (*Dreher/Tröndle* Rdn. 5). Beide Alternativen verlangen *Wissentlichkeit* (vgl. bereits oben Rdn. 2), also das Anstreben oder die sichere Voraussicht der Gefahr des Verlustes bzw. des Eintritts wirtschaftlicher Not (*Samson* SK Rdn. 6). Objektiv ist **Kausalität** erforderlich. Daher bleiben solche Gefährdungen und Notlagen außer Betracht, die sich unabhängig von der Bankrotthandlung aufgrund des Unternehmenszusammenbruchs ergeben, z. B. wenn dieser durch Ausfall wichtiger Schuldner des Täters ausgelöst wird (*Dreher/Tröndle* Rdn. 5; *Sch/Schröder/Stree* Rdn. 6). Mitursächlichkeit ist nicht schlechthin ausreichend, insbesondere wird vorsätzliches Verhalten auf der Opferseite die Zurechnung der schweren Folge zu Lasten des Täters ausschließen. So entfällt Nr. 2, wenn entlassene Arbeitnehmer aus eigenem Verschulden arbeitslos bleiben (*Sch/Schröder/Stree* aaO). Ein Korrektiv für eine zu weite Kausalitätszurechnung bei bloßer Mitursächlichkeit, bloßer Verstärkung einer wirtschaftlichen Notlage usw. bietet auch das Erfordernis der Wissentlichkeit (vgl. Bericht Sonderausschuß BTDrucks. 7/5291 S. 19; *Blei* II § 70 II 1). 5

a) Die **Gefahr eines Verlustes von Vermögenswerten**, die dem Täter von vielen Personen anvertraut wurden, betrifft vor allem die Inhaber und Leiter von Unternehmen, die in großem Umfang fremdes Geld verwalten und mit ihm arbeiten, also Ban- 6 ken, Sparkassen, Genossenschaftskassen und Bausparkassen[2]. Diesen Einrichtungen wird von der Bevölkerung besonderes Vertrauen entgegengebracht. Anvertraut sind Gelder (Einlagen) insbesondere dann, wenn sie als *Darlehen* hingegeben werden und daher eine Verpflichtung des Täters zur Rückzahlung besteht. Erfaßt werden von Nr. 2 aber auch *Kapitalanlagen* in gesellschaftsrechtlichen Formen[3]. Für die Abgrenzung gegenüber den sonstigen gesellschaftsrechtlichen (Vermögens-)Beteiligungen kommt es vor allem auf das Merkmal des Anvertrauens an, das hier ebenso wie bei § 246 zu verstehen ist (*Dreher/Tröndle* Rdn. 4) und dann vorliegt, wenn das Opfer nach Übergabe des Vermögenswertes nur noch geringe oder gar keine Kontrollrechte hat (wie z. B. der Kommanditist bei einer Publikums-KG). Bei den Kapitalgesellschaften, insbesondere der AG, stellt der Erwerb von Anteilsrechten, z. B. Aktien, gegen Geldzahlung dagegen im Regelfall kein Anvertrauen von Vermögenswerten dar. — Einen Zwischenbereich bildet auch die Hingabe von Geldern gegen Einräumung eines Anspruches auf Gewinnbeteiligung an (häufig ausländischen) Gesellschaften. Die hierfür ausgegebenen *Gewinnanteilscheine* verbriefen weder eine Beteiligung an der Gesellschaft noch einen Rückzahlungsanspruch, der hier gerade fehlt. Angesichts des vorerwähnten Kriteriums geringer Kontrollmöglichkeit ist für diese Form der „Beteiligung" das Erfordernis des Anvertrautseins zu bejahen.

7 Nach *Samson* SK Rdn. 4 fallen Beteiligungen an sog. **Abschreibungsgesellschaften** nicht unter Nr. 2 (1. Alt.), da die Einlagen hier aus steuerlichen Gründen von vornherein verlorengehen sollen und die Gefahr der Nachversteuerung nicht mehr die anvertrauten Vermögenswerte betreffe. Jedoch wird damit der vom Gesetzgeber bewußt allgemein und neutral gehaltene Begriff des anvertrauten Vermögenswertes zu eng interpretiert. Der temporäre und/oder partielle steuerliche Verlustzweck gibt dem Täter keinen Freibrief, die ihm anvertrauten Vermögenswerte für andere als die vereinbarten Zahlungen zu verwenden (vgl. *Hübner* LK[10] § 266 Rdn. 53 mit Nachw.; zu einschlägigen Fällen *Tiedemann* Subventionskriminalität in der Bundesrepublik, 1974, S. 253 ff). Beteiligungen an Abschreibungsgesellschaften werden daher nach den soeben Rdn. 6 entwickelten Grundsätzen durch Nr. 2 erfaßt (zust. *Weyand* S. 98 f mit weit. Nachw.). — Den Waren- oder **Lieferantenkredit** schließlich wollen *Dreher/Tröndle* (Rdn. 4) „in der Regel" von Nr. 2 ausschließen. Jedoch wird die Überlassung von Waren unter Verzicht auf Barzahlung und gegen Eigentumsvorbehalt allgemein und zu Recht als Anvertrauen i. S. d. § 246 angesehen (vgl. nur BGHSt **16** 280, 282; *Dreher/Tröndle* § 246 Rdn. 27). Es besteht kein Anlaß, diese Frage bei § 283 a anders zu entscheiden (zust. *Weyand* S. 99). Richtig ist lediglich, daß hier ebenso wie bei § 246 nicht die Forderung des Lieferanten, sondern das Sacheigentum anvertraut wird; jedoch kann dies bei Spareinlagen, Kapitalanlagen und Sacheinlagen in Gesellschaften ebenso sein. Soweit sich daher der Lieferant das Eigentum vorbehalten hat, greift Nr. 2 ein.

8 Ein Verlust oder gar Totalverlust der anvertrauten Vermögenswerte braucht nicht eingetreten zu sein. Ausreichend ist eine konkrete **Gefährdung**, die den Verlust als naheliegend erscheinen läßt[4]. Auch ist die Gefahr eines Teilverlustes ausreichend, so-

---

[2] Amtl. Begr. BTDrucks. 7/3441 S. 37; *Bieneck* in: Müller-Gugenberger § 65 E; *Dreher/Tröndle* Rdn. 4; *Hiltenkamp-Wisgalle* S. 364; *Samson* SK Rdn. 4; *Sch/Schröder/Stree* Rdn. 5; *Weyand* S. 98.

[3] Amtl. Begr. aaO S. 37 f; *Bieneck* aaO; *Dreher/Tröndle* aaO; *Hiltenkamp-Wisgalle* S. 364 f; *Samson* SK aaO; *Sch/Schröder/Stree* aaO. — Zum Verhältnis von Darlehen, Einlage und Kapitalanlage *Tiedemann* LK[10] § 265 b Rdn. 8 und 30.

[4] *Bieneck* aaO; *Dreher/Tröndle* Rdn. 4; *Lackner/Kühl* Rdn. 2; *Samson* SK Rdn. 4; *Sch/Schröder/Stree* Rdn. 5.

fern es sich um einen großen oder zumindest erheblichen Teil der anvertrauten Werte handelt. Nr. 2 ist aber dann nicht erfüllt, wenn es nur um die Gefährdung oder um den Verlust eines kleinen Teils dieser Werte geht (*Sch/Schröder/Stree* Rdn. 5).

Viele Personen sind in ihrem Vermögen dann gefährdet, wenn es sich um eine große Zahl handelt. Da der Kreis der Personen, die dem Täter Vermögenswerte anvertraut haben, nicht unbegrenzt oder unbestimmt ist, sondern im Gegenteil genau feststeht, ist das Merkmal des unbegrenzten oder öffentlichen, nämlich nach Zahl und Individualität unbestimmten oder durch nähere Beziehung nicht verbundenen Personenkreises untauglich (vgl. zu dem parallelen Problem der Geschäftslagetäuschung im Gesellschaftsrecht *Tiedemann* GmbH-Strafrecht § 82 Rdn. 140ff mit Nachw.). Nr. 2 knüpft vielmehr an die für die Wirtschafts- und Konkurskriminalität typische **Breitenwirkung** auf der Opferseite an (*Arzt/Weber* IV Rdn. 340). Unter diesem Gesichtspunkt wird man eine Zahl von weniger als 10 Personen in der Regel nicht genügen lassen können (zust. *Weyand* S. 98). Ausnahmsweise — z. B. bei Großunternehmen mit einer Vielzahl von Zulieferern auch weniger wertvoller Gegenstände — ergibt die Größe der anvertrauten Werte ein Korrektiv. Daß im übrigen die Schädigung auch nur eines einzigen Gläubigers gravierender sein kann als die Gefährdung vieler Personen, spricht nicht gegen Nr. 2; vielmehr kann in einem solchen Fall die Annahme eines besonders schweren Falles nach S. 1 angemessen sein[5]. 9

b) Die **wirtschaftliche Not** vieler Personen muß bei der 2. Alt. von Nr. 2 ebenso wie beim besonders schweren Wucher nach § 302 a Abs. 2 Nr. 1 wirklich eingetreten (und bei Nr. 2 durch die Bankrotthandlung des Täters verursacht worden) sein (vgl. bereits oben Rdn. 5). Sie besteht hier wie auch bei § 302 a Abs. 2 Nr. 1 in einer ernsten, also insbesondere nicht nur geringfügigen oder ganz vorübergehenden wirtschaftlichen Bedrängnis; die bloße Einengung der gewohnten Lebensführung reicht nicht aus (*Samson* SK Rdn. 5; *Sch/Schröder/Stree* Rdn. 6). Erforderlich ist, daß eigene Mittel für die Beschaffung der Gegenstände und Leistungen des **lebenswichtigen Bedarfs** fehlen[6] und keine hinreichende finanzielle Absicherung aus öffentlichen Mitteln besteht (vgl. aber auch sogleich Rdn. 11!). Die Auslegung dieses Erfordernisses kann sich an dem Tatbestand der Preisüberhöhung (§ 4 WiStG) orientieren, bei dem als „lebenswichtig" nicht nur existenznotwendige, sondern auch solche Gegenstände und Leistungen verstanden werden, die der Befriedigung durchschnittlicher materieller und kultureller Bedürfnisse dienen; ausgeschlossen bleiben im wesentlichen nur Luxusgüter (*Sch/Schröder/Stree* Rdn. 6; *Tiedemann* Tatbestandsfunktionen S. 255 f mit weit. Nachw.). 10

Neben Gläubigern, die durch Nichterfüllung ihrer Forderungen selbst insolvent werden (*Dreher/Tröndle* Rdn. 5; *Sch/Schröder/Stree* Rdn. 6), und neben Personen, die von den Einkünften ihrer (anvertrauten) Vermögenswerte leben (1. Alt!, vgl. schon oben Rdn. 6), kommen für die 2. Alt. insbesondere auch **Arbeitnehmer** in Betracht, die ihren Arbeitsplatz verlieren und dadurch in wirtschaftliche Not geraten[7]. Dabei wird auch hier vor allem durch das Erfordernis der Wissentlichkeit ausge- 11

---

[5] Bericht Sonderausschuß BTDrucks. 7/5291 S. 19; *Blei* II § 70 II 1; *Dreher/Tröndle* Rdn. 6; *Hiltenkamp-Wisgalle* S. 365 f; *Lackner/Kühl* aaO; *Sch/Schröder/Stree* Rdn. 7; *Weyand* S. 98; *Wilts* Prot. 7/2828.

[6] *Dreher/Tröndle* Rdn. 5 i.V.m. § 302 a Rdn. 36; *Lackner/Kühl* Rdn. 2; *Sch/Schröder/Stree* Rdn. 6; *Weyand* S. 99 mit weit. Nachw.

[7] Amtl. Begr. aaO S. 38; *Bieneck* in: Müller-Gugenberger § 65 E; *Blei* II § 70 II 1; *Dreher/Tröndle* Rdn. 5; *Hiltenkamp-Wisgalle* S. 366 ff; *Maurach/Schroeder/Maiwald* 1 § 48 III A 2; *Sch/Schröder/Stree* Rdn. 6; *Weyand* S. 100; *Wilts* Prot. 7/2828.

schlossen, daß praktisch jeder Fall eines Unternehmenszusammenbruchs nach § 283 Abs. 1 (und Abs. 2) zum besonders schweren Fall nach § 283 a Nr. 2 wird. Auch sind sowohl etwaige Möglichkeiten, einen anderen Arbeitsplatz zu finden, als auch die sozialrechtlichen Absicherungen der Arbeitnehmer bereits objektiv — und zusätzlich für den Tätervorsatz — zu berücksichtigen (*Göhler* und *Sturm* Prot. 7/2829). Dagegen bleibt die Sozialhilfe als subsidiäre, für jedermann in praktisch jeder wirtschaftlichen Bedarfssituation gewährleistete Grundsicherung außer Betracht, da sie gerade selbst eine Notlage voraussetzt (und behebt). — In wirtschaftliche Not geraten ferner nicht selten die *Erwerber von unfertigen Eigenheimen*, wenn die Bauträgerunternehmen, denen die Ersparnisse zwecks Errichtung von bezugsfertigen Häusern anvertraut wurden (1. Alt.!), zusammenbrechen und die Sparer vor der Alternative stehen, ihre Ersparnisse und die bereits geschaffenen Sachwerte ganz zu verlieren oder aber unter größten Anstrengungen die Fertigstellung der Häuser selbst zu übernehmen. Daß hier beträchtliche Sachwerte in das Eigentum der Sparer gelangen, schließt die Annahme wirtschaftlicher Not derselben nicht aus.

12 **III. Sonstige besonders schwere Fälle (S. 1).** Dienen die Regel-Beispiele nach S. 2 der Konkretisierung der Generalklausel des S. 1, so kommen außerhalb dieser vom Gesetzgeber genannten Beispiele andere Fälle mit vergleichbarem Unrechts- und Schuldgehalt ebenfalls als besonders schwer in Betracht. Neben der bereits oben Rdn. 9 erwähnten Möglichkeit gravierender Schädigung eines einzigen (Groß-)Gläubigers ist vor allem an **Großkonkurse** (Millionen-Konkurse) mit zahlreichen Gläubigern oder sonstwie großen Schäden zu denken, auch wenn es sich nicht um Gläubiger i. S. d. S. 2 handelt (BGH 3 StR 488/74 v. 4. 4. 1979 bei *Dreher/Tröndle* Rdn. 6; *Sch/Schröder/Stree* Rdn. 7; BTDrucks. 7/550 S. 260). Aber auch raffinierte Begehungsweise bei den einzelnen Bankrotthandlungen kann eine besondere Schwere der Tat begründen (*Dreher/Tröndle* aaO). Überhaupt sind im Rahmen dieser Strafzumessungserwägungen alle objektiven und subjektiven Umstände daraufhin zu würdigen, ob sie die erfahrungsgemäß vorkommenden und daher bereits für den Strafrahmen des § 283 berücksichtigten Fälle an Strafwürdigkeit wesentlich übertreffen. Eine **Ähnlichkeit** mit den Regel-Beispielen ist nicht erforderlich, zumal sich das Gesetz hier auf zwei Regel-Beispiele beschränkt (zusammenfassend *G. Hirsch* LK Rdn. 25 vor § 46 mit Nachw.). Entgegen *Samson* SK Rdn. 7 brauchen die als erschwerend gewerteten Umstände auch nicht dem Kreis der durch § 283 geschützten Rechtsgüter anzugehören (*Sch/Schröder/Stree* Rdn. 7; BTDrucks. 7/550 S. 260: „Auswirkungen auf die Volkswirtschaft oder andere Interessen der Allgemeinheit“).

13 **IV. Vorsatz.** Die Indizfunktion der Regel-Beispiele des § 283 a nähert diese trotz ihrer grundsätzlichen Einordnung als Strafzumessungsregeln (oben Rdn. 1) den Tatbestandsmerkmalen an. Hieraus sowie aus der Beschränkung der Anknüpfung an die Vorsatztaten nach § 283 Abs. 1—3 ist zu folgern, daß sich der (Quasi-)Vorsatz bei § 283 a auch auf alle Unrechtsmerkmale beziehen muß, welche die besondere Schwere der Tat begründen (vgl. nur *Sch/Schröder/Stree* Rdn. 8). Bei Nr. 2 ist zusätzlich dolus eventualis ausgeschlossen (vgl. bereits oben Rdn. 2). Bei Nr. 1 ist in bezug auf die Gewinnsucht zwar keine entsprechende eigene Wertung des Täters, wohl aber sein Bewußtsein von dem Vorliegen derjenigen Voraussetzungen erforderlich, die sein Verhalten als gewinnsüchtig erscheinen lassen. Die erhöhte Strafbarkeit nach § 283 a ist also insbesondere dann ausgeschlossen, wenn der Täter nicht weiß, daß seine Bankrotthandlung zur Gefährdung vieler Personen führt. Dagegen wird § 283 a nicht dadurch ausgeschlossen, daß die Tat nach § 283 Abs. 1 bis 3 nur mit bedingtem

Vorsatz (z. B. hinsichtlich der Krisensituation oder des Maßstabes ordnungsgemäßen Wirtschaftens) begangen wird.

V. Versuch. Aus S. 1 ergibt sich, daß die Strafzumessungsregel des § 283 a auch dann Anwendung findet, wenn es nur zum Versuch des § 283 (Abs. 3!) kommt. Nach dieser ausdrücklichen gesetzgeberischen Anordnung ist der Versuch des besonders schweren Bankrotts jedenfalls in der Weise möglich, daß der Täter in Kenntnis der Krise (§ 283 Abs. 1) oder in Kenntnis der Eignung seiner Handlung zur Herbeiführung der Krise (§ 283 Abs. 2) aus Gewinnsucht zur Vornahme einer Bankrotthandlung ansetzt, ohne daß diese vollendet wird, oder bereits durch einen solchen Versuch viele Personen konkret gefährdet usw. Allein die 2. Alt. von Nr. 2 setzt objektiv den Eintritt der wirtschaftlichen Not vieler Personen voraus; stellt sich der Täter dies bei Vornahme seiner — vollendeten oder versuchten — Bankrotthandlung nur als Folge eines Handelns vor, ohne daß diese Folge eintritt, so findet § 283 a S. 2 keine unmittelbare Anwendung (**aA** BGHSt **33** 370, 373 ff für § 243). In einem solchen Fall kann aber aufgrund einer ergänzenden **Gesamtbewertung** aller Umstände S. 1 eingreifen. Dabei ist jedoch zu berücksichtigen, daß es für die Strafzumessung im allgemeinen nur auf eingetretene, nicht dagegen auf nur vorgestellte Folgen ankommt (vgl. aber auch *G. Hirsch* LK § 46 Rdn. 53 mit Nachw.). 14

Bei bloßem Versuch der Bankrotthandlung (§ 283 Abs. 3) bleibt bei Vorliegen eines besonders schweren Falles der Strafrahmen des § 283 a voll anwendbar. Angesichts der ausdrücklichen Einbeziehung des § 283 Abs. 3 in § 283 a kommt eine Herabsetzung des **Strafrahmens** nach § 23 Abs. 2 i.V.m. § 49 Abs. 1 nicht in Betracht (*Sch/Schröder/Stree* Rdn. 9; **aA** *Samson* SK Rdn. 2). Jedoch kann auch hier die Gesamtbewertung im Einzelfall ergeben, daß der Versuch keinen besonders schweren Fall darstellt. Der Umstand allein, daß die Tat im Versuchsstadium stecken geblieben ist, genügt hierfür aber nicht (vgl. nur *G. Hirsch* LK Rdn. 51 vor § 46 mit weit. Nachw.). 15

VI. Teilnahme. Für die Bestrafung von Teilnehmern (Anstiftern, Gehilfen) ist bei Nr. 1 (und anderen persönlichen Umständen) der Grundsatz des § 28 Abs. 2 entsprechend anzuwenden; § 283 a ist also nur für denjenigen heranzuziehen, der selbst gewinnsüchtig (usw.) handelt (*Sch/Schröder/Stree* Rdn. 10). Bei tatbezogenen Umständen (z. B. Nr. 2) ist in entsprechender Anwendung des § 16 für die Anwendung des § 283 a jedenfalls Voraussetzung, daß der zu Bestrafende die erschwerenden Umstände gekannt hat. Jedoch findet eine Durchbrechung der allgemeinen Akzessorietätsregeln (§§ 26, 27) insoweit statt, als der Teilnehmer bei einer solchen Kenntnis von den Tatumständen auch dann — im Wege einer Gesamtbewertung der Tat — nach § 283 a strafbar sein kann, wenn der Haupttäter in bezug auf die schweren Folgen unvorsätzlich gehandelt hat (*Sch/Schröder/Stree* aaO). Die Gesamtbewertung ist also für jeden Beteiligten gesondert, jedoch unter Mitberücksichtigung der Haupttat vorzunehmen. Stellt die Teilnahme eine Beihilfe (§ 27) dar, so wird der Strafrahmen des § 283 a nach der zwingenden Anordnung des § 27 Abs. 2 entsprechend § 49 Abs. 1 gemildert (*G. Hirsch* LK Rdn. 51 vor § 46; *Sch/Schröder/Stree* aaO). 16

VII. Konkurrenzen und Urteilsformel. Aus der Natur des § 283 a als bloßer Strafzumessungsregel (oben Rdn. 1) folgt, daß es eigene **Konkurrenzen** des § 283 a mit anderen Vorschriften nicht gibt. Das Verhältnis zu anderen Straftatbeständen richtet sich daher nach dem zu § 283 Ausgeführten (vgl. dort Rdn. 231 ff). Dies gilt auch für 17 solche Straftatbestände, die als leges speciales dem § 283 vorgehen, ohne selbst besonders schwere Fälle i. S. d. § 283 a zu kennen.

18 Die Einordnung der Tat als besonders schwerer Fall des Bankrotts braucht in der **Urteilsformel** nicht angegeben zu werden, da die einschlägigen Tatmodalitäten „kein eigenes Unrecht darstellen" und „allein für die Strafzumessung von Bedeutung sind" (BGHSt **27** 287, 289; *Sch/Schröder/Stree* Rdn. 49 vor §§ 38 ff). In diesem Fall ist § 283 a nur im Verzeichnis der angewendeten Strafvorschriften nach § 260 Abs. 5 StPO anzuführen (BGH aaO). Jedoch bestehen andererseits keine rechtlichen Bedenken gegen die zusätzliche Kennzeichnung des Bankrotts als „besonders schwerer Fall" im Urteilstenor (BGH aaO S. 289 f; BGH NJW **1977** 1830 mit Nachw.; **aA** wohl *Kleinknecht/Meyer-Goßner* StPO, § 260 Rdn. 25). Die Fassung der Urteilsformel unterliegt daher insoweit dem Ermessen des Gerichts (§ 260 Abs. 4 S. 6 StPO). Dieses Ermessen sollte vor allem dann im Sinne der Tatkennzeichnung als „besonders schwer" ausgeübt werden, wenn der vom Täter angerichtete Schaden besonders groß ist oder der Täter besonders rücksichtslos gehandelt hat.

§ 283 b

Verletzung der Buchführungspflicht

(1) Mit Freiheitsstrafe bis zu zwei Jahren oder mit Geldstrafe wird bestraft, wer

1. **Handelsbücher, zu deren Führung er gesetzlich verpflichtet ist, zu führen unterläßt oder so führt oder verändert, daß die Übersicht über seinen Vermögensstand erschwert wird,**
2. **Handelsbücher oder sonstige Unterlagen, zu deren Aufbewahrung er nach Handelsrecht verpflichtet ist, vor Ablauf der gesetzlichen Aufbewahrungsfristen beiseite schafft, verheimlicht, zerstört oder beschädigt und dadurch die Übersicht über seinen Vermögensstand erschwert,**
3. **entgegen dem Handelsrecht**
   a) **Bilanzen so aufstellt, daß die Übersicht über seinen Vermögensstand erschwert wird, oder**
   b) **es unterläßt, die Bilanz seines Vermögens oder das Inventar in der vorgeschriebenen Zeit aufzustellen.**

(2) Wer in den Fällen des Absatzes 1 Nr. 1 oder 3 fahrlässig handelt, wird mit Freiheitsstrafe bis zu einem Jahr oder mit Geldstrafe bestraft.

(3) § 283 Abs. 6 gilt entsprechend.

Schrifttum siehe vor und zu § 283, insbes. *Dreher* Zur Problematik des § 283 b Abs. 2 StGB, MDR **1978** 724 und *H. Schäfer* Die Verletzung der Buchführungspflicht in der Rechtsprechung des BGH, wistra **1986** 200.

Entstehungsgeschichte siehe Rdn. 40 ff vor § 283.

Übersicht

I. Aufbau und Einordnung des Tatbestandes (Bedeutung der Buchdelikte und der objektiven Strafbarkeitsbedingung). Die Vorschrift stellt bestimmte Buchführungs- und Bilanzdelikte unabhängig vom Vorliegen einer Unternehmenskrise unter Strafe. Die amtl. Begr. hebt hierzu hervor, daß eine ordnungsgemäße Buchführung in der modernen Wirtschaft „Grundvoraussetzung jeder ordnungsgemäßen Wirtschaftsführung" ist, und fährt fort: „Eine Fehleinschätzung der wirtschaftlichen Lage des Unternehmens birgt stets eine Gefahr in sich, daß der Unternehmer Geschäftsabschlüsse tätigt, Investitionen vornimmt oder andere Ausgaben macht, die nach den vorhandenen Kapitalmitteln wirtschaftlich nicht tragbar sind. Angesichts der vielfältigen Verknüpfungen zu anderen Unternehmen oder zu Gruppen von Unternehmen und der Abhängigkeit von der allgemeinen Wirtschaftslage hat der einzelne Unternehmer im übrigen nur einen begrenzten Einfluß darauf, daß seine wirtschaftliche Lage für alle Zukunft gesichert bleibt. Es ist danach nie ganz auszuschließen, daß das Vorhandensein einer ordnungsgemäßen Buchführung auch deswegen notwendig ist, um bei Zahlungsschwierigkeiten oder einer Zahlungseinstellung eine gerechte Befriedigung der Gläubiger zu ermöglichen." (BTDrucks. 7/3441 S. 38) Aus dieser gesetzgeberischen Einschätzung ergibt sich, daß die Pflicht zur Buchführung und Bilanzierung der Selbstinformation des Unternehmens und über diese dem Gläubigerschutz dient (vgl. § 283 Rdn. 90 und unten Rdn. 14). BGH bei Holtz MDR **1981** 454 (1 StR 625/80 v. 10. 2. 1981 S. 11 f) faßt dies in die Worte: „Bilanzen sind dazu bestimmt, dem Kaufmann einen Überblick über seine wirtschaftliche Lage zu verschaffen und ihm die Möglichkeit zu eröffnen, geeignete Maßnahmen zu ergreifen, um Schaden von sich und seinen Gläubigern abzuwenden." (**Krit.** insoweit *Hauck* S. 79 ff; dazu bereits § 283 Rdn. 90) Mängel der Übersicht gefährden also die Befriedigungsinteressen der Gläubiger (Kreditgeber), ohne daß diese Gefährdung aber zum Tatbestandserfordernis des § 283 b erhoben wäre und im Einzelfall nachgewiesen werden müßte. § 283 b stellt somit nach herkömmlicher Terminologie ein **abstraktes Gefährdungsdelikt** dar (vgl. auch Rdn. 47 vor § 283)[1]. Allerdings wurde bereits zu § 283 Rdn. 7 dargelegt, daß der erforderliche Bezug der Straftat auf das Vertrauen sowie das Interesse Dritter das Buchdelikt als konkrete Gefährdung oder Verletzung dieser Interessen erscheinen läßt. Erst recht gilt dies, wenn der Zweck der Rechnungslegung in der Dokumentation für ein ordnungsgemäßes Konkursverfahren gesehen wird (*Hauck* S. 90 ff). Außerdem ist § 283 b ebenso wie § 283 *echtes Sonder-Pflichtdelikt*, wie hier schon durch die amtliche Überschrift (dazu unten Rdn. 19) nahegelegt wird. 1

Erforderlich ist aber für die Strafbarkeit ebenso wie bei § 283, daß es schließlich zum Unternehmenszusammenbruch kommt, also die Zahlungen eingestellt werden, der Konkurs eröffnet oder der Eröffnungsantrag mangels Masse abgewiesen wird 2

[1] OLG Hamburg NJW **1987** 1342, 1343; *Arzt/Weber* IV Rdn. 341; *Bieneck* in: Müller-Gugenberger § 69 F I; *Dreher/Tröndle* Rdn. 4 vor § 283; *Gübel* S. 151; *Lackner/Kühl* Rdn. 1; *Samson* SK Rdn. 1; *Schlüchter* JR **1979** 514; *Schmidhäuser* BT 11/93; *Sch/Schröder/Stree* Rdn. 1; *Wessels* BT 2 § 12 III 4.

(Abs. 3). Dieses Erfordernis ist **objektive Bedingung der Strafbarkeit**, die nicht zum Unrecht gehört und daher von Vorsatz oder Fahrlässigkeit nicht umfaßt zu sein braucht (Rdn. 86 ff vor § 283). Zwar ist das „Buchdelikt" (Manipulation oder Unterlassen von Buchführung und Bilanzierung) auch unabhängig von dem (späteren) Unternehmenszusammenbruch rechtswidrig und strafwürdig. Jedoch verzichtet der Gesetzgeber hier ebenso wie bei § 283 (vgl. dort Vorbem. Rdn. 87) auf Bestrafung, wenn es dem Täter gelingt, dem wirtschaftlichen Ruin bzw. der Zahlungseinstellung zu entgehen; in diesem Fall verliert das Strafbedürfnis an Erheblichkeit (amtl. Begr. BT-Drucks. 7/3441 S. 33 unter Bezugnahme auf *Stree* JuS **1965** 472). Auch würde nach Ansicht des Gesetzgebers (amtl. Begr. aaO S. 38) bei einem Verzicht auf das Erfordernis der objektiven Strafbarkeitsbedingung ein Anreiz zur Denunziation und die Verpflichtung der Staatanwaltschaft bestehen, Ermittlungsmaßnahmen in funktionierenden Wirtschaftsunternehmen durchzuführen (was freilich bei dem Verdacht jeder anderen Straftat durchaus und nach der InsO 1999 auch bei möglicher Fortführung des Unternehmens zu geschehen hat, vgl. dazu Rdn. 99 vor § 283). Kommt es dagegen zum Unternehmenszusammenbruch bzw. nach dem ab 1999 geltenden Recht der InsO zur Sanierungsbedürftigkeit, so braucht ein **Zusammenhang** zwischen dem Buchdelikt und der Strafbarkeitsbedingung nicht nachgewiesen zu werden. Vielmehr hat das Buchdelikt als solches hinreichenden symptomatischen Gehalt für das wirtschaftlich verantwortungslose Verhalten des Täters (Rdn. 86 und 87 vor § 283). Es genügt daher, daß bei Eintritt der Strafbarkeitsbedingung noch „irgendwelche" Auswirkungen des Buchdelikts vorliegen, also „irgendeine Beziehung" zwischen dem Buchdelikt und der Insolvenz besteht (vgl. hier nur BGHSt **28** 231, 234; BGHR § 283 b Krise 1; näher unten Rdn. 14).

3 **Zusammengefaßt** setzt damit § 283 b für den Zeitpunkt der Vornahme des Buchdelikts tatbestandlich keine Krise des Unternehmens voraus. Die praktische Hauptbedeutung des Tatbestandes liegt bei den Fällen, in denen eine Krise i. S. d. § 283 Abs. 1 nachträglich nicht (mehr) nachweisbar ist. Jedoch greift § 283 b auch dann ein, wenn zwar eine Krise gegeben (und nachweisbar) ist (oder durch das Buchdelikt verursacht wird), der Täter sie aber schuldlos verkannt hat[2]. Hat der Täter dagegen das Vorhandensein einer Krisensituation erkannt oder ihr Vorliegen fahrlässig verkannt, so geht § 283 (Abs. 1 Nrn. 5—7) als das speziellere Delikt vor (vgl. unten Rdn. 18).

4 **II. Tatbestandsadressaten und Täterkreis (Sonderdelikt).** Ebenso wie § 240 Nrn. 3 und 4 KO a. F. knüpft § 283 b an die handelsrechtliche Buchführungs- und Bilanzierungspflicht an (amtl. Begr. BTDrucks. 7/3441 S. 38). Die Tatbestandsbeschreibung der Nrn. 1—3 lehnt sich eng an diejenige in § 283 Abs. 1 Nrn. 5—7 an. Bei Nrn. 1 und 3 deckt sie sich — abgesehen von dem Erfordernis einer Unternehmenskrise — sogar ganz mit § 283 Abs. 1 Nrn. 5 und 7; in diesem Bereich ist daher Normadressat ebenso wie bei § 283 (vgl. dort Rdn. 96) nur der Vollkaufmann, da nur er nach Handelsrecht buchführungs- und bilanzierungspflichtig ist. Dagegen unterscheidet sich Abs. 1 Nr. 2 von § 283 Abs. 1 Nr. 6 dadurch, daß bei § 283 b auch insoweit nur der Vollkaufmann erfaßt wird (vgl. § 4 HGB)[3], während der entsprechende Tatbestand des § 283 (Abs. 1 Nr. 6) jedenfalls auch Minderkaufleute, eventuell sogar jedermann als tauglichen Täter ansieht (vgl. § 283 Rdn. 121): Die von Abs. 1 Nr. 2 angesprochene Aufbe-

[2] BGHSt **28** 231, 233; BGHR § 283 Abs. 1 Nr. 5 Buchführung 1; *Bieneck* in: Müller-Gugenberger § 69 F I; *Dreher/Tröndle* Rdn. 1; *Sch/Schröder/Stree* Rdn. 1; *Weyand* S. 101.

[3] *Dreher/Tröndle* Rdn. 2; *Lackner/Kühl* Rdn. 1; *Samson* SK Rdn. 4; *Sch/Schröder/Stree* Rdn. 3; *Weyand* S. 102.

wahrungspflicht deckt sich ebenso wie § 257 HGB, der die handelsrechtliche Verpflichtung zur Aufbewahrung von Handelsbüchern und anderen Unterlagen statuiert, mit dem Adressatenkreis der Buchführungspflicht. Damit wendet sich § 283 b durchgehend ausschließlich an **Vollkaufleute**.

Mit diesem Statuserfordernis, nämlich der Beschränkung des tauglichen Täterkreises auf Vollkaufleute, umschreibt der Tatbestand des § 283 b ein echtes **Sonderdelikt** (vgl. nur *Dreher/Tröndle* Rdn. 1; oben Rdn. 59 vor § 283). Außer dem Vollkaufmann können nur die von § 14 genannten Organe, Vertreter und Beauftragten Täter sein und sich wegen täterschaftlicher Begehung nach § 283 b strafbar machen; Teilnahme (Beihilfe oder Anstiftung) ist dagegen unbeschränkt möglich, sofern eine rechtswidrige und vorsätzliche Haupttat eines Vollkaufmannes oder eines nach § 14 für ihn Tätigen vorliegt. Hervorhebung verdient, daß § 14 neben den Organen und gesetzlichen Vertretern (z. B. GmbH-Geschäftsführer, Konkursverwalter; vgl. näher Rdn. 62 ff vor § 283) in Abs. 2 auch rechtsgeschäftlich Beauftragte erfaßt. Dies ist insbesondere für *Steuerberater* zu beachten, die bei Übernahme der Buchführung gem. § 14 Abs. 2 Nr. 2 taugliche Täter des § 283 b werden, sofern sie ausdrücklich beauftragt werden, die Buchführung „in eigener Verantwortung" vorzunehmen (zu der Einschränkung in bezug auf Nr. 3 vgl. bereits § 283 Rdn. 101). Dagegen kann die beratende Tätigkeit von Steuerberatern, Wirtschaftsprüfern oder Rechtsanwälten in keinem Fall eine eigene Täterschaft des Beraters begründen, da Vertreter i. S. d. § 14 Abs. 2 Nr. 2 nur ist, wer zu eigenverantwortlichen Entscheidungen für das Unternehmen legitimiert ist (*Sch/Schröder/Lenckner* § 14 Rdn. 41). 5

Weitere Voraussetzung für die Tauglichkeit als Täter ist bei § 283 b ebenso wie bei § 283, daß der Täter bzw. der nach § 14 Vertretene **Schuldner** ist, bei Vornahme des Buchdeliktes also zumindest einen Gläubiger hat, dem er eine Geldleistung schuldet (vgl. Rdn. 45 vor § 283). Die Gläubiger im Zeitpunkt der Begehung des Buchdeliktes brauchen mit den von der Zahlungseinstellung, Konkurseröffnung usw. betroffenen Gläubigern nicht unbedingt identisch zu sein (vgl. näher Rdn. 92 vor § 283). 6

III. Tathandlungen. Die von Abs. 1 genannten Tathandlungen der Nrn. 1 und 3 stimmen — abgesehen von dem hier fehlenden Erfordernis einer Unternehmenskrise — wörtlich mit den Tathandlungen des § 283 Abs. 1 Nrn. 5 und 7 überein; es kann daher auf § 283 Rdn. 90 ff, 128 ff verwiesen werden. Lediglich § 283 b Abs. 1 **Nr. 2** unterscheidet sich nach Täterkreis (oben Rdn. 4) und Bezugsobjekten von § 283 Abs. 1 Nr. 6: Anders als bei jenem Tatbestand wird von § 283 b Abs. 1 Nr. 2 nur der nach § 257 HGB aufbewahrungspflichtige Vollkaufmann erfaßt, und zwar ausschließlich in bezug auf die in § 257 genannten Handelsbücher (dazu § 283 Rdn. 93) und „sonstigen Unterlagen", die ebenso (weit) wie bei § 283 Abs. 1 Nr. 6 zu verstehen sind: Inventare, Bilanzen (evtl. mit Anhang), Gewinn- und Verlustrechnungen, Lageberichte, Konzernabschlüsse, Konzernlageberichte sowie die zu ihrem Verständnis erforderlichen Arbeitsanweisungen und sonstigen Organisationsunterlagen; empfangene und Wiedergaben der abgesandten Handelsbriefe; Buchungsbelege zu den Handelsbüchern. Die für § 283 b maßgebende gesetzliche *Aufbewahrungsfrist* beträgt gem. § 257 Abs. 4 HGB für Handelsbücher, Inventare, Eröffnungsbilanzen, Jahresabschlüsse und Lageberichte (nebst Arbeitsanweisungen und sonstigen Organisationsunterlagen) zehn Jahre, für die übrigen Unterlagen sechs Jahre. Die Aufbewahrungsfrist beginnt gem. § 257 Abs. 5 HGB mit dem Schluß des Kalenderjahres, in dem die letzte Eintragung in das Handelsbuch gemacht, das Inventar aufgestellt, die Bilanz bzw. der Jahresabschluß festgestellt, der Handelsbrief empfangen oder abgesandt 7 oder der Buchungsbeleg entstanden ist. Über die handelsrechtliche Verpflichtung (des Vollkaufmanns) hinaus freiwillig geführte Bücher werden von § 283 b ebensowenig erfaßt wie die Buchführung aufgrund steuerrechtlicher oder gewerberechtlicher Verpflichtung (vgl. bereits § 283 Rdn. 121). Zur Tathandlung des Beiseiteschaffens, Verheimlichens, Zerstörens und Beschädigens sowie zur dadurch eintretenden Erschwerung der Übersicht über den Vermögensstand des Kaufmanns vgl. bereits § 283 Rdn. 25 ff, 38 ff.

8 Mit der Erfüllung der handelsrechtlichen Verpflichtung zur ordnungsgemäßen Buchführung und Bilanzierung (einschließlich Aufbewahrung der Buchführungsunterlagen nach § 257 HGB) entgeht der Kaufmann der Strafdrohung des § 283 b. Werden neben der ordnungsgemäßen Buchführung und Bilanzierung **zusätzliche unrichtige Bilanzen** zum Zwecke der Täuschung einzelner Kreditgeber erstellt, so ist § 283 b nicht einschlägig, da der Täter nicht im Sinne dieser Vorschrift die Übersicht über seinen Vermögensstand erschwert (BGHSt **30** 186 f m. Anm. *Schmidt* LM § 283 b StGB Nr. 4; vgl. bereits § 283 Rdn. 145 mit weit. Nachw.). Dieses Ergebnis ist dann unzweifelhaft, wenn als primärer Zweck der Buchführung und Bilanzierung die Selbstinformation des Unternehmens angesehen wird (vgl. oben Rdn. 1). Stellt man dagegen — insbesondere für die Bilanz — die Funktion der Dokumentation gegenüber den Gläubigern (und dem Konkursverwalter) in den Vordergrund (vgl. unten Rdn. 12 a. E.), so ist das Ergebnis weniger zwingend (vgl. *H. Schäfer* wistra **1986** 200 f). In jedem Fall kommt hier aber neben der Strafbarkeit aus §§ 263, 265 b bei Zahlungseinstellung, Konkurseröffnung usw. eine Strafbarkeit nach § 283 Abs. 1 **Nr. 8** in Betracht, wenn der Täter die falschen Bilanzen *wiederholt* zu Täuschungszwecken gebraucht (vgl. § 283 Rdn. 172 mit Nachw.). — Die Strafbarkeit nach § 283 b kann schließlich ebenso wie die nach § 283 — und unter den dort gemachten Einschränkungen (näher § 283 Rdn. 119, 154 mit Nachw.) — entfallen, wenn der Täter die finanziellen **Kosten** für die Buchführung und/oder Bilanzaufstellung nicht (mehr) tragen kann (BGHSt **38** 231, 232 f; BGHR § 283 Abs. 1 Zahlungsunfähigkeit 3, § 283 Abs. 1 Nr. 7 b Bilanz 1).

9 **IV. Vorsatz und Fahrlässigkeit.** Während der RegE die Strafbarkeit auf vorsätzliche Buchdelikte beschränken wollte und nur die vorsätzliche Zuwiderhandlung gegen die Buchführungspflicht als sozialethisch mißbilligenswert ansah (BTDrucks. 7/3441 S. 38), läßt Abs. 2 für die Fälle des Abs. 1 Nrn. 1 und 3 Fahrlässigkeit ausreichen. Dies entspricht der Auslegung des § 240 KO a. F. (vgl. nur BGHSt **15** 103, 104 ff mit Nachw.). Der Gesetzgeber hat mit dieser Fortführung der früheren Rechtslage vor allem den Bedenken der Praxis gegenüber dem RegE Rechnung getragen, um insbesondere diejenigen Fälle erfassen zu können, in denen der Kaufmann behauptet, er habe einen Dritten mit der Buchführung und Bilanzierung beauftragt, sich aber um die Einhaltung seiner Anordnung nicht gekümmert (Bericht Sonderausschuß BTDrucks. 7/5291 S. 19 sowie Prot. 7/2831). Die in einem solchen Fall gegebene Verletzung der Aufsichtspflicht würde nach § 130 OWiG nur eine Ordnungswidrigkeit darstellen, auch wenn der beauftragte Dritte (z. B. ein Steuerberater) sich nach § 283 i.V.m. § 14 Abs. 2 Nr. 2 strafbar macht (oben Rdn. 5). — In der Tat stellt die nicht sorgfältige **Auswahl oder Überwachung von beauftragten Personen** einen gewichtigen Anwendungsbereich der Fahrlässigkeitsstrafbarkeit nach § 283 b Abs. 2 dar (*Lackner/Kühl* Rdn. 2; *Weyand* S. 103; oben § 283 Rdn. 218). Daneben kann sich die Fahrlässigkeit allerdings auch in der Mangelhaftigkeit der vom Kaufmann selbst erstellten Buchführung und Bilanzierung äußern. Sie kann sich schließlich auch darauf

beziehen, ob durch den Mangel die Übersicht über den Vermögensstand erschwert wird (vgl. § 283 Rdn. 118).

Kein Bezugspunkt der Fahrlässigkeit ist dagegen die objektive (!) Bedingung der Strafbarkeit, also der Eintritt von Zahlungseinstellung, Konkurseröffnung oder Ablehnung der Eröffnung mangels Masse (vgl. bereits oben Rdn. 2). Die gegenteilige Auffassung von *Dreher* (MDR **1978** 724 f) verkennt die von der amtl. Begr. unterstrichene Bedeutung des kaufmännischen Rechnungswesens für die heutige Wirtschaftsführung (oben Rdn. 1), wenn unter Berufung auf den E 62 die Verletzung der Buchführungs- und Bilanzierungspflicht als bloßes Ordnungsunrecht eingestuft und daher unter Gesichtspunkten des Schuldstrafrechts die Strafbarkeitsbedingung zum schuldrelevanten Unrecht gezählt werden soll. Die von *Dreher* (aaO) geforderte konkrete Voraussehbarkeit des wirtschaftlichen Zusammenbruchs bei Vornahme des Buchdelikts ist kein gesetzliches Erfordernis der Strafbarkeit. Vielmehr kann nur das objektive Fehlen eines Zusammenhanges zwischen Buchdelikt und Strafbarkeitsbedingung zum Wegfall der Strafbarkeit führen (dazu unten Rdn. 14; gegen *Dreher* auch *Hauck* S. 144 f). **10**

Zu den Maßstäben und sonstigen Einzelheiten der Fahrlässigkeit kann auf § 283 Rdn. 206 ff verwiesen werden. Insbesondere befreien mangelnde kaufmännische Kenntnisse (z. B. des Techniker-Geschäftsführers einer GmbH) nicht von den Anforderungen einer ordnungsgemäßen Buchführung und Bilanzierung (OLG Karlsruhe Justiz **1977** 206). Zum **Irrtum** über Bestand und Inhalt der Buchführungs- und Bilanzierungspflicht (z. B. nach Abweisung des Konkurseröffnungsantrages mangels Masse) § 283 Rdn. 188. **11**

V. Vollendung, Verjährung und Zusammenhang mit der Strafbarkeitsbedingung

1. Die Verletzung der Buchführungs- und Bilanzierungspflicht nach § 283 b ist nur bei Vollendung strafbar. Der **Versuch** ist nicht unter Strafe gestellt. — **Vollendung** tritt bei Nr. 2 mit Abschluß des Beiseiteschaffens, Zerstörens usw. ein. Beim völligen Unterlassen der Buchführung und Bilanzierung (Nr. 1 1. Alt., Nr. 3 b) ist die Tat mit Ablauf desjenigen Zeitraums vollendet, innerhalb dessen die Verbuchung bzw. Bilanzierung (noch) ordnungsgemäß ist (dazu § 283 Rdn. 220). Auf den Zeitpunkt des Eintritts der Strafbarkeitsbedingung (Abs. 3) stellt die Rechtsprechung dagegen für die Vollendung ab, soweit es um die mangelhafte Buchführung und Bilanzierung geht (Nr. 1 2. Alt. und Nr. 3 a). Diese Ansicht der Rechtsprechung führt dazu, daß die **Berichtigung** einer mangelhaften Verbuchung oder Bilanzierung bis zum Zeitpunkt der Zahlungseinstellung, Konkurseröffnung usw. möglich ist und **strafbefreiend** wirkt. Zur Frage des Einflusses einer Nachholung der (völlig) unterlassenen Buchführung oder Bilanzierung auf die Strafbarkeit sogleich Rdn. 14. — Diese bereits oben § 283 Rdn. 118 kritisierte Ansicht der Rechtsprechung beruht im wesentlich darauf, daß sie die von Nr. 1 2. Alt. und von Nr. 3 a geforderte Übersicht über den Vermögensstand des Schuldners auf den Zeitpunkt des wirtschaftlichen Zusammenbruchs bezieht, hier also die *Dokumentationsfunktion* der Buchführung und Bilanzierung gegenüber den Gläubigern und dem Konkursverwalter in den Vordergrund rückt (zust. *Hauck* S. 145 f). Demgegenüber geht § 283 b aber insgesamt vom Vorrang der Selbstinformation des Schuldners und dem sich bereits hierdurch vollziehenden Schutz der Gläubiger als Zweck von Buchführung und Bilanz aus (vgl. oben Rdn. 1). Dieser Zweck müßte folgerichtig dazu führen, für alle Buchdelikte auf den Zeitpunkt der Manipulation als maßgebend für die Vollendung abzustellen (vgl. § 283 Rdn. 220). Allerdings läßt sich die Ansicht der Rechtsprechung für Nr. 3 a auch wei- **12**

terhin vertreten, wenn als Zweck der Bilanz — anders als bei der Buchhaltung — die Dokumentation und nicht die Selbstinformation des Unternehmens in den Vordergrund gerückt wird.

13 2. Nach einhelliger Ansicht beginnt die **Verjährung** frühestens mit Eintritt der objektiven Strafbarkeitsbedingung, da erst von diesem Zeitpunkt an alle materiellrechtlichen Voraussetzungen der Strafbarkeit vorliegen und eine Strafverfolgung möglich ist (vgl. § 283 Rdn. 221 mit Nachw.). Wird das Buchdelikt erst nach dem wirtschaftlichen Zusammenbruch begangen (vgl. § 283 Rdn. 99 u.ö.), so kommt es für den Verjährungsbeginn auf die Vollendung des Buchdeliktes an. — Die Vorsatztat nach Abs. 1 verjährt gem. § 78 Abs. 3 Nr. 4 in fünf Jahren. Die fahrlässige Tat nach Abs. 2 verjährt gem. § 78 Abs. 3 Nr. 5 in drei Jahren.

14 3. Weiterhin umstritten ist die Frage, welcher **Zusammenhang** zwischen Buchdelikt und objektiver **Strafbarkeitsbedingung** bestehen muß, um die Strafbarkeit nach § 283 b zu begründen. In der Rechtsprechung ist das grundsätzliche Erfordernis eines solchen Zusammenhanges anerkannt (vgl. nur BGHR § 283 b Krise 1), während ihn das Schrifttum z. T. bestreitet (*Bieneck* in: Müller-Gugenberger § 69 F I; *H. Schäfer* wistra **1990** 87 f). Dazu wurde grundsätzlich bereits Rdn. 98 vor § 283 Stellung genommen und das Erfordernis eines Zusammenhanges bejaht. Während allerdings für § 283 jedenfalls regelmäßig davon ausgegangen werden kann, daß der spätere wirtschaftliche Zusammenbruch die Steigerung (Eskalation) der von § 283 Abs. 1 und Abs. 2 tatbestandlich genannten Krise des schuldnerischen Unternehmens ist, fehlt bei § 283 b mit diesem Kriterium auch ein derartiger Anknüpfungspunkt. Unstreitig ist daher nur, daß ein Kausalzusammenhang zwischen dem Buchdelikt und dem Eintritt der Strafbarkeitsbedingung nicht erforderlich ist[4]. Das bereits oben Rdn. 2 erwähnte Vorliegen „irgendwelcher" Auswirkungen des Buchdeliktes noch im Zeitpunkt des wirtschaftlichen Zusammenbruchs läßt sich bei völligem Fehlen von Buchführung und/oder Bilanz mit der Rechtsprechung dadurch präzisieren, daß auf die im Zeitpunkt des Zusammenbruchs noch fortbestehende Pflicht (zur Nachholung von Buchführung und Bilanzierung zwecks Dokumentation gegenüber dem Konkursverwalter und den Gläubigern) als Kriterium der Strafbarkeit abgestellt wird[5]. Bei nur mangelhafter Buchführung und Bilanzierung hebt die Rechtsprechung darauf ab, ob ein Sachverständiger „ohne nennenswerten Zeitverlust" den erforderlichen Überblick über die Vermögenslage des Schuldners gewinnen kann (vgl. § 283 Rdn. 118); bejahendenfalls entfällt dann allerdings nach Ansicht der Rechtsprechung bereits die Vollendung der Tat und mit ihr die Strafbarkeit (oben Rdn. 12). Sowohl bei mangelhafter als auch bei unterlassener Buchführung oder Bilanzierung bestehen somit nach der Rechtsprechung die „Auswirkungen" des Buchdelikts im Zeitpunkt der Strafbarkeitsbedingung in dem — nicht ohne Schwierigkeiten zu behebenden — **Mangel an Übersicht** über den Vermögensstand. Ist dieser Mangel vor Eintritt der Strafbarkeitsbedingung behoben worden, so fehlt jedenfalls der erforderliche Zusammenhang mit der Strafbarkeitsbedingung. Wenn dieses Ergebnis von der Rechtsprechung zunächst nur für die Berichtigung einer mangelhaften Buchführung und Bilanzierung (und insoweit nicht unter dem Gesichtspunkt eines Wegfalls nur

---

[4] BGHSt **28** 231, 232 m. Anm. *Schlüchter* JR **1979** 513; BGH bei Holtz MDR **1981** 454; OLG Düsseldorf NJW **1980** 1292 (f); *Richter* GmbHR **1984** 147; *Schlüchter* aaO S. 515; *Sch/Schröder/Stree* Rdn. 7; *Weyand* S. 103.

[5] BGHSt **28** 232; ebenso *Lackner/Kühl* Rdn. 3; *Sch/Schröder/Stree* aaO; *Wessels* BT 2 § 12 III 4.

des Strafbedürfnisses) entwickelt und vertreten wurde, so steht doch nichts entgegen, den erforderlichen Zusammenhang mit dem wirtschaftlichen Zusammenbruch dann zu verneinen, wenn während eines früheren Zeitabschnittes die Buchführung oder Bilanzierung unterlassen und — verspätet — nachgeholt wurde (zust. OLG Hamburg NJW **1987** 1342, 1343; *Sch/Schröder/Stree* Rdn. 7). Der Zusammenhang mit dem gleichwohl eintretenden wirtschaftlichen Zusammenbruch ist in diesem Fall regelmäßig unterbrochen (vgl. § 283 Rdn. 144) — es sei denn, daß unternehmerische Fehldispositionen aufgrund der früheren Mängel des Rechnungswesens bis zum Eintritt des wirtschaftlichen Zusammenbruchs erkennbar fortwirken oder die Buchführungs- und Bilanzierungsmängel das rechtzeitige Erkennen der bedrohlichen Lage des Unternehmens verhindert haben (OLG Hamburg aaO; *Sch/Schröder/Stree* aaO mit weit. Nachw.). Jedenfalls dann, wenn das Unterlassen der Bilanzaufstellung weniger als zwei Jahre vor Konkurseröffnung lag und die Bilanzierung nicht nachgeholt wurde, ist aber nach der Rechtsprechung der erforderliche tatsächliche und zeitliche Zusammenhang zwischen Buchdelikt und Strafbarkeitsbedingung gegeben (BGH bei Herlan GA **1953** 75; OLG Düsseldorf NJW **1980** 1292 1293; zust. *Sch/Schröder/Stree* aaO).

Gegenüber dieser Rechtsprechung bleibt insgesamt *kritisch* noch einmal hervor- **15**
zuheben, daß sie einseitig nur für mangelhafte Buchführung und Bilanzierung maßgeblich (und bereits für die Vollendung der Tat) auf den Zeitpunkt des Eintritts der Strafbarkeitsbedingung abstellt, indem sie hier die Übersicht über das schuldnerische Vermögen im Zeitpunkt des Unternehmenszusammenbruchs für maßgebend erklärt. Diese Sicht stimmt mit der traditionellen Einschätzung der Buchführung als Mittel der Rechnungslegung gegenüber den Gläubigern (und dem Konkursverwalter) überein. Der Intention des 1. WiKG und des BiRiLiG dürfte es demgegenüber eher entsprechen, auf den Zweck der Selbstinformation des Unternehmers und damit auf den Zeitpunkt der Verletzung der Buchführungs- und Bilanzierungspflicht abzustellen (vgl. oben Rdn. 1 und 12 sowie § 283 Rdn. 118). Die Problematik des Zusammenhanges von Buchdelikt und wirtschaftlichem Zusammenbruch wird damit freilich noch gesteigert. Da aber die hinreichende Information von Konkursverwalter und Gläubigern im Zeitpunkt des Zusammenbruches jedenfalls öffentlich-rechtlicher Nebenzweck der Buchführungs- und Bilanzierungspflicht ist, erscheint es unter dem Gesichtspunkt „irgendwelcher" Auswirkungen des Buchdeliktes ausreichend, aber auch erforderlich, daß ein strafwürdiger Mangel an Selbstinformation des Unternehmers im Zeitpunkt des Zusammenbruches als Mangel der Dokumentation gegenüber dem Konkursverwalter oder den Gläubigern fortwirkt. Ist dieser **Dokumentationsmangel** vor dem Zusammenbruch behoben, so kann ein Zusammenhang mit dem Zusammenbruch nur noch darin gesehen werden, daß die mangelnde Selbstinformation erkennbar zu Konsequenzen im unternehmerischen Verhalten geführt hat (zust. OLG Hamburg NJW **1987** 1342, 1343).

VI. Täterschaft und Teilnahme. Infolge der Sonderdeliktsnatur des § 283 b (oben **16**
Rdn. 5) kann Täter, Mittäter und mittelbarer Täter i. S. d. § 25 nur ein Vollkaufmann oder ein für diesen nach § 14 Tätiger sein. Andere Personen können sich nur als Teilnehmer (Anstifter oder Gehilfen) strafbar machen (vgl. auch § 283 Rdn. 225); dies setzt eine vorsätzlich begangene Haupttat voraus (vgl. §§ 26, 27 Abs. 1). Insbesondere bei einem Irrtum des Haupttäters über die zahlreichen normativen Tatbestandsmerkmale des § 283 b kommt daher für die Strafbarkeit des Teilnehmers der Abgrenzung von Tatbestands- und Verbotsirrtum Bedeutung zu (dazu näher § 283 Rdn. 188).

17 Für die Strafbarkeit des Teilnehmers ist gem. §§ 26, 27 Abs. 1 weiter erforderlich, daß auch er selbst **vorsätzlich** handelt. Dies setzt bei Nrn. 1 und 3 a voraus, daß der Teilnehmer ebenfalls die Unrichtigkeit der Buchführung oder Bilanzierung kennt, also z. B. auch um die Verwendung der von ihm zusammengetragenen unrichtigen oder unvollständigen Unterlagen für Zwecke der Buchführung und/oder Bilanzierung weiß. Dolus eventualis ist ebenso wie bei dem sonderpflichtigen Täter ausreichend. Der Eintritt der Strafbarkeitsbedingung gem. Abs. 3 braucht dagegen auch beim Teilnehmer nicht von dessen Vorsatz umfaßt zu sein (vgl. bereits § 283 Rdn. 188). Die Frage der Strafmilderung nach § 28 Abs. 1 schließlich ist hier ebenso wie bei § 283 (vgl. dort Rdn. 228) zu beantworten und entgegen *Sch/Schröder/Stree* (Rdn. 9) zu bejahen.

VII. Konkurrenzen und Urteilsformel

18 **1.** Auch für § 283 b gilt, daß die **Konkurrenzverhältnisse** unabhängig von der objektiven Strafbarkeitsbedingung zu bestimmen, also an dem eigentlichen buchdeliktischen Handeln und Unterlassen auszurichten sind (vgl. für § 283 dort Rdn. 231). Verstöße innerhalb einer einzigen Buchführungsperiode stellen auch bei § 283 b nur eine einzige Tat dar, während Buchführungs- und Bilanzierungsverstöße für mehrere Zeiträume in Tatmehrheit oder in — soweit dies nach Maßgabe von BGHSt **40** 138 ff noch anzuerkennen ist — Fortsetzungszusammenhang stehen (vgl. § 283 Rdn. 235 f). Tatmehrheit oder Fortsetzungszusammenhang nach bisheriger Auffassung kommt regelmäßig auch im Verhältnis von Verstößen nach Nr. 1 zu solchen nach Nr. 3 in Betracht[6]. Beauftragt der Täter dagegen einen Dritten (z. B. Steuerberater) mit der Buchführung und Bilanzierung, so führt die Einheitlichkeit seiner Entschließung nach h. M. zur Annahme von Tateinheit zwischen Nr. 1 und Nr. 3 b[7]. Betreffen mehrere Verstöße gegen die Buchführungs- und Bilanzierungspflicht unterschiedliche Zeiträume der Krise und der fehlenden Krise, so ist — bei entsprechendem Gesamtvorsatz des Täters — Fortsetzungszusammenhang zwischen § 283 und § 283 b möglich. Im Verhältnis zu dem spezielleren § 283 (Abs. 1 Nrn. 5—7) tritt § 283 b (Abs. 1) zurück[8], und zwar auch bei Fortsetzungszusammenhang (§ 283 Rdn. 237). Zum Verhältnis des § 283 b zu § 283 c (Nichtverbuchen der inkongruenten Leistung) vgl. § 283 c Rdn. 39.

19 **2.** Infolge der Wahl der gesetzlichen Überschrift des § 283 b entfallen hier die zu § 283 Rdn. 231 geschilderten Schwierigkeiten bei der Abfassung des **Urteilstenors**. Daß die Überschrift bei § 283 b keinerlei Zusammenhang mit dem Eintritt der Strafbarkeitsbedingung zum Ausdruck bringt, leistet zwar möglicherweise der Einschätzung dieser Straftat als Bagatelldelikt in der öffentlichen Meinung Vorschub. Jedoch entspricht die Vorschrift sowohl der Strafwürdigkeitseinschätzung des Gesetzgebers (oben Rdn. 1 und 10) als auch dem modernen strafrechtsdogmatischen Verständnis. Die Bezeichnung als „Verletzung der Buchführungspflicht" ist daher nach § 260 Abs. 4 S. 2 StPO hinzunehmen. Entsprechend ist bei Tatmehrheit im Urteilstenor von mehreren Pflichtverletzungen zu sprechen. Die in der früheren Rechtsprechung be-

---

[6] BGH bei Holtz MDR **1980** 455 sowie **1981** 100; *Dreher/Tröndle* Rdn. 4; *Sch/Schröder/Stree* Rdn. 10 mit weit. Nachw.

[7] BGH GA **1978** 185, 186; *Dreher/Tröndle* aaO; *Sch/Schröder/Stree* aaO; vgl. auch bereits oben § 283 Rdn. 235 mit weit. Nachw.

[8] BGHSt **28** 231, 233; BGH NStZ **1984** 455; *Arzt/Weber* IV/Rdn. 341; *Dreher/Tröndle* Rdn. 1; *Lackner/Kühl* Rdn. 4; *Samson* SK Rdn. 7; *H. Schäfer* wistra **1990** 86; *Schlüchter* JR **1979** 513; *Sch/Schröder/Stree* Rdn. 1.

tonte Klammerwirkung des Konkurseintritts (vgl. § 283 Rdn. 231) bleibt also für die Urteilsformel durchgehend unerwähnt.

VIII. Internationales Strafrecht. Zur Verletzung der Buchführungspflicht im Aus- 20
land vgl. § 283 Rdn. 244 f.

§ 283 c

Gläubigerbegünstigung

(1) Wer in Kenntnis seiner Zahlungsunfähigkeit einem Gläubiger eine Sicherheit oder Befriedigung gewährt, die dieser nicht oder nicht in der Art oder nicht zu der Zeit zu beanspruchen hat, und ihn dadurch absichtlich oder wissentlich vor den übrigen Gläubigern begünstigt, wird mit Freiheitsstrafe bis zu zwei Jahren oder mit Geldstrafe bestraft.

(2) Der Versuch ist strafbar.

(3) § 283 Abs. 6 gilt entsprechend.

Schrifttum siehe vor und zu § 283, insbes. *Vormbaum* Probleme der Gläubigerbegünstigung, GA **1981** 103; ferner *Gernhuber* Die Erfüllung und ihre Surrogate, 2. Aufl. (1994); *Sowada* Die „notwendige Teilnahme" als funktionales Privilegierungsmodell im Strafrecht (1992); *Sowada* Der begünstigte Gläubiger als strafbarer „notwendiger" Teilnehmer im Rahmen des § 283 c StGB? GA **1995** 60.

Entstehungsgeschichte siehe Rdn. 40 ff vor § 283.

Übersicht

I. Aufbau und Einordnung des Tatbestandes. Der historisch seit langem bekannte[1] 1
Sondertatbestand der Gläubigerbegünstigung wurde durch das 1. WiKG neu gefaßt. Im Vergleich zu § 241 KO a. F. erscheint die Neufassung wenig klar, auch wenn

[1] Vgl. *Vormbaum* GA **1981** 103 ff; oben Rdn. 37 vor § 283.

§ 283 c wörtlich mit § 274 E 1962 übereinstimmt. Zwar macht der Gesetzeswortlaut hinreichend deutlich, daß der Erfolg der Gläubigerbegünstigung objektiv eingetreten sein muß, damit die Straftat vollendet ist. Bloße Absicht der Gläubigerbegünstigung reicht somit nicht aus (führt aber bei Beginn der Tatausführung zu einem — nach Abs. 2 strafbaren — Versuch). Jedoch gibt der Gesetzeswortlaut im übrigen den Aufbau und Inhalt des objektiven Tatbestandes nur verkürzt wieder: Erforderlich ist zunächst, daß **Zahlungsunfähigkeit** des Schuldners auch objektiv vorliegt[2], denn nur eine wirklich eingetretene Zahlungsunfähigkeit kann der Schuldner „kennen" (bei irriger Annahme der Zahlungsunfähigkeit kommt untauglicher Versuch oder ein Wahndelikt in Betracht, vgl. unten Rdn. 35). Die nur drohende Zahlungsunfähigkeit oder eine drohende oder eingetretene Überschuldung reicht nicht aus. Sodann muß durch die Gewährung der Befriedigung oder Sicherung einem Gläubiger ein „inkongruenter" Vorteil zugewandt worden sein, auf den dieser Gläubiger keinen (fälligen) Anspruch hat. Dadurch muß, wie der Tatbestand sagt, der Erfolg der „Begünstigung" dieses Gläubigers „vor den übrigen Gläubigern" eintreten. Eine solche tatbestandsmäßige Bevorzugung eines Gläubigers liegt nur dann vor, wenn die ihm gewährte Besserstellung zum Nachteil der übrigen Gläubiger erfolgt. § 283 c setzt damit objektiv einen **Nachteil der anderen Gläubiger**, nämlich eine Schädigung der potentiellen Konkursmasse voraus[3], wie es für § 29 KO anerkannt ist[4] und in § 158 österreich. StGB ausdrücklich hervorgehoben wird (näher dazu unten Rdn. 27 ff). Ebenso wie bei § 283 Abs. 1 Nr. 1 und entsprechend der Auslegung des § 29 KO schließt also der Erhalt einer vollwertigen Gegenleistung grundsätzlich den Tatbestand aus[5] (näher unten Rdn. 28). Überhaupt ist für die Auslegung des § 283 c durchgehend zu berücksichtigen, daß dieser eine **Privilegierung** des Schuldners im Verhältnis zu § 283 Abs. 1 Nr. 1 darstellt[6], da der Schuldner hier zwar Vermögensbestandteile beiseite schafft, diese aber zur Befriedigung (oder Sicherstellung) eines Gläubigers verwendet. Der Schuldner handelt damit zwar gegen das Befriedigungsinteresse aller übrigen Gläubiger. Er vereitelt aber nicht den Zugriff auf sein Vermögen, sondern gefährdet nur die Befriedigung der übrigen Gläubiger, verletzt also das Verteilungsprinzip der *par condicio creditorum*. Allerdings verdient gegenüber BGHSt **34** 221, 225 und **35** 357, 359 Hervorhebung, daß es nicht nur um den Verstoß gegen dieses Prinzip geht, da der aus dem Schuldnervermögen ausscheidende Gegenstand nicht (so) oder nicht zu diesem Zeitpunkt geschuldet wurde, das Erlöschen der Forderung des begünstigten Gläubigers also keinen vollwertigen Ausgleich darstellt. **Geschütztes Rechtsgut** ist daher wie bei § 283 das Vermögensinteresse der Gläubiger an Befriedigung ihrer Ansprüche (und das Interesse am Funktionieren der Kreditwirtschaft); jedoch tritt das Verteilungsprinzip der gleichmäßigen Gläubigerbefriedigung in den Vordergrund[7]. Ist der Empfänger der Leistung dagegen kein Gläubiger des Schuld-

[2] *Bieneck* in: Müller-Gugenberger § 66 A; *Blei* II § 70 II 2; *Dreher/Tröndle* Rdn. 3; *Samson* SK Rdn. 2; *Sch/Schröder/Stree* Rdn. 14; *Tiedemann* ZIP **1983** 517, 518; *Vormbaum* aaO S. 105. — Für eine *Ausweitung* de lege ferenda wenig überzeugend *Gallandi* wistra **1992** 13.

[3] *Dreiss/Eitel-Dreiss* S. 184; *Maurach/Schroeder/Maiwald* 1 § 48 III C; *Sch/Schröder/Stree* Rdn. 13; *Tiedemann* aaO S. 519.

[4] Vgl. nur *Baumann* Konkurs § 11 III 2b; *Kilger/K. Schmidt* § 29 Anm. 16.

[5] BGH NJW **1955** 709; *Kilger/K. Schmidt* § 29 Anm. 17 mit Nachw.; *Dreiss/Eitel-Dreiss* S. 183.

[6] BGHSt **8** 55, 56 mit Nachw. (zu §§ 239, 241 KO a. F.); amtl. Begr. BTDrucks. 7/3441 S. 39; *Arzt/Weber* IV Rdn. 342; *Bieneck* aaO; *Dreher/Tröndle* Rdn. 2; *Lackner/Kühl* Rdn. 1; *Maurach/Schroeder/Maiwald* aaO; *Otto* BT § 61 VI 4a; *Samson* SK Rdn. 1; *Sch/Schröder/Stree* Rdn. 1; *Sowada* S. 169; *Wessels* BT 2 § 12 III 5.

[7] Vgl. BGHSt **34** 222, 225; **35** 357, 358; *Arzt/Weber* aaO; *Bieneck* aaO; *Gropp* S. 229; *Maurach/Schroeder/Maiwald* aaO; *Sch/Schröder/Stree* aaO; *Sowada* aaO; *Vormbaum* GA **1981** 106, 124; *Wessels* aaO; *Weyand* S. 104. — Die Verschiebung der Rechtsgutsbetrachtung ändert

ners, so bleibt es bei der Strafbarkeit des Leistenden aus § 283 Abs. 1 Nr. 1 (vgl. nur RGSt **40** 171, 178). Ist der Empfänger aber Gläubiger des Schuldners und hat er gegen diesen einen fälligen Anspruch auf die erbrachte Leistung, so ist die kongruente Leistungserbringung straflos, auch wenn dadurch das Prinzip der gleichmäßigen Gläubigerbefriedigung ebenfalls verletzt und den Anforderungen einer ordnungsgemäßen Wirtschaft — geringfügig — zuwidergehandelt wird (vgl. BGHSt **8** 55, 56 f und bereits § 283 Rdn. 29; näher unten Rdn. 39). § 283 c stellt also (nur) die inkongruente Sicherung und Befriedigung eines Gläubigers durch den Schuldner unter Strafe. Die Begrenzung der Strafbarkeit auf die Vornahme der Handlung im Zeitpunkt eingetretener Zahlungsunfähigkeit schränkt den Tatbestand weiter ein (vgl. Rdn. 5).

Anders als § 283 Abs. 1 Nr. 1 (vgl. dort Rdn. 3 ff) ist § 283 c damit als **Erfolgsdelikt** 2
ausgestaltet[8]: Die Benachteiligung (Gefährdung) der übrigen Gläubiger ist Erfordernis des objektiven Tatbestandes. Wenn die Literatur im Anschluß an die amtl. Begründung den Erfolg teilweise nur in dem Eintritt der Begünstigung des bevorzugten Gläubigers sieht[9], so entspricht dies zwar dem Wortlaut des Gesetzes und ist letztlich unschädlich, da eine Begünstigung nur vorliegt, wenn die anderen Gläubiger benachteiligt werden (vgl. nur BGHSt **8** 58; RGSt **40** 105, 108; näher unter Rdn. 27). Es erscheint jedoch richtiger, den auf das geschützte Rechtsgut bezogenen Erfolg der Gläubigerbenachteiligung selbst als maßgebend anzusehen (vgl. bereits § 283 Rdn. 87; zu den Konsequenzen unten Rdn. 28 und 29).

II. Täter (Schuldner) und Begünstigter (Gläubiger)

1. Tauglicher Täterkreis. § 283 c ist in doppelter Hinsicht **Sonderdelikt**. Der Tatbe- 3
stand kann — ebenso wie die Tatbestände der §§ 283, 283 b — grundsätzlich nur von einem **Schuldner** verwirklicht werden[10]. § 241 KO a. F. brachte dies zutreffend zum Ausdruck. Für § 283 c ergibt sich dieses (und ein weiteres) Erfordernis daraus, daß auch **Zahlungsunfähigkeit** des Täters vorliegen muß (vgl. bereits oben Rdn. 1). Abs. 3 (i.V.m. § 283 Abs. 6) verlangt ferner, daß der Täter vor oder nach der Begünstigungshandlung seine Zahlungen einstellt, gegen ihn ein Konkursverfahren eröffnet oder der Eröffnungsantrag mangels Masse abgewiesen wird; dies setzt voraus, daß der Täter (Geld-)Schulden hat. Täter kann also zusammengefaßt nur ein Schuldner sein, der zahlungsunfähig ist.

Zum Begriff des Schuldners vgl. Rdn. 60 vor § 283 sowie § 283 b Rdn. 6. Andere 4
Personen als der zahlungsunfähige Schuldner können sich als Täter nach § 283 c nur strafbar machen, wenn sie für ihn als Organ, Vertreter oder Beauftragter nach § 14 handeln (ausführlich dazu Rdn. 61 ff vor § 283). Andernfalls kommen sie nur als Teilnehmer (Anstifter, Gehilfen) in Betracht, sofern eine rechtswidrige und vorsätzliche Haupttat des Schuldners oder eines für ihn nach § 14 Tätigen vorliegt.

Die Begünstigung eines Gläubiger durch einen (noch) nicht zahlungsunfähigen 5
Schuldner schließlich vermag den Tatbestand des § 283 c nicht zu erfüllen. Eine solche Begünstigungshandlung ist aber auch nicht nach § 283 strafbar, da hier nicht die Gesamtgläubigerschaft einschließlich des begünstigten Gläubigers (!) beeinträchtigt

übrigens nichts an der Disponibilität der geschützten Interessen, so daß **Einwilligung** auch hier möglich bleibt (vgl. auch Rdn. 57 vor § 283 sowie unten Rdn. 5).

[8] Amtl. Begr. BTDrucks. 7/3441 S. 38 f; *Preisendanz/Bieneck* Anm. 1; *Samson* SK Rdn. 1; *Vormbaum* aaO S. 119; auch *Sch/Schröder/Stree* Rdn. 13.

[9] So *Blei* II § 70 II 2; *Dreher/Tröndle* Rdn. 1; *Lackner/Kühl* Rdn. 6; *Sch/Schröder/Stree* Rdn. 2 (aber auch Rdn. 13); vgl. amtl. Begr. aaO S. 38 und *Wilts* Prot. 7/2832.

[10] *Dreher/Tröndle* Rdn. 3; *Lackner/Kühl* Rdn. 2; *Preisendanz/Bieneck* Anm. 2; *Tiedemann* NJW **1977** 779; *Vormbaum* aaO S. 105; *Weyand* S. 105.

wird (amtl. Begr. BTDrucks. 7/3441 S. 39; *Sch/Schröder/Stree* Rdn. 14). Die Privilegierung des § 283 c entfaltet auch insoweit **Sperrwirkung** gegenüber § 283 (näher unten Rdn. 39).

6 **2. Begünstigter Gläubiger.** Gläubiger im Sinne des Konkursrechts und des § 283 c ist, wer vom Schuldner eine vermögensrechtliche Leistung fordern kann, also gegen ihn einen begründeten **Vermögensanspruch** hat (vgl. §§ 241 BGB, 3 KO; *Hendel* NJW **1977** 1946; *B. Kruse* S. 32). Die Beschränkung auf vermögensrechtliche Ansprüche folgt daraus, daß die Ansprüche auf Befriedigung aus dem (geldwerten) Vermögen des Schuldners gerichtet sein müssen. Gleichgültig ist dagegen, ob die Forderungen privatrechtlich oder öffentlich-rechtlich (Steuerforderungen, Forderungen der Sozialversicherer!) sind. Ebenso ist es für § 283 c unerheblich, ob es sich um einen normalen Konkursgläubiger, um einen Massegläubiger i. S. d. §§ 57 ff KO oder um einen absonderungsberechtigten Gläubiger (§§ 4, 47 KO) handelt[11]. Nicht als Gläubiger i. S. d. § 283 c anzusehen ist dagegen der Aussonderungsberechtigte (vgl. § 43 KO) (**aA** *Preisendanz/Bieneck* Anm. 3 a), da der Aussonderungsanspruch einen Gegenstand betrifft, der nicht zum Vermögen des Schuldners und damit nicht zur (potentiellen) Konkursmasse gehört (*Weyand* S. 105). Die Frage der Erfassung dieser Gläubiger durch das Konkursstrafrecht hat vor allem Bedeutung für die Bildung von **Sicherungspools**, die von Eigentumsvorbehalts-Gläubigern u. a. zwecks Behebung von Beweisschwierigkeiten gebildet werden (*Beuck* S. 22 ff, 157 ff; *Tiedemann* ZIP **1983** 517). Für diese Fallkonstellation ergibt sich die Gläubigerstellung i. S. d. § 283 c aber daraus, daß der Schuldner noch die Erfüllung der Kaufpreisforderung für die gelieferten Waren schuldet. — RGSt **40** 105, 107 weist im übrigen zutreffend darauf hin, daß für den Gläubigerbegriff bei dem Tatbestand der Gläubigerbegünstigung wesentlich ist, ob hinsichtlich der in Frage stehenden Person auch die übrigen Tatbestandsmerkmale der Strafvorschrift verwirklicht werden können.

7 Im einzelnen braucht der Anspruch des Gläubigers noch nicht fällig zu sein; er muß nur „begründet" sein (vgl. § 3 KO). Es reicht daher aus, daß bei Eintritt der Zahlungsunfähigkeit jedenfalls schon die Grundlagen des Schuldverhältnisses bestehen, aus dem sich der Anspruch ergibt (vgl. RGSt **15** 90, 95; *Kilger/K. Schmidt* § 3 Anm. 4 mit weit. Nachw.). Erbringt daher der Gläubiger (Kreditinstitut, Rechtsanwalt, Steuerberater) sowohl vor als auch nach Eintritt der Zahlungsunfähigkeit des Schuldners diesem gegenüber Leistungen, so ist er auch hinsichtlich der neu entstehenden (Rückzahlungs- bzw. Honorar-)Forderungen als Gläubiger i. S. d. § 283 c anzusehen (*Tiedemann* aaO S. 516). Auch genügt es für die Anwendung des § 283 c, daß der im Zeitpunkt des Eintritts der Zahlungsunfähigkeit dem Grunde nach bereits vorhandene Anspruch betagt (vgl. § 65 KO) oder bedingt (vgl. §§ 66, 67 KO) ist (RGSt **15** 95; *Lackner/Kühl* Rdn. 2). Wegen seines bedingten Rückgriffsrechts ist daher auch der Bürge als Gläubiger im Sinne des § 283 c anzusehen[12].

8 Einigkeit herrscht darüber, daß die Gläubigerstellung in dem bisher beschriebenen Sinne nach Wortlaut und Zweck des § 283 c spätestens im **Zeitpunkt** der Begünstigungshandlung vorliegen muß und nicht erst gleichzeitig mit dieser Handlung entstehen darf[13]. Nimmt der Schuldner daher nach Eintritt der Zahlungsunfähigkeit **Sa-**

---

[11] BGH 1 StR 539/80 v. 10. 3. 1981 bei *Dreher/Tröndle* Rdn. 4; RGSt **16** 403 ff; **40** 105, 111; *Bieneck* in: Müller-Gugenberger § 66 B; *Lackner/Kühl* Rdn. 2; *Sch/Schröder/Stree* Rdn. 12; *Vormbaum* aaO S. 106 Fn. 21; *Weyand* S. 105.

[12] RGSt **15** 95 f; *Bieneck* aaO; *Dreher/Tröndle* Rdn. 4; *Lackner/Kühl* aaO; *Sch/Schröder/Stree* Rdn. 12; aus dem konkursrechtlichen Schrifttum vgl. nur *Kilger/K. Schmidt* § 3 Anm. 4 h mit weit. Nachw.

[13] RGSt **35** 127 f; *Lackner/Kühl* aaO; *Sch/Schröder/Stree* Rdn. 12; *Vormbaum* aaO S. 105 ff.

nierungskredit gegen sofortige Gewährung von Sicherheiten auf, so ist die Stellung der Sicherheiten nicht an dem Maßstab des § 283 c zu messen; vielmehr ist § 283 einschlägig. Anders ist die Rechtslage, wenn ein bereits vor Eintritt der Zahlungsunfähigkeit faktisch gewährter Kredit nach Eintritt der Zahlungsunfähigkeit lediglich durch Abschluß eines förmlichen Darlehensvertrages legalisiert wird; in diesem Fall liegt die Situation des § 283 c vor (*Tiedemann* aaO S. 516; zust. *Bieneck* in: Müller-Gugenberger § 66 B II).

Umstritten ist dagegen, ob die Gläubigerstellung auch bereits bei Eintritt der Zahlungsunfähigkeit bestanden haben muß. Die bejahende Ansicht (*Vormbaum* GA **1981** 106 f; zust. *Lackner/Kühl* Rdn. 2) beruft sich auf die Gefahr von Manipulationen in dem kritischen Zeitraum nach Eintritt der Zahlungsunfähigkeit und möchte jede Leistung des Schuldners an einen Gläubiger, der diese Stellung erst nach Eintritt der Insolvenz des Schuldners erlangt hat, dem strengen Maßstab des § 283 unterwerfen. Den Vorzug verdient die von BGHSt **35** 357, 361 vertretene Gegenansicht (zust. auch *Dreher/Tröndle* Rdn. 4; *Sch/Schröder/Stree* Rdn. 12). Sie entspricht dem Wortlaut des § 283 c und orientiert sich an der von § 283 c als Normalfall angesehenen Konstellation, daß der Schuldner sich nach Eintritt der Zahlungsunfähigkeit nur mit einzelnen Gläubigern verständigt. Unter diesem Gesichtspunkt bleibt es daher für den Bereich des Sanierungskredits möglich, noch nach Eintritt der Zahlungsunfähigkeit mit einem neuen Kreditgeber Kreditbedingungen zu vereinbaren, die — unter Beachtung der Grenze des § 302 a — der wirtschaftlichen Lage des Schuldners entsprechen. Ähnlich hebt BGHSt **35** 361 darauf ab, daß der in wirtschaftlichen Schwierigkeiten befindliche Schuldner einen Anspruch darauf hat, einen Rechtsanwalt seines Vertrauens hinzuzuziehen, ohne daß sich bei dieser Fallkonstellation „Manipulationsmöglichkeiten von Gewicht" ergäben. Zu Recht führen *Sch/Schröder/Stree* (Rdn. 12) das Kriterium ein, ob das Gläubigerverhältnis entgegen einer ordnungsgemäßen Wirtschaftsführung begründet worden ist. Die anschließende Stellung von Sicherheiten ist dann nicht inkongruent, da und soweit sie in dem Kredit- oder Anwaltsvertrag vorgesehen ist. Als kongruente Deckung unterfällt diese Leistung auch nicht dem § 283 Abs. 1 Nr. 1 (vgl. bereits oben Rdn. 1). 9

Nach h. M. kann schließlich der **Schuldner** selbst nicht Gläubiger sein, auch wenn er (z. B. als Erbe im Nachlaßkonkurs) eine Forderung gegen die Konkursmasse hat: Die Selbstbegünstigung des Schuldners, der sich für seine Forderung Befriedigung oder Sicherung aus der Konkursmasse zum Nachteil der übrigen Gläubiger verschafft, fällt nicht unter § 283 c, sondern wird durch § 283 (Abs. 1 Nr. 1) erfaßt[14]. Dies folgt daraus, daß der Schuldner, der zugleich Gläubiger ist, nicht ein Gläubiger wie jeder andere, sondern konkursstrafrechtlich — vor allem gegenüber anderen Gläubigern — sonderpflichtig ist. Hierauf stellt BGHSt **34** 222, 226 zutreffend ab. — Ebenso ist es zutreffend, wenn die h. M. aus dem Gläubigerbegriff die **Gesellschafter** im Konkurs ihrer Handelsgesellschaft ausschließt, soweit es um ihren Kapital- bzw. Geschäftsanteil geht[15]. Zwar werden die Mitgliedsanteile von Gesellschaftern in der Buchführung und Bilanzierung als Guthaben dargestellt (Rdn. 152 vor § 283). Da sich aus diesen aber gerade die Haftungsmasse zusammensetzt, können die Mitgliedsanteile im Konkurs der Gesellschaft keine Forderung der Gesellschafter begründen. Gesellschafter einer OHG, KG, GmbH oder AG sind daher im Konkurs ih- 10

[14] RGSt **68** 368, 370; *Dreher/Tröndle* Rdn. 4; *Preisendanz/Bieneck* Anm. 3 a; *Sch/Schröder/Stree* Rdn. 12; *Winkelbauer* JR **1988** 35 f; **aA** *Renkl* JuS **1973** 613.

[15] *Dreher/Tröndle* Rdn. 4; *Hendel* NJW **1977** 1946; *Winkelbauer* aaO S. 36.

rer Gesellschaft keine Gläubiger im Hinblick auf ihre Kapitalanteile, Aktieneinlagen bzw. Geschäftsanteile (vgl. nur *Hendel* NJW **1977** 1946). Dasselbe gilt für die von den Gesellschaftern gewährten eigenkapitalersetzenden Darlehen, deren Rückzahlung zur Anwendung des § 283 führt (vgl. bereits § 283 Rdn. 34): Diese Darlehen sind nach §§ 32 a KO, 172 a HGB, 32 a GmbHG als Einlage zu behandeln, wenn sie der Gesellschaft in einem Zeitpunkt gewährt (oder nicht zurückgefordert) worden sind, „in dem ihr die Gesellschafter als ordentliche Kaufleute Eigenkapital zugeführt hätten". Allerdings dringt insoweit im Strafrecht die gegenteilige, streng am Zivilrecht orientierte Gegenauffassung vor (es sei denn, daß das Stammkapital der GmbH angegriffen wird oder Inkongruenz vorliegt)[16].

11 Zweifelhaft und umstritten ist dagegen, ob § 283 c auch in den Fällen ausscheidet, in denen Gläubiger ein **Organ oder Vertreter** i. S. d. § 14 ist, zivilrechtlich also klassischerweise Gläubiger- und Schuldnerstellung auseinanderfallen. Praktisch geht es vor allem um den (Gesellschafter-)*Geschäftsführer* einer GmbH oder KG, der sich zur Sicherheit für seine Gehaltsforderungen an die Gesellschaft Vermögensgegenstände derselben übereignet (BGH NJW **1969** 1494 f) oder sich ein Darlehen aus dem Vermögen der Gesellschaft zurückzahlt (vgl. neben *Hendel* aaO *Schulte* NJW **1983** 1773; § 283 Rdn. 34). Hat das Darlehen allerdings eigenkapitalersetzenden Charakter, so scheidet die Anwendung von § 283 c nach den Darlegungen oben Rdn. 10 von vornherein aus. In den verbleibenden Fällen kommt nach der BGH-Rechtsprechung im Prinzip nur § 266 in Betracht, da und soweit die Handlungen des Geschäftsführers regelmäßig nicht im Interesse der Gesellschaft vorgenommen werden (vgl. Rdn. 79 vor § 283). Allerdings eröffnet BGHSt **34** 222, 223 f dadurch einen Anwendungsbereich für § 283 bzw. § 283 c, daß angenommen wird, der Geschäftsführer einer KG, der im Einverständnis mit dem Komplementär (Gemeinschuldner) handelt, werde gleichsam in dessen Auftrag und daher im Interesse der KG tätig (vgl. erneut Rdn. 79 vor § 283). Darüber hinaus hat OLG Stuttgart 1 WS 46/84 vom 21. 2. 1984 angenommen, die inkongruente Deckung von Gehaltsforderungen durch GmbH-Geschäftsführer stelle eine Gläubigerbegünstigung dar. Diese Ansicht geht wohl darauf zurück, daß es bei dem nach der Rechtsprechung an sich einschlägigen § 266 regelmäßig an einem Schaden fehlt, wenn der Geschäftsführer seine fälligen Ansprüche sichert oder begleicht (*Richter* GmbHR **1984** 146). Auch in dem verbleibenden Anwendungsbereich des Bankrottstrafrechts wendet aber die BGH-Rechtsprechung nicht § 283 c, sondern § 283 an, da Organe und Vertreter strafrechtlich wie der Schuldner, der nicht gleichzeitig Gläubiger sein kann, zu behandeln seien (zust. *Samson* SK Rdn. 7; **aA** *Otto* BT § 61 VI 4 a). Die Nichtanwendung von § 283 c wird einerseits mit der besonderen Gefährlichkeit des Täterverhaltens und der zivilrechtlichen Verfügungsbeschränkung (RGSt **68** 368, 370), andererseits damit begründet, daß bei derartigem Handeln zum eigenen Vorteil die von § 283 c vorausgesetzte Schuldminderung nicht vorliege (BGH NJW **1969** 1495) bzw. eigennütziges Handeln nicht nach § 283 c privilegiert werden solle (BGHSt **34** 222, 226). Es geht somit um die Frage einer teleologischen Einschränkung des Gläubigerbegriffes (zust. BGH aaO), der jedenfalls im Ausgangspunkt zivil- und konkursrechtlich geprägt ist (oben Rdn. 6), konkursstrafrechtlich aber seine Inhaltsbestimmung durch die Sonderpflichtigkeit des Schuldners erfährt und damit zu einer strikten Trennung zwischen Konkursstraftäter und Konkursgläubiger führt. *Renkl* (JuS **1973** 613) und *Weber* (StV **1988** 18) sehen hier eine Verletzung des Art. 103 Abs. 2 GG durch die Rechtsprechung. Ein solcher Verfas-

---

[16] *Bieneck* in: Müller-Gugenberger § 66 B; *B. Kruse* S. 35 ff.

sungsverstoß könnte in der einschränkenden Auslegung des § 283 c aber nur dann erblickt werden, wenn damit der Begriff des Gläubigers in seinem Kerngehalt tangiert würde (*Tiedemann* NJW **1980** 1558 f mit Nachw.). Davon kann keine Rede sein. Es handelt sich daher nur um eine Frage der Auslegung des einfachen Rechts. Dabei sind entgegen *Weber* (aaO) und *Winkelbauer* (JR **1988** 35) auch kriminalpolitische Überlegungen und prozessuale (Beweis-)Argumente, wie sie BGHSt **34** 225 f verwendet, nicht von vornherein illegitim. Ferner kann entgegen *Weber* (aaO) nicht ausnahmslos davon gesprochen werden, daß §§ 283 ff schlechthin „die zivil- und konkursrechtliche Begrifflichkeit rezipieren", auch wenn die Annahme einer solchen Rezeption jedenfalls bei ausdrücklicher Bezugnahme auf außerstrafrechtliche Vorschriften und Regelungen sinnvoll und geboten ist. Da in den hier in Frage stehenden Fällen die zivilrechtliche Gläubigerstellung des Täters nicht bezweifelbar ist, kann die Anwendung des § 283 c — mit der Rechtsprechung — letztlich nur verneint werden, wenn der Privilegierung dieses Straftatbestandes neben der oben Rdn. 1 genannten Unrechtsminderung auch der Gesichtspunkt gemilderter Schuld zugrunde liegt. Dies ist allerdings zu bejahen, da das Verbot inkongruenter Leistung an einen An-sich-Berechtigten weniger einsichtig ist als das Verbot unberechtigter Schmälerung der Konkursmasse. Die Privilegierung des § 283 c ist damit täterorientiert. Ganz in diesem Sinne dürfte auch der Hinweis auf BGHSt **34** 226 auf die „Eigennützigkeit des Konkursstraftäters" zu verstehen sein, die es verbiete, diesen nach § 283 c zu privilegieren. Die Rechtsprechung verdient daher im Ergebnis Zustimmung.

III. Tathandlungen (Abs. 1). Die Tathandlung der Gläubigerbegünstigung besteht **12**
in dem Gewähren einer Sicherheit oder einer Befriedigung an einen Gläubiger, der im Zeitpunkt der Tat keinen fälligen Anspruch auf diese Leistung hat, also eine „inkongruente Deckung" erhält (vgl. § 30 Nr. 2 KO, § 131 Abs. 1 InsO 1999). Diese Handlung muß im Zustand der **Zahlungsunfähigkeit** (dazu Rdn. 125 ff vor § 283) vorgenommen sein und zu einer Begünstigung des Gläubigers vor den übrigen Gläubigern führen, also einen **Nachteil** der übrigen Gläubiger entstehen lassen (vgl. oben Rdn. 1).

1. Leistungen des Schuldners („Deckung")

a) Der Täter verschafft dem Gläubiger eine inkongruente **Sicherheit**, wenn der **13**
Gläubiger eine Rechtsstellung erhält, die „ihm die Möglichkeit eröffnet, eher, besser, gewisser befriedigt zu werden, als er zu beanspruchen hat"[17]. Eine solche Verbesserung der Befriedigungsmöglichkeit kann zunächst — in Anlehnung an die in § 232 BGB genannten Mittel einer Sicherheitsleistung — durch rechtsgeschäftliche Akte erfolgen. Einschlägig ist z. B. die Einräumung eines Pfandrechts (einschließlich eines Grundpfandrechts, RGSt **30** 261, 262; BGH 1 StR 346/78 v. 21. 11. 1978 bei *Dreher/Tröndle* Rdn. 7), die Sicherungsübereignung (RG JW **1910** 679), Sicherungsabtretung (AG Siegen wistra **1985** 196) oder die Vereinbarung eines Zurückbehaltungsrechts[18]. Auf die zivilrechtliche Wirksamkeit kommt es nach h. M. nicht an, so daß auch bei einer nach § 138 BGB wegen Sittenwidrigkeit nichtigen Bestellung[19] oder bei einer

[17] RGSt **30** 261, 262; RG JW **1934** 1289 (f); *Bieneck* in: Müller-Gugenberger § 66 B I; *Dreher/Tröndle* Rdn. 7; *Krause* S. 277; *Samson* SK Rdn. 5; *Sch/Schröder/Stree* Rdn. 4; *Wessels* BT 2 § 12 III 5; *Weyand* S. 106.

[18] *Bieneck* aaO; *Dreher/Tröndle* aaO; *Lackner/Kühl* Rdn. 4; *Samson* SK aaO; *Sch/Schröder/Stree* aaO; *Weyand* S. 106.

[19] BGH bei Herlan GA **1958** 48; RG JW **1934** 1289 (f); *Dreher/Tröndle* aaO; *Lackner/Kühl* aaO; *Sch/Schröder/Stree* aaO; *Vormbaum* aaO S. 108.

nur unter Umständen wirksam werdenden Sicherung[20] sowie bei Fehlen der erforderlichen vormundschaftsgerichtlichen Genehmigung[21] eine Sicherheit i. S. d. § 283 c gewährt ist. Dagegen fehlt es hieran, wenn die zur Sicherheit übereigneten Sachen nicht hinreichend bestimmt sind und daher ein Einigungsmangel vorliegt[22]. Jedoch kommt im letzteren Falle Versuch (Abs. 2) in Betracht. — Die Ausweitung auf **rechtlich unwirksame Verfügungen** wird damit begründet, daß die gleichmäßige Befriedigung der Gläubiger durch derartige Verfügungen in gleicher Weise wie durch rechtswirksame Geschäfte gefährdet werden kann, zumal die rechtliche Wirksamkeit wegen der Anfechtbarkeit nach § 30 KO nicht entscheidend sei; auch treffe der Privilegierungsgedanke des § 283 c stets dann zu, wenn der Täter zugunsten eines Gläubigers verfügt hat (*Vormbaum* GA **1981** 109 ff).

14 § 283 c meint aber keineswegs nur Sicherheiten i. S. d. § 232 BGB, wie bereits die in Rdn. 13 genannten und über die Pfandrechte hinausgehenden Beispiele zeigen. Es ist daher mißverständlich, wenn Abs. 1 im Gegensatz zu § 241 KO a. F. und zu § 30 Nr. 2 KO (§ 131 Abs. 1 InsO 1999) nicht von „Sicherungen", sondern von „Sicherheiten" spricht, die dem Gläubiger gewährt werden. Eine sachliche Änderung war vom Gesetzgeber des 1. WiKG mit diesem Wechsel des Ausdrucks nicht bezweckt (vgl. BTDrucks. 7/3441 S. 38 f). Bereits außerstrafrechtlich ergibt sich aus § 37 KO, daß es bei der Gläubigerbegünstigung nicht nur um rechtsgeschäftliche Akte geht. §§ 29 ff KO sprechen vielmehr ebenso wie § 129 InsO 1999 von „Rechtshandlungen" und meinen damit alle Handlungen (und Unterlassungen), die zu einer masseschädigenden Rechtsfolge führen (*Baumann* Konkurs § 11 III 2 a α mit Nachw.). Auch wenn sich die Konkursanfechtung nach §§ 29 ff, 37 KO, 10 GesO bzw. § 129 InsO in ihren Voraussetzungen nicht voll mit den Tatbestandsmerkmalen des § 283 c deckt, besteht doch angesichts der engen begrifflichen Anlehnung des Straftatbestandes an den Anfechtungsgrund des § 30 Nr. 2 KO bzw. § 131 InsO und mit Rücksicht auf den gemeinsamen Zweck, im Interesse der nicht begünstigten Gläubiger gegen schädigende Handlungen i. w. S. vorzugehen, kein Anlaß, für den Straftatbestand etwa nur rechtsgeschäftliche Handlungen ausreichen zu lassen. Die Ansprüche der nicht begünstigten Gläubiger werden vielmehr durch die Tathandlung auch dann gefährdet, wenn Vermögenswerte durch **Realakte**, wie z. B. die Übertragung des Besitzes auf einen Gläubiger, beiseite geschafft werden. Die Tathandlung ist also letztlich dieselbe wie bei § 283 Abs. 1 Nr. 1 (vgl. dort Rdn. 25). Sie muß allerdings zu einer Sicherung oder Befriedigung des Gläubigers führen. Die bloße Verbesserung der **Beweislage**, z. B. durch Zusammenfassung des Vorbehalts- und Sicherungseigentums in einem Gläubigerpool (oben Rdn. 6), kann zwar ebenfalls eine Sicherung darstellen. Auch abgesehen von dem Problem der Inkongruenz dieser Begünstigung entfällt aber für dieses Beispiel die Tatbestandsmäßigkeit (sowohl nach § 283 c als auch nach § 283), wenn der Schuldner an der Verbesserung der Beweislage nicht mitwirkt oder soweit diese „Leistung" nicht aus seinem Vermögen gewährt wird (Rückgabe von Vorbehaltseigentum!). Unter dem letzten Gesichtspunkt scheidet auch die Veranlassung der Stellung der Bürgschaft eines Dritten aus[23]. Nach h. M. ist auch nicht schon die Verschaffung einer vollstreckbaren Urkunde oder eines anderen Vollstreckungstitels,

---

[20] BGH 1 StR 346/78 v. 21. 11. 1978 bei *Dreher/Tröndle* aaO.

[21] BGH bei Herlan GA **1959** 341; *Sch/Schröder/Stree* aaO.

[22] BGH bei Herlan GA **1958** 48; *Lackner/Kühl* aaO; *Sch/Schröder/Stree* aaO; *Vormbaum* aaO.

[23] *Bieneck* aaO; *Dreher/Tröndle* Rdn. 5; *Samson* SK Rdn. 5; *Sch/Schröder/Stree* Rdn. 4; *Weyand* S. 106.

sondern erst die aufgrund dieses Titels erfolgte Pfändung eine „Sicherheit" (oder Sicherung) des Gläubigers (RGSt **30** 46, 48; *Lackner/Kühl* Rdn. 4; *Sch/Schröder/Stree* Rdn. 4). Allerdings kommt insoweit ebenso wie bei der bloßen Bewilligung und Beantragung einer (Buch-)Hypothek (RGSt **65** 416f) oder bei der Eintragung einer Briefhypothek ohne Übergabe des Hypothekenbriefes (RGSt **34** 172, 174f; *Dreher/Tröndle* Rdn. 8; *Sch/Schröder/Stree* aaO) nach heutiger Rechtslage (und je nach Tätervorstellung) strafbarer Versuch nach Abs. 2 in Betracht (vgl. Rdn. 34).

Eine Sicherung stellt auch die Werterhöhung des Sicherungseigentums (von Ban- **15**
ken) dar, die durch Weiterarbeiten des schuldnerischen Betriebes mittels **Nettolohnfinanzierung** unter Vorgriff auf das Konkursausfallgeld der Arbeitnehmer (§ 283 Rdn. 165) erfolgt (zust. *Bieneck* in: Müller-Gugenberger § 66 B I, § 75 A I; *Müller/Wabnitz* S. 157). BAG AP § 30 KO Nr. 1 (m. Anm. *F. Weber*) neigt hier zur Bejahung der zivilrechtlichen Frage nach der Konkursanfechtung. Zwar weist *F. Weber* (aaO Bl. 1075) darauf hin, daß die Werterhöhung des Sicherungsgutes nicht die rechtliche Wirkung der Lohnzahlung ist, sondern die Lohnzahlung nur tatsächlich das Weiterarbeiten des Betriebes und damit die Veredelung des Sicherungsgutes ermöglicht (vgl. dazu auch *Uhlenbruck* KTS **1980** 84f). Jedoch kann eine Rechtshandlung des Schuldners immerhin darin zu sehen sein, daß er die Bank zur Zahlung des Kaufpreises für den Erwerb der (künftigen) Ansprüche der Arbeitnehmer auf Konkursausfallgeld veranlaßt *und* durch Zuwendung dieses Kaufpreises an die Arbeitnehmer seine Lohnzahlungspflicht erfüllt. Leistet die Bank als Dritte (§ 267 BGB) unmittelbar an die Arbeitnehmer, so erhalten diese als Gläubiger eine Befriedigung, auf die sie keinen Anspruch haben, die freilich auch nicht aus dem Vermögen des Schuldners erfolgt. Die Weiterbearbeitung des Sicherungsgutes dagegen wird zwar aus dem schuldnerischen Vermögen geleistet, stellt aber als solche keine Rechtshandlung dar. Ähnlich wie bei der Schadensfrage (unten Rdn. 28) kommt es daher für das zivilrechtliche Erfordernis einer Rechtshandlung darauf an, ob mit dem BAG „eine Art Gesamtbetrachtung" (*F. Weber* aaO Bl. 1076) zugelassen wird, wie sie hier zu § 283 Abs. 1 Nr. 8 vertreten wurde (vgl. § 283 Rdn. 162). Die Frage ist strafrechtlich auch für § 283 c zu bejahen (vgl. auch unten Rdn. 16 a. E.): Die Zuwendung einer Werterhöhung ist sogar unter zivilrechtlichen Anforderungen (einer Rechtshandlung) als Gewähren einer „Sicherheit" (Sicherung) anzusehen, wenn die Werterhöhung sich auf Gegenstände bezieht, die zuvor vom Schuldner an denselben Gläubiger zur Sicherheit übereignet wurden, also die durch einen Rechtsakt bestellte Sicherheit wertmäßig „aufgefüllt" wird. Erst recht und jedenfalls muß dies gelten, wenn strafrechtlich auf das Erfordernis einer Rechtshandlung verzichtet wird. Dieses Ergebnis wird auch nicht dadurch ausgeschlossen, daß es bei Vornahme der Handlung in der Situation des § 283 c bei isolierter Betrachtung nicht auf den wirtschaftlichen Wert der Sicherheit im Zeitpunkt der Tathandlung ankommt, um die Strafbarkeit zu begründen. Auch die Bestellung einer Hypothek an einem bereits überbelasteten Grundstück ist tatbestandsmäßig (RGSt **30** 261, 262; *Sch/Schröder/Stree* aaO). Allerdings kann es hier ebenso wie bei der sog. Nettolohnfinanzierung an dem Eintritt einer Schädigung der übrigen Gläubiger und damit an der Vollendung der Tat fehlen (vgl. dazu unten Rdn. 26, 28).

b) Die **Befriedigung** des Gläubigers erfolgt durch Erfüllung, insbesondere durch **16**
Bewirken der geschuldeten Leistung an den Gläubiger (§ 362 Abs. 1 BGB), aber auch durch Bewirken einer anderen als der geschuldeten Leistung durch den Schuldner und Annahme dieser Leistung an Erfüllungs Statt durch den Gläubiger (§ 364 BGB). In Anlehnung an die zivilistische Erfüllungslehre sieht die Strafrechtsprechung in

der Eingehung einer Wechsel- oder Scheckverpflichtung und nachfolgenden Übergabe eines eigenen Wechsels oder Schecks an den Gläubiger keine Erfüllung, sondern die Übernahme einer neuen Verbindlichkeit durch den Schuldner und damit nur eine Leistung „erfüllungshalber" nach § 364 Abs. 2 BGB; diese Leistung belastet das Schuldnervermögen nur mit einer Forderung und soll erst in Zukunft zur Befriedigung des Gläubigers führen (wobei diese Befriedigung nicht inkongruent ist)[24]. Demgegenüber stellt die Hingabe eines Kundenwechsels oder eines Kundenschecks die Übertragung einer Forderung des Schuldners auf den Gläubiger und damit eine zusätzliche Leistung dar, die zwar noch keine Befriedigung des Gläubigers ist (so aber *Sch/Schröder/Stree* Rdn. 5), wohl aber eine Sicherheit des Gläubigers darstellt (auf die er keinen Anspruch hat)[25]; die Befriedigung des Gläubigers, also der Eintritt der Erfüllungswirkung, erfolgt hier mit der vorbehaltlosen Gutschrift. Eine Befriedigung liegt auch in der Überweisung auf Girokonto als Leistung an Erfüllungs Statt jedenfalls dann, wenn der Gläubiger durch die Kontoangabe im voraus eingewilligt hat[26] oder diese Leistung annimmt; hierin liegt auch die erforderliche Mitwirkung des Gläubigers (vgl. sogleich Rdn. 17). Schließlich ist aufgrund einer Gesamtbetrachtung eine Befriedigung auch in der Verschaffung einer Aufrechnungslage zugunsten des Gläubigers mit nachfolgender Aufrechnung durch diesen (§ 389 BGB) zu sehen[27]. RGSt **6** 149 ff nahm dies für den Fall an, daß der Schuldner dem Gläubiger seine Werkstatt verkaufte und der Kaufpreis teilweise durch Verrechnung auf eine fällige Wechsel- und eine fällige Darlehensforderung des Gläubigers geleistet wurde; ist wesentlicher Zweck des Kaufvertrages die Tilgung der Gläubigerforderung, so kann in einem solchen Vertrag auch die Vereinbarung einer Leistung an Erfüllungs Statt mit der Folge liegen, daß die Leistung des Schuldners nicht inkongruent ist (RG Rspr. **7** 399, 400). Jedoch hält BGH bei Herlan GA **1956** 348 Inkongruenz dann für gegeben, wenn es den Parteien nicht auf den Ankauf und Verkauf ankam, sondern nur auf die Befriedigung des einen Vertragsteils für seine alten Forderungen (zur zivilrechtlichen Einordnung *Gernhuber* S. 185 ff mit Nachw.). Vor allem wenn die Abrede gerade in Erwartung des Konkurses getroffen wurde, ist die anschließend erfolgte Leistung des Schuldners inkongruent, da die Vereinbarung nach §§ 134, 138 BGB nichtig ist[28] (vgl. auch unten Rdn. 23). Betont wird die „wirtschaftliche Betrachtungsweise des Gesamtzusammenhangs" in diesen Fällen von OLG Stuttgart (1 Ws 46/84 v. 21. 2. 1984 S. 4), welches unter Hinweis auf RGSt **6** 149 in dem Verkauf von Einrichtungen und Geräten an einen Gläubiger eine inkongruente Befriedigung sieht, wenn der Verkauf dem „Ausgleich der Forderungen ... mittels an Erfüllungs Statt hingegebener Sachwerte" dient (vgl. auch BGH LM § 241 KO Nr. 2). Dagegen fehlt es an einer Leistung (Zuwendung) des Schuldners gegenüber dem Gläubiger, wenn der Schuldner durch Rückzahlung eines Bankdarlehens das hierfür haftende Pfandrecht, welches der Gläubiger bestellt hatte, zum Erlöschen bringt; eine Leistung aus dem Schuldnervermögen erfolgt hier nur gegenüber der Bank[29].

---

24 RG GA **39** (1891) 230, 231 und LZ **1918** 770 f; *Dreher/Tröndle* Rdn. 8; *Lackner/Kühl* Rdn. 4; *Samson* SK Rdn. 4; *Sch/Schröder/Stree* Rdn. 5; *Wessels* BT 2 § 12 III 5; *Weyand* S. 108. Für die zivilrechtliche Lehre vgl. *Gernhuber* S. 174 mit Nachw.

25 BGHSt **16** 279 f; RG JW **1927** 1106 m. Anm. *Bendix*; *Bieneck* aaO § 66 B II; *Dreher/Tröndle* aaO; *Kruse* S. 24; *Samson* SK aaO; *Sch/Schröder/Stree* aaO; *Wessels* aaO; *Weyand* S. 107.

26 BGH NJW **1953** 897 f; weitergehend *Bieneck* aaO § 66 B I, II; *Maurach/Schroeder/Maiwald* 1 § 48 III C; *Samson* SK Rdn. 4; *Sch/Schröder/Stree* Rdn. 6; *Weyand* S. 108; vgl. auch *Gernhuber* S. 206 ff.

27 BGH bei Herlan GA **1961** 359; *Lackner/Kühl* aaO; *Sch/Schröder/Stree* Rdn. 5; *Weyand* aaO.

28 BGH bei *Dreher/Tröndle* Rdn. 9; RGSt **63** 78, 80; *Schaefer* LK[8] § 241 KO Anm. II 4.

29 RGSt **62** 277, 280; *Dreher/Tröndle* Rdn. 8; *B. Kruse* S. 27 f; *Sch/Schröder/Stree* Rdn. 5.

c) Die Tathandlung des **Gewährens** der Befriedigung oder Sicherheit setzt eine Leistung des Schuldners, nach h. M. aber auch eine **Mitwirkung des Gläubigers** voraus[30]. RGSt **62** 277, 280 definierte in diesem Sinne das Gewähren geradezu als „eine Rechtshandlung, durch die mittels Angebot und Annahme der Zwangsvollstreckung unterliegendes Vermögen des Schuldners von diesem — unmittelbar oder mittelbar — dem Vermögen des einzelnen Gläubigers zugeführt wird". Diese Definition ist insofern zu eng, als auch Realakte genügen können (vgl. oben Rdn. 14), und insgesamt der überholten Vertragstheorie der Erfüllung verhaftet, während die für § 283 c weitgehend maßgebende zivilistische Erfüllungslehre heute überwiegend die Theorie der realen Leistungsbewirkung vertritt (vgl. nur *Palandt/Heinrichs* § 362 Rdn. 5f mit Nachw.). Der Streit wird allerdings nur selten erheblich. So kann das Mitwirken des Gläubigers im Sinne einer Einverständniserklärung zeitlich vor der Erbringung der Leistung durch den Schuldner liegen (z. B. bei Angabe eines Girokontos auf der Lieferantenrechnung, oben Rdn. 16). Im Regelfall wird die Mitwirkung des Gläubigers zeitlich mit der Handlung des Schuldners zusammenfallen (z. B. bei Übereignung von Kundenwechseln oder Kundenschecks, oben Rdn. 16). Die Mitwirkung des Gläubigers kann aber auch der Handlung des Schuldners nachfolgen (z. B. bei Annahme einer Leistung an Erfüllungs Statt, oben Rdn. 16). Umstritten sind dagegen Fälle fehlender Mitwirkung des Gläubigers. In ihnen wird es meist schon an dem Erfordernis einer Leistung (auf die Schuld!) fehlen. Die Geldanlage des Schuldners zugunsten von Verwandten ohne deren Wissen, um das Geld den anderen Gläubigern zu entziehen, ist keine Begünstigung der Verwandten-Gläubiger, sondern Beiseiteschaffen i. S. d. § 283 Abs. 1 Nr. 1 (RGSt **29** 413, 414). Zwar gefährdet der Schuldner auch hier nicht die Gesamtheit der Gläubiger, sondern verstößt — unter Gefährdung der nicht begünstigten Gläubiger — nur gegen das Prinzip gleichmäßiger Verteilung. Jedoch trägt dieser Gesichtspunkt geringeren Unrechts allein jedenfalls nach Ansicht der Rechtsprechung nicht die Anwendung von § 283 c und den Ausschluß von § 283 Abs. 1 Nr. 1 (vgl. auch oben Rdn. 11). Vielmehr erfordert das Gewähren hier ebenso wie bei §§ 302 a, 331 ff das Mitwirken des Leistungsempfängers (RG aaO): Ohne jede Mitwirkung des Gläubigers erscheint die Schuldminderung des Täters zumindest zweifelhaft. Aber auch die für § 283 c weitgehend maßgebende zivilistische Erfüllungslehre fordert ein Mindestmaß an Mitwirkung des Gläubigers (vgl. nur *Gernhuber* S. 118 ff). 17

d) Inwieweit eine Tatbegehung durch **Unterlassen** des Schuldners möglich ist, kann trotz des Anscheins weitergehender Äußerungen in der Kommentarliteratur zu § 283 c nur ebenso wie bei § 283 (Abs. 1 Nr. 1 und Nr. 4) und anders als bei § 30 Nr. 2 KO beantwortet werden: Die Tatbestandsverwirklichung durch Unterlassen setzt eine *Garantenstellung* des Schuldners voraus. Auch unter Berücksichtigung der von § 283 c erforderten Zahlungsunfähigkeit (die auch bei § 283 Abs. 1 vorliegen kann!) hat der Schuldner nicht etwa allgemein eine (Garanten-)Pflicht, sein Vermögen im Interesse der Befriedigung aller Gläubiger zu erhalten (vgl. § 283 Rdn. 37). Es besteht daher auch Einigkeit darüber, daß die Passivität des Schuldners gegenüber einer „eigenmächtigen Verrechnung durch einen Gläubiger" keine Gläubigerbegünstigung darstellt[31]. 18

[30] BGH bei Herlan GA **1953** 75; RGSt **29** 413 f; *Dreher/Tröndle* Rdn. 6; *Lackner/Kühl* Rdn. 4; *Schaefer* aaO Anm. II 2; *Weyand* S. 107; **aA** *Samson* SK Rdn. 4; *Sch/Schröder/Stree* Rdn. 6.

[31] BGH bei Herlan GA **1958** 48; *Dreher/Tröndle* Rdn. 6; *Lackner/Kühl* aaO; *Sch/Schröder/Stree* Rdn. 7.

19 Weitergehend soll nach einer auf RGSt **48** 19 ff gestützten Literaturansicht an Stelle einer Erfolgsabwendungspflicht als Garantenstellung auch eine schlichte Handlungspflicht ausreichen, um das Unterlassen des Schuldners als tatbestandsmäßig erscheinen zu lassen. Insbesondere soll das Unterlassen oder die Verspätung der **Konkursantragstellung** bei einer entsprechenden rechtlichen Verpflichtung des Täters (z. B. aus § 64 GmbHG) den Tatbestand des § 283 c erfüllen, wenn die Untätigkeit des Schuldners es dem Gläubiger ermöglicht, noch Pfändungen vorzunehmen[32]. Außerdem soll neben dem „kollusiven Anerkenntnis eines Klageanspruchs" (*Dreher/Tröndle* Rdn. 6), also einem aktiven Tun, auch das „Hinnehmen eines Versäumnisurteils" den Tatbestand erfüllen[33], jedenfalls wenn „ein mindestens stillschweigendes Einverständnis beider Parteien vorhanden" ist (*Schaefer* LK[8] § 241 KO Anm. II 2). Abgesehen davon, daß die bloße Verschaffung einer Vollstreckungsmöglichkeit lediglich einen strafbaren Versuch darstellt (oben Rdn. 14), ist gegenüber dem letztgenannten Beispiel der Hinnahme eines Versäumnisurteils auf die bereits zu § 283 Abs. 1 Nr. 4 dargelegten Bedenken zu verweisen (vgl. § 283 Rdn. 88). Aber auch im übrigen haben die von der Literatur zitierten Entscheidungen stets ausschließlich auf ein aktives Tun des Schuldners abgestellt und insbesondere auf die Veranlassung des Gläubigers zur Zwangsvollstreckung hingewiesen (im Fall RGSt **17** 220 ff durch „Beredungen" mit dem Gläubiger; im Fall RGSt **28** 62 f durch die Aufforderung des Schuldners an seine Schwiegermutter, „sie solle ihr Geld retten"; im Fall RGSt **30** 46 ff durch Unterwerfung unter die Zwangsvollstreckung in einem vollstreckbaren Vergleich; im Fall RGSt **48** 18 ff durch Annahme des Vorschlags des Gläubigers, keinen Konkursantrag zu stellen, worin aaO S. 20 ausdrücklich „nicht ein bloßes passives Verhalten des Angeklagten" gesehen wird). Für den Fall verzögerter oder ganz unterlassener Konkursantragstellung ist zusätzlich darauf hinzuweisen, daß § 64 i.V.m. § 84 Abs. 1 Nr. 2 GmbHG ein echtes Unterlassungsdelikt darstellt, welches rechtlich nicht einmal in einer Beziehung zu dem Erfolg der rechtzeitigen Eröffnung des Konkurs- oder Vergleichsverfahren steht (BGHSt **14** 280, 281; *Tiedemann* GmbH-Strafrecht § 84 Rdn. 13). Um so weniger kann die einschlägige Handlungspflicht des Schuldners als Garantenpflicht zur Abwendung des Tatbestandserfolges bei § 283 c verstanden werden. Die Begünstigung des bevorzugten Gläubigers und die ihr entsprechende Benachteiligung der übrigen Gläubiger ist zwar faktische Folge der Konkursverschleppung (vgl. bereits Rdn. 7 vor § 283); der Schuldner ist jedoch hier wie auch sonst kein Garant für den Nichteintritt dieses bei § 283 c zum Tatbestand gehörenden Erfolges.

20 **e)** Die für § 283 c erforderliche **Inkongruenz** der Befriedigung oder Sicherheitsleistung des Gläubigers bestimmt sich nach bürgerlichem Recht[34]. Inkongruent ist daher die nicht der schuldrechtlichen Verpflichtung entsprechende, mit der Verpflichtung also nicht deckungsgleiche Leistung. Der Begriff stimmt mit der Umschreibung in § 30 Nr. 2 KO und § 131 Abs. 1 InsO 1999 überein: Inkongruent ist eine Leistung, die der Gläubiger „nicht zu beanspruchen hat" bzw. die er „nicht in der Art" oder „nicht zu der Zeit" zu beanspruchen hat. Für die zivilrechtliche Beurteilung sind

[32] *Dreher/Tröndle* Rdn. 8; *Lackner/Kühl* aaO; *Richter* GmbHR **1984** 147; *Sch/Schröder/Stree* Rdn. 7; *Weyand* S. 107.

[33] *Dreher/Tröndle* Rdn. 6 (unter fehlgehender Berufung auf RGSt **30** 46 ff; dazu schon oben Rdn. 14); *Klug* Konkurs-Strafrecht § 241 KO Rdn. 3; *Sch/Schröder/Stree* aaO. — Zur Relevanz derartigen prozessualen Unterlassens für die Konkursanfechtung *Baumann* Konkurs § 11 III 2 a α mit Nachw.

[34] BGHSt **8** 55, 56 und bei Herlan GA **1953** 75; RGSt **66** 88, 90; *Dreher/Tröndle* Rdn. 9; *Lackner/Kühl* Rdn. 5; *Sch/Schröder/Stree* Rdn. 8; *Sowada* S. 171; *Vormbaum* GA **1981** 111 f; *Wessels* BT 2 § 12 III 5 a; *Weyand* aaO.

auch die etwaigen Änderungen der Zivilrechtslage infolge der Konkurseröffnung zu beachten, z. B. die Umwandlung des Erfüllungsanspruches des Gläubigers in eine Schadensersatzforderung bei Ablehnung der Erfüllung eines zweiseitigen Vertrages durch den Konkursverwalter nach § 17 KO (RGSt **40** 105, 109; *Sch/Schröder/Stree* Rdn. 8). — Während sich relativ einfach bestimmen läßt, ob der Gläubiger die Leistung der Art und der Zeit nach zu beanspruchen hatte, kann es schwieriger sein festzustellen, ob er die Leistung „nicht zu beanspruchen" hatte:

Hat der Gläubiger überhaupt **keinen Anspruch** auf die vom Schuldner erbrachte Leistung, so ist er im Sinne des § 283 c nicht als Gläubiger anzusehen. In diesem Fall findet nicht § 283 c, sondern nur § 283 Anwendung (oben Rdn. 1). Dies gilt z. B. für die Fälle, in denen ein Vertrag nicht zustande gekommen oder als *Wucher- oder Scheingeschäft* nichtig ist (*Sch/Schröder/Stree* Rdn. 9). Auch soweit der Schuldner mehr leistet, als er schuldet, wendet die h. M. § 283 an (vgl. unten Rdn. 40). Für § 283 c verbleiben daher nur die Fälle, in denen ein Anspruch des Gläubigers zwar besteht, aber mit einer dauernden Einrede oder einem Gegenrecht des Schuldners behaftet ist, z. B. weil der Anspruch verjährt ist[35], das zugrundeliegende Rechtsgeschäft nach §§ 119 ff BGB anfechtbar ist[36], eine unvollkommene Verbindlichkeit (z. B. i. S. d. § 762 BGB) vorliegt[37] oder sonst die Möglichkeit einer Leistungsverweigerung oder einer Beseitigung der Rechtsgrundlage des Anspruchs besteht[38]. Dabei wird eine materielle Betrachtungsweise zugrunde gelegt, die sich insbesondere von der Ausübung etwaiger Gestaltungsrechte des Schuldners löst und die Rechtslage so beurteilt, als seien derartige Gegenrechte bereits geltend gemacht. Daß diese Sicht nicht frei von Bedenken ist, hebt *Samson* SK Rdn. 9 zutreffend hervor: Die Nichtanwendung von § 283 zugunsten der Anwendung von § 283 c weitet die Privilegierung des Schuldners erheblich aus. Da andererseits juristische Laien häufig nicht zwischen dem Vorliegen und der Geltendmachung von Einreden und Gestaltungsrechten usw. unterscheiden, entspricht diese Ausweitung des Anwendungsbereiches von § 283 c aber insgesamt, jedenfalls aus der subjektiven Sicht des Täters, dem Sinn der Privilegierung. Die Ausweitung stimmt auch mit der Tatsache überein, daß der Konkursverwalter im Regelfall — sofern etwaige Fristen noch nicht abgelaufen sind — den Anspruch des Gläubigers nicht erfüllen müßte. Auch wird die Ausweitung durchaus vom Wortlaut des § 283 c gedeckt, ja geradezu gefordert, da andernfalls — vor allem bei Berücksichtigung der beiden zusätzlich aufgezählten Alternativen einer Inkongruenz der Leistung und angesichts der Nichtanwendung von § 283 c bei Fehlen jeden Anspruchs — kaum ein Anwendungsbereich für die Tatbestandsalternative bliebe, daß der Gläubiger die Leistung „nicht zu beanspruchen hat". — Die konkursrechtliche Anfechtbarkeit nach §§ 30, 31 KO bzw. §§ 129, 131 InsO 1999 ist dagegen ganz außer Betracht zu lassen, da sonst dasselbe Merkmal in § 283 c und § 30 Nr. 2 KO bzw. § 131 InsO einen unterschiedlichen Inhalt erhielte[39]. 21

Nicht in der Art zu beanspruchen hat der Gläubiger eine vom Schuldner erbrachte Leistung, wenn diese gegenüber der geschuldeten **andersartig** ist[40]. Das Fehlen der 22

---

[35] *Bieneck* in: Müller-Gugenberger § 66 B II; *Dreher/Tröndle* Rdn. 8; *Lackner/Kühl* aaO; *Sch/Schröder/Stree* Rdn. 9; *Vormbaum* aaO S. 116; *Wessels* aaO; *Weyand* S. 108.

[36] *Bieneck* aaO; *Dreher/Tröndle* aaO; *Lackner/Kühl* aaO; *Sch/Schröder/Stree* aaO; *Vormbaum* aaO; *Wessels* aaO; *Weyand* aaO.

[37] *Bieneck* aaO; *Sch/Schröder/Stree* aaO; *Wessels* aaO.

[38] *Bieneck* aaO; *Dreher/Tröndle* aaO; *Vormbaum* aaO.

[39] BGHSt **8** 55, 56; RGSt **66** 80, 90; *Bieneck* aaO; *Sch/Schröder/Stree* Rdn. 8; *Vormbaum* aaO S. 116; *Wessels* aaO; *Weyand* S. 109.

[40] *Preisendanz/Bieneck* Anm. 3 f bb; *Wessels* BT 2 § 12 III 5 b.

Deckungsgleichheit von schuldrechtlicher Verpflichtung und dinglicher Erfüllung wird hier besonders deutlich. Eine andere als die geschuldete Leistung wird vor allem dann erbracht, wenn die Leistung an Erfüllungs Statt (§ 364 Abs. 1 BGB) oder erfüllungshalber (§ 364 Abs. 2 BGB) erfolgt[41]. Insoweit wurde als Beispiel bereits oben Rdn. 16 die Übereignung von Kundenschecks und Kundenwechseln genannt. Einschlägig ist ferner die oben Rdn. 16 erwähnte Hingabe von Waren für eine Geldschuld[42], die Rückgabe von Waren, ohne daß Eigentumsvorbehalt des Gläubigers besteht (*Baumann* Konkurs § 11 II 3 c γ Fußn. 118), sowie die Werterhöhung, welche das Vorbehalts- und Sicherungseigentum von Warenlieferanten und Geldkreditgebern mittels Finanzierungsvorgriffs auf das *Konkursausfallgeld* erfährt, jedenfalls sofern die Aktivität des schuldnerischen Unternehmens auf diese Werterhöhung konzentriert wird (vgl. auch unten Rdn. 29). Diese Leistungen können allerdings dann kongruent sein, wenn sie schon in den Liefer- und Kreditverträgen im Sinne einer zivilrechtlich wirksamen Ersetzungsbefugnis des Schuldners vorgesehen wurden (vgl. aber auch Rdn. 23 a. E.). Dasselbe gilt für die Abtretung einer Forderung an Stelle von Geldzahlung[43]. Mangels hinreichender Bestimmtheit nimmt die h. M. auch Inkongruenz der nachträglichen „Bestellung oder Verstärkung bankmäßiger Sicherheiten" an, obwohl Nr. 19 der Allgemeinen Geschäftsbedingungen der *Banken* insoweit einen Anspruch auf Sicherung „für alle Verbindlichkeiten" zu begründen sucht (vgl. näher *Vormbaum* GA **1981** 117 ff mit Nachw.). — Wird eine andere Leistung als Geldzahlung geschuldet, so hängt es von der Verkehrsanschauung und der Parteivereinbarung ab, ob die erbrachte mit der geschuldeten Leistung identisch ist. Liefert der Schuldner z. B. statt der geschuldeten Möbel unfertige Möbelstücke, so hängt es von dem Grad der Fertigstellung ab, ob es sich um den — wenn auch nicht mangelfreien — Vertragsgegenstand oder um eine andere Leistung (Holz!) handelt (RGSt **67** 1 f).

23 Inkongruent ist auch die Bestellung einer **Sicherheit**, die im Verpflichtungsgeschäft nicht (wirksam) vereinbart wurde (und sich auch nicht aus Rechtsnormen wie Art. 34 WechselG oder § 17 BRAGO ergibt: RGSt **3** 191, 195 ff; BGHSt **35** 357, 362 mit abl. Bspr. *H. Schäfer* wistra **1990** 89). Der Anspruch auf Erfüllung (Befriedigung) gibt nämlich kein Recht des Gläubigers auf Leistung einer Sicherheit[44]. Insbesondere die Bestellung eines Pfandrechts oder die Vornahme einer Sicherungsübereignung ist daher inkongruent, es sei denn, daß ein entsprechender Anspruch bereits in dem schuldrechtlichen Verpflichtungsvertrag vereinbart wurde (*Vormbaum* GA **1981** 112 mit Nachw.). Auch das Zulassen des Entstehens eines Pfändungspfandrechtes zugunsten des Gläubigers ist eine inkongruente Sicherheitsgewährung, sofern nicht ein bloßes (strafloses) Unterlassen des Schuldners vorliegt (RGSt **48** 19 ff; näher oben Rdn. 19). Bei entsprechender vertraglicher Vereinbarung führt dagegen die Berechtigung des Schuldners, bei Fälligkeit des geschuldeten Geldes statt dessen Waren zu liefern, zur Kongruenz der Leistung[45]. Jedoch ist im letzteren Fall, wie bereits oben Rdn. 16 a. E. erwähnt wurde, die Leistung inkongruent, wenn die einschlägige vertragliche Abrede gerade in Erwartung des Konkurses getroffen wurde; die Abmachung ist dann nach §§ 134, 138 BGB nichtig[46]. Allerdings liegt in Fällen dieser Art

---

[41] *Bieneck* in: Müller-Gugenberger § 66 B II; *Dreher/Tröndle* Rdn. 8; *Lackner/Kühl* Rdn. 5; *Sch/Schröder/Stree* Rdn. 10.

[42] BGH bei Herlan GA **1956** 348; *Sch/Schröder/Stree* aaO; *Wessels* aaO; *Weyand* aaO.

[43] *Preisendanz/Bieneck* aaO; *Sch/Schröder/Stree* aaO; *Wessels* aaO; *Weyand* aaO.

[44] BGH bei Holtz MDR **1979** 457; *Bieneck* in: Müller-Gugenberger aaO; *Lackner/Kühl* aaO; *Sch/Schröder/Stree* Rdn. 8; *Vormbaum* aaO S. 112, 116; *Wessels* aaO; *Weyand* aaO.

[45] BGH bei Herlan GA **1956** 348; *Bendix* JW **1927** 1106; *Dreher/Tröndle* Rdn. 9.

[46] BGH 1 StR 539/80 v. 10. 3. 1981 bei *Dreher/Tröndle* Rdn. 9; RGSt **63** 78, 79 f; *Lackner/Kühl* Rdn. 5; *Sch/Schröder/Stree* Rdn. 10.

die Möglichkeit eines Irrtums des Täters nahe (RGSt **63** 80 f). Schließen dagegen Schuldner und Gläubiger einen Vertrag, durch den der Gläubiger auf das Leistungsverweigerungsrecht aus § 321 BGB verzichtet und der Schuldner sich verpflichtet, Sicherheiten für offene Forderungen des Gläubigers zu bestellen, so ist die anschließende Bestellung der Sicherheiten nicht inkongruent. Endlich hat der Gläubiger keinen Anspruch auf eine Verbesserung der Vollstreckungsmöglichkeit im Wege der Ersetzung des bisherigen (zahlungsunfähigen) Schuldners durch einen neuen (zahlungskräftigen) Schuldner. Die Übernahme von Verbindlichkeiten durch eine *Auffanggesellschaft* unter Mitwirkung des Schuldners gem. §§ 414, 415 BGB und Übertragung von Aktiva auf die Auffanggesellschaft ist daher eine inkongruente Handlung, durch welche der Wert der Forderungen der ebenfalls mitwirkenden Gläubiger gesteigert wird: Sie erhalten die Möglichkeit, ohne quotenmäßige Begrenzung in die Aktiva zu vollstrecken. Dies stellt das Gewähren einer Sicherheit i. S. d. § 283 c durch den Schuldner dar (vgl. oben Rdn. 14; *Krause* S. 276 f; *Tiedemann* ZIP **1983** 517). Die Strafbarkeit nach dieser Vorschrift bestimmt sich danach, ob die übrigen Gläubiger hierdurch benachteiligt werden und ob der Schuldner mit dolus directus handelt (dazu unten Rdn. 28 und 31).

Nicht zu der Zeit zu beanspruchen hat der Gläubiger die Leistung des Schuldners, wenn die erbrachte Leistung (noch) nicht fällig war oder — bei einer aufschiebend bedingten Forderung — die Bedingung noch nicht eingetreten war[47]. Auch die Vorverlegung der Fälligkeit (z. B. durch Begründung einer neuen Verbindlichkeit) ist inkongruent (RGSt **4** 62 ff), da und soweit der Gläubiger auf sie keinen Anspruch hat. **24**

2. Begünstigung des Gläubigers und Benachteiligung der übrigen Gläubiger. Der Erfolg der Begünstigung des Gläubigers, dem der Schuldner eine inkongruente Leistung gewährt, muß tatsächlich eintreten, damit die Tat vollendet ist (BTDrucks. 7/3441 S. 38; oben Rdn. 1 und 2). Tritt der Erfolg nicht ein oder läßt er sich nicht feststellen, so kommt nur Versuchsstrafbarkeit nach Abs. 2 in Frage (dazu näher unten IV). **25**

a) Die **Begünstigung** besteht in der Besserstellung des bevorzugten Gläubigers im Verhältnis zu den übrigen Gläubigern (*Lackner/Kühl* Rdn. 6; *Samson* SK Rdn. 11). Dabei bleibt eine spätere Konkursanfechtung außer Betracht (vgl. bereits oben Rdn. 21; RG JW **1905** 761). Der Vorteil, den der bevorzugte Gläubiger erhalten hat, liegt nicht schon in dem Empfang der (inkongruenten) Leistung; andernfalls wäre das Tatbestandsmerkmal der Begünstigung überflüssig. Vielmehr ist die Situation nach Gewährung der Leistung an den Gläubiger mit derjenigen Lage zu vergleichen, die ohne Erbringung der Leistung eingetreten wäre (*Lackner/Kühl* aaO; *Vormbaum* GA **1981** 119 ff). Es ist also der **hypothetische Kausalverlauf** für den gedachten Fall der Nichtgewährung der inkongruenten Deckung zu ermitteln. Bei inkongruenter Befriedigung des Gläubigers kann daher die Begünstigung insbesondere dadurch entfallen, daß der Gläubiger gegenüber dem Schuldner vor dessen Leistung oder Zug um Zug eine gleichwertige *Gegenleistung* erbringt (*Vormbaum* aaO S. 120 mit Nachw.). Bei der Nettolohnfinanzierung durch mißbräuchlichen Vorgriff auf das Konkursausfallgeld (vgl. oben Rdn. 15) stellt allerdings die Finanzierung der Arbeitslöhne durch die Bank keine gleichwertige Gegenleistung dar, weil die Bank neben der Werterhöhung ihres Sicherungseigentums auch die (sicheren) Ansprüche ge- **26**

---

[47] RGSt **2** 439 (ff); *Bieneck* in: Müller-Gugenberger § 66 B II; *Dreher/Tröndle* Rdn. 8; *Samson* SK Rdn. 10; *Sch/Schröder/Stree* Rdn. 11; *Vormbaum* aaO S. 116; *Wessels* BT 2 § 12 III 5 c; *Weyand* S. 109.

gen die Bundesanstalt für Arbeit (auf Zahlung von Konkursausfallgeld) erhält (*Uhlenbruck* KTS **1980** 85). — Eine Begünstigung i. S. d. § 283 c entfällt aber auch dann, wenn der Schuldner allen Gläubigern gleichmäßig eine inkongruente Deckung verschafft, z. B. durch Gewährung von Sicherheiten oder durch Werterhöhung des Vorbehaltseigentums der Gläubiger (vgl. *Vormbaum* aaO). Bei inkongruenter Sicherheitsleistung fehlt es an einer Begünstigung, wenn anstelle der tatsächlich erfolgten Verwertung der Sicherheit (z. B. durch Einziehung abgetretener Forderungen vor Konkurseröffnung) rechtzeitig Befriedigung durch Erfüllung der Schuld erfolgt wäre (*Vormbaum* aaO S. 120 f). Die bloße zeitliche Bevorzugung des Gläubigers ist also nicht ohne weiteres strafbar.

27 **b)** Als „Kehrseite“ dieser Besserstellung des Empfängers einer inkongruenten Leistung muß eine entsprechende **Benachteiligung** der übrigen Gläubiger eingetreten sein (BGHSt **8** 55, 58; *Vormbaum* aaO S. 120). Der Vorteil muß mit anderen Worten auf Kosten der übrigen Gläubiger erlangt sein (*Sch/Schröder/Stree* Rdn. 13). Dieser Nachteil der übrigen Gläubiger ist grundsätzlich mit dem Entstehen eines tatbestandsmäßigen Vorteils des bevorzugten Gläubigers gegeben, da jede Erbringung einer Leistung aus dem Schuldnervermögen die für die Verteilung an die übrigen Gläubiger zur Verfügung stehende Vermögensmasse verringert (vgl. nur RG JW **1934** 1290 [f]; *Vormbaum* aaO). Damit ist die Benachteiligung der übrigen Gläubiger geradezu „unvermeidliche Begleiterscheinung“ der Bevorzugung eines Gläubigers (BGH aaO S. 58) und braucht im Regelfall nicht besonders festgestellt zu werden. Vor allem ist bereits eine **Gefährdung** der Befriedigungsinteressen der übrigen Gläubiger ausreichend, da die inkongruente Leistung durch Anfechtung nach § 30 Nr. 2 KO bzw. § 131 InsO 1999 rückgängig gemacht werden kann (und zudem auch rechtlich unwirksame Verfügungen als Leistungen i. S. d. § 283 c angesehen werden, oben Rdn. 13), also durch die Gewährung der inkongruenten Deckung nur selten ein endgültiger Schaden für die übrigen Gläubiger entsteht.

28 Die Benachteiligung der übrigen Gläubiger muß **unmittelbar** Folge der Bevorzugung eines Gläubigers sein. Mittelbare Benachteiligung, mitwirkende Ursachen usw. bleiben daher ebenso wie bei § 30 Nr. 2 KO, § 131 InsO 1999 unberücksichtigt: Es kommt allein auf die Inkongruenz der Leistung und die Vollwertigkeit der etwaigen Gegenleistung an (BGH NJW **1955** 709; *Baumann* Konkurs § 11 III 2 b und 3 mit weit. Nachw.). Die erforderliche unmittelbare Benachteiligung fehlt damit grundsätzlich bei vollwertiger **Gegenleistung** des Gläubigers, wie auch für § 283 Abs. 1 Nr. 1 als tatbestandsausschließend anerkannt ist (vgl. § 283 Rdn. 30). Allerdings fragt sich, ob dieser Grundsatz der Maßgeblichkeit des „Gesamttatbestandes“ (BGH aaO) nicht Ausnahmen kennt, die bei § 283 Abs. 1 Nr. 1 (und Nr. 8) durch das Erfordernis ordnungsgemäßer Wirtschaftsführung und bei § 283 c durch das Merkmal der Bevorzugung und Benachteiligung von Gläubigern ermöglicht werden. Die Frage ist zu bejahen. Auch die Ergänzung des rein vermögensrechtlichen Gedankens des Gläubigerschutzes durch den Gesichtspunkt einer funktionsfähigen Kreditwirtschaft zwingt zu einer Betrachtung, welche die Gegenleistung nur dann als strafrechtlich relevant erscheinen läßt, wenn sie nicht unter normativen Gesichtspunkten als Schädigung des Schuldners oder der übrigen Gläubiger erscheint (vgl. für die Ausnutzung einer Zwangslage des Schuldners nach § 302 a *Dreiss/Eitel-Dreiss* S. 183).

29 Der Schaden bzw. die Gefährdung braucht nicht alle Gläubiger gleichmäßig zu treffen. Wird daher die Produktion des insolventen schuldnerischen Unternehmens durch mißbräuchlichen *Vorgriff auf das Konkursausfallgeld* finanziert und weitergeführt (vgl. oben Rdn. 15 sowie § 283 Rdn. 165) und hat der Kreditgeber nach den Kre-

ditverträgen keinen Anspruch auf diese Werterhöhung, sondern nur einen Anspruch auf Geldzahlung oder Herausgabe von Ware, so reicht es für § 283 c aus, daß diese Art der Finanzierung die Versichertengemeinschaft und/oder den Fiskus als Gläubiger schädigt (*Tiedemann* ZIP **1983** 519; zum Gläubigerbegriff Rdn. 45 vor § 283). Die Zustimmung des Arbeitsamtes bzw. der Bundesanstalt für Arbeit ändert am Vorliegen des Mißbrauchs und damit an der Strafbarkeit nichts. Wird die Produktion gezielt nur für einzelne Bereiche und/oder bestimmte Waren weitergeführt oder werden neben der Arbeitsleistung der Arbeitnehmer auch kostenaufwendige sonstige Produktionsmittel eingesetzt, so entspricht der Besserstellung des bevorzugten Gläubigers unmittelbar ein Nachteil der übrigen Gläubiger (*Tiedemann* aaO). Daß diese ohne die Fortführung der Produktion denselben Nachteil erlitten hätten, ist strafrechtlich unbeachtlich, da es primär auf den durch den Schuldner erbrachten Vorteil der bevorzugten Gläubiger ankommt; dieser Vorteil steht für die Befriedigung der übrigen Gläubiger nicht zur Verfügung, so daß diese geschädigt werden. Deutlicher ist die Schädigung der übrigen Gläubiger, wenn durch die Fortführung der Produktion Warenlieferanten ihr Vorbehaltseigentum durch Verarbeitung verlieren (*Uhlenbruck* KTS **1980** 85). Aber auch im übrigen kann sich eine Schädigung der Gläubiger daraus ergeben, daß die Konkursmasse statt mit der „normalen" Darlehensforderung der Bank mit den bevorrechtigten Ansprüchen der Bundesanstalt für Arbeit belastet wird (vgl. § 283 Rdn. 165) und dadurch die Befriedigungschancen der nicht bevorrechtigten Gläubiger sinken. Die Weiterführung des zahlungsunfähigen schuldnerischen Unternehmens muß also allen Gläubigern gleichmäßig zugute kommen, wenn der Schuldner oder sein nach § 14 handelnder Vertreter nicht nach § 283 c strafbar sein soll (zust. *L. Müller* in: Lexikon des Rechts S. 463 f); eine Schädigung der Versichertengemeinschaft ist überhaupt nur dann ausgeschlossen, wenn nicht gegen den Zweck der Konkursausfallgeldversicherung verstoßen wird, der Unternehmenszusammenbruch also nicht sicher bevorsteht (zust. *Bieneck* in: Müller-Gugenberger § 66 B I).

3. Vorsatz, Absicht und Irrtum

a) Hinsichtlich der Zahlungsunfähigkeit des Schuldners ist sichere Kenntnis erforderlich; dolus eventualis reicht insoweit nicht aus[48]. Dasselbe gilt wegen des engen Zusammenhanges mit der Zahlungsunfähigkeit für die Schuldner- sowie für die Gläubigereigenschaft (*Vormbaum* aaO S. 121 f). Eine eigene Wertung des Täters ist in bezug auf das Vorliegen der Zahlungsunfähigkeit erforderlich, ohne daß der Täter aber diesen Begriff kennen müßte (vgl. § 283 Rdn. 188; *Sch/Schröder/Stree* Rdn. 16 mit weit. Nachw.). — In bezug auf die Inkongruenz der Deckung genügt dagegen bedingter Vorsatz[49]. Entsprechend allgemeinen Grundsätzen (vgl. § 283 Rdn. 189) ist dieser Vorsatz hinsichtlich des Anspruches des Gläubigers auf die Leistung aber nicht mit Tatsachenkenntnis identisch; vielmehr ist erforderlich, daß der Täter die rechtliche Wertung zumindest im Ergebnis kennt (vgl. bereits *Bendix* JW **1927** 1106; *Schaefer* LK[8] § 241 KO Anm. IV). Nimmt der Täter irrig an, er sei zahlungsfähig oder die Deckung sei kongruent, so entfällt nach § 16 der Vorsatz und damit die Strafbarkeit (und zwar auch nach § 283)[50]. Die Annahme, eine Schuld z. B. wegen einer Not- 30

[48] *Dreher/Tröndle* Rdn. 10; *Lackner/Kühl* Rdn. 7; *Otto* BT § 61 VI 4b; *Samson* SK Rdn. 12; *Sch/Schröder/Stree* Rdn. 16; *Wessels* BT 2 § 12 III 5.

[49] *Bieneck* in: Müller-Gugenberger § 66 B II; *Dreher/Tröndle* aaO; *Lackner/Kühl* aaO; *Sch/Schröder/Stree* aaO; *Wessels* aaO; *Weyand* S. 109; vgl. aber auch unten Rdn. 31.

[50] RGSt **17** 220, 223; *Bendix* JW **1927** 1106; *Schaefer* LK[8] § 241 KO Anm. IV; *Sch/Schröder/Stree* aaO; *Wessels* aaO.

lage des Gläubigers bereits vor Fälligkeit erfüllen oder dem Gläubiger anstelle des geschuldeten Geldes Gegenstände überlassen zu dürfen, ist Verbotsirrtum (*Schaefer* aaO; *Sch/Schröder/Stree* aaO).

31 **b)** Hinsichtlich der Begünstigung des Gläubigers vor den übrigen Gläubigern ist Absicht oder Wissentlichkeit erforderlich. Es muß dem Täter also entweder darauf ankommen, daß er den Gläubiger bevorzugt (Absicht), oder der Täter muß zumindest sichere Kenntnis davon haben, daß dieser Erfolg eintritt (dolus directus)[51]. Dies hat Bedeutung u. a. für die oben Rdn. 23 erörterte Konstellation, daß die Gewährung einer Sicherheit gegenüber einigen Gläubigern dem Zweck dient, mit dieser Leistung einen Wertausgleich für das Beiseiteschaffen von Vermögensgegenständen durch ihre Übertragung auf eine *Auffanggesellschaft* zu schaffen. Handelt der Täter nur mit dolus eventualis, so darf wegen der Sperrwirkung des § 283 c auch nicht auf § 283 Abs. 1 Nr. 1 zurückgegriffen werden. — Für diesen Fall des Fehlens von Absicht im engeren Sinne fordert eine verbreitete Ansicht hinsichtlich der Inkongruenz der Deckung ebenfalls sichere Kenntnis, da der Schuldner andernfalls nicht die Absicht oder das Wissen von der Begünstigung haben könne[52]. Eine Gegenmeinung der Literatur[53] hält dem entgegen, daß die übrigen Gläubiger auch durch Gewährung einer kongruenten Deckung benachteiligt werden können. Jedenfalls fehlt aber nach h. M. die subjektive Tatseite, wenn der Täter in der („begründeten") Überzeugung handelt, „dem Interesse der übrigen Gläubiger zu dienen, weil er durch die Bestellung von Sicherheiten neue Mittel zur Fortführung des Betriebes und damit zur Befriedigung aller Gläubiger aus dem Gewinn zu erhalten hofft"[54].

32 **4. Strafbarkeitsbedingung (Abs. 3) und Verjährung.** Mit Eintritt des oben Rdn. 25 ff (27) genannten Erfolges, der in der Gefährdung der übrigen Gläubiger besteht, ist die Tat des Abs. 1 vollendet. Objektive Bedingung der Strafbarkeit ist aber auch für § 283 c, daß es — vor oder nach der Tathandlung — zur Zahlungseinstellung, Konkurseröffnung oder Abweisung des Eröffnungsantrages mangels Masse kommt (Abs. 3). Dieser wirtschaftliche Zusammenbruch muß mit der Begünstigung und Benachteiligung in einem tatsächlichen Zusammenhang stehen (RG JW **1934** 1289, 1290; Rdn. 92 vor § 283). — Erst mit Eintritt der objektiven Strafbarkeitsbedingung ist eine Strafverfolgung möglich. Die Verjährung beginnt daher mit diesem Zeitpunkt, wenn die Begünstigungshandlung früher vorgenommen wurde, bzw. mit Eintritt des Begünstigungs- und Gefährdungserfolges, wenn sich die Täterhandlung erst nach Eintritt der Strafbarkeitsbedingung ereignet (vgl. auch § 283 Rdn. 221, § 283 b Rdn. 13). Gem. § 78 Abs. 3 Nr. 4 verjährt die Tat in fünf Jahren.

IV. Versuch (Abs. 2)

33 **1. Beginn der Tatbestandsverwirklichung.** Die Einführung der Versuchsstrafbarkeit durch das 1. WiKG stellt einen Ausgleich dafür dar, daß der Tatbestand der Gläubigerbegünstigung von einem Absichts- zu einem Erfolgsdelikt umgestaltet, der

---

[51] Amtl. Begr. BTDrucks. 7/3441 S. 38; BGH LM § 241 KO Nr. 2; *Bieneck* in: Müller-Gugenberger § 66 B III; *Dreher/Tröndle* Rdn. 10; *Lackner/Kühl* Rdn. 7; *Otto* aaO; *Wessels* aaO; *Weyand* aaO.

[52] BGH 1 StR 539/80 v. 10. 3. 1981 bei *Dreher/Tröndle* Rdn. 10; BGH bei Herlan GA **1959** 341; *Dreher/Tröndle* aaO; *Vormbaum* aaO S. 122.

[53] *Samson* SK Rdn. 12; *Sch/Schröder/Stree* Rdn. 16.

[54] BGH LM § 241 KO Nr. 2 mit Nachw.; *Preisendanz/Bieneck* Anm. 4; *Sch/Schröder/Stree* Rdn. 17.

Vollendungszeitpunkt also zurückverlegt worden ist. Bis zum Eintritt dieses Erfolges, nämlich bis zur Befriedigung des Gläubigers oder bis zu seiner Sicherung, ist daher auch gemäß § 24 strafbefreiender Rücktritt möglich.

Der Beginn der Begünstigungshandlung, also das unmittelbare Ansetzen zur Tatbestandsverwirklichung i. S. d. § 22, liegt jedenfalls in der Vornahme der für die inkongruente Deckung erforderlichen Handlung des Schuldners, z. B. in der Erteilung eines Überweisungsauftrages an die Hausbank (*Dreher/Tröndle* Rdn. 11), in der Übersendung von Kundenwechseln oder -schecks an den Gläubiger (oben Rdn. 16), aber auch bereits in der Verschaffung einer Vollstreckungsmöglichkeit zugunsten des Gläubigers, etwa durch Unterwerfung in einer vollstreckbaren Urkunde (oben Rdn. 14) oder durch die Zusage, trotz Eintritts der Zahlungsunfähigkeit noch keinen Konkursantrag zu stellen, um dem Gläubiger Pfändungen zu ermöglichen (oben Rdn. 19). Gibt der Schuldner auf diese Weise das Geschehen in der Erwartung aus der Hand, der Gläubiger werde sich innerhalb kurzer Zeit durch Vollstreckung und Verwertung Sicherung und Befriedigung verschaffen, so setzt der Schuldner damit unmittelbar zur Gewährung der inkongruenten Deckung an. **34**

2. Untauglicher Versuch. In den Grenzen des § 23 Abs. 3 strafbar ist auch der untaugliche Versuch. Dies entspricht der heute ganz h. M., soweit die Untauglichkeit von Tatmittel und Tatobjekt in Frage steht. Die irrige Annahme des Schuldners, die von ihm gewährte Deckung sei inkongruent, führt daher ebenso zur Versuchsstrafbarkeit (*Sch/Schröder/Stree* Rdn. 20; *Vormbaum* GA **1981** 128) wie seine Fehlvorstellung, es bestehe eine wirksame Forderung gegen ihn, auf die er leiste (*Dreher/Tröndle* Rdn. 11; *Vormbaum* aaO S. 127). Soweit dagegen die Literatur auch die irrige Annahme von Zahlungsunfähigkeit als untauglichen Versuch der Gläubigerbegünstigung ansieht (*Dreher/Tröndle* aaO; *Sch/Schröder/Stree* aaO), sind dieselben Bedenken wie bereits zu § 283 Abs. 1 (vgl. dort Rdn. 198) anzumelden: Da die Zahlungsunfähigkeit und die Eigenschaft als Schuldner sonderpflichtbegründend wirken, müssen beide Merkmale objektiv vorliegen, um das Handeln strafbar zu machen. Die nur irrige Annahme, Schulden zu haben oder zahlungsunfähig zu sein, ist nach richtiger Ansicht ein umgekehrter Verbotsirrtum und führt als Wahndelikt zur Straflosigkeit (zust. *Bieneck* in: Müller-Gugenberger § 66 B III). **35**

V. Teilnahme

1. Anstiftung und Beihilfe. Wegen der doppelten Voraussetzung, daß ein zahlungsunfähiger Schuldner handelt, ist § 283 c ein echtes Sonderdelikt. Daher können sich andere Personen durch ihre Beteiligung an der Tat, abgesehen von dem Fall des § 14, nur als Anstifter oder Gehilfen strafbar machen (oben Rdn. 4). Nehmen sie selbst eine an und für sich unter §§ 283 Abs. 1 Nr. 1, 283 c fallende Handlung vor, schaffen sie also insbesondere Vermögensbestandteile des Schuldners beiseite, so kommt allerdings bei Handeln mit Einwilligung oder zugunsten des Schuldners Täterschaft nach § 283 d in Betracht. Inwieweit § 283 c im Verhältnis zu diesem Straftatbestand Sperrwirkung entfaltet, wird zu § 283 d (Rdn. 26) dargelegt. **36**

Der Teilnehmer muß ebenso wie der Täter außer der Zahlungsunfähigkeit auch die Inkongruenz der Deckung kennen (§ 16). Der Teilnehmer muß ferner zumindest mit dolus eventualis davon ausgehen, daß beim Täter (Schuldner) die von § 283 c geforderten Wissens- und Absichtsmerkmale vorliegen (dazu oben Rdn. 30, 31). Dage- **37** gen wirkt die Strafbarkeitsbedingung des § 283 c Abs. 3 i.V.m. § 283 Abs. 6 auch für den Teilnehmer rein objektiv, braucht also nicht von seinem Vorsatz umfaßt zu sein. — Zu der streitigen Frage, ob insbesondere für den Anstifter die Strafe nach § 28 Abs. 1 zu mildern ist, vgl. § 283 Rdn. 228 sowie *Vormbaum* GA **1981** 133.

38 **2. Notwendige Teilnahme des Gläubigers.** Soweit die Tatbestandserfüllung nach § 283 c begrifflich die Beteiligung des begünstigten Gläubigers voraussetzt, die Leistung (Sicherheit oder Befriedigung) also nicht ohne seine Mitwirkung erbracht werden kann, ist der Gläubiger unter dem Gesichtspunkt der notwendigen Teilnahme **straflos**; er ist insbesondere nicht wegen Beihilfe zu § 283 c strafbar[55]. Dies gilt vor allem für die bloße Entgegennahme der inkongruenten Leistung[56]. Weiter zählen zu diesen Akten strafloser Beteiligung die Annahme des Übereignungsangebots, die Vereinbarung eines Übergabesurrogates bei der Sicherungsübereignung und der Abschluß der schuldrechtlichen Sicherungsvereinbarung (*Vormbaum* aaO S. 131 f). Entgegen einer älteren Literaturmeinung sind dagegen solche Handlungen des Gläubigers, die über die bloße Mitwirkung bei der Begünstigungshandlung des Schuldners hinausgehen, als Anstiftung oder als Beihilfe strafbar[57]. Da § 283 c anders als § 302 a nicht den Geschäftspartner des Täters schützt, reicht die Straflosigkeit des an der Leistungserbringung mitwirkenden Gläubigers nicht weiter als die rechtliche Notwendigkeit seiner Teilnahme (zust. BGHR § 283 c Abs. 1 Gläubiger 3; RGSt **61** 314, 315). Jedes Hinausgehen „über jene gewissermaßen passive Rolle" macht den Gläubiger strafbar (RGSt **5** 435, 437). Die im Schrifttum von *Dreiss/Eitel-Dreiss* S. 186 geforderte „großzügige Beurteilung", weil „auch der insolvente Schuldner seinen Gläubigern die Leistungen nicht gerade nachzuwerfen pflegt", ist schon deshalb nicht möglich, weil jenseits der zivilrechtlich zu bestimmenden Notwendigkeit der Mitwirkung des Gläubigers kein Abgrenzungsmerkmal zwischen Strafbarkeit und Straflosigkeit ersichtlich ist. Geht daher die **Initiative** zur bevorzugten Befriedigung oder Sicherung **vom Gläubiger** aus, so liegt nach ganz h. M. strafbare Anstiftung vor (BGH aaO); so z. B. wenn eine Bank oder ein Lieferant in Kenntnis der Zahlungsunfähigkeit des Schuldners ihn zur Stellung von Sicherheiten, auf welche die Bank oder der Lieferant keinen Anspruch hat, oder zur Rückzahlung eines kapitalersetzenden Darlehens drängt[58]. Diese heute nahezu unbestrittene strafrechtliche Beurteilung hat für die **Sanierungspraxis** Bedeutung, vor allem soweit Banken Gesellschaftsanteile erwerben, um ihre Kredite hinreichend abzusichern; diese Kredite nehmen in der Krise der GmbH (usw.) eigenkapitalersetzenden Charakter an und dürfen daher vom Schuldner nicht zurückgezahlt werden (vgl. oben Rdn. 10; *Tiedemann* ZIP **1983** 515).

---

[55] BGH bei *Dreher/Tröndle* Rdn. 12; RGSt **2** 439; 440; **61** 314, 316; *Arzt/Weber* IV Rdn. 342; *Dreher/Tröndle* aaO; *Lackner/Kühl* Rdn. 8; *Maurach/Schroeder/Maiwald* 1 § 48 III C; *Otto* BT § 61 VI 4 e; *Renkl* JuS **1973** 614; *Sch/Schröder/Stree* Rdn. 21; *Tiedemann* ZIP **1983** 515; *Vormbaum* GA **1981** 131; *Wessels* BT 2 § 12 III 5 a. E.; *Weyand* S. 109 f; **aA** *Herzberg* JuS **1975** 795, der auf die Strafbarkeit des Gläubigers bei § 288 hinweist, und *Sowada* S. 170 ff sowie GA **1995** 71, der ein Verhalten im Sinne der KO (InsO) verlangt.

[56] BGHR § 283 c Abs. 1 Gläubiger 3; RGSt **2** 440 f; **20** 214, 216; *Otto* aaO; *Vormbaum* aaO; *Weyand* aaO.

[57] BGH bei Herlan GA **1967** 264 und bei *Dreher/Tröndle* aaO; RGSt **5** 435, 436 f; **48** 18, 21; **61** 314, 315 f; **65** 416, 417; *Arzt/Weber* aaO; *Dreher/Tröndle* aaO; *Maurach/Schroeder/Maiwald* aaO; *Otto* aaO; *Renkl* aaO; *Richter* GmbHR **1984** 146; *Sch/Schröder/Stree* aaO; *Vormbaum* aaO S. 132; *Wessels* aaO; *Weyand* aaO.

[58] *Tiedemann* ZIP **1983** 515; *Vormbaum* aaO S. 132; *Weyand* S. 110. Einschränkend *Gropp* S. 230, der solche Anstiftungen ausnehmen will, die nur eine „beim Täter generell vorhandene Bereitschaft aktualisieren" (gegen *Gropp* aber zutreffend *Sowada* GA **1995** 68 ff).

VI. Konkurrenzen (und Sperrwirkung des § 283 c)

1. Im **Verhältnis zu § 283 Abs. 1 Nr. 1** stellt § 283 c eine Privilegierung dar (oben Rdn. 1), die als **lex specialis** vorgeht[59]. Da nämlich neben räumlichen Akten des Entfernens für das Beiseiteschaffen auch alle rechtlichen Verfügungen ausreichen, durch die ein Vermögensbestandteil dem Gläubigerzugriff entzogen wird (§ 283 Rdn. 25), erfüllt jede Sicherung und jede Befriedigung des Gläubigers zugleich den Tatbestand des § 283 Abs. 1 Nr. 1[60]. Verschafft der zahlungsunfähige Schuldner seinem Gläubiger eine kongruente Deckung, so entfällt nicht nur § 283 c; vielmehr verbietet die in diesem Tatbestand zum Ausdruck kommende Privilegierung auch einen Rückgriff auf § 283 Abs. 1 Nr. 1 (BGHSt **8** 55, 56 f; oben Rdn. 1). Diese **Sperrwirkung** des § 283 c ergibt sich daraus, daß die Gewährung einer kongruenten Deckung in noch geringerem Maße als die inkongruente Leistung gegen die Regeln eines ordnungsgemäßen Wirtschaftens verstößt (BGH aaO S. 57). Straffrei (und auch nicht im Wege des Rückgriffs auf § 283 zu bestrafen) ist daher auch der Schuldner, der in Unkenntnis seiner Zahlungsunfähigkeit dem Gläubiger eine inkongruente Leistung gewährt (vgl. BGH aaO) oder die von § 283 c geforderte Vorsatzintensität (oben Rdn. 30 und 31) nicht aufweist (*Samson* SK Rdn. 14) oder schließlich die inkongruente Leistung vor Eintritt der Zahlungsunfähigkeit erbringt (*Vormbaum* aaO S. 126 f). Entscheidend für das Eingreifen der Sperrwirkung des § 283 c ist, daß der Täter mit der Leistung einen Gläubiger (dazu oben Rdn. 6) sichern oder befriedigen will (*Vormbaum* aaO S. 125 f). Trifft der Täter besondere Vorkehrungen, um diese Bevorzugung des Gläubigers vor den übrigen Gläubigern und dem Konkursverwalter zu verbergen, so kann auch nicht auf das Tatbestandsmerkmal des Verheimlichens (des Anfechtungsrechtes des Konkursverwalters!) nach § 283 Abs. 1 Nr. 1 zurückgegriffen werden (BGH aaO S. 58 f). 39

Sofern sich aus tatsächlichen Gründen nicht feststellen läßt, ob die privilegierende Situation des § 283 c vorlag oder nicht, z. B. weil sich nicht ermitteln läßt, ob die Forderung des Gläubigers auf einem wirksamen oder auf einem nur zum Schein abgeschlossenen Vertrag beruht, so ist angesichts des Stufenverhältnisses von § 283 Abs. 1 Nr. 1 und § 283 c nach dem Grundsatz **in dubio pro reo** § 283 c anzuwenden (*Sch/Schröder/Stree* Rdn. 22). Zu Unrecht wollen BGH GA **1955** 365 und *Preisendanz/Bieneck* Anm. 6 Wahlfeststellung zulassen, wobei nach Ansicht des BGH nur die Strafe dem milderen § 283 c entnommen werden soll. — Leistet der Schuldner seinem Gläubiger mehr, als dieser zu beanspruchen hat, so soll nach h. M. Tateinheit von § 283 Abs. 1 Nr. 1 und § 283 c vorliegen[61]. Richtiger ist es, in diesem Fall der **Zuvielleistung** nur § 283 anzuwenden, da der Leistungsempfänger hinsichtlich eines Teiles der Leistung nicht Gläubiger ist (*Vormbaum* aaO S. 126). Aber auch dann, wenn dem Leistungsempfänger eine andersartige Mehrleistung zugewandt wird, würde die von *Vormbaum* (aaO) vorgeschlagene Annahme von Tateinheit zwischen § 283 und § 283 c den Täter übermäßig belasten. Auch hier, also in jedem Fall der Zuvielleistung, ist vielmehr nur § 283 anzuwenden (so zutr. bereits *Schaefer* LK[8] § 241 KO Anm. VII). Die teilweise vorliegende Privilegierungssituation des § 283 c ist bei der Strafzumessung zu berücksichtigen. 40

[59] *Dreher/Tröndle* Rdn. 13; *Lackner/Kühl* Rdn. 10; *Samson* SK Rdn. 14; *Sch/Schröder/Stree* Rdn. 22; im Ergebnis auch BGHSt **8** 55, 56; RGSt **68** 368, 369.

[60] Vgl. nur *Vormbaum* GA **1981** 123 mit Nachw.; zum früheren Recht RGSt **6** 94, 95; **aA** *Klug* Konkurs-Strafrecht § 241 KO Rdn. 10.

[61] BGH NJW **1969** 1494, 1495 mit Nachw.; BGH bei Herlan GA **1953** 74, 76; BGH 2 StR 768/78 v. 21. 12. 1979 bei *Dreher/Tröndle* Rdn. 13; RG JW **1934** 1290, 1291 mit Anm. *A. Weber*; *Klug* aaO Rdn. 10; *Lackner/Kühl* aaO; *Sch/Schröder/Stree* Rdn. 22.

41 Im Verhältnis zu **§ 283 Abs. 1 Nr. 4** ist § 283 c dagegen nicht lex specialis (**aA** RGSt **68** 368, 369). Zwar setzt das Anerkennen erdichteter Rechte, welches ohnehin allenfalls einen Versuch des § 283 c darstellen könnte (oben Rdn. 14), nach h. M. ein Zusammenwirken des Täters mit dem angeblichen Inhaber des Rechtes voraus (§ 283 Rdn. 85). Da aber „erdichtet" nur völlig (frei) erfundene Rechte sind, die in keiner Weise bestehen (§ 283 Rdn. 83), ist der Gläubiger bei § 283 Abs. 1 Nr. 4 in Wahrheit nur ein Scheingläubiger, also kein Gläubiger i. S. d. § 283 c. Beim Vortäuschen von Rechten anderer dagegen wird das (fingierte!) Recht ohne notwendige Mitwirkung des (Schein-)Gläubigers nur gegenüber einem Dritten vorgebracht (vgl. § 283 Rdn. 84); es fehlt damit ebenfalls an einem Tatbestandserfordernis des § 283 c (vgl. oben Rdn. 1).

42 2. **Mehrere Begünstigungshandlungen** nach § 283 c werden nicht etwa durch den Eintritt der objektiven Strafbarkeitsbedingung zu einer Tateinheit zusammengefaßt, sondern stehen regelmäßig im Verhältnis der Tatmehrheit, sofern nicht eine fortgesetzte Handlung anzunehmen ist (*Klug* Konkurs-Strafrecht § 241 Rdn. 9; *Sch/Schröder/Stree* Rdn. 22). Die Ausführungen Rdn. 235 zu § 283 gelten hier sinngemäß. Bei mehreren Betätigungen kann daher auch Tatmehrheit mit § 283 Abs. 1 Nr. 1 gegeben sein (RGSt **68** 368, 369).

43 3. **Tateinheit** ist möglich mit Vollstreckungsvereitelung (§ 288), wenn der Schuldner bei einer ihm drohenden Einzelzwangsvollstreckung in der Absicht, die Befriedigung des Gläubigers zu vereiteln, Vermögensgegenstände dadurch beiseite schafft, daß er sie anderen Gläubigern als Pfand oder an Zahlungs Statt übergibt[62]. Unterläßt es der Täter, die Gewährung der Sicherheit (z. B. die Verpfändung) ordnungsgemäß zu verbuchen, so soll nach *Lackner/Kühl* (Rdn. 10) und *Preisendanz/Bieneck* (Anm. 6) ebenfalls Tateinheit von § 283 c mit dem Buchdelikt (§ 283 Abs. 1 Nr. 5, § 283 b Abs. 1 Nr. 1) vorliegen. Dies entspricht der älteren Judikatur (RGSt **40** 105, 106), stimmt jedoch wohl nicht mit dem neueren Verständnis des Verhältnisses von Tun und Unterlassen überein (vgl. dazu *Lackner* § 52 Rdn. 7). Es ist vielmehr **Tatmehrheit** gegeben. Die gegenteilige Auffassung des RG dürfte auch durch dessen heute als überholt betrachtete Ansicht mitbestimmt gewesen sein, daß der Eintritt der objektiven Strafbarkeitsbedingung alle Bankrotthandlungen zu einer Handlungseinheit zusammenfaßt (vgl. § 283 Rdn. 231). Ausdrücklich hervorgehoben wird diese Klammerwirkung der Zahlungseinstellung für die Annahme von Tateinheit zwischen § 283 c und § 5 BauforderungssicherungsG durch RGSt **48** 89, 90[63]; wird das Baugeld zweckwidrig einem anderen Gläubiger zugewandt, so geht § 283 c nach richtiger Ansicht als lex specialis vor (vgl. § 283 Rdn. 241). Auch mit § 37 DepotG soll nach RGSt **34** 238, 240 Tateinheit möglich sein[64]; vgl. dazu § 283 Rdn. 241.

---

[62] RGSt **20** 214, 215; *Dreher/Tröndle* Rdn. 13; *Klug* aaO Rdn. 12; *Lackner/Kühl* Rdn. 10; *K. Schäfer* LK[10] § 288 Rdn. 39; *Sch/Schröder/Stree* Rdn. 22.

[63] Zust. zu dieser Entscheidung aber *Dreher/Tröndle* aaO; *Klug* aaO Rdn. 12; *K. Schäfer* aaO.

[64] Ebenso *Klug* aaO; *K. Schäfer* aaO; *Sch/Schröder/Stree* Rdn. 22.

§ 283 d

Schuldnerbegünstigung

(1) Mit Freiheitsstrafe bis zu fünf Jahren oder mit Geldstrafe wird bestraft, wer

1. in Kenntnis der einem anderen drohenden Zahlungsunfähigkeit oder

2. nach Zahlungseinstellung, in einem *Konkursverfahren, in einem gerichtlichen Vergleichsverfahren zur Abwendung des Konkurses oder in einem Verfahren zur Herbeiführung der Entscheidung über die Eröffnung des Konkurs- oder gerichtlichen Vergleichsverfahrens eines anderen**

Bestandteile des Vermögens eines anderen, die im Falle der *Konkurseröffnung zur Konkursmasse* gehören, mit dessen Einwilligung oder zu dessen Gunsten beiseite schafft oder verheimlicht oder in einer den Anforderungen einer ordnungsgemäßen Wirtschaft widersprechenden Weise zerstört, beschädigt oder unbrauchbar macht.**

(2) Der Versuch ist strafbar.

(3) In besonders schweren Fällen ist die Strafe Freiheitsstrafe von sechs Monaten bis zu zehn Jahren. Ein besonders schwerer Fall liegt in der Regel vor, wenn der Täter

1. aus Gewinnsucht handelt oder

2. wissentlich viele Personen in die Gefahr des Verlustes ihrer dem anderen anvertrauten Vermögenswerte oder in wirtschaftliche Not bringt.

(4) Die Tat ist nur dann strafbar, wenn der andere seine Zahlungen eingestellt hat oder über sein Vermögen das *Konkursverfahren** eröffnet oder der Eröffnungsantrag mangels Masse abgewiesen worden ist.**

Schrifttum siehe vor und zu § 283.

Entstehungsgeschichte siehe Rdn. 40 ff vor § 283.

Übersicht

* In den neuen Bundesländern und Ostberlin: *Gesamtvollstreckungsverfahren* (BGBl. 1991 I S. 1185). Ab 1. 1. 1999 einheitlich: *Insolvenzverfahren oder in einem Verfahren zur Herbeiführung der Entscheidung über die Eröffnung des Insolvenzverfahrens.*

** *Eröffnung des Gesamtvollstreckungsverfahrens zur Gesamtvollstreckungsmasse* bzw. *Eröffnung des Insolvenzverfahrens zur Insolvenzmasse.*

*** *Gesamtvollstreckungsverfahren* bzw. *Insolvenzverfahren.*

1 **I. Aufbau und Einordnung des Tatbestandes.** Der Tatbestand der Schuldnerbegünstigung stellt das Beiseiteschaffen von Bestandteilen des schuldnerischen Vermögens durch Außenstehende unter selbständige Strafdrohung: **Abs. 1** inkriminiert die Vornahme der in § 283 Abs. 1 Nr. 1 vorgesehenen Tathandlung durch Dritte, jedoch in bezug auf Krise, Vorsatz und Motivation des Handelnden unter engeren Voraussetzungen. Dabei wird die Einschränkung damit erklärt, daß der außenstehende Dritte nicht die gleiche Verantwortung für die geschützten Rechtsgüter wie der Schuldner habe[1]. — Ebenso wie bei § 283 Abs. 1 Nr. 1 ist auch bei § 283 d der Versuch strafbar **(Abs. 2)**. In **Abs. 3** werden die Regel-Beispiele des § 283 a für die Tathandlung des Dritten übernommen; aber auch für sonstige (unbenannte) besonders schwere Fälle schärft Abs. 3 in Übereinstimmung mit § 283 a die Strafdrohung. **Abs. 4** beschränkt mit dem gesamten übrigen Konkursstrafrecht die Strafbarkeit auch der Schuldnerbegünstigung auf den Fall, daß es zum wirtschaftlichen Zusammenbruch des Schuldners kommt (objektive Strafbarkeitsbedingung).

2 Da die Tathandlung des § 283 d mit der des § 283 Abs. 1 Nr. 1 identisch ist, liegt die Bedeutung dieses Sondertatbestandes vor allem in der **Erweiterung des Täterkreises** für die Bankrotthandlung nach § 283 Abs. 1 Nr. 1. Aus der Verselbständigung des Tatbestandes folgt, daß ein Zusammenwirken des Dritten mit dem Schuldner für § 283 d nicht erforderlich ist, wie auch der Schuldner von der Begünstigungshandlung nichts zu wissen braucht und selbst straflos sein kann[2]. Liegt eine nach § 283 Abs. 1 Nr. 1 strafbare Haupttat des Schuldners vor und beteiligt sich ein Außenstehender hieran, so verdrängt die etwaige Täterschaft des Außenstehenden nach § 283 d die gleichzeitig vorliegende Beihilfe zu § 283 (näher unter Rdn. 26). Gleichwohl hat die selbständige, nämlich von der Beteiligung des Schuldners gelöste Inkriminierung des Beiseiteschaffens durch Dritte in § 283 d kriminalpolitisch im Verhältnis zu der Beihilfe zu § 283 Abs. 1 Nr. 1 nur relativ geringe Bedeutung. Immerhin behält aber auch der AE (§ 195) einen selbständigen Tatbestand der Schuldnerbegünstigung bei, während er auf eine besondere Vorschrift über Gläubigerbegünstigung verzichtet (vgl. AE „Straftaten gegen die Wirtschaft" Begr. S. 81). Dagegen hat auch die Neufassung des § 283 d im Vergleich zu § 242 KO a. F. die selbständige Inkriminierung des Geltendmachens erdichteter Forderungen im Konkursverfahren (sog. **Konkursbetrug**) nicht übernommen. Dem Gesetzgeber erschien insoweit der Tatbestand des § 263 zu Recht als ausreichend (BTDrucks. 7/3441 S. 39).

3 Anders als § 283 c (vgl. dort Rdn. 39) entfaltet § 283 d im Verhältnis zu § 283 **keine Sperrwirkung**: Es bleibt bei der Straftat des Außenstehenden wegen Anstiftung oder Beihilfe zu der Tat des Schuldners nach § 283 Abs. 1 Nr. 1, wenn der den Schuldner Begünstigende wegen der engeren objektiven und subjektiven Voraussetzungen des § 283 d nicht als Täter nach diesem Tatbestand strafbar ist[3].

4 **Geschützte Rechtsgüter** des § 283 d sind ebenso wie bei § 283 die Befriedigungsinteressen der Gläubiger (BGHSt **35** 357, 359) sowie das Interesse an einer funktionsfähigen Kreditwirtschaft (vgl. Rdn. 45 ff vor § 283). Da der Eintritt der Verletzung oder der Gefährdung der Gläubigerinteressen nicht zum Tatbestand gehört, ist auch § 283 d nach der üblichen Terminologie **abstraktes Gefährdungsdelikt**[4]. Dagegen

---

[1] Amtl. Begr. BTDrucks. 7/3441 S. 39; BGHSt **35** 357, 359; *Arzt/Weber* IV Rdn. 344; *Maurach/Schroeder/Maiwald* 1 § 48 III D 1; *Sch/Schröder/Stree* Rdn. 1; *Wessels* BT 2 § 12 III 6; *Wilts* Prot. 7/2833. Vgl. dazu aber auch AE „Straftaten gegen die Wirtschaft" S. 87.

[2] Vgl. bereits RG Rspr **9** 684, 685; *Klug* Konkursstrafrecht § 242 KO Rdn. 2; *Schäfer* LK[8] § 242 KO Anm. I (für § 242 KO a. F.).

[3] Amtl. Begr. aaO S. 39; *Arzt/Weber* aaO; *Dreher/Tröndle* Rdn. 1; *Sch/Schröder/Stree* Rdn. 15.

[4] Vgl. nur *Weyand* S. 112 und zu § 242 KO a. F.; *Klug* aaO Rdn. 12; aber auch oben § 283 Rdn. 3 ff.

reicht der bloße Verstoß gegen das Verteilungsprinzip der par condicio creditorum nicht aus: § 283 d greift nur ein, wenn die Vermögensbestandteile den Gläubigern entzogen, nicht dagegen, wenn sie von dem Dritten einem Gläubiger zugewandt werden. Diese bereits zu § 242 KO a. F. von der Rechtsprechung vertretene Ansicht[5] ergibt sich vor allem daraus, daß andernfalls der außenstehende Dritte bei Gewährung einer inkongruenten Deckung an einen Gläubiger schärfer bestraft würde als der ebenso handelnde, strafrechtlich stärker verpflichtete (sonderpflichtige) Schuldner (*Bieneck* in: Müller-Gugenberger § 68; *Sch/Schröder/Stree* Rdn. 2; *Vormbaum* GA **1981** 130). Die Gegenansicht von *Samson* SK Rdn. 5 stützt sich darauf, daß § 283 d — anders als § 242 KO a. F. — neben dem Handeln zugunsten des Schuldners auch ein solches „mit dessen Einwilligung" genügen läßt. Damit soll wohl darauf hingewiesen werden, daß bei erklärter Einwilligung des Schuldners Täterschaft desselben nach § 283 Abs. 1 Nr. 1 oder nach § 283 c anzunehmen und der Außenstehende als hieran Beteiligter nach § 27 strafbar ist, also jedenfalls insoweit Strafbarkeit vorliegt. Jedoch ist bereits hier einschränkend darauf hinzuweisen, daß die Einwilligung des Schuldners nur dann zu seiner („normativen") Tatherrschaft und Täterschaft führen kann, wenn er die Tat des Außenstehenden „veranlaßt" (vgl. unten Rdn. 24). Vor allem entfällt aber diese rechtliche Konstellation ganz, wenn der Außenstehende ohne Einwilligung, jedoch „zugunsten" des Schuldners handelt. In diesem Fall bleibt der Schuldner auch bei Kenntnis von der Handlung straflos (vgl. § 283 Rdn. 37), so daß auch keine Strafbarkeit des Dritten wegen Teilnahme in Betracht kommt. Diese Tatbestandskonstellation des Handelns zugunsten des Schuldners ist entgegen dem Wortlaut des § 283 d der primäre Anwendungsbereich dieser Vorschrift, wie die **Entstehungsgeschichte** klar erweist (zust. BGHSt **35** 357, 360). Die Erweiterung des Tatbestandes der Schuldnerbegünstigung um die Alternative des Handelns mit Einwilligung des Schuldners wird nämlich von der amtl. Begr. (BTDrucks. 7/3441 S. 39) allein darauf gestützt, daß bei den — ebenfalls eher sekundären — Tathandlungen des Zerstörens, Beschädigens und Unbrauchbarmachens einer Sache kaum davon gesprochen werden könne, der Täter handele „zugunsten" des Eigentümers. Zusätzlich schließt es auch die geschichtliche Entwicklung des Sondertatbestandes der Gläubigerbegünstigung aus, § 283 d für diejenige Situation anzuwenden, in der ein Außenstehender die Tathandlung des § 283 c vornimmt, also einem Gläubiger aus dem Schuldnervermögen eine inkongruente Deckung gewährt (vgl. *Vormbaum* aaO S. 130). § 283 d ist also eine Ergänzung des § 283 Abs. 1 Nr. 1, erfaßt dagegen nicht die nur ungleichmäßige Verteilung von Schuldnervermögen an den oder die Gläubiger.

II. Täterkreis und Tatsituation (Krise)

1. Tauglicher Täter. § 283 d ist **kein Sonderdelikt** (unstr., vgl. nur *Dreher/Tröndle* Rdn. 1). Täter kann daher grundsätzlich jedermann sein, also auch ein Gläubiger (vgl. Rdn. 15) oder der Konkursverwalter (vgl. Rdn. 28)[6]. Bei eigennützigem Handeln des Gläubigers mit Einwilligung des Schuldners ergibt allerdings der oben Rdn. 4 erwähnte Gesichtspunkt der Vermeidung eines Wertungswiderspruchs, daß der Gläubiger bei Vorliegen der Situation des § 283 c nicht als Täter des schärferen § 283 d, sondern als Teilnehmer an dem milderen § 283 c bestraft wird[7]. Dagegen scheidet der Schuldner von vornherein als Täter nach § 283 d aus, da er nicht Täter seiner eigenen 5

[5] BGH bei Herlan GA **1959** 341 sowie **1967** 265; einschränkend *Klug* aaO Rdn. 1.
[6] *Klug* aaO Rdn. 3; *Sch/Schröder/Stree* Rdn. 12.
[7] BGHSt **35** 357, 359 f mit zust. Anm. *Marxen* EWiR **1989** 505 f; *Dreher/Tröndle* Rdn. 1; *Lackner/Kühl* Rdn. 2; *Otto* BT § 61 VI 5 a; *H. Schäfer* wistra **1990** 89; *Sowada* S. 170 f; *Vormbaum* GA **1981** 130.

Begünstigung sein kann; er kann sich vielmehr nur als Anstifter oder Gehilfe an der Tat eines anderen nach § 283 d beteiligen[8]. Für den Schuldner, der als Mittäter mit einem Außenstehenden handelt, bleibt die Tat nach § 283 Abs. 1 Nr. 1 strafbar[9]. Entgegen *Sch/Schröder/Stree* Rdn. 12 ist der Schuldner aber nicht Unterlassungstäter (nach § 283), wenn er das Beiseiteschaffen durch Dritte zu seinen Gunsten lediglich kennt und duldet (vgl. oben Rdn. 4 sowie ausführlich § 283 Rdn. 37).

6 Dem Schuldner gleichzustellen sind die für ihn nach § 14 handelnden **Organe**, Vertreter und Beauftragten. Auch sie scheiden als Täter des § 283 d aus (*Preisendanz/Bieneck* Anm. 2). Für die Rechtsprechung ergibt sich dies schon daraus, daß § 14 von ihr auf ein Handeln „im Interesse" des Vertretenen beschränkt wird, bei Vorliegen einer derartigen Motivation des Handelnden also sein Verhalten niemals unter § 283 Abs. 1 Nr. 1, sondern stets unter § 283 d fallen würde. Das Ergebnis, § 283 d nicht auf die nach § 14 Tätigen anzuwenden, ist aber auch im übrigen und allgemein zutreffend, da der von § 14 genannte Täterkreis nicht außerhalb des schuldnerischen Unternehmens steht, sein Handeln vielmehr dem Schuldner unmittelbar zuzurechnen ist. Auch insoweit ist aber der Schuldner nicht schon infolge der Besonderheiten der §§ 283 ff (Überwachungs-)Garant für das Verhalten seiner Angestellten. Eine **Garantenstellung** kann sich auch hier nur aus allgemeinen Grundsätzen, z. B. der Strafbarkeit des Betriebsinhabers bzw. Betriebsleiters wegen des Verhaltens Dritter, ergeben (vgl. § 283 Rdn. 37 mit weit. Nachw.).

7 **2. Tatsituation (Krise).** § 283 d erfordert in zeitlicher Hinsicht, daß der Schuldner sich in einer wirtschaftlichen Krise befindet. Anders als bei § 283 Abs. 1 reicht insoweit nicht bereits die Überschuldung aus, und zwar auch dann nicht, wenn der Schuldner eine Kapitalgesellschaft ist, für welche die Überschuldung einen Konkursgrund darstellt (vgl. Rdn. 147 vor § 283). Vielmehr muß der Schuldner entweder bereits seine Zahlungen eingestellt haben (Abs. 1 Nr. 2)[10], oder es muß ihm die Zahlungsunfähigkeit drohen (Abs. 1 Nr. 1)[11]. Dem letzteren Fall ist es im Wege des argumentum a minore ad maius durch Auslegung (wie z. B. auch bei § 315 c!) gleichzustellen, wenn die **Zahlungsunfähigkeit** nicht nur droht, sondern eingetreten ist[12]. Neben der **Zahlungseinstellung** sowie der drohenden oder eingetretenen Zahlungsunfähigkeit reicht es auch aus, daß die wirtschaftliche Krise des Schuldners durch ein **Insolvenzverfahren** „offenbar geworden ist" (amtl. Begr. BTDrucks. 7/3441 S. 39). Als derartige Verfahren nennt das Gesetz (Abs. 1 Nr. 2) zunächst das Konkursverfahren, und zwar ab Rechtskraft des Konkurseröffnungsbeschlusses (*Sch/Schröder/Stree* Rdn. 5) bis zur Aufhebung des Konkurses nach § 163 KO (*Dreher/Tröndle* Rdn. 6). Daneben genügt auch das Verfahren zur Herbeiführung der Entscheidung über die Eröffnung des Konkursverfahrens, also das Verfahren ab Stellung des Antrages des Gemeinschuldners oder eines Gläubigers auf Konkurseröffnung (§§ 103 ff KO)[13] bis zur Abweisung des Eröffnungsantrages (z. B. mangels Masse) bzw. bis zur Konkurseröffnung. Gleichgestellt ist schließlich das gerichtliche Vergleichsverfahren zur Abwendung des Konkurses. Auch insoweit ist der Zeitraum ab Antragstellung (durch

[8] *Arzt/Weber* aaO Rdn. 345; *Dreher/Tröndle* aaO; *Klug* aaO sowie Rdn. 12 a. E.; *Lackner/Kühl* Rdn. 5; *Maurach/Schroeder/Maiwald* aaO § 48 III D 2; *Otto* aaO; *Sch/Schröder/Stree* Rdn. 12.

[9] *Arzt/Weber* aaO; *Bieneck* in: Müller-Gugenberger § 68; *Dreher/Tröndle* aaO; *Wessels* aaO.

[10] Zu diesem Begriff ausführlich Rdn. 143 ff vor § 283.

[11] Dazu näher Rdn. 135 ff vor § 283.

[12] *Dreher/Tröndle* Rdn. 5; *Lackner/Kühl* Rdn. 3; *Samson* SK Rdn. 2; *Sch/Schröder/Stree* Rdn. 5; *Weyand* S. 113.

[13] *Dreher/Tröndler* Rdn. 6; *Sch/Schröder/Stree* Rdn. 5; **aA** *Dreiss/Eitel-Dreiss* S. 187 f, die auf die Antragszulassung nach § 105 KO abstellen.

den Schuldner, vgl. § 2 Abs. 1 S. 2 VerglO) gemeint[14]. Er reicht bis zur Ablehnung der Eröffnung des Vergleichsverfahrens (§§ 17 ff VerglO) bzw. über die Eröffnung des Vergleichsverfahrens (§§ 20 ff VerglO) bis zu dessen Aufhebung oder Einstellung (§§ 90 ff, 99 ff VerglO). — Kommt es trotz drohender oder eingetretener Zahlungsunfähigkeit nicht zur Zahlungseinstellung, Konkurseröffnung oder Abweisung des Konkurseröffnungsantrages mangels Masse, so bleibt die Tat wegen Fehlens der Strafbarkeitsbedingung nach Abs. 4 straflos.

Hervorhebung verdient, daß es für die Tathandlung (dazu sogleich III.) nur auf das zeitliche Moment des Handelns „während" des Insolvenzverfahrens (oder nach Eintritt der Zahlungseinstellung usw.) ankommt (*Dreher/Tröndle* Rdn. 6; *Lackner/Kühl* Rdn. 3). Es ist allerdings zumindest mißverständlich, wenn das Gesetz auf das Beiseiteschaffen von Vermögensbestandteilen „in" dem Insolvenzverfahren abstellt. Das Verfahren bezieht sich gerade nicht auf den handelnden Dritten, der in dem Verfahren auch keine Rechtsstellung hat. Gleichwohl ist das Handeln „in" einem Insolvenzverfahren nicht auf die Gläubiger und den Konkursverwalter beschränkt (oben Rdn. 5). Diese Berichtigung des Gesetzeswortlautes dürfte sich — trotz gewisser Bedenken — noch im Rahmen der durch Art. 103 Abs. 2 GG zugelassenen Auslegung halten und stellt keine (verbotene) analoge Rechtsanwendung dar. 8

III. Tathandlung und subjektiver Tatbestand

1. Tathandlung und Vermögensbegriff. Die objektive Tathandlung des § 283 d deckt sich voll mit der des § 283 Abs. 1 Nr. 1. Es kann daher auf die Erläuterungen zu § 283 (Rdn. 25 ff) verwiesen werden. Diese Verweisung gilt auch für den Begriff des **Vermögens** als des betroffenen Tatobjekts, z. B. für die Behandlung von betrieblichem Know-how (*Dreiss/Eitel-Dreiss* S. 188 f; § 283 Rdn. 15). Der Vermögensbegriff ist auch hier nicht nach rechtlichen Kriterien zu bestimmen. Ausreichend sind daher auch Beweisvorteile. Eine tatbestandliche Besserstellung kann folglich darin liegen, daß der Konkursverwalter Konkursgläubigern gegenüber Forderungen anerkennt, die „nicht auf einer sicheren Grundlage beruhen". Allerdings setzt diese von BGH bei Herlan GA **1954** 312 geäußerte Ansicht voraus, daß entgegen der herrschenden und in der neueren Rechtsprechung vertretenen Meinung (BGHSt **35** 357, 359 f) § 283 d auch bei Zuwendungen an die Gläubiger — also in der Tatsituation des § 283 c — angewandt wird (vgl. dazu oben Rdn. 4). 9

Bloßes **Unterlassen** ist auch bei § 283 d nicht tatbestandsmäßig, selbst wenn es zur Sachzerstörung führt. Jedoch kann z. B. die fehlende Wartung von Maschinen oder mangelnde Fütterung von Tieren (vgl. *Dreiss/Eitel-Dreiss* S. 188) dann als aktives Tun gewertet werden, wenn diese Betriebsmittel weiterhin eingesetzt werden. — In Übereinstimmung mit der Rechtslage bei § 283 Abs. 1 Nr. 1 ist schließlich kein tatbestandsmäßiger Erfolgseintritt im Sinne einer konkreten Gefährdung oder Verletzung der Gläubigeransprüche erforderlich. 10

2. Handeln zugunsten oder mit Einwilligung des Schuldners

a) Neben dem erforderlichen Vorsatz (dazu sogleich Rdn. 16 f) setzt § 283 d als subjektives Tatbestandsmerkmal[15] u. a. ein Handeln **zugunsten des Schuldners** vor- 11

[14] *Dreher/Tröndle* aaO; *Sch/Schröder/Stree* aaO; **aA** *Dreiss/Eitel-Dreiss* aaO, die auf die Verfahrenseinleitung (Eröffnung) nach §§ 11 ff VerglO abstellen.

[15] *Klug* aaO Rdn. 6; *Schäfer* LK[8] § 242 KO Anm. IV; *Sch/Schröder/Stree* Rdn. 6 ff; **aA** wohl *Samson* SK Rdn. 4.

aus. Dies ist, wie bereits oben Rdn. 4 dargelegt wurde, entgegen dem durch den Wortlaut des § 283 d erweckten Anschein der wichtigste Anwendungsfall der Schuldnerbegünstigung. Mit dieser vom Gesetz erst an zweiter Stelle genannten Alternative ist sachlich dasselbe gemeint, was § 242 Abs. 1 Nr. 1 KO a. F. als Handeln „im Interesse" des Schuldners umschrieb. Trotz des wirtschaftlichen Vermögensbegriffes des § 283 d (oben Rdn. 9) braucht dieses Interesse allerdings kein ökonomisches zu sein. Zugunsten des Schuldners kann der Täter vielmehr auch dann handeln, wenn er einen Vermögensbestandteil des Schuldners einer Person zuwendet, mit der den Schuldner immaterielle Interessen verbinden. Vor allem werden durch die Strafbarkeit des Handelns zugunsten des Schuldners freilich diejenigen Fälle angesprochen und erfaßt, in denen der Täter durch das Beiseiteschaffen oder Verheimlichen den Vermögensbestandteil (auf Kosten der Gläubigergesamtheit) dem Schuldner erhalten oder dem Schuldner zukommen lassen will (vgl. nur *Sch/Schröder/Stree* Rdn. 9). Dabei befindet sich entweder der Vermögenswert im Schuldnervermögen, oder aber er soll diesem durch die Tathandlung zufließen (z. B. Auszahlung des „Gläubiger-Fonds" an den Schuldner durch den Sanierer nach gescheitertem Sanierungsversuch, *Richter* wistra **1984** 98).

12 Im Hinblick auf die Vorsatzintensität ist jedenfalls *zielgerichtetes Handeln* ausreichend; kommt es dem Täter in diesem Sinne auf die Zuwendung oder Erhaltung des Vermögensvorteils gegenüber dem Schuldner an, so ist unschädlich, daß daneben auch andere Zwecke verfolgt werden. Dolus eventualis reicht in bezug auf den Begünstigungseffekt keinesfalls aus. Ebenso entfällt § 283 d eindeutig dann, wenn der Täter ausschließlich im eigenen Interesse handelt (*Weyand* S. 112). Zweifelhaft ist dagegen, ob in bezug auf den Begünstigungseffekt Wissentlichkeit, also die Vorstellung des Täters ausreichend ist, daß dieser Effekt notwendige und sichere Folge seines Handelns ist. Die bejahende Ansicht von *Sch/Schröder/Stree* (Rdn. 9) stützt sich darauf, daß § 283 d ebenso wie § 257 mit dem subjektiven Absichtsmerkmal den Rechtsgüterschutz vorverlege, da für die Vollendung eine „in die Richtung der Beeinträchtigung" gehende Handlung ausreiche; dann aber könne es für die Strafbarkeit keinen Unterschied machen, ob der Täter die Richtung anstrebt oder sich nur als sicher vorstellt, daß sein Handeln in diese Richtung führt. Die verneinende Ansicht verlangt dagegen, daß der Täter „in erster Linie zum Vorteil des Schuldners" handelt (BGH bei Herlan GA **1967** 265), und gesteht nur zu, daß es nichts ausmache, wenn der Täter daneben noch seinen eigenen Vorteil oder den eines Dritten im Auge hat (BGH aaO; *Lackner/Kühl* Rdn. 2). Diese engere Auffassung erscheint vorzugswürdig. Die Vorverlegung des Rechtsgüterschutzes durch § 283 d in einen zeitlichen Bereich vor Eintritt des Begünstigungseffektes vermag die Gegenansicht schon deshalb nicht zu tragen, weil die Begünstigungsabsicht bei § 283 d im Vergleich zu § 283 nur ein zusätzliches Tatbestandskorrektiv ist und — anders als bei § 257 — nicht eigentlich für die Rechtsgutsbeeinträchtigung konstitutiv ist. Es muß dem Täter also bei § 283 d gerade **darauf ankommen**, durch seine Handlung den Begünstigungseffekt herbeizuführen. Bloßes Wissen um den sicheren Eintritt dieses Effektes als weitere Folge des Täterhandelns reicht nicht aus (zust. *Weyand* S. 112 f).

13 **b)** Statt eines Handelns „zugunsten" reicht ein solches mit **Einwilligung** des Schuldners aus. Diese bereits oben Rdn. 4 erwähnte Ausweitung des Tatbestandes der Schuldnerbegünstigung im Verhältnis zu § 242 KO a. F. betrifft schon den objektiven Tatbestand, da die Einwilligung des Schuldners objektiv vorliegen muß; entscheidend für die Strafbarkeit aus § 283 d ist aber, daß der Täter in Kenntnis dieser Einwilligung handelt. Liegt die Einwilligung vor, so braucht die Handlung des Täters

allerdings nicht mehr zusätzlich auch „zugunsten" des Schuldners zu erfolgen. Nach der Entstehungsgeschichte (oben Rdn. 4) hat das Merkmal des Handelns „mit Einwilligung" des Schuldners vor allem die Funktion, für Grenzbereiche die Ermittlung des schuldnerischen Interesses überflüssig zu machen, sofern der Schuldner ausdrücklich eingewilligt hat. Die uneingeschränkte Aufnahme dieses Merkmals in den gesetzlichen Tatbestand führt freilich zu Konsequenzen, die mit dem Tattypus der „Schuldner"begünstigung kaum noch etwas zu tun haben (vgl. Rdn. 15).

Im einzelnen muß die Einwilligung bereits im Zeitpunkt der Tathandlung vorliegen; sie kann nicht etwa nach Art einer Genehmigung nachträglich erteilt werden[16]. **14** Ein wirksamer Widerruf vor Tatbegehung beseitigt die Einwilligung (*Sch/Schröder/Stree* Rdn. 3). Deliktische Beeinflussung des Schuldnerwillens, z. B. durch Täuschung oder Zwang, soll die Relevanz der einmal erklärten Einwilligung nach *Sch/Schröder/Stree* aaO dann nicht beseitigen, wenn der Wille des Erklärenden nicht völlig ausgeschaltet wird und sich auf die vom Täter vorgenommene Handlung erstreckt (ebenso *Weyand* S. 112 mit weit. Nachw.). Dies erscheint vor allem unter dem Gesichtspunkt der Entstehungsgeschichte des § 283 d zweifelhaft; insbesondere in den Fällen des Zerstörens, Beschädigens und Unbrauchbarmachens dürfte bei Erschleichen oder Abnötigung der Einwilligung des Schuldners regelmäßig auch in einem weiteren Sinne kein Handeln zu seinen Gunsten vorliegen. Ebenso wie bei § 303, wo die Einwilligung des Eigentümers allerdings nur die Rechtswidrigkeit der Tathandlung betrifft, dürfte daher auch bei § 283 d die Einwilligung entfallen, wenn sie auf Täuschung oder Zwang beruht.

Nach allgemeinen Grundsätzen ist eine ausdrückliche Erklärung der Einwilligung nicht stets erforderlich; vielmehr genügt eine mittelbare oder **konkludent** erklärte Einwilligung des Schuldners (zust. *Sch/Schröder/Stree* Rdn. 3). Eine konkludente Einwilligung liegt dann vor, wenn das Verhalten des Schuldners nach der Verkehrsauffassung als Einwilligung zu deuten ist (vgl. auch *Tiedemann* NJW **1981** 948). **15** Dies kann z. B. anzunehmen sein, wenn es der Schuldner ersichtlich duldet, daß Gläubiger Vermögensgegenstände vom Betriebsgelände des Schuldners abholen, um sich zu sichern oder zu befriedigen (zust. *Weyand* S. 112). In einem solchen Dulden kann je nach den Umständen des Einzelfalles zugleich psychische Beihilfe des Schuldners (durch aktives Tun!) zu der Handlung der Gläubiger liegen. Freilich zeigt dieses Beispiel, daß die Einbeziehung des Handelns „mit Einwilligung" des Schuldners den historischen Typus der „Schuldner"begünstigung verbiegt (vgl. bereits oben Rdn. 4 und 14). — Inwieweit eine **mutmaßliche** Einwilligung des Schuldners Beachtung verdient, braucht nicht näher erklärt zu werden, da sie ein Handeln im Interesse des Schuldners voraussetzt, in einem solchen Fall also ein Handeln „zugunsten" des Schuldners vorliegt.

c) Der **Vorsatz** muß sich auf die Tathandlung und auf das etwaige Vorliegen der Einwilligung erstrecken; insoweit reicht dolus eventualis aus (*Dreher/Tröndle* Rdn. 7; *Sch/Schröder/Stree* Rdn. 7). **16** Der Täter muß also zumindest billigend in Kauf nehmen, daß der beiseite geschaffte oder zerstörte Vermögensgegenstand im Falle der Konkurseröffnung zur Konkursmasse gehören würde (was z. B. bei von Dritten gegebenen Sanierungsmitteln nur ausnahmsweise der Fall ist, *Richter* wistra **1984** 97 f); ein Irrtum hierüber würde nach § 16 den Vorsatz entfallen lassen[17]. Tatbestandsirrtum ist auch die irrige Annahme des Täters, der von ihm beiseite geschaffte

[16] *Dreher/Tröndle* Rdn. 3; *Samson* SK Rdn. 5; *Sch/Schröder/Stree* Rdn. 3; *Weyand* S. 111.

[17] *Schäfer* LK[8] § 242 KO Anm. IV; *Sch/Schröder/Stree* Rdn. 7.

Vermögensbestandteil werde einem Gläubiger des Schuldners zugewendet (*Sch/Schröder/Stree* Rdn. 7; vgl. oben Rdn. 4).

17 Soweit es um die **Krisensituation** und ihre zeitliche sowie sachliche Form geht, reicht für Nr. 2 (Zahlungseinstellung, Insolvenzverfahren) dolus eventualis aus, da die Krise hier durch äußere Akte verlautbart worden ist[18]. Für Nr. 1 ist dagegen sicheres Wissen des Täters vom Drohen oder Vorliegen der Zahlungsunfähigkeit erforderlich[19]. Ein Irrtum darüber, ob die Zahlungsunfähigkeit nur droht oder schon vorliegt, wäre unbeachtlich (*Sch/Schröder/Stree* Rdn. 8). Dasselbe gilt für Irrtümer über das zeitliche Stadium eines Insolvenzverfahrens, sofern nur objektiv und in der Tätervorstellung einer der Fälle von Nr. 2 vorliegt (*Dreher/Tröndle* Rdn. 7). Weiß der Täter dagegen von der Einleitung eines Insolvenzverfahrens nichts, so ist er nur bei sicherer Kenntnis von der drohenden oder eingetretenen Zahlungsunfähigkeit strafbar (*Sch/Schröder/Stree* aaO). Die irrige Annahme, ein Insolvenzverfahren sei bereits eingeleitet, kann als solche allenfalls einen Versuch nach Abs. 2 begründen, es sei denn, der Täter hat sichere Kenntnis vom Vorliegen oder Drohen der Zahlungsunfähigkeit. — Demgegenüber ist das Wissen um das Vorliegen der objektiven Strafbarkeitsbedingung (Abs. 4) nach allgemeinen Grundsätzen unerheblich. Da sich die einzelnen Formen dieser Strafbarkeitsbedingung allerdings zeitlich und sachlich teilweise mit Nr. 2 decken, dürften bei § 283 d seltener als bei §§ 283, 283 b, 283 c Schuldprobleme in bezug auf die Strafbarkeitsbedingung auftreten.

3. Anforderungen einer ordnungsgemäßen Wirtschaft, Rechtswidrigkeit und Zusammenhang mit der Strafbarkeitsbedingung

18 **a)** Während die Einhaltung der **Anforderungen einer ordnungsgemäßen Wirtschaft** bereits den Tatbestand des § 283 Abs. 1 Nr. 1 (vgl. dort Rdn. 27) und entsprechend auch den des § 283 d entfallen läßt, entsteht für die Schuldnerbegünstigung angesichts der zeitlichen und sachlichen Krisenbeschreibung in Nr. 2 die Frage, welche Rechtswirkungen die **Genehmigung** des gerichtlich bestellten **Konkurs-** oder **Vergleichsverwalters** (künftig: Insolvenzverwalters) entfaltet. Dabei geht es hier nicht so sehr um die Genehmigung von Rechtsgeschäften (vgl. § 64 VerglO) als vielmehr allgemein um die Wahrnehmung von Amtsbefugnissen: Trotz der Unterschiede in ihrer Rechtsstellung haben Konkurs- und Vergleichsverwalter in einem staatlichen Verfahren unter der Aufsicht des Gerichts eine Amtsstellung (vgl. nur *Baumann* Konkurs §§ 8 II 2 b, 16 I 3 b Fußn. 50). Diese Stellung verleiht ihnen eine gewisse Disposionsbefugnis auch über die Gläubigerinteressen, deren Befriedigung das Verfahren dient. Eine nach pflichtgemäßem Ermessen, insbesondere aufgrund sachkundiger Prüfung erteilte Genehmigung dieser Amtspersonen rechtfertigt daher insbesondere das Zerstören von Vermögensbestandteilen (z. B. zwecks Erneuerung des Anlagevermögens) auch in denjenigen — seltenen — Fällen, in denen die Genehmigung nicht bereits durch die Anforderungen einer ordnungsgemäßen Wirtschaft (dazu Rdn. 102 vor § 283) gedeckt ist (*Dreiss/Eitel-Dreiss* S. 188). Ermessenswidrig wäre z. B. regelmäßig die vom Konkursverwalter erteilte Genehmigung des Verkaufes von Vermögensgegenständen an ein Unternehmen, das dem Konkursverwalter gehört.

19 **b)** Ebenso wie bei § 283 Abs. 1 Nr. 1 ist auch für § 283 d **kein Kausalzusammenhang** zwischen der Begünstigungshandlung und dem Eintritt der Strafbarkeitsbedingung

[18] *Bieneck* in: Müller-Gugenberger § 68; *Dreher/Tröndle* Rdn. 7; *Otto* BT § 61 VI 5 b; *Sch/Schröder/Stree* Rdn. 8; *Weyand* S. 114; **aA** *Dreiss/Eitel-Dreiss* S. 190.

[19] Amtl. Begr. BTDrucks. 7/3441 S. 39; *Bieneck* aaO; *Dreher/Tröndle* Rdn. 7; *Lackner/Kühl* Rdn. 4; *Otto* aaO; *Samson* SK Rdn. 6; *Sch/Schröder/Stree* Rdn. 8; *Weyand* aaO.

nach Abs. 4, also dem endgültigen Zusammenbruch des schuldnerischen Unternehmens, erforderlich. Die amtl. Begr. sieht als rechtsstaatliches Mittel zwecks Herstellung eines inneren Zusammenhanges zwischen der Begünstigungshandlung und der von ihr verursachten Gefährdung vor allem die Einschränkung und teilweise Formalisierung der Krisensituation sowie das Erfordernis eines Vorsatzbezuges an (BTDrucks. 7/3441 S. 39). Jedoch muß auch hier zusätzlich beachtlich sein, was in Rdn. 168 vor § 283 näher dargelegt wurde: Bei Ausschluß jeden Zusammenhanges zwischen Krise, Tathandlung und Strafbarkeitsbedingung — insbesondere also bei Sanierung des Schuldners nach drohender Zahlungsunfähigkeit und späterem Zusammenbruch aus anderen Gründen — entfällt das Strafbedürfnis und mit ihm die Strafbarkeit.

IV. Versuch (Abs. 2). Die von Abs. 2 angeordnete Strafbarkeit des Versuchs entspricht § 283 Abs. 3. Es kann daher auf die Ausführungen Rdn. 197 ff zu § 283 verwiesen werden; diese Ausführungen gelten, soweit sie sich auf § 283 Abs. 1 Nr. 1 beziehen, hier sinngemäß. Jedoch muß zusätzlich jedenfalls im Zeitpunkt des Ansetzens zur Tatbestandsverwirklichung (§ 22) die Begünstigungsabsicht des Täters oder die — ihm bekannte — Einwilligung des Schuldners vorliegen. Ein unmittelbares **Ansetzen** zur Tatbestandsverwirklichung, also der Beginn der Tathandlung, ist insbesondere in solchen Akten zu sehen, die das Beiseiteschaffen oder Verheimlichen, Zerstören oder Beschädigen usw. einleiten, aber vor Eintritt dieses Effektes noch rechtzeitig entdeckt werden (*Klug* Konkurs-Strafrecht § 242 KO Rdn. 12). Dagegen ist die bloße Anfrage an den Schuldner, ob er mit der vom Täter geplanten Handlung einverstanden ist, grundsätzlich nur straflose Vorbereitung. 20

Strafbar ist auch bei § 283 d der **untaugliche Versuch** durch irrige Annahme von Tatbestandsmerkmalen, die in Wirklichkeit nicht vorliegen. Insoweit wurde bereits oben Rdn. 16 auf die Fallkonstellation hingewiesen, daß der Täter zu Unrecht von der Zugehörigkeit von (Sanierungs-)Mitteln zur (potentiellen) Konkursmasse ausgeht oder irrig meint, der Empfänger des beiseite geschafften Vermögenswertes sei ein Gläubiger des durch diese Handlung begünstigten Schuldners. Da § 283 d kein Sonderdelikt ist (oben Rdn. 5), bestehen hier — anders als bei §§ 283, 283 c — auch keine Bedenken gegen die Strafbarkeit wegen untauglichen Versuchs, wenn der Täter irrig annimmt, der Schuldner befinde sich in einer Krise i. S. d. Abs. 1 Nr. 1 oder Nr. 2 bzw. gegen ihn sei ein Insolvenzverfahren i. S. d. Nr. 2 eingeleitet (*Sch/Schröder/Stree* Rdn. 11). Auch die Fehlvorstellung des Täters, der Schuldner habe in die Handlung eingewilligt, führt zur Versuchsstrafbarkeit (*Sch/Schröder/Stree* aaO), sofern der Täter zum Beiseiteschaffen usw. ansetzt. 21

Zu beachten ist, daß auch der Versuch der Schuldnerbegünstigung nach Abs. 4 nur strafbar ist, wenn der Schuldner seine Zahlungen eingestellt hat oder über sein Vermögen das Konkursverfahren eröffnet oder der Eröffnungsantrag mangels Masse abgewiesen worden ist. Zu dem Problem des Zusammenhanges der Versuchshandlung mit dieser **objektiven Strafbarkeitsbedingung** vgl. § 283 Rdn. 197. 22

V. Beteiligung mehrerer

1. Da § 283 d kein Sonderdelikt darstellt, kann mit Ausnahme des Schuldners jedermann **Täter, Mittäter** oder **mittelbarer Täter** sein (vgl. bereits Rdn. 5). Die Abgrenzung der Täterschaftsformen untereinander sowie ihre Abgrenzung von Anstiftung und Beihilfe richten sich nach allgemeinen Grundsätzen (§§ 25 ff). Danach begründet die eigenhändige Tatausführung in der von § 283 d geforderten Absicht der 23

Begünstigung des Schuldners bzw. in Kenntnis von seiner Einwilligung grundsätzlich Täterschaft, bei arbeitsteiligem Zusammenwirken mehrerer Mittäterschaft (§ 25 Abs. 2). Bedient sich der Täter zur Tatausführung einer vorgeschobenen bösgläubigen Person, die selbst ohne Begünstigungsabsicht handelt und auch die Einwilligung des Schuldners nicht kennt (!), so liegt mittelbare Täterschaft des Veranlassers und Gehilfenschaft der absichtslos handelnden beteiligten Person vor (*Schaefer* LK[8] § 242 KO Anm. V). Für den Anstifter oder Gehilfen, dem die Begünstigungsabsicht fehlt (und der das Vorliegen der Einwilligung des Schuldners nicht kennt), ist die Strafe nach § 28 Abs. 1 zu mildern, da und soweit die Begünstigungsabsicht als besonderes persönliches Merkmal angesehen wird (**aA** *Sch/Schröder/Stree* Rdn. 12).

24 **2.** Auch der **Schuldner** kann Anstifter oder Gehilfe zu der Tat nach § 283 d sein (vgl. bereits Rdn. 15 a. E.). Er ist nach ganz h. M. nicht etwa wegen notwendiger Teilnahme straffrei[20], da § 283 d eine Mitwirkung des Schuldners weder zwingend noch auch nur für den Regelfall voraussetzt. Zwar wirkt der Schuldner bei Erteilung seiner Einwilligung unmittelbar — und insoweit notwendigerweise — an der Verwirklichung des § 283 d mit. Diese Mitwirkung durch Erteilung der Einwilligung ist aber für den Täter des § 283 d keineswegs notwendig, da er den Tatbestand auch ohne diese Mitwirkungshandlung verwirklichen kann, indem er „zugunsten" des Schuldners handelt. Auch wurde für die Fallgestaltung der Erteilung einer Einwilligung bereits oben Rdn. 4 darauf hingewiesen, daß der Schuldner hier jedenfalls bei Veranlassung der Tat durch ihn selbst kraft normativer oder sozialer Tatherrschaft regelmäßig zum Täter nach § 283 Abs. 1 Nr. 1 wird (vgl. dazu *K. Schäfer* LK[10] § 288 Rdn. 29 mit Nachw.). Eine weitergehende, auf die Sonderpflicht des Schuldners gestützte Unterlassungstäterschaft kann dagegen entgegen *Sch/Schröder/Stree* (Rdn. 12) nicht angenommen werden (vgl. § 283 Rdn. 37). Ist der Schuldner infolge Veranlassung der Begünstigungshandlung (Begehungs-)Täter nach § 283 Abs. 1 Nr. 1, so wird der Dritte regelmäßig Mittäter nach § 283 d sein. Hinter dieser Täterschaft des Schuldners nach § 283 tritt seine Beteiligung an § 283 d zurück (*Arzt/Weber* IV Rdn. 345). Ist der Schuldner dagegen ausnahmsweise nur wegen Anstiftung oder Beihilfe zu § 283 d strafbar, so kommt nicht etwa deshalb eine Strafmilderung für ihn in Betracht, weil ihm in technischem Sinne die Begünstigungsabsicht fehlt. Vielmehr ist § 28 Abs. 1 nach seinem Grundgedanken nicht anwendbar, da auch die Verselbständigung des § 283 d nicht darüber hinwegtäuschen kann, daß der an der Verwirklichung des § 283 d mitwirkende Schuldner zum Zwecke seiner eigenen Begünstigung handelt.

25 **VI. Besonders schwere Fälle (Abs. 3).** Die Regelung der besonders schweren Fälle einschließlich der Regel-Beispiele in Abs. 3 entspricht wörtlich dem § 283 a mit der einzigen Ausnahme, daß die verlustbedrohten Vermögenswerte bei § 283 d nicht dem Täter, sondern dem Schuldner anvertraut worden sein müssen. Für die Erläuterung kann daher auf Rdn. 3 ff zu § 283 a verwiesen werden. Hervorhebung verdient lediglich, daß im Falle der Nr. 1 eigene Gewinnsucht des Täters (nicht des Schuldners!) vorliegen und daß der Täter bei Nr. 2 den Eintritt der Verlustgefahr bzw. der wirtschaftlichen Notlage vieler Personen als sicher voraussehen muß (zust. *Weyand* S. 114).

---

[20] *Dreher/Tröndle* Rdn. 1; *Klug* Konkurs-Strafrecht § 242 KO Rdn. 12; *Lackner/Kühl* Rdn. 5; *Maurach/Schroeder/Maiwald* 1 § 48 III D 2; *Sch/Schröder/Stree* Rdn. 12; *Wessels* BT 2 § 12 III 6.

VII. Konkurrenzen

1. Im **Verhältnis** des § 283 d **zu § 283 Abs. 1 Nr. 1** und zu **§ 283 c** besteht Exklusivität in dem Sinne, daß sich die Anwendung von § 283 d neben § 283 Abs. 1 Nr. 1 oder neben § 283 c verbietet. Dies ist freilich kein Konkurrenz-, sondern ein Tatbestandsproblem. Bei § 283 handelt nämlich der Schuldner, bei § 283 d ein Dritter; die (inkongruente) Leistungserbringung an einen Gläubiger stellt von vornherein kein Beiseiteschaffen nach § 283 d dar (oben Rdn. 4). Dagegen besteht **keine Sperrwirkung** des § 283 d für den Rückgriff auf die strafbare Beteiligung an der Tat des Schuldners nach § 283, wenn für den Dritten die täterschaftlichen Voraussetzungen des § 283 d nicht vorliegen oder nicht beweisbar sind. Aber auch im übrigen, also bei täterschaftlicher Verwirklichung des § 283 d durch den Dritten, besteht keine Exklusivität des § 283 d (**aA** *Maurach/Schroeder/Maiwald* 1 § 48 III D 3). Vielmehr kann die Tat nach § 283 d **zugleich** eine **Teilnahme an der Bankrotthandlung** des Schuldners nach § 283 darstellen. Handelt es sich allerdings um eine Teilnahme an der Handlung nach § 283 Abs. 1 Nr. 1, so tritt diese hinter der täterschaftlichen Begehung der Schuldnerbegünstigung zurück[21], da der Unwert der Beihilfe zu § 283 mit der täterschaftlich begangenen Tat nach § 283 d identisch ist bzw. nach § 28 Abs. 1 sogar gemildert erscheinen kann. Wegen der identischen Strafrahmen von § 283 und § 283 d würde die zusätzliche Verurteilung wegen Teilnahme an § 283 nicht ins Gewicht fallen. Dagegen behält die Teilnahme an einer anderen Bankrotthandlung des Schuldners als der nach § 283 Abs. 1 Nr. 1 neben der Täterschaft nach § 283 d selbständige Bedeutung (BGH 1 StR 1/58 v. 22. 5. 1958 bei *Dreher/Tröndle* Rdn. 1; *Sch/Schröder/Stree* Rdn. 15). 26

2. Innerhalb des § 283 d werden mehrere Begünstigungshandlungen durch den Eintritt der objektiven Strafbarkeitsbedingung nach Abs. 4 nicht etwa zu einer Tateinheit verbunden; sie stehen vielmehr regelmäßig im Verhältnis der Tatmehrheit (§ 53), sofern nicht eine fortgesetzte Handlung anzunehmen ist[22]. Dies ist unstreitig und wurde bereits vom RG — entgegen seiner sonstigen Rechtsprechung — mit der Begründung angenommen, daß zwar für den Gemeinschuldner „alle seine verschiedenen vom Recht mißbilligten Machenschaften nur seinen *einen* Konkurs zum Bankrott machen", dagegen der Dritte in bezug auf „einen fremden wirtschaftlichen Zusammenbruch" handelt (RGSt **66** 268, 269). Nur eine Tat liegt dagegen vor, wenn der Täter sowohl mit Einwilligung als auch zugunsten des Schuldners handelt. Bleibt offen, welche dieser Modalitäten gegeben ist, so ist angesichts ihrer weitgehenden rechtlichen und psychologischen Gleichwertigkeit Wahlfeststellung möglich (*Dreher/Tröndle* Rdn. 12). Zu dem Verhältnis von Nr. 1 und Nr. 2 innerhalb des Abs. 1 kann entgegen *Dreher/Tröndle* (aaO) nicht allgemein davon gesprochen werden, daß sich beide Alternativen schlechthin ausschließen. Zwar schließt das Vorliegen einer nur drohenden Zahlungsunfähigkeit begrifflich (und tatbestandlich) die Annahme einer Zahlungseinstellung aus. Dasselbe gilt aber nicht für das Verhältnis der nach Nr. 1 eingetretenen Zahlungsunfähigkeit (oben Rdn. 7) zur Zahlungseinstellung und auch nicht für das Verhältnis nur drohender Zahlungsunfähigkeit zu den Insolvenzverfahren nach Nr. 2 (z. B. bei Überschuldung einer GmbH, vgl. § 63 GmbHG). Jedenfalls handelt es sich um ein Problem der Tatbestandsauslegung, nicht der Konkurrenzen. 27

---

[21] *Arzt/Weber* IV Rdn. 345; *Dreher/Tröndle* Rdn. 1; *Lackner/Kühl* Rdn. 7; *Sch/Schröder/Stree* Rdn. 15; *Wessels* BT 2 § 12 III 6.

[22] *Dreher/Tröndle* Rdn. 12; *Klug* Konkurs-Strafrecht § 242 Rdn. 13; *Lackner/Kühl* aaO; *Sch/Schröder/Stree* Rdn. 14.

28 3. Im **Verhältnis zu anderen Tatbeständen** außerhalb des Konkursstrafrechts ist Tateinheit insbesondere mit Begünstigung (§ 257) möglich[23], z. B. bei dem Verheimlichen oder Beiseiteschaffen von Vermögensgegenständen, die der Schuldner durch Betrug oder Unterschlagung erlangt hat. Tateinheit kann auch im Verhältnis zu Betrug (§ 263)[24] und Untreue (Konkursverwalter!)[25] vorliegen. Mit einer Beihilfe zur Vollstreckungsvereitelung (§ 288) ist Tateinheit gegeben, wenn der Täter durch dieselbe Handlung Vorbehalts- und Sicherungseigentum von Gläubigern auf Veranlassung des Schuldners beiseite schafft; da fremdes Vorbehaltseigentum nicht zur Konkursmasse zählt, kommt insoweit kein Konkursdelikt, wohl aber § 288 in Betracht, wenn z. B. der Herausgabeanspruch des Vorbehaltsgläubigers tituliert ist (*K. Schäfer* LK[10] § 288 Rdn. 12).

[23] RG Rspr. **9** 684, 685; *Dreher/Tröndle* Rdn. 12; *Lackner/Kühl* aaO; *Sch/Schröder/Stree* Rdn. 16.

[24] *Lackner/Kühl* aaO mit weit. Nachw.

[25] *Klug* Konkurs-Strafrecht § 242 Rdn. 13.

Stichwortregister

(Die fetten Zahlen verweisen auf die Paragraphen, die mageren auf die Randnummern.)